Perspectives de l'OCDE sur les compétences 2025

DÉVELOPPER LES COMPÉTENCES DU XXIE SIÈCLE POUR TOUS

OCDE
DES POLITIQUES MEILLEURES
POUR UNE VIE MEILLEURE

Merci de citer cet ouvrage comme suit :
OCDE (2025), *Perspectives de l'OCDE sur les compétences 2025 : Développer les compétences du XXIe siècle pour tous*, Éditions OCDE, Paris, https://doi.org/10.1787/455ad4a8-fr.

ISBN 978-92-64-35614-6 (imprimé)
ISBN 978-92-64-61943-2 (PDF)
ISBN 978-92-64-46196-3 (HTML)

Perspectives de l'OCDE sur les compétences
ISSN 2521-1080 (imprimé)
ISSN 2521-1099 (en ligne)

Crédits photo : Couverture © Sarawut Kh/Shutterstock.com.

Les corrigenda des publications de l'OCDE sont disponibles sur : https://www.oecd.org/fr/publications/support/corrigenda.html.

Avant-propos

Pandémies, dynamiques géopolitiques, évolutions démographiques, crise climatique auxquelles s'ajoute une suite de vagues de changement technologique, le premier quart du XXIe siècle a été marqué par une succession de chocs et un enchaînement de transformations structurelles. Ces forces ont non seulement redéfini les systèmes économiques et sociaux et créé de l'incertitude, elles ont aussi laissé peu de temps aux individus, aux entreprises et aux pouvoirs publics pour s'adapter. Elles ont par ailleurs mis au jour, voire accentué, les disparités entre les personnes à même de développer et de mobiliser les compétences essentielles du XXIe siècle et d'en tirer profit. Les conséquences négatives de ces disparités dans le développement des compétences s'étendent des individus aux sociétés, sachant que la sous-utilisation du capital humain freine la croissance économique.

Cette édition des *Perspectives de l'OCDE sur les compétences* montre que des facteurs sur lesquels les individus n'ont pas de prise, comme le genre, le niveau d'études et la profession des parents, l'origine immigrée, l'âge et le lieu où ils grandissent, sont étroitement associés à l'acquisition des compétences du XXIe siècle, y compris les compétences en traitement de l'information (écrit, calcul et résolution adaptative de problèmes) et les compétences sociales et émotionnelles. La situation personnelle d'un individu détermine également dans quelle mesure ces compétences débouchent sur des perspectives d'autonomisation économique tout au long de sa vie.

Les résultats de cette édition des *Perspectives de l'OCDE sur les compétences* pointent un double impératif : élargir l'accès à un enseignement de qualité dès la petite enfance et jusqu'à l'âge adulte et faire en sorte que les compétences correspondent à des emplois productifs et gratifiants. Ces objectifs ne pourront être atteints sans une gouvernance souple, reposant sur l'analyse des données ; des stratégies intégrées faisant le lien entre éducation, formation des adultes, politiques du marché du travail et sociales ; et des mesures ciblées visant à réduire les obstacles non financiers à l'éducation, tout en améliorant la qualité et la pertinence de l'offre. Ils nécessitent également des services d'orientation professionnelle efficaces, des méthodes de recrutement donnant la priorité aux compétences et la transparence et la transférabilité des diplômes permettant une reconnaissance universelle des acquis.

En donnant à voir le rôle que peuvent jouer les politiques publiques dans la réduction des disparités en matière de compétences, cette édition des *Perspectives de l'OCDE sur les compétences* propose un programme d'action clair pour le XXIe siècle. Lorsque les talents sont gâchés, la productivité en pâtit ; lorsque les chances dans la vie sont fonction du milieu dont on est issu, la cohésion sociale s'érode. En investissant dans les conditions qui permettront aux individus de développer et de mobiliser les compétences du XXIe siècle, les obstacles d'aujourd'hui peuvent devenir les opportunités de demain. Les enjeux sont considérables : lorsque les avantages à la naissance s'amplifient et que les perspectives ultérieures divergent, les sociétés gaspillent leur potentiel et la croissance s'affaiblit. Mais l'inverse est aussi vrai : lorsqu'un pays investit suffisamment tôt, et ouvre l'accès à des possibilités intéressantes de formation des adultes et fait en sorte que les compétences soient dûment reconnues et valorisées, les écarts se réduisent, et les économies gagnent en innovation et en cohésion.

Remerciements

Les travaux préparatoires à la présente édition des *Perspectives de l'OCDE sur les compétences* ont été conduits sous la supervision du Comité des politiques d'éducation et du Groupe consultatif sur les compétences. Les *Perspectives de l'OCDE sur les compétences* forment une série de publications qui sont le fruit d'une étroite collaboration entre plusieurs directions du Secrétariat de l'OCDE.

Ce volume a été préparé par Francesca Borgonovi, Helke Seitz, Samo Varsik et Maja Ochojska du Centre de l'OCDE pour les compétences.

Stefano Scarpetta (Directeur de l'emploi, du travail et des affaires sociales), Andreas Schleicher (Directeur de l'éducation et des compétences), Mark Pearson (adjoint au Directeur de l'emploi, du travail et des affaires sociales) et El Iza Mohamedou (Cheffe du Centre de l'OCDE pour les compétences) en ont assuré la supervision stratégique.

Des collègues de la Direction de l'emploi, du travail et des affaires sociales ; de la Direction de l'éducation et des compétences ; de la Direction de la gouvernance publique ; du Centre pour l'entrepreneuriat, les PME, les régions et les villes ; du Département des affaires économiques ; et du Centre sur le bien-être, l'inclusion, la soutenabilité et l'égalité des chances, ont formulé de précieux commentaires à différents stades de la préparation du présent rapport.

La relecture du rapport a été confiée à Elizabeth Zachary. Francesca Borgonovi, Jennifer Cannon, Helke Seitz et Ana Cortes-Troncoso en ont coordonné la production. La communication et le soutien administratif ont été assurés par Jennifer Cannon, Ana Cortes-Troncoso, Della Shin et Anna Wahlgren.

Cette publication a été préparée avec le soutien financier de l'Union européenne. Les vues qui y sont exprimées ne reflètent en aucun cas l'opinion officielle de l'Union européenne.

Table des matières

GRAPHIQUES

INFOGRAPHIE

TABLEAUX

Guide de lecture

Sources des données

Ce rapport se fonde sur diverses sources de données, la principale étant l'édition 2023 de l'Évaluation des compétences des adultes, réalisée dans le cadre du Programme de l'OCDE pour l'évaluation internationale des compétences des adultes (PIAAC).

L'enquête PIAAC 2023 porte sur les pays et économies suivants : Allemagne, Angleterre (Royaume-Uni), Autriche, Canada, Chili, Corée, Croatie, Danemark, Espagne, Estonie, États-Unis, Finlande, France, Hongrie, Irlande, Israël, Italie, Japon, Lettonie, Lituanie, Norvège, Nouvelle-Zélande, Pays-Bas, Pologne, Portugal, Région flamande (Belgique), République slovaque, République tchèque, Singapour, Suède et Suisse.

Même si deux entités participantes sont des économies et non des pays (Angleterre [Royaume-Uni] et Région flamande [Belgique]), par souci de brièveté, nous désignons les participants à l'enquête par « les pays » et non « les pays et économies » dans l'ensemble du rapport.

Les autres évaluations internationales à grande échelle utilisées comme sources de données aux fins de ce rapport sont :

- le Programme international pour le suivi des acquis des élèves (PISA)
- *International Civic and Citizenship Education Study* (ICCS)
- *International Computer and Information Literacy Study* (ICILS)
- *Trends in International Mathematics and Science Study* (TIMSS)
- *Progress in International Reading Literacy Study* (PIRLS).

Moyennes internationales et résultats par pays

Le rapport présente les moyennes internationales des pays de l'OCDE (« la moyenne OCDE »), des pays de l'Union européenne (« la moyenne UE ») et de l'ensemble des pays participant à l'Évaluation des compétences des adultes 2023 (PIACC) (« la moyenne PIAAC 2023 »).

La moyenne internationale de l'OCDE est calculée à partir des chiffres de tous les pays et économies Membres de l'OCDE pour lesquels on dispose de données, et la moyenne internationale de l'Union européenne est calculée à partir des chiffres de tous les pays et économies membres de l'Union européenne pour lesquels des données sont disponibles. La moyenne internationale PIAAC est calculée à partir des données de tous les pays et économies (Membres ou non de l'OCDE) ayant participé à l'Évaluation des compétences des adultes 2023.

La moyenne OCDE, la moyenne UE et la moyenne PIAAC 2023 correspondent à la moyenne arithmétique des pays pour lesquels des données sont disponibles dans la source de donnée en question.

Pour faciliter la lecture, les résultats reportés dans les graphiques et tableaux correspondent généralement à des moyennes internationales. On trouvera les moyennes par pays sous-jacentes en annexe de chaque chapitre.

Évaluation des compétences sociales et émotionnelles

Le cadre conceptuel retenu pour l'évaluation des compétences sociales et émotionnelles dans l'Évaluation des compétences des adultes 2023 (PIAAC) est le modèle *Big Five* (Soto et John, 2017[1]), qui distingue cinq grands traits de personnalité : extraversion, agréabilité, caractère consciencieux, stabilité émotionnelle et ouverture d'esprit.

Ce rapport présente les résultats des 15 items qui composent la version abrégée du questionnaire *Big Five Inventory* version 2 (BFI-2-XS) auquel ont accès les 29 pays qui ont accepté d'inclure la section relative aux compétences sociales et émotionnelles dans le questionnaire contextuel.

Dans le BFI-2-XS, chaque trait de personnalité est mesuré par l'intermédiaire de trois facettes (les différents aspects du trait de personnalité), chacune étant évaluée par un item (un choix de réponse sur une échelle de Likert à cinq points, qui va de « tout à fait d'accord » à « pas du tout d'accord »). Ainsi, l'évaluation des compétences sociales et émotionnelles des individus se fonde sur les déclarations des individus eux-mêmes concernant 15 items, un par facette. Le Tableau 1 présente de façon détaillée les facettes et les items qui composent les traits de personnalité.

Tableau 1 Description des critères d'évaluation des compétences sociales et émotionnelles

Trait de personnalité	Facette	Item
Extraversion	Affirmation de soi	J'ai une personnalité dominante, je me comporte en meneur(se)
	Niveau d'énergie	Je suis plein(e) d'énergie
	Sociabilité	* J'ai tendance à rester silencieux
Agréabilité	Compassion	Je suis compatissant(e), sensible
	Respect	* Je suis parfois impoli(e) avec les autres
	Confiance	Je pense que les autres ont de bonnes intentions
Caractère consciencieux	Organisation	* J'ai tendance à être désorganisé(e).
	Productivité	* J'ai du mal à mettre au travail
	Responsabilité	Je suis fiable, on peut compter sur moi
Stabilité émotionnelle	Anxiété	* Je suis souvent inquiet
	Dépression	* J'ai tendance à me sentir déprimé(e), mélancolique
	Instabilité émotionnelle	Je suis émotionnellement stable, je ne me laisse pas troubler facilement
Ouverture d'esprit	Sensibilité esthétique	Je suis fasciné(e) par l'art, la musique ou la littérature
	Curiosité intellectuelle	* J'éprouve peu d'intérêt pour les idées abstraites
	Imagination	Je suis créatif(ve), j'ai souvent des idées originales

Note : Ce tableau présente la version abrégée ent15 items du questionnaire *Big Five Inventory* version 2 (BFI-2-XS), qui évalue chacun des cinq traits de personnalité à l'aide de trois items, à raison d'un seul item par facette. Cette version abrégée du questionnaire a été établie sur la base du BFI-2 de Soto and John (2017[1] ; 2017[2]), révision contemporaine du BFI-2-S de John et al (1991[3]).
Les items suivis d'un astérisque (*) sont des items inversés : plus les répondants sont en désaccord avec ces items, plus leur score est élevé sur le trait de personnalité concerné.
Source : OCDE (2025[4]), *Survey of Adult Skills 2023 Technical Report*, https://doi.org/10.1787/80d9f692-en.

Dans l'Évaluation des compétences des adultes 2023, les scores affichés pour chaque trait de personnalité (extraversion, agréabilité, caractère consciencieux, stabilité émotionnelle et ouverture d'esprit) ont été obtenus en calculant la réponse moyenne par répondant pour un trait de personnalité donné [voir (OCDE, 2025[4])].

Comparaisons entre groupes et entre pays pour différentes compétences

La possibilité d'établir des comparaisons entre pays, et de pouvoir les interpréter, dépend de la réponse à deux questions : les instruments et les conditions d'administration sont-ils comparables ? ; et : ces instruments évaluent-ils les mêmes compétences sous-jacentes ? En présence d'une comparabilité totale (« invariance d'échelle »), la relation (ou « saturation ») entre chaque question, son concept sous-jacent (« compétence ») et son point de départ global (« l'ordonnée à l'origine ») sont comparables d'un pays à l'autre. Dans ce cas, il est possible de construire des échelles en recourant à un centrage « entre pays » ce qui signifie qu'une même moyenne et un même écart-type sont communs à tous les pays.

En revanche, lorsque seule la relation (« saturation ») entre chaque question et son concept sous-jacent sont comparables d'un pays à l'autre, il n'est pas possible de comparer directement la situation des individus dans les différents pays, mais il est possible d'étudier les disparités entre groupes. C'est pourquoi, pour éviter que des comparaisons entre pays ne soient réalisées pour des instruments qui n'atteignent pas l'invariance totale, le centrage « par pays » a été utilisé dans le PIAAC.

En pratique, le centrage « entre pays » a été utilisé dans l'Évaluation des compétences des adultes 2023 pour les compétences en traitement de l'information (appelées les « compétences fondamentales du XXIe siècle » dans ce rapport) alors que le centrage « par pays » a été utilisé pour les compétences sociales et émotionnelles. Comme la disposition à différer la gratification a été mesurée à l'aide d'un seul item, elle est considérée comme une échelle observée plutôt que comme une construction latente, car aucun test d'invariance n'a pu être réalisé. Le Graphique 1 présente, pour trois pays théoriques, A, B et C, les conséquences de l'adoption d'un centrage « entre pays » et d'un centrage « par pays ».

Graphique 1. Centrage « entre pays » et centrage « par pays »

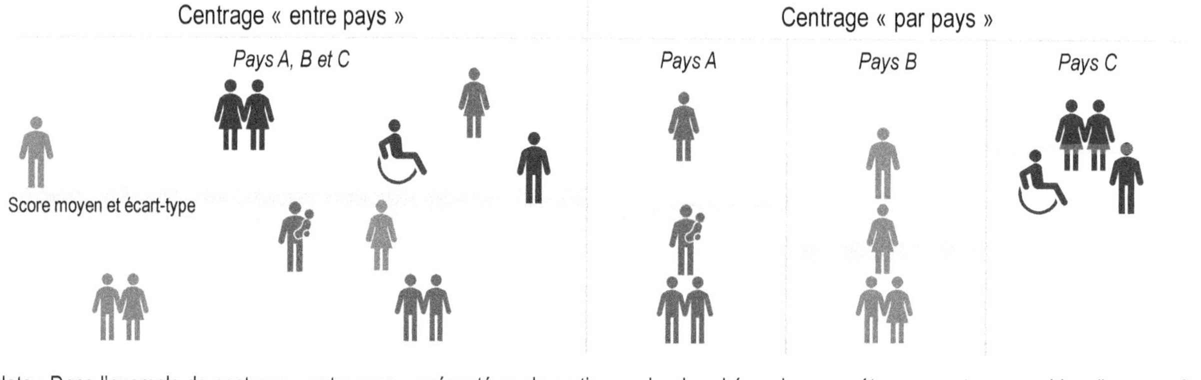

Note : Dans l'exemple de centrage « entre pays » présenté sur la partie gauche du schéma, les compétences sont comparables d'un pays à l'autre et les moyennes arithmétiques et les écarts-types sont calculés à partir des informations de tous les pays. Dans la partie droite, le « centrage par pays », les compétences ne sont pas comparables d'un pays à l'autre et les moyennes et écarts-types sont calculés séparément pour chaque pays.

Un centrage « entre pays » pour les compétences en traitement de l'information et la disposition à différer la gratification

Le PIAAC assure la comparabilité entre pays et groupes de population des questions d'évaluation au moyen d'un examen qualitatif des items, de procédures de traduction définies et d'indicateurs quantitatifs visant à repérer les écarts systématiques par rapport aux résultats attendus au regard de l'hypothèse d'une comparabilité totale. Les compétences en traitement de l'information sont donc standardisées à l'aide d'une moyenne commune et d'un écart-type commun à l'ensemble des pays et économies participant à l'Évaluation des compétences des adultes 2023. Cela signifie que les scores de l'ensemble de la population participante sont agrégés pour le calcul de la moyenne et de l'écart-type (OCDE, 2025[4]). Il est ainsi possible de repérer si un groupe d'individus dans le pays A obtient de meilleurs scores en lecture et écriture qu'un groupe d'individus vivant dans le pays B et si la variation de ces compétences au sein de la population du pays A se caractérise par une dispersion plus importante que celle de la population du pays B.

Centrage « par pays » pour les compétences sociales et émotionnelles

Les analyses d'invariance des données du PIAAC révèlent que l'invariance d'échelle n'a pas été atteinte pour les instruments de mesure des compétences sociales et émotionnelles, mais que l'invariance métrique a été atteinte. Cela tient probablement au fait que les personnes ne s'expriment pas de la même façon selon les pays (Cheng, Cheung et Montasem, 2014[5]). Ainsi, à comportement égal, une personne extravertie dans le contexte socioculturel du pays A peut être considérée comme modérément démonstrative dans le pays C par rapport aux personnes qui l'entourent. En outre, l'importance accordée à la sociabilité et sa lecture par une population donnée est fonction de valeurs sociales plus générales qui diffèrent selon les pays.

Afin de tenir compte de l'impact des contextes socioculturels dans l'évaluation des compétences sociales et émotionnelles, les scores des individus ont été standardisés par rapport aux autres participants du même pays. Par conséquent, si l'on peut comparer les différences entre groupes (les « tailles d'effet »), on ne peut pas comparer les moyennes (scores moyens des différents groupes) entre les pays (OCDE, 2025[4]). Les scores de la population de chaque pays et économie participant au PIAAC ont été considérés séparément pour le calcul du score moyen et de l'écart-type, de sorte que la moyenne et l'écart-type de chaque pays sont les mêmes, quel que soit le niveau moyen des réponses aux questions sous-jacentes dans les différents pays [voir (OCDE, 2025[4])].

Interprétation de l'ampleur des écarts entre les groupes

Pour interpréter l'ampleur des écarts standardisés entre groupes en matière de compétences en traitement de l'information et de gratification différée (les « écarts standardisés »), et pour les compétences sociales et émotionnelles (les « tailles d'effet »), ce rapport s'appuie sur le *d* de Cohen. Les écarts standardisés sont considérés comme des effets faibles si le *d* de Cohen est inférieur à 0.2 ; comme des effets modérés pour des valeurs comprises entre 0.2 et 0.5 ; et comme des effets importants pour des valeurs égales ou supérieures à 0.5. Une autre manière d'évaluer les écarts consiste à les examiner à la lumière des différences généralement observées à la suite d'interventions éducatives. Par exemple, l'écart standardisé des performances observé au cours d'une année scolaire parmi les participants à l'enquête PISA (environ 0.20) (Avvisati et Givord, 2023[6]), et de la majorité des interventions éducatives produisent des tailles d'effet sur les performances standardisées qui sont inférieures à l'écart standardisé plancher de 0.2 (Kraft, 2020[7]).

Interprétation des résultats par pays : l'origine immigrée

Les populations immigrées sont très différentes selon les pays et les économies en termes de taille, de composition et de parcours migratoire. Les lecteurs sont donc invités à consulter les résultats par pays figurant dans les tableaux d'annexes de chaque chapitre pour interpréter les conclusions sur le critère de l'origine immigrée. Il est donc recommandé de faire preuve de prudence dans les comparaisons entre pays et économies, sachant que les analyses ne peuvent pas rendre pleinement compte des différences dans la composition et les profils migratoires des populations immigrées.

Références

Avvisati, F. et P. Givord (2023), « The learning gain over one school year among 15-year-olds: An international comparison based on PISA », *Labour Economics*, vol. 84, p. 102365, https://doi.org/10.1016/j.labeco.2023.102365. [6]

Cheng, C., M. Cheung et A. Montasem (2014), « Explaining differences in subjective well-being across 33 nations using multilevel models: Universal personality, cultural relativity, and national income », *Journal of Personality*, vol. 84/1, pp. 46-58, https://doi.org/10.1111/jopy.12136. [5]

John, O., E. Donahue et R. Kentle (1991), « Big Five Inventory », *PsycTESTS Dataset*, American Psychological Association (APA), https://doi.org/10.1037/t07550-000 (consulté le 6 mars 2025). [3]

Kraft, M. (2020), « Interpreting effect sizes of education interventions », *Educational Researcher*, vol. 49/4, pp. 241-253, https://doi.org/10.3102/0013189x20912798. [7]

OCDE (2025), *Survey of Adult Skills 2023 Technical Report*, Études de l'OCDE sur les compétences, Éditions OCDE, Paris, https://doi.org/10.1787/80d9f692-en. [4]

Soto, C. et O. John (2017), « Short and extra-short forms of the Big Five Inventory–2: The BFI-2-S and BFI-2-XS », *Journal of Research in Personality*, vol. 68, pp. 69-81, https://doi.org/10.1016/j.jrp.2017.02.004. [1]

Soto, C. et O. John (2017), « The next Big Five Inventory (BFI-2): Developing and assessing a hierarchical model with 15 facets to enhance bandwidth, fidelity, and predictive power. », *Journal of Personality and Social Psychology*, vol. 113/1, pp. 117-143, https://doi.org/10.1037/pspp0000096. [2]

Sigles et acronymes

On trouvera ci-après la liste des principaux sigles et acronymes utilisés dans le présent rapport.

Sigle/acronyme	Description complète
CAN	Australian College of Nursing
BFI	Big Five Inventory
CEAV	Career Education Association of Victoria
CICA	Career Industry Council of Australia
CITP	Classification internationale type des professions
CPF	Compte personnel de formation
DEIS	Delivering Equality of Opportunity in Schools
EAJE	Éducation et accueil des jeunes enfants
EFP	Éducation et formation professionnelles
EIU	Economist Intelligence Unit
ET	Écart-type
GEOM	Global Estimates of Opportunity and Mobility
GII	Indice d'inégalité de genre
GML	Grands modèles de langage
GOII	Indice d'intégration professionnelle selon le genre
GRH	Gestion des ressources humaines
HEAR	Higher Education Access Route
IA	Intelligence artificielle
ICCS	International Civic and Citizenship Education Study
ICILS	International Computer and Information Literacy Study
JVCCS	Jobs Victoria Career Counsellors Service
L1	Langue maternelle
L2	Deuxième langue
LDND	Distance de Levenshtein normalisée par divergence
MEL	Money earlier or later
MOOC	Cours en ligne ouverts à tous
NHS	Service national de santé britannique
PAMT	Politiques actives du marché du travail
PIAAC	Programme pour l'évaluation internationale des compétences des adultes
PIRLS	Progress in International Reading Literacy Study
PISA	Programme international pour le suivi des acquis des élèves
PME	Petites et moyennes entreprises
PPA	Parité de pouvoir d'achat
RR	Ratio de représentation
SE	Erreur-type
SPE	Services publics de l'emploi
SSE	Statut socioéconomique

Sigle/acronyme	Description complète
STIM	Sciences, technologie, ingénierie et mathématiques
TAFE	Enseignement technique et formation continue
TIC	Technologies de l'information et de la communication
TIMSS	Trends in International Mathematics and Science Study
VAE	Validation des acquis de l'expérience
WUI	World Uncertainty Index

Résumé

Les disparités entre ceux qui possèdent les compétences essentielles pour réussir au XXIe siècle et les autres sont entre autres le reflet de leur milieu d'origine. Dans cette édition des *Perspectives de l'OCDE sur les compétences*, sont considérées comme des compétences nécessaires pour réussir au XXIe siècle les compétences en traitement de l'information (écrit, calcul et résolution adaptative de problèmes) et les aptitudes sociales et émotionnelles. Quand il existe des disparités en termes de compétences, les possibilités de croissance économique sont moindres car les talents sont mal exploités et mal répartis.

Dans leur action pour contrer ces écarts, les responsables publics doivent composer avec un contexte socioéconomique évoluant à une vitesse inédite, rendant leur tâche d'autant plus compliquée. La présente édition des *Perspectives de l'OCDE sur les compétences* livre une analyse de l'influence, selon les pays, du milieu d'origine d'un individu sur les compétences qu'il possède, et de ce que peuvent faire les pouvoirs publics pour que chacun, quel que soit son milieu d'origine, puisse acquérir les compétences nécessaires pour s'épanouir.

Nos compétences et notre capacité à les mobiliser dépendent de facteurs que nous ne maîtrisons pas. Dans la plupart des pays, ce sont toujours des facteurs sur lesquels les individus n'ont aucune prise, comme le milieu socioéconomique, le genre, l'origine immigrée ou le lieu où ils ont grandi, qui déterminent s'ils pourront acquérir ou non des compétences reconnues et valorisées. Ces différences ne sont pas indépendantes les unes des autres, elles s'accumulent et s'accentuent au fil du temps, déterminent les chances dans la vie et freinent la croissance et la capacité des pays à transformer les défis du XXIe siècle en possibilités de croissance et de bien-être. Il en résulte des talents inexploités, un manque d'efficacité sur le marché du travail et des fractures sociales profondes, qui, parfois, s'aggravent. Cela étant, les différences marquées observées entre les pays montrent que des investissements ciblés dans des possibilités de formation tout au long de la vie peuvent réduire les déficits de compétences.

Le milieu socioéconomique est l'un des principaux facteurs de disparités en matière de compétences. Dans les pays de l'OCDE, les compétences fondamentales du XXIe siècle restent inégalement réparties au sein de la population, le milieu socioéconomique apparaissant comme le vecteur le plus puissant et le plus répandu de ces disparités. Par exemple, les adultes dont au moins l'un des parents est diplômé de l'enseignement supérieur obtiennent de meilleurs résultats sur ces compétences fondamentales que ceux dont aucun des parents n'a atteint ce niveau d'études. Parmi ceux qui obtiennent les résultats les plus faibles, le niveau d'études des parents joue encore plus. Ces « planchers collants » sont le reflet inversé de ce que l'on appelle l'avantage compensatoire, autrement dit le fait que les familles favorisées peuvent mobiliser davantage d'argent, de temps et de réseaux pour que leurs enfants, même lorsqu'ils peinent à maîtriser les compétences fondamentales modernes en raison de faibles aptitudes de base, soient malgré tout poussés à exploiter pleinement leur potentiel.

Le contexte joue également un rôle dans l'ampleur des écarts de compétences : dans les pays où les inégalités de revenu sont élevées, les disparités entre groupes socioéconomiques en matière de compétences sont également plus marquées. S'agissant des différences entre les zones rurales et les zones urbaines, on observe que les individus ayant grandi en ville obtiennent de meilleurs résultats, mais que les écarts se resserrent lorsque l'on prend en compte le niveau d'études des parents, ce qui montre à quel point l'influence du lieu de vie et celle des ressources familiales sont imbriquées.

Les disparités entre hommes et femmes varient selon les compétences. En moyenne, les femmes obtiennent de meilleurs résultats que les hommes à l'écrit, mais les hommes dépassent souvent les femmes en calcul et en résolution adaptative de problèmes. Il apparaît surtout que les différences entre hommes et femmes concernant les compétences en calcul sont plus marquées dans les groupes les plus qualifiés, ce qui témoigne de la présence d'un « plafond de verre » pour les femmes les plus performantes dans les domaines faisant massivement appel aux compétences mathématiques. Cet écart est également plus manifeste parmi les adultes ayant des parents diplômés de l'enseignement supérieur que chez les autres groupes d'adultes.

Les disparités en matière de compétences se manifestent tôt. On observe par exemple que les garçons obtiennent de meilleurs résultats que les filles en culture financière et en mathématiques, mais que les filles ont des compétences plus solides que les garçons en résolution collaborative de problèmes, créativité et lecture. De même, les élèves de 15 ans dont les parents sont diplômés de l'enseignement supérieur dépassent les autres élèves de leur âge en mathématiques, et cet écart est encore plus flagrant chez les élèves très performants. Des actions décisives s'imposent pour enrayer ce phénomène, source d'inefficacité, et faire en sorte qu'il ne persiste pas d'une génération à l'autre.

Les systèmes éducatifs et le monde du travail perpétuent l'avantage social. Même si la culture de la plupart des systèmes éducatifs et des entreprises repose sur un fonctionnement méritocratique, l'orientation des individus dans les différentes filières et dans le monde du travail montre que ces systèmes tendent à perpétuer un avantage social initial. Cet avantage se dessine très tôt ; s'il s'atténue partiellement au cours de la scolarité obligatoire, les différences d'orientation au moment du passage vers des niveaux d'enseignement supérieurs ou des programmes de formation accentuent les disparités entre groupes socioéconomiques en termes de perspectives et d'avantages sur le marché du travail. Dans les cohortes successives, on observe que les disparités entre groupes socioéconomiques en matière de connaissances fondamentales se réduisent à l'adolescence avant de s'accroître de nouveau après la fin des études.

L'orientation vers et au sein de l'enseignement supérieur est un puissant vecteur d'inégalités dans le développement des compétences. Les choix et les perspectives qui s'offrent aux individus de différents milieux s'agissant de la poursuite des études (possibilités, nature, durée) est une source importante de disparités dans l'acquisition de compétences. Ces disparités ne sont pas uniformes : celles liées au milieu socioéconomique touchent principalement la *durée* des études, alors que les disparités de genre influent sur leur *nature*. Ainsi, les femmes sont globalement plus susceptibles que les hommes d'obtenir un diplôme du supérieur, mais nettement moins nombreuses à opter pour des filières très axées sur les mathématiques.

Les possibilités de formation des adultes sont inégalement réparties et reproduisent souvent des difficultés initiales. Selon leur niveau d'études, les individus ont accès à différents types d'emplois, qui eux-mêmes offrent différents types de possibilités de formation. Si, en moyenne, 43 % environ des adultes suivent des formations non formelles, la proportion est de 61 % chez les diplômés du supérieur et de 19 % chez les non diplômés de l'enseignement secondaire du deuxième cycle. De fait, les adultes issus de milieux défavorisés sont surreprésentés dans les formations sur le maniement des machines et équipements et les protocoles de sécurité, alors que les personnes de milieux favorisés sont plus susceptibles de suivre des cours de perfectionnement et d'actualisation de leurs compétences (gestion de projet, apprentissage d'une langue étrangère, et mathématiques).

Les obstacles à la formation des adultes diffèrent selon le profil. Les obligations familiales pèsent davantage sur les jeunes actifs et sur les femmes, les adultes en milieu rural font état d'une offre insuffisante ou peu pratique, et les femmes sont plus nombreuses à évoquer des imprévus les empêchant de suivre des activités de formation, signe qu'elles manquent souvent de temps et de soutien.

Le niveau d'études est un important facteur d'atténuation des disparités salariales liées au milieu socioéconomique. Le fait de pouvoir acquérir des compétences rémunératrices est un déterminant important des disparités en termes d'emploi selon le milieu socioéconomique ; cela étant, lorsque l'on prend en compte le niveau d'études et de compétence des individus, la plupart des écarts de salaire et d'emploi selon le milieu socioéconomique d'origine se réduisent considérablement. C'est ainsi qu'en moyenne, plus des trois quarts des disparités salariales liées au milieu socioéconomique s'expliquent par des différences liées au parcours scolaire et aux compétences fondamentales, les adultes issus de familles diplômées du supérieur gagnant 11 % de plus par heure que ceux présentant les mêmes caractéristiques sociodémographiques, mais dont les parents ne sont pas diplômés de l'enseignement supérieur. L'écart est toutefois de 2 % lorsque l'on prend aussi en compte le niveau d'études, la participation à des formations non formelles et les compétences.

La mobilité ascendante en matière d'éducation a progressé, mais ne se traduit pas totalement par une mobilité professionnelle ascendante. Les chances qu'ont les enfants de réaliser pleinement leur potentiel dépendent largement de la situation de leurs parents. Cela étant, au cours du XXe siècle et du premier quart du XXIe siècle, bon nombre de personnes d'âge actif ont fait davantage d'études que leurs parents et, de nos jours, les attentes des jeunes à cet égard restent élevées. Pour autant, nombreux sont ceux pour qui la mobilité ascendante en matière d'éducation ne se traduit pas par une mobilité professionnelle ascendante : en effet, si les adultes ne sont que 12 % à avoir fait moins d'études que leurs parents, ils ne sont pas moins de 36 % à occuper un emploi dont le statut social est inférieur à celui associé à la profession de leurs parents.

Les disparités d'emploi entre hommes et femmes restent importantes. Si les différences dans l'accès au développement des compétences constituent un déterminant essentiel des disparités socioéconomiques sur le marché du travail, ce n'est pas le cas des disparités entre les hommes et les femmes. Le taux d'emploi des hommes est supérieur d'environ sept points de pourcentage à celui des femmes, à qualifications et compétences égales. Parmi les hommes et les femmes qui exercent une activité rémunérée, l'écart de salaire horaire est de l'ordre de 14 % à profil socioéconomique égal, et augmente encore (16 %) lorsque l'on compare des hommes et des femmes ayant suivi le même parcours éducatif et acquis les mêmes compétences. La ségrégation professionnelle est bien ancrée : seuls 29 % des travailleurs occupent un emploi où les personnes de leur sexe sont minoritaires. Ainsi, 15 % des hommes occupent un emploi majoritairement exercé par des femmes et 13 % des femmes exercent une profession majoritairement masculine – et notons que les emplois majoritairement exercés par des hommes se caractérisent généralement par des salaires plus élevés à compétences requises égales.

Infographie 1. Faits et chiffres clés

Incidence majeure des disparités socioéconomiques sur les compétences à l'écrit

Les adultes sont plus susceptibles d'avoir un meilleur niveau à l'écrit s'ils...

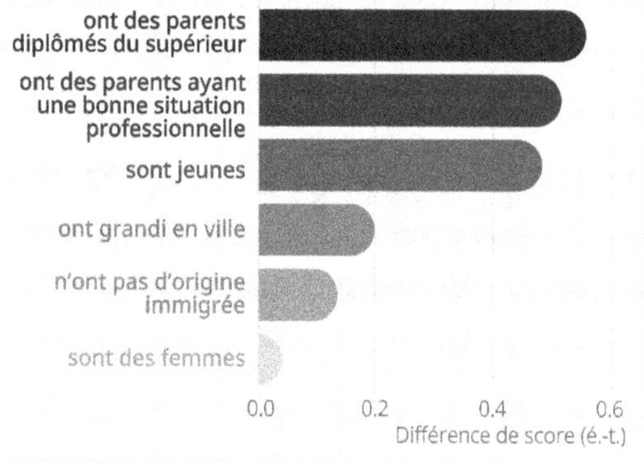

La scolarité contribue à combler les écarts socioéconomiques à l'adolescence

Écart en mathématiques entre les élèves dont les parents sont diplômés ou non du supérieur, à 10 et 15 ans

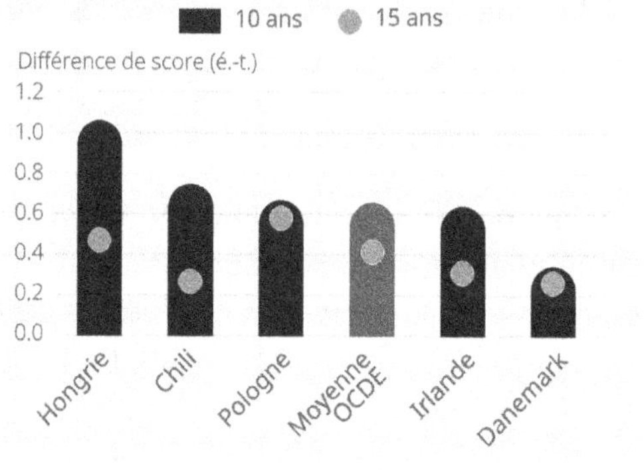

Le milieu d'origine des parents joue sur les compétences, principalement via les possibilités l'accès à l'instruction

Écarts de niveau en calcul entre les adultes dont les parents ont un emploi de cadre ou une profession intellectuelle et les autres

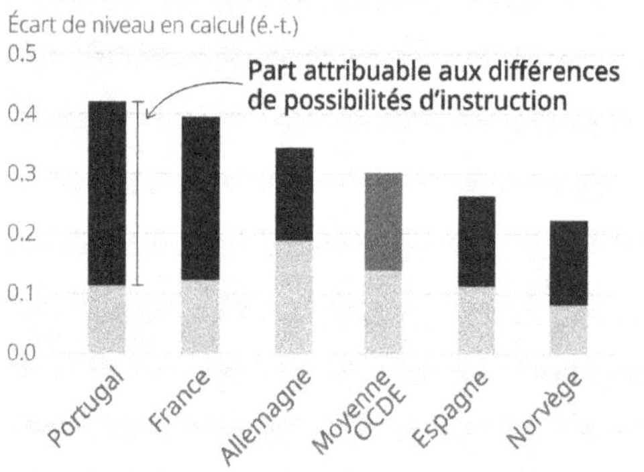

Hommes et femmes se spécialisent dans différentes filières de l'enseignement et la formation professionnels

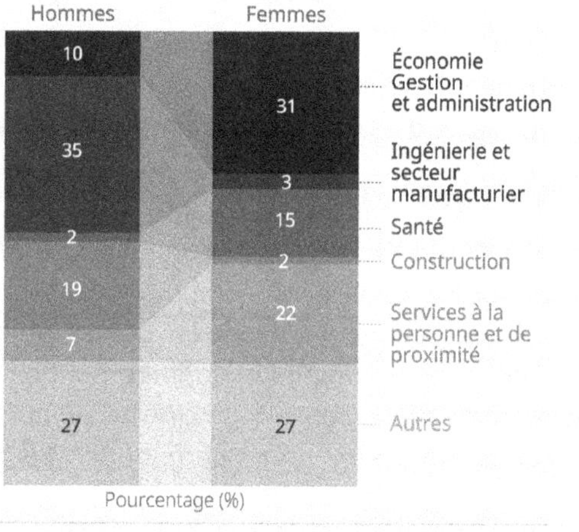

Le milieu parental influe sur le type de formation suivie par les adultes

Pourcentage d'adultes suivant différents types de formation, selon la profession des parents

Parent cadre / profession intellectuelle		Parent non cadre / profession intellectuelle
20%	Sécurité	14%
8%	Fonctionnement des machines et équipements	5%
4%	Langue étrangère	6%

Études et compétences expliquent l'essentiel de l'écart salarial des adultes issus de différents milieux parentaux

Écart salarial entre adultes de milieux favorisés et défavorisés, en %

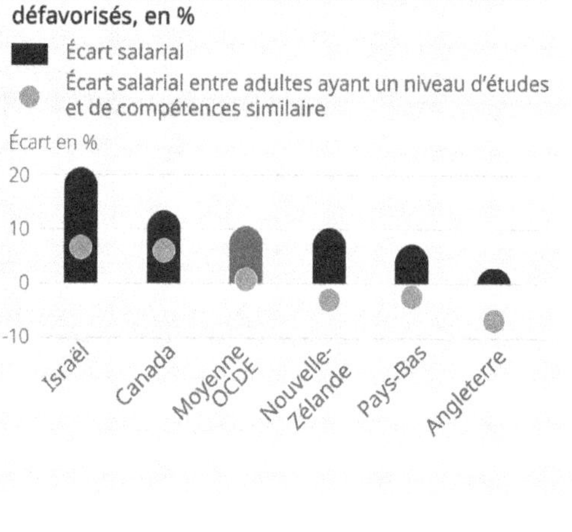

1 Élargir les possibilités en investissant dans les compétences du XXIe siècle

Les crises et les mégatendances - pandémies, instabilité géopolitique, changement climatique, évolutions démographiques, innovations technologiques rapides - sont en train de redessiner le XXIe siècle. Face à ces phénomènes, l'incertitude grandit et les attentes en matière de compétences changent, creusant les disparités socioéconomiques et régionales dans l'accès aux opportunités. Le présent chapitre définit l'ensemble des compétences nécessaires pour réussir sur les marchés du travail modernes et met en évidence la nécessité de réduire les disparités en matière de développement des compétences. Certains facteurs sur lesquels les individus n'ont aucune prise, comme le genre, l'origine immigrée, le milieu socioéconomique ou le lieu d'habitation pendant l'enfance, ont une incidence profonde sur les compétences qu'ils peuvent acquérir et les avantages qu'ils peuvent en tirer. Ces facteurs risquent d'exacerber les pénuries de compétences, de limiter les possibilités de croissance économique, voire d'alimenter les tensions sociales. Parallèlement, l'évolution rapide des technologies, de l'économie et de la société exige que les politiques publiques s'adaptent à un rythme de plus en plus soutenu. Ce chapitre explique en détail comment des mesures souples en matière de formation tout au long de la vie, fondées sur des données probantes, associant les parties prenantes et répondant aux défis du XXIe siècle, peuvent contribuer à faire en sorte que ce qui apparaît comme des contraintes devienne au contraire une chance pour les individus de s'épanouir.

En bref

Les défis du XXIᵉ siècle exigent des actions rapides qui peuvent être adaptées pour répondre au rythme soutenu des mutations à l'œuvre. L'un des objectifs centraux est de réduire les disparités en matière de compétences induites par des circonstances indépendantes de la volonté des individus, comme le genre, le niveau d'études et la profession des parents, l'origine immigrée, l'âge ou le lieu où l'on a grandi. Y parvenir favorise la croissance économique, l'innovation ainsi qu'une plus grande égalité des chances. Identifier les interventions publiques propres à réduire les disparités en matière de compétences consiste en premier lieu à déterminer comment se répartissent les compétences de chacun selon ses caractéristiques sociodémographiques, ainsi que les facteurs qui expliquent ces disparités. En mettant en place les initiatives décrites dans le présent rapport, les responsables de l'action publique peuvent faire une différence concrète dans la vie de leurs concitoyens en réduisant les disparités au regard des compétences et des avantages que celles-ci procurent.

Une gouvernance souple est essentielle. Les politiques de formation tout au long de la vie peuvent atténuer les disparités entre les groupes de population. Il y a lieu que ces politiques soient souples, axées sur les données et itératives, et permettent des ajustements rapides pour faire face à une situation en constante évolution, à partir de mécanismes de suivi et de retour d'information continus. Les systèmes efficaces reposent sur une collaboration stratégique entre les autorités nationales et locales, les partenaires sociaux et les apprenants.

La formation tout au long de la vie doit être pleinement intégrée dans les stratégies plus générales de développement économique et d'innovation. Des cadres efficaces de formation tout au long de la vie prennent en compte tous les stades, de la petite enfance à la scolarité obligatoire, en passant par les études supérieures et la formation continue des adultes. La collaboration entre les ministères permet d'aligner les objectifs en matière d'enseignement et de formation sur des stratégies de gouvernance plus larges, telles que celles liées à la transformation numérique, à la santé et au bien-être, ou à l'inclusion, avec à la clé des programmes et politiques plus efficients et plus efficaces.

Il convient d'investir dans des initiatives qui favorisent la mobilité en matière de formation et d'emploi. La collaboration avec les parties prenantes devrait se traduire par des investissements visant à favoriser la mobilité en matière de formation et d'emploi, par exemple des parcours scolaires accessibles qui favorisent la mobilité horizontale et verticale entre l'enseignement professionnel, les filières générales et les programmes de perfectionnement et d'actualisation des compétences des adultes. Une approche de ce type contribue à préserver la capacité d'adaptation de la main-d'œuvre, en veillant à ce que l'offre de compétences reste étroitement alignée sur l'évolution des besoins du marché du travail.

Il est essentiel de réduire les disparités liées aux caractéristiques sociodémographiques dès l'enseignement préscolaire. Les disparités en matière de compétences commencent à se faire sentir dès le plus jeune âge en raison des différences d'accès aux services d'éducation et d'accueil des jeunes enfants (EAJE) et de qualité de ces services. Les effets de ces disparités sur les compétences des individus ne font que s'accentuer avec le temps. Investir dans des systèmes d'EAJE de qualité, complets et accessibles à tous, assortis de mesures de soutien ciblées, peut permettre d'atténuer les déficits de compétences dus à des circonstances sur lesquelles les individus n'ont aucune prise. L'intégration de services tels que la santé, la nutrition et l'aide à l'emploi des parents dans le système d'EAJE renforce encore ces interventions, en particulier chez les groupes défavorisés.

Le système de scolarité obligatoire doit concilier excellence, équité et adéquation avec le marché du travail. Les mécanismes de financement doivent tenir compte des disparités en matière de compétences, tandis que les programmes d'enseignement doivent assurer la maîtrise des compétences fondamentales du XXIe siècle et des compétences sociales et émotionnelles ainsi que la préparation à la vie active. Les initiatives en faveur d'une instruction inclusive et exempte de stéréotypes, en particulier lorsque ces initiatives portent sur le genre ou la mobilité sociale, contribuent à réduire la ségrégation professionnelle et à améliorer les résultats en termes d'emploi à long terme.

Les programmes de formation des adultes doivent concilier accès, qualité et adéquation avec le marché du travail. Les adultes qui travaillent ou qui ont des responsabilités familiales n'ont pas toujours beaucoup de temps ni de moyens à consacrer à leur formation, ce qui complique ou freine leur participation. Les systèmes de formation des adultes existants favorisent souvent ceux qui ont déjà un niveau d'études élevé, ce qui creuse encore les écarts de compétences. Il est essentiel d'assurer la qualité et la pertinence de ces systèmes grâce à des processus d'homologation rigoureux, des mécanismes de financement axés sur les résultats et des cadres de responsabilité des prestataires solides. Un soutien ciblé sur les groupes mal desservis, notamment les seniors, les migrants et les personnes peu qualifiées ou peu diplômées, devrait également constituer une priorité.

L'orientation professionnelle peut être un bon moyen d'améliorer les perspectives et les résultats des individus, tout en aidant à combler les pénuries croissantes de compétences et de main-d'œuvre. Il conviendrait d'étendre et de moderniser des services d'orientation professionnelle qui soient à la fois complets et exempts de préjugés, y compris les services d'information et de conseil, afin de combler les manques d'information et de lutter contre les stéréotypes persistants. Les capacités d'orientation professionnelle, en particulier dans les écoles défavorisées et les services publics de l'emploi, pourraient être renforcées par des services d'accompagnement numériques et personnalisés qui orientent les individus vers les formations qui leur correspondent et facilitent leur entrée dans la vie active.

Une approche donnant la priorité aux compétences sur le marché du travail pourrait contribuer à réduire les pénuries de compétences et à promouvoir l'inclusion. Les pouvoirs publics peuvent montrer l'exemple, par exemple en adoptant des méthodes de recrutement axées sur les compétences dans les processus de recrutement du secteur public. Ils peuvent également mettre en place des incitations destinées aux employeurs afin qu'ils adoptent des modèles de recrutement axés sur les compétences. Il conviendrait d'élaborer des cadres normalisés d'évaluation et de validation des compétences ainsi que de portabilité des diplômes afin d'assurer la transparence et de faciliter la mobilité professionnelle. Conjuguées aux politiques relatives à la formation des adultes, les méthodes de gestion des talents axées sur les compétences au sein des entreprises peuvent favoriser la formation tout au long de la vie et contribuer à des objectifs stratégiques plus larges liés à l'innovation et à la réduction des pénuries de main-d'œuvre.

1.1. Chocs, changements et évolution du paysage des compétences au XXIe siècle

Le premier quart du XXIe siècle est marqué par une série de crises aiguës – pandémies mondiales, conflits géopolitiques, perturbations économiques, entre autres – et de changements systémiques durables, souvent appelés mégatendances, comme le changement climatique, les évolutions démographiques et les innovations numériques. Les effets conjugués de ces crises et mégatendances engendrent des défis complexes pour le développement des compétences, les perturbations soudaines amplifiant les disparités existantes, tandis que les changements structurels redéfinissent les besoins en compétences et transforment le marché du travail.

Si le progrès technologique peut par exemple stimuler la croissance économique, il peut aussi aggraver les disparités de revenu et de débouchés professionnels, dans la mesure où les inégalités d'accès aux outils numériques et à la formation privent certains de la possibilité de devenir plus productif grâce aux technologies. Le fait que les technologies puissent améliorer la productivité du travail humain dans certains secteurs et professions mais pas dans tous pourrait également générer des disparités, les travailleurs se retrouvant face à des schémas divergents en termes de débouchés économiques et professionnels. Le changement climatique et les politiques d'atténuation qui en découlent font que certaines compétences sont plus recherchées et d'autres moins, les transformations nécessaires pour atteindre les objectifs de neutralité carbone ouvrant des possibilités d'innovation, de création d'emplois et de progrès social. Toutefois, le changement climatique risque également de creuser les inégalités régionales, les régions à faible revenu supportant souvent des charges environnementales disproportionnées et ne disposant pas des ressources nécessaires pour s'adapter efficacement. Les changements démographiques, en particulier le vieillissement de la population dans les pays à revenu élevé, accentuent les tensions sur le marché du travail, soulignant l'urgente nécessité de prendre des mesures pour remédier aux déficits de compétences qui se font jour. Il est essentiel de comprendre ces forces, leurs interactions et leur incidence sur la demande de compétences pour formuler des politiques en matière de compétences qui répondent à l'évolution des attentes des pays au XXIe siècle. En apportant des réponses efficaces à ces défis, il est possible de réduire l'inégalité des chances due à des facteurs socioéconomiques, à la fois entre les pays et en leur sein.

Toutefois, face à la rapidité des changements qui s'opèrent, les politiques doivent s'adapter à un rythme accéléré, ce qui met à rude épreuve les cycles de gouvernance classiques. Concrètement, les systèmes d'enseignement et de formation, au sein desquels les programmes scolaires, les cadres de certification et les accords de financement sont souvent établis plusieurs années à l'avance, ont du mal à repenser les programmes, à renforcer les compétences des formateurs et à adapter l'offre suffisamment rapidement pour répondre aux nouveaux besoins en compétences. Les services de l'emploi, les stratégies industrielles et les instruments de protection sociale sont confrontés à des défis analogues : ils doivent traiter les informations sur le marché du travail, harmoniser les incitations et déployer rapidement les ressources alors qu'ils s'appuient souvent sur des données et des structures décisionnelles peu adaptées à des décisions et à des évolutions de services rapides. Ces décalages temporels risquent de créer des pénuries de compétences, de réduire le potentiel de croissance économique et de diminuer le rendement des investissements publics et privés. Si l'on veut que les politiques relatives aux compétences suivent le rythme des mutations économiques et sociétales rapides du XXIe siècle, il faut mettre en place des cadres d'action plus souples, étayés par des données actualisées, des évaluations itératives et une collaboration étroite entre les pouvoirs publics, les employeurs, les partenaires sociaux et les prestataires de formation.

1.1.1. Un monde plus incertain

Les crises ont des effets directs et indirects sur l'économie et la société, en perturbant les activités quotidiennes et en compromettant la stabilité des cadres institutionnels. Elles obligent les acteurs économiques et sociaux à admettre que des bouleversements sont possibles et, ce faisant, génèrent de l'incertitude. Le sentiment d'incertitude s'exprime de manière plus forte et plus fluctuante au cours du premier quart du XXIe siècle qu'au cours des dernières décennies du siècle précédent (Ahir, Bloom et Furceri, 2022[1]).

La fréquence accrue des crises (et l'incertitude croissante qui en découle) pourrait en soi être considérée comme une mégatendance. Des historiens comme Adam Tooze soutiennent que le contexte mondial se caractérise par une « polycrise » au sens où les défis qui le composent se superposent et s'exacerbent (Henig et Knight, 2023[2]). Ce point de vue illustre l'instabilité qui a marqué la fin du XXe siècle et le début du XXIe siècle. Cependant, d'autres mettent en garde contre le fait de considérer les perturbations actuelles comme spécifiquement permanentes (Frankopan, 2024[3]) et font valoir que, dans une perspective historique plus large, des périodes de troubles aigus se sont déjà produites par le passé et n'ont pas nécessairement entraîné de transformations durables. Si les conséquences à court terme des crises sont évidentes, leur importance à long terme en tant que marqueur du XXIe siècle reste incertaine.

Dans un contexte de crises interdépendantes et d'incertitude omniprésente, la formulation et la mise en œuvre des politiques relatives aux compétences deviennent de plus en plus complexes. Parallèlement, la sensibilisation accrue du public aux risques de vulnérabilité systémique pour l'économie et la société peut servir de catalyseur à l'amélioration de ces politiques. Au XXe siècle, la primauté des compétences en traitement de l'information (compétences à l'écrit, en calcul et en résolution adaptative de problèmes) s'est établie à l'échelle de la société et a influencé l'évolution de nombreux systèmes éducatifs, qui ont su adapter leur enseignement pour soutenir le développement de ces compétences. Le XXIe siècle pourrait être celui qui engage la société à adopter une définition plus inclusive de ce que sont les compétences fondamentales et qui valorise et reconnaît divers talents et contributions, mettant au défi les responsables publics, les enseignants et les employeurs de concevoir des approches innovantes à l'appui d'efforts plus larges de développement des compétences. Ainsi, bien qu'une plus grande incertitude présente des risques et puisse accroître les disparités sociales, elle offre également l'occasion de faire progresser les politiques en matière de compétences afin qu'elles profitent à un plus large éventail d'adultes.

1.1.2. Évolutions sociales et démographiques

Au cours du XXe siècle, le profil démographique des pays de l'OCDE a profondément changé. L'une des principales évolutions s'est incarnée dans l'amplification très nette des possibilités d'études et de formation, laquelle a notamment bénéficié aux femmes (Barro et Lee, 2013[4] ; OCDE, 2022[5]). Cette évolution, qui s'explique par la prise de conscience accrue de l'importance de l'instruction en tant que moteur essentiel de la croissance économique et de la mobilité sociale, a ouvert la voie à la hausse du taux d'activité des femmes et à une plus grande représentation de ces dernières dans la prise de décision politique et au sein des pouvoirs publics.

Les structures familiales se sont également très largement transformées au cours de cette période. Par exemple, les couples où les deux conjoints travaillent et sont plus diplômés ont en général moins d'enfants que les générations précédentes, tendance que les chercheurs mettent en relation avec l'évolution des normes familiales, les mariages plus tardifs et la réalisation des aspirations professionnelles des femmes (Lesthaeghe, 2010[6]). Le taux de fécondité a globalement diminué (Bongaarts, 2009[7]), tandis que la hausse des niveaux de vie, les progrès médicaux et un meilleur accès aux soins ont contribué à l'allongement de l'espérance de vie. Globalement, ces changements ont transformé la composition des ménages, modifié la pyramide des âges de la population et généré de nouvelles pressions sur les systèmes de retraite et les services de santé en direction des personnes âgées.

L'urbanisation, sous l'effet de l'industrialisation et de la recherche d'emplois dans des économies de plus en plus fondées sur le savoir, représente une autre caractéristique démographique importante du XXe siècle. L'exode rural a entraîné de profonds changements sociétaux, notamment la croissance des métropoles et l'apparition de nouveaux schémas géographiques de travail et de logement. Parallèlement, les flux migratoires internationaux se sont intensifiés, compliquant encore l'évolution démographique des pays de l'OCDE et accroissant la diversité ethnique et culturelle.

Au XXIe siècle, nombre de ces évolutions démographiques semblent devoir se poursuivre, même si leurs conséquences sont variables d'un pays à l'autre. En particulier, la baisse du taux de fécondité dans les pays de l'OCDE, conjuguée au taux de natalité élevé ayant suivi la Seconde Guerre mondiale, crée des tensions alors que le vivier de jeunes travailleurs, qui diminue, peine à faire face à la hausse du coût des retraites et des systèmes publics de santé (Nations Unies, 2024[8]). Conjuguées à l'allongement de l'espérance de vie, ces évolutions rendent d'autant plus nécessaire l'adoption de mesures visant à transmettre à chacun, quel que soit son âge, les compétences nécessaires pour pouvoir travailler plus longtemps. Il est de plus en plus courant dans de nombreux pays de l'OCDE d'encourager les seniors à travailler plus longtemps afin de réduire le taux de dépendance et les pénuries de main-d'œuvre. Toutefois, cela suppose d'améliorer sensiblement l'offre, la qualité et l'attractivité des possibilités de formation tout au long de la vie, afin que les travailleurs puissent continuer de s'adapter aux nouvelles technologies et à l'évolution de l'emploi.

Compte tenu de tous ces facteurs, les politiques relatives aux compétences au XXIe siècle devront être ambitieuses et flexibles. Outre les parcours scolaires classiques, il sera essentiel d'investir davantage dans l'enseignement professionnel, la formation en ligne et les programmes d'actualisation des diplômes afin de faire face au vieillissement de la main-d'œuvre et à des profils d'actifs plus variés (OCDE, 2021[9]). Il sera essentiel de promouvoir le perfectionnement continu – en particulier des travailleurs en milieu de carrière et des seniors – et d'apporter un soutien adapté aux migrants et aux groupes vulnérables (comme les adultes peu diplômés) afin qu'ils puissent pleinement participer au marché du travail. Dans ce contexte, il pourrait également se révéler nécessaire d'élargir le champ de ce qui est considéré comme une « compétence utile » – de la maîtrise du numérique à la communication interpersonnelle – afin de promouvoir efficacement le bien-être économique et social.

1.1.3. Mobilité sociale et inégalités

Au cours du XXe siècle, la mobilité sociale et les inégalités économiques dans les pays de l'OCDE ont connu une évolution radicale sous l'effet de l'industrialisation, de l'expansion des possibilités de formation, de la mondialisation et du développement technologique. En particulier, alors que le milieu du XXe siècle a connu une augmentation sans précédent des possibilités d'ascension sociale et une réduction des écarts de revenu et de patrimoine, le dernier quart du siècle a vu réapparaître de fortes inégalités de revenu et des barrières entre classes sociales de plus en plus rigides (OCDE, 2019[10]). L'instruction est apparue à la fois comme un moteur d'opportunités et un mécanisme de stratification, les progrès technologiques favorisant les travailleurs qualifiés (ceux qui possèdent certaines compétences, et qui deviennent ainsi plus productifs, et donc plus recherchés, que ceux qui ne les maîtrisent pas), et a rendu les qualifications avancées d'autant plus intéressantes, tandis que les écarts de qualité systémiques dans le domaine éducatif ont perpétué les désavantages intergénérationnels pour de nombreuses personnes (Acemoglu, 2002[11] ; Berman, Bound et Machin, 1998[12]).

La mobilité sociale peut être appréhendée de deux manières : la *mobilité absolue*, qui reflète l'évolution du statut socioéconomique des générations successives, et la *mobilité relative*, qui traduit la probabilité que les individus de milieu défavorisé puissent rattraper ceux qui sont mieux lotis. Une mobilité absolue en hausse peut coexister avec une faible mobilité relative si les avantages de la croissance économique profitent principalement à ceux qui se trouvent déjà dans une situation privilégiée.

Les décennies qui ont suivi la fin de la Seconde Guerre mondiale ont marqué l'âge d'or de la mobilité sociale dans de nombreux pays de l'OCDE. Une expansion industrielle rapide, une forte syndicalisation et une fiscalité progressive ont créé les conditions requises pour que 60 % des enfants de la classe ouvrière bénéficient d'une meilleure situation professionnelle que celle de leurs parents (Causa et Johansson, 2009[13]). Les cohortes nées entre 1950 et 1970 ont enregistré des taux de mobilité ascendante supérieurs de 22 % à ceux des générations nées avant la guerre. Dans les pays nordiques en particulier, le niveau d'études des parents était étroitement et systématiquement lié aux résultats positifs de leurs enfants, témoignant d'une progression presque directe d'une génération à l'autre (Causa et Johansson, 2009[13]). La période de l'après-guerre a également été marquée par une convergence des niveaux de vie, facilitée par une fiscalité progressive, la mise en place de systèmes de protection sociale et une hausse marquée de la productivité du travail.

Toutefois, à partir du milieu des années 70, alors que la pauvreté absolue a continué de reculer dans de nombreuses régions du monde, les inégalités relatives au sein des pays se sont creusées (Cingano,

2014[14]). En outre, la désindustrialisation, conjuguée à des progrès technologiques favorisant la main-d'œuvre qualifiée, a profondément remodelé les marchés du travail (Acemoglu, 2002[11]). Par exemple, les données de l'OCDE indiquent que pour les cohortes nées après 1975, la probabilité de mobilité ascendante a stagné (OCDE, 2019[10]). Les inégalités de revenu ont également suivi une courbe en U tout au long du XXe siècle, le coefficient de Gini[1] passant de 0.55 en 1920 à 0.30 en 1970 dans les économies avancées (ce qui indique une réduction des inégalités de revenu) avant de rebondir à 0.45 en 2020 (Coady et Dizioli, 2017[15]).

Les deux premières décennies du XXIe siècle ont été marquées par une précarisation croissante des groupes à revenu faible et intermédiaire, ainsi que par une envolée des revenus et une concentration des richesses au sommet de l'échelle de distribution. Les nouvelles technologies numériques et le passage à une économie fondée sur la connaissance ont ouvert des perspectives à certains, en particulier ceux dont les compétences techniques et en traitement de l'information sont recherchées. Toutefois, beaucoup ont été laissés de côté, en particulier dans les régions fortement tributaires des industries en déclin (OCDE, 2024[16]) ou dans celles où l'accès à des possibilités d'enseignement et de formation de qualité reste limité (UNESCO, 2024[17]). Cette polarisation exacerbe la stratification sociale et réduit d'autant les perspectives de mobilité ascendante.

Bien que reposant, par nature, sur des corrélations, les données dont on dispose semblent indiquer que les pays où les inégalités de revenu sont les plus marquées affichent souvent des taux de mobilité plus faibles d'une génération à l'autre, association appelée courbe de Gatsby (Corak, 2013[18]). De fait, au sein des pays, le creusement des inégalités de revenu s'accompagne d'un recul de la mobilité sociale, ce qui peut s'expliquer par le fait que lorsque les disparités de revenu ou de patrimoine sont importantes, l'accès à une instruction de qualité, aux services de santé et aux réseaux sociaux devient très stratifié, ce qui permet aux individus issus de milieux socioéconomiques favorisés de conserver leur avantage. Les inégalités d'accès aux études et à la formation, à la fois pendant l'enfance et tout au long de l'âge adulte, jouent un rôle essentiel pour déterminer si l'école constitue véritablement le creuset de l'égalité. Si seuls les individus déjà privilégiés peuvent bénéficier de possibilités de formation de qualité, la mobilité absolue et relative risque d'en pâtir.

1.1.4. Changement climatique

Tout au long du XXe siècle, la croissance économique dans les pays de l'OCDE s'est souvent construite au détriment de l'environnement, avec pour conséquences des émissions de CO_2 élevées et un recul de la biodiversité. Face à la nécessité urgente de lutter contre le changement climatique, le XXIe siècle voit des efforts plus résolus se déployer pour diminuer les émissions de gaz à effet de serre (GES), réduire les déchets et assurer la transition vers un avenir bas carbone. Néanmoins, cette évolution exige des individus et des entreprises qu'ils acquièrent de nouvelles compétences pour s'adapter à la transformation rapide du marché du travail. Pour y faire face de manière efficace, il faut adopter une approche qui ancre l'investissement public dans des programmes complets de perfectionnement et d'actualisation des compétences, crée des parcours de changement d'emploi clairs et établit des cadres formels de partage d'information, de consultation et de négociation collective.

Même si la transition écologique devrait avoir des effets nets modestes sur l'emploi total, elle entraînera des changements importants dans les secteurs, les professions et les régions (OCDE, 2024[16]). Dans les pays de l'OCDE, environ 20 % des travailleurs occupent des emplois portés par la transition écologique[2], tandis que 6 % occupent des emplois dans des secteurs fortement émetteurs de GES (OCDE, 2024[16]). Les emplois verts, en particulier les emplois nouveaux et émergents, exigent souvent des compétences de haut niveau en matière de gestion, de technologie et de services professionnels, tandis que les autres nécessitent plus fréquemment des compétences de niveau intermédiaire et faible. La demande de compétences interpersonnelles et numériques devrait augmenter sensiblement, tandis que certaines compétences manufacturières traditionnelles devraient être moins recherchées (OCDE, 2024[19]). Sans un système d'enseignement et de formation adéquat, la croissance bas carbone pourrait être compromise par des pénuries de compétences.

En plus de réduire les émissions, les professions portées par la transition écologique offrent généralement des salaires plus élevés, même si cet avantage s'applique principalement aux emplois qui exigent généralement des diplômes supérieurs et des niveaux élevés de compétences en traitement de l'information. À l'inverse, les personnes qui occupent des postes portés par la transition écologique qui n'exigent pas de diplôme supérieur et de compétences associées sont souvent moins bien rémunérées que celles qui occupent des postes similaires dans des secteurs fortement émetteurs de GES ou neutres (OCDE, 2024[16]). Cela pose problème dans la mesure où il est essentiel d'attirer des travailleurs vers ces professions pour éviter que les compétences ne deviennent un frein majeur à la transition vers la neutralité carbone. Les travailleurs licenciés des secteurs fortement émetteurs sont souvent des hommes, assez âgés et peu qualifiés, qui ont dès lors plus de mal à retrouver des postes aussi bien rémunérés (Barreto et al., 2024[20] ; OCDE, 2024[16]).

1.1.5. Évolutions technologiques

Les estimations empiriques de l'incidence des technologies numériques sur l'emploi au XXe siècle et au début du XXIe siècle sont contrastées : si certaines montrent que les évolutions technologiques ont permis d'élargir les possibilités d'emploi (Dixon, Hong et Wu, 2021[21] ; Koch, Manuylov et Smolka, 2021[22]), d'autres indiquent l'inverse (Acemoglu et Restrepo, 2020[23]). Dans l'ensemble, les données empiriques suggèrent que les vagues d'évolutions technologiques passées n'ont pas conduit à une baisse globale des perspectives d'emploi et à des destructions nettes d'emplois sur le long terme (OCDE, 2019[24]). De fait, tout au long du XXe siècle, le ratio emploi/population a augmenté et le taux de chômage n'a pas changé (Autor, 2015[25]).

Par le passé, les pertes d'emplois résultant de l'automatisation informatique ont en général été plus nombreuses parmi les professions faiblement rémunérées, les métiers du secteur manufacturier (Mann et Püttmann, 2023[26]) et, de manière générale, les travailleurs effectuant des tâches courantes (Gaggl et Wright, 2017[27]). En raison des précédentes vagues de progrès technologique, les entreprises d'aujourd'hui recherchent des personnes capables de résoudre des problèmes inédits. Rares sont les travailleurs, qu'ils exercent une profession manuelle ou intellectuelle, à n'avoir recours qu'à des actions courantes pour accomplir leurs tâches. Avec l'avènement de technologies capables d'exécuter des tâches fondées sur des règles, la capacité des individus à résoudre des problèmes complexes qui ne pouvaient pas être résolus simplement en appliquant des règles prédéfinies a pris de l'importance. Alors que les ordinateurs ont progressivement pris la main sur « l'ordinaire », les individus ont dû, de plus en plus, gérer « l'inattendu et l'inédit », souvent en parallèle des tâches informatiques (Autor, Levy et Murnane, 2003[28]). Si les évolutions technologiques passées ont conduit à créer des ordinateurs et des robots qui ne pouvaient suivre que des règles étroitement définies, les algorithmes d'apprentissage automatique modernes permettent aux automates d'effectuer un ensemble beaucoup plus vaste de tâches qui ne reposent pas sur des solutions fondées sur des règles. Ainsi, l'ensemble des tâches pouvant être accomplies par les outils technologiques est totalement différent. L'avènement des systèmes d'intelligence artificielle (IA) pourrait radicalement modifier les besoins futurs en compétences, dans la mesure où les tâches inédites entrent désormais dans le champ de ce que les automates peuvent accomplir de manière fiable. D'une part, la technologie peut remplacer les humains sur certaines tâches, de l'autre, elle peut les compléter, ce qui oblige les travailleurs à apprendre à travailler efficacement avec les nouvelles technologies, dans la mesure où certaines tâches, mais pas toutes, seront concernées par l'automatisation.

Selon les estimations, jusqu'à 80 % des travailleurs américains pourrait voir au moins un dixième de leurs tâches affecté par l'utilisation de grands modèles de langage (LLM), et environ deux salariés sur cinq pourraient en ressentir les effets sur au moins la moitié de leurs tâches (Eloundou et al., 2023[29]). L'analyse récente des offres d'emploi publiées en ligne au Royaume-Uni et aux États-Unis indique qu'entre

2021 et 2024, un tiers environ des compétences requises pour un emploi moyen a évolué, et les trois quarts pour un emploi sur quatre (Lightcast, 2025[30] ; 2025[31]). En outre, aux États-Unis, le rythme de cette évolution entre 2021 et 2024 (sur trois ans) correspond à celui observé entre 2016 et 2021 (sur cinq ans) (Lightcast, 2025[31]). Les professions les plus touchées nécessitent généralement une formation approfondie ou des qualifications de niveau supérieur. À l'inverse, les emplois pour lesquels les compétences requises n'ont que peu évolué n'exigent généralement pas de qualifications avancées et impliquent souvent des tâches physiques exigeantes.

Les conséquences des LLM sur le marché du travail ne sont pas encore pleinement comprises et pourraient évoluer au fil du temps, en fonction des progrès technologiques et des décisions des pouvoirs publics. Les premières données font apparaître des effets mitigés, les LLM se substituant et complétant tout à la fois le travail humain. À mesure que la technologie progresse, les LLM deviennent capables d'exécuter un plus large éventail de tâches, plus rapidement et plus efficacement. Des données du début de 2025 montrent que les LLM peuvent se substituer au travail humain sur des tâches telles que la rédaction et la traduction (Demirci, Hannane et Zhu, 2025[32] ; Qiao, Rui et Xiong, 2024[33]), et qu'ils peuvent également compléter les compétences humaines et améliorer la productivité des travailleurs moins expérimentés (Brynjolfsson, Li et Raymond, 2025[34] ; Noy et Zhang, 2023[35]). Dans certains cas, on obtient des gains de productivité lorsque les travailleurs possèdent des connaissances en matière d'IA, en particulier sur les systèmes d'apprentissage automatique, ce qui leur permet d'être mieux payés que leurs pairs dotés de compétences similaires, mais qui n'ont pas ces connaissances particulières (Stephany et Teutloff, 2024[36]). À terme, les décisions des pouvoirs publics relatives à l'adoption de ces technologies et à leur réglementation détermineront leur incidence globale sur les travailleurs et sur l'emploi (Autor, 2024[37]).

Les nouvelles publications sur l'IA générative mettent en évidence des interactions complexes entre licenciements et créations d'emplois. Certains chercheurs mettent en garde contre l'automatisation généralisée des tâches intermédiaires (Acemoglu et Restrepo, 2018[38] ; Frey et Osborne, 2017[39]), tandis que d'autres soulignent le potentiel de création d'emplois lorsque l'IA est utilisée pour renforcer, et non remplacer, les capacités humaines (Brynjolfsson et Mitchell, 2017[40]). Le fait que les LLM finissent par remplacer les emplois existants ou favorisent de nouvelles formes d'emploi dépendra probablement de la manière dont les technologies évolueront et des pratiques d'adoption organisationnelle, des cadres réglementaires et des incitations institutionnelles mis en place (Autor, 2024[37]).

Les données recueillies auprès de consultants et de travailleurs indépendants en ligne, pour lesquels l'évolution rapide de la demande de compétences et des possibilités d'emploi est plus facilement observable, indiquent que la demande tend à se tarir pour les travailleurs moins expérimentés, tandis que les travailleurs expérimentés restent recherchés, avec une hausse du nombre de travailleurs assumant des tâches complexes qui ne sont actuellement pas à la portée des systèmes d'IA (Demirci, Hannane et Zhu, 2025[32] ; Lysyakov et Viswanathan, 2021[41] ; Teutloff et al., 2025[42]). Du côté de l'offre, les travailleurs qui exercent des professions fortement exposées au risque de remplacement par l'IA générative peuvent voir leur rémunération et leurs perspectives d'emploi se réduire (Hui, Reshef et Zhou, 2023[43] ; Liu et al., 2024[44]), alors que ce sera l'inverse pour ceux qui occupent des emplois complétés par l'IA (Qiao, Rui et Xiong, 2024[33]). Les données actuelles, notamment celles de l'OCDE (2024[45]), indiquent que lorsque l'IA est adoptée après avoir consulté les travailleurs et leur avoir proposé de se former (y compris temps de formation dédié), les résultats sont meilleurs pour les travailleurs et cela peut contribuer à orienter l'IA vers la création d'emplois plutôt que vers des licenciements.

Il est possible de rapprocher ces données en faisant la distinction entre la complexité des tâches et, par approximation, l'expérience requise : sur le marché des services de conseil en ligne, la baisse de la demande est particulièrement marquée pour les contrats courts et pour les postes juniors dont les tâches sont complémentaires des capacités des LLM. Ces résultats donnent à penser que la hausse de la productivité des travailleurs débutants au sein des entreprises peut réduire le besoin de travailleurs indépendants débutants (Brynjolfsson, Li et Raymond, 2025[34]). Parallèlement, le développement des capacités des LLM semble accroître le besoin de travailleurs expérimentés pour exécuter des tâches complexes.

Au niveau de l'économie, le rythme du progrès technologique ne touche pas tous les emplois de la même manière, comme l'indique le Graphique 1.1. Il convient d'opérer un arbitrage entre la rapidité du changement (et les besoins de perfectionnement et d'actualisation des compétences qui en découlent) et les salaires : les professions qui connaissent des changements rapides ont tendance à bénéficier de salaires supérieurs à la moyenne, tandis que les professions relativement peu affectées par l'évolution technologique sont généralement associées à des salaires inférieurs à la moyenne. Le Graphique 1.1 utilise les données de Lightcast (2025[46]) pour cartographier, au niveau des professions, l'évolution de l'ensemble des compétences demandées par les employeurs dans les offres d'emploi en ligne entre 2021 et 2024 ; il présente également les rémunérations mensuelles pour le même ensemble de professions, sur la base de l'Évaluation des compétences des adultes de 2023 (OCDE, 2024[47]). La rapidité du changement est mesurée à l'aide de l'indice de rupture dans les compétences, indice normalisé compris entre 0 et 100, où un score plus élevé indique un degré plus élevé d'évolution des compétences (Lightcast, 2025[46]). Les professions fortement touchées par les technologies – comme les mathématiciens, les actuaires et les statisticiens, ou les programmeurs d'applications – affichent des taux relativement élevés d'évolution des compétences ainsi que des rémunérations élevées. À l'inverse, les professions moins concernées, comme les aides ménagères, affichent des salaires relativement bas ainsi qu'un faible taux d'évolution des compétences. Le Graphique 1.1 permet de penser qu'il faut être disposé à consolider et à actualiser ses compétences pour pouvoir prétendre à de nombreux postes bien rémunérés, dans la mesure où les compétences qui leur sont associées évoluent rapidement.

Graphique 1.1. Liens entre évolution des compétences professionnelles et revenus

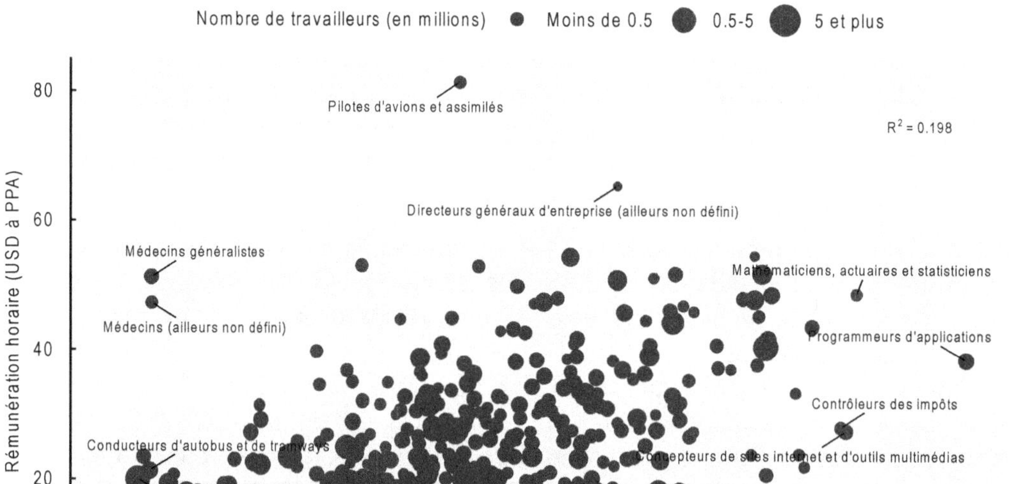

Note : l'indice de rupture dans les compétences a été calculé à partir de données fournies par Lightcast et mesure l'évolution des exigences des employeurs en matière de compétences dans différentes professions. Il s'échelonne de 0 à 100, un score élevé indiquant une évolution plus importante des compétences demandées. La taille des bulles indique le nombre de travailleurs (en millions), classés en trois catégories : moins de 0.5 million, entre 0.5 et 5 millions, et plus de 5 millions. Les revenus mensuels et le nombre de travailleurs dans chaque profession ont été calculés à partir des données de l'Évaluation des compétences des adultes de l'OCDE.

Source : Lightcast (2025[46]), *The Speed of Skill Change*, https://lightcast.io/resources/research/speed-of-skill-change and OCDE (2024[48]), *PIAAC data and methodology*, www.oecd.org/en/about/programmes/piaac/piaac-data.html.

StatLink https://stat.link/6h2qjl

1.1.6. *Aligner les politiques liées aux compétences sur des réalités mondiales en constante évolution*

Comme décrit dans cette section, les crises et les mégatendances remodèlent la nature du travail, influençant à la fois les types de compétences recherchées et les moyens par lesquels les individus acquièrent, développent et actualisent ces compétences. Pour se préparer aux défis futurs, il faut non seulement évaluer les besoins actuels en compétences et déterminer dans quelle mesure les compétences existantes des individus y répondent, mais aussi réévaluer en profondeur la manière dont les politiques en matière de compétences doivent s'adapter à l'évolution des réalités sociales et économiques. Les incertitudes engendrées par les mégatendances et les crises soulèvent des questions quant à la pertinence des politiques en matière de compétences, qui ont été pour la plupart élaborées au XXe siècle.

Au XXIe siècle, il est essentiel de promouvoir un niveau élevé de développement des compétences parmi le plus grand nombre possible d'individus et dans divers groupes sociodémographiques. Tout d'abord, compte tenu de la diversité croissante des sociétés et de la complexité du paysage de l'information, un éventail de compétences permet aux individus d'accéder à l'information, de l'évaluer de manière critique et de l'utiliser efficacement. Les compétences permettent à chacun de participer de manière constructive à la vie civique, réduisant ainsi les divisions sociales et contribuant à maintenir la confiance dans les institutions (OCDE, 2021[49] ; 2024[47]). Ensuite, dans les pays où les taux de natalité sont faibles, la diminution de la population active peut entraîner des pénuries persistantes de main-d'œuvre, mettant en péril à la fois la croissance économique et les systèmes de protection sociale existants. Pour élargir le réservoir de main-d'œuvre, il faut doter une plus grande partie de la population des compétences nécessaires et faciliter son entrée sur le marché du travail. Réduire les disparités en matière de développement des compétences et supprimer les obstacles à l'utilisation efficace des compétences peut atténuer les pressions démographiques, renforcer l'adaptabilité à l'évolution des besoins en main-d'œuvre et soutenir la productivité. Enfin, le développement d'un large éventail de compétences favorise la constitution d'équipes diversifiées. Lorsque des personnes issues de milieux et de domaines d'expertise variés collaborent, elles favorisent l'innovation et la créativité, deux atouts qui stimulent la compétitivité sur un marché de plus en plus complexe et incertain.

Les présentes *Perspectives de l'OCDE sur les compétences* donnent un aperçu des compétences des adultes dans les pays qui ont participé à l'édition de 2023 de l'Évaluation des compétences des adultes, initiative du Programme de l'OCDE pour l'évaluation internationale des compétences des adultes (PIAAC). Elles mettent l'accent sur les disparités persistantes et émergentes, notamment celles liées au genre, au milieu socioéconomique et au lieu d'habitation pendant l'enfance. Ce rapport a deux objectifs principaux. Premièrement, aider les pays de l'OCDE à dresser l'inventaire des compétences actuelles de leurs populations et à évaluer leur degré de préparation face aux défis économiques et sociaux, et deuxièmement, mettre en évidence les possibilités de concrétiser au XXIe siècle le principe fondateur du XXe siècle : l'égalité des chances et la méritocratie.

L'analyse des données relatives aux compétences des adultes tient donc compte des informations historiques sur la manière dont divers pays et économies ont tenté de réduire les inégalités et de favoriser la mobilité sociale grâce au développement des compétences. Les données présentées dans ce rapport portent sur les adultes nés entre 1947 et 2006, soit les participants les plus âgés (65 ans) de l'édition de 2012 de l'Évaluation des compétences des adultes (PIAAC) et les répondants les plus jeunes (16 ans) de l'édition de 2023. Cela signifie que les parents des membres de la cohorte la plus âgée sont nés pendant la Première Guerre mondiale, voire au début du XXe siècle. Étant donné que l'analyse porte principalement sur le XXIe siècle, elle examine également comment les systèmes éducatifs préparent les enfants d'aujourd'hui aux défis de demain. À cette fin, les données issues des évaluations des compétences des adultes sont complétées par des informations sur les populations d'âge scolaire, comme celles provenant du Programme international pour le suivi des acquis des élèves (PISA) et des études TIMSS (*Trends in*

International Mathematics and Science Study), PIRLS (*Progress in International Reading Literacy Study*), ICCS (*International Civic and Citizenship Education Study*) et ICILS (*International Computer and Information Literacy Study*).

Les crises et les mégatendances, qui façonnent la demande de compétences en pesant sur la création et la destruction d'emplois, ont aussi une incidence sur l'offre de compétences par les mouvements de population qu'elles entraînent et par l'influence qu'elles exercent sur les choix des individus en matière d'études et de formation. Elles peuvent également redéfinir les rôles existants : si les tâches liées à un emploi évoluent, les compétences requises pour l'exercer évoluent aussi. À la base, chaque travailleur maîtrise, à des degrés divers, une combinaison unique de compétences, et chaque emploi comporte des tâches qui exigent des compétences et des connaissances spécifiques. Lorsque l'offre et la demande se rencontrent, la croissance économique et le bien-être individuel sont renforcés. En revanche, lorsqu'il y a des décalages persistants, l'offre comme la demande en pâtissent.

Il est d'autant plus utile de comprendre les processus par lesquels les compétences se développent, tant à l'intérieur qu'à l'extérieur des systèmes d'enseignement et de formation formels, que le contexte marqué par des évolutions dans la nature du travail, la diffusion rapide des nouvelles technologies et une plus grande dépendance à l'égard de l'accès à l'information. L'examen de la répartition des compétences entre les différents groupes sociodémographiques, ainsi que des possibilités de les acquérir et de les mettre en pratique, permet de savoir si les individus sont convenablement préparés pour contribuer à façonner les économies du XXIe siècle et s'ils disposeront des compétences nécessaires pour prospérer.

1.2. Qu'entend-on par « compétences du XXIe siècle » ?

Le terme « compétences du XXIe siècle » a commencé à être utilisé au début des années 2000, lorsque les universitaires, les pouvoirs publics et d'autres acteurs se sont rendu compte que l'approche classique en matière de compétences, axée sur l'acquisition de connaissances, devait évoluer à mesure que la technologie progressait et transformait la nature du travail. Au cours des 25 dernières années, des évaluations des compétences ont été mises au point aux plans national et international, et les travaux antérieurs de l'OCDE ont permis de mettre en évidence les points communs et les différences dans la manière dont elles se réfèrent aux compétences du XXIe siècle (Foster et Piacentini, 2023[50]). Ces cadres ont en commun le fait qu'ils décrivent les compétences du XXIe siècle comme étant pertinentes ou applicables dans de nombreux domaines et associées à des compétences avancées et des comportements qui témoignent de la capacité de transférer ses connaissances, de faire face à des problèmes complexes et de s'adapter à des situations imprévisibles. En revanche, dans le présent rapport, le terme « compétences du XXIe siècle » désigne l'ensemble des compétences nécessaires pour réussir au XXIe siècle et pour lesquelles il existe des données comparatives sur des échantillons représentatifs d'adultes. Cette liste n'est pas exhaustive, car pour réussir dans certains emplois ou contextes qui prennent de plus en plus d'importance au XXIe siècle, il faut disposer d'un large éventail de compétences spécialisées. Le présent rapport a pour objet d'examiner les compétences qui sous-tendent la capacité des individus d'acquérir ces compétences spécialisées et de réussir dans un large éventail de contextes et de situations.

Le présent rapport examine neuf compétences du XXIe siècle, comme détaillé dans le Graphique 1.2. Il s'agit notamment des compétences en traitement de l'information (également appelées « compétences fondamentales du XXIe siècle » dans ce rapport), ainsi que des compétences annexes que sont la disposition à différer la gratification et les compétences sociales et émotionnelles que sont l'extraversion, la stabilité émotionnelle, l'agréabilité, le caractère consciencieux et l'ouverture d'esprit, mesurées à l'aide du module Big Five sur les personnalités[3], qui sont de plus en plus considérées comme des déterminants essentiels de la réussite sur le marché du travail (Almlund et al., 2011[51] ; Heckman, Stixrud et Urzua, 2006[52]). En regroupant les compétences en traitement de l'information (compétences à l'écrit, en calcul et résolution adaptative de problèmes), la disposition à différer la gratification et les compétences sociales et émotionnelles au sein d'un seul et même cadre conceptuel, le présent rapport entend fournir aux responsables publics, aux enseignants, aux prestataires de formations et aux employeurs une base factuelle complète leur permettant de réévaluer ou de repenser leurs politiques en matière de compétences.

Des analyses spécifiques sont présentées afin d'illustrer la capacité des jeunes de faire face aux nouveaux défis du XXIe siècle, portant sur les compétences spécifiques aux domaines suivants : sciences, compétence mondiale, résolution collaborative de problèmes, résolution créative de problèmes, créativité, culture financière, culture informatique et informationnelle, et pensée informatique. Cette approche globale garantit que les apprenants disposent des compétences nécessaires pour relever non seulement les défis immédiats, mais aussi pour répondre aux exigences nouvelles d'un paysage économique et social évoluant rapidement. Les précédentes évaluations internationales des adultes se sont principalement concentrées sur les compétences en traitement de l'information, notamment la maîtrise de l'écrit, du calcul et la résolution de problèmes dans des environnements à forte composante technologique (OCDE, 2012[53]). Si ces compétences demeurent essentielles, elles doivent être complétées par un ensemble plus large de compétences. Toutefois, bien que toutes les compétences mentionnées ci-avant soient importantes, le présent rapport met l'accent sur les compétences fondamentales du XXIe siècle, car on dispose de plus de données à leur sujet, ce qui permet des analyses plus significatives. Des analyses spécifiques sont fournies pour les compétences annexes.

Graphique 1.2. Catégorisation des compétences du XXIe siècle

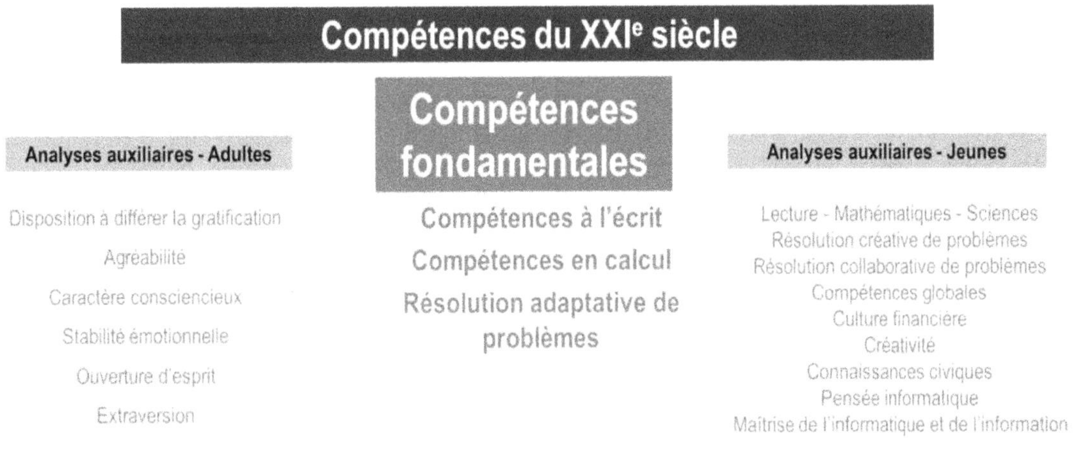

1.2.1. Compétences en traitement de l'information

Les compétences à l'écrit, en calcul et en résolution adaptative de problèmes ont été mesurées dans le cadre de l'édition de 2023 de l'Évaluation des compétences des adultes, au moyen d'une évaluation standardisée à faible enjeu et sans limite de temps, réalisée au domicile des répondants par des enquêteurs qualifiés (OCDE, 2024[47]). Le fait que l'évaluation ne comportait pas d'enjeu important signifiait que les personnes qui choisissaient de ne pas y participer n'étaient pas pénalisées. De même, les résultats obtenus lors de l'évaluation n'ont eu aucune retombée sur les participants, qui n'ont reçu aucun retour sur leur performance. L'application de ce protocole fait que, par la manière dont elle est conçue, l'évaluation ne met pas nécessairement en évidence la capacité maximale des personnes interrogées d'accomplir des tâches dans les domaines concernés, comme définie dans les cadres d'évaluation correspondants (OCDE, 2021[49]), mais mesure le niveau de réussite des personnes lorsqu'elles déploient les efforts et l'engagement qu'elles consacrent habituellement à la réalisation de tâches cognitives en ligne quotidiennes. En effet, les scores représentent les « performances typiques » dans des conditions routinières et à faible enjeu plutôt que les performances maximales ou optimales observées dans des environnements d'évaluation à enjeu élevé, comme la recherche d'emploi, les candidatures à des postes dans des établissements d'enseignement sélectifs ou les tâches ayant des conséquences économiques et financières importantes.

Dans les environnements à enjeu élevé qui mettent l'accent sur la performance maximale (généralement caractérisés par une forte pression et des conséquences inévitables), les candidats ressentent souvent de l'anxiété et un sentiment de découragement, en particulier lorsqu'ils ne reçoivent aucun retour d'information exploitable (Kankaraš et Suarez-Alvarez, 2019[54]). Cela pourrait être particulièrement critique pour les populations marginalisées, qui peuvent être moins habituées au format et au contenu des tests ou traiter les informations différemment de leurs pairs. En mettant l'accent sur les performances typiques, les évaluations comme celle des compétences des adultes peuvent donner une idée plus précise des compétences et des besoins d'apprentissage des participants, ce qui permet de favoriser des résultats scolaires plus justes et un soutien plus ciblé.

Cette distinction est importante, car les recherches en psychologie de l'éducation montrent depuis longtemps que les résultats obtenus à un test sont fortement influencés par des facteurs motivationnels (Kyllonen et al., 2024[55] ; Ulitzsch et al., 2021[56]). En particulier, les recherches menées auprès de populations d'âge scolaire, pour lesquelles on dispose des résultats d'évaluations comparables réalisées dans des conditions à faible et à fort enjeu, indiquent que le niveau d'effort fourni par les individus dans des conditions de test peut avoir une incidence importante sur les résultats, ces différences ayant des répercussions importantes sur l'évaluation des différences entre les groupes (Braun, Kirsch et Yamamoto, 2011[57] ; Duckworth et Yeager, 2015[58] ; Sackett, Borneman et Connelly, 2008[59]). En outre, les recherches psychométriques montrent que les résultats obtenus lors d'évaluations à faible enjeu reflètent non seulement les capacités cognitives sous-jacentes, mais témoignent également de facteurs situationnels, comme la motivation et l'engagement lors du test, qui sont déterminants en ce qui concerne les performances observées (Messick, 1989[60] ; Wise et Kong, 2005[61]).

Le fait que les facteurs motivationnels et contextuels peuvent contribuer à façonner les disparités de performance tant entre les pays et les économies qu'au sein des différents groupes de population revêt une importance particulière dans le cadre du présent rapport (Borgonovi, Ferrara et Piacentini, 2023[62]). Si la motivation et les efforts témoignent véritablement de la manière dont les adultes de différents pays et économies maîtrisent l'écrit, le calcul et la résolution adaptative de problèmes dans la vie quotidienne, alors les différences de performances observées dans un test à faible enjeu tel que l'Évaluation des compétences des adultes constituent des distributions valides. Il s'agit là d'un élément essentiel pour comprendre les différences entre pays et les disparités socio-économiques en matière de compétences de traitement de l'information, car il donne à penser qu'une partie de ces différences peut être attribuée à la variabilité des niveaux de motivation à participer à des tests et à des facteurs contextuels. Des difficultés ne surviendraient que si les niveaux de motivation et d'effort témoignaient d'écarts dans les attitudes à l'égard des tests.

L'importance de la motivation

Dans les sociétés et les lieux de travail du XXIe siècle, la capacité de se motiver soi-même apparaît comme un facteur potentiellement déterminant dans les résultats obtenus sur le marché du travail. L'IA et d'autres technologies traitant à grande vitesse les tâches courantes de traitement de l'information, la création de valeur des êtres humains dépend de plus en plus de leur volonté de s'engager de manière créative dans des défis ambigus et sans limite de temps. Cela suppose de ne pas se contenter de résultats passables, mais plutôt de chercher activement à aborder des contenus qui sortent du cadre strictement nécessaire ou obligatoire. Ce type de motivation intrinsèque favorise la réflexion innovante et la résolution créative des problèmes, des qualités qui, à ce jour, restent hors de portée des systèmes automatisés.

Les compétences en traitement de l'information se transforment rarement en processus pleinement automatisé. Pour réfléchir de manière critique à des contenus mathématiques, évaluer et analyser des textes écrits ou résoudre des problèmes dans des situations en constante évolution, il faut fournir un effort cognitif important et continu. Même lorsque les individus ont acquis un niveau de compétence de base dans un domaine particulier, l'application de cette compétence à de nombreuses tâches de la vie réelle relevant de différents domaines nécessite un investissement intentionnel et continu. Dans la pratique, les gens ont souvent tendance à se rabattre sur leurs habitudes pour minimiser les efforts qu'ils déploient, ce qui signifie qu'atteindre un niveau élevé de compétence dans ces domaines reste lié à la motivation.

Bien que les progrès technologiques permettent de plus en plus d'utiliser des dispositifs de suivi pour évaluer la production et la productivité avec une plus grande précision (Milanez, Lemmens et Ruggiu, 2025[63]), les biens et services à forte valeur ajoutée sont de plus en plus « immatériels », ce qui signifie que leur production est liée à la motivation intrinsèque des travailleurs. Même dans les environnements où les tâches routinières sont mesurables, des qualités comme la créativité, l'esprit critique et la volonté de dépasser les exigences minimales donnent aux entreprises un avantage concurrentiel ; cependant, celles-ci ne sont pas facilement mesurées par les indicateurs quantitatifs utilisés dans les outils de gestion fondés sur des algorithmes (Milanez, Lemmens et Ruggiu, 2025[63]). Par conséquent, évaluer les compétences des individus en traitement de l'information dans des conditions qui témoignent de leur volonté de fournir des efforts et de leur motivation dans des situations à faible enjeu peut aider les pays à déterminer si les travailleurs sont prêts à rester compétitifs dans un environnement professionnel évoluant rapidement.

Il ressort d'études récentes que les technologies d'IA générative pourraient contribuer à réduire les disparités liées aux capacités cognitives au moyen de l'automatisation des tâches intellectuelles courantes (Dell'Acqua et al., 2023[64]). Si ces innovations technologiques permettent de réduire les écarts en matière de compétences de base en traitement de l'information, les différences en termes de résultats seront alors davantage liées à la manière dont les individus s'acquittent de leurs tâches, ainsi qu'à leur capacité d'exploiter ces outils en déterminant si les tâches relèvent ou non des capacités des applications d'IA. Dans ce scénario, la disposition à travailler en dépassant les exigences courantes devient le facteur déterminant de la productivité et de l'innovation individuelles. Cette évolution met en évidence l'importance croissante de la motivation comme facteur principal de réussite dans les environnements de travail modernes.

Dans ce contexte, les résultats à l'écrit et en calcul, mesurés par l'Évaluation des compétences des adultes, ont enregistré une baisse entre 2012 et 2023, comme indiqué au chapitre 3 de l'Évaluation des compétences des adultes (OCDE, 2024[47]). Il se peut que cette baisse soit le signe d'une érosion plus large de la capacité des individus de résoudre des tâches ou d'une diminution de leur motivation et de leur engagement à accomplir des tâches cognitives difficiles. Quelle qu'en soit la cause, cette tendance est préoccupante, les exigences de l'économie du XXIe siècle imposant de plus en plus aux travailleurs de surpasser leurs performances habituelles. Si les adultes sont moins disposés à aborder en profondeur des sujets complexes dans des conditions où les enjeux sont faibles, cela peut nuire à la compétitivité individuelle et au progrès social dans son ensemble.

Compétences à l'écrit

Dans l'édition de 2023 de l'Évaluation des compétences des adultes, la maîtrise de l'écrit est définie comme la capacité d'accéder à des textes écrits, de les comprendre, de les évaluer et de réfléchir à leur propos. Cette capacité devrait permettre à chacun de réaliser ses objectifs, de développer ses connaissances et son potentiel, et de prendre une part active dans la société (OCDE, 2021, p. 42[49]). Compte tenu de l'omniprésence de la communication écrite dans différents contextes de la vie quotidienne, la maîtrise de la lecture et de l'écriture est essentielle pour les adultes dans leur vie personnelle, sociale et professionnelle. Tout au long de la journée, les adultes sont amenés à lire dans différents contextes, qu'il s'agisse de se plonger dans de longs textes ou de parcourir rapidement des pages à la recherche d'informations pertinentes. Notamment, ils sont amenés à lire des courriers électroniques, des prospectus, des emplois du temps et des manuels d'instructions.

Compétences en calcul

La maîtrise du calcul désigne la capacité d'accéder à des contenus, informations et idées mathématiques représentés de multiples façons, de les utiliser et de raisonner de manière critique à leur propos, afin de répondre aux exigences mathématiques d'une série de situations de la vie adulte (OCDE, 2021, p. 19[49]). Pour réussir dans le travail et dans la vie et être à même de faire preuve de civisme, les compétences et les connaissances nécessaires ont changé. Les individus sont confrontés à des quantités toujours plus importantes d'informations de nature quantitative ou mathématique provenant de ressources fondées sur Internet ou la technologie. Ces informations doivent être localisées, sélectionnées, filtrées, interprétées, et parfois remises en question et analysées afin de déterminer leur pertinence par rapport aux réponses requises.

Résolution adaptative de problèmes

La résolution adaptative de problèmes désigne la capacité d'atteindre ses objectifs face à une situation dynamique dans laquelle aucune solution n'est immédiatement disponible. Elle nécessite le recours à des processus cognitifs et métacognitifs en vue de définir le problème, rechercher des informations et appliquer une solution dans divers environnements et contextes informationnels (OCDE, 2021, p. 19[49]). La résolution adaptative de problèmes tient compte du fait que les individus doivent être attentifs aux changements, s'adapter et être prêts à modifier leurs plans pour atteindre leurs objectifs. Elle comprend trois caractéristiques clés qui mettent l'accent sur la capacité des individus à adapter de manière flexible et dynamique leurs stratégies de résolution de problèmes à un environnement en constante évolution, à procéder à un recensement et à une sélection parmi un éventail de ressources physiques, sociales et numériques disponibles, et à suivre et réfléchir à leurs progrès dans la résolution de problèmes grâce à des processus métacognitifs (c'est-à-dire la capacité de calibrer sa compréhension du problème, à évaluer les solutions potentielles et à suivre les progrès accomplis dans la réalisation des objectifs).

1.2.2. Disposition à différer la gratification

La capacité de différer la gratification est depuis longtemps reconnue comme un facteur déterminant des résultats individuels et collectifs (Hanushek et al., 2025[65]). La disposition à différer la gratification témoigne de la manière dont les individus sacrifient des bénéfices immédiats au profit de gains futurs potentiellement plus importants, ce qui influe sur l'épargne personnelle, l'investissement dans l'éducation, les choix en matière de santé, la planification de la retraite et de nombreux autres aspects de la vie (Chao et al., 2009[66] ; Hunter et al., 2018[67] ; Borghans et Golsteyn, 2006[68] ; Kang et Ikeda, 2013[69] ; Becker et Mulligan, 1997[70] ; Ross et Mirowsky, 1999[71]). L'accès à l'Internet haut débit et aux smartphones procure une gratification immédiate à travers les médias sociaux, les actualités, les divertissements et la possibilité de communiquer en permanence, conditionnant ainsi les utilisateurs à rechercher des récompenses à court terme (Przybylski et Weinstein, 2012[72]). Dans le même temps, les changements rapides intervenus dans les services aux consommateurs, comme les livraisons le jour même, les applications de livraison instantanée de nourriture et les plateformes de streaming, renforcent les attentes liées à l'immédiateté, ce qui conduit les individus à privilégier de plus en plus la satisfaction immédiate plutôt que la planification à long terme et la modération. Une exposition constante à la gratification instantanée peut réduire la capacité des individus à différer la gratification, rendant ainsi plus difficile la réalisation d'objectifs à long terme. L'environnement de travail actuel récompense les employés qui montrent qu'ils sont dotés de la capacité de planifier stratégiquement à long terme et font preuve d'intelligence émotionnelle et de rigueur. Les travailleurs capables de différer la gratification sont plus aptes à persévérer lorsqu'ils accomplissent des tâches difficiles, à s'engager dans des projets à long terme et à investir dans leur développement professionnel. De plus, le développement personnel exige la capacité de renoncer à un confort immédiat au profit de gains futurs. Que ce soit dans l'acquisition de nouvelles compétences, la poursuite d'objectifs de santé ou l'atteinte de l'autonomie financière, la capacité de différer la gratification est un élément essentiel de la prise de décision efficace, de la rigueur et de la persévérance (Baumeister, Vohs et Tice, 2007[73]).

Dans le cadre de l'Évaluation des compétences des adultes 2023, les répondants ont été invités à indiquer dans quelle mesure ils seraient prêts à différer leur gratification, c'est-à-dire à renoncer à quelque chose qui leur est bénéfique aujourd'hui afin d'en tirer davantage profit à l'avenir (Falk et al., 2018[74]). L'enquête utilise une échelle de 11 points allant de 0 (« pas du tout disposé à le faire ») à 10 (« tout à fait disposé à le faire ») (Falk et al., 2018[74]). Cette échelle est facile à traduire dans différentes langues et à adapter à différents contextes culturels. Comme il n'est pas précisé ce à quoi les participants renoncent, cette échelle échappe à une critique majeure adressée au paradigme très utilisé qui consiste à demander aux participants de choisir entre des récompenses financières accordées à différents moments dans le temps (« *money earlier or later* ») (Cohen et al., 2020[75]). Dans le cadre de ces expériences sur la préférence temporelle, les résultats empiriques montrent que les taux d'actualisation (la mesure dans laquelle un individu est prêt à différer la gratification, sachant que plus le taux est élevé, moins l'individu est susceptible de différer la gratification) varient selon les types de récompenses, les taux d'actualisation de récompenses primaires comme la nourriture étant plus élevés que celui de l'argent. En d'autres termes, lorsqu'ils ont le choix entre une récompense immédiate ou différée, les individus sont souvent moins enclins à différer leur gratification (ils appliquent un taux d'actualisation plus élevé) lorsqu'il s'agit de certains types de récompenses ; par exemple, ils seront moins enclins à différer leur gratification dans le cas de la nourriture que dans celui de l'argent.

Les personnes qui sont plus disposées à différer leur gratification obtiennent souvent de meilleurs résultats dans le domaine académique, ont des revenus plus élevés et sont en meilleure santé que celles qui sont moins disposées à différer leur gratification. Cette disposition à différer la gratification est étroitement liée aux capacités d'autorégulation qui permettent aux individus d'investir dans l'éducation, d'adopter des modes de vie sains et de planifier efficacement leur retraite. En revanche, ceux qui se disent moins disposés à différer la gratification sont plus enclins à avoir des comportements impulsifs, ce qui peut exacerber les inégalités socio-économiques à long terme et accroître les risques liés à la santé. Sur plusieurs générations, le manque de disposition à différer la gratification peut avoir un effet cumulatif, car les enfants de parents peu disposés à différer la gratification peuvent hériter de ces comportements ou en apprendre de similaires (Brenøe et Epper, 2022[76]), renforçant ainsi les disparités existantes. Si certains groupes sociodémographiques sont systématiquement moins disposés à différer la gratification, les inégalités de richesse, d'emploi, de santé, d'éducation et de qualité de vie générale risquent de s'accentuer. Étant donné que les préférences et les comportements peuvent se transmettre d'une génération à l'autre, toute disparité existante dans la volonté de différer la gratification risque de se creuser au fil du temps.

1.2.3. Compétences sociales et émotionnelles

Dans le présent rapport, les tendances comportementales sont qualifiées de « compétences sociales et émotionnelles » (Kankaraš, 2017[77] ; OCDE, 2024[47]) plutôt que de « traits ». Ce choix a été fait de sorte à mettre en avant leur malléabilité et leur caractère enseignable, et par souci de cohérence avec les travaux antérieurs de l'OCDE sur les enfants (OCDE, 2024[78]) et les adultes (OCDE, 2025[79]). Dans le cadre de ce rapport, les compétences sociales et émotionnelles correspondant aux cinq grands traits de personnalité (Big Five) que sont l'extraversion, la stabilité émotionnelle, l'agréabilité, le caractère consciencieux et l'ouverture d'esprit (Soto et John, 2017[80]). Contrairement à la croyance populaire, les compétences sociales et émotionnelles ne sont pas des attributs fixes propres à chaque individu, mais doivent être considérées comme des dispositions susceptibles d'évoluer au fil du temps et pouvant être développées de manière concertée. Les neuf compétences analysées dans ce rapport ont en commun d'être essentielles pour l'adaptabilité, l'efficacité interpersonnelle et la réussite à long terme dans des environnements incertains.

Il existe un nombre croissant de données indiquant que les compétences sociales et émotionnelles ont une influence notable sur les résultats académiques, l'employabilité et la capacité d'adaptation d'un individu à des environnements économiques et technologiques en constante évolution. Par exemple, le caractère consciencieux a été associé à une plus grande réussite et à la fiabilité des habitudes de travail, tandis que l'ouverture d'esprit favorise l'innovation et la réceptivité à l'apprentissage de nouvelles compétences, qui sont des qualités essentielles à une époque marquée par l'essor de l'IA. Par ailleurs, la stabilité émotionnelle aide les individus à faire face au stress et aux incertitudes. Au-delà du marché du travail, les compétences sociales et émotionnelles jouent un rôle clé dans le maintien de relations saines et la participation à la vie civique, ce qui en fait une composante fondamentale des réflexions sur les politiques publiques et sociales (OCDE, 2016[81]).

Les compétences sociales et émotionnelles identifiées dans l'édition de 2023 de l'Évaluation des compétences des adultes ont été mesurées à l'aide d'instruments initialement développés dans le cadre du module Big Five sur les personnalités, mais il existe des différences entre les études psychologiques qui examinent les traits de personnalité et les études sociales qui privilégient le terme « compétences sociales et émotionnelles » ; dans ces dernières, les compétences sociales et émotionnelles sont considérées comme des capacités fonctionnelles et les traits de personnalité comme des tendances comportementales (Steponavičius, Gress-Wright et Linzarini, 2023[82]). Auparavant, la promotion des compétences sociales et émotionnelles dans les contextes éducatifs était motivée par l'objectif d'identifier les faiblesses et les lacunes (Steponavičius, Gress-Wright et Linzarini, 2023[82]) . Pour leur part, les études récentes consacrées aux aptitudes sociales et émotionnelles mettent l'accent sur leur importance pour l'obtention de résultats positifs et examinent généralement comment ces aptitudes peuvent permettre aux jeunes de réaliser leurs ambitions (Kern et al., 2016[83] ; Taylor et al., 2017[84]). Il existe des différences conceptuelles importantes entre la manière dont les évaluations des compétences en traitement de l'information et celles des compétences sociales et émotionnelles doivent être interprétées (par exemple, alors qu'un score élevé à l'écrit est toujours préférable, il n'en va pas de même pour un score élevé en extraversion), qui sont abordées dans la section suivante. Le Guide de lecture donne un aperçu de la manière dont les traits de personnalité du Big Five sont évalués.

1.2.4. Considérations relatives à l'évaluation et l'interprétation

Il existe une différence conceptuelle fondamentale entre les compétences en traitement de l'information et les compétences sociales et émotionnelles (voir le Guide de lecture pour une explication détaillée). Les compétences en traitement de l'information sont souvent considérées comme unidimensionnelles, car l'amélioration des compétences à l'écrit, en calcul et en résolution adaptative de problèmes est nécessairement bénéfique. Par exemple, une plus grande capacité de traiter l'information améliore généralement les résultats sur le marché du travail, la participation à la vie civique et la capacité d'atteindre ses objectifs, ce qui suppose qu'*« il vaut toujours mieux accroître ses capacités »*. En revanche, le niveau optimal de compétences sociales et émotionnelles varie selon le contexte et tout au long de la vie. Par exemple, une plus grande persévérance peut être avantageuse dans certains contextes, mais peut nuire à la flexibilité dans d'autres ; de même, un haut niveau d'agréabilité peut favoriser la collaboration et le travail d'équipe, mais réduire la capacité d'affirmer son autorité et à prendre des décisions dans des situations conflictuelles et urgentes. Ainsi, le principe selon lequel « plus équivaut à mieux » ne s'applique pas aux compétences sociales et émotionnelles. C'est particulièrement vrai au XXIe siècle, où les contextes changent et évoluent rapidement en raison des incertitudes liées aux crises et aux mégatendances.

Cette dépendance vis-à-vis du contexte montre pourquoi un système visant uniquement à maximiser les compétences sociales et émotionnelles pourrait ne pas être optimal. Au contraire, l'adaptabilité découle souvent d'un équilibre entre différentes compétences – tant cognitives que sociales et émotionnelles – au sein d'une population diversifiée. Si les incertitudes sont une caractéristique majeure du XXIe siècle, alors la capacité d'adaptation prend une importance capitale. Les mégatendances exigent une main-d'œuvre capable non seulement de raisonner de manière abstraite – une capacité caractéristique des compétences en traitement de l'information –, mais également dotée de compétences sociales et émotionnelles, lui permettant de collaborer, d'innover et d'adapter ses réactions à des changements rapides.

Les compétences en matière de traitement de l'information ont été évaluées dans le cadre de l'Évaluation de 2023 des compétences des adultes au moyen d'un test conçu spécifiquement pour permettre de caractériser les individus selon leur niveau de compétence, plutôt qu'en se fondant sur des auto-évaluations des participants. Les tâches à accomplir dans le cadre de ce test ont été conçues pour évaluer les différents niveaux à l'écrit, en calcul et en résolution adaptative de problèmes, permettant ainsi d'évaluer ces compétences de manière plus directe et plus précise. En revanche, la disposition à différer la gratification et les compétences sociales et émotionnelles ont été évaluées à l'aide de questionnaires d'auto-évaluation. Il ne s'agit donc pas d'évaluations objectives, mais plutôt d'un reflet de l'image que les individus ont d'eux-mêmes et de leur perception du degré auquel ces tendances comportementales sont jugées souhaitables par les personnes qu'ils apprécient et dans les contextes dans lesquels ils évoluent généralement. Cette différence, de même que le rôle du contexte, a une incidence sur la comparabilité entre pays de différents ensembles de compétences. Le cadre de mesure adopté pour évaluer les compétences en traitement de l'information, ainsi que leur nature unidimensionnelle, permettent d'établir une échelle comparable entre les pays. Cela permet de recenser l'accroissement des compétences qui reflètent la capacité des individus de résoudre des tâches d'un niveau de difficulté donné. En revanche, les compétences sociales et émotionnelles dépendent du contexte et, à ce titre, aucune échelle comparable entre les pays n'a été établie. Par conséquent, s'il est possible de déterminer si un individu est plus extraverti ou plus introverti que les autres dans son propre pays, il n'est pas possible de comparer les niveaux d'extraversion entre les pays. De même, étant donné que les différences comportementales par rapport au comportement type des habitants d'un pays sont généralement spécifiques à chaque pays, la variabilité observée dans chaque compétence sociale et émotionnelle est limitée au même niveau dans chacun des pays. Il n'est donc pas possible d'établir des comparaisons absolues entre les pays en ce qui concerne les niveaux et la variabilité des compétences sociales et émotionnelles.

Le Tableau 1.1 présente les corrélations entre les compétences en traitement de l'information et les compétences sociales et émotionnelles dans les pays de l'OCDE. Les compétences à l'écrit, en calcul et en résolution adaptative de problèmes sont étroitement liées : la corrélation moyenne est de 0.87 entre la maîtrise de l'écrit et du calcul, de 0.86 entre la maîtrise de l'écrit et la résolution adaptative de problèmes, et de 0.84 entre la maîtrise du calcul et la résolution adaptative de problèmes. En revanche, les compétences sociales et émotionnelles semblent peu corrélées entre elles, à l'exception de la stabilité émotionnelle et de l'extraversion (corrélation de 0.20), du caractère consciencieux et de l'extraversion (0.22), du caractère consciencieux et de la stabilité émotionnelle (0.27), ainsi que du caractère consciencieux et de l'agréabilité (0.25). Ces estimations sont conformes aux résultats méta-analytiques et sont le reflet de l'outil de mesure adopté (auto-évaluation et petit nombre de questions par compétence) (Park et al., 2020[85]). Bien que le Tableau 1.1 présente les moyennes des coefficients de corrélation spécifiques à chacun des pays de l'OCDE, les modèles de relations peuvent différer au sein même des pays. Ces conclusions concordent avec les publications parues sur les compétences en traitement de l'information et les compétences sociales et émotionnelles, et ont orienté l'approche analytique utilisée dans le présent rapport pour établir des profils de compétences à partir des neuf types de compétences.

Tableau 1.1. Corrélations entre compétences en traitement de l'information, gratification différée et compétences sociales et émotionnelles

Moyenne de l'OCDE (2023)

	Compétences en calcul	Résolution adaptative de problèmes	Gratification différée	Extraversion	Stabilité émotionnelle	Agréabilité	Caractère consciencieux	Ouverture d'esprit
Compétences à l'écrit	**0.87**	**0.86**	**0.17**	**0.03**	**0.06**	0.00	**-0.04**	**0.15**
Compétences en calcul		**0.84**	**0.17**	**0.04**	**0.11**	**-0.03**	**-0.02**	**0.12**
Résolution adaptative de problèmes			**0.16**	**0.03**	**0.06**	**-0.03**	**-0.05**	**0.13**
Gratification différée				**0.10**	**0.07**	**0.06**	**0.05**	**0.15**
Extraversion					**0.20**	0.01	**0.22**	**0.20**
Stabilité émotionnelle						**0.15**	**0.28**	**0.04**
Agréabilité							**0.25**	**0.14**
Caractère consciencieux								**0.06**

Note : Tous les coefficients de corrélation sont statistiquement significatifs au niveau de 1 % à l'exception des coefficients de corrélation entre les compétences à l'écrit et l'agréabilité, et l'extraversion et l'agréabilité.
r est supérieur à 0.8, r est compris entre 0.2 et 0.8, r est compris entre 0.1 et 0.2, r est inférieur à 0.1.
Source : Calculs fondés sur OCDE (2024[86]), *Évaluation des compétences des adultes (PIAAC), base de données du 2e cycle*, www.oecd.org/fr/data/datasets/piaac-2nd-cycle-database.html.

StatLink https://stat.link/qn18e6

1.3. Nature des disparités en matière de compétences

Face à l'évolution rapide du contexte économique, les disparités en matière de compétences pèsent lourdement sur l'efficacité du marché du travail et sur la croissance économique au sens large. Les défaillances du marché privent souvent une partie de la population des possibilités d'acquérir les compétences de plus en plus nécessaires pour réussir au XXIe siècle. Ces inégalités d'accès aux compétences, dues aux inégalités d'accès aux ressources économiques et culturelles héritées des générations précédentes, ont un coût social et économique important. Le coût économique des disparités en matière de compétences se manifeste sous forme de pénuries de compétences, de perte de productivité et, *in fine*, de baisse de la croissance.

En examinant les écarts de compétences observables entre les diverses catégories de la population, le présent rapport cherche à établir en quoi les obstacles structurels et les limites de l'action publique empêchent actuellement de nombreuses personnes de réaliser leur potentiel. L'incapacité à développer les compétences essentielles pour le XXIe siècle bride l'innovation et le dynamisme économique tout en accentuant les déséquilibres du marché du travail. En s'attaquant à ces défaillances, les pouvoirs publics peuvent améliorer le devenir des citoyens et concourir à la réalisation des objectifs économiques plus généraux de renforcement de la productivité et de stimulation de la croissance. Les sociétés qui restreignent les chances de progression sociale des personnes défavorisées ne tirent pas le meilleur parti du potentiel de leur population.

Des disparités dans les compétences que possède la population et dans les retombées sociales et économiques que procurent ces compétences peuvent se produire à cause de facteurs sur lesquels les individus peuvent agir, comme les choix qu'ils font, mais aussi de facteurs indépendants de leur volonté, comme les caractéristiques de leurs parents. Il est indispensable de cerner le rôle de ces derniers, ces « hasards de la naissance », si l'on veut que les politiques en matière de compétences élargissent réellement les perspectives de toutes les catégories de la population tout en respectant les préférences personnelles et l'autonomie des individus.

Économistes et politologues se sont penchés sur ces questions. Selon Roemer, réussir dans la vie dépend pour l'essentiel de deux éléments : les « circonstances », sur lesquelles les personnes n'ont aucune prise et dont elles ne devraient pas être tenues responsables, et l'« effort », qui englobe des facteurs sur lesquels chacun peut agir (Roemer, 2012[87]). Dans un système méritocratique idéal, les récompenses devraient témoigner de l'effort plutôt que des avantages dus à la naissance. Rawls (1971[88]) et Dworkin (1977[89]) soutiennent en outre qu'évaluer la qualité de vie individuelle nécessite de considérer à la fois les résultats et les processus qui ont abouti à ces résultats, en veillant au maintien de la responsabilité individuelle tout en modérant l'influence injustifiée des désavantages structurels. Dans sa théorie des capacités, Amartya Sen insiste lui aussi sur l'idée qu'une véritable égalité des chances passe par le renforcement des capacités des individus à mener une vie qui leur convient, plutôt que par la simple égalisation de l'accès aux ressources (Sen, 1999[90]).

Les données empiriques soutiennent l'idée que l'individu a tendance à accepter les disparités causées par les différences d'effort plutôt que celles qui résultent d'avantages non mérités (Benabou et Ok, 2001[91] ; Fong, 2001[92] ; Starmans, Sheskin et Bloom, 2017[93]). Cette préférence comportementale souligne l'importance d'une terminologie neutre : l'emploi de « disparités » pour décrire les écarts de compétences en est un exemple. Contrairement à « inégalités » ou « iniquité », deux termes à connotation morale, « disparités » dénote simplement des différences observables entre des groupes.

La distinction théorique entre effort et circonstances n'est cependant pas sans poser de difficultés dans la pratique. Le milieu dont est issue une personne influence invariablement sa capacité d'effort en imposant des contraintes physiologiques, psychologiques et matérielles. Pour reprendre Sapolsky, le concept même de libre arbitre est indissociable de ces contraintes, ce qui vient brouiller la ligne de partage entre choix et circonstances (Sapolsky, 2023[94]).

Les débats politiques autour de l'égalité des chances constituent un cadre utile pour comprendre ces questions. D'un côté, les principes méritocratiques voudraient que les résultats soient le fruit du vrai talent et du vrai travail. De l'autre, les études sociologiques révèlent que des facteurs structurels peuvent restreindre les choix des individus et empêcher le développement des compétences. Ainsi, des défaillances du marché se produisent lorsque des obstacles structurels empêchent les individus de réaliser leur potentiel, ce qui entraîne des pénuries de compétences dont les conséquences économiques plus générales se traduisent par la baisse de la croissance et de la productivité.

Ce rapport opère une distinction entre deux types de disparités. Les disparités au sein des groupes font référence aux écarts de compétences entre des individus partageant des caractéristiques sociodémographiques similaires. Ces variations peuvent être le fait de différences de talent, de motivation ou d'événements aléatoires de la vie. À l'inverse, les disparités entre les groupes sont le fait d'obstacles structurels et d'inégalités des chances. Ce sont, par exemple, des différences de niveau d'études ou de devenir professionnel entre les femmes et les hommes ou encore entre des personnes issues de milieux socioéconomiques différents. Souvent dues à des pratiques institutionnelles établies de longue date, ces disparités demandent des interventions ciblées des pouvoirs publics.

L'idéal méritocratique part du principe que la réussite d'une personne est principalement fonction de ses capacités, de l'effort fourni et des résultats obtenus. Or, dans la pratique, les systèmes méritocratiques peuvent involontairement perpétuer les disparités s'ils font abstraction des contraintes structurelles qui limitent les chances de certaines personnes. La rapidité de la transformation numérique, la transition vers une économie verte et les changements démographiques ont amplifié l'importance du développement continu de compétences appropriées. Cependant, en raison des inégalités d'accès aux ressources économiques et culturelles entre les générations, tout le monde n'a pas les mêmes chances de s'adapter à ces évolutions. Le manque de possibilités de développement des compétences ouvertes à certaines catégories de la population peut contribuer à des pénuries de main-d'œuvre dans les secteurs en forte croissance et nuire à la productivité économique globale.

D'un point de vue économique, remédier à ces disparités n'est pas simplement une question d'équité, mais un impératif stratégique. En améliorant l'accès à une instruction et à une formation de qualité, les responsables publics peuvent renforcer la capacité productive de la main-d'œuvre, stimuler l'innovation et favoriser une croissance économique durable. D'autre part, des interventions ciblées peuvent aider à combler l'écart entre les désavantages structurels et les exigences des marchés du travail modernes, garantissant ainsi un partage plus large des avantages des transformations technologiques et environnementales.

L'égalité des chances est concrétisée lorsque seul l'effort, plutôt que les circonstances, dicte la distribution des résultats. Discerner l'effort que chacun est capable de fournir, lui en donner les moyens et ceux d'exploiter pleinement ses talents, tel est le principe fondamental de l'idéal méritocratique. Selon les tenants de la méritocratie, des structures économiques et sociales organisées autour de cet idéal ont l'avantage de permettre à toute personne de traduire ses aptitudes brutes en résultats positifs par l'effort, sans contraintes imposées par la société.

La responsabilité individuelle doit être maintenue et récompensée en raison de son fort pouvoir de motivation, au niveau individuel comme au niveau social, source d'innovation et de croissance. Cependant, les disparités qui se produisent en raison de circonstances indépendantes de la volonté des individus doivent être réduites parce qu'elles nuisent à la cohésion sociale au lieu de renforcer l'aspiration et la motivation.

Il ressort des analyses que la préférence des citoyens pour une action publique visant à réduire les disparités socioéconomiques dans les résultats obtenus par chaque individu au cours de sa vie traduit leur conception quant à la part de ces résultats due à l'effort plutôt qu'aux circonstances (Alesina et Giuliano, 2011[95]) ; ils acceptent plus facilement les inégalités dues à des différences d'effort que celles dues à des différences de condition (Fong, 2001[92]). Même dans des contextes caractérisés par de fortes disparités économiques, lorsqu'ils pensent que leurs enfants seront socialement mobiles et bénéficieront de distributions inégales des ressources qui récompenseront leur effort, les citoyens ne sont pas favorables à des politiques redistributives (Benabou et Ok, 2001[91]). D'un point de vue comportemental, leur préférence va vers des distributions équitables, c'est-à-dire qui correspondent au niveau d'effort fourni pour obtenir certains résultats, plutôt que vers des distributions égales, qui débouchent sur les mêmes résultats quel que soit l'effort. En fait, lorsqu'équité et égalité s'opposent, les individus préfèrent les inégalités équitables à l'égalité inéquitable (Starmans, Sheskin et Bloom, 2017[93]). Ces éclairages soulignent l'importance de bien établir la source des disparités observées dans les résultats de vie de chacun et de distinguer les « facteurs de choix » des « hasards de la naissance ».

L'expression « hasards de la naissance » traduit l'idée que des différences de compétences sont observées entre les catégories de population en fonction du genre, du milieu socioéconomique, du parcours migratoire ou d'autres caractéristiques, et que ces différences se traduisent parfois par des différences de résultats, par exemple une rémunération plus ou moins élevée, ou encore des conditions de travail plus ou moins favorables. L'intention n'est pas d'écarter les considérations d'équité ou l'importance de l'égalité des chances, mais plutôt de reconnaître que les compétences et leurs avantages varient pour une multitude de raisons. Certaines de ces raisons tiennent probablement aux structures sociales ou aux pratiques institutionnelles, tandis que d'autres sont le reflet des différentes façons dont les individus exercent leur autonomie.

L'ampleur de l'écart de compétences entre les populations témoigne du degré d'inégalités de compétences au sein de la société, ce qui soulève des questions cruciales au sujet de l'équité et de l'efficience. Pour mieux comprendre la dynamique sous-jacente de ces disparités, il est essentiel non seulement de quantifier la variance globale des principales compétences du XXIe siècle d'une population, mais aussi de déterminer quelle part de cette variance peut être attribuée à des caractéristiques sociodémographiques indépendantes de la volonté des personnes. Dans ce rapport, les caractéristiques sociodémographiques en question sont le genre, le niveau d'études et la profession des parents, l'origine immigrée et le lieu d'habitation pendant l'enfance[4]. Elles influencent les trajectoires de développement de chacun et peuvent permettre au talent de s'épanouir indépendamment de l'effort.

Pour illustrer l'influence des « hasards de la naissance » sur le développement et les avantages tirés des compétences, ce rapport examine les principales dimensions illustrant les facteurs structurels qui influencent les chances de développement des compétences des individus. Ces dimensions sont le niveau d'études et la profession des parents, le genre, le lieu d'habitation pendant l'enfance, l'origine immigrée et l'âge (qui illustre également les effets de cohorte). Chacun de ces indicateurs livre des éclairages sur les ressources socioéconomiques et culturelles héritées à la naissance ainsi que sur la mesure dans laquelle les défaillances du marché peuvent brider le développement des compétences.

1.3.1. Émergence des disparités en matière de développement des compétences et de devenir professionnel

Les disparités en matière de développement des compétences et leurs résultats sur le plan de l'emploi peuvent être le fait de facteurs multiples : accessibilité et qualité de la formation, obstacles socioéconomiques, discriminations et biais, ou politiques publiques et cadres institutionnels. Les différences d'accès à une instruction et à une formation de qualité peuvent conduire à d'importants écarts de compétences entre différentes catégories de population. Les disparités de financement, la situation géographique et la disponibilité de formations de niveau avancé contribuent à ces différences. Les personnes défavorisées sur le plan socioéconomique peuvent se heurter à d'autres difficultés encore, notamment un manque d'accès aux ressources et des contraintes financières, qui peuvent les amener à devoir concilier formation et emploi à temps partiel ou obligations familiales. Celles qui vivent dans la pauvreté souffrent également de niveaux de stress plus élevés (Brisson et al., 2020[96]) et d'une mauvaise alimentation (Vilar-Compte et al., 2021[97]), deux facteurs pouvant entraver leur développement cognitif, psychologique et physique (Black et al., 2008[98] ; Bryan et al., 2004[99] ; Lupien et al., 2009[100]). Dans les cas extrêmes, la pauvreté en termes de conditions de vie et le traumatisme psychologique peuvent restreindre la capacité d'acquisition de compétences des individus. Les discriminations systémiques fondées sur l'origine raciale et l'appartenance ethnique, le genre ou d'autres caractéristiques sociodémographiques peuvent empêcher une personne d'acquérir et d'utiliser efficacement ses compétences sur le marché du travail, ce qui se traduit par des inégalités face à l'emploi. La conception et la mise en œuvre des politiques en matière de compétences contribuent fondamentalement à atténuer ou à creuser les inégalités. Celles qui ne tiennent pas compte des besoins divers des différentes catégories démographiques risquent de renforcer involontairement les disparités existantes. L'évolution rapide de la demande de compétences au XXIe siècle peut les pérenniser si les politiques publiques ne s'adaptent pas en faveur du développement continu des compétences des différents groupes.

Niveau d'études et situation professionnelle des parents

Le niveau d'études et la profession des parents sont largement reconnus comme fondamentalement déterminants de l'environnement dans lequel une personne naît et se développe. Un niveau d'études élevé des parents est souvent corrélé avec un meilleur accès à l'information, aux réseaux et au capital culturel, autant d'éléments susceptibles de renforcer l'environnement d'apprentissage d'un enfant. De même, la profession des parents témoigne non seulement de leurs ressources économiques, mais aussi de leur condition sociale et de leurs possibilités de veiller au développement cognitif et social de leurs enfants. En cherchant à établir si la distribution des compétences dans la population varie systématiquement en fonction du niveau d'études et de la situation professionnelle des parents, ce rapport retrace la transmission des avantages et des handicaps d'une génération à l'autre et décrit certains des obstacles structurels qui brident le développement des compétences.

Les adultes sont ici classés en deux catégories en fonction de la profession de leurs parents ou tuteurs quand les répondants avaient 14 ans. La première catégorie est constituée de ceux dont au moins un parent/tuteur exerçait une profession de directeur, cadre de direction ou gérant, une profession intellectuelle ou scientifique, ou une profession intermédiaire (les professions très valorisées constituant les groupes 1, 2 et 3 de la Classification internationale type des professions [CITP]). Le second groupe comprend les adultes dont les parents/tuteurs étaient des employés de type administratif ; des employés dans les services et la vente de magasin et de marché ; des agriculteurs ou ouvriers qualifiés de l'agriculture, de la sylviculture et de la pêche ; des artisans ou ouvriers des métiers de type artisanal ; des conducteurs d'installations et de machines ou des ouvriers de l'assemblage ; et des ouvriers et employés non qualifiés (les professions peu valorisées constituant les groupes 4 à 9 de la CITP)[5].

Les adultes sont également classés en deux catégories en fonction du niveau d'études de leurs parents ou tuteurs lorsqu'ils avaient 14 ans, selon la Classification internationale type de l'éducation (CITE) 2011. Le premier groupe rassemble les adultes dont au moins un parent/tuteur est diplômé de l'enseignement supérieur (niveaux 5, 6, 7 et 8 de la CITE). Le second comprend ceux dont les parents/tuteurs ne possèdent pas de diplôme de l'enseignement supérieur. Le niveau d'études a été évalué en fonction des qualifications qui peuvent actuellement ou pouvaient auparavant être obtenues dans le pays concerné, converties en niveaux de la CITE 2011.

Lieu d'habitation pendant l'enfance

L'environnement dans lequel une personne grandit, c'est-à-dire à la campagne, dans une ville ou une grande agglomération, détermine en grande partie son accès à un enseignement de qualité, ses possibilités de participation aux activités extrascolaires, son exposition aux possibilités d'emploi et les ressources économiques locales. Dans certains pays, les milieux non urbains peuvent avoir moins à offrir en termes de ressources et d'accès à des programmes de formation avancés par rapport aux centres urbains, ce qui restreint les possibilités de développement des compétences des habitants. Dans d'autres pays, les quartiers urbains peuvent exposer les jeunes à la pauvreté économique. Cela peut motiver certaines personnes à améliorer leur condition, mais aussi favoriser chez d'autres un manque d'aspirations. En prenant en compte le lieu d'habitation, l'analyse présentée dans ce rapport reconnaît le rôle des facteurs géographiques, souvent indépendants de la volonté des individus, dans l'apparition de disparités durables dans le développement et les retombées des compétences. Le lieu d'habitation pendant l'enfance est évalué au moyen d'un indicateur précisant si le répondant vivait, à l'âge de 14 ans, au centre ou en banlieue/périphérie d'une grande agglomération, dans une ville, ou dans un village/une ferme à la campagne.

Genre

Les hommes et les femmes suivent encore des parcours éducatifs et professionnels différents. L'analyse des disparités en matière de compétences entre les genres, ainsi que des différences de retombées des compétences au regard de l'emploi, permet d'examiner certains des obstacles liés aux stéréotypes de genre, aux normes sociales et à d'éventuels biais qui continuent de restreindre l'accès aux études et à la formation. Par cette analyse, le rapport met en exergue les conséquences économiques de ces disparités.

Origine immigrée

Ce rapport s'intéresse aux enfants d'immigrés, c'est-à-dire aux personnes qui sont nées dans leur pays de résidence, mais pas leurs parents, et à celles qui sont nées dans un autre pays et sont venues dans leur pays de résidence actuel pendant l'enfance (avant 18 ans). Celles qui ont immigré dans leur pays de résidence à l'âge adulte ne sont pas considérées. Il rend ainsi compte d'une autre dimension fondamentale des « hasards de la naissance » car, pour ces personnes, l'immigration n'a pas été un choix de leur part, mais une circonstance qui a influé sur leur vie. Elle s'accompagne souvent à la fois de difficultés et de possibilités nouvelles , allant des obstacles linguistiques et culturels au renforcement de la diversité et à l'exposition à des palettes de compétences variées. Cette dimension est essentielle pour comprendre comment le capital culturel hérité et le processus d'intégration influencent le développement des compétences et, par la suite, le devenir professionnel. Parce que les populations immigrées varient considérablement selon les pays et les économies, par leur taille, leur composition et leurs parcours migratoires, les résultats moyens de l'analyse des différences par origine immigrée peuvent, plus que pour d'autres dimensions, s'écarter sensiblement des résultats par pays ou économie.

Âge et cohorte de naissance

L'âge sert d'indicateur important non seulement du stade de la vie d'une personne, mais aussi du contexte historique et économique dans lequel cette personne a été élevée. Étant donné que les données utilisées dans ce rapport sont pour la plupart intersectionnelles, l'âge indique généralement les effets de cycle de vie, les influences par cohorte et les effets de période (c'est-à-dire le moment précis de la collecte des données). Les différences d'âge traduisent des différences liées au vieillissement, mais aussi des différences de politique éducative, d'avancées technologiques et de conditions économiques entre les générations, qui ont toutes une nette influence sur les possibilités qui s'offrent aux différentes générations de développer leurs compétences et de les utiliser efficacement sur le marché du travail. Ce double prisme est essentiel pour cerner des évolutions qui pourraient autrement être indétectables si un seul de ces aspects était pris en compte. Dans ce rapport, les adultes sont classés en trois catégories en fonction de leur âge : 16 à 29 ans, 30 à 49 ans et 50 à 65 ans. La première (16 à 29 ans) rassemble les individus au stade de l'« apprentissage ». Selon les données d'observation antérieures, les jeunes adultes améliorent généralement leurs compétences en traitement de l'information jusqu'à la fin de la vingtaine (Borgonovi et al., 2017[101] ; Paccagnella, 2016[102]). La deuxième catégorie (30 à 49 ans) regroupe les travailleurs d'âge très actif, et la troisième (50 à 65 ans), les adultes d'âge mûr.

1.3.2. Conséquences des crises et des mégatendances à l'échelle locale

Les crises et les mégatendances n'ont pas eu et n'auront pas les mêmes conséquences démographiques dans tous les pays. Par exemple, au XXe siècle, certains pays qui étaient autrefois principalement des pays d'émigration sont devenus surtout des destinations pour les nouveaux arrivants. De même, des tendances distinctes d'urbanisation, de scolarisation et de développement économique ont entraîné des différences prononcées de structures démographiques entre les pays et dans le temps.

L'Évaluation des compétences des adultes 2023, en recueillant des données représentatives sur les populations âgées de 16 à 65 ans, offre une occasion unique de comparer les cohortes de naissance de groupes de population qui sont souvent les plus concernés par les interventions en matière de compétences et dont l'importance a évolué tout au long de la seconde moitié du XXe siècle et du premier quart du XXIe siècle. Le développement des compétences n'occupe pas une place égale dans ces groupes et certains se heurtent à des obstacles à l'emploi ou à la participation sociale plus généralement, ou encore à des inégalités de récompense de leurs compétences.

Si l'on compare les cohortes d'individus nés entre 1958 et 2007, tous les pays et les économies participant à l'Évaluation des compétences des adultes 2023 ont vu diminuer la proportion de personnes classées comme défavorisées sur le plan socioéconomique, mesurée en fonction du niveau d'études (Graphique 1.3, partie A) et de la profession (partie B) des parents. En moyenne dans les pays de l'OCDE pour lesquels des données sont disponibles, 79 % des adultes nés entre 1958 et 1973 (âgés de 50 à 65 ans en 2023) n'avaient pas de parent diplômé de l'enseignement supérieur. Cette proportion s'établissait à 49 % pour les adultes nés entre 1994 et 2007 (âgés de 16 à 29 ans en 2023). Certaines des diminutions les plus prononcées du pourcentage de personnes sans parent diplômé de l'enseignement supérieur sont observées dans les pays d'Asie orientale (Corée, Japon, Singapour), tandis que les plus faibles diminutions sont enregistrées en Allemagne, en Italie et en République slovaque. De même, en moyenne dans les pays de l'OCDE, le pourcentage de personnes dont au moins un parent exerce une profession peu valorisée a diminué, passant de 65 % pour les personnes nées entre 1958 et 1973, à 46 % pour celles nées entre 1994 et 2007. Cette proportion a diminué dans l'ensemble des 31 pays et économies participant à l'Évaluation des compétences des adultes 2023, les plus fortes variations étant enregistrées au Danemark, au Portugal et à Singapour, et les plus faibles en Estonie, en Nouvelle-Zélande et en République slovaque.

L'urbanisation a entraîné des migrations internes, des zones rurales vers les zones urbaines. En moyenne dans les pays de l'OCDE pour lesquels des données sont disponibles, le pourcentage de personnes ayant passé leur enfance à la ferme ou dans un milieu rural a diminué, passant de 39 % des adultes nés entre 1958 et 1973 (âgés de 50 à 65 ans en 2023) à 30 % des adultes nés entre 1994 et 2007 (âgés de 16 à 29 ans en 2023) (Graphique 1.4, partie A). À l'inverse, le pourcentage de personnes qui ont grandi dans des villes petites et moyennes est passé de 28 % des cohortes plus âgées, à 33 % des plus jeunes cohortes (partie B), et le pourcentage de personnes qui ont grandi dans une grande ville ou sa banlieue est passé de 33 % à 37 % (partie C). Les mêmes évolutions ne sont toutefois pas observées dans tous les pays.

Ces migrations internes ont des conséquences pour le développement des compétences. Les mouvements de la campagne vers la ville influencent les possibilités d'éducation et d'emploi, les plus grandes zones métropolitaines offrant un plus grand accès aux possibilités de formation avancée et d'emploi. Veiller à ce que les populations rurales ne soient pas désavantagées nécessite de combler les déficits d'infrastructures, de connectivité numérique et de programmes de formation locaux. De même, une croissance urbaine rapide peut peser sur les systèmes en place dans les villes et les grandes agglomérations. S'imposent alors des politiques publiques qui distribuent proportionnellement les ressources et les services afin que les habitants, jeunes et moins jeunes, puissent acquérir les compétences appropriées pour un marché du travail en pleine mutation.

Graphique 1.3. Pourcentage d'adultes, par niveau d'études/profession des parents et par âge

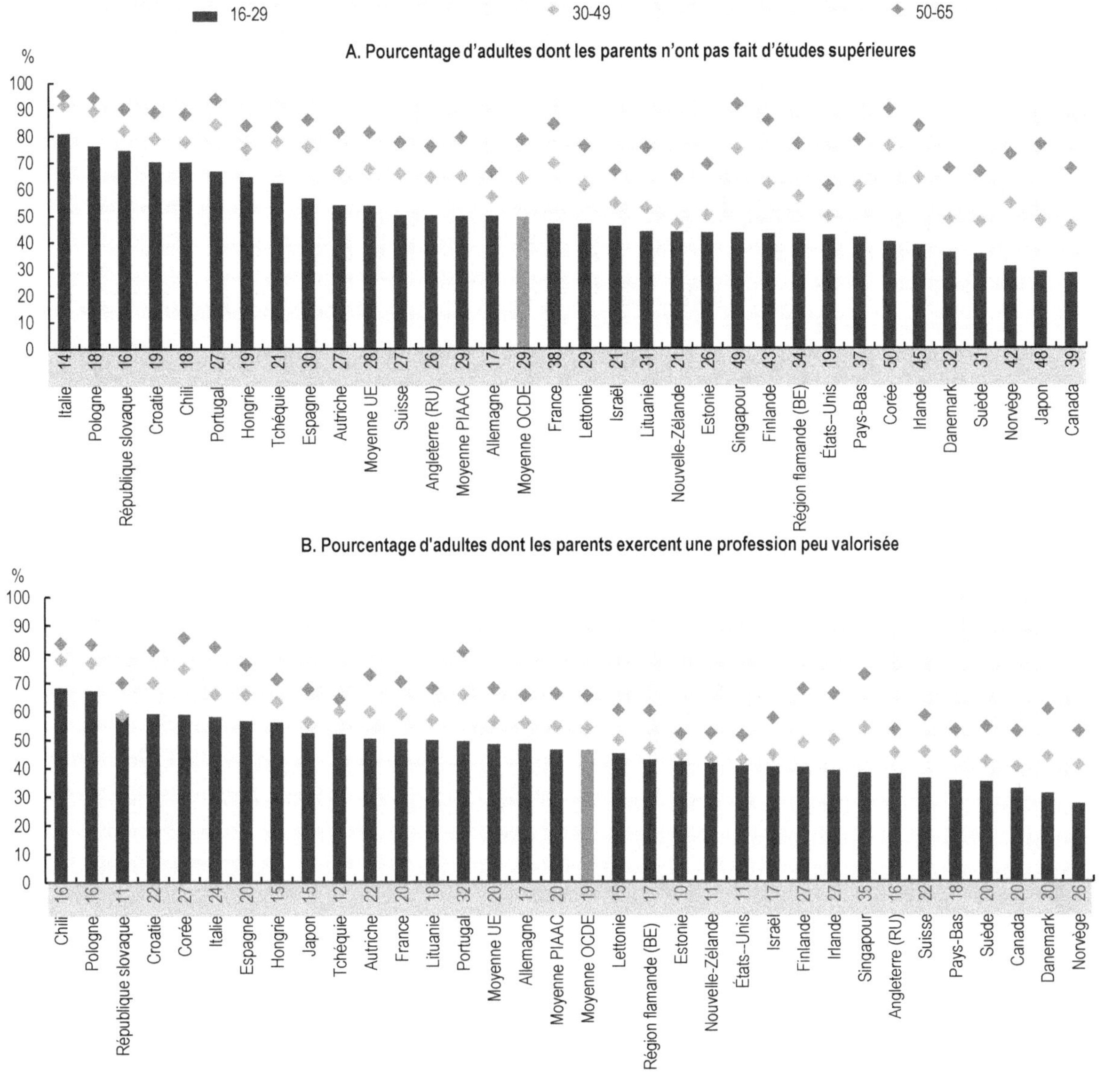

Note : Dans la partie A, la différence entre le pourcentage d'adultes de 50 à 65 ans et le pourcentage d'adultes de 16 à 29 ans est indiquée en regard du nom du pays. Toutes les différences sont statistiquement significatives. Le niveau d'études des parents (quand les répondants avaient 14 ans) est divisé en deux catégories : les adultes dont au moins un parent est diplômé de l'enseignement supérieur (niveaux 5, 6, 7 et 8 de la CITE 2011) et ceux dont aucun des parents n'a fait d'études supérieures. Dans la partie B, la différence entre le pourcentage d'adultes de 50 à 65 ans et le pourcentage d'adultes de 16 à 29 ans est indiquée en regard du nom du pays. Toutes les différences sont statistiquement significatives. La profession des parents (quand les répondants avaient 14 ans) repose sur la Classification internationale type des professions (CITP). Les professions sont regroupées en professions très valorisées : directeurs, cadres de direction et gérants ; professions intellectuelles et scientifiques et professions intermédiaires (CITP 1 à 3) et professions peu valorisées : employés de type administratif ; personnel des services et vendeurs de magasin et de marché ; agriculteurs et ouvriers qualifiés de l'agriculture et de la pêche ; artisans et ouvriers des métiers de type artisanal ; conducteurs d'installations et de machines et ouvriers de l'assemblage ; et ouvriers et employés non qualifiés (CITP 4 à 9).

Les pays sont classés par ordre décroissant du pourcentage de personnes âgées de 16 à 29 ans.

Source : OCDE (2024[48]), *Données et méthodologie du PIAAC*, www.oecd.org/fr/about/programmes/piaac/piaac-data.html.

StatLink https://stat.link/xlcur1

Graphique 1.4. Pourcentage d'adultes, par lieu d'habitation pendant l'enfance et par âge

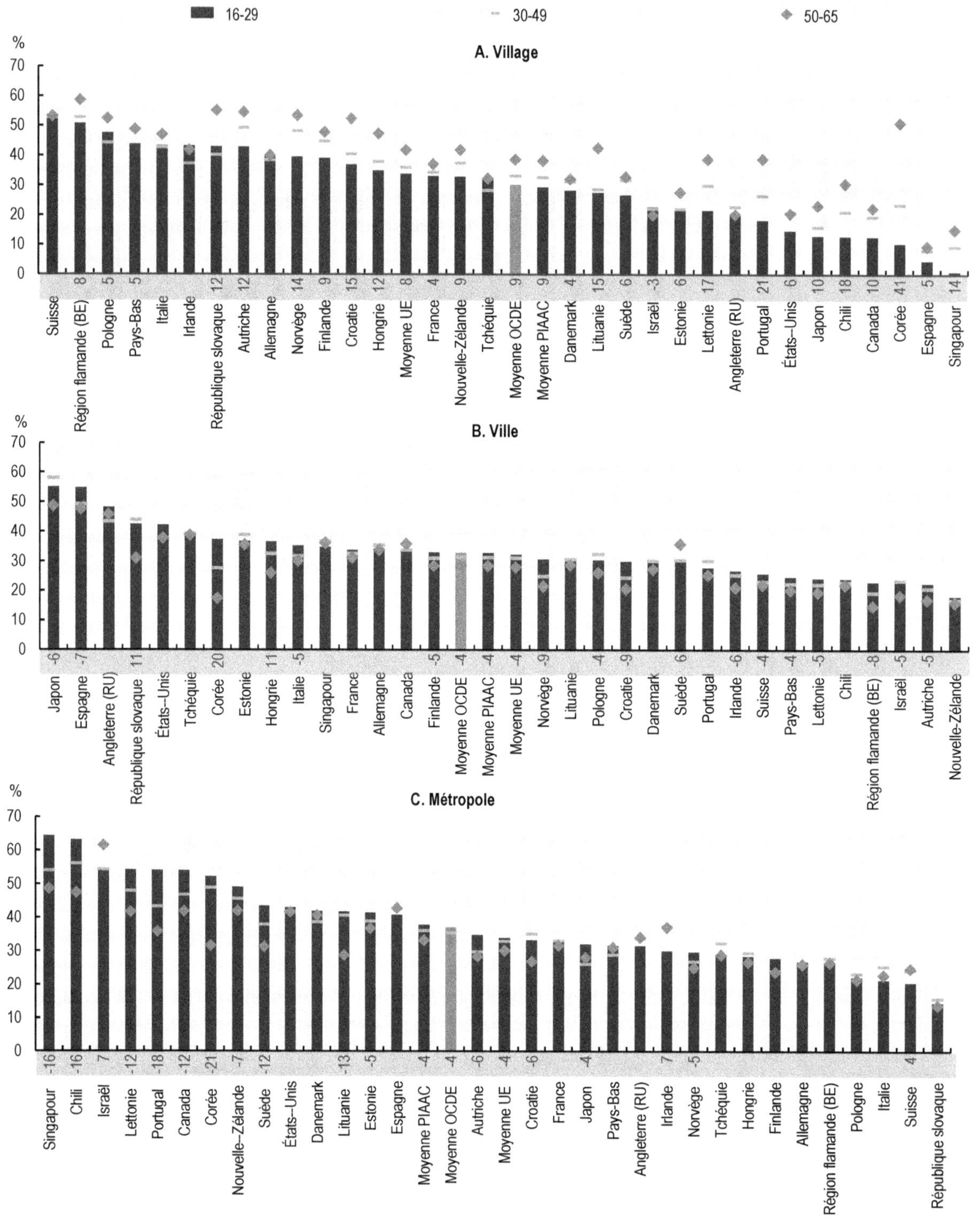

Note : La différence statistiquement significative entre le pourcentage d'adultes de 50 à 65 ans et le pourcentage d'adultes de 16 à 29 ans est indiquée en regard du nom du pays. Le lieu d'habitation pendant l'enfance (quand les répondants avaient 14 ans) fait référence à l'enfance vécue dans un village, une ville ou une grande agglomération.

Les pays sont classés par ordre décroissant du pourcentage de personnes âgées de 16 à 29 ans.

Source : OCDE (2024[48]), *Données et méthodologie du PIAAC*, www.oecd.org/fr/about/programmes/piaac/piaac-data.html.

StatLink https://stat.link/6dk3e2

1.4. Le rôle de l'action publique dans les solutions à apporter aux disparités en matière de compétences

Les analyses présentées dans ce rapport indiquent que les disparités en matière de compétences demeurent très répandues dans les pays de l'OCDE, avec tout leur poids de conséquences pour les individus et les économies. Les compétences fondamentales du XXIe siècle (compétences à l'écrit, compétences en calcul et résolution adaptative de problèmes), mais aussi les compétences sociales et émotionnelles et la capacité à différer la gratification, demeurent inégalement réparties entre les groupes (chapitre 2). Les chances face à l'éducation et à la formation sont également inégales tout au long de la vie, ce qui creuse souvent les écarts de compétences initiaux : les personnes avantagées sur le plan socioéconomique bénéficient d'une éducation de meilleure qualité, parviennent à un niveau d'études plus élevé et se consacrent davantage au perfectionnement de leurs compétences au fil du temps (chapitre 3). Il ressort également des analyses que les disparités en matière de compétences se traduisent en différences marquées de devenir professionnel, avec un important problème d'efficacité du développement et de l'utilisation des talents (chapitre 4).

Ensemble, ces constats pointent un double défi pour les décideurs : premièrement, élargir l'accès au développement des compétences, dès la petite enfance et à l'âge adulte et, deuxièmement, veiller à ce que ces compétences soient efficacement alignées sur des emplois productifs et gratifiants. Il est essentiel, pour l'équité et pour la croissance économique, de relever ce défi. En plus de nuire à l'équité, les inégalités de compétences et de chances compromettent le potentiel économique en gaspillant le talent et en freinant la croissance de la productivité. En faisant obstacle à la mobilité sociale et à l'affectation efficace des talents, l'inégalité des chances risque de ralentir la croissance (Soldani et al., 2024[103]). Il est essentiel, pour parvenir à une croissance plus inclusive, d'élargir l'accès à un enseignement de qualité dès l'enfance et de développer les compétences tout au long de la vie active.

L'analyse des actions à mener présentée dans ce chapitre est structurée autour de domaines d'action critiques tout au long de la vie – de l'éducation de la petite enfance à la scolarité formelle, à la formation des adultes, à l'orientation professionnelle et aux pratiques professionnelles – illustrant la nécessité de mesures globales, à l'échelle du système. Les politiques examinées sont des politiques ciblées pouvant réduire les écarts de compétences, corriger les manques d'efficacité dans le développement et l'appariement des compétences, favoriser plus d'équité et une plus forte performance économique. Des exemples de bonnes pratiques de pays de l'OCDE sont étudiés pour illustrer comment ces défis sont relevés dans la pratique. Le message est clair : résoudre les disparités et améliorer l'appariement des compétences n'est pas seulement un impératif social, mais aussi une nécessité économique au XXIe siècle, qui exige une action coordonnée des systèmes éducatifs, des employeurs et des pouvoirs publics pour libérer la pleine capacité productive des populations.

1.4.1. Disparités en matière de compétences de la petite enfance à l'âge adulte : principaux constats

Les compétences sont un facteur prédictif important de la réussite dans les économies modernes fondées sur la connaissance. Les disparités en matière de compétences initiales liées à des facteurs sociodémographiques indépendants de la volonté des individus (genre, niveau d'études et profession des parents, lieu d'habitation pendant l'enfance et origine immigrée) influent fortement sur l'acquisition des compétences du XXIe siècle (chapitres 2 et 3). Bien que ces disparités soient répandues dans l'ensemble des pays, l'ampleur des écarts varie considérablement, donnant à penser que des mesures de politique publique et des interventions peuvent réduire le handicap auquel se heurtent certaines catégories de population.

La distribution hétérogène des compétences se traduit par des inégalités des chances d'emploi et des résultats sur le marché du travail : les travailleurs plus compétents à l'écrit, en calcul et en résolution adaptative de problèmes ont plus de chances d'être employés et ont tendance à être mieux rémunérés lorsqu'ils sont employés. Par exemple, toutes choses égales par ailleurs, une augmentation d'un écart-type des compétences en calcul est corrélée avec une rémunération horaire plus élevée de 5 % (chapitre 4, tableau 4.2, colonne 5). Un niveau d'études plus élevé est également corrélé avec une rémunération elle aussi nettement plus élevée : la rémunération des adultes titulaires d'un diplôme du deuxième cycle de l'enseignement secondaire à orientation professionnelle est supérieure de 3 % à celle des adultes qui n'ont pas achevé le deuxième cycle de l'enseignement secondaire (chapitre 4, tableau 4.2, colonne 5). Les catégories de population qui possèdent moins de compétences et qui n'ont pas suivi de formation avancée sont sérieusement défavorisées sur le marché du travail, sachant que la plupart des disparités de taux d'emploi et de rémunération entre les catégories socioéconomiques tiennent à des différences de compétences et de formation continue. Par exemple, les adultes dont les parents n'ont pas fait d'études supérieures ont moins de chances d'avoir un emploi (taux d'emploi de 78 %) que ceux dont les parents sont diplômés de l'enseignement supérieur (86 %), mais la différence disparaît presque une fois prises en compte la formation et les compétences des adultes considérés (chapitre 4, graphique 4.1).

Âge

Dans les pays de l'OCDE, les compétences essentielles du XXIe siècle chez les adultes de 50 à 65 ans sont inférieures à celles des adultes de 16 à 29 ans. Par exemple, en moyenne dans les pays de l'OCDE, le niveau de compétences en calcul des adultes de 50 à 65 ans est inférieur à celui des adultes de 16 à 29 ans de 0.36 écart-type. Les différences de compétences du XXIe siècle liées à l'âge sont particulièrement prononcées au Chili et à Singapour où les compétences des adultes d'âge mûr sont inférieures à celles des plus jeunes de 0.89 écart-type. En revanche, en Nouvelle-Zélande et en Suède, les adultes d'âge mûr ont le même niveau de compétences que les plus jeunes (Tableau 1.2). Ces différences témoignent de l'élargissement des possibilités de formation au cours des dernières décennies et du fait que bon nombre de jeunes adultes s'attachent activement à développer leurs compétences parce qu'ils sont encore en cours d'études ou suivent des formations non formelles.

D'importants écarts de compétences entre les personnes de milieux socioéconomiques et de genres différents se manifestent à un jeune âge et se creusent souvent par la suite. Par exemple, les enfants issus de familles défavorisées sur le plan économique sont en retard sur leurs camarades plus avantagés dans les compétences fondamentales dès l'école primaire : à 10 ans, en moyenne dans les pays de l'OCDE, la différence de niveau de compétences en calcul entre les enfants dont les parents ont et n'ont pas fait d'études supérieures est de 0.64 écart-type ; elle va de 0.34 écart-type au Danemark à 1.06 écart-type en Hongrie (Tableau 1.2). À mesure de la progression des élèves dans l'enseignement obligatoire, les écoles de la plupart des pays jouent un rôle égalisateur, notamment en resserrant les écarts initiaux dans les compétences essentielles du XXIe siècle, notamment les compétences à l'écrit et en calcul. Pour la même cohorte d'élèves que celle dont il est question ci-dessus, par exemple, l'écart moyen à 15 ans s'établissait à 0.42 écart-type, variant de 0.60 écart-type en République tchèque (ci-après la Tchéquie) à seulement 0.26 écart-type au Danemark (Tableau 1.2).

Tableau 1.2. Vue d'ensemble des disparités en matière de compétences, par âge

Pays	Compétences en calcul		Niveau d'études	Formation des adultes	Disparités dans la progression des niveaux atteints					
			Différence de pourcentage (50-65 ans moins 30-49 ans)		Mathématiques		Mathématiques		Lecture	
	Différence de score exprimée en écart-type (50-65 ans moins 16-29 ans)	Différence de score exprimée en écart-type (50-65 ans moins 30-49 ans)	Licence ou plus	Taux de participation	Différence de score exprimée en écart-type (parents diplômés du supérieur moins parents non diplômés du supérieur)[2]		Différence de score exprimée en écart-type (garçons moins filles)[2]			
	Moyenne, non corrigée[1]	Moyenne, non corrigée[1]			10 ans	15 ans	10 ans	15 ans	10 ans	15 ans
Moyenne OCDE	-0.36	-0.33	-14	-13	0.64	0.42	0.07	0.10	-0.24	-0.18
Allemagne	-0.30	-0.21	-6	-14			0.05	0.12	-0.19	-0.16
Angleterre (RU)	-0.36	-0.24	-16	-7			0.09	0.16	-0.16	-0.21
Autriche	-0.51	-0.39	-14	-15					-0.20	-0.08
Canada	-0.37	-0.35	-16	-22	0.50	0.40	0.12	0.13	-0.24	-0.16
Chili	-0.89	-0.62	-16	-20	0.75	0.27	0.02	0.18	-0.06	-0.20
Corée	-0.70	-0.51	-22	-3	0.68	0.46	0.10	0.05		
Croatie	-0.29	-0.19	-16	-12						
Danemark	-0.31	-0.37	-20	-12	0.34	0.26	0.08	0.13	-0.20	-0.18
Espagne	-0.24	-0.17	-7	-13	0.52	0.37	0.16	0.11	-0.25	-0.12
Estonie	-0.62	-0.55	-12	-18						
États-Unis	-0.14	-0.19	-8	-11			0.09	0.14	-0.21	-0.11
Finlande	-0.43	-0.62	-21	-17	0.44	0.36	-0.13	-0.05	-0.44	-0.3
France	-0.59	-0.54	-15	-15	0.73	0.43	0.08	0.11	-0.20	-0.11
Hongrie	-0.25	-0.33	-12	-13	1.06	0.47	0.08	0.16	-0.17	-0.18
Irlande	-0.41	-0.29	-19	-13	0.64	0.31	0.06	0.14	-0.18	-0.16
Israël	-0.36	-0.38	-10	-8					-0.22	-0.19
Italie	-0.30	-0.19	-9	-8	0.48	0.28	0.27	0.23	-0.19	-0.10
Japon	-0.33	-0.30	-13	-11	0.61	0.49	-0.01	0.10		
Lettonie	-0.48	-0.42	-14	-20						
Lituanie	-0.32	-0.22	-15	-10	0.75	0.49	-0.03	0.06	-0.3	-0.28
Norvège	-0.23	-0.22	-16	-15			-0.05	-0.01	-0.41	-0.30
Nouvelle-Zélande	0.06	-0.13	-11	-10			0.03	0.11	-0.25	-0.30
Pays-Bas	-0.40	-0.27	-16	-14			0.11	0.12	-0.25	-0.15
Pologne	-0.38	-0.27	-21	-11	0.67	0.58	0.02	0.06	-0.28	-0.25
Portugal	-0.52	-0.41	-16	-21	0.74	0.50	0.15	0.12	-0.2	-0.02
Région flamande (BE)	-0.24	-0.33	-12	-16	0.56	0.52	0.08	0.09	-0.26	-0.14
République slovaque	-0.05	-0.08	-11	-11	0.84	0.46	0.15	0.01		

Pays	Compétences en calcul		Niveau d'études	Formation des adultes	Disparités dans la progression des niveaux atteints					
	Différence de score exprimée en écart-type (50-65 ans moins 16-29 ans)	Différence de score exprimée en écart-type (50-65 ans moins 30-49 ans)	Différence de pourcentage (50-65 ans moins 30-49 ans)		Mathématiques		Mathématiques		Lecture	
			Licence ou plus	Taux de participation	Différence de score exprimée en écart-type (parents diplômés du supérieur moins parents non diplômés du supérieur)[2]		Différence de score exprimée en écart-type (garçons moins filles)[2]			
	Moyenne, non corrigée[1]	Moyenne, non corrigée[1]			10 ans	15 ans	10 ans	15 ans	10 ans	15 ans
Singapour	**-0.89**	**-0.62**	**-30**	**-18**						
Suède	0.02	**-0.12**	**-15**	**-12**	**0.50**	**0.35**	-0.01	0.02	**-0.36**	**-0.21**
Suisse	**-0.46**	**-0.28**	**-10**	**-13**						
Tchéquie	**-0.33**	**-0.31**	**-9**	**-14**	**0.78**	**0.60**	**0.10**	**0.08**	**-0.28**	**-0.14**

Note : Les chiffres en caractères gras signifient que l'indicateur d'un pays particulier est sensiblement différent de zéro au seuil de 5 %. Le niveau d'études des parents (quand les répondants avaient 14 ans) est basé sur la Classification internationale type de l'éducation (CITE) 2011. Les niveaux d'études sont regroupés en parents ayant une formation supérieure (au moins un parent a fait des études supérieures [niveaux 5, 6, 7 et 8 de la CITE]) et parents non diplômés du supérieur.

1. Les différences non corrigées de compétences en calcul correspondent aux différences entre les deux moyennes pour chaque catégorie.

2. La progression du niveau atteint en mathématiques à 10 ans et à 15 ans repose sur les cohortes nées en 2004/05.

La performance d'un pays est statistiquement sensiblement supérieure à la moyenne de l'OCDE au seuil de 5 %.

La performance d'un pays est statistiquement nettement inférieure à la moyenne de l'OCDE au seuil de 5 %.

Source : Calculs fondés sur OCDE (2024[104]), *Évaluation des compétences des adultes (PIAAC), base de données du 2e cycle*, www.oecd.org/fr/data/datasets/piaac-2nd-cycle-database.html ; IEA (2011[105]), *TIMSS 2011 Grade 4 Database*, https://doi.org/10.58150/IEA_TIMSS_2011_G4 ; IEA (2015[106]), *TIMSS 2015 Grade 4 Database*, https://doi.org/10.58150/IEA_TIMSS_2015_G4 ; OCDE (2018[107]), *Base de données PISA 2018*, www.oecd.org/fr/pisa/data/2018database/ ; et OCDE (2022[108]), *Base de données PISA 2022*, www.oecd.org/fr/data/datasets/pisa-2022-database.html.

StatLink https://stat.link/35pfr2

Milieu socioéconomique

Une fois la scolarité formelle achevée, les disparités en matière de compétences entre les différents groupes socioéconomiques se creusent pendant la jeunesse et à l'âge adulte, témoignant de différences dans les possibilités de formation, formelle et informelle. Les personnes issues d'un milieu favorisé sont plus susceptibles d'obtenir un diplôme de l'enseignement supérieur, de choisir une filière à débouchés professionnels, mais aussi de continuer à se former tout au long de la vie. Pour leur part, les personnes issues d'un milieu défavorisé terminent plus souvent leurs études avant l'enseignement supérieur et ont moins de possibilités de développer leurs compétences. Cet avantage cumulatif signifie que ce sont encore essentiellement les ressources familiales qui dictent les parcours éducatifs et quelles catégories de personnes peuvent acquérir des compétences et se perfectionner tout au long de la vie.

En raison des disparités d'accès aux formations proposées pour les adultes, les travailleurs hautement qualifiés, qui ont souvent eu une éducation favorisée, continuent d'améliorer leurs compétences tandis que ceux dont les niveaux de compétences sont moins élevés risquent de prendre encore plus de retard ; une situation qui ne fait généralement que renforcer les inégalités. En matière de formation des adultes, les différences socioéconomiques tiennent principalement à des facteurs structurels, notamment aux parcours éducatifs et à la conjoncture de l'emploi. Les personnes qui exercent des professions ne demandant généralement pas de qualifications avancées à l'entrée dans la vie active, ou des professions à forte proportion de contrats de travail précaire, se voient offrir moins de possibilités de formation par leurs employeurs et se heurtent à un plus grand nombre d'obstacles (coût, temps, manque d'information) si elles veulent se former elles-mêmes. Parallèlement, les adultes qui bénéficient de bases et de ressources solides sont souvent plus à même d'avoir une formation continue, et plus motivés dans ce sens. Leurs employeurs, par ailleurs, ont tendance à investir davantage dans leur formation. Le contenu de la formation varie également : les adultes issus de milieux défavorisés sont surreprésentés dans les formations spécialisées pour un emploi précis, tandis que les adultes issus de milieux favorisés suivent plus souvent des formations qui développent des compétences comme le management, les langues étrangères ou les technologies de l'information et de la communication (TIC) avancées. Autrement dit, les disparités ont tendance à s'aggraver avec le temps : les écarts scolaires initiaux mènent à des différences de trajectoires professionnelles et de formation, qui creusent encore plus profondément les écarts de compétences à l'âge adulte.

C'est en grande partie par le biais des disparités en matière de compétences et de niveau d'études que se produit la transmission intergénérationnelle de l'avantage (ou du désavantage) socioéconomique, avec des retombées sur les perspectives d'emploi. Les disparités salariales entre les personnes issues d'un milieu socioéconomique favorisé et celles issues d'un milieu défavorisé se réduisent sensiblement lorsque sont prises en compte les différences de compétences : les adultes dont les parents ont fait des études supérieures sont en moyenne rémunérés 9 % de plus que ceux dont les parents n'ont pas fait d'études supérieures ; une différence qui tient entièrement aux différences de compétences et de diplômes entre les deux groupes (Tableau 1.3). Il faut cependant noter que le modèle de régression pour la formation tient compte de la profession des parents et inversement. Ces deux aspects du milieu socioéconomique étant étroitement liés (la corrélation moyenne sur l'ensemble des pays des l'OCDE est de l'ordre de 0.5), cette méthode pourrait sous-estimer le plein effet du milieu familial. En termes statistiques, cela reflète la multicolinéarité entre des facteurs prédictifs hautement corrélés qui peut conduire à un biais d'atténuation et à des coefficients estimés inférieurs. Dans la pratique, bon nombre de personnes connaissent des formes intersectionnelles de désavantage lié à la formation et à la profession des parents, ce qui signifie que l'effet cumulatif de l'origine sociale sur les compétences et la rémunération est souvent plus important que ce que chaque indicateur révèle individuellement.

Les inégalités de participation à la formation après la fin de la scolarité obligatoire s'expliquent par des différences de niveau de compétences, mais aussi par les choix et par les possibilités offertes ; elles sont une cause majeure du creusement des disparités en matière de compétences entre les personnes issues de milieux socioéconomiques différents. Les personnes issues de milieux socioéconomiques plus favorisés non seulement ont tendance à faire de plus longues études (et à obtenir des diplômes d'un plus haut niveau), elles étudient aussi différemment, en choisissant des domaines et des formats plus avantageux sur le plan des compétences. Par exemple, 62 % des adultes dont les parents exerçaient une profession très valorisée obtiennent une licence ou plus, contre 14 % seulement des adultes dont les parents exerçaient une profession peu valorisée (chapitre 3, graphique 3.7).

Des disparités frappantes sont également constatées dans la formation des adultes en fonction du milieu socioéconomique. Les adultes dont les parents exerçaient une profession très valorisée sont 14 points de pourcentage plus susceptibles de suivre des formations non formelles que les adultes dont les parents exerçaient une profession peu valorisée. Cette différence dépasse 20 points de pourcentage en Italie, mais elle descend jusqu'à 4 points de pourcentage en Corée (Tableau 1.4).

Tableau 1.3. Vue d'ensemble des disparités en matière de compétences, par niveau d'études des parents

Pays	Compétences en calcul				Niveau d'études	Formation des adultes	Écart salarial	
	Différence de score exprimée en écart-type (parents diplômés du supérieur moins parents non diplômés du supérieur)				Différence de pourcentage (parents diplômés du supérieur moins parents non diplômés du supérieur)		Variation en pourcentage du salaire horaire associé avec des parents diplômés du supérieur (relativement à des parents non diplômés du supérieur)	
	Moyenne, non corrigée[1]	Moyenne, corrigée[2]	10e centile	90e centile	Licence, équivalent ou plus	Taux de participation	Modèle de base[3]	Modèle complet[4]
Moyenne OCDE	**0.53**	**0.12**	**0.68**	**0.00**	**35**	**15**	**10.6**	0.7
Allemagne	**0.61**	**0.22**	**0.92**	**2.76**	**29**	**15**	**9.5**	0.6
Angleterre (RU)	**0.47**	**0.14**	**0.61**	**-0.61**	**30**	**12**	2.8	-6.8
Autriche	**0.56**	0.09	**0.71**	**0.34**	**35**	**13**	**8.9**	0.7
Canada	**0.48**	0.08	**0.64**	**-0.57**	**26**	**13**	**13.4**	**6.0**
Chili	**0.68**	0.08	**0.78**	**0.98**	**34**	**22**	**21.2**	-1.4
Corée	**0.58**	**0.16**	**0.70**	**0.34**	**44**	**4**		
Croatie	**0.47**	0.10	**0.57**	**-1.09**	**41**	**22**	**9.5**	1.2
Danemark	**0.43**	0.03	**0.62**	**-0.67**	**30**	**12**	**4.4**	0.0
Espagne	**0.34**	-0.02	**0.45**	**-2.5**	**33**	**15**	**13.6**	3.0
Estonie	**0.52**	**0.14**	**0.62**	**-0.87**	**27**	**11**	**15.5**	**7.2**
États-Unis	**0.7**	**0.19**	**0.77**	**0.82**	**31**	**22**	**21.2**	0.0
Finlande	**0.53**	**0.14**	**0.70**	**0.20**	**28**	**10**	**9.1**	3.2
France	**0.65**	**0.14**	**0.92**	**2.76**	**37**	**13**	1.9	**-5.5**
Hongrie	**0.74**	**0.15**	**0.88**	**2.7**	**43**	**21**	**16.0**	3.8
Irlande	**0.49**	**0.14**	**0.65**	**-0.29**	**34**	**16**	**12.9**	-0.5
Israël	**0.58**	**0.17**	**0.74**	**0.66**	**32**	**18**	**21.3**	6.6
Italie	**0.53**	0.09	**0.78**	**0.84**	**53**	**33**	13.9	0.4
Japon	**0.43**	0.05	**0.55**	**-1.70**	**27**	**15**	**5.6**	0
Lettonie	**0.59**	**0.24**	**0.66**	**-0.27**	**32**	**17**	**13.7**	1.2
Lituanie	**0.46**	**0.15**	**0.5**	**-2.83**	**32**	**18**	**10.7**	0.1
Norvège	**0.41**	**0.13**	**0.53**	**-1.96**	**32**	**8**	3	-3.5
Nouvelle-Zélande	**0.64**	**0.24**	**0.88**	**1.27**	**31**	**10**	10.2	-3.0
Pays-Bas	**0.49**	**0.11**	**0.63**	**-0.56**	**34**	**10**	7.2	-2.4
Pologne	**0.46**	0.01	**0.47**	**-1.55**	**54**	**15**	11.2	1.3
Portugal	**0.8**	**0.20**	**1.07**	**2.66**	**52**	**26**	**19.0**	4.0
Région flamande (BE)	**0.57**	**0.12**	**0.85**	**1.93**	**36**	**18**	**6.5**	-0.2
République slovaque	**0.38**	0.04	**0.46**	**-2.15**	**44**	**18**	**6.3**	-0.7
Singapour	**0.72**	**0.13**	**1.1**	**5.42**	**47**	**20**	**29.3**	4.0
Suède	**0.35**	**0.09**	**0.36**	**-2.65**	**22**	**6**	3.7	0.5

Pays	Compétences en calcul				Niveau d'études	Formation des adultes	Écart salarial	
	Différence de score exprimée en écart-type (parents diplômés du supérieur moins parents non diplômés du supérieur)				Différence de pourcentage (parents diplômés du supérieur moins parents non diplômés du supérieur)		Variation en pourcentage du salaire horaire associé avec des parents diplômés du supérieur (relativement à des parents non diplômés du supérieur)	
	Moyenne, non corrigée[1]	Moyenne, corrigée[2]	10e centile	90e centile	Licence, équivalent ou plus	Taux de participation	Modèle de base[3]	Modèle complet[4]
Suisse	**0.48**	**0.11**	**0.78**	**1.18**	**32**	**15**	**12.1**	2.9
Tchéquie	**0.52**	0.06	**0.48**	**-2.11**	**34**	**13**	6.2	-1.1

Note : Les chiffres en caractères gras signifient que l'indicateur d'un pays particulier est sensiblement différent de zéro au seuil de 5 %. Le niveau d'études des parents (quand les répondants avaient 14 ans) est basé sur la Classification internationale type de l'éducation (CITE) 2011. Les niveaux d'études sont regroupés en parents diplômés du supérieur (au moins un parent a fait des études supérieures [niveaux 5, 6, 7 et 8 de la CITE]) et parents non diplômés du supérieur.

1. Les différences non corrigées correspondent à la différence entre les deux moyennes de chaque catégorie.
2. Les différences corrigées reposent sur un modèle de régression tenant compte des différences associées au genre, à l'âge, à la profession des parents, au lieu d'habitation pendant l'enfance, à l'origine immigrée et au niveau d'études des répondants.
3. Les différences de rémunération horaire selon le modèle de base sont corrigées des différences de genre, d'âge, de profession des parents, de lieu d'habitation pendant l'enfance et d'origine immigrée. La Corée n'est pas incluse dans ces estimations.
4. Les différences de rémunération horaire selon le modèle complet sont corrigées des différences de genre, d'âge, de profession des parents, de lieu d'habitation pendant l'enfance, d'origine immigrée, de niveau d'études des répondants, de compétences, d'activités bénévoles, et de formation pour adultes non formelle. La Corée n'est pas incluse dans ces estimations.

La performance d'un pays est statistiquement significative au-dessus de la moyenne de l'OCDE au seuil de 5 %.

La performance d'un pays est statistiquement nettement inférieure à la moyenne de l'OCDE au seuil de 5 %.

Source : Calculs fondés sur OCDE (2024[104]), *Évaluation des compétences des adultes (PIAAC), base de données du 2e cycle*, www.oecd.org/fr/data/datasets/piaac-2nd-cycle-database.html.

StatLink https://stat.link/cpquae

Tableau 1.4. Vue d'ensemble des disparités en matière de compétences, par profession des parents

Pays	Compétences en calcul			Niveau d'études	Formation des adultes	Situation professionnelle		
	Différence de score exprimée en écart-type (profession des parents très valorisée moins profession peu valorisée)			Différence de pourcentage (profession des parents très valorisée moins profession peu valorisée)		Différence de pourcentage parmi les répondants exerçant une profession très valorisée (profession des parents très valorisée moins profession peu valorisée)	Pourcentage d'adultes exerçant une profession plus valorisée que celle de leurs parents	Pourcentage d'élèves de 15 ans pensant qu'ils exerceront une profession plus valorisée que celle de leurs parents
	Moyenne, non corrigée[1]	10e centile	90e centile	Licence, équivalent ou plus	Taux de participation			
Moyenne OCDE	0.51	0.62	0.42	48	14	21	42	38
Allemagne	0.60	0.84	0.49	49	14	23	45	40
Angleterre (RU)	0.54	0.73	0.44	39	12	16	40	34
Autriche	0.55	0.60	0.48	36	15	26	42	41
Canada	0.47	0.55	0.36	40	12	14	38	31
Chili	0.68	0.79	0.54	51	19	20	51	62
Corée	0.36	0.43	0.29	43	4	18	50	38
Croatie	0.39	0.45	0.33	52	16	24	50	47
Danemark	0.49	0.68	0.37	46	13	18	40	22
Espagne	0.34	0.42	0.25	39	14	18	45	47
Estonie	0.51	0.63	0.42	55	12	19	37	37
États-Unis	0.67	0.67	0.65	49	18	19	39	38
Finlande	0.50	0.63	0.39	55	12	20	43	31
France	0.64	0.84	0.47	41	13	21	48	40
Hongrie	0.65	0.75	0.58	60	20	33	43	38
Irlande	0.41	0.48	0.36	48	14	18	46	28
Israël	0.56	0.70	0.47	58	15	19	40	31
Italie	0.49	0.55	0.43	37	21	23	47	53
Japon	0.37	0.5	0.25	31	11	13	40	41
Lettonie	0.53	0.6	0.46	54	15	16	42	42
Lituanie	0.39	0.42	0.39	55	13	23	40	38
Norvège	0.42	0.52	0.33	53	6	17	42	24
Nouvelle-Zélande	0.62	0.74	0.49	40	14	17	39	28
Pays-Bas	0.49	0.67	0.39	47	9	19	43	34
Pologne	0.40	0.48	0.38	61	14	35	44	40
Portugal	0.66	0.84	0.52	54	22	28	44	49

Pays	Compétences en calcul			Niveau d'études	Formation des adultes	Situation professionnelle		
	Différence de score exprimée en écart-type (profession des parents très valorisée moins profession peu valorisée)			Différence de pourcentage (profession des parents très valorisée moins profession peu valorisée)		Différence de pourcentage parmi les répondants exerçant une profession très valorisée (profession des parents très valorisée moins profession peu valorisée)	Pourcentage d'adultes exerçant une profession plus valorisée que celle de leurs parents	Pourcentage d'élèves de 15 ans pensant qu'ils exerceront une profession plus valorisée que celle de leurs parents
	Moyenne, non corrigée[1]	10e centile	90e centile	Licence, équivalent ou plus	Taux de participation			
Région flamande (BE)	**0.56**	**0.81**	**0.41**	**58**	**15**	**21**	**46**	**44**
République slovaque	**0.33**	**0.40**	**0.29**	**50**	**20**	**27**	**40**	**44**
Singapour	**0.60**	**0.89**	**0.35**	**50**	**15**	**19**	**56**	**28**
Suède	**0.44**	**0.52**	**0.36**	**44**	**8**	**19**	**37**	**25**
Suisse	**0.55**	**0.76**	**0.39**	**51**	**13**	**19**	**42**	**36**
Tchéquie	**0.49**	**0.46**	**0.45**	**46**	**11**	**20**	**34**	**40**

Note : Les chiffres en caractères gras signifient que l'indicateur d'un pays particulier est sensiblement différent de zéro au seuil de 5 %. La profession des parents (quand les répondants avaient 14 ans) repose sur la Classification internationale type des professions (CITP). Les professions sont regroupées en professions très valorisées : directeurs, cadres de direction et gérants ; professions intellectuelles et scientifiques et professions intermédiaires (CITP 1 à 3) et professions peu valorisées : employés de type administratif ; personnel des services et vendeurs de magasin et de marché ; agriculteurs et ouvriers qualifiés de l'agriculture et de la pêche ; artisans et ouvriers des métiers de type artisanal ; conducteurs d'installations et de machines et ouvriers de l'assemblage ; et ouvriers et employés non qualifiés (CITP 4 à 9).

1. Les différences non corrigées correspondent à la différence entre les deux moyennes de chaque catégorie.

La performance d'un pays est statistiquement significative au-dessus de la moyenne de l'OCDE au seuil de 5 %.

La performance d'un pays est statistiquement nettement inférieure à la moyenne de l'OCDE au seuil de 5 %.

Source : Calculs fondés sur OCDE (2024[104]), *Évaluation des compétences des adultes (PIAAC), base de données du 2e cycle*, www.oecd.org/fr/data/datasets/piaac-2nd-cycle-database.html.

StatLink https://stat.link/26ykre

Genre

Les filles obtiennent de meilleurs résultats que les garçons en compétences à l'écrit dans l'enseignement secondaire, mais cet avantage s'estompe à l'âge adulte. L'avantage des garçons en calcul, en revanche, s'amplifie entre l'adolescence et l'âge adulte. Ces tendances pointent des « planchers collants » et des « plafonds de verre » en matière de développement des compétences : les groupes peu qualifiés (souvent ceux issus de milieux défavorisés sur le plan socioéconomique ou de certaines minorités) peinent à décoller du bas de l'échelle, tandis que certains groupes hautement qualifiés (par ex. les femmes) voient leur ascension vers les plus hauts niveaux de qualification jonchée d'obstacles. Même si les femmes sont plus susceptibles que les hommes de faire des études de haut niveau, elles ont beaucoup moins tendance à choisir des filières en science, technologie, ingénierie et mathématiques (STIM). Par exemple, en moyenne dans les pays de l'OCDE, les femmes sont 28 points de pourcentage moins susceptibles que les hommes d'être titulaires d'une licence ou plus dans un domaine STIM et 52 points de pourcentage moins susceptibles d'avoir suivi un cursus d'enseignement professionnel orienté STIM. La différence entre le nombre d'hommes et de femmes dans les programmes de licence est la moins prononcée au Portugal (19 points de pourcentage) et la plus importante en Allemagne (40 points de pourcentage). Dans l'enseignement professionnel elle est la plus marquée au Canada, en Région flamande (Belgique) et Nouvelle-Zélande, et la moins marquée en Israël (Tableau 1.5).

Les femmes sont moins susceptibles d'avoir un emploi que les hommes et celles qui exercent un emploi sont moins bien rémunérées que leurs homologues masculins. Ces écarts demeurent prononcés même lorsque sont prises en compte les différences de compétences et de qualifications. Après neutralisation des effets des caractéristiques sociodémographiques, les hommes sont 8 points de pourcentage plus susceptibles que les femmes d'occuper un emploi, en moyenne dans les pays de l'OCDE (chapitre 4, tableau 4.1). D'autre part, la rémunération horaire des femmes est en moyenne inférieure à celle des hommes d'environ 16 % ; un écart qui reste important même après prise en compte du niveau d'études et de compétences (Tableau 1.5). Il découle de ce constat que des facteurs autres que les compétences, notamment les stéréotypes professionnels, les discriminations, les différences d'heures de travail ou de responsabilités familiales, et l'accès à l'information et aux possibilités d'emploi, contribuent pour beaucoup à ces disparités entre les genres face à l'emploi. Les femmes et les hommes ont tendance à exercer des professions différentes dans des secteurs d'activité différents, les professions à dominante féminine étant souvent moins rémunératrices que les professions à dominante masculine, même à niveaux de compétences équivalents. En moyenne, environ 13 % de femmes exercent des professions à dominante masculine et 15 % d'hommes des professions à dominante féminine. Ces tendances renforcent les écarts salariaux étant donné que les secteurs à dominante masculine (technologie, ingénierie) offrent généralement des salaires plus élevés que ceux à dominante féminine (soins aux personnes, éducation) à niveaux de compétences équivalents (Tableau 1.5).

Tableau 1.5. Vue d'ensemble des disparités en matière de compétences, par genre

Pays	Compétences en calcul			Formation axée STIM		Professions		Écart de rémunération entre les genres	
	Différence de score en écart-type (hommes moins femmes)			Différence d'inscriptions en pourcentage (hommes moins femmes)		Pourcentage exerçant une profession		Variation en pourcentage du salaire horaire associé aux hommes (relativement aux femmes)	
	Moyenne, non corrigée[1]	10e centile	90e centile	Deuxième cycle du secondaire et postsecondaire (professionnel)	Licence ou plus	Hommes dans secteurs à dominante féminine	Femmes dans secteurs à dominante masculine	Modèle de base[2]	Modèle complet[3]
Moyenne OCDE	0.17	0.05	0.28	52	28	15	13	14.5	16
Allemagne	0.24	0.11	0.34	56	40	17	10	16.6	14.8
Angleterre (RU)	0.27	0.26	0.33	45	30	16	15	19.9	14.6
Autriche	0.26	0.22	0.3	54	25	15	11	17.8	16.8
Canada	0.27	0.19	0.31	62	23	19	18	16	14.5
Chili	0.15	-0.14	0.34	57	30	15	11	29.8	29.0
Corée	0.15	0.17	0.17	43	28	15	10		
Croatie	-0.01	-0.06	0.05	47	20	9	12	16.4	17.2
Danemark	0.20	0.06	0.29	49	27	22	14	12.7	14.3
Espagne	0.17	0.10	0.28	50	23	23	19	12.8	15
Estonie	0.15	0.00	0.25	54	31	9	14	21.2	28.3
États-Unis	0.14	-0.10	0.27	59	21	22	19	12.6	
Finlande	0.20	0.09	0.28	56	37	16	15	17.6	21.4
France	0.17	0.03	0.28	53	27	14	13	7.1	8.6
Hongrie	0.09	-0.07	0.21	59	36	13	13	11.9	15.2
Irlande	0.16	0.02	0.26	50	21	20	13	6.8	9.4
Israël	0.10	-0.08	0.35	38	22	13	16	17.5	25.8
Italie	0.12	-0.03	0.29	46	30	20	8	10.4	15.3
Japon	0.21	0.05	0.35	56	27	22	12	38.7	
Lettonie	0.13	0.00	0.31	42	28	8	18	22.0	27.8
Lituanie	0.07	-0.05	0.14	52	35	5	10	11.9	17.9
Norvège	0.20	0.05	0.29	50	23	20	14	11.0	11.1
Nouvelle-Zélande	0.09	-0.17	0.29	62	31	12	15	12.7	13.6
Pays-Bas	0.25	0.05	0.37	45	23	15	12	14.1	10.5
Pologne	0.00	-0.03	0.05	55	37	5	10	11.6	14.1
Portugal	0.23	0.27	0.25	43	19	12	11	12.1	18.5
Région flamande (BE)	0.20	0.08	0.31	62	26	14	13	6.5	9.4
République slovaque	0.03	-0.02	0.12	53	24	14	9	10.3	12.0
Singapour	0.19	0.23	0.12	53	28	21	14	12.0	10.7

Pays	Compétences en calcul			Formation axée STIM		Professions		Écart de rémunération entre les genres	
	Différence de score en écart-type (hommes moins femmes)			Différence d'inscriptions en pourcentage (hommes moins femmes)		Pourcentage exerçant une profession		Variation en pourcentage du salaire horaire associé aux hommes (relativement aux femmes)	
	Moyenne, non corrigée[1]	10e centile	90e centile	Deuxième cycle du secondaire et postsecondaire (professionnel)	Licence ou plus	Hommes dans secteurs à dominante féminine	Femmes dans secteurs à dominante masculine	Modèle de base[2]	Modèle complet[3]
Suède	**0.25**	0.14	**0.29**	**55**	**25**	**19**	**14**	**7.3**	**9.2**
Suisse	**0.29**	**0.21**	**0.35**	**50**	**28**	**16**	**15**	**17.7**	**13.5**
Tchéquie	**0.22**	0.11	**0.32**	**51**	**28**	**18**	**13**	**21.1**	**16.8**

Note : Les chiffres en caractères gras signifient que l'indicateur d'un pays particulier est sensiblement différent de zéro au seuil de 5 %.
1. Les différences non corrigées de compétences en calcul correspondent à la différence entre les deux moyennes de chaque catégorie.
2. Les différences de salaire horaire corrigées selon le modèle de base reposent sur un modèle de régression tenant compte des différences d'âge, de profession des parents, de lieu d'habitation pendant l'enfance, d'origine immigrée et d'emploi à temps partiel et dans le secteur public.
3. Les différences de salaire horaire corrigées selon le modèle complet reposent sur un modèle de régression tenant compte des différences d'âge, de profession des parents, de lieu d'habitation pendant l'enfance, d'origine immigrée, d'emploi à temps partiel et dans le secteur public, de niveau d'études, de compétences, d'activités bénévoles et de participation à la formation des adultes non formelle des répondants.
La performance d'un pays est statistiquement significative au-dessus de la moyenne de l'OCDE au seuil de 5 %.
La performance d'un pays est statistiquement nettement inférieure à la moyenne de l'OCDE au seuil de 5 %.
Source : Calculs fondés sur OCDE (2024[104]), *Évaluation des compétences des adultes (PIAAC), base de données du 2e cycle*, www.oecd.org/fr/data/datasets/piaac-2nd-cycle-database.html.

StatLink https://stat.link/lsfhja

Lieu d'habitation pendant l'enfance

Les adultes qui ont grandi dans une grande agglomération possèdent en moyenne un niveau plus élevé de maîtrise des compétences fondamentales du XXIe siècle que celui des adultes qui ont passé leur enfance dans une plus petite ville ou un village. Par exemple, dans les pays de l'OCDE, les adultes qui ont grandi dans une grande agglomération ont, en moyenne, des compétences en calcul supérieures de 0.18 écart-type à celles des adultes qui ont grandi dans un village. Les différences liées au lieu d'habitation pendant l'enfance sont particulièrement prononcées au Chili, où les adultes élevés dans une grande agglomération possèdent des compétences en calcul nettement supérieures à celles des adultes qui ont grandi dans un village (0.72 écart-type), mais aussi aux Pays-Bas, où les adultes qui ont grandi dans un village possèdent des compétences en calcul bien plus élevées que ceux qui ont été élevés dans une grande agglomération (0.29 écart-type) (Tableau 1.6). Ces différences témoignent, dans une certaine mesure, des différences de milieu socioéconomique des populations urbaines et rurales : en moyenne, la différence diminue, passant de 0.18 écart-type à 0.11 écart-type, lorsque sont pris en compte le niveau d'études et la profession des parents, et de 0.11 écart-type à 0.04 écart-type si le niveau d'études des personnes concernées est également pris en compte (Tableau 1.6).

Les jeunes des milieux urbains sont beaucoup plus susceptibles de faire des études supérieures que ceux des milieux ruraux. En moyenne dans les pays de l'OCDE, 40 % des adultes qui ont grandi dans une grande agglomération ont obtenu une licence ou plus, à comparer avec 26 % seulement de ceux qui ont grandi dans un village (chapitre 3, graphique 3.7). Dans le pourcentage d'adultes qui ont obtenu une licence ou plus, l'écart entre ceux qui ont grandi dans une grande agglomération et ceux qui ont grandi dans un village est le plus marqué en Corée (30 points de pourcentage) et le moins marqué en Région flamande de Belgique (1 point de pourcentage) (Tableau 1.6).

Les adultes qui ont grandi dans une grande agglomération sont également plus susceptibles de suivre des formations pour adultes que ceux qui ont grandi dans un village. La différence, de 5 points de pourcentage en moyenne dans l'ensemble des pays de l'OCDE, reflète pleinement les différences de situation socioéconomique entre les deux catégories. Le plus grand avantage pour les personnes ayant grandi dans une grande agglomération est observé au Chili (19 points de pourcentage). En revanche, il n'existe pas de différence statistiquement significative entre les différents groupes aux Pays-Bas (Tableau 1.6).

Les différences de devenir professionnel sont également prononcées. Par exemple, en moyenne dans les pays de l'OCDE, les salaires des personnes qui ont grandi dans une grande agglomération sont supérieurs de 7 % à ceux des adultes qui ont grandi dans un village, même si leurs caractéristiques sociodémographiques sont comparables. La différence est importante et la plus prononcée au Chili, où elle atteint 23 %, mais aucune différence n'est observée aux États-Unis et en Israël. Il apparaît surtout que la pénalité de rémunération associée à une enfance vécue en milieu rural est principalement due aux écarts de niveau d'études et de compétences entre les adultes qui ont grandi dans des milieux différents : la différence est réduite à environ 3 % une fois pris en compte le niveau d'études et les compétences (Tableau 1.6).

Tableau 1.6. Vue d'ensemble des disparités en matière de compétences, par lieu d'habitation pendant l'enfance

Pays	Compétences en calcul			Niveau d'études	Formation des adultes		Écart salarial	
	Différence de score en écart-type (grande agglomération moins village)			Différence de pourcentage (grande agglomération moins village)			Variation en pourcentage du salaire horaire associé à l'enfance vécue dans une grande agglomération (relativement à un village)	
	Moyenne, non corrigée[1]	Moyenne, modèle de base[2]	Moyenne, modèle complet[3]	Licence ou plus	Taux de participation Non corrigée[4]	Taux de participation Corrigée[5]	Modèle de base[6]	Modèle complet[7]
Moyenne OCDE	**0.18**	**0.11**	**0.04**	**14**	**5**	-0.04	**7**	**3**
Allemagne	-0.06	-0.05	-0.04	**7**	-2	-3.00	2	2
Angleterre (RU)	**-0.15**	-0.03	-0.10	**12**	1	-1.67	4	4
Autriche	0.03	0.02	-0.07	**14**	3	-3.80	5	3
Canada	**0.26**	0.09	0.02	**17**	3	-0.82	6	2
Chili	**0.72**	**0.5**	**0.23**	**19**	**19**	2.20	**23**	-3
Corée	**0.53**	**0.26**	**0.13**	**30**	**4**	2.12		
Croatie	**0.35**	**0.17**	0.06	**29**	**16**	1.95	**12**	4
Danemark	0.08	0.02	-0.04	**13**	**6**	**4.54**	4	2
Espagne	**0.28**	**0.17**	0.05	**13**	5	-2.89	7	4
Estonie	**0.34**	**0.23**	**0.14**	**16**	**6**	-1.01	4	-2
États-Unis	**0.23**	0.02	-0.10	**17**	**10**	3.00	-4	0

Pays	Compétences en calcul			Niveau d'études	Formation des adultes		Écart salarial	
	Différence de score en écart-type (grande agglomération moins village)			Différence de pourcentage (grande agglomération moins village)			Variation en pourcentage du salaire horaire associé à l'enfance vécue dans une grande agglomération (relativement à un village)	
	Moyenne, non corrigée[1]	Moyenne, modèle de base[2]	Moyenne, modèle complet[3]	Licence ou plus	Taux de participation – Non corrigée[4]	Taux de participation – Corrigée[5]	Modèle de base[6]	Modèle complet[7]
Finlande	**0.13**	0.09	0.05	**13**	**6**	1.48	**7**	4
France	-0.01	0.04	-0.03	**9**	-1	-0.58	1	-1
Hongrie	**0.52**	**0.24**	**0.10**	**25**	**14**	0.47	**15**	**7**
Irlande	0.04	-0.03	0.00	3	1	0.52	1	6
Israël	**0.28**	**0.24**	**0.19**	**8**	**7**	3.48	6	4
Italie	-0.06	-0.07	-0.08	2	3	0.75	5	4
Japon	**0.39**	**0.26**	**0.17**	**21**	**7**	0.44	**15**	0
Lettonie	**0.44**	**0.26**	**0.19**	**18**	**12**	**-5.34**	**14**	**7**
Lituanie	**0.44**	**0.3**	**0.17**	**28**	**12**	-2.28	**20**	**10**
Norvège	-0.01	-0.02	-0.02	**10**	3	3.26	0	0
Nouvelle-Zélande	**0.19**	0.09	0.01	**14**	6	3.48	4	1
Pays-Bas	**-0.29**	**-0.13**	**-0.16**	5	-5	0.76	4	3
Pologne	**0.29**	**0.22**	**0.17**	**17**	**12**	**8.21**	6	-1
Portugal	**0.30**	**0.18**	0.01	**18**	**12**	-0.03	9	4
Région flamande (BE)	**-0.14**	-0.03	-0.05	1	-2	-0.27	4	3
République slovaque	**0.15**	0.11	0.07	**16**	5	-6.87	**11**	8
Singapour	**1.00**	**0.60**	**0.40**	**19**	**11**	0.95	**21**	0
Suède	-0.04	0.02	-0.02	**10**	-2	-3.58	**5**	4
Suisse	-0.04	0.07	-0.02	**11**	**5**	1.52	**7**	3
Tchéquie	**0.25**	**0.12**	0.08	**13**	2	-5.26	**11**	**8**

Note : Les chiffres en caractères gras signifient que l'indicateur d'un pays particulier est sensiblement différent de zéro au seuil de 5 %. Le lieu d'habitation pendant l'enfance (quand les répondants avaient 14 ans) fait référence à l'enfance vécue dans un village, une ville ou une grande agglomération. Les estimations du taux non corrigé de participation à la formation des adultes excluent la Corée, les États-Unis et le Japon.

1. Les différences non corrigées de compétences en calcul correspondent à la différence entre les deux moyennes de chaque catégorie.
2. Les différences de compétences en calcul corrigées selon le modèle de base reposent sur un modèle de régression tenant compte des différences associées au genre, à l'âge, au niveau d'études et à la profession des parents et à l'origine immigrée.
3. Les différences de compétences en calcul corrigées selon le modèle complet reposent sur un modèle de régression tenant compte des différences associées au genre, à l'âge, au niveau d'études et à la profession des parents, à l'origine immigrée et au niveau d'études des répondants.
4. Les différences non corrigées de taux de participation correspondent à la différence entre les deux moyennes de chaque catégorie.
5. Les différences corrigées de taux de participation reposent sur un modèle de régression tenant compte du genre, de l'âge, du niveau d'études et de la profession des parents, de l'origine immigrée et du niveau d'études et de la profession des répondants.
6. Les différences de salaire horaire corrigées selon le modèle de base reposent sur un modèle de régression tenant compte des différences de genre, d'âge, du niveau d'études et de profession des parents, d'origine immigrée, et d'emploi à temps partiel et dans le secteur public.

7. Les différences de salaire horaire corrigées selon le modèle complet reposent sur un modèle de régression tenant compte des différences de genre, d'âge, de niveau d'études et de profession des parents, d'origine immigrée, d'emploi à temps partiel et dans le secteur public, de niveau d'études, de compétences, d'activités bénévoles et de participation à la formation des adultes non formelles des répondants.

La performance d'un pays est statistiquement significative au-dessus de la moyenne de l'OCDE au seuil de 5 %.

La performance d'un pays est statistiquement nettement inférieure à la moyenne de l'OCDE au seuil de 5 %.

Source : Calculs fondés sur OCDE (2024[104]), *Évaluation des compétences des adultes (PIAAC), base de données du 2e cycle*, www.oecd.org/fr/data/datasets/piaac-2nd-cycle-database.html.

StatLink https://stat.link/15xyaq

Origine immigrée

Les adultes nés de parents immigrés possèdent en moyenne une maîtrise des compétences essentielles du XXIe siècle inférieure à celle des adultes non issus d'un milieu immigré[6]. Par exemple, dans les pays de l'OCDE, les adultes nés de parents immigrés ont un niveau de compétences à l'écrit inférieur de 0.14 écart-type à celui des adultes non issus de l'immigration. Les différences liées à l'origine immigrée sont particulièrement prononcées en Région flamande de Belgique (0.53 écart-type), tandis qu'au Canada, au Chili, en Hongrie et en Israël, les adultes nés de parents immigrés ont un niveau de compétences à l'écrit supérieur à celui des adultes non issus de l'immigration (Tableau 1.7). Ces écarts sont le reflet de différences entre les pays dans la composition des populations immigrées, les possibilités d'intégration et les mécanismes de sélection. En moyenne dans les pays de l'OCDE, les différences de compétences en fonction de l'origine immigrée ne traduisent pas dans une grande mesure les différences de caractéristiques démographiques ni de parcours éducatifs.

Dans les pays de l'OCDE, les différences de participation à la formation des adultes selon l'origine immigrée sont peu prononcées : parmi les adultes issus de milieux à caractéristiques comparables, les enfants d'immigrés sont 1.82 point de pourcentage plus susceptibles que les adultes non issus de l'immigration d'avoir obtenu une licence ou plus (Tableau 1.7).

La différence de pourcentage d'adultes qui ont obtenu une licence ou plus en faveur des enfants d'immigrés est la plus marquée au Canada (18 points de pourcentage), tandis que les adultes non issus de l'immigration sont plus susceptibles d'avoir obtenu une licence ou plus en Estonie, en Italie, en Lettonie et en Région flamande de Belgique (Tableau 1.7).

En moyenne dans les pays de l'OCDE, les salaires des adultes issus et non issus de l'immigration sont comparables. En Hongrie, cependant, les enfants d'immigrés sont rémunérés 21 % de moins que les adultes non issus de l'immigration, à caractéristiques sociodémographiques comparables ; une différence qui demeure importante (19 %) lorsque sont également pris en compte le niveau d'étude et les différences de compétences entre les deux groupes. En revanche, en Estonie, les enfants d'immigrés sont rémunérés 18 % de plus que les adultes non issus de l'immigration, à caractéristiques sociodémographiques comparables ; une différence qui demeure importante (12 %) lorsque sont également pris en compte le niveau d'études et les différences de compétences entre les deux groupes (Tableau 1.7).

Tableau 1.7. Vue d'ensemble des disparités en matière de compétences, par origine immigrée

Pays	Compétences à l'écrit			Niveau d'études	Formation des adultes		Écart salarial	
	Différence de score en écart-type (non issus de l'immigration moins enfants d'immigrés)			Différence de pourcentage (non issus de l'immigration moins enfants d'immigrés)			Variation en pourcentage du salaire horaire associé aux personnes non issues de l'immigration (relativement aux enfants d'immigrés)	
	Moyenne, non corrigée[1]	Moyenne, modèle de base[2]	Moyenne, modèle complet[3]	Licence ou plus	Taux de participation Non corrigée[4]	Taux de participation Corrigée[5]	Modèle de base[6]	Modèle complet[7]
Moyenne OCDE	**0.14**	**0.14**	**0.12**	**1.82**	-0.37	0.24	0.5	-1.3
Allemagne	**0.37**	**0.20**	**0.19**	-2.07	-3.09	-1.01	1.5	-2.2
Angleterre (RU)	0.07	0.08	**0.16**	**15.65**	-2.60	**9.03**	-8.6	-5.1
Autriche	**0.17**	**0.23**	**0.14**	2.78	-0.96	2.65	**6.3**	0.1
Canada	**-0.14**	-0.05	0.04	**17.54**	**6.75**	1.39	-6.7	-2.7
Chili	**-0.31**	-0.27	-0.29	7.64	-10.28	17.64	0.0	0.0
Corée	**0.57**	0.00	0.00					
Croatie	0.07	**0.16**	0.13	4.91	**9.99**	**-9.14**	1.5	-1.0
Danemark	**0.21**	**0.19**	**0.21**	**9.37**	2.52	-3.48	2.4	1.7
Espagne	0.09	**0.19**	0.11	-6.37	-6.23	4.26	10.4	5.2
Estonie	**0.38**	**0.33**	**0.29**	**-7.31**	**-12.11**	**5.55**	**17.5**	**12.0**
États-Unis	**0.23**	**0.22**	**0.21**	**6.68**	2.54		-11.4	0.0
Finlande	**0.39**	**0.33**	**0.32**	-6.06	-2.5	-3.42	-1.6	-1.3
France	**0.17**	**0.21**	**0.18**	1.80	**-3.77**	**5.92**	-2.9	**-6.3**
Hongrie	**-0.17**	-0.03	0.01	7.65	1.38	3.32	**-20.7**	**-18.7**
Irlande	-0.08	0.01	-0.01	1.71	3.45	-4.98	2.2	2.3
Israël	**-0.20**	**-0.17**	**-0.1**	**4.81**	**8.79**	-1.44	-0.8	1.1
Italie	0.08	**0.23**	**0.21**	**-8.50**	3.52	-3.68	10.8	0.4
Lettonie	0.03	0.05	0.01	**-7.14**	-1.69	-4.51	6.2	2.3
Lituanie	0.01	0.02	0.02	2.56	2.8	-3.93	-5.8	**-7.6**
Norvège	**0.25**	0.11	0.09	**8.76**	**6.54**	-2.96	0.0	-0.6
Nouvelle-Zélande	-0.03	0.09	0.15	**8.84**	0.14	4.33	**-8.5**	-6.5
Pays-Bas	**0.36**	**0.35**	**0.3**	-3.35	-5.08	3.62	3.0	1.8
Pologne	0.12	0.11	0.12	2.38	-4.20	0.00	0.0	0.0
Portugal	-0.08	0.00	0.06	**7.88**	4.76	0.86	-0.6	0.8
Région flamande (BE)	**0.53**	**0.47**	**0.32**	**-12.13**	-5.36	-3.23	-0.6	-6.6
République slovaque	0.04	0.07	0.02	-2.36	9.3	**-12.64**	1.2	0.9
Singapour	**0.13**	**0.14**	**0.19**	0.58	-0.10	-0.92	-6.1	-6.7
Suède	**0.44**	**0.24**	**0.20**	-4.12	0.96	-6.20	-0.8	-3.5
Suisse	**0.19**	**0.20**	**0.13**	-3.11	-1.55	0.21	1.8	-2.3

Pays	Compétences à l'écrit			Niveau d'études	Formation des adultes		Écart salarial	
	Différence de score en écart-type (non issus de l'immigration moins enfants d'immigrés)			Différence de pourcentage (non issus de l'immigration moins enfants d'immigrés)			Variation en pourcentage du salaire horaire associé aux personnes non issues de l'immigration (relativement aux enfants d'immigrés)	
	Moyenne, non corrigée[1]	Moyenne, modèle de base[2]	Moyenne, modèle complet[3]	Licence ou plus	Taux de participation		Modèle de base[6]	Modèle complet[7]
					Non corrigée[4]	Corrigée[5]		
Tchéquie	0.12	0.11	0.05	**-8.69**	-2.80	-1.28	5.0	3.5

Note : Les chiffres en caractères gras signifient que l'indicateur d'un pays particulier est sensiblement différent de zéro au seuil de 5 %.
Les groupes par origine immigrée sont constitués des enfants d'immigrés, des immigrés et des non-immigrés. Les enfants d'immigrés sont nés dans leur pays de résidence, mais pas leurs parents, ou bien ils sont nés dans un autre pays et sont venus dans leurs pays de résidence actuel avant l'âge de 18 ans. Les non-immigrés sont nés dans leur pays de résidence, tout comme leurs parents. Le Japon est absent en raison de la petite taille de l'échantillon.
1. Les différences non corrigées de compétences à l'écrit correspondent à la différence entre les deux moyennes de chaque catégorie.
2. Les différences de compétences à l'écrit corrigées selon le modèle de base reposent sur un modèle de régression tenant compte des différences associées au genre, à l'âge, au niveau d'études et à la profession des parents et au lieu d'habitation pendant l'enfance.
3. Les différences de compétences à l'écrit corrigées selon le modèle complet reposent sur un modèle de régression tenant compte des différences associées au genre, à l'âge, au niveau d'études et à la profession des parents, au lieu d'habitation pendant l'enfance et au niveau d'études des répondants.
4. Les différences non corrigées de taux de participation correspondent à la différence entre les deux moyennes de chaque catégorie.
5. Les différences de taux de participation corrigées selon le modèle complet reposent sur un modèle de régression tenant compte du genre, de l'âge, du niveau d'études et de la profession des parents, du lieu d'habitation pendant l'enfance, du niveau d'études et de la profession des répondants, et des compétences sociales et émotionnelles.
6. Les différences de salaire horaire corrigées selon le modèle de base reposent sur un modèle de régression tenant compte des différences de genre, d'âge, de niveau d'études et de profession des parents, de lieu d'habitation pendant l'enfance et d'emploi à temps partiel et dans le secteur public.
7. Les différences de salaire horaire corrigées selon le modèle complet reposent sur un modèle de régression tenant compte des différences de genre, d'âge, de niveau d'études et de profession des parents, de lieu d'habitation pendant l'enfance, d'emploi à temps partiel et dans le secteur public, de niveau d'études, de compétences, d'activités bénévoles et de participation à la formation des adultes non formelle des répondants.
La performance d'un pays est statistiquement significative au-dessus de la moyenne de l'OCDE au seuil de 5 %.
La performance d'un pays est statistiquement nettement inférieure à la moyenne de l'OCDE au seuil de 5 %.
Source : Calculs fondés sur OCDE (2024[104]), *Évaluation des compétences des adultes (PIAAC), base de données du 2e cycle*, www.oecd.org/fr/data/datasets/piaac-2nd-cycle-database.html.

StatLink https://stat.link/itwusv

1.4.2. Favoriser l'agilité et la coordination des politiques en matière de compétences

Pour faire face à l'incertitude et aux mutations rapides, les pays de l'OCDE doivent réformer non seulement l'éventail des compétences à enseigner, mais aussi la façon dont les politiques en matière de compétences sont élaborées ; s'éloigner des processus rigides et fragmentés en faveur de méthodes agiles, coordonnées et qui couvrent l'ensemble du cycle de vie des individus. En adoptant des modèles de gouvernance favorables à l'adaptation rapide, à la collaboration intersectorielle et à l'intégration à tous les stades d'apprentissage, les pays peuvent être mieux à même de réagir aux nouvelles demandes de compétences en soutenant toutes les catégories de population.

L'agilité nécessite que les cadres d'action puissent être adaptés rapidement aux évolutions au lieu de rester fixes jusqu'au prochain cycle de réforme. Par exemple, le ministère danois de l'Enfance et de l'Éducation examine les recommandations formulées par un groupe d'experts sur l'IA dans l'éducation convoqué spécialement : raccourcir les délais et simplifier le processus de réforme des évaluations nationales afin que les modes d'évaluation puissent évoluer au même rythme que les progrès technologiques (Gouvernement danois, 2024[109]). Cela suppose de s'éloigner des réformes ponctuelles en faveur d'une démarche itérative, selon laquelle les politiques publiques sont régulièrement évaluées et améliorées.

Certains pays ont traité la mise en œuvre de changements dans le programme d'enseignement non pas comme le résultat final, mais comme une phase d'apprentissage : des retours sont recueillis pendant la mise en œuvre et des corrections à mi-parcours sont effectuées en temps réel. Une telle méthode raccourcit le délai entre les réformes de politique publique et leur impact en s'attelant plus vite à la résolution des problèmes, et empêche que les mesures inefficaces ne s'enracinent. Cette démarche est particulièrement appropriée pour les politiques liées aux compétences du XXIe siècle, qui nécessitent une gouvernance agile ouverte aux pilotes, aux boucles de rétroaction rapide et aux ajustements expérimentaux, permettant ainsi le recalibrage des politiques en matière de compétences en temps réel à mesure que le contexte évolue. Elle s'impose en contraste avec la méthode dominante qui consiste à « planifier d'abord, mettre en œuvre ensuite » du XXe siècle et convient mieux à une époque où la prospective est imparfaite et le changement constant.

La coordination interministérielle est un pilier fondamental du modèle de gouvernance requis pour une réforme réactive au XXIe siècle. Le développement des compétences et leur utilisation efficace recoupent les domaines traditionnellement distincts de l'éducation, du travail, du développement économique, de l'immigration, de la protection sociale et des politiques industrielles. Or, les structures gouvernementales sont souvent cloisonnées et différents ministères et administrations sont chargés de l'éducation de la petite enfance, de la scolarité, de la formation professionnelle, de l'enseignement supérieur et des programmes de formation professionnelle des adultes (OCDE, 2020[110] ; 2024[111]). Ce cloisonnement peut conduire à des actions fragmentées et des possibilités de synergie manquées. Aucun ministère ne peut relever seul les nouveaux défis posés par les compétences. Par exemple, veiller à ce que les travailleurs possèdent les compétences nécessaires pour une économie verte nécessite l'intervention non seulement des ministères de l'Éducation, mais aussi de ceux chargés de l'industrie, de l'énergie et de l'environnement. La coordination, la coopération et la collaboration à l'échelle de l'ensemble de l'administration sont donc essentielles et savoir les promouvoir efficacement demeure un défi majeur dans le cadre du renforcement de la gouvernance des systèmes de compétences dans de nombreux pays de l'OCDE (OCDE, 2020[110] ; 2024[111]). Un processus de réforme agile repose, par exemple, sur la mise en place de mécanismes conjoints de gouvernance (conseils interministériels sur les compétences ou unités stratégiques rattachées au centre de gouvernement) pour harmoniser les objectifs et les actions de l'ensemble des ministères. Les mécanismes en question peuvent permettre des réponses collectives rapides, par exemple, mettre une initiative soudaine de perfectionnement des compétences en adéquation avec à la fois les prestataires de services éducatifs et les services de l'emploi. L'agilité des politiques en matière de compétences va main dans la main avec la collaboration : une gouvernance souple doit être étayée par une coordination horizontale solide afin que la main droite et la main gauche de l'administration suivent la même direction.

Les dispositifs actuels de gouvernance en matière de compétences sont lents et souvent fragmentés. Les responsabilités à l'égard du développement et de l'utilisation des compétences sont largement réparties entre les divers échelons de l'administration, ainsi qu'entre les ministères et les organismes publics, et peu coordonnées. Les compétences s'acquièrent et s'appliquent tout au long de la vie : pendant la petite enfance, à l'école, dans l'enseignement technique et supérieur, par la formation des adultes et par les programmes du marché du travail. Cependant, chacun de ces stades d'apprentissage relève le plus souvent de mandats institutionnels différents. Par conséquent, la gouvernance des politiques en matière de compétences ne suit pas le parcours de vie de l'apprenant, mais demeure cloisonnée : un organisme est chargé des programmes scolaires, un autre des incitations à la formation professionnelle, un autre encore de la reconversion des chômeurs, et ainsi de suite. Dans de nombreux cas, même la formation des adultes est cloisonnée. Par exemple, les ministères du Travail sont responsables de la formation des chômeurs, tandis que les ministères de l'Éducation prennent en charge les autres apprenants adultes (OCDE, 2024[112]).

Ce cloisonnement entraîne des déficits, des chevauchements et un gaspillage de ressources. Les mécanismes formels de coordination des politiques en matière de formation des adultes sont « rares » et souvent peu systématiques, ce qui conduit à des décisions divergentes d'un programme à l'autre et un manque de synergie entre les initiatives. Faute de coordination, des mesures partant d'une bonne intention peuvent avoir des retombées contradictoires ou laisser des besoins critiques insatisfaits. Par exemple, un ministère du Travail peut subventionner la formation indépendamment des autorités éducatives, entraînant ainsi des chevauchements d'activités dans certains domaines et des angles morts dans d'autres. Ce manque de coordination exacerbe l'inadéquation des compétences dans l'économie : l'offre de formations ne correspond pas pleinement à la demande du marché du travail lorsque la planification de l'enseignement est détachée de la stratégie pour l'emploi. Dans la pratique, cela signifie que les employeurs se heurtent à des pénuries de main-d'œuvre dans certains domaines, tandis que les travailleurs dans d'autres domaines ne parviennent pas à trouver d'emploi à la hauteur de leurs qualifications. Une gouvernance fragmentée nuit ainsi à l'efficacité globale de l'investissement dans les compétences et conduit à un gaspillage de ressources ainsi qu'à l'érosion de la confiance publique dans les réformes. Remédier à ce problème n'est pas une simple question de bureaucratie, mais un impératif pour réduire l'inadéquation des compétences et améliorer la productivité.

Le décloisonnement nécessite une coordination institutionnalisée de l'ensemble du cycle décisionnel, de la conception conjointe des politiques à leur mise en œuvre synchronisée, au suivi et à l'évaluation collectifs (OCDE, 2024[112]). Certains pays ont opté pour la création de structures-cadres pour la politique en matière de compétences, notamment des conseils nationaux des compétences ou des groupes de travail interinstitutionnels regroupant les acteurs de l'éducation, du travail et de l'économie sous une même stratégie (OCDE, 2020[110] ; 2024[111]). Ces organes peuvent contribuer à harmoniser les sources de financement, à faire coïncider des priorités divergentes et à assurer la circulation de l'information entre les parties prenantes. Il s'agit avant tout de veiller à ce que tous les acteurs concernés soient « sur la même longueur d'onde » au sujet des besoins de compétences et des politiques à mener. Il ressort de l'expérience internationale qu'une coordination efficace, que ce soit par le biais de conseils formels, d'accords interministériels ou de stratégies unifiées, permet de réduire les chevauchements et de combler les lacunes entre les programmes. Il est donc indispensable de résoudre le problème du cloisonnement pour parvenir à un système décisionnel efficace et réactif en matière de compétences. Cela permettra de passer d'un ensemble hétérogène d'initiatives à un écosystème cohésif, dans lequel l'offre d'éducation et de formation, à tous les niveaux, correspond aux objectifs en matière d'emploi et de développement économique.

Bon nombre de pays de l'OCDE reconnaissent la nécessité d'une stratégie nationale sur l'apprentissage tout au long de la vie qui soit cohérente et crée de nouveaux parcours d'apprentissage, de la petite enfance à la scolarité obligatoire et à l'enseignement supérieur, puis au perfectionnement et à la reconversion à l'âge adulte. Il s'agit de permettre ainsi des transitions fluides à tous les stades afin que les individus puissent acquérir de nouvelles compétences de manière continue et faire face aux mutations professionnelles. Pour être efficaces, les plans d'action pour la transformation de l'apprentissage tout au long de la vie supposent la création de parcours flexibles qui relient entre eux les différents niveaux et types d'apprentissage afin de renforcer les possibilités ouvertes aux jeunes et aux adultes et d'éviter les impasses. Dans la pratique, cela pourrait demander de renforcer les liens entre les programmes d'enseignement secondaire professionnel et l'enseignement supérieur, ou entre les diplômes universitaires et la formation en cours d'emploi, de telle sorte que les apprenants puissent évoluer verticalement ou horizontalement sans obstacles inutiles. Il faudrait également améliorer la reconnaissance et la portabilité des compétences, par exemple au moyen de systèmes nationaux de certification des compétences qui veillent à ce que les diplômes de différents établissements ou de différentes régions soient comparables et recherchés sur l'ensemble du marché du travail (OCDE,

2025[113]). De même, des systèmes internationaux et nationaux d'assurance qualité pouvant renforcer la qualité et la reconnaissance de la formation non formelle sont indispensables pour mieux crédibiliser les parcours de formation et les mécanismes de validation des compétences atypiques (OCDE, 2024[114]).

Une stratégie nationale pour l'apprentissage tout au long de la vie est également un moyen d'assurer une meilleure adéquation entre l'offre de compétences et l'évolution de la demande. Lorsque tous les ministères et les parties prenantes concernés coopèrent guidés par une vision commune, il devient plus facile d'orienter le système d'éducation et de formation en fonction des besoins économiques. Par exemple, des exercices de prospective coordonnés peuvent être intégrés dans une stratégie pour l'apprentissage tout au long de la vie afin d'anticiper les nouveaux besoins de compétences à partir des mégatendances (comme les transitions numérique ou écologique) et d'utiliser ces informations pour l'actualisation des programmes d'enseignement, l'orientation professionnelle et les investissements en formation à tous les niveaux. Les données d'études prospectives sur les compétences, ainsi que les efforts normatifs (ex. cadres, guides et politiques en matière de compétences, et gouvernance claire) peuvent contribuer à cet effort. Une stratégie intégrée peut ainsi servir de relais entre le secteur éducatif et les employeurs, en veillant à ce que le contenu de l'enseignement corresponde aux compétences effectivement requises sur le marché du travail. Les études internationales sur les politiques publiques mettent en évidence que des parcours d'apprentissage plus flexibles vont de pair avec des compétences plus adaptées au marché du travail. La flexibilité – dans la conception, l'exécution et la validation des programmes – est corrélée avec une plus grande agilité et une meilleure adaptation de l'apprentissage aux besoins à la fois des apprenants et des employeurs. Plus concrètement, une stratégie cohérente pour l'apprentissage tout au long de la vie pourrait fixer des objectifs communs (augmenter les compétences en STIM ou la culture numérique à tous les âges), aligner le financement sur ces priorités et responsabiliser les acteurs envers les résultats, notamment la réduction de l'inadéquation des compétences ou une plus forte participation d'adultes aux formations. Cette démarche représente un virage en faveur d'un plan pour le développement des compétences à l'échelle du système et l'abandon des politiques morcelées. Plusieurs pays ont déjà progressé dans cette direction.

1.4.3. Éducation et accueil des jeunes enfants : harmoniser les règles du jeu dès le départ

L'investissement dans une éducation et un accueil des jeunes enfants (EAJE) de qualité et adéquatement financés – dotés de personnel qualifié pluridisciplinaire avec possibilités de développement professionnel continu – est l'une des stratégies les plus puissantes pour réduire les disparités en matière de compétences et favoriser l'équité. C'est pendant la petite enfance (de la naissance à 5 ans) que se développent les capacités cognitives, sociales et émotionnelles essentielles, et que les désavantages dus à la situation familiale peuvent s'installer. Il ressort des études qu'une éducation des jeunes enfants de qualité peut atténuer les effets du handicap socioéconomique en favorisant leur développement avant le début de la scolarité formelle. Inversement, les disparités qui existent au début de la scolarité ont tendance à persister ou à s'amplifier avec le temps et sont plus difficiles (et plus coûteuses) à rectifier ultérieurement. Aussi, les pays de l'OCDE reconnaissent de plus en plus l'EAJE comme un pilier d'une stratégie inclusive en matière de compétences. Par exemple, les centres Sure Start au Royaume-Uni continuent d'être reconnus comme un instrument de politique publique essentiel, de portée large et économiquement rentable pour réduire les disparités en matière de compétences et de résultats qui apparaissent pendant l'enfance et qui s'amplifient et s'accumulent tout au long de la vie. Lancé en 1999, le dispositif Sure Start est un réseau de « guichets uniques » proposant divers services, notamment de santé, d'éducation des jeunes enfants, d'accompagnement des parents et d'aide à l'emploi des parents. Ces services s'adressent aux populations des lieux dans lesquels les centres sont implantés, souvent les régions les plus défavorisées d'Angleterre (Carneiro et al., 2025[115]) (chapitre 3, encadré 3.5). Les évaluations indépendantes et les données de main-d'œuvre indiquent qu'un financement stable (avant 2010) et la présence de spécialistes sont indispensables (Carneiro, Cattan et Ridpath, 2024[116]) (unison, 2024[117]).

L'élargissement de l'accès à des services d'EAJE d'un prix abordable et de haute qualité, surtout pour les enfants issus de milieux défavorisés, devrait être un objectif de politique publique primordial pour les pays. À l'heure actuelle, la fréquentation des structures d'EAJE varie largement d'un pays et d'une catégorie socioéconomique à l'autre. Les enfants des familles plus aisées sont plus susceptibles de fréquenter un établissement d'enseignement préscolaire ou une structure d'accueil des jeunes enfants, tandis que les enfants issus de milieux socioéconomiques défavorisés – qui ont le plus à gagner – se heurtent souvent à des problèmes de coût, de manque d'offre locale ou d'horaires rigides incompatibles avec le travail des parents. Pour remédier à ces disparités, les pays doivent œuvrer dans le sens de l'accès universel pour au moins une ou deux années d'enseignement préscolaire avant l'entrée dans le primaire et offrir des options d'accueil des jeunes enfants à un prix abordable. Compte tenu des limites de budget, une démarche équitable implique des subventions ciblées et des exemptions de frais pour éliminer les obstacles financiers rencontrés par les ménages à faible revenu. Par exemple, plusieurs pays de l'OCDE limitent les frais à la charge des parents à une proportion du revenu du ménage ou prévoient des heures d'EAJE gratuites pour les familles au-dessous de certains seuils de revenu. De telles mesures se sont montrées efficaces pour augmenter le taux de fréquentation des enfants issus de milieux défavorisés. En Finlande, le programme Right to Learn favorise l'égalité des chances d'apprentissage pour tous les enfants en ciblant ceux qui se heurtent à des obstacles socioéconomiques, linguistiques ou autres. Les parents peuvent recevoir des prestations destinées à couvrir les frais d'EAJE, tandis que les établissements des quartiers défavorisés peuvent bénéficier de ressources supplémentaires, notamment d'enseignants spécialisés et d'un personnel d'encadrement, mais aussi de formations des enseignants pour les aider à identifier et à accompagner les élèves ayant besoin d'aide supplémentaire, ce qui améliore les retombées de l'apprentissage dans la durée (OCDE, 2022[118]) (chapitre 3, encadré 3.5).

L'élargissement de l'offre de services d'EAJE dans les zones mal dotées est essentiel. Les populations rurales ou les populations urbaines à faible revenu ont souvent un moindre choix de structures de qualité. Les pouvoirs publics peuvent investir dans l'infrastructure et prendre des mesures incitatives pour attirer des prestataires dans ces secteurs afin qu'aucune population ne soit négligée. Des modèles innovants, comme les unités d'EAJE mobiles, les partenariats public-privé ou l'ouverture des structures en dehors des heures normales, peuvent aider les familles dont les horaires de travail sont irréguliers ou qui vivent dans des lieux éloignés. L'objectif premier devrait être que tous les enfants, indépendamment de leur milieu socioéconomique, puissent accéder à l'éducation au moins à partir de 3 ou 4 ans, plus tôt si possible, afin qu'ils soient sur un pied d'égalité quand ils commencent la scolarité obligatoire.

La qualité de l'EAJE est cruciale pour obtenir des résultats positifs. Les enfants de milieux défavorisés, plus particulièrement, ont tout à gagner d'un environnement d'EAJE enrichissant qui contribue à tous les aspects de leur développement (langage, compétences cognitives, apprentissage social et émotionnel, autodiscipline, etc.). Aussi, les politiques publiques devraient être axées sur l'offre de services d'EAJE de qualité partout et pour tous les enfants, tout en réservant l'aide supplémentaire à ceux qui en ont le plus besoin. Les principaux leviers d'action consistent à établir des normes de qualité et des programmes d'enseignement solides, à investir dans le personnel d'EAJE par la formation et des conditions de travail décentes, et à suivre et faciliter l'amélioration continue chez les prestataires. Bon nombre de pays adoptent des cadres pédagogiques pour l'EAJE qui trouvent un juste équilibre entre les méthodes ludiques, centrées sur l'enfant et le développement intentionnel des compétences en fonction du stade de développement des enfants. Ces cadres veillent à ce que l'enseignement favorise le développement social et émotionnel en même temps que les compétences à l'écrit, les compétences en calcul et la motricité, mais aussi à ce qu'il soit sensible aux différences culturelles. Pour favoriser l'équité, les recommandations relatives au programme d'enseignement peuvent inclure des stratégies d'accompagnement des enfants ayant des besoins supplémentaires (ex. ceux de langue maternelle étrangère ou ceux qui présentent des besoins éducatifs particuliers) dans les structures ordinaires. Le développement professionnel du personnel d'EAJE est tout aussi important. Les aidants comme les enseignants ont besoin de compétences pour créer des interactions réactives et riches en langage ainsi que pour répondre à des besoins divers. Les études *Petite enfance, grands défis* de l'OCDE mettent l'accent sur le développement d'effectifs d'EAJE compétents, notamment en imposant des qualifications minimales, la formation continue et la sensibilisation des éducateurs à l'inclusivité et aux biais. Les pouvoirs publics doivent veiller à ce que les ressources et la formation destinées à améliorer la qualité soient orientées plus particulièrement vers les structures qui accueillent une forte proportion d'enfants défavorisés afin que les disparités de qualité ne creusent pas les inégalités existantes (OCDE, 2025[119]).

Faire de l'EAJE un moyen de réduire les disparités en matière de compétences suppose également de créer des services qui soient reliés aux systèmes plus généraux d'aide aux enfants et aux familles. Certains pays prévoient une assistance bilingue ou culturelle supplémentaire dans les structures d'EAJE pour faire en sorte ce que les enfants d'immigrés ou issus de minorités se sentent représentés et soutenus. Outre l'enseignement proprement dit, l'EAJE peut servir de pôle de rencontre entre les familles et d'autres services. La synergie entre l'éducation des jeunes enfants et les programmes de santé, de nutrition et de soutien aux parents est porteuse de bénéfices multiples (voir « Structures d'accueil des jeunes enfants Sure Start au Royaume-Uni [Angleterre], chapitre 3, encadré 3.4). Par exemple, l'animation d'ateliers sur la parentalité par l'intermédiaire des structures d'EAJE peut donner aux parents à faible revenu les moyens de mieux contribuer au développement de leurs enfants. Il est également important de faciliter le passage à l'école primaire : communiquer les dossiers sur le développement des enfants aux enseignants du primaire, mettre en cohérence les programmes d'enseignement du préscolaire et de la première année de primaire, et familiariser les enfants avec leur future école sont autant de moyens de maintenir les acquis de l'enseignement préscolaire et de maximiser les effets égalisateurs de l'école.

En résumé, un dosage de mesures qui conjugue droits universels et accompagnement ciblé – universels au sens où tous les enfants peuvent participer, ciblé au sens où des ressources supplémentaires sont fournies à ceux qui commencent avec un retard – peut réduire les disparités en matière de compétences dès la petite enfance et plus tard dans la vie. La participation à l'EAJE est quasi universelle dans des pays comme la Finlande et la Suède, qui investissent lourdement dans la qualité, ce qui expliquerait pourquoi les disparités socioéconomiques y sont moins prononcées au moment de l'entrée à l'école primaire. L'argument économique est convaincant : il ressort des études d'évaluation que les investissements dans les jeunes années sont très rentables, en particulier pour les enfants défavorisés, car l'argent dépensé génère d'importants avantages à long terme pour la société, notamment une meilleure éducation, un meilleur emploi et la réduction des coûts sociaux (Barnett, 2011[120] ; Heckman, 2006[121] ; Heckman et al., 2010[122]).

1.4.4. Éducation formelle : ouvrir de meilleures perspectives pour tous

Au moment du passage à l'éducation formelle (primaire, secondaire et supérieur), la difficulté pour les politiques publiques est de ne rien perdre des acquis des interventions antérieures ou de réduire les disparités qui se manifestent tôt, en veillant à ce que le système éducatif offre à tous les apprenants des chances égales de développer les compétences du XXIe siècle. La scolarité formelle demeure la plus grande influence sur l'acquisition de compétences pendant la jeunesse, mais aussi un moteur de mobilité sociale ou, à l'inverse, de reproduction sociale. Les données présentées au chapitre 3 indiquent que la scolarité obligatoire resserre souvent les écarts socioéconomiques de compétences qui apparaissent pendant la petite enfance, mais que d'importantes disparités demeurent et que ce qui se produit après l'enseignement secondaire (dans l'enseignement supérieur ou à l'entrée dans la vie active) peut à nouveau les creuser. En revanche, les disparités entre les genres augmentent à mesure que les enfants progressent dans leurs études. Les données de la France font apparaître qu'un écart en mathématiques en faveur des garçons serait établi dès le début de la scolarité des enfants (Martinot et al., 2025[123]). L'écart entre les genres s'étend, outre les mathématiques, aux matières scientifiques plus généralement : les données TIMSS 2023 mettent en évidence un avantage de 8 points pour les garçons en sciences en CM1, avantage qui n'était auparavant pas significatif (La Direction de l'évaluation, de la prospective et de la performance, 2024[124]). Par conséquent, les décideurs doivent adopter une stratégie articulée autour de deux axes pour l'éducation formelle : 1) améliorer la qualité de l'enseignement pour tous ; et 2) cibler les interventions de manière à aider les enfants défavorisés et réduire l'effet des normes et stéréotypes sociétaux qui déterminent les possibilités de réussite relatives des garçons et des filles. C'est ainsi que tous les élèves pourront réaliser leur plein potentiel.

Pour y parvenir, tous les établissements scolaires doivent avoir les ressources et les capacités nécessaires à un enseignement de qualité, indépendamment du contexte socioéconomique ou géographique. Les différences de qualité des établissements scolaires à l'intérieur des pays (ex. disponibilité d'enseignants formés, taille des classes, étendue du programme) correspondent souvent aux divisions socioéconomiques, sachant que les populations plus aisées peuvent attirer davantage de ressources. Dans le but de lutter contre cette situation, bon nombre de pays de l'OCDE utilisent des formules de financement pour allouer des ressources supplémentaires aux établissements qui accueillent des populations d'élèves défavorisées ou dont les besoins sont particulièrement importants. Une corrélation a été établie entre un financement adéquat et progressif – davantage de moyens par élève pour ceux qui en ont le plus besoin – et la réduction des écarts d'apprentissage. Il faut pour cela prévoir plus d'enseignants dans les classes qui accueillent des enfants de milieux défavorisés ou des enseignants plus qualifiés, capables de mieux gérer les défis supplémentaires que présentent ces enfants.

Les pays dont l'investissement cumulé jusqu'à l'enseignement secondaire est plus élevé enregistrent de plus faibles disparités en matière de compétences des adultes en fonction du milieu socioéconomique, mais la corrélation n'est pas forte (chapitre 3). Il ne s'agit donc pas simplement de dépenser plus, mais de dépenser efficacement, c'est-à-dire diriger les ressources vers des programmes fondés sur les données d'observation (comme les interventions en faveur des compétences à l'écrit pendant la petite enfance, l'accompagnement des élèves en difficulté ou les incitations proposées aux enseignants pour les attirer dans les régions éloignées) afin d'obtenir les meilleurs résultats. Pour rompre le lien entre le milieu socioéconomique et les résultats scolaires, des pratiques inclusives et une aide ciblée doivent être intégrées dans le quotidien des établissements scolaires et des salles de classe. Il est essentiel pour cela de repérer et d'accompagner le plus tôt possible les élèves en difficulté. Les évaluations diagnostiques et le suivi peuvent aider à cerner tôt les déficits d'apprentissage (par exemple, les difficultés en lecture et en mathématiques dans le primaire) et à déclencher un accompagnement supplémentaire sous forme de spécialistes en lecture, de leçons en petit groupe ou de plans d'apprentissage individualisés. L'accompagnement ciblé peut aussi remédier aux obstacles autres que scolaires qui gênent l'apprentissage des jeunes de milieux défavorisés. Par exemple, les pays peuvent fournir des repas scolaires, des conseillers en santé mentale ou des programmes extrascolaires dans les populations à faible revenu afin d'atténuer les effets de la pauvreté sur les conditions d'apprentissage.

L'orientation rigide des élèves dans la voie « professionnelle » ou « générale » à un jeune âge a tendance à renforcer les disparités sociales étant donné que les élèves de milieux défavorisés sont plus souvent que les autres placés dans des filières moins difficiles/gratifiantes, ce qui limite le développement de leurs compétences. Les mesures qui retardent cette filiarisation, qui favorisent une scolarité générale ou qui assurent la perméabilité entre les filières (pour que ceux qui s'épanouissent plus tard puissent progresser) sont liées à des résultats plus équitables en matière de compétences. À l'avenir, les progrès en matière de personnalisation rendus possibles par l'IA pourraient aider les systèmes éducatifs à combiner les avantages de la filiarisation et du classement par niveaux – la possibilité d'assurer un enseignement en adéquation avec les préférences, les talents et les centres d'intérêt des élèves – avec ceux d'une scolarité générale, qui permet de suivre des trajectoires de développement diverses et d'être stimulé par la diversité.

En raison de son potentiel de personnalisation, l'adoption de l'IA peut permettre aux systèmes éducatifs de tirer parti des avantages à la fois de la différentiation et de l'intégration, ce qui permet à son tour une plus grande flexibilité dans l'offre éducative sans la stigmatisation liée à une différentiation rigide. Des algorithmes peuvent adapter le contenu, le rythme et les retours aux besoins de chaque apprenant, et faciliter ainsi le perfectionnement de l'art d'apprendre pour les élèves performants et la remédiation ciblée pour les élèves en difficulté. Le Canada, par exemple, a investi dans le développement et l'intégration de l'IA dans une plateforme numérique d'apprentissage des langues déjà en place pour aider les élèves qui apprennent le français en deuxième langue. La plateforme recueille des informations sur le profil d'apprentissage individuel de chaque élève et leur fournit un contenu éducatif personnalisé (Gouvernement du Canada, 2025[125]). Ces types d'outils peuvent être particulièrement adaptés pour remédier aux diverses difficultés rencontrées par les élèves issus de l'immigration ou ceux dont la langue maternelle est différente de la langue d'instruction. Cela est important sachant que, dans l'ensemble de l'OCDE, les élèves de ces catégories obtiennent de moins bons résultats et font état d'un moindre sentiment d'appartenance à l'école que ceux qui ne sont pas issus de l'immigration (chapitre 3, encadrés 3.1 et 3.6). Les établissements scolaires peuvent aussi adopter un classement hétérogène et des objectifs individualisés, adaptés aux aptitudes de chaque élève. De cette manière, l'IA peut permettre la différenciation au sein de la classe (des cours plus difficiles pour les élèves de haut niveau et un soutien scolaire pour ceux qui ont du retard) sans compromettre le devenir des élèves, au lieu de les séparer trop tôt dans des établissements ou des programmes différents.

Il est indispensable, en complément, d'assurer un bon accompagnement du passage d'un cycle à un autre : par exemple, aider les élèves de catégories sous-représentées à se préparer et à préparer leur dossier de candidature à l'enseignement supérieur au moyen de programmes de mentorat ou d'orientation scolaire/professionnelle pour augmenter leurs chances d'accès à des niveaux d'études plus élevés. En Espagne, le Programme pour l'orientation, l'avancement et l'enrichissement scolaires (*Programa para la orientación, avance y enriquecimiento educativo*, PROA+) vise à réduire le décrochage scolaire et les résultats insuffisants, surtout dans les zones défavorisées, en mettant l'accent sur la transformation numérique et la modernisation de l'infrastructure d'éducation, de l'EAJE à l'enseignement supérieur. Le programme dirige les ressources vers les établissements qui en ont le plus besoin, souvent dans les zones rurales ou défavorisées sur le plan économique. Les établissements scolaires s'engagent à une offre de service réactive par le biais d'accords avec les autorités de l'éducation qui définissent les objectifs communs et les actions et ressources particulières nécessaires pour réaliser ces objectifs (chapitre 3, encadré 3.10).

L'enseignement supérieur, c'est-à-dire l'université et les programmes d'enseignement professionnel de haut niveau, est devenu de plus en plus important pour les compétences du XXIe siècle et les perspectives professionnelles. Cependant, l'accès à l'enseignement supérieur demeure très inégal et les étudiants issus de familles aisées, urbaines ou dont les parents on fait des études supérieures ont beaucoup plus de chances de faire des études et d'obtenir un diplôme. Pour réduire les écarts de compétences, les pays de l'OCDE doivent adopter des politiques qui élargissent la participation à l'enseignement supérieur et améliorent les taux de diplômés parmi les groupes sous-représentés. Ces mesures peuvent comporter un élément d'aide financière (bourses sous conditions de ressources, réduction des frais ou gratuité des études pour les étudiants à faible revenu), des programmes d'ouverture et des programmes relais (voies d'admission spéciales ou cours préparatoires pour les étudiants de première génération). Un bon accompagnement pédagogique et social devrait également être assuré dans les établissements (cours individuels, mentorat par les pairs, etc.) pour veiller à ce que les étudiants non seulement entrent dans l'enseignement supérieur, mais aussi y réussissent. En Irlande, par exemple, le dispositif d'accès à l'enseignement supérieur (*Higher Education Access Route*) facilite l'entrée dans l'enseignement supérieur d'étudiants issus d'un milieu socioéconomique défavorisé. Les candidats qui remplissent certains critères financiers, sociaux et culturels peuvent bénéficier de conditions modifiées pour accéder à des places réservées dans les établissements d'enseignement supérieur participants (chapitre 3, encadré 3.5). D'autre part, certains pays financent des voies « de la seconde chance » pour les adultes, qui permettent aux individus (souvent issus de milieux socioéconomiques défavorisés) sortis du système éducatif après l'enseignement secondaire d'obtenir un diplôme de l'enseignement supérieur plus tard dans la vie. L'élargissement de ces dispositifs, notamment par le biais d'options d'études supérieures à temps partiel ou en ligne, est un moyen de réduire les disparités socioéconomiques en matière de compétences avancées.

Toutes ces mesures sont compatibles avec le maintien de la qualité et de l'intérêt pour le marché du travail des connaissances et des compétences transmises dans les établissements d'enseignement supérieur. Les politiques publiques qui conditionnent le financement aux services d'accompagnement des étudiants et aux résultats universitaires peuvent faire intervenir les employeurs dans leur conception et la définition de leur portée (surtout pour les filières professionnelles de l'enseignement supérieur). Elles peuvent aussi contribuer à assurer l'adéquation entre, d'une part, l'expansion de l'enseignement supérieur et, de l'autre, les besoins de compétences et la réussite des étudiants. Les mécanismes d'assurance qualité (inspections d'établissements ou suivi des performances) devraient prêter attention aux indicateurs d'équité spécifiquement et veiller à ce que les élèves défavorisés ne soient pas laissés de côté. Quelques pays ont mis en œuvre des objectifs de réduction du désavantage socioéconomique, notamment de réduction de la proportion d'élèves peu performants ou de l'écart entre les différentes catégories d'élèves dans les principales matières. Le système est tenu responsable de la réalisation de ces objectifs. Des mécanismes d'assurance qualité peuvent être présents au niveau des systèmes nationaux ou au-delà. Par exemple, le rapport Education and Training Monitor de l'Union européenne fournit régulièrement des informations sur la progression des États membres vers les objectifs fixés à l'échelle de l'UE en matière de politique de l'éducation pour 2025 et 2030. Il porte sur l'ensemble des 27 pays membres, établit des liens entre les données d'observation et les expériences dans les divers contextes et propose des interactions et des solutions de politique publique (Commission européenne, 2024[126]).

Outre l'accès à l'enseignement supérieur, une forme particulière de disparités est observée dans les choix de domaine d'études entre les hommes et les femmes ; disparités qui retentissent sur les compétences et les carrières (chapitre 3). Par exemple, même si les femmes ont aujourd'hui tendance à faire des études plus poussées que les hommes, elles sont encore sous-représentées dans les domaines STIM et dans les formations très axées sur les mathématiques. D'autre part, les élèves issus de milieux socioéconomiques défavorisés peuvent être moins susceptibles de faire des études avancées en sciences ou technologies faute de préparation initiale ou d'encouragement, ou encore parce que, malgré leur talent, ils peuvent être dépassés dans les systèmes de classement par leurs pairs plus favorisés. Bien qu'ils reposent sur un fonctionnement méritocratique, ces systèmes sont foncièrement inégaux étant donné que les disparités de résultats qui déterminent l'accès aux diplômes avancés tiennent à des facteurs sur lesquels les individus n'ont aucune prise.

Ces tendances contribuent aux écarts de compétences dans des domaines comme les compétences en calcul et les compétences numériques, puis aux écarts salariaux, sachant que les carrières dans les domaines STIM sont souvent plus rémunératrices. Aussi, les décideurs devraient prendre des mesures pour élargir la participation dans les filières plus valorisées. Il pourrait s'agir, par exemple, de prévoir des cours individuels supplémentaires et un accompagnement en mathématiques/sciences pour les élèves sous-représentés ; de promouvoir des modèles de réussite et des mentors (par exemple, la visite de femmes ingénieurs dans les écoles pour inspirer les filles) ; de proposer des bourses aux élèves à faible revenu dans les filières STIM ; et de lutter contre les stéréotypes via le programme d'enseignement et l'orientation professionnelle. Quelques pays ont créé des programmes ciblés, sous forme de camps de codage pour les filles ou de partenariats entre les universités d'élite et les établissements d'enseignement secondaire défavorisés pour démystifier certains domaines d'études, comme l'ingénierie et l'informatique. En France, par exemple, le Plan Filles et maths a récemment mis en place des mesures pour encourager les filles à choisir des parcours plus axés sur les mathématiques tout au long de leur scolarité formelle pour ensuite faire des études supérieures en rapport avec les mathématiques. En République slovaque, l'initiative « Toi aussi en informatique » (*Aj Ty v IT*) aide les filles et les femmes à s'engager dans des carrières en TIC en proposant des ateliers de codage pour les filles dans l'enseignement secondaire, des cours de perfectionnement pour les femmes en changement de carrière et des formations pédagogiques (chapitre 3, encadré 3.3).

Des cibles ou des quotas clairs et réalisables d'inscriptions d'élèves issus de groupes sous-représentés peuvent inciter les prestataires de formations et autres partenaires sociaux à se mobiliser vers un objectif commun, surtout si les cibles ont été fixées de manière transparente et participative. La « Stratégie nationale autrichienne pour la dimension sociale de l'enseignement supérieur », qui ambitionne un minimum de 10 % de femmes et d'hommes dans chaque domaine d'enseignement au sein de tous les établissements d'enseignement supérieur (à l'exception des études doctorales) d'ici 2025 et dont l'objectif dans la durée est de porter ce chiffre à 30 %, illustre ce type d'approche (Federal Ministry of Science, Research and Economy, 2017[127]).

Dans l'enseignement professionnel, encourager une diversité d'inscriptions peut à la fois réduire la ségrégation par genre sur le marché du travail et veiller à ce que les talents soient développés dans tous les secteurs. Des campagnes ciblées peuvent aider les élèves à trouver les programmes d'EFP et les apprentissages qui leur correspondent. Par exemple, le bureau national irlandais de l'apprentissage (*Irish National Apprenticeship Office*) gère la campagne « Faits, Visages, Avenirs » (*Facts, Faces, Futures*), qui encourage les femmes à choisir la voie de l'apprentissage professionnel en ciblant de manière spécifique les établissements scolaires de filles, avec le concours de modèles de réussite féminins (chapitre 3, encadré 3.3).

En plus de s'attaquer aux tensions et aux obstacles extérieurs à l'environnement scolaire (stéréotypes sociétaux plus généraux et ségrégation sur le marché du travail, comme indiqué plus haut), les décideurs devraient tenir compte des tensions internes dans l'environnement scolaire et assurer le développement de compétences sociales et émotionnelles pour l'apprentissage tout au long de la vie et la réussite professionnelle. Ces initiatives peuvent être mises en œuvre tout au long de la scolarité formelle. Par exemple, le programme espagnol « À sa place » (*En Sus Zapatos*) illustre les incidences positives d'un environnement scolaire qui favorise les compétences liées à la résolution des conflits et à la gestion des émotions pour les enfants de 4 à 17 ans, tandis que le programme « Les cordées de la réussite » suscite l'ambition scolaire et lutte contre l'autocensure parmi les élèves d'établissements secondaires défavorisés vis-à-vis de l'enseignement supérieur (chapitre 3, encadré 3.6). Au Chili, le Programme pour les compétences de la vie courante (*Programa Habilidaders para la Vida*, HPV) accompagne les élèves, de la garderie à la 12e année de scolarité, en favorisant le développement émotionnel, social et cognitif à tous les stades du parcours scolaire. Il aborde la gestion des émotions et l'adaptation émotionnelle, le vivre ensemble en milieu scolaire et le bien-être psychosocial, ainsi que les difficultés scolaires (chapitre 3, encadré 3.10).

En résumé, parvenir à l'équité dans l'éducation formelle n'est pas une simple question d'accès pour tous. Il faut aussi guider tous les élèves vers l'éventail complet des possibilités de formation qui correspondent à leurs centres d'intérêt et aux besoins de l'économie. Il est à noter que la politique de l'éducation ne peut pas à elle seule égaliser les résultats sans le concours d'autres politiques sociales. La pauvreté infantile, le logement et la santé sont autant d'autres aspects qui pèsent sur la capacité des élèves à apprendre. Une démarche globale, qui coordonne éducation et protection sociale (aide au revenu pour les familles pauvres), santé (vision, soins dentaires, services de santé mentale dans les écoles) et développement local, amplifie l'impact des interventions en milieu scolaire. Quelques pays de l'OCDE ont adopté les *community schools* ou des modèles de services intégrés offrant un système d'accompagnement global des élèves défavorisés (par exemple, la présence de dispensaires et de travailleurs sociaux dans les établissements). Ces démarches reconnaissent que pour vraiment donner à chaque enfant une chance équitable de développer ses compétences, il faut aussi remédier aux obstacles à l'extérieur de la salle de classe.

1.4.5. Systèmes d'apprentissage tout au long de la vie et de formation des adultes : favoriser le développement continu des compétences pour tous

Pour combler les déficits de compétences et s'adapter à l'évolution rapide de la demande, l'apprentissage ne doit pas s'arrêter à l'obtention d'un diplôme universitaire. Un système de formation des adultes solide, qui englobe la formation en cours d'emploi, la formation continue, le perfectionnement et la reconversion, mais aussi l'éducation de la seconde chance, est indispensable pour assurer à la fois le dynamisme économique et l'inclusion sociale. Pourtant, comme le souligne le chapitre 3, les taux de participation à la formation des adultes demeurent très inégaux. Ils sont inquiétants, voire en déclin dans certains pays. Souvent, ce sont les personnes qui pourraient le plus bénéficier d'une reconversion (les seniors dans les secteurs en déclin, les adultes sans qualifications de base, les immigrés ayant besoin de mieux maîtriser la langue du pays d'accueil, etc.) qui se heurtent aux plus grands obstacles à l'accès à la formation des adultes. Parallèlement, les employeurs peuvent manquer de ressources pour fournir une formation qui pourrait être particulièrement utile aux travailleurs peu qualifiés ou temporaires. Par conséquent, les compétences des adultes stagnent ou deviennent obsolètes, même alors que des postes de travailleurs qualifiés restent vacants et que les nouvelles technologies exigent une formation continue. Pour remédier à ce problème, les pays de l'OCDE doivent fondamentalement repenser et renforcer leurs systèmes de formation des adultes. Des modifications ici et là ne suffiront probablement pas ; des trains de mesures complets sont nécessaires pour encourager la formation tout au long de la vie, réduire les obstacles et veiller à ce que l'offre de formation corresponde aux besoins de compétences futurs.

La première priorité consiste à rendre la formation des adultes plus accessible et plus attrayante, en particulier pour les groupes sous-représentés. Le coût et le temps sont les deux principaux obstacles souvent cités. De nombreux adultes, notamment dans les emplois peu rémunérés, n'ont pas les moyens de payer les frais de formation ni de perdre une partie de leur revenu pour se former. Les pouvoirs publics peuvent remédier au problème du coût au moyen d'incitations financières publiques. Des bourses ou chèques de formation pourraient, par exemple, être proposés aux adultes à faible revenu, des crédits d'impôt ou des subventions aux employeurs qui forment des travailleurs peu qualifiés pourraient être envisagés, ou encore un compte personnel de formation (CPF) qui donnerait à chaque adulte un budget personnel de formation. Plusieurs pays mettent les CPF à l'essai. Le compte personnel de formation français est un excellent exemple de dispositif national qui attribue des heures/montants de formation aux individus et des heures/montants supérieurs aux travailleurs peu qualifiés. Le SkillsFuture Credit singapourien en est un autre : des crédits de formation directs (500 SDG à 25 ans avec suppléments à des âges plus avancés) pour encourager la formation continue (OCDE, 2025[113]). Pour être efficaces, ces instruments doivent être conçus dans un souci d'inclusion, en destinant une plus grande part d'aide aux personnes moins qualifiées ou occupant un emploi atypique (qui ont tendance à recevoir moins de formation de l'employeur).

L'autre grand obstacle est le temps : les adultes actifs qui ont des responsabilités familiales ont des difficultés à trouver le temps de suivre des formations. Pour remédier à cet obstacle, des mesures comme le congé de formation et des options d'apprentissage plus flexibles sont essentielles. Bon nombre de pays de l'OCDE ont mis en place ou élargi les droits au congé de formation, lequel permet aux salariés de prendre un congé rémunéré ou un congé sans solde à cette fin. Pour que ces mesures soient inclusives, il est important de veiller à ce que le congé de formation puisse être utilisé par les travailleurs qui en ont le plus besoin. Cela pourrait supposer de prévoir une indemnité compensatoire de salaire ou une indemnité de subsistance pendant le congé afin que les travailleurs à faible revenu aient les moyens de prendre ce congé, d'informer sur le droit au congé de formation et d'encourager les employeurs à approuver les demandes de congé. La formation peut également se faire via la mobilité interne. Par exemple, l'Administration publique fédérale belge a créé un programme d'échange de talent grâce auquel 21 organisations publiques peuvent demander du personnel temporaire d'autres organisations du réseau pour les épauler sur un projet particulier. Le programme a servi d'instrument pour remédier aux pénuries de compétences tout en donnant aux fonctionnaires la possibilité de développer leurs compétences et d'apprendre sur le tas (OCDE, 2025[113]). Lorsque le congé de formation est prévu par la loi, les pouvoirs publics devraient suivre son utilisation par les différents groupes et ajuster les paramètres si, par exemple, seuls les travailleurs hautement qualifiés en profitent.

Les modes de formation flexibles sont un autre moyen d'aider les travailleurs à concilier formation et travail/vie. Il s'agit par exemple de proposer des cours modulaires, des cours du soir ou le week-end, et des formations en ligne ou mixtes. Le succès grandissant des microdiplômes, obtenus à l'issue de formations courtes et validant des compétences spécifiques, est une évolution prometteuse pour permettre aux adultes de se perfectionner par petites étapes plus faciles à gérer. Les décideurs devraient soutenir l'expansion des programmes de microdiplômes accrédités et veiller à ce que ceux-ci puissent être accumulés pour obtenir des qualifications plus importantes et permettre ainsi une progression continue. La reconnaissance des acquis est un autre instrument puissant : en évaluant et en validant les compétences acquises de manière informelle (dans le cadre professionnel ou autrement), il peut réduire le temps et les moyens financiers nécessaires pour obtenir de nouvelles qualifications en tant qu'adulte. Des pays comme le Portugal (avec ses centres Qualifica) et la Finlande ont mis en place des systèmes robustes de reconnaissance des acquis pour aider les adultes, en particulier ceux qui ont peu de formation formelle, à faire valider les compétences qu'ils possèdent déjà. Le développement de la reconnaissance des acquis et la simplification des procédures pourraient considérablement améliorer son utilisation, car de nombreux adultes en ignorent l'existence ou sont intimidés par les démarches à effectuer à l'heure actuelle. La promotion des systèmes de reconnaissance des acquis et de leurs avantages peut encourager à saisir les possibilités de formation non formelle, sachant que la mise en avant des bénéfices professionnels et autres de l'apprentissage peut encourager les individus à concilier la formation avec d'autres priorités ayant les mêmes objectifs. Par exemple, les possibilités de bénévolat peuvent offrir aux personnes issues de l'immigration les possibilités d'apprentissage de la langue et de constitution d'un réseau nécessaires à leur intégration sur le marché du travail local. Des incitations sous forme d'allègements fiscaux ou d'accès prioritaire aux emplois peuvent encourager l'apprentissage par le bénévolat ou d'autres initiatives locales (chapitre 3, encadré 3.9).

Essentiellement, la formation des adultes doit être facile d'accès, comporter un minimum d'obstacles administratifs et être activement encouragée. Des activités d'information de proximité et d'orientation sont nécessaires pour motiver les adultes qui n'ont pas le réflexe naturel de chercher à se former. Elles pourraient prendre la forme de centres de conseils en formation pour adultes à guichet unique, de portails en ligne pour accéder aux formations et aux subventions, ou encore d'initiatives locales pour motiver à apprendre (possibilités de bénévolat, groupes d'apprentissage entre pairs ou utilisation des bibliothèques publiques et des collèges publics comme lieux d'accès à l'apprentissage tout au long de la vie). Certaines administrations publiques locales réinvestissent dans des espaces physiques où sont proposés des services intégrés pour les apprenants, jeunes et adultes, tout en revitalisant les espaces urbains. Par exemple, l'initiative UTOPÍAS d'Iztapalapa, à Mexico City, a pour objectif de transformer les espaces urbains délaissés en centres ouverts à tous proposant un éventail de services qui englobe éducation, culture, santé et loisirs (chapitre 3, encadré 3.10).

Pour un système de formation des adultes robuste, un partenariat entre le secteur public, les particuliers et les employeurs est indispensable. À l'heure actuelle, les responsabilités manquent souvent de clarté ou sont fragmentées : certaines entreprises investissent lourdement dans la formation de leur effectif (même si la qualité et l'intérêt des formations varient) tandis que d'autres, en particulier les petites et moyennes entreprises (PME), manquent de ressources à consacrer au perfectionnement ou à la reconversion de leurs salariés. Pour remédier à cette disparité, les politiques publiques peuvent favoriser une culture de co-investissement dans les compétences. Par exemple, certains pays utilisent des taxes de formation professionnelle ou des dispositifs collectifs selon lesquels les employeurs contribuent à un fonds national pour la formation, souvent avec l'option pour les entreprises de récupérer les sommes versées lorsqu'elles forment des salariés. Ces dispositifs, lorsqu'ils sont bien pensés, encouragent toutes les entreprises à jouer un rôle et à produire des ressources mutualisées pour financer la formation pour les PME ou pour la population active en général. Par exemple, le programme norvégien Skills Plus prévoit des ressources permettant aux employeurs de proposer des formations en cours d'emploi pour améliorer les compétences (écrit, calcul, numérique et communication) des personnes peu qualifiées (chapitre 3, encadré 3.5). La Pologne cherche à encourager les employeurs à aider les chômeurs à revenir dans la vie active au moyen de dispositifs de co-financement des salaires et de certaines exonérations de cotisations de sécurité sociale offertes à ceux qui embauchent des seniors, lesquels peuvent avoir besoin de considérablement perfectionner leurs compétences ou d'autres formes d'accompagnement de leur retour dans la vie active (Gouvernement polonais, 2024[128]).

Un autre moyen de renforcer la formation des adultes en entreprise consiste à en souligner les avantages économiques : les pouvoirs publics et les organisations professionnelles peuvent montrer par la preuve que la formation améliore la productivité et l'innovation, et inciter ainsi les entreprises à investir. Les petites entreprises peuvent avoir besoin d'aide dans leurs choix de formations, par exemple celles assurées par les consortiums de formation sectoriels ou par les programmes publics qui fournissent des évaluations des besoins de formation aux entreprises. L'Irlande et l'Estonie ont fait d'importants progrès en dix ans dans le domaine de la participation à la formation des adultes, en mettant en œuvre des réformes à long terme qui conjuguent incitations financières, congé de formation, participation de l'employeur et assurance qualité de la formation. Ces approches globales sont le signe que des efforts parcellaires ne résoudront pas le problème et que les mesures incitatives à destination de tous les acteurs doivent être harmonisées.

À mesure qu'ils renforcent la formation des adultes, les pays doivent également faire en sorte que cette formation soit de qualité et conforme à l'évolution de la demande de compétences (OCDE, 2024[114]). L'expansion de la formation des adultes décentralisée par le biais d'incitations financières pose un risque de prolifération de formations de mauvaise qualité ou de diplômes qui n'améliorent pas les perspectives des travailleurs. Des mécanismes d'assurance qualité efficaces, avec certification des prestataires, définition de normes pour les programmes d'enseignement et les enseignants, et suivi des résultats (par exemple, les gains en termes d'emploi ou de salaire des personnes formées) sont nécessaires. Les nouvelles formes d'apprentissage, comme les cours en ligne et les microdiplômes, posent des problèmes de qualité particuliers. Plusieurs pays, dont la Nouvelle-Zélande, ont établi des critères de qualité spéciaux pour les microdiplômes ainsi que des cadres en vue de les intégrer dans le système national de certification. La communication d'informations sur la performance des prestataires et les résultats des formations est un moyen d'aider les apprenants à choisir les programmes les plus adaptés à leurs besoins. Il faut pour cela améliorer la qualité des données sur le marché du travail ainsi que les mécanismes pour prendre ces données en compte dans l'offre de formations. Par exemple, les activités de prévision des besoins de compétences et les conseils sectoriels des compétences peuvent identifier les besoins qui émergent (en rapport avec la transformation numérique, la transition écologique, etc.). Les fonds publics pour la formation peuvent privilégier les formations dans ces domaines, tandis que les données de prévision et les cadres de compétences peuvent aider à établir des critères pour à la fois guider cette hiérarchisation et assurer la qualité des formations. Certains pays ont créé des « cadres des compétences professionnelles » en partenariat avec les secteurs d'activité. À Singapour, par exemple, les plans de transformation sectorielle (*Industry Transformation Maps*) (Workforce Singapore, 2025[129]) font intervenir les chefs de file des différents secteurs dans la définition des normes professionnelles en fonction de leur évolution, lesquelles normes servent ensuite à guider l'élaboration de formations modulaires. D'autre part, des cadres pour les emplois et les compétences qui établissent les principales compétences nécessaires pour chaque emploi peuvent contribuer à la création de programmes de formation et à la mobilité professionnelle. En France, le Répertoire des métiers de la fonction publique (RMFP) offre ce type de cadre en indiquant systématiquement les compétences associées à chaque métier de la fonction publique. Il est régulièrement actualisé en fonction de l'évolution des métiers et des compétences, et il est prévu de renforcer son adéquation avec les évolutions du marché du travail. Cet outil aide non seulement les employeurs publics français à anticiper les changements et à guider l'offre de formation, mais aussi les citoyens français à comprendre l'évolution des besoins de compétences des établissements publics du pays. Le service public de l'emploi peut aussi jouer un rôle en orientant les demandeurs d'emploi vers les formations pour les métiers en pénurie. Il faut, essentiellement, un système de formation des adultes qui soit adaptatif et tourné vers l'avenir, qui non seulement comble les déficits de compétences actuels, mais aussi anticipe les déficits futurs, permettant ainsi aux travailleurs de se préparer pour les emplois de demain plutôt que pour des emplois qui pourraient être amenés à disparaître. Les leçons à retenir des établissements d'enseignement supérieur qui ont intégré certains microdiplômes et cours en ligne ouverts à tous (MOOC) dans leurs cursus peuvent être utiles aux employeurs qui cherchent à externaliser la formation ou à acheter des formations ou des outils de formation pour leurs salariés.

Sachant que les forces du marché seules laissent de côté de nombreux adultes défavorisés, les politiques en matière de formation des adultes doivent être conçues de manière à réduire les disparités en matière de compétences. Cela suppose de poser continuellement certaines questions : nos programmes atteignent-ils les personnes les moins qualifiées ? Les travailleurs plus âgés et les immigrés voient-ils des améliorations dans l'accès aux programmes de formation ? La prise en compte des besoins des populations vulnérables et l'offre de formations dans des cadres non formels, notamment dans le cadre de vie local, peut rendre le développement des compétences plus accessible pour les adultes qui ont mal vécu l'école ou qui possèdent un faible niveau de compétences initiales.

En résumé, un système de formation des adultes redynamisé dans les pays de l'OCDE doit être inclusif, proactif et bien coordonné. Il doit traiter l'apprentissage tout au long de la vie comme un droit et une nécessité à vie, tout comme les systèmes de santé traitent les soins de santé comme un service essentiel d'accès universel, en accordant toutefois une attention particulière aux personnes les plus menacées de « pauvreté de compétences ». Il ne s'agit pas d'un programme de politique simplement sociale, mais aussi économique, car le développement continu des compétences est essentiel pour la productivité, l'innovation et la résilience face aux évolutions technologiques et démographiques. Les investissements et les réformes en matière de formation des adultes atténueront les pénuries de compétences et permettront une plus grande participation à la croissance économique en créant une population active plus adaptable et plus qualifiée.

1.4.6. Orientation professionnelle et transitions : faciliter des parcours éclairés et inclusifs

De l'école à l'enseignement supérieur ou à la vie active, d'un emploi à un autre, ou d'une période sans emploi au retour à la vie active, la vie est ponctuée de transitions. La façon dont ces transitions sont vécues peut déterminer si les compétences sont utilisées de manière efficace et si les disparités sur le marché du travail se creusent ou s'estompent. La capacité des personnes à relever les défis professionnels de manière efficace dépend au moins en partie de leur formation, de l'accompagnement qui leur est proposé et des services complémentaires qui facilitent la prise de décision. L'orientation professionnelle et l'aide à l'évolution de carrière sont des domaines essentiels de l'action publique pour faciliter de meilleures transitions et un meilleur appariement des compétences. En particulier pour les jeunes, l'accès à une orientation professionnelle de qualité pendant la scolarité peut faire en sorte qu'ils prennent des décisions éclairées qui correspondent à leurs talents et aux possibilités offertes par le marché du travail, au lieu de s'engager sur la mauvaise voie faute d'informations ou à cause de biais sociaux.

Les inadéquations se produisent souvent tôt (chapitre 4). Par exemple, les jeunes issus d'un milieu socioéconomique défavorisé peuvent n'avoir qu'une connaissance limitée de certaines possibilités de carrière ou sous-estimer le niveau d'études nécessaire et faire ainsi des choix sous-optimaux qui perpétuent les inégalités. Les élèves issus d'un milieu socioéconomique défavorisé participent généralement moins à des activités et réseaux de développement professionnel que ceux issus d'un milieu socioéconomique aisé (OCDE, 2024[130]) ; ils dépendent davantage de l'école pour être informés sur les possibilités de carrière. Les filles et les garçons ont encore des aspirations professionnelles genrées, conformes aux stéréotypes, qui contribuent ultérieurement à une ségrégation professionnelle et aux écarts salariaux (Korlat et al., 2022[131]). Le renforcement des services d'orientation professionnelle, en accordant une attention particulière à l'équité, constitue donc un levier d'action à fort impact.

Il est essentiel d'assurer l'accès universel à l'orientation professionnelle dès un jeune âge. Les décideurs doivent faire de l'apprentissage axé sur le monde professionnel et de l'orientation professionnelle un élément standard du parcours éducatif de tous les élèves, et ce bien avant la fin de l'enseignement secondaire. Il ressort des données d'observation que les enfants commencent à former des idées sur les métiers tôt dans la vie et que, dès le début de l'adolescence, bon nombre d'entre eux ont déjà limité leurs aspirations, souvent à cause des normes de genre, du manque d'information et des modèles de réussite auxquels ils ont été exposés. L'éducation à l'orientation en fonction de l'âge dans l'enseignement primaire – par exemple, des activités qui informent les enfants sur les différents métiers et qui luttent contre les stéréotypes (modèles de femmes en milieu scientifique et d'hommes infirmiers) – peut éveiller de plus grandes aspirations. À leur entrée dans le premier cycle de l'enseignement secondaire (entre 13 et 15 ans), tous les élèves devraient être informés sur les différentes possibilités d'études et de profession, y compris sur l'enseignement professionnel, l'apprentissage d'un métier, l'enseignement général, etc., afin de faire des choix éclairés pour le deuxième cycle du secondaire. Les établissements d'enseignement secondaire qui accueillent une forte concentration d'élèves défavorisés ou vulnérables peuvent avoir besoin de ressources supplémentaires pour fournir un service d'orientation professionnelle de qualité de manière systémique. Les pouvoirs publics doivent en avoir connaissance et fournir le soutien supplémentaire nécessaire. En Irlande, par exemple, un programme pour l'égalité des chances dans les écoles (*Delivering Equality of Opportunity In Schools*) fournit des fonds préférentiels et supplémentaires, destinés à des activités d'orientation professionnelle, aux établissements remplissant les critères établis. Au Royaume-Uni, des programmes comme *Inspiring the Future* et *Speakers for Schools* mettent en relation les établissements scolaires avec des volontaires et des personnalités qui travaillent exclusivement avec des établissements publics pour tenter de démocratiser l'accès aux réseaux parfois hors de portée, aux informations et, *in fine*, aux parcours professionnels (chapitre 3, encadré 3.9). Les pays peuvent aussi établir des politiques qui garantissent à chaque élève l'accès à une certaine offre minimale, qu'il s'agisse d'un nombre obligatoire de séances d'orientation professionnelle ou de la participation obligatoire à des activités exploratoires (comme les visites sur les lieux de travail ou les stages d'observation). Certains systèmes éducatifs prévoient des postes supplémentaires de conseiller d'orientation ou s'associent à des organisations locales pour atteindre les jeunes à risque. Le principe directeur est une intervention précoce et en amont : pour de nombreux élèves, l'orientation professionnelle à la fin de l'enseignement secondaire intervient trop tard, car ils ont peut-être déjà fait des choix de matières qui limitent leurs options. Une orientation professionnelle qui commence tôt et se poursuit tout au long de la scolarité débouche sur une meilleure adéquation entre les capacités et les centres d'intérêts des élèves d'un côté, et les besoins du marché du travail de l'autre.

Il est tout aussi important de renforcer la qualité et l'inclusivité de l'orientation professionnelle que d'en élargir l'accès. De nombreux enseignants ou conseillers scolaires se sentent insuffisamment préparés pour guider les élèves dans un monde du travail en mutation rapide ; ils ont besoin de formation supplémentaire sur les tendances du marché du travail, les techniques d'orientation et l'élimination des biais. Dans certains pays, l'orientation est effectuée par plusieurs professionnels, dont des conseillers d'orientation professionnelle et des enseignants ou des travailleurs sociaux qui intègrent l'orientation professionnelle dans leurs fonctions. Il est essentiel de développer cette capacité professionnelle avec des ressources adéquates pour veiller à ce que les élèves bénéficient d'un accompagnement expert.

Outre informer les élèves sur les options, l'orientation professionnelle est un moyen important de leur transmettre des compétences en matière de gestion de carrière et d'employabilité. Les programmes d'orientation devraient enseigner activement aux jeunes comment prendre des décisions, fixer des objectifs, rechercher des ouvertures et se présenter (rédaction de CV, entraînement aux entretiens d'embauche, etc.). Ces compétences aident à harmoniser les règles du jeu, les élèves plus favorisés ayant tendance à acquérir ces compétences dans leur milieu familial et social, tandis que les élèves défavorisés s'appuient sur l'école. Une démarche inclusive en matière d'orientation professionnelle demande également d'adapter l'accompagnement à ceux qui ont besoin d'aide supplémentaire : par exemple, des interventions spéciales pour les élèves démotivés ou qui risquent de décrocher, l'offre d'alternatives comme la formation professionnelle ou les programmes visant à remotiver les jeunes pour qu'aucun ne soit laissé sans une voie à suivre. Les dispositifs d'accompagnement professionnel destiné aux jeunes défavorisés ou les programmes de mentorat qui mettent en relation des professionnels d'un secteur d'activité avec des élèves manquant de modèles de réussite sont deux exemples de bonnes pratiques.

En conjonction avec l'orientation professionnelle, tous les élèves devraient avoir la possibilité de se constituer un capital social et d'être exposés au monde du travail. On observe invariablement que les élèves issus d'un milieu socioéconomique défavorisé ont moins accès à des réseaux informels et à une expérience professionnelle qui pourraient éclairer leurs choix de carrière. Par exemple, ils ne connaissent peut-être pas d'ingénieurs ou d'avocats à qui demander des conseils et leurs possibilités d'emploi à temps partiel ou de stages peuvent être restreintes. Les établissements scolaires peuvent servir de trait d'union entre ces élèves et le monde du travail pour compenser ce manque. Les politiques publiques encourageant les partenariats entre les écoles et les employeurs sont très bénéfiques. Il s'agit, par exemple, d'organiser des conférences sur les carrières dans le cadre desquelles des professionnels de divers secteurs (y compris des femmes dans les filières STIM, des dirigeants issus de minorités, etc.) viennent parler de leur métier ; de faciliter des stages de courte durée en entreprise ou des stages d'observation pour les élèves ; ou encore d'organiser des programmes comme les « foires des métiers » ou les « journées professionnelles » dans les établissements scolaires. Ces activités contribuent à démystifier les environnements professionnels et à élargir les horizons des élèves. Elles permettent aussi aux élèves de développer leur capital social, c'est-à-dire des contacts et des connaissances souvent concentrés parmi les élèves issus de milieux socioéconomiques plus favorisés. Il peut être très efficace d'inviter des professionnels volontaires ou d'anciens élèves de l'établissement (surtout ceux qui sont issus d'un milieu comparable) en tant que mentors. Certains pays ont mis en place des initiatives nationales qui relient les établissements scolaires avec des entreprises locales et des mentors, eux aussi locaux, pour veiller à ce que tous les élèves aient au moins une expérience utile en milieu professionnel avant la fin de leurs études. Par exemple, l'État du Maryland, aux États-Unis, encourage les partenariats entre les établissements d'enseignement supérieur publics, les employeurs locaux et les associations à but non lucratif qui favorisent le développement de la main-d'œuvre locale et la participation aux formations proposées tout au long des parcours éducatifs des jeunes et en début de carrière. Les associations à but non lucratif proposent aux élèves des services d'orientation professionnelle tandis que les employeurs locaux fournissent des informations et proposent des possibilités d'accompagnement et d'emploi (Robbins, 2024[132]). De telles mesures peuvent démocratiser l'accès aux réseaux à caractère professionnel.

Il est également essentiel d'impliquer les familles des élèves : les établissements scolaires peuvent mobiliser les parents dans le processus d'orientation professionnelle, y compris ceux de milieux socioéconomiques défavorisés, en les informant et en encourageant les conversations sur le sujet dans le cadre familial. Des ateliers d'orientation professionnelle destinés aux familles ou des rencontres individuelles entre conseillers et parents peuvent aider à harmoniser l'accompagnement de l'élève tout en fournissant des informations cruciales aux parents, qui ont peut-être eux-mêmes besoin de développer leurs compétences ou de se reconvertir.

Les déséquilibres entre les genres dans les choix de carrière contribuent en grande partie aux disparités d'emploi persistantes. L'orientation professionnelle peut jouer un rôle fondamental dans la lutte contre les stéréotypes de genre et dans l'élargissement des aspirations des individus appartenant à des groupes sous-représentés dans certains secteurs d'activité. Les politiques en matière d'orientation professionnelle devraient explicitement viser à remettre en question les stéréotypes de genre et à encourager l'exploration de carrières non traditionnelles pour tous les genres. Cela peut se faire en veillant à ce que la documentation et les activités soient exemptes de biais (montrent des hommes et des femmes dans des rôles divers), en prévoyant des programmes spécifiques pour renforcer la confiance en soi des groupes sous-représentés (ex. clubs de codage pour les filles ou ateliers de soins infirmiers pour les garçons), et en proposant un apprentissage par l'expérience qui brise les normes de genre. Par exemple, certains systèmes éducatifs ont créé des « journées des filles », à l'occasion desquelles les élèves visitent des entreprises d'ingénierie/fabrication, ainsi que des campagnes pour attirer plus de garçons vers l'enseignement et les soins de santé. En Allemagne, ces initiatives s'inscrivent dans le cadre d'une plus large campagne annuelle, menée avec l'appui de plusieurs ministères fédéraux, qui mobilise des ressources et du capital politique en faveur de l'entrée des femmes dans des domaines majoritairement masculins. S'y ajoutent des investissements dans l'accueil des jeunes enfants dans les universités et des mesures de coordination avec les employeurs pour garantir des pratiques de recrutement équitables (chapitre 3, encadré 3.8).

L'orientation professionnelle devrait prêter attention aux différents besoins selon le genre, les évaluations indiquant que l'expérience professionnelle et les modèles positifs peuvent avoir une influence significative sur les décisions des jeunes. À l'adolescence, les garçons manifestent souvent une plus grande incertitude à l'égard de leur choix de carrière et pourraient bénéficier d'une intervention plus précoce pour les motiver à réfléchir à leur avenir. Les filles, en revanche, malgré de bons résultats scolaires, peuvent s'exclure de certaines professions par manque de confiance en elles ou à cause des messages sociétaux (OCDE, 2024[130]). Tout comme il est important d'encourager les filles à choisir les matières STIM à l'école pour veiller à ce qu'elles puissent accéder à des métiers et des compétences hautement rémunérés et très recherchés, notamment en rapport avec ces matières, les pouvoirs publics peuvent prendre un certain nombre de mesures pour attirer davantage d'hommes vers des métiers historiquement à dominante féminine, comme la santé et les services sociaux. L'Allemagne, l'Australie et le Royaume-Uni ont tous investi dans des campagnes de sensibilisation ciblées, dans la recherche, la création de nouveaux établissements de formation, mais aussi dans des campagnes de recrutement et des supports pédagogiques pour encourager les hommes à suivre des formations en lien avec les soins infirmiers (chapitre 3, encadré 3.8). L'État norvégien, de même, a utilisé des objectifs et des mesures de discrimination positive pour attirer un plus grand nombre d'hommes vers l'enseignement et les métiers de l'accueil des jeunes enfants (chapitre 3, encadré 3.8), tandis que certains établissements publics d'enseignement supérieur en Espagne ont établi des plans de promotion pour faire en sorte que les femmes puissent accéder aux mêmes fonctions d'enseignement des matières STIM que les hommes (chapitre 3, encadré 3.8). Il faut donc que l'orientation encourage l'exploration de soi et le raisonnement critique autour des rapports carrière-société, c'est-à-dire, essentiellement, aider les jeunes à avoir un regard critique sur ce qui les motive à choisir certains métiers et à remettre en question les discours réducteurs. Il faut aussi, parallèlement, s'attaquer aux problèmes structurels, comme les attentes sociétales ou encore les conditions de travail et la rémunération liées à ces métiers, pour remédier à ceux qui concernent tous les enseignants, les travailleurs de la santé et les travailleurs sociaux dans un grand nombre de pays de l'OCDE.

Essentielle en milieu scolaire, l'orientation professionnelle est tout aussi importante pour les adultes au moment des transitions, notamment pour les chômeurs, les personnes qui envisagent un changement de carrière ou qui reprennent la vie active (ex. les parents après une interruption pour la naissance d'enfants ou les travailleurs plus âgés). Les services publics de l'emploi et les centres d'orientation professionnelle pour adultes devraient être renforcés, car la centralisation de l'accompagnement personnalisé, de l'évaluation des compétences et de l'examen des options de formation peut grandement aider les adultes à trouver des chemins menant à un meilleur emploi. En Australie, par exemple, le centre d'orientation professionnelle de Victoria (Jobs Victoria Career Counsellors Service) propose un service d'orientation professionnelle gratuit et personnalisé pour tous les adultes, indépendamment de leur situation au regard de l'emploi. Les services sont fournis par la Career Education Association of Victoria et animés par des conseillers agréés par le Career Industry Council of Australia, dont des spécialistes pour les populations aborigènes et les personnes en situation de handicap (chapitre 3, encadré 3.9). Ce type d'aide ne peut être mobilisé qu'en collaboration avec les partenaires sociaux et doit être ciblé et adapté à des groupes particuliers. En Autriche, par exemple, les fondations pour l'emploi (*Arbeitsstiftungen*) proposent des programmes de formation, des services d'orientation et des services de placement professionnel dans les situations de licenciements collectifs, ou aident les populations défavorisées à réintégrer la vie active (Cedefop, 2020[133] ; OCDE, 2025[134] ; 2025[135]).

Ce type d'aide, complété par des interventions ciblées qui prennent en considération la dynamique et les problématiques du marché du travail local, est particulièrement essentiel dans le contexte des transitions sectorielles (ex. les ouvriers des mines qui doivent travailler dans de nouveaux secteurs à cause de la transition écologique) et des bouleversements technologiques. L'investissement dans l'orientation professionnelle des adultes, y compris dans les outils numériques comme l'évaluation en ligne des compétences et les plateformes de recrutement, aide à réduire les inadéquations sur le marché du travail et raccourcit les périodes de chômage. Au Danemark, le projet « Boss Ladies » (femmes patronnes) vise à attirer plus de femmes dans le secteur de la construction, où elles représentent actuellement 9 % seulement de la main-d'œuvre. Le projet emploie des ambassadrices, collabore avec les établissements d'EFP, assure un service d'orientation professionnelle et de placement d'apprenties, et sert de trait d'union entre les femmes et les possibilités de formation, fournissant ainsi des points d'accès au secteur cruciaux (chapitre 3, encadré 3.3).

Les prestataires de services publics de l'emploi (SPE) jouent eux aussi un rôle essentiel en aidant les chômeurs à réintégrer la vie active et diverses interventions sont possibles en fonction des besoins divers de ces populations. Au Luxembourg, l'initiative FutureSkills cible les chômeurs qui ont fait des études secondaires et leur propose trois mois de formation suivis de dix mois de stage dans le secteur public. En Espagne, *Vives Emplea Saludable* intègre le bien-être physique, émotionnel et social dans les programmes d'aide à l'emploi destinés aux chômeurs (chapitre 3, encadré 3.5). Dans la conception de stratégies cohérentes et globales pour relever le taux d'activité au moyen de programmes d'orientation professionnelle et de programmes assimilés, les décideurs devraient prendre en considération l'ampleur du soutien qui peut être apporté et les différents moyens à mettre en œuvre.

L'orientation professionnelle vient compléter les politiques en matière de formation des adultes, car même s'il existe des possibilités de formation, bon nombre d'adultes n'en feront pas une utilisation optimale sans orientation pour déterminer quelles compétences développer pour réussir professionnellement. Quelques pays ont instauré la gestion de cas individuels pour les chômeurs de longue durée ou les travailleurs vulnérables, mis en tandem avec des conseillers d'orientation professionnelle ou des formateurs en milieu professionnel. D'autres ont créé le « bilan à mi-carrière » : un bilan de carrière gratuit proposé aux travailleurs âgés de 40 à 50 ans pour les encourager à se perfectionner avant que leurs compétences ne deviennent obsolètes. Ces pratiques reconnaissent que le développement de carrière est un processus continu et non pas un choix fait pendant la jeunesse, et que l'orientation devrait être possible tout au long de la vie professionnelle d'une personne.

En aidant à faire des choix d'éducation et d'emploi mieux éclairés, l'orientation professionnelle améliore l'efficacité de l'utilisation des compétences dans l'économie, ce qui réduit les inadéquations, et contribue à des résultats plus équitables en veillant à ce que les talents ne soient pas perdus par manque d'information ou de contacts. Pour les décideurs, cela suppose de traiter l'orientation professionnelle comme une partie intégrante de l'écosystème de développement des compétences, en investissant dans sa portée et dans sa qualité, et en l'intégrant à divers stades de la vie.

1.4.7. Mettre en place un suivi robuste des compétences pour des populations adultes diverses

Les méthodes d'évaluation des compétences des adultes peuvent considérablement influencer les écarts observés entre les catégories sociodémographiques. Différents instruments d'évaluation peuvent décrire les niveaux de compétence différemment entre des populations hétérogènes, ce qui signifie que les « écarts » qui apparaissent entre les groupes peuvent se creuser ou se résorber en fonction de ce qui est mesuré et de la méthode de mesure. Par exemple, les épreuves habituelles d'évaluation des compétences à l'écrit (dans la langue du pays d'accueil) peuvent exagérer les lacunes des immigrés en ne tenant pas pleinement compte des obstacles linguistiques. Alors que par le passé ces obstacles linguistiques étaient difficiles à briser, la technologie peut aujourd'hui limiter leur effet sur la possibilité de remplir efficacement certaines fonctions et, de plus en plus, d'exercer un emploi sur des marchés du travail qui fonctionnent en anglais plutôt que dans d'autres langues officielles (Marconi, Vergolini et Borgonovi, 2023[136]). De même, les évaluations qui ne sont pas adaptées à la diversité des participants peuvent mal représenter les différences entre les groupes. Par exemple, les adultes en situation de handicap ou présentant une forme d'invalidité obtiennent souvent de moins bons scores aux épreuves traditionnelles d'évaluation des compétences à l'écrit et en calcul que la population générale, ce qui témoigne en partie du fait que le format des épreuves n'est pas adapté à leurs besoins. Faute de certains éléments de l'accès universel (ex. interfaces accessibles ou durées adaptées), l'environnement des épreuves d'évaluation peut empêcher certains groupes de démontrer leurs vraies compétences, faussant ainsi les écarts mesurés. Même les différences de compétences entre les genres peuvent fluctuer en fonction du choix de cadre d'évaluation : il ressort des travaux de recherche que les hommes obtiennent de meilleurs résultats pour certains types d'items concernant les compétences à l'écrit (ex. les textes courts, non continus ou qui ont un contenu numérique), tandis que les femmes obtiennent d'aussi bons résultats que les hommes pour d'autres types d'items (Borgonovi, 2022[137]).

Si la diversité des apprenants n'est pas pleinement prise en compte, les raisons des mauvais résultats dans certains segments de la population peuvent être masquées, ce qui limite la capacité de réaction des décideurs. Les catégories de personnes dont les compétences sont évaluées et les méthodes employées doivent être prises en compte : il faut que les outils de suivi, pour être robustes, soient sensibles aux différences de genre, de milieu socioéconomique, de culture et d'âge afin que les disparités en matière de compétences mesurées reflètent la réalité plutôt que les artefacts de l'épreuve d'évaluation (Borgonovi et Suarez-Alvarez, 2025[138]).

Sur les marchés du travail des pays de l'OCDE, les populations sont plus diverses que jamais en termes de genre et d'origine immigrée, de milieu socioéconomique et de formation. Or, un grand nombre des évaluations des compétences des adultes n'ont pas été conçues, à l'origine, pour une telle hétérogénéité. Ce déséquilibre a des conséquences concrètes. Les évaluations normalisées qui ignorent la diversité risquent de donner une image trop étroite des compétences des populations et de passer à côté de chances d'éclairer les politiques publiques avec des données significatives. Des outils d'évaluation plus inclusifs et plus souples permettraient d'obtenir un profil plus exact et plus complet des compétences de l'ensemble de la population adulte.

La modernisation des systèmes de suivi des compétences des adultes pour mieux rendre compte de l'éventail complet des aptitudes des différentes catégories d'apprenants suppose à la fois d'élargir la couverture (en assurant la participation des catégories sous-représentées) et de perfectionner les méthodes de mesure. Il est possible de prendre en considération la diversité des expériences vécues et des applications des compétences en adaptant les évaluations à des adultes ayant des expériences différentes. Il s'agirait, dans la pratique, de proposer des items d'épreuve qui correspondent mieux aux tâches à accomplir dans divers contextes culturels du monde réel ou, dans le cas des évaluations internationales, d'ajouter des modules nationaux aux modules internationaux pour tenir compte des différences de compétences propres à chaque pays. Des évaluations plus flexibles et plus accessibles peuvent mieux représenter les forces et les vulnérabilités des différentes catégories de population. Les innovations technologiques sont prometteuses : les épreuves adaptatives informatisées peuvent ajuster la difficulté des questions en fonction du niveau de compétences de l'individu, produisant ainsi des résultats plus précis pour les personnes les plus et les moins performantes. L'utilisation de grandes banques d'items comprenant des items plus faciles et des scénarios pratiques peut améliorer la mesure au plus bas niveau de compétence, où se situent un grand nombre d'adultes défavorisés. Les tâches de résolution de problèmes multimédia et interactives peuvent également attirer les adultes vers différents styles d'apprentissage ou profils de langage, ce qui permet de rendre compte de compétences que les épreuves classiques en grande partie textuelles ne discernent pas. Il importe de noter que l'accessibilité universelle et les aménagements (ex. des technologies d'assistance ou du temps supplémentaire) peuvent faciliter la pleine participation des personnes en situation de handicap ou insuffisamment compétentes en numérique, ce qui rend l'évaluation bien plus représentative. Ces améliorations permettraient de faire en sorte que les écarts de compétences observés indiquent réellement les domaines dans lesquels une intervention s'impose, au lieu de simplement reproduire les biais de l'instrument.

Les systèmes d'évaluation qui tiennent compte de l'hétérogénéité livrent des données plus précises pour les décideurs et contribuent mieux à la réalisation des objectifs sociaux. En concevant des instruments qui tiennent compte de l'hétérogénéité des caractéristiques des populations cibles, les décideurs peuvent identifier les besoins de populations entières et formuler ainsi des politiques en matière de compétences efficaces et inclusives (Borgonovi et Suarez-Alvarez, 2025[138]). L'élaboration d'outils de suivi des compétences des adultes plus adéquats n'est pas une fin en soi, mais un moyen de favoriser à la fois des parcours d'apprentissage personnalisés et des politiques publiques plus judicieuses. Des données de qualité sur les compétences, ventilées par genre, situation socioéconomique, âge, origine immigrée ou région, sont une source d'informations inestimable pour guider les interventions. Au niveau individuel, l'amélioration des évaluations peut favoriser une orientation et une formation adaptées. Les adultes qui reçoivent des retours détaillés sur les forces et les faiblesses de leurs compétences peuvent, avec leurs formateurs, cerner exactement leurs besoins de perfectionnement ou de reconversion. Par exemple, les évaluations utilisées dans les établissements de formation aident les éducateurs à repérer les lacunes de chaque apprenant en temps réel afin de pouvoir adapter l'enseignement en conséquence. Même les évaluations à grande échelle destinées principalement au suivi pourraient être rendues plus utiles aux participants. L'incorporation de mécanismes de retour dans des évaluations comme l'Évaluation des compétences des adultes menée par l'OCDE – par exemple, en donnant aux participants une indication de leurs résultats et des domaines à améliorer – rendrait l'expérience plus enrichissante pour les adultes et leur permettrait d'être davantage investis. Cela produirait à son tour des données plus fiables pour les décideurs, et créerait un cercle vertueux : les adultes sont motivés à participer et à s'améliorer, et les décideurs obtiennent des informations de meilleure qualité sur lesquelles fonder leurs politiques. Au bout du compte, une évaluation exacte des compétences peut donner aux individus les moyens de prendre des décisions éclairées sur leur formation future, leur progression professionnelle ou la certification de leurs compétences. Elle devient alors un outil diagnostique qui guide les adultes vers des formations correspondant à leurs besoins, qu'il s'agisse d'un cours de remise à niveau en mathématiques pour quelqu'un dont le niveau de compétences de base est faible, ou d'un atelier de TIC avancées pour un travailleur plus âgé cherchant à s'adapter à l'évolution technologique. En République slovaque, par exemple, l'initiative « Digital Seniors » propose une formation au numérique à plus de 100 000 seniors et personnes en situation de handicap en leur fournissant des formations et des outils qui les incitent à continuer d'apprendre. Elle souligne ainsi la nécessité d'une approche multidimensionnelle du soutien à l'apprentissage continu (chapitre 3, encadré 3.10).

Au niveau des systèmes, des données complètes et granulaires sur les compétences permettent d'améliorer l'efficacité de l'élaboration des politiques, de l'évaluation et de l'affectation des ressources. Lorsque les instruments de suivi permettent de déterminer quels groupes prennent du retard et dans quels domaines, les pouvoirs publics sont mieux en mesure d'orienter les investissements pour en optimiser l'impact. Par exemple, si les évaluations révèlent que les adultes de certaines régions rurales manquent particulièrement de compétences numériques, des fonds et programmes de formation peuvent être dirigés vers ces régions. De même, les disparités en matière de compétences entre les genres et les milieux socioéconomiques qui ressortent des données peuvent déclencher la création de programmes spécialisés d'ouverture et de soutien (par exemple, des programmes axés sur les compétences à l'écrit pour les adultes ayant un faible niveau d'éducation ou des initiatives de mentorat pour les femmes dans les domaines STIM). Un système de mesure robuste permet également de suivre les progrès et le respect des engagements : les décideurs peuvent fixer des valeurs de référence et des objectifs (par exemple, combler l'écart de compétences de base entre les milieux urbains et ruraux ou améliorer la maîtrise de la langue des immigrés dans le temps) et utiliser les résultats des évaluations périodiques pour déterminer si leurs politiques fonctionnent. Les évaluations au niveau systémique sont indispensables pour repérer les disparités en matière d'équité et guider la planification stratégique dans le sens des objectifs nationaux en matière de compétences. D'autre part, l'établissement des liens entre les résultats d'évaluation et les données administratives (sur l'emploi, les salaires, la participation aux formations, etc.) permet une évaluation rigoureuse du rendement des investissements dans les compétences. Cette démarche fondée sur les données factuelles favorise une allocation efficiente des fonds publics, c'est-à-dire en soutenant les programmes qui relèvent effectivement les niveaux de compétences dans les groupes cibles et en repensant ou en supprimant les autres. Par ailleurs, la transparence des résultats des activités d'évaluation des compétences renforce la responsabilité des établissements et des prestataires de formation, garantie d'une utilisation responsable des fonds publics et de la qualité de la formation des adultes.

1.4.8. Assurer l'adéquation entre les compétences et les besoins du marché du travail : Améliorer l'appariement et le recrutement inclusif en donnant la priorité aux compétences

En même temps qu'ils développent les compétences par l'éducation et la formation, les pays doivent aussi améliorer l'appariement compétences-emplois et supprimer les obstacles qui empêchent de décrocher un emploi. Les institutions du marché du travail et les pratiques des employeurs peuvent avoir une influence profonde sur la traduction ou non des disparités en matière de compétences en inégalité des chances face à l'emploi. Les politiques publiques dans ce domaine visent à faire en sorte que 1) les employeurs puissent trouver et reconnaître les compétences dont ils ont besoin (remédier aux pénuries de compétences) ; 2) les travailleurs puissent faire valoir et utiliser leurs compétences efficacement (remédier à la sous-utilisation et au mauvais appariement des compétences) ; et 3) des progrès soient accomplis dans la lutte contre les pratiques discriminatoires ou inefficaces afin que toute personne possédant les compétences requises puisse obtenir un emploi. Un meilleur appariement des compétences peut favoriser la productivité et la croissance : les entreprises disposent des talents dont elles ont besoin et les travailleurs sont plus productifs si leurs fonctions correspondent à leurs aptitudes. Il peut aussi favoriser l'inclusion en s'attaquant aux biais dans les pratiques de recrutement.

Les SPE jouent un rôle crucial en rapprochant les demandeurs d'emploi des offres et en facilitant le développement des compétences des personnes au chômage. Les politiques actives du marché du travail, comme l'aide au placement professionnel, les programmes de formation ciblés et les subventions à l'embauche peuvent aider les personnes en déficit de compétences ou confrontées à d'autres handicaps à trouver un emploi. Par exemple, les demandeurs d'emploi à qui il manque certaines compétences recherchées peuvent être orientés vers des formations de courte durée (en coordination avec les employeurs locaux qui ont des postes à pourvoir). Les subventions à l'embauche ou les incitations à l'apprentissage d'un métier encouragent les employeurs à ne pas négliger les candidats issus d'un milieu socioéconomique défavorisé ou qui ont eu un parcours d'apprentissage perturbé (jeunes sans expérience, chômeurs de longue durée ou personnes en situation de handicap), mais à s'attacher plutôt à les former sur le tas. Il est important que ces programmes soient bien ciblés et assortis de services de conseil pour que les participants soient orientés vers des formations correspondant à leurs aptitudes. Bon nombre de pays de l'OCDE modernisent leurs SPE en utilisant des outils numériques pour le profilage des demandeurs d'emploi et pour prédire qui pourrait avoir besoin d'un accompagnement plus intensif, tout en simplifiant l'accès aux services en ligne. Les spécialistes de l'emploi public et conseillers d'orientation professionnelle devraient être formés à lutter contre les biais, à prendre en considération les besoins et les aspirations des individus, et à comprendre les besoins du marché du travail local pour améliorer les résultats. Les pouvoirs publics peuvent externaliser ce travail et le confier à des organisations de terrain, des associations à but non lucratif, des entreprises privées et autres organisations à missions, lesquelles peuvent aider à combler l'écart entre les politiques publiques et les aspects pratiques de l'aide aux personnes qu'elles sont censées accompagner (chapitre 3, encadré 3.9) (OCDE, 2025[113]).

Les politiques actives du marché du travail doivent ne pas se laisser distancer par l'évolution de la demande de compétences, ce qui suppose une étroite coordination avec les prestataires de services éducatifs et les employeurs. Favoriser la collaboration entre les prestataires de SPE, les prestataires de services de formation et les représentants des secteurs d'activité peut contribuer à remédier aux pénuries de compétences (par exemple, lorsqu'un nouvel investissement local crée une demande de certaines compétences, le système local de main-d'œuvre local peut réagir par un programme ciblé de formation et de placement). L'objectif fondamental est d'empêcher les postes non pourvus alors que des travailleurs qualifiés restent sans emploi ou sous-employés à cause des défaillances du système de recrutement. En développant de manière continue les compétences des demandeurs d'emploi et en rapprochant ces derniers des offres, les politiques actives du marché du travail contribuent à la fois à faire baisser le chômage et à créer un marché du travail plus inclusif.

Les pratiques de recrutement traditionnelles s'appuient souvent lourdement sur les acquis formels (diplômes universitaires, certifications ou fonctions professionnelles antérieures) comme représentatifs de leurs compétences, ce qui peut involontairement exclure des candidats talentueux qui ont suivi des trajectoires de formation non formelles. Par exemple, un professionnel expérimenté en informatique peut posséder de vastes compétences en codage acquises de manière autonome, mais ne pas avoir de diplôme et, par conséquent, être exclu du processus de recrutement si un poste à pourvoir demande un diplôme universitaire.

Une stratégie donnant la priorité aux compétences (chapitre 4, encadré 4.1) met l'accent sur les compétences des individus plutôt que sur la façon dont ces compétences ont été acquises. Dans la pratique, cela suppose d'améliorer la transparence des informations concernant les compétences, de rendre plus facile pour les employeurs d'identifier les compétences qu'ils recherchent et pour les travailleurs de mettre leurs compétences en valeur, ce qui aurait pour effet d'améliorer l'appariement des compétences et des besoins du marché du travail. Une stratégie donnant la priorité aux compétences a des incidences pour toutes les parties prenantes du marché du travail : les employeurs doivent repenser leurs stratégies de recrutement et de gestion des ressources humaines ; les prestataires de services éducatifs pourraient avoir à réévaluer leurs programmes d'enseignement, leurs pratiques pédagogiques et leurs moyens de certifier les compétences ; les individus, pour leur part, pourraient devoir réfléchir au meilleur moyen de démontrer leurs compétences et déterminer les compétences dont ils ont besoin pour réussir professionnellement.

Les formes actuelles de biais à l'embauche, comme les préjugés dans les décisions ou la négligence des signaux de compétences non traditionnels, ont créé des obstacles injustifiés pour les personnes en quête de mobilité professionnelle. Une stratégie donnant la priorité aux compétences peut favoriser cette mobilité en ouvrant des voies d'accès aux offres d'emploi pour les personnes qui possèdent les compétences requises, mais qui ont jusqu'à présent été sous-représentées dans un métier ou un secteur particulier à cause de leurs caractéristiques inhérentes ou de leurs expériences professionnelles. Par exemple, même si plus de femmes possèdent un diplôme de l'enseignement supérieur, elles sont moins susceptibles d'afficher l'éventail complet de compétences et d'expériences liées à leur qualification. Une stratégie d'embauche et de gestion des ressources humaines donnant la priorité aux compétences, qui mette l'accent sur la clarté et le caractère direct de la communication au sujet des compétences d'une personne, peut contribuer à remédier à ces disparités en matière de communication.

Les décideurs peuvent encourager ce type de stratégie en collaborant avec les employeurs et les organismes professionnels pour élaborer de meilleurs instruments et cadres d'évaluation des compétences. Par exemple, les profils de compétences professionnelles et les épreuves d'évaluation des compétences ou les portefeuilles de compétences peuvent permettre aux candidats de démontrer leurs capacités indépendamment de leurs caractéristiques sociodémographiques. Les pouvoirs publics eux-mêmes, grands employeurs, peuvent donner l'exemple en supprimant les critères inutiles de diplômes dans le secteur public et en utilisant les évaluations des compétences. Un système robuste de reconnaissance des diplômes et des compétences, en particulier pour les immigrés et les seniors, est nécessaire pour que ces qualifications et ces compétences puissent être reconnues par les employeurs dans le pays d'accueil. De même, pour les travailleurs en milieu de carrière qui acquièrent de nouvelles compétences par le biais de formations de courte durée ou en ligne, ces compétences doivent pouvoir être visibles aux employeurs. Le développement des plateformes numériques pour la certification des microdiplômes et la reconnaissance des acquis est un autre moyen possible d'encourager les pratiques qui font primer les compétences sur le marché du travail, tout comme l'utilisation des e-portefeuilles et des instruments de constitution de réseaux professionnels.

Les décideurs devraient également lutter contre la ségrégation professionnelle et favoriser la diversité dans les domaines à forte demande de main-d'œuvre. Par exemple, les femmes et les travailleurs issus d'un milieu défavorisé sont souvent rassemblés dans les emplois ou les secteurs peu rémunérés. Ce constat ne témoigne pas d'un simple problème d'offre, mais plutôt des environnements de travail et des normes sociétales. Les décideurs peuvent apporter leur soutien aux initiatives qui améliorent la diversité et l'inclusion dans les domaines à forte croissance traditionnellement dominés par les hommes ou les personnes issues de milieux favorisés, comme l'ingénierie ou la finance. Par exemple, la mise en application de lois rigoureuses qui interdisent les discriminations et imposent la transparence salariale peut réduire les écarts de rémunération entre les genres et les biais à l'embauche. En France, un indice de l'égalité professionnelle mis en place en 2019 exige que les entreprises de plus de 50 salariés, et ultérieurement les établissements publics, publient des scores annuels fondés sur les écarts salariaux entre les femmes et les hommes, les promotions et les indicateurs de représentation. Cette mesure vise à favoriser la transparence et la responsabilité, en exerçant une pression mesurable sur les organisations afin que soient réduites les inégalités entre les genres. Certains pays exigent que les grandes entreprises déclarent les différences de rémunération entre les femmes et les hommes ou communiquent leurs statistiques de diversité, ce qui les incite à s'améliorer. Les stages de retour à l'emploi (des programmes courts pour aider les professionnels à reprendre une carrière après une interruption, souvent utilisés pour réintégrer les femmes dans la vie active après la naissance d'enfants) peuvent aider à récupérer les compétences perdues et à limiter les pertes d'effectifs. Dans les secteurs technologiques, les programmes de reconversion au codage ou à l'analytique des données des femmes ou des travailleurs issus de minorités d'autres secteurs d'activité se sont montrés efficaces lorsqu'ils sont accompagnés d'engagements à l'embauche de la part des employeurs. Les pouvoirs publics peuvent financer ou coparrainer ces programmes de reconversion dans le cadre de leur stratégie pour les compétences.

Bien que ce soit souvent à l'individu qu'il incombe de développer ses compétences, c'est aux employeurs qu'il appartient de tirer le meilleur parti des compétences de leurs salariés. Bon nombre de ces derniers possèdent plus de compétences que leurs fonctions n'en demandent, ou des compétences différentes, ce qui risque de les démotiver et de réduire leur productivité (Adalet McGowan et Andrews, 2015[139]). Les pouvoirs publics et les associations d'employeurs peuvent favoriser des pratiques qui utilisent pleinement et développent les compétences des travailleurs, à l'exemple du programme d'échange de talent de l'Administration publique fédérale belge (OCDE, 2025[113]), ou de programmes comparables permettant aux salariés d'acquérir de l'expérience dans différentes parties d'une organisation. Aider les PME à adopter ce type de pratiques (par exemple via des initiatives de conseil ou de comparaison des performances) pourrait déboucher sur des gains de productivité.

Un dialogue entre employeurs et prestataires de services éducatifs peut faire en sorte que les compétences enseignées (en particulier les compétences non techniques comme la communication et la collaboration) soient mobilisées dans le milieu professionnel. La sous-utilisation des personnes nouvellement diplômées serait un gaspillage de ressources à corriger dans la conception des emplois ou en améliorant les pratiques de recrutement des jeunes diplômés. Les capacités de plus en plus sophistiquées de l'IA et son incursion dans des emplois à fort coefficient de recherche jusqu'ici indemnes ont causé le chômage et le sous-emploi d'un grand nombre de jeunes diplômés. Aux États-Unis, les postes de recherche et de conseil, dont un grand nombre sont confiés à de jeunes diplômés et à des professionnels en début de carrière, connaissent un déclin plus rapide que l'ensemble des emplois (Stahle, 2025[140]).

En conclusion, l'harmonisation des compétences avec les besoins du marché du travail nécessite des interventions à la fois du côté de la demande (pratiques des employeurs, conception des emplois, lutte contre les discriminations) et du côté de l'offre (services de l'emploi, mobilité et incitations à la formation). En réduisant les mauvais appariements et les biais, les pays peuvent être doublement récompensés : par une affectation plus optimale du capital humain – qui, selon les études, pourrait considérablement renforcer la productivité (Adalet McGowan et Andrews, 2017[141]) – et par un marché du travail plus inclusif, sur lequel le milieu dont est issu un individu est moins déterminant pour ses perspectives professionnelles. L'égalisation des compétences ferait diminuer bon nombre de disparités, en particulier celles liées au milieu socioéconomique. Pour celles qui persistent, comme l'écart entre les genres, des solutions axées sur le marché du travail sont nécessaires en complément des politiques en matière de compétences. Plusieurs pays ont lancé des initiatives nationales incitant les employeurs à s'engager à des pratiques d'embauche fondées sur les compétences et certains utilisent des « chartes de la diversité » pour encourager les entreprises à mettre en œuvre des politiques de recrutement et de progression inclusifs. Le partage et le développement de ces bonnes pratiques seront cruciaux. Au bout du compte, l'efficacité des investissements d'une nation dans les compétences sera affaiblie si ces compétences ne sont pas correctement utilisées. Par conséquent, les politiques des compétences et du marché du travail doivent aller main dans la main, en veillant à ce que l'amélioration des compétences de la population se traduise en gains réels pour la prospérité économique et l'inclusion sociale.

Références

Acemoglu, D. (2002), « Technical change, inequality, and the labor market », *Journal of Economic Literature*, vol. 40/1, pp. 7-72, https://doi.org/10.1257/0022051026976. [11]

Acemoglu, D. et P. Restrepo (2020), « Robots and jobs: Evidence from US labor markets », *Journal of Political Economy*, vol. 128/6, pp. 2188-2244, https://doi.org/10,1086/705716. [23]

Acemoglu, D. et P. Restrepo (2018), *Artificial Intelligence, Automation and Work*, National Bureau of Economic Research, https://doi.org/10.3386/w24196. [38]

Adalet McGowan, M. et D. Andrews (2017), « Inadéquation des compétences, productivité et politiques publiques : Observations à partir de la deuxième vague de PIAAC », *Documents de travail du Département des Affaires économiques de l'OCDE*, n° 1403, https://doi.org/10.1787/65dab7c6-en. [141]

Adalet McGowan, M. et D. Andrews (2015), « Inadéquation entre l'offre et la demande sur le marché du travail : observations à partir de l'étude PIAAC », *Documents de travail du Département des Affaires économiques de l'OCDE*, n° 1209, Éditions OCDE, Paris, https://doi.org/10.1787/5js1pzx1r2kb-en. [139]

Ahir, H., N. Bloom et D. Furceri (2022), « The World Uncertainty Index », *NBER Working Papers 29763, National Bureau of Economic Research*, vol. 29763, https://ideas.repec.org/p/nbr/nberwo/29763.html (consulté le 18 July 2025). [1]

AIE (2015), *Trends in International Mathematics and Science Study (TIMSS) 2015 Grade 4 Database*, International Association for the Evaluation of Educational Achievement, https://doi.org/10.58150/IEA_TIMSS_2015_G4. [106]

AIE (2011), *Trends in International Mathematics and Science Study (TIMSS) 2011 Grade 4 Database*, International Association for the Evaluation of Educational Achievement, https://doi.org/10.58150/IEA_TIMSS_2011_G4. [105]

Alesina, A. et P. Giuliano (2011), « Preferences for Redistribution », dans *Handbook of Social Economics*, Elsevier, https://doi.org/10.1016/b978-0-444-53187-2.00004-8. [95]

Almlund, M. et al. (2011), « Personality Psychology and Economics », dans *Handbook of the Economics of Education, Handbook of The Economics of Education*, Elsevier, https://doi.org/10.1016/b978-0-444-53444-6.00001-8. [51]

Autor, D. (2024), *Applying AI to Rebuild Middle Class Jobs*, National Bureau of Economic Research, https://doi.org/10.3386/w32140. [37]

Autor, D. (2015), « Why are there still so many jobs? The history and future of workplace automation », *Journal of Economic Perspectives*, vol. 29/3, pp. 3-30, https://doi.org/10.1257/jep.29.3.3. [25]

Autor, D., F. Levy et R. Murnane (2003), « The skill content of recent technological change: An empirical exploration », *The Quarterly Journal of Economics*, vol. 118/4, pp. 1279-1333, https://doi.org/10.1162/003355303322552801. [28]

Barnett, W. (2011), « Effectiveness of early educational intervention », *Science*, vol. 333/6045, pp. 975-978, https://doi.org/10.1126/science.1204534. [120]

Barreto, C. et al. (2024), *The "clean energy transition" and the cost of job displacement in energy-intensive industries*, Éditions OCDE, Paris, https://doi.org/10.1787/abf614d1-en. [20]

Barro, R. et J. Lee (2013), « A new data set of educational attainment in the world, 1950–2010 », *Journal of Development Economics*, vol. 104, pp. 184-198, https://doi.org/10.1016/j.jdeveco.2012.10.001. [4]

Baumeister, R., K. Vohs et D. Tice (2007), « The strength model of self-control », *Current Directions in Psychological Science*, vol. 16/6, pp. 351-355, https://doi.org/10.1111/j.1467-8721.2007.00534.x. [73]

Becker, G. et C. Mulligan (1997), « The endogenous determination of time preference », *The Quarterly Journal of Economics*, vol. 112/3, pp. 729-758, https://doi.org/10.1162/003355397555334. [70]

Benabou, R. et E. Ok (2001), « Social mobility and the demand for redistribution: The Poum hypothesis », *The Quarterly Journal of Economics*, vol. 116/2, pp. 447-487, https://doi.org/10.1162/00335530151144078. [91]

Berman, E., J. Bound et S. Machin (1998), « Implications of skill-biased technological change: International evidence », *The Quarterly Journal of Economics*, vol. 113/4, pp. 1245-1279, https://doi.org/10.1162/003355398555892. [12]

Black, R. et al. (2008), « Maternal and child undernutrition: Global and regional exposures and health consequences », *The Lancet*, vol. 371/9608, pp. 243-260, https://doi.org/10.1016/s0140-6736(07)61690-0. [98]

Bongaarts, J. (2009), « Human population growth and the demographic transition », *Philosophical Transactions of the Royal Society B: Biological Sciences*, vol. 364/1532, pp. 2985-2990, https://doi.org/10.1098/rstb.2009.0137. [7]

Borghans, L. et B. Golsteyn (2006), « Time discounting and the body mass index », *Economics & Human Biology*, vol. 4/1, pp. 39-61, https://doi.org/10.1016/j.ehb.2005.10.001. [68]

Borgonovi, F. (2022), « Is the literacy achievement of teenage boys poorer than that of teenage girls, or do estimates of gender gaps depend on the test? A comparison of PISA and PIAAC. », *Journal of Educational Psychology*, vol. 114/2, pp. 239-256, https://doi.org/10.1037/edu0000659. [137]

Borgonovi, F., A. Ferrara et M. Piacentini (2023), « From asking to observing. Behavioural measures of socio-emotional and motivational skills in large-scale assessments », *Social Science Research*, vol. 112, p. 102874, https://doi.org/10.1016/j.ssresearch.2023.102874. [62]

Borgonovi, F. et al. (2017), *Youth in Transition : How Do Some of The Cohorts Participating in PISA Fare in PIAAC?*, Éditions OCDE, Paris, https://doi.org/10.1787/51479ec2-en. [101]

Borgonovi, F. et J. Suarez-Alvarez (2025), *How can adult skills assessments best meet the demands of the 21st century?*, Éditions OCDE, Paris, https://doi.org/10.1787/853db37b-en. [138]

Braun, H., I. Kirsch et K. Yamamoto (2011), « An experimental study of the effects of monetary incentives on performance on the 12th-grade NAEP reading assessment », *Teachers College Record: The Voice of Scholarship in Education*, vol. 113/11, pp. 2309-2344, https://doi.org/10.1177/016146811111301101. [57]

Brenøe, A. et T. Epper (2022), « Parenting values and the intergenerational transmission of time preferences », *European Economic Review*, vol. 148, p. 104208, https://doi.org/10.1016/j.euroecorev.2022.104208. [76]

Brisson, D. et al. (2020), « A systematic review of the association between poverty and biomarkers of toxic stress », *Journal of Evidence-Based Social Work*, vol. 17/6, pp. 696-713, https://doi.org/10.1080/26408066.2020.1769786. [96]

Bryan, J. et al. (2004), « Nutrients for cognitive development in school-aged children », *Nutrition Reviews*, vol. 62/8, pp. 295-306, https://doi.org/10.1111/j.1753-4887.2004.tb00055.x. [99]

Brynjolfsson, E., D. Li et L. Raymond (2025), « Generative AI at work », *The Quarterly Journal of Economics*, vol. 140/2, pp. 889-942, https://doi.org/10.1093/qje/qjae044. [34]

Brynjolfsson, E. et T. Mitchell (2017), « What can machine learning do? Workforce implications », *Science*, vol. 358/6370, pp. 1530-1534, https://doi.org/10.1126/science.aap8062. [40]

Carneiro, P., S. Cattan et N. Ridpath (2024), *The short- and medium-term effects of Sure Start on children's outcomes*, https://ifs.org.uk/publications/short-and-medium-term-impacts-sure-start-educational-outcomes. [116]

Causa, O. et Å. Johansson (2009), *Mobilité sociale intergénérationnelle*, Éditions OCDE, Paris, https://doi.org/10.1787/223106258208. [13]

Cedefop (2020), *Empowering Adults Through Upskilling and Reskilling Pathways*, European Centre for the Development of Vocational Training, https://doi.org/10.2801/692917. [133]

Chao, L. et al. (2009), « Time preference and its relationship with age, health, and survival probability », *Judgment and Decision Making*, vol. 4/1, pp. 1-19, https://doi.org/10.1017/s1930297500000668. [66]

Cingano, F. (2014), *Trends in Income Inequality and its Impact on Economic Growth*, Éditions OCDE, Paris, https://doi.org/10.1787/5jxrjncwxv6j-en. [14]

Coady, D. et A. Dizioli (2017), « Income inequality and education revisited: Persistence, endogeneity and heterogeneity », *Applied Economics*, vol. 50/25, pp. 2747-2761, https://doi.org/10.1080/00036846.2017.1406659. [15]

Cohen, J. et al. (2020), « Measuring time preferences », *Journal of Economic Literature*, vol. 58/2, pp. 299-347, https://doi.org/10.1257/jel.20191074. [75]

Commission européenne (2024), *Rapport de suivi de l'éducation et de la formation 2024*, Direction générale de l'éducation, de la jeunesse, du sport et de la culture, https://doi.org/10.2766/815875. [126]

Corak, M. (2013), « Income inequality, equality of opportunity, and intergenerational mobility », *Journal of Economic Perspectives*, vol. 27/3, pp. 79-102, https://doi.org/10.1257/jep.27.3.79. [18]

Dell'Acqua, F. et al. (2023), « Navigating the Jagged Technological Frontier: Field Experimental Evidence of the Effects of AI on Knowledge Worker Productivity and Quality », *SSRN Electronic Journal*, https://doi.org/10.2139/ssrn.4573321. [64]

Demirci, O., J. Hannane et X. Zhu (2025), « Who is AI replacing? The impact of generative AI on online freelancing platforms », *Management Science*, https://doi.org/10.1287/mnsc.2024.05420. [32]

Dixon, J., B. Hong et L. Wu (2021), « The robot revolution: Managerial and employment consequences for firms », *Management Science*, vol. 67/9, pp. 5586-5605, https://doi.org/10.1287/mnsc.2020.3812. [21]

Duckworth, A. et D. Yeager (2015), « Measurement matters: Assessing personal qualities other than cognitive ability for educational purposes », *Educational Researcher*, vol. 44/4, pp. 237-251, https://doi.org/10.3102/0013189x15584327. [58]

Dworkin, R. (1977), *Taking Rights Seriously*, Harvard University Press. [89]

Eloundou, T. et al. (2023), *GPTs are GPTs: An Early Look at the Labor Market Impact Potential of Large Language Models*, https://doi.org/10.48550/arXiv.2303.10130. [29]

Falk, A. et al. (2018), « Global evidence on economic preferences », *The Quarterly Journal of Economics*, vol. 133/4, pp. 1645-1692, https://doi.org/10.1093/qje/qjy013. [74]

Federal Ministry of Science, Research and Economy (2017), « National strategy on the social dimension of higher education », https://www.sozialerhebung.at/sozdim/strategiepapier/Strategie_2017_englisch.pdf. [127]

Fong, C. (2001), « Social preferences, self-interest, and the demand for redistribution », *Journal of Public Economics*, vol. 82/2, pp. 225-246, https://doi.org/10.1016/s0047-2727(00)00141-9. [92]

Foster, N. et M. Piacentini (dir. pub.) (2023), *Innovating Assessments to Measure and Support Complex Skills*, Éditions OCDE, Paris, https://doi.org/10.1787/e5f3e341-en. [50]

Frankopan, P. (2024), « The age of crisis », *Cambridge Journal of Regions, Economy and Society*, vol. 18/1, pp. 249-254, https://doi.org/10.1093/cjres/rsae043. [3]

Frey, C. et M. Osborne (2017), « The future of employment: How susceptible are jobs to computerisation? », *Technological Forecasting and Social Change*, vol. 114, pp. 254-280, https://doi.org/10.1016/j.techfore.2016.08.019. [39]

Gaggl, P. et G. Wright (2017), « A short-run view of what computers do: Evidence from a UK tax incentive », *American Economic Journal: Applied Economics*, vol. 9/3, pp. 262-294, https://doi.org/10.1257/app.20150411. [27]

Gouvernement danois (2024), *Ekspertgruppen om ChatGPT og andre digitale hjælpemidler [Groupe d'experts sur ChatGPT et autres outils numériques] (en danois)*, Ministère de l'Enfance et de l'Éducation, http://www.uvm.dk/-/media/filer/uvm/aktuelt/pdf24/april/240423-ekspertgruppen-om-chatgpt-og-andre-digitale-hjaelpemidlers-rapport.pdf (consulté le 2025 août July). [109]

Gouvernement du Canada (2025), *Le gouvernement du Canada investit dans l'intelligence artificielle et l'apprentissage du français comme langue seconde dès la petite enfance*, Communiqué de presse, 10 mai 2023, Patrimoine canadien, https://www.canada.ca/fr/patrimoine-canadien/nouvelles/2023/05/le-gouvernement-du-canada-investit-dans-lintelligence-artificielle-et-lapprentissage-du-francais-comme-langue-seconde-des-la-petite-enfance.html (consulté le 9 July 2025). [125]

Gouvernement polonais (2024), *Projekt ustawy o rynku pracy i służbach zatrudnienia [Projet de loi sur le marché du travail]*, https://www.gov.pl/web/premier/projekt-ustawy-o-rynku-pracy-i-sluzbach-zatrudnienia. [128]

Hanushek, E. et al. (2025), « Patience and subnational differences in human capital: Regional analysis with Facebook interests », *The Economic Journal*, https://doi.org/10.1093/ej/ueaf045. [65]

Heckman, J. (2006), « Skill formation and the economics of investing in disadvantaged children », *Science*, vol. 312/5782, pp. 1900-1902, https://doi.org/10.1126/science.1128898. [121]

Heckman, J. et al. (2010), « The rate of return to the HighScope Perry Preschool Program », *Journal of Public Economics*, vol. 94/1-2, pp. 114-128, https://doi.org/10.1016/j.jpubeco.2009.11.001. [122]

Heckman, J., J. Stixrud et S. Urzua (2006), « The Effects of Cognitive and Noncognitive Abilities on Labor Market Outcomes and Social Behavior », *Journal of Labor Economics*, vol. 24/3, pp. 411-482, https://doi.org/10.1086/504455. [52]

Henig, D. et D. Knight (2023), « Polycrisis: Prompts for an emerging worldview », *Anthropology Today*, vol. 39/2, pp. 3-6, https://doi.org/10.1111/1467-8322.12793. [2]

Hui, X., O. Reshef et L. Zhou (2023), « The short-term effects of generative artificial intelligence on employment: Evidence from an online labor market », *SSRN Electronic Journal*, https://doi.org/10.2139/ssrn.4527336. [43]

Hunter, R. et al. (2018), « Association between time preference, present-bias and physical activity: implications for designing behavior change interventions », *BMC Public Health*, vol. 18/1, https://doi.org/10.1186/s12889-018-6305-9. [67]

Kang, M. et S. Ikeda (2013), « Time discounting and smoking behavior: Evidence from a panel survey », *Health Economics*, vol. 23/12, pp. 1443-1464, https://doi.org/10.1002/hec.2998. [69]

Kankaraš, M. (2017), *Personality matters : Relevance and assessment of personality characteristics*, Éditions OCDE, Paris, https://doi.org/10.1787/8a294376-en. [77]

Kankaraš, M. et J. Suarez-Alvarez (2019), *Assessment framework of the OECD Study on Social and Emotional Skills*, Éditions OCDE, Paris, https://doi.org/10.1787/5007adef-en. [54]

Kern, M. et al. (2016), « The EPOCH measure of adolescent well-being », *Psychological Assessment*, vol. 28/5, pp. 586-597, https://doi.org/10.1037/pas0000201. [83]

Koch, M., I. Manuylov et M. Smolka (2021), « Robots and firms », *The Economic Journal*, vol. 131/638, pp. 2553-2584, https://doi.org/10.1093/ej/ueab009. [22]

Korlat, S. et al. (2022), « Gender Typicality and Prestige of Occupational Aspirations in Adolescents: The Relevance of Agency and Communion », *Journal of Career Development*, vol. 50/2, pp. 405-424, https://doi.org/10.1177/08948453221100744. [131]

Kyllonen, P. et al. (2024), « Charting the future of assessments », *ETS Research Report Series*, vol. 2024/1, pp. 1-62, https://doi.org/10.1002/ets2.12388. [55]

La Direction de l'évaluation, de la prospective et de la performance (2024), *TIMSS 2023 en CM1*, https://www.education.gouv.fr/timss-2023-en-cm1-analyse-des-questions-de-sciences-415955. [124]

Lesthaeghe, R. (2010), « The unfolding story of the Second Demographic Transition », *Population and Development Review*, vol. 36/2, pp. 211-251, https://doi.org/10.1111/j.1728-4457.2010.00328.x. [6]

Lightcast (2025), *The Speed of Skill Change*, Lightcast, https://lightcast.io/resources/research/speed-of-skill-change (consulté le 18 mars 2025). [46]

Lightcast (2025), *The Speed of Skill Change: Every Job in the US is Changing. Are you?*, https://4906807.fs1.hubspotusercontent-na1.net/hubfs/4906807/Speed%20of%20Skill%20Change_US_Lightcast-final.pdf. [31]

Lightcast (2025), *The UK Skills Revolution: Building a Data-driven Skills Systen in an Era of Disruption*, https://www.datocms-assets.com/62658/1738249792-uk-skills-revolution-final-30-jan.pdf. [30]

Linn, R. (dir. pub.) (1989), *Validity*, New York, NY: American Council on education and Macmillan. [60]

Liu, J. et al. (2024), *« Generate » the Future of Work through AI: Empirical Evidence from Online Labor Markets*, https://doi.org/10.48550/arXiv.2308.05201. [44]

Lupien, S. et al. (2009), « Effects of stress throughout the lifespan on the brain, behaviour and cognition », *Nature Reviews Neuroscience*, vol. 10/6, pp. 434-445, https://doi.org/10.1038/nrn2639. [100]

Lysyakov, M. et S. Viswanathan (2021), « Threatened by AI: Analyzing Users' Responses to the Introduction of AI in a Crowd-sourcing Platform », *SSRN Electronic Journal*, https://doi.org/10.2139/ssrn.3758338. [41]

Mann, K. et L. Püttmann (2023), « Benign effects of automation: New evidence from patent texts », *Review of Economics and Statistics*, vol. 105/3, pp. 562-579, https://doi.org/10.1162/rest_a_01083. [26]

Marconi, G., L. Vergolini et F. Borgonovi (2023), *The demand for language skills in the European labour market : Evidence from online job vacancies*, Éditions OCDE, Paris, https://doi.org/10.1787/e1a5abe0-en. [136]

Martinot, P. et al. (2025), « Rapid emergence of a maths gender gap in first grade », *Nature*, https://doi.org/10.1038/s41586-025-09126-4. [123]

Milanez, A., A. Lemmens et C. Ruggiu (2025), *Algorithmic management in the workplace: New evidence from an OECD employer survey*, Éditions OCDE, Paris, https://doi.org/10.1787/287c13c4-en. [63]

Nations Unies (2024), *World Population Prospects 2024*, Département des affaires économiques et sociales, https://population.un.org/wpp/ (consulté le 12 juillet 2025). [8]

Noy, S. et W. Zhang (2023), « Experimental evidence on the productivity effects of generative artificial intelligence », *Science*, vol. 381/6654, pp. 187-192, https://doi.org/10.1126/science.adh2586. [35]

OCDE (2025), *Empowering the Workforce in the Context of a Skills-First Approach*, Études de l'OCDE sur les compétences, Éditions OCDE, Paris, https://doi.org/10.1787/345b6528-en. [113]

OCDE (2025), *Perspectives de l'emploi de l'OCDE 2025 : Pouvons-nous surmonter la crise démographique ?*, Éditions OCDE, Paris, https://doi.org/10.1787/79445578-fr. [134]

OCDE (2025), *Promoting Better Career Mobility for Longer Working Lives in Austria*, Vieillissement et politiques de l'emploi, Éditions OCDE, Paris, https://doi.org/10.1787/db85473f-en. [135]

OCDE (2025), *Reducing Inequalities by Investing in Early Childhood Education and Care*, Éditions OCDE, Paris, https://doi.org/10.1787/b78f8b25-en. [119]

OCDE (2025), *Skills that Matter for Success and Well-being in Adulthood : Evidence on Adults' Social and Emotional Skills from the 2023 Survey of Adult Skills*, Études de l'OCDE sur les compétences, Éditions OCDE, Paris, https://doi.org/10.1787/6e318286-en. [79]

OCDE (2024), *Base de données du 2e Cycle du PIAAC*, Évaluation des compétences des adultes, OCDE, Paris, https://www.oecd.org/fr/data/datasets/piaac-2nd-cycle-database.html (consulté le 10 décembre 2024). [104]

OCDE (2024), *Base de données du 2e Cycle du PIAAC*, OCDE, Paris, https://www.oecd.org/fr/data/datasets/piaac-2nd-cycle-database.html (consulté le 10 décembre 2024). [86]

OCDE (2024), *Challenging Social Inequality Through Career Guidance : Insights from International Data and Practice*, Éditions OCDE, Paris, https://doi.org/10.1787/619667e2-en. [130]

OCDE (2024), *Co-ordinating Adult Learning Policies: Mechanisms for Inter-Institutional and Stakeholder Co-ordination*, OCDE, Paris, https://www.oecd.org/en/publications/co-ordinating-adult-learning-policies_725d9938-en.html (consulté le 10 July 2025). [112]

OCDE (2024), *Données et méthodologie du PIAAC*, OCDE, Paris, https://www.oecd.org/fr/about/programmes/piaac/piaac-data.html (consulté le 10 décembre 2024). [48]

OCDE (2024), *Insights from Skills Strategies in the European Union : Lessons Learnt for Developing and Implementing Effective Skills Policies*, Études de l'OCDE sur les compétences, Éditions OCDE, Paris, https://doi.org/10.1787/0bf9e78e-en. [111]

OCDE (2024), *Les adultes possèdent-ils les compétences nécessaires pour s'épanouir dans un monde en mutation ? : Évaluation des compétences des adultes 2023*, Études de l'OCDE sur les compétences, Éditions OCDE, Paris, https://doi.org/10.1787/e8d52c02-fr. [47]

OCDE (2024), *Perspectives de l'emploi de l'OCDE 2024 : Transition vers la neutralité carbone et marché du travail*, Éditions OCDE, Paris, https://doi.org/10.1787/a859bbac-fr. [16]

OCDE (2024), *Perspectives de l'OCDE sur les compétences 2023 : Les compétences au service d'une transition écologique et numérique résiliente*, Éditions OCDE, Paris, https://doi.org/10.1787/fe76e556-fr. [19]

OCDE (2024), *Quality Matters : Strengthening the Quality Assurance of Adult Education and Training*, Études de l'OCDE sur les compétences, Éditions OCDE, Paris, https://doi.org/10.1787/f44a185b-en. [114]

OCDE (2024), *Social and Emotional Skills for Better Lives : Findings from the OECD Survey on Social and Emotional Skills 2023*, Éditions OCDE, Paris, https://doi.org/10.1787/35ca7b7c-en. [78]

OCDE (2024), *Using AI in the workplace: Opportunities, risks and policy responses*, Éditions OCDE, Paris, https://doi.org/10.1787/73d417f9-en. [45]

OCDE (2022), *Base de données PISA 2022*, OCDE, Paris, https://www.oecd.org/fr/data/datasets/pisa-2022-database.html (consulté le 5 novembre 2024). [108]

OCDE (2022), « Finland's Right to Learn Programme : Achieving equity and quality in education », *OECD Education Policy Perspectives*, n° 61, Éditions OCDE, Paris, https://doi.org/10.1787/65eff23e-en. [118]

OCDE (2022), *Regards sur l'éducation 2022 : Les indicateurs de l'OCDE*, Éditions OCDE, Paris, https://doi.org/10.1787/8b532813-fr. [5]

OCDE (2021), *Perspectives de l'OCDE sur les compétences 2021 : Se former pour la vie*, Éditions OCDE, Paris, https://doi.org/10.1787/fc97e6d3-fr. [9]

OCDE (2021), *The Assessment Frameworks for Cycle 2 of the Programme for the International Assessment of Adult Competencies*, Études de l'OCDE sur les compétences, Éditions OCDE, Paris, https://doi.org/10.1787/4bc2342d-en. [49]

OCDE (2020), *Strengthening the Governance of Skills Systems : Lessons from Six OECD Countries*, Études de l'OCDE sur les compétences, Éditions OCDE, Paris, https://doi.org/10.1787/3a4bb6ea-en. [110]

OCDE (2019), *L'ascenseur social en panne ? Comment promouvoir la mobilité sociale*, Éditions OCDE, Paris, https://doi.org/10.1787/bc38f798-fr. [10]

OCDE (2019), *Perspectives de l'emploi de l'OCDE 2019 : L'avenir du travail*, Éditions OCDE, Paris, https://doi.org/10.1787/b7e9e205-fr. [24]

OCDE (2018), *Base de données PISA 2018*, OCDE, Paris, https://www.oecd.org/fr/data/datasets/pisa-2018-database.html (consulté le 5 novembre 2024). [107]

OCDE (2016), *Les compétences au service du progrès social : Le pouvoir des compétences socio-affectives*, Études de l'OCDE sur les compétences, Éditions OCDE, Paris, https://doi.org/10.1787/9789264256491-fr. [81]

OCDE (2012), *Literacy, Numeracy and Problem Solving in Technology-Rich Environments : Framework for the OECD Survey of Adult Skills*, Éditions OCDE, Paris, https://doi.org/10.1787/9789264128859-en. [53]

Paccagnella, M. (2016), *Age, Ageing and Skills : Results from the Survey of Adult Skills*, Éditions OCDE, Paris, https://doi.org/10.1787/5jm0q1n38lvc-en. [102]

Park, H. et al. (2020), « Meta-analytic five-factor model personality intercorrelations: Eeny, meeny, miney, moe, how, which, why, and where to go. », *Journal of Applied Psychology*, vol. 105/12, pp. 1490-1529, https://doi.org/10.1037/apl0000476. [85]

Payne, J. (dir. pub.) (2025), *The short- and medium-term effects of Sure Start on children's outcomes*, The Institute for Fiscal Studies, https://ifs.org.uk/sites/default/files/2025-05/IFS%20Report.%20The%20short-%20and%20medium-term%20effects%20of%20Sure%20Start%20on%20children%E2%80%99s%20outcomes.pdf (consulté le 8 July 2025). [115]

Przybylski, A. et N. Weinstein (2012), « Can you connect with me now? How the presence of mobile communication technology influences face-to-face conversation quality », *Journal of Social and Personal Relationships*, vol. 30/3, pp. 237-246, https://doi.org/10.1177/0265407512453827. [72]

Qiao, D., H. Rui et Q. Xiong (2024), *AI and Jobs: Has the Inflection Point Arrived? Evidence from an Online Labor Platform*, https://doi.org/10.48550/arXiv.2312.04180. [33]

Rawls, J. (1971), *A Theory of Justice*, The Belknap Press of Harvard University Press. [88]

Robbins, S. (2024), *Unlocking Workforce Potential with the Community College Skills-Based Hiring Playbook*, ACCT Now, https://perspectives.acct.org/stories/unlocking-workforce-potential-with-the-community-college-skills-based-hiring-playbook (consulté le 9 July 2025). [132]

Roemer, J. (2012), « On several approaches to equality of opportunity », *Economics and Philosophy*, vol. 28/2, pp. 165-200, https://doi.org/10.1017/s0266267112000156. [87]

Ross, C. et J. Mirowsky (1999), « Refining the association between education and health: The effects of quantity, credential, and selectivity », *Demography*, vol. 36/4, pp. 445-460, https://doi.org/10.2307/2648083. [71]

Sackett, P., M. Borneman et B. Connelly (2008), « High stakes testing in higher education and employment: Appraising the evidence for validity and fairness », *American Psychologist*, vol. 63/4, pp. 215-227, https://doi.org/10.1037/0003-066x.63.4.215. [59]

Sapolsky, R. (2023), *Determined: A Science of Life Without Free Will*, Penguin Press. [94]

Sen, A. (1999), *Development as Freedom*, Oxford University Press, New York. [90]

Soldani, E. et al. (2024), *Policy approaches to reduce inequalities while boosting productivity growth*, Éditions OCDE, Paris, https://doi.org/10.1787/af121c8f-en. [103]

Soto, C. et O. John (2017), « The next Big Five Inventory (BFI-2): Developing and assessing a hierarchical model with 15 facets to enhance bandwidth, fidelity, and predictive power. », *Journal of Personality and Social Psychology*, vol. 113/1, pp. 117-143, https://doi.org/10.1037/pspp0000096. [80]

Stahle, C. (2025), *May 2025 US Labor Market Update: What Indeed's Data Reveals About the Early Impact of Changing Policies on the Job Market*, Hiring Lab, http://www.hiringlab.org/2025/05/22/may-2025-us-labor-market-update/ (consulté le 10 July 2025). [140]

Starmans, C., M. Sheskin et P. Bloom (2017), « Why people prefer unequal societies », *Nature Human Behaviour*, vol. 1/4, https://doi.org/10.1038/s41562-017-0082. [93]

Stephany, F. et O. Teutloff (2024), « What is the price of a skill? The value of complementarity », *Research Policy*, vol. 53/1, p. 104898, https://doi.org/10.1016/j.respol.2023.104898. [36]

Steponavičius, M., C. Gress-Wright et A. Linzarini (2023), *Social and emotional skills : Latest evidence on teachability and impact on life outcomes*, Éditions OCDE, Paris, https://doi.org/10.1787/ba34f086-en. [82]

Taylor, R. et al. (2017), « Promoting positive youth development through school-based social and emotional learning interventions: A meta-analysis of follow-up effects », *Child Development*, vol. 88/4, pp. 1156-1171, https://doi.org/10.1111/cdev.12864. [84]

Teutloff, O. et al. (2025), « Winners and losers of generative AI: Early evidence of shifts in freelancer demand », *Journal of Economic Behavior & Organization*, vol. 235, p. 106845, https://doi.org/10.1016/j.jebo.2024.106845. [42]

Ulitzsch, E. et al. (2021), « Model meets reality: Validating a new behavioral measure for test-taking effort », *Educational Assessment*, vol. 26/2, pp. 104-124, https://doi.org/10.1080/10627197.2020.1858786. [56]

UNESCO (2024), *Global Education Monitoring Report, 2024/5, Leadership in education: Lead for learning*, Organisation des Nations unies pour l'éducation, la science et la culture, https://doi.org/10.54676/eflh5184. [17]

unison (2024), *Cuts to children's centres hitting the most disadvantaged*, https://www.unison.org.uk/news/press-release/2024/06/cuts-to-childrens-centres-hitting-the-most-disadvantaged/. [117]

Vilar-Compte, M. et al. (2021), « AUrban poverty and nutrition challenges associated with accessibility to a healthy diet: A global systematic literature review », *International Journal for Equity in Health*, vol. 20/1, https://doi.org/10.1186/s12939-020-01330-0. [97]

Wise, S. et X. Kong (2005), « Response time effort: A new measure of examinee motivation in computer-based tests », *Applied Measurement in Education*, vol. 18/2, pp. 163-183, https://doi.org/10.1207/s15324818ame1802_2. [61]

Workforce Singapore (2025), *Jobs Transformation Maps*, https://www.wsg.gov.sg/home/employers-industry-partners/jobs-transformation-maps. [129]

Notes

[1] Le coefficient de Gini indique dans quelle mesure la distribution (par exemple des revenus) des individus ou des ménages au sein d'une économie s'écarte d'une distribution parfaitement égale. Un indice de Gini égal à 0 correspond à une égalité parfaite, tandis qu'un indice égal à 100 correspond à une inégalité parfaite.

[2] Les emplois portés par la transition écologique englobent tous les emplois susceptibles de tirer parti du passage à la neutralité carbone, même ceux qui ne sont pas eux-mêmes verts. Il s'agit en particulier des catégories suivantes : 1) métiers verts nouveaux et émergents : professions nouvelles (entièrement nouvelles ou « dérivées » d'une profession existante) avec des tâches et des exigences spécifiques (ingénieurs biomasse, analystes des échanges de carbone, installateurs de panneaux solaires photovoltaïques, etc.) ; 2) métiers avec des compétences vertes renforcées : professions existantes dont les tâches, compétences, connaissances et éléments externes, comme les diplômes, évoluent en raison de la transition vers la neutralité carbone (arbitres, médiateurs et conciliateurs, architectes, techniciens spécialisés dans l'automobile, agriculteurs et éleveurs, etc.). Cependant, même si la transition vers la neutralité carbone modifie les caractéristiques de ces emplois, dans les secteurs non verts de l'économie (par ex., certains secteurs à forte intensité d'émissions de GES comme les produits chimiques ou la production d'électricité à partir de combustibles fossiles), ces professions peuvent toujours être associées à l'ancienne liste (non verte) de tâches, compétences, connaissances et diplômes, et les besoins peuvent donc ne pas nécessairement augmenter à court terme ; 3) les métiers en demande du fait de la transition écologique : professions existantes très recherchées en raison de la transition vers la neutralité carbone, mais sans modification significative des tâches ou des exigences correspondantes. Certaines professions de cette catégorie peuvent être considérées comme contribuant directement à de faibles émissions et impliquent clairement des tâches liées à la transition écologique (par ex., scientifiques et spécialistes de l'environnement, agents de gestion et de conservation des forêts), mais la plupart ne le sont pas et devraient plutôt être considérées comme soutenant des activités économiques vertes (par ex., travailleurs du bâtiment, conducteurs, chimistes et spécialistes des matériaux) (OCDE, 2024[16]).

[3] Les compétences sociales et émotionnelles utilisées dans les Perspectives de l'OCDE sur les compétences de 2025 sont fondées sur le *BFI-2-XS Extra Short Big Five Inventory*. Il s'agit de l'instrument utilisé dans la plupart des pays qui ont participé à l'Évaluation des compétences des adultes de l'OCDE.

[4] Ce rapport utilise le niveau d'études et la profession des parents, l'origine immigrée et le lieu d'habitation pendant l'enfance pour distinguer les catégories de population. La profession des parents (quand les répondants avaient 14 ans) est basée sur la Classification internationale type des professions (CITP). Celles-ci sont regroupées en professions très valorisées : directeurs, cadres de direction et gérants ; professions intellectuelles et scientifiques et professions intermédiaires (CITP 1 à 3), et en professions peu valorisées : employés de type administratif ; personnel des services et vendeurs de magasin et de marché ; agriculteurs et ouvriers qualifiés de l'agriculture et de la pêche ; artisans et ouvriers des métiers de type artisanal ; conducteurs d'installations et de machines et ouvriers de l'assemblage ; et ouvriers et employés non qualifiés (CITP 4 à 9). Le niveau d'études des parents (quand les répondants avaient 14 ans) est basé sur la Classification internationale type de l'éducation (CITE) 2011 et est réparti en deux groupes : les parents diplômés du supérieur (au moins un parent a fait des études supérieures [niveaux 5, 6, 7 et 8 de la CITE]) et les parents non diplômés du supérieur. Le lieu d'habitation pendant l'enfance (à 14 ans) fait référence à l'enfance vécue en milieu rural ou urbain. Les regroupements par origine immigrée distinguent entre les enfants d'immigrés, les immigrés et les non immigrés. Les enfants d'immigrés sont nés dans leur pays de résidence, mais pas leurs parents, ou bien ils sont nés dans un autre pays et sont

venus dans leur pays de résidence actuel avant l'âge de 18 ans. Les immigrés sont les personnes qui se sont installés dans leur pays de résidence à 18 ans ou plus tard. Les non-immigrés sont nés dans leur pays de résidence, tout comme leurs parents.

[5] Lorsque l'on dispose d'informations pour un seul parent/tuteur, la profession de ce parent/tuteur est retenue pour l'analyse.

[6] Pour la définition des sous-groupes de population selon l'origine immigrée, voir la section 1.3.1.

2 Influence du milieu d'origine sur les compétences du XXIe siècle

Les résultats des évaluations internationales à grande échelle des compétences des adultes montrent que les individus qui présentent certaines caractéristiques sociodémographiques ont une plus grande probabilité que leurs pairs de disposer de hauts niveaux de compétences du XXIe siècle. Les jeunes adultes, les adultes dont les parents ont fait des études supérieures, les adultes dont les parents ont exercé des professions très valorisées et les adultes qui ont grandi dans une métropole surpassent systématiquement leurs pairs par leurs compétences à l'écrit, en calcul et en résolution adaptative de problèmes. Les disparités entre les genres sont fonction des domaines : les femmes obtiennent de meilleurs résultats à l'écrit, tandis que les hommes montrent de plus grandes compétences en calcul et en résolution adaptative de problèmes. Les écarts de compétences sont plus importants aux extrémités de la distribution, ce qui porte à croire à l'existence de « planchers collants » pour les groupes défavorisés et de « plafonds de verre » pour les femmes les plus performantes. La décomposition de l'analyse des disparités de compétences selon les caractéristiques sociodémographiques révèle la nature multidimensionnelle du désavantage en la matière. Les comparaisons internationales montrent que les inégalités des genres et celles touchant les revenus sont liées aux disparités de compétences au sein des pays. Ces disparités sont déjà présentes parmi les enfants d'âge scolaire, ce qui suggère que les générations futures pourraient faire face à des défis similaires à ceux que connaissent les adultes d'aujourd'hui.

En bref

Ce chapitre examine les données disponibles sur les disparités de compétences dans les pays de l'OCDE selon cinq dimensions : le genre, le milieu socioéconomique (à travers les indicateurs du niveau d'études et de la profession des parents), l'âge, l'origine immigrée, et le lieu d'habitation pendant l'enfance. Il s'appuie sur des évaluations internationales à grande échelle du domaine de l'éducation pour établir quelles sont parmi les adultes et les jeunes les disparités selon les niveaux, les pays et les époques. Les disparités touchent non seulement les compétences fondamentales du XXIe siècle liées à l'écrit, au calcul et à la résolution adaptative de problèmes, mais aussi celles de nature auxiliaire que constituent les compétences sociales et émotionnelles et la disposition à différer la gratification. Le milieu socioéconomique est le facteur le plus constant à l'origine des disparités, car ses effets se cumulent au fil du temps. Le contexte est important, car les inégalités sociétales, le lieu d'habitation et les ressources familiales déterminent les résultats. Les disparités associées à l'origine immigrée sont souvent moindres une fois que les facteurs linguistiques et familiaux sont pris en compte, tandis que les inégalités entre les genres sont fonction des domaines, les femmes obtenant de meilleurs résultats à l'écrit et les hommes en calcul et en résolution adaptative de problèmes. Les schémas observés chez les adultes sont déjà présents chez les enfants d'âge scolaire, ce qui suggère que les disparités d'aujourd'hui risquent de persister si rien n'est fait. De nombreux types de désavantages sont cumulatifs, certains d'entre eux amplifiant les effets des autres. Il est essentiel de comprendre ces schémas pour concevoir des politiques ciblées en vue de réduire les écarts de compétences. Les principales conclusions de ce chapitre sont les suivantes :

Disparités selon le milieu socioéconomique (niveau d'études et profession des parents) :

- **Le milieu socioéconomique de la famille est le principal prédicteur et le plus fréquent à l'origine des disparités de compétences chez les adultes**. Par exemple, quel que soit le pays, les adultes dont les parents ont suivi des études supérieures possèdent de plus grandes compétences que ceux dont les parents n'ont pas fait d'études supérieures : les écarts s'élèvent à 0.55 écart-type à l'écrit, à 0.53 écart-type en calcul et à 0.55 écart-type en résolution des problèmes.
- **Les disparités dans les compétences fondamentales du XXIe siècle liées aux à des facteurs socioéconomiques sont plus importantes à la base de la distribution des compétences**. L'avantage à l'écrit observé chez les adultes dont au moins l'un des parents a suivi des études supérieures correspond à 0.44 écart-type chez les plus performants, alors qu'il atteint 0.73 écart-type chez ceux obtenant les moins bons résultats.
- **Les disparités dans les compétences fondamentales du XXIe siècle imputables à des facteurs socioéconomiques sont de plus grande ampleur dans les pays où les inégalités de revenus sont les plus marquées.** Par exemple, au Chili, où les disparités de revenu total sont relativement fortes (coefficient de Gini[1] de 0.45), les écarts de compétences liés à la profession des parents sont également considérables (0.7 écart-type à l'écrit). En revanche, en Pologne, où les revenus sont plus également répartis (coefficient de Gini de 0.27), les disparités de compétences liées à la profession des parents sont relativement limitées (0.4 écart-type à l'écrit).
- **Chez les jeunes de 15 ans, les disparités socioéconomiques restent importantes, bien qu'elles se soient réduites au cours du premier quart du XXIe siècle**. Par exemple, l'écart en mathématiques entre les élèves dont au moins un des parents a suivi des études supérieures

et ceux pour qui tel n'est pas le cas est passé de 0.47 écart-type à 0.37 écart-type entre 2003 et 2022.

Disparités entre les hommes et les femmes :

- **Les écarts entre les genres dans les compétences du XXIe siècle sont variables selon les domaines.** En moyenne, les femmes adultes obtiennent de meilleurs résultats que les hommes à l'écrit (0.04 écart-type), mais les hommes dépassent souvent les femmes en calcul (0.17 écart-type), et en résolution adaptative de problèmes (0.06 écart-type). Dans 30 pays sur 31, les hommes surpassent les femmes en calcul.
- **Les écarts entre les genres sont variables selon le niveau d'études.** L'avantage en calcul dont bénéficient les hommes est particulièrement important chez les plus performants.
- **La variabilité d'un pays à l'autre des écarts observés entre les genres en calcul révèle le niveau des inégalités entre les genres au sein de leurs sociétés respectives.** L'écart entre les genres au bénéfice des hommes observé en calcul est d'autant plus faible que ces inégalités sont importantes.
- **L'ampleur des écarts entre les genres varie en fonction d'autres caractéristiques.** Par exemple, l'écart entre les genres dont bénéficient les hommes en calcul est plus important chez les adultes dont les parents ont suivi des études supérieures (0.20 écart-type) que chez les adultes dont les parents n'ont pas fait d'études supérieures (0.16 écart-type).
- **Chez les adolescents, les points forts des garçons et des filles sont différents**. Les garçons obtiennent de meilleurs résultats que les filles en résolution créative des problèmes (0.08 écart-type), en culture financière (0.05 écart-type), en pensée informatique (0.04 écart-type) et en mathématiques (0.10 écart-type). Les filles obtiennent de meilleurs résultats que les garçons en résolution collaborative de problèmes (0.29 écart-type), en compétences globales (0.26 écart-type), en créativité (0.25 écart-type), en connaissances civiques (0.22 écart-type), en maîtrise de l'informatique et de l'information (0.20 écart-type) et à l'écrit (0.24 écart-type).

Âge :

- **Les compétences en traitement de l'information atteignent un sommet chez les jeunes adultes avant de diminuer en règle générale avec l'âge.** Cette tendance est largement répandue dans les pays de l'OCDE, sauf en Suède et en Nouvelle-Zélande. En moyenne, les 16-29 ans surpassent les 50-65 ans d'environ 0.48 écart-type à l'écrit, 0.36 écart-type en calcul et 0.57 écart-type en résolution adaptative de problèmes.
- **Les disparités liées à l'âge les plus marquées s'observent à la base de la distribution des niveaux d'études**. Par exemple, l'écart en matière de compétences à l'écrit entre les 16-29 ans et les 50-65 ans correspond à 0.56 écart-type au 10e centile mais à 0.41 écart-type au 90e centile.

Origine immigrée :

- **En moyenne, les enfants d'immigrés ont des compétences inférieures à celles des personnes présentant des caractéristiques similaires mais non issues de l'immigration**. Leurs disparités correspondent à 0.4 écart-type à l'écrit, à 0.14 écart-type en calcul et à 0.11 écart-type en résolution adaptative de problèmes. Ces disparités sont toutefois très variables selon les pays.

Lieu d'habitation pendant l'enfance :

- **Les disparités dans les compétences fondamentales du XXIe siècle selon le lieu d'habitation pendant l'enfance favorisent nettement les citadins.** Le fait que les individus aient grandi dans un village, une petite ville ou une métropole détermine les possibilités qui s'offrent à eux de développer et d'entretenir leurs compétences tout au long de leur vie. En moyenne, les adultes qui ont grandi dans une métropole possèdent un plus haut niveau de compétences à l'écrit (0.20 écart-type), en calcul (0.18 écart-type) et en résolution adaptative de problèmes (0.17 écart-type) que ceux qui ont grandi dans un village.
- **L'écart entre les zones urbaines et rurales du point de vue des compétences du XXIe siècle est largement dû aux différences de situation socioéconomique des personnes selon leur lieu d'habitation.** Lorsque l'on compare des personnes dont les parents présentent des caractéristiques similaires, les disparités entre les métropoles et les villages s'amenuisent pour s'établir à 0.08 écart-type pour les compétences à l'écrit, à 0.06 écart-type pour le calcul et à 0.05 écart-type pour la résolution adaptative de problèmes.
- **Chez les jeunes de 15 ans, les disparités liées à la situation géographique de l'école se sont légèrement accrues au fil du temps.** L'écart de compétences en mathématiques entre les jeunes scolarisés dans une métropole et ceux scolarisés dans un village est passé de 0.22 écart-type en 2003 à 0.26 écart-type en 2022.

1. Le coefficient de Gini indique dans quelle mesure la répartition (par exemple du revenu) entre les individus ou les ménages au sein d'une économie s'écarte d'une répartition parfaitement égale. Un indice de Gini de 0 représente une égalité parfaite, tandis qu'un indice de 100 implique une inégalité parfaite.

2.1. Mise en évidence des disparités dans les compétences du XXIe siècle liées à des facteurs sociodémographiques

Les crises et les mégatendances ont intensifié l'importance des individus disposant des compétences nécessaires pour s'adapter, innover et s'épanouir dans des environnements de travail et sociaux en mutation rapide, les compétences fondamentales du XXIe siècle – à l'écrit, en calcul et en résolution adaptative de problèmes – étant de plus en plus indispensables dans les métiers actuels comme dans ceux en voie d'apparition (voir chapitre 1, section 1.1). Les données disponibles suggèrent toutefois que ces compétences sont inégalement réparties entre les populations, du fait de disparités plus larges dans le cadre desquelles les difficultés et leurs conséquences se renforcent mutuellement au fil du temps, ce qui permet que les écarts se perpétuent tout au long de la vie. Cette répartition inégale limite la capacité de certaines catégories de la population à prendre pleinement part à la vie économique et civique moderne et à bénéficier de tous les avantages qu'elle offre.

Ce chapitre examine les données disponibles sur la manière dont les compétences du XXIe siècle varient en fonction de diverses caractéristiques sociodémographiques telles que le genre, le niveau d'études des parents, la profession des parents, l'origine immigrée, le lieu d'habitation pendant l'enfance, ou encore l'âge. Il s'appuie sur les données issues de l'Évaluation des compétences des adultes 2023, du Programme international pour le suivi des acquis des élèves (PISA), de l'Étude internationale des compétences en littératie numérique et pensée informatique (ICILS) et de l'Étude internationale sur l'éducation civique et citoyenne (ICCS) pour offrir une évaluation détaillée de l'ampleur et de la nature de ces écarts de compétences chez les adultes et les jeunes. Conjointement, ces observations mettent en lumière les tendances persistantes ou en voie d'apparition dans la répartition des compétences du

XXIe siècle, et donnent des indications sur la manière dont ces écarts pourraient être comblés par des efforts ciblés au sein et au-delà du système éducatif.

La probabilité pour un individu d'acquérir ces compétences est grandement influencée par ses caractéristiques sociodémographiques (Hanushek et Woessmann, 2011[1] ; Van de Werfhorst et Mijs, 2010[2]) ; l'étroitesse de cette corrélation est toutefois variable selon les pays, ce qui prouve que les spécificités nationales et le choix des politiques mises en œuvre par chaque pays peuvent déterminer le degré d'influence que les circonstances héritées par les individus pourront exercer sur leurs possibilités de développer leurs compétences.

2.1.1. Disparités selon le niveau d'études et la profession des parents

Les travaux de recherche donnent à penser que les parents influent sur le développement cognitif, social et émotionnel de leurs enfants (Cunha et Heckman, 2007[3] ; Demange et al., 2022[4] ; England-Mason et Gonzalez, 2020[5] ; Grusec et Davidov, 2019[6] ; Guhin, Calarco et Miller-Idriss, 2021[7] ; Leerkes, Bailes et Augustine, 2020[8]). Les compétences sociales et émotionnelles peuvent être transmises de génération en génération (Attanasio, de Paula et Toppeta, 2024[9]), ce qui a pour effet de renforcer la stratification sociale, c'est-à-dire la manière dont les sociétés classent les individus en différentes catégories selon leurs caractéristiques sociodémographiques (Farkas, 2003[10] ; Gruijters, Raabe et Hübner, 2023[11]). Les enfants dont les parents possèdent des diplômes de l'enseignement supérieur ou exercent une profession très valorisée (à savoir selon la définition retenue dans le présent chapitre une fonction de dirigeant, de cadre supérieur ou de gérant, une profession intellectuelle ou scientifique ou une profession intermédiaire) présentent généralement des niveaux plus élevés de compétences en traitement de l'information et d'autres tendances comportementales. Ces disparités apparaissent très tôt et persistent tout au long de l'adolescence jusqu'à l'âge adulte, bien que l'évolution soit variable en fonction du contexte dans chaque pays (Borgonovi et Pokropek, 2021[12] ; Dickson, Gregg et Robinson, 2016[13]). Les pays se distinguent par ailleurs les uns des autres selon que les inégalités initiales s'accroissent ou se réduisent lorsque les individus quittent l'école pour s'engager dans des voies d'apprentissage très différenciées dans le cadre de l'enseignement post obligatoire, dans un programme de formation ou sur le marché du travail (OCDE, 2021[14]).

Le statut socioéconomique des parents détermine aussi bien les ressources objectives que les attentes des jeunes en matière de carrière et d'éducation (Breen et Goldthorpe, 1997[15] ; Bodovski, 2013[16] ; Lareau, 2011[17]). Les environnements familiaux stimulants, caractérisés par la présence de ressources et d'activités éducatives, favorisent les avantages précoces en matière de développement cognitif, ce qui crée des avantages cumulatifs qui s'accroissent au fil du temps (Lareau, 2011[17]). Les attentes élevées des parents, les choix stratégiques du lieu d'habitation et les réseaux sociaux renforcent encore ces avantages parmi les familles issues de milieux socioéconomiques favorisés (Chetty et al., 2022[18] ; Owens, Reardon et Jencks, 2016[19] ; OCDE, 2024[20]).

Il a été démontré que les adolescents évaluent les options éducatives en fonction des risques et des avantages qu'ils perçoivent. Ceux issus de milieux défavorisés perçoivent des risques plus élevés et revoient souvent à la baisse leurs ambitions malgré de bons résultats scolaires, alors que les jeunes favorisés maintiennent de hautes aspirations quels que soient leurs résultats (Bernardi et Valdés, 2021[21]). Aussi les élèves défavorisés réagissent-ils plus fortement aux signaux relatifs à leur probabilité de réussite scolaire et optent-ils bien souvent pour des filières éducatives présentant un faible risque d'échec (Holm, Hjorth-Trolle et Jæger, 2019[22]). Tous ces facteurs contribuent à accentuer avec le temps leur désavantage initial, car en l'absence de facteurs compensatoires les petites différences de situation dans l'enfance tendent à s'aggraver au fil des ans.

Dans tous les pays, les adultes issus de familles d'un milieu socioéconomique favorisé affichent des niveaux plus élevés de compétences en traitement de l'information (Graphique 2.1, parties C et D). Les écarts sont d'ampleur moyenne : l'écart entre les adultes avec et sans parents diplômés de l'enseignement supérieur s'élève à 0.55 écart-type à l'écrit, à 0.53 écart-type en calcul et à 0.55 écart-type en résolution adaptative de problèmes. Les écarts liés à la profession des parents sont similaires : l'écart entre les adultes dont les parents exercent ou non une profession très valorisée s'élève à 0.51 écart-type à l'écrit comme en calcul, et à 0.49 écart-type en résolution adaptative de problèmes. Les écarts liés au niveau d'études et à la profession des parents sont largement répandus : quel que soit le pays, les adultes issus d'un milieu plus favorisé possèdent des niveaux plus élevés de compétences en traitement de l'information que leurs pairs issus de milieux moins favorisés. Les écarts les plus marqués selon le niveau d'études des parents sont observés au Portugal pour les compétences à l'écrit (0.86 écart-type), en calcul (0.80 écart-type) et en résolution adaptative de problèmes (0.84 écart-type), alors que les écarts les plus larges selon la profession des parents sont enregistrés au Portugal pour les compétences à l'écrit (0.7 écart-type) et au Chili pour le calcul (0.68 écart-type) et la résolution adaptative de problèmes (0.67 écart-type).

Au cours du siècle dernier, la composition des familles s'est considérablement modifiée. L'Encadré 2.1 examine comment le niveau d'études et la profession des parents ont évolué selon les générations et les effets que cela a eus sur la répartition des ressources des familles dans les pays de l'OCDE.

Graphique 2.1. Disparités dans les compétences fondamentales du XXIe siècle, selon l'âge, le genre, le niveau d'études des parents et la profession des parents

Moyenne, pays min., pays max., et nombre de pays présentant un écart positif en points de score, moyenne OCDE

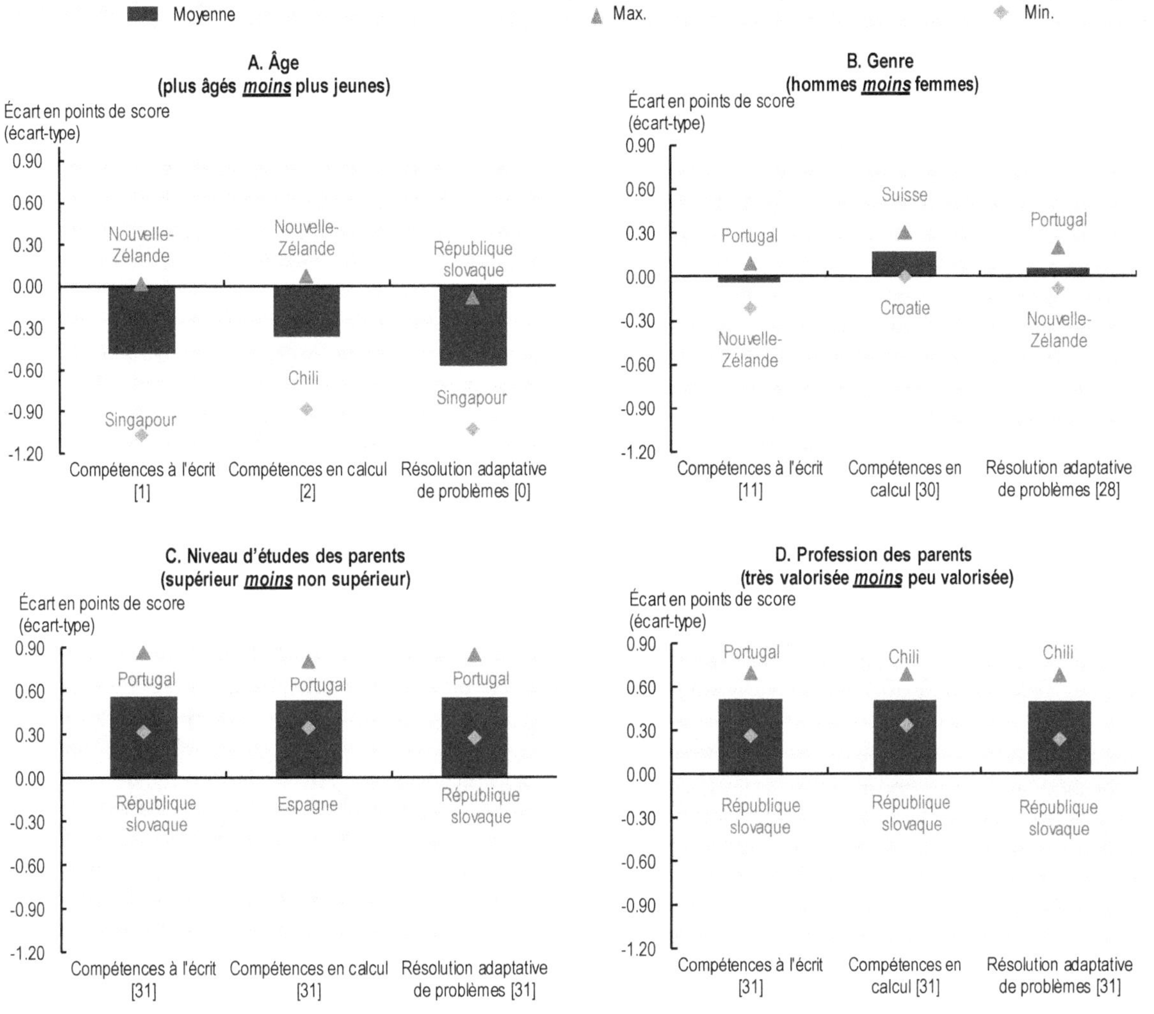

Note : Adultes âgés de 16 à 65 ans. Tous les écarts moyens en points de score indiqués dans les parties A à D sont statistiquement significatifs au seuil de 5 %. Le triangle indique le pays présentant le plus large écart de points de score entre les groupes correspondants. Le losange indique le pays présentant les plus faibles écarts de points de score entre les groupes correspondants. Les chiffres entre crochets qui figurent après chacune des compétences indiquent le nombre de pays présentant des écarts de points de score positifs. Le niveau d'études des parents (quand les répondants avaient 14 ans) est fondé sur la Classification internationale type de l'éducation (CITE) 2011 et établit une distinction entre les adultes dont au moins un parent a suivi des études supérieures (niveaux 5, 6, 7 et 8 de la CITE 2011) et ceux dont aucun des parents n'a suivi des études supérieures. La profession des parents (quand les répondants avaient 14 ans) est fondée sur la Classification internationale type des professions (CITP) et relève soit des professions très valorisées – dirigeants, cadres supérieurs ou gérants, profession intellectuelle ou scientifique ou profession intermédiaire (CITP 1-3) – soit des professions peu valorisées – employé de type administratif ; personnel des services directs aux particuliers, commerçants et vendeurs ; agriculteurs et ouvriers qualifiés de l'agriculture, de la sylviculture et de la pêche ; métiers qualifiés de l'industrie et de l'artisanat ; conducteurs d'installations et de machines, et ouvriers de l'assemblage ; et professions élémentaires (CITP 4-9). Les résultats par pays sont présentés aux tableaux 2.A.2.1, 2.A.2.2, 2.A.2.3 et 2.A.2.4 de l'Annexe 2.A.

Source : Calculs fondés sur OCDE (2024[23]), *Évaluation des compétences des adultes (PIAAC), Base de données du 2 cycle*, www.oecd.org/fr/data/datasets/piaac-2nd-cycle-database.html.

StatLink https://stat.link/mh21c0

Encadré 2.1. Évolutions du niveau d'études et de la profession des parents selon les générations

Dans ce rapport, le milieu socioéconomique d'une famille est mesuré à l'aide d'indicateurs du niveau d'études le plus élevé et de la situation professionnelle des parents, en comparant les adultes dont au moins un des parents dispose d'un diplôme d'études supérieures ainsi que les adultes dont au moins un des parents exerce une profession intellectuelle ou scientifique ou une fonction de dirigeant, de cadre supérieur ou de gérant avec ceux pour qui tel n'est pas le cas. Toutefois, s'il n'est tenu compte que du niveau d'études et du statut professionnel du parent le plus favorisé, aucune distinction n'est faite entre les personnes qui bénéficient de l'avantage supplémentaire de disposer de deux parents diplômés de l'enseignement supérieur ou exerçant des professions très valorisées et celles pour qui tel n'est pas le cas.

Au cours du siècle dernier, la composition des familles s'est considérablement modifiée. Seuls 7 % des adultes âgés de 56 à 65 ans en 2023 (ceux nés entre 1958 et 1967) ont bénéficié de parents ayant tous deux suivi des études supérieures, alors que le pourcentage correspondant atteint 29 % chez les individus âgés de 16 à 25 ans (celles nées entre 1998 et 2007) (tableau 2.A.1.1 de l'Annexe 2.A). À l'inverse, la proportion d'adultes dont les deux parents ont obtenu, tout au plus, un diplôme du premier cycle de l'enseignement secondaire était de 40 % chez les 56-65 ans, contre seulement 9 % chez les 16-25 ans. Dans la cohorte de naissances la plus âgée, seulement 31 % des personnes dont au moins un parent a suivi des études supérieures possèdent également un second parent ayant fait des études supérieures, contre 52 % dans la cohorte de naissances la plus jeune.

L'évolution du niveau d'études au fil du temps se trouve reflétée dans l'évolution de la situation professionnelle : l'augmentation du niveau d'études des femmes s'est accompagnée d'un hausse de leur taux d'activité, et nombre d'entre elles exercent désormais des métiers très valorisés comme les fonctions de dirigeantes, de cadres supérieurs ou de gérantes ou encore des professions intellectuelles et scientifiques (Classification internationale type des professions [CITP 1-2]). Le pourcentage d'adultes dont les deux parents exercent des professions relevant des niveaux 1 ou 2 de la CITP est plus important dans les cohortes les plus jeunes : seulement 7 % des 56-65 ans ont eu des parents exerçant tous deux des métiers de cette catégorie professionnelle, contre 16 % des 16-25 ans (tableau 2.A.1.2 de l'Annexe 2.A). Dans la cohorte de naissances la plus âgée, seulement 20 % des personnes dont au moins un parent exerce une profession très valorisée ont également un second parent exerçant une profession très valorisée, contre 34 % au sein de la cohorte de naissances la plus jeune.

Les importantes évolutions des niveaux d'études et de la situation professionnelle qui sont décrites aux tableaux 2.A.1.1 et 2.A.1.2 de l'Annexe 2.A sont pour une large part dues à l'augmentation du nombre de femmes suivant des études supérieures et à l'augmentation de leurs perspectives d'emploi, plutôt qu'à une évolution des préférences du point de vue des caractéristiques recherchées par les hommes et les femmes chez un conjoint ou une conjointe. Le pourcentage de personnes dont les parents ont atteint des niveaux d'études similaires et le pourcentage de personnes dont les parents ont exercé une profession de type similaire demeurent relativement stables dans toutes les cohortes de naissance. Les évolutions les plus importantes peuvent être observées parmi les adultes dont les mères ont fait des études supérieures et dont les pères ont également suivi des études supérieures. Leur pourcentage s'élève à 38 % chez les 56-65 ans alors qu'il atteint 71 % pour les 16-25 ans (partie A du Graphique 2.2). De même, le pourcentage d'adultes dont les mères ont exercé des fonctions de dirigeantes, de cadres supérieurs ou de gérantes ou des professions intellectuelles ou scientifiques alors que leurs pères exerçaient également ce même type de fonctions ou professions est passé de 38 % chez les 56-65 ans à 53 % chez les 16-25 ans (partie B du Graphique 2.2). Dans le même temps, on ne constate guère d'évolution chez les adultes dont les pères ont fait des études supérieures et dont les mères ont également fait des études supérieures, ni chez les adultes dont les pères ont exercé des fonctions de dirigeants, de cadres supérieurs ou de gérants ou des professions intellectuelles ou scientifiques et dont les mères exerçaient également ce même type de fonctions ou de professions.

Graphique 2.2. Évolutions tendancielles du niveau d'études et de la profession des parents

Nombre total d'élèves/étudiants dans les pays de l'OCDE, les pays étant pondérés en fonction de leur population, moyenne OCDE

- Pourcentage total des parents exerçant le même type de profession
- Mères exerçant des fonctions de direction ou une profession intellectuelle chez ceux dont les pères exercent des fonctions de direction ou une profession intellectuelle
- Pères exerçant des fonctions de direction ou une profession intellectuelle parmi ceux dont les mères exercent des fonctions de direction ou une profession intellectuelle
- Les deux parents exercent des fonctions de direction ou une profession intellectuelle parmi ceux dont au moins un parent exece des fonctions de direction ou une profession intellectuelle

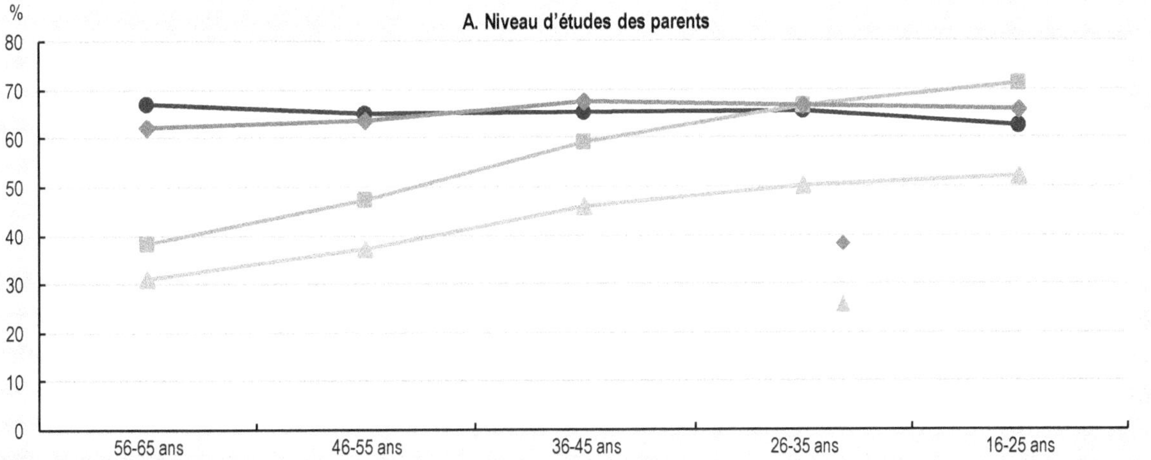

- Pourcentage total des parents exerçant le même type de profession
- Mères exerçant des fonctions de direction ou une profession intellectuelle chez ceux dont les pères exercent des fonctions de direction ou une profession intellectuelle
- Pères exerçant des fonctions de direction ou une profession intellectuelle parmi ceux dont les mères exercent des fonctions de direction ou une profession intellectuelle
- Les deux parents exercent des fonctions de direction ou une profession intellectuelle parmi ceux dont au moins un parent exerce des fonctions de direction ou une profession intellectuelle

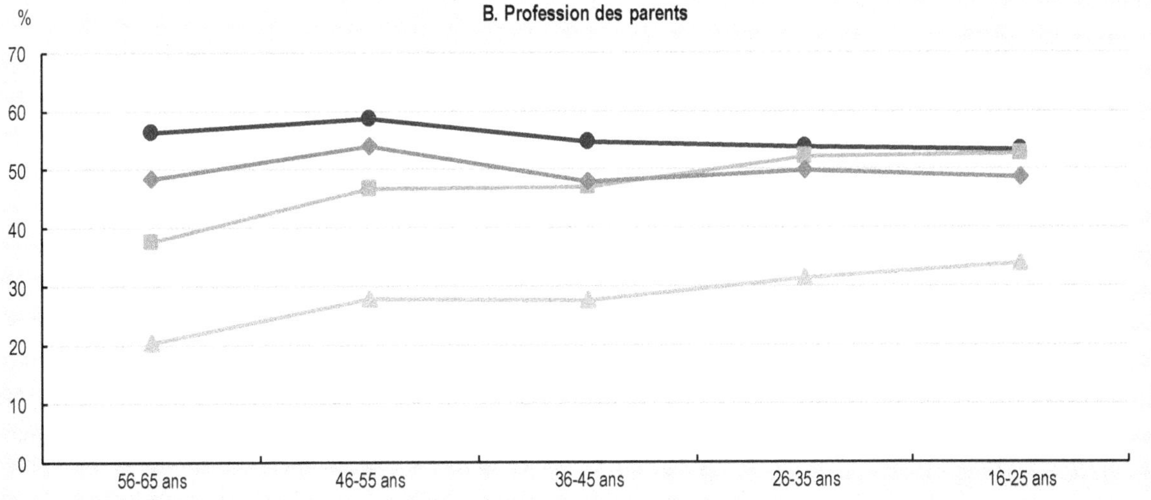

Note : Partie A : La catégorie « pourcentage total de parents possédant des niveaux d'études équivalents, tous niveaux confondus » indique le pourcentage de répondants dont les deux parents possèdent le même niveau d'études, quel que soit ce niveau. La catégorie « mères possédant un niveau d'études supérieures chez ceux dont le père a suivi des études supérieures » indique le pourcentage de répondants dont les mères et les pères ont suivi des études supérieures parmi les répondants dont le père a fait des études supérieures. La catégorie « pères possédant un niveau d'études supérieures chez ceux dont la mère a suivi des études supérieures » indique le pourcentage de répondants dont les pères et les mères ont suivi des études supérieures parmi les répondants dont la mère a fait des études supérieures. La catégorie « les deux parents possèdent un niveau d'études supérieures chez ceux dont au moins un parent a suivi des études supérieures » indique le pourcentage de répondants dont la mère et le père ont suivi des études supérieures parmi ceux dont la mère ou le père ont fait des études supérieures.

Partie B : La catégorie « pourcentage total des parents exerçant le même type de profession » indique le pourcentage de répondants dont les deux parents exercent des professions de même type. La catégorie « mères exerçant des fonctions de direction ou une profession intellectuelle chez ceux dont les pères exercent des fonctions de direction ou une profession intellectuelle » indique le pourcentage de répondants dont les mères et les pères exercent des fonctions de dirigeant, de cadre supérieur ou de gérant ou des professions intellectuelles ou scientifiques parmi les répondants dont les pères exercent des fonctions de dirigeant, de cadre supérieur ou de gérant ou des professions intellectuelles ou scientifiques. La catégorie « pères exerçant des fonctions de direction ou une profession intellectuelle parmi ceux dont les mères exercent des fonctions de direction ou une profession intellectuelle » indique le pourcentage de répondants dont les pères et les mères exercent des fonctions de dirigeant, de cadre supérieur ou de gérant ou des professions intellectuelles ou scientifiques parmi les répondants dont les mères exercent des fonctions de dirigeant, de cadre supérieur ou de gérant ou des professions intellectuelles ou scientifiques. La catégorie « les deux parents exercent des fonctions de direction ou une profession intellectuelle parmi ceux dont au moins un parent exerce des fonctions de direction ou une profession intellectuelle » indique le pourcentage de répondants dont les mères et les pères exercent des fonctions de dirigeant, de cadre supérieur ou de gérant ou des professions intellectuelles ou scientifiques parmi ceux dont les mères ou les pères exercent des fonctions de dirigeant, de cadre supérieur ou de gérant ou des professions intellectuelles ou scientifiques.

Source : Calculs fondés sur OCDE (2024[23]), *Base de données du 2e cycle du PIAAC*, www.oecd.org/fr/data/datasets/piaac-2nd-cycle-database.html.

StatLink https://stat.link/fkqyns

Ces évolutions, imputables à l'appariement sélectif et à l'augmentation du niveau d'études des femmes, ont de profondes répercussions sur les systèmes éducatifs et l'acquisition de compétences. Les ressources disponibles au sein des ménages où les deux parents ont suivi des études supérieures et perçoivent des revenus issus de l'exercice de professions très valorisées sont très différentes de celles des familles où ni l'un ni l'autre des parents ne se trouve dans ce cas. Il est par ailleurs difficile d'évaluer les évolutions au fil du temps, car si par le passé bon nombre des personnes dont au moins un parent avait suivi des études supérieures n'avaient qu'un seul parent dans cette situation, aujourd'hui le plus souvent leurs deux parents se trouvent dans un tel cas. Il s'est donc difficile de procéder à des comparaisons directes des niveaux de compétences selon le niveau d'études des parents. Cela donne toutefois à penser que l'ampleur du désavantage que les enfants issus de milieux socioéconomiques défavorisés peuvent ressentir par rapport à ceux des ménages plus favorisés est allée en augmentant au fil du temps, et que les écarts de ressources se sont probablement accrus. Les mesures compensatoires qui auraient pu être suffisantes et efficaces par le passé pourraient donc ne plus être d'une aussi grande efficacité aujourd'hui ou à l'avenir.

Les résultats indiquent par ailleurs que les disparités en matière de composition des ménages du point de vue du niveau d'études des parents selon que les répondants ont grandi dans une métropole ou dans un village se sont accentuées au fil du temps. Par exemple, parmi les personnes âgées de 56 à 65 ans en 2023 (nées entre 1958 et 1967), 11 % de celles ayant grandi dans une métropole possédaient des parents ayant tous les deux suivi des études supérieures, contre seulement 4 % de celles qui ont grandi dans un village, soit un écart de 7 points de pourcentage (tableau 2.A.1.3 de l'Annexe 2.A). Cet écart atteignait 15 points de pourcentage chez les adultes nés entre 1998 et 2007. Les résultats portent donc à croire que les évolutions à long terme de la concentration dans les centres urbains des personnes ayant suivi des études supérieures ont exacerbé les désavantages dans les agglomérations rurales.

2.1.2. Disparités selon le genre

Les disparités en matière de compétences entre les hommes et les femmes sont généralement modestes (Hyde, 2014[24]), mais elles n'en peuvent pas moins avoir des conséquences dans la mesure où elles déterminent les parcours éducatifs et les choix de carrière. Les filles ont tendance à surpasser les garçons dans les tâches verbales/linguistiques, ce qui entraîne de meilleurs résultats à l'écrit, tandis que les garçons bénéficient souvent d'un léger avantage dans les tâches spatiales et mathématiques. Les disparités selon le genre évoluent avec l'âge, en fonction des parcours éducatifs et professionnels (Rebollo-Sanz et de la Rica, 2020[25] ; Borgonovi, 2022[26] ; OCDE, 2020[27]). L'avantage dont bénéficient les filles et les femmes à l'écrit atteint son apogée à l'adolescence avant de diminuer à l'âge adulte, tandis que l'avantage des garçons et des hommes en calcul s'accroît sans discontinuer (Borgonovi, Choi et Paccagnella, 2021[28] ; Solheim et Lundetræ, 2016[29] ; Lundetræ et al., 2014[30] ; Rosdahl, 2014[31] ; OCDE/Statistiques Canada, 2005[32]). Les hommes et les garçons sont plus enclins que les femmes et les filles à se dire prêts à opter pour une gratification différée plus importante plutôt que pour une gratification immédiate plus modeste (Falk et Hermle, 2018[33]), mais dans la réalité ils ont une moindre probabilité d'opter pour la gratification différée plus importante plutôt que pour la gratification immédiate plus modeste (Silverman, 2003[34]).

Dès un âge précoce, la socialisation des garçons et des filles s'effectue bien souvent à travers des expériences différentes d'acquisition des compétences, ce qui renforce les stéréotypes de genre et influence les trajectoires de développement des compétences : les filles sont souvent encouragées à lire et à exprimer leurs émotions, tandis que les garçons peuvent recevoir des jouets favorisant le développement des prérequis des compétences mathématiques (OCDE, 2015[35]). Les stéréotypes de genre peuvent également miner la confiance des jeunes dans les domaines contre-stéréotypés. Les adolescentes, par exemple, sous-estiment souvent leurs capacités en mathématiques malgré de très bons résultats, ce qui nuit au développement ultérieur de leurs compétences (Huang, 2012[36]). Les environnements scolaires et les structures sociales plus larges peuvent amplifier ou réduire ces disparités (OCDE, 2015[35]).

Les disparités entre les hommes et les femmes du point de vue des compétences fondamentales du XXIe siècle sont variables selon le domaine considéré (Graphique 2.1, partie B). Par exemple, alors qu'en moyenne les femmes surclassent les hommes à l'écrit par 0.04 écart-type, les hommes obtiennent un score plus élevé que les femmes en calcul et en résolution adaptative de problèmes (0.17 écart-type et 0.06 écart-type, respectivement). S'agissant des pays, dans 9 d'entre eux sur 31, les femmes affichent de meilleurs résultats que les hommes en compétences à l'écrit. En compétences en calcul, les hommes surpassent les femmes dans tous les pays sauf en Croatie, et la disparité la plus marquée entre les genres en calcul est observée en Suisse où elle atteint 0.29 écart-type. En matière de résolution adaptative de problèmes, les hommes font mieux que les femmes dans 12 pays sur 31.

2.1.3. Disparités selon l'âge

Les disparités de compétences évoluent au cours de la vie, sous l'influence de l'apprentissage formel, non formel et informel, des expériences de vie et des caractéristiques socioéconomiques propres à chaque cohorte. L'âge atténue par ailleurs les disparités liées au genre, au milieu familial et à une origine immigrée (Borgonovi et al., 2017[37] ; Rebollo-Sanz et De la Rica, 2020[38]). Les compétences en traitement de l'information atteignent un sommet au début de l'âge adulte avant de diminuer en règle générale par la suite, de manière plus marquée chez les personnes ayant un faible niveau d'études. Des études longitudinales indiquent que l'utilisation des compétences au travail et à la maison atténue le déclin lié à l'âge, en particulier chez les personnes ayant suivi des études supérieures (Hanushek et al., 2025[39]).

En moyenne, les compétences fondamentales du XXIe siècle des 16-29 ans sont d'un niveau plus élevé que celles des 50-65 ans. Les disparités sont d'une ampleur faible à moyenne si l'on se fonde sur les « indices de référence du *d* de Cohen[1] », mais importante si l'on considère l'écart standardisé des résultats obtenus au cours d'une année scolaire parmi les participants au PISA (environ 0.20 écart-type) (Avvisati et Givord, 2023[40]), ou l'éventail des effets exercés sur les résultats par les interventions éducatives (Kraft, 2020[41]) : la différence correspond à 0.48 écart-type pour les compétences à l'écrit, à 0.36 écart-type pour le calcul et à 0.57 écart-type pour la résolution adaptative de problèmes (Cohen, 2013[42]). Les tranches d'âge les plus jeunes déclarent par ailleurs être plus disposées à renoncer à quelque avantage aujourd'hui afin d'obtenir une plus grande gratification dans le futur (écart de 0.35 écart-type) (Graphique 2.1, partie A). Les disparités de compétences en traitement de l'information liées à l'âge favorisent les jeunes adultes dans la quasi-totalité des pays. Seules font exception la Nouvelle-Zélande, où les séniors obtiennent de meilleurs scores en compétences à l'écrit, ainsi que la Nouvelle-Zélande et la Suède, où leurs scores en calcul sont plus élevés, bien que ces écarts ne soient pas statistiquement significatifs.

2.1.4. Disparités liées à l'origine immigrée

Les données disponibles sur les populations adultes suggèrent que, dans la plupart des pays, les immigrés ou les enfants d'immigrés, c'est-à-dire ceux nés dans un pays de parents immigrés ou qui y ont immigré alors qu'ils avaient moins de 18 ans, ont de moindres niveaux de compétences en traitement de l'information que les personnes non issues de l'immigration (OCDE, 2016[43]). L'écart non ajusté lié à l'origine immigrée s'élève à 0.14 écart-type pour les compétences à l'écrit, à 0.13 écart-type pour le calcul et à 0.10 écart-type pour la résolution adaptative de problèmes (Graphique 2.3, partie A). Après prise en compte du niveau d'études et de la profession des parents, les disparités sont de 0.14 écart-type pour les compétences à l'écrit comme en calcul et de 0.11 écart-type pour la résolution adaptative de problèmes.

Dans les pays de l'OCDE, le niveau d'études des immigrés s'est considérablement accru au cours des dernières décennies, à la suite de l'augmentation mondiale des niveaux de formation (Barro et Lee, 2013[44]) et des politiques d'immigration choisie (OCDE, 2024[45]). Attirer, sélectionner et retenir les migrants possédant des compétences adaptées au marché du travail du pays d'accueil est devenu un objectif essentiel des pouvoirs publics dans de nombreux pays de l'OCDE, et les différences de composition des flux d'immigration expliquent pour une large part les différences entre les pays du point de vue de l'éventail des compétences en traitement de l'information des populations immigrées (OCDE, 2018[46]). Les barrières linguistiques, notamment pour ceux qui immigrent à l'âge adulte, ont une incidence non négligeable sur leur capacité à exprimer toute l'étendue de leurs compétences en traitement de l'information, alors que celles-ci ont tendance à décliner, notamment pour ceux ayant immigré après l'âge de 12 ans (Cathles et al., 2021[47] ; OCDE, 2018[46]). L'Encadré 2.2 décrit l'effet de la distance linguistique sur les compétences des personnes.

Graphique 2.3. Disparités dans les compétences fondamentales du XXIe siècle, selon l'origine immigrée et le lieu d'habitation pendant l'enfance

Écart ajusté et non ajusté en compétences à l'écrit, en calcul et en résolution adaptative de problèmes, selon l'origine immigrée et le lieu d'habitation pendant l'enfance, moyenne OCDE

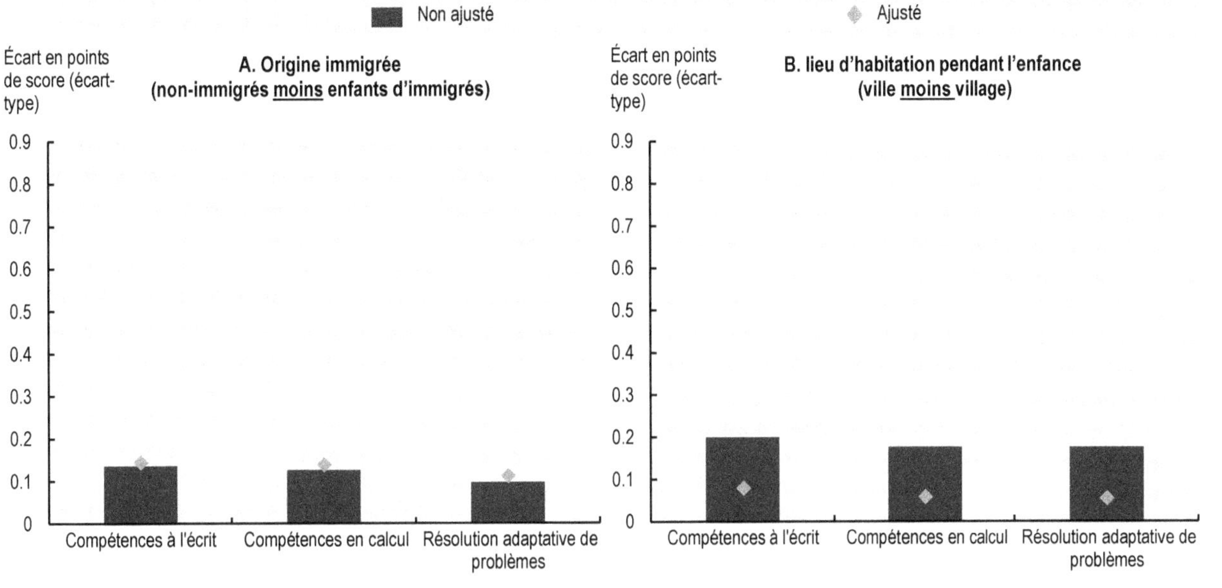

Note : Adultes âgés de 16 à 65 ans. Les écarts non ajustés correspondent à l'écart entre les moyennes de chacune des deux catégories. Les écarts ajustés sont fondés sur un modèle de régression qui tient compte des écarts liés au niveau d'études et à la profession des parents. Tous les écarts ajustés et non ajustés sont statistiquement significatifs au seuil de 5 %. Le lieu d'habitation pendant l'enfance (quand les répondants avaient 14 ans) indique si le répondant a grandi dans un village, une petite ville ou une métropole. Les groupes selon l'origine immigrée font une distinction entre les enfants d'immigrés et les non-immigrés. Les enfants d'immigrés sont nés dans le pays où ils résident actuellement, alors que leurs parents ne le sont pas, ou ils sont nés dans un autre pays et ont emménagé dans leur pays de résidence actuel avant l'âge de 18 ans. Les non-immigrés sont nés dans leur pays de résidence actuel, tout comme leurs parents. Les résultats par pays sont présentés aux tableaux 2.A.2.5 et 2.A.2.6 de l'Annexe 2.A.

Source : Calculs fondés sur OCDE (2024[23]), *Évaluation des compétences des adultes (PIAAC), Base de données du 2 cycle*, www.oecd.org/fr/data/datasets/piaac-2nd-cycle-database.html.

StatLink https://stat.link/wj2spu

Encadré 2.2. Différences dans la manière dont les caractéristiques personnelles influent sur les diverses compétences : le cas de la distance linguistique

Le chapitre 1 expose comment, au XXIe siècle, les individus doivent posséder un large éventail de compétences, dont des compétences sociales et émotionnelles et la capacité de différer la gratification, tout comme des compétences en traitement de l'information. L'examen d'un éventail de compétences permet de constater qu'une caractéristique personnelle peut être un obstacle à la maîtrise des compétences dans un domaine donné (comme les compétences à l'écrit) tout en représentant potentiellement un avantage dans un autre (par exemple, les compétences en calcul ou en résolution adaptative de problèmes). La constatation de ces interconnexions met en évidence la nature multidimensionnelle des potentialités humaine et laisse entrevoir la possibilité de mettre en œuvre des pratiques plus inclusives en matière de formation et d'emploi.

Une vision holistique du développement des compétences incite par ailleurs à tenir compte des atouts dont disposent des populations qui sont généralement défavorisées sur le marché du travail comme au sein de la société. Par exemple, des facteurs tels que la distance linguistique – le degré de dissimilarité entre la langue maternelle (L1) et la langue seconde (L2) d'un individu – pourraient entraver la maîtrise d'une nouvelle langue très différente de celle que cet individu connaît déjà, mais ils pourraient également encourager des adaptations cognitives favorisant une flexibilité accrue dans d'autres domaines (Isphording, 2014[48] ; Paradis, 2011[49]). La distance linguistique influence non seulement l'acquisition directe des compétences linguistiques, mais amplifie également les défis cognitifs lors de l'utilisation de la L2, un phénomène souvent appelé « effet langue étrangère » (Takano et Noda, 1995[50]). L'intellection de ces mécanismes compensatoires peut permettre aux décideurs, aux professionnels de l'enseignement et aux employeurs de mieux tirer parti des talents sous-utilisés au sein de la société. En dernier lieu, la compréhension d'un éventail plus large de compétences permet de concevoir des interventions et d'ouvrir des perspectives qui nourrissent et mettent en valeur tout l'éventail des capacités humaines, au bénéfice non seulement des individus concernés, mais aussi des collectivités et des organisations dont ils font partie.

La maîtrise d'une langue seconde consciemment acquise peut être considérablement affectée par le degré de dissimilarité entre la nouvelle langue et celle dont la personne en question connaît déjà la prononciation, la grammaire, l'écriture et le vocabulaire. Une plus grande dissimilarité entre la L1 et la L2 entraîne généralement une difficulté accrue du traitement linguistique (c'est-à-dire pour comprendre la L2 tel qu'elle est entendue/lue). Il s'ensuit une fatigue cognitive, car de plus grandes ressources cognitives sont nécessaires au traitement linguistique. Les ressources cognitives ont donc une moindre probabilité de pouvoir être mobilisées pour traiter l'information non linguistique (Isphording, 2014[48] ; Takano et Noda, 1995[50]). C'est pourquoi les individus confrontés à une plus grande dissimilarité entre la L1 et la L2 peuvent éprouver de plus grandes difficultés non seulement à utiliser la L2 mais aussi à effectuer des tâches cognitivement exigeantes dans leur L2 (Norman et Bobrow, 1975[51]). La distance linguistique paraît de ce fait être un important facteur dont l'influence ne s'exerce pas seulement sur les compétences linguistiques mais aussi sur les celles plus larges en matière de traitement de l'information (Borgonovi et Ferrara, 2020[52] ; Isphording, 2014[48] ; Kuperman, 2022[53]).

Bien que la distance linguistique soit associée à de moins bons résultats à l'écrit (Borgonovi et Ferrara, 2020[52] ; Isphording, 2014[48] ; Kuperman, 2022[53]), ses effets sur d''autres compétences peuvent être plus nuancés. Par exemple, Kuperman (2022[53]) a examiné l'impact de la distance linguistique sur les résultats des immigrés canadiens. Bien qu'une plus grande distance linguistique soit allée de pair avec des scores plus faibles à l'écrit, les compétences en calcul ne s'en sont pas trouvées affectées. Une explication de ce phénomène tient au fait que les mathématiques tendent à être plus « indépendantes de la langue » que les compétences à l'écrit, les compétences existantes en calcul étant plus facilement transférées à un nouvel environnement linguistique, alors que les compétences à l'écrit sont plus étroitement liées à la langue particulière dans laquelle elles ont été initialement acquises (Kuperman, 2022[53]).

Un lien a été établi entre l'apprentissage d'une langue seconde et certaines modifications de la structure anatomique du cerveau (Li, Legault et Litcofsky, 2014[54]). Par exemple, les expériences bilingues peuvent produire des effets inter domaines, améliorant à la fois les capacités linguistiques et les fonctions cognitives générales (Lehtonen et al., 2018[55] ; Li, Legault et Litcofsky, 2014[54]). Même chez les plus âgés, l'apprentissage d'une langue seconde a été mis en relation avec des améliorations en matière de commutation attentionnelle, d'inhibition, de mémoire de travail, ainsi qu'avec une plus grande connectivité fonctionnelle (Ware et al., 2021[56]). Une méta-analyse réalisée par Nucette et al. (2024[57]) a étudié la corrélation entre l'apprentissage des langues étrangères et les compétences en mathématiques chez les jeunes adolescents, ce qui a mis en évidence que l'apprentissage des langues pourrait avoir une incidence positive sur la maîtrise des mathématiques. Aussi, bien qu'ils puissent éprouver des difficultés en à l'écrit, les individus qui doivent faire face à une plus grande distance linguistique peuvent-ils développer des compétences compensatoires qui leur sont utiles en calcul comme dans d'autres domaines.

Les résultats présentés au Graphique 2.4 confortent les données antérieures tendant à montrer que la distance linguistique a des effets compensatoires sur les compétences dans d'autres domaines que les compétences à l'écrit. La distance linguistique, mesurée par la distance de Levenshtein normalisée par divergence[2], présente une corrélation négative significative avec les compétences à l'écrit avant et après prise en compte des caractéristiques sociodémographiques (-0.26 écart-type et -0.12 écart-type, respectivement). Cependant, lorsque les compétences à l'écrit sont maintenues constantes, la distance linguistique présente une corrélation positive avec les compétences en mathématiques, après prise en compte des caractéristiques sociodémographiques (0.02 écart-type). Par ailleurs, la corrélation négative initiale entre la distance linguistique et la résolution adaptative des problèmes (-0.23 écart-type) disparaît presque entièrement (0.01 écart-type, soit un niveau non significatif) une fois qu'il est tenu compte des compétences à l'écrit et des facteurs contextuels. Ces tendances portent à croire que, bien qu'elle crée initialement des obstacles à l'acquisition des compétences à l'écrit, la distance linguistique peut favoriser d'autres compétences, en particulier en mathématiques, grâce à des mécanismes compensatoires.

Graphique 2.4. Distance linguistique et maîtrise des compétences

Effet sur les compétences fondamentales du XXIe siècle d'une augmentation de la distance linguistique d'un écart-type, moyenne OCDE

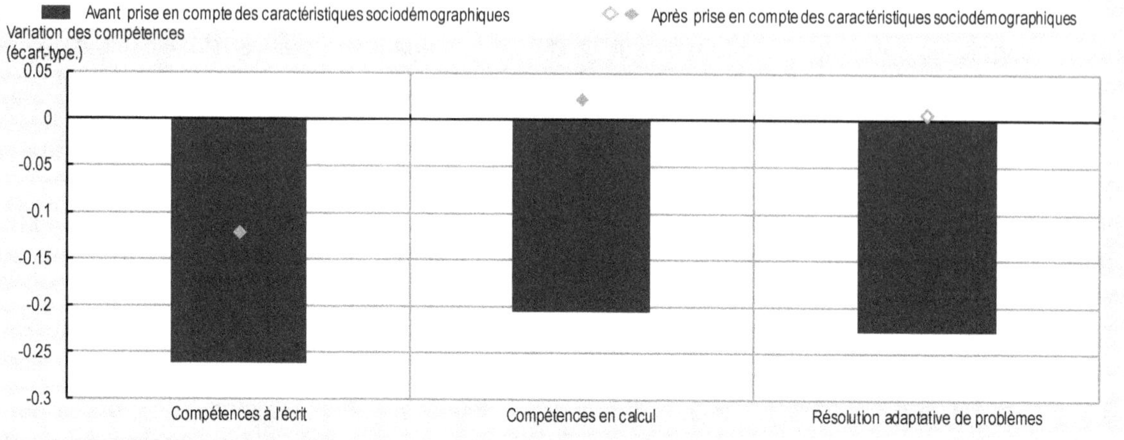

Note : Tous les coefficients avant prise en compte des caractéristiques sociodémographiques sont statistiquement significatifs au seuil de 5 %. Les losanges pleins indiquent que les coefficients après ajustement pour prendre en compte les caractéristiques générales sont statistiquement significatifs au seuil de 5 %. Les caractéristiques sociodémographiques incluent le genre, l'âge, le niveau d'études du répondant, le niveau d'études des parents, le lieu d'habitation à l'âge de 14 ans, le nombre d'années passées dans le pays évalué, le fait d'avoir appris deux langues à la maison durant l'enfance et de les comprendre encore, le type de parcours migratoire, ainsi que le score en compétences à l'écrit (dans les modèles évaluant les compétences en calcul et en résolution adaptative de problèmes). Tous les modèles comprennent des effets fixes par pays.

Source : Calculs fondés sur OCDE (2024[23]), *Évaluation des compétences des adultes (PIAAC), Base de données du 2 cycle*, www.oecd.org/fr/data/datasets/piaac-2nd-cycle-database.html.

StatLink https://stat.link/56r9lz

2.1.5. Disparités selon le lieu d'habitation pendant l'enfance

L'endroit où vivent les individus est un important facteur qui contribue à déterminer leurs perspectives sur le marché du travail comme au sein de la société (Chetty et al., 2014[58] ; 2018[59] ; OCDE, 2025[60]). Les métropoles ont certes favorisé par le passé l'égalité économique, mais les dernières décennies ont vu se produire des inégalités croissantes et une diminution des possibilités de mobilité sociale dans ces mêmes grandes villes (Connor et al., 2025[61]). Le lieu de naissance a une incidence sur les possibilités de développement des compétences en raison des contraintes financières, professionnelles, sociales et familiales qui limitent la mobilité, aussi de nombreux adultes restent-ils à proximité de leur lieu de naissance malgré les perspectives limitées qu'il offre (Artamonova et Syse, 2021[62] ; Ferreira, Gyourko et Tracy, 2011[63] ; Ganong et Shoag, 2017[64] ; Gobillon et Seold, 2021[65] ; Spring, Gillespie et Mulder, 2023[66]).

Le contexte régional influe sur les compétences sociales et émotionnelles ainsi que sur les résultats scolaires, quelles que soient les caractéristiques des parents. Les zones urbaines offrent généralement de meilleures infrastructures et ressources éducatives, alors que dans les zones rurales les choix en matière d'éducation sont limités, tout comme la qualité de l'enseignement (Atherton et al., 2023[67] ; OCDE, 2017[68] ; Rentfrow, Gosling et Potter, 2008[69] ; Echazarra et Radinger, 2019[70]). Les zones rurales sont également confrontées à des défis en matière d'éducation et d'accueil des jeunes enfants (EAJE), dont des taux d'encadrement plus réduits, un moindre recours aux pratiques pédagogiques prosociales, ainsi qu'une disponibilité limitée. Les centres urbains attirent davantage de financements, un personnel plus qualifié et un plus large éventail de ressources (OCDE, 2019[71] ; Echazarra et Radinger, 2019[70]).

Dans environ trois pays sur quatre, les adultes qui ont grandi dans une métropole ont des compétences plus élevées à l'écrit, en calcul et en résolution adaptative de problèmes que ceux qui ont grandi dans un village ou en zone rurale, comme le montre la partie B du Graphique 2.3. En moyenne, les écarts non ajustés correspondent à 0.20 écart-type à l'écrit, à 0.18 écart-type en calcul et à 0.17 écart-type en résolution adaptative de problèmes. Les écarts sont moindres lorsque l'on compare les deux groupes après prise en compte du niveau d'études et de la profession des parents : 0.08 écart-type pour les compétences à l'écrit, 0.06 écart-type pour les mathématiques et 0.05 écart-type pour la résolution adaptative de problèmes.

Des disparités du point de vue des compétences sociales et émotionnelles et de la disposition à différer la gratification peuvent être observées entre les différents groupes sociodémographiques (Encadré 2.3).

Encadré 2.3. Disparités du point de vue des compétences sociales et émotionnelles et de la disposition à différer la gratification

Dans un monde où la réussite est de plus en plus tributaire de la collaboration, de l'adaptabilité et de l'autodiscipline, les compétences sociales et émotionnelles et la disposition à différer la gratification complètent les compétences fondamentales du XXIe siècle que sont les compétences à l'écrit, en calcul et en résolution adaptative de problèmes. La prise en compte de la manière dont ces compétences varient selon l'âge, le genre, le milieu socioéconomique, l'origine immigrée et le lieu d'habitation pendant l'enfance peut mettre en évidence des disparités que le recours aux indicateurs de réussite traditionnels ne permet pas de déceler, et fournir ce faisant aux décideurs des informations plus complètes en vue de la conception de leurs interventions. Ces indicateurs sont descriptifs et dépendent du contexte, aussi ne doivent-ils pas être interprétés comme des traits de caractère immuables ou comme des jugements de valeur sur des individus ou des groupes (voir les Clés de lecture).

Disparités selon l'âge : en moyenne, dans les pays de l'OCDE, les plus âgés ont une plus grande probabilité de déclarer qu'ils sont émotionnellement stables et ne sont pas facilement bouleversés (c'est-à-dire d'obtenir un score élevé pour ce qui est de la stabilité émotionnelle) que les adultes plus jeunes (0.12 écart-type). Ils ont également une plus grande probabilité d'être compatissants et de supposer le meilleur chez autrui (avec un écart de 0.24 écart-type pour ce qui est de l'amabilité) et d'être fiables (avec un écart de 0.50 écart-type pour ce qui est du caractère consciencieux) (Graphique 2.5, partie A). Les jeunes adultes ont quant à eux une plus grande probabilité d'être pleins d'énergie et d'apporter de nouvelles idées (avec un écart sous l'angle de l'extraversion de 0.11 écart-type et un écart d'ouverture d'esprit de 0.18 écart-type).

Disparités selon le genre : les hommes obtiennent dans tous les pays des scores plus élevés que les femmes en ce qui concerne la stabilité émotionnelle (0.40 écart-type), mais les femmes obtiennent des scores plus élevés que les hommes pour ce qui est de l'amabilité (0.34 écart-type) et du caractère consciencieux (0.15 écart-type). Les disparités selon le genre sont moins prononcées en ce qui concerne l'extraversion et l'ouverture d'esprit (Graphique 2.5, partie B). Les hommes déclarent par ailleurs une plus forte disposition à différer la gratification que les femmes (0.06 écart-type), des écarts significatifs étant observés dans 15 des 31 pays (voir le tableau 2.A.2.2 à l'Annexe 2.A).

Disparités selon le milieu socioéconomique : dans tous les pays, les adultes issus d'un milieu socioéconomique favorisé obtiennent des scores plus élevés sous l'angle de l'ouverture d'esprit que ceux issus d'un milieu socioéconomique défavorisé (écart de 0.32 écart-type en moyenne entre les personnes dont les parents ont suivi des études supérieures et celles pour qui tel n'est pas le cas et de 0.29 écart-type en moyenne entre les personnes dont les parents exercent une profession très valorisée et celles dont les parents exercent une profession peu valorisée). Les adultes issus d'un milieu socioéconomique favorisé ont également une plus grande probabilité d'obtenir des scores plus élevés que ceux issus d'un milieu défavorisé en ce qui concerne l'extraversion et la stabilité émotionnelle, malgré des écarts moins prononcés (Graphique 2.5, parties C et D). Pour ce qui est du caractère consciencieux, les adultes issus d'un milieu socioéconomique défavorisé obtiennent des scores plus élevés que ceux issus d'un milieu plus favorisé. Par exemple, dans 13 pays sur 29, les adultes dont les parents exerçaient des professions peu valorisées obtiennent des scores plus élevés du point de vue du caractère consciencieux que les adultes dont les parents exerçaient des professions très valorisées (écart de 0.07 écart-type en moyenne), et dans 20 pays sur 29, les personnes dont les parents n'avaient pas fait d'études supérieures obtiennent des scores plus élevés pour ce qui est du caractère consciencieux que ceux dont les parents avaient suivi des études supérieures (écart de 0.13 écart-type en moyenne). Les disparités en matière d'amabilité selon les caractéristiques socioéconomiques sont en moyenne de faible ampleur (elles font apparaître un léger écart de 0.03 écart-type en faveur des adultes dont les parents n'ont pas fait d'études supérieures et de 0.02 écart-type en faveur des adultes dont les parents exercent des emplois très valorisés) et sont variables selon les pays. Les écarts dans la disposition à différer la gratification imputables au milieu socioéconomique sont quantitativement faibles mais omniprésents dans tous les pays participants. Les adultes dont les parents ont suivi des études supérieures déclarent une plus grande disposition à différer la gratification que les adultes dont les parents n'ont pas fait d'études supérieures (écart de 0.21 écart-type). De même, les adultes dont les parents exerçaient une profession très valorisée lorsqu'ils étaient enfants déclarent une plus disposition à différer la gratification que les adultes dont les parents ne s'étaient pas trouvés dans cette situation (écart de 0.18 écart-type).

Graphique 2.5. Disparités en matière de disposition à différer la gratification et de compétences émotionnelles, selon l'âge, le genre, le niveau d'études des parents et la profession des parents

Moyenne, pays min., pays max. et nombre de pays présentant des tailles d'effet négatives, moyenne OCDE

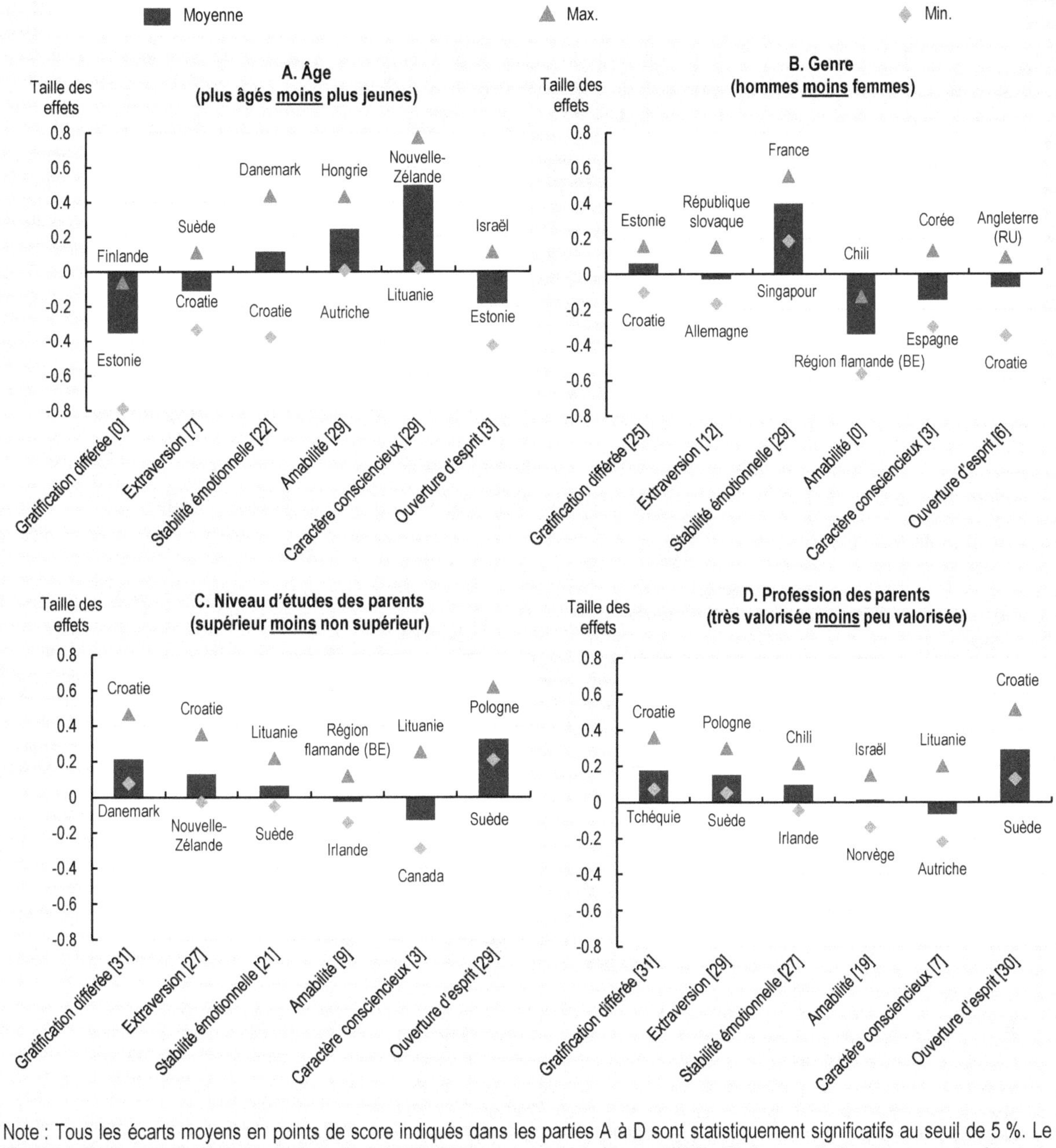

Note : Tous les écarts moyens en points de score indiqués dans les parties A à D sont statistiquement significatifs au seuil de 5 %. Le triangle indique le pays qui présente la plus grande taille d'effet entre les groupes respectifs et le losange indique le pays qui présente la plus petite taille d'effet entre les groupes respectifs. Le pourcentage qui figure à côté de chaque élément considéré indique le pourcentage de pays présentant des tailles d'effet négatives. Voir à la note du Graphique 2.1 la définition des groupes en fonction du niveau d'études et de la profession des parents. Les résultats par pays sont présentés aux tableaux 2.A.2.1, 2.A.2.2, 2.A.2.3 et 2.A.2.4 de l'Annexe 2.A.

Source : Calculs fondés sur OCDE (2024[23]), *Évaluation des compétences des adultes (PIAAC), Base de données du 2 cycle*, www.oecd.org/fr/data/datasets/piaac-2nd-cycle-database.html.

StatLink https://stat.link/e623at

Disparités selon l'origine immigrée : les disparités entre les compétences sociales et émotionnelles des personnes issues de l'immigration et de celles qui ne se trouvent pas dans ce cas sont de faible ampleur, mais elles atteignent leur plus haut niveau pour ce qui est de l'ouverture d'esprit. En moyenne, les enfants d'immigrés obtiennent des scores plus élevés en matière d'ouverture d'esprit que les personnes non issues de l'immigration (0.09 écart-type en moyenne, Graphique 2.6, partie A) – même après prise en compte du milieu socioéconomique (autrement dit du niveau d'études et de la profession des parents). Les données empiriques suggèrent que la propension à émigrer est d'autant plus forte que le degré d'ouverture d'esprit est élevé (Canache et al., 2013[72]), et les études sur la transmission intergénérationnelle des compétences, des attitudes et des comportements portent à croire que les enfants se comportent de la même manière que leurs parents (Dohmen et al., 2011[73] ; Liefbroer et Elzinga, 2012[74] ; Grönqvist, Öckert et Vlachos, 2016[75]). Par conséquent, les enfants d'immigrés peuvent développer des tendances comportementales associées à des niveaux plus élevés d'ouverture d'esprit, ce qui pourrait impliquer la capacité de discerner si un défi peut s'avérer bénéfique (Tucker, 2023[76]). Par ailleurs, les enfants qui grandissent dans une famille d'immigrés ont une plus grande probabilité d'être exposés à un éventail de langues, de normes, de valeurs, de textes littéraires et de visions du monde, ce qui peut élargir leur capacité à comprendre et à prendre en considération différentes perspectives.

Graphique 2.6. Disparités en matière de disposition à différer la gratification et de compétences sociales et émotionnelles, selon l'origine immigrée et le lieu d'habitation pendant l'enfance

Écart ajusté et non ajusté en matière de disposition à différer la gratification et de compétences sociales et émotionnelles, selon l'origine immigrée et le lieu d'habitation pendant l'enfance, moyenne OCDE

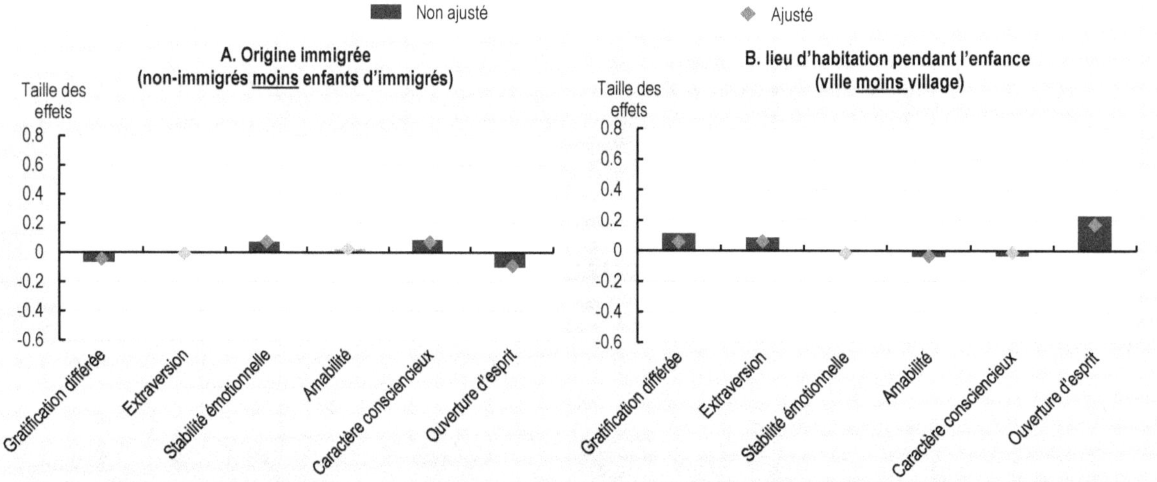

Note : Les écarts non ajustés correspondent à l'écart entre les deux moyennes de chaque catégorie. Les écarts ajustés sont fondés sur un modèle de régression qui tient compte des écarts liés au niveau d'études et à la profession des parents. Les couleurs plus foncées indiquent les écarts statistiquement significatifs au seuil de 5 %. Voir à la note du Graphique 2.3 la définition des groupes en fonction de l'origine immigrée et du lieu d'habitation pendant l'enfance. Les résultats par pays sont présentés aux tableaux 2.A.2.5 et 2.A.2.6 de l'Annexe 2.A.
Source : Calculs fondés sur OCDE (2024[23]), *Évaluation des compétences des adultes (PIAAC), Évaluation des compétences des adultes (PIAAC), Base de données du 2 cycle*, www.oecd.org/fr/data/datasets/piaac-2nd-cycle-database.html.

StatLink https://stat.link/cdop2i

Disparités selon le lieu d'habitation pendant l'enfance : les écarts de compétences sociales et émotionnelles liées au lieu d'habitation pendant l'enfance sont modestes, sauf pour l'ouverture d'esprit, l'extraversion et la gratification différée (Graphique 2.6, partie B). Les adultes qui ont grandi dans une métropole obtiennent un score plus élevé en matière d'ouverture d'esprit que les adultes qui ont grandi dans un village (écart de 0.17 écart-type après prise en compte du niveau d'études et de la profession des parents), ce qui est conforme aux constatations de la littérature (Militaru et al., 2023[77]). Ils obtiennent également des scores plus élevés pour l'extraversion et la gratification différée (écart de 0.06 écart-type dans chaque cas après prise en compte du niveau d'études et de la profession des parents). Ces écarts ne sont pas liés à des différences de milieu socioéconomique, mais peuvent être dus au fait que les métropoles se caractérisent par une plus forte densité de population et une plus grande diversité que les villages, ce qui signifie que les enfants qui y vivent ont une plus grande probabilité d'être exposés à des individus différents d'eux-mêmes mais aussi les uns des autres sur le plan culturel, économique et social (Lee et al., 2025[78]). La plus forte concentration d'institutions telles que les musées ou les bibliothèques et la plus grande disponibilité d'événements culturels qu'offrent les grandes villes peuvent susciter la curiosité et l'adhésion à de nouvelles idées chez les enfants qui ont grandi dans une métropole plutôt que dans un village. Enfin, les environnements urbains offrent généralement des possibilités éducatives et extrascolaires plus variées (Echazarra et Radinger, 2019[70]), ce qui peut favoriser l'adaptabilité et l'ouverture d'esprit. Dans 9 pays sur 10, les adultes qui ont grandi dans une métropole déclarent par ailleurs une plus grande disposition à différer la gratification que ceux qui ont grandi dans un village ou en zone rurale, mais cet écart est modeste (0.06 écart-type après prise en compte du niveau d'études et de la profession des parents).

2.2. La nature multidimensionnelle des disparités de compétences

2.2.1. Disparités dans les compétences fondamentales du XXIe siècle : des compétences de base aux compétences avancées

Les écarts moyens dans les disparités de compétences entre les différents groupes masquent de grandes différences aux extrêmes de la répartition des compétences à l'écrit, en calcul et en résolution adaptative de problèmes. L'examen des disparités de compétences parmi les plus performants aide à déterminer dans quelle mesure des individus de différents horizons qui partagent les talents nécessaires pour piloter des innovations telles que le développement de technologies vertes par l'intelligence artificielle (IA) ont été soutenus de manière appropriée dans leur trajectoire de développement des compétences. De même, l'examen des différences entre les groupes du point de vue des disparités de compétences entre les personnes dont les niveaux de réussite sont les plus faibles permet de déterminer la nécessité d'investir dans l'éducation et la formation tout au long de la vie afin de garantir que tous les adultes, quelle que soit leur origine, possèdent les niveaux de compétences de base requis pour exercer les activités économiques et sociales essentielles nécessaires à une participation éclairée à la société et aux marchés du travail. Les disparités entre les plus performants témoignent du succès ou de l'échec des établissements d'enseignement supérieur et des pôles d'innovation des pays, par exemple, à assurer une égalité des chances entre les hommes et les femmes ainsi qu'entre les personnes issues de milieux favorisés ou défavorisés. En revanche, les disparités entre les moins performants témoignent du succès ou de l'échec de l'école obligatoire, par exemple, à motiver et à faire participer les jeunes qui montrent moins d'intérêt et d'aptitudes pour le traitement de l'information. S'intéresser à d'autres éléments que les seules moyennes permet donc de s'appuyer sur une vision plus claire et plus détaillée pour concevoir les politiques et allouer les ressources. Concrètement, l'analyse compare non seulement les écarts de compétences pour l'adulte « moyen », mais aussi pour ceux qui se situent au sommet (90e centile) et à la base (10e centile) de la distribution des compétences. Cela permet de déterminer si les disparités sont plus grandes ou moins grandes chez les plus performants ou chez ceux qui obtiennent les moins bons résultats, et quels sont les groupes les plus touchés. Cette section complète les analyses menées ci-dessus en décrivant en détail les écarts observés chez les adultes moyens au sein des populations de l'OCDE, ainsi que les disparités au 10e centile (parmi les 10 % d'adultes ayant obtenu les moins bons scores) et au 90e centile (parmi les 10 % d'adultes ayant obtenu les meilleurs scores) centiles de la distribution des compétences à l'écrit, en calcul et en résolution adaptative de problèmes.

Chez les plus performants, les disparités entre les genres favorisent les hommes dans tous les domaines, comme indiqué dans le Graphique 2.7, partie B. En calcul, l'avantage moyen des hommes est de 0.17 écart-type ; cependant, il est de 0.28 écart-type au 90e centile alors qu'il n'est que de 0.05 écart-type au 10e centile. En compétences à l'écrit, les hommes surpassent les femmes de 0.05 écart-type au sein du groupe le plus performant, alors que les femmes surpassent les hommes de 0.15 écart-type dans le groupe qui obtient les moins bons résultats. De même, l'avantage des hommes en matière de résolution adaptative de problèmes s'élève à 0.15 écart-type au sein du groupe le plus performant, alors que les femmes surpassent les hommes de 0.04 écart-type dans le groupe qui obtient les moins bons résultats. Ces disparités sont examinées à la section 2.2.2, qui prend en considération la nature intersectionnelle du désavantage et réfléchit aux interactions entre le genre et le milieu socioéconomique.

Les disparités selon l'âge favorisent les jeunes adultes et sont les plus marquées parmi les personnes qui obtiennent les moins bons résultats à l'écrit, en calcul et en résolution adaptative de problèmes. La partie A du Graphique 2.7 révèle que l'écart à l'écrit observé entre les 16-29 ans et les 50-65 ans correspond à 0.28 écart-type au 10e centile mais à 0.46 écart-type au 90e centile. En compétences à l'écrit, les 16-29 ans surpassent les 50-65 ans de 0.41 écart-type parmi les plus performants et de 0.56 écart-type parmi ceux qui obtiennent les moins bons résultats. De même, l'avantage des jeunes adultes en matière de résolution adaptative de problèmes correspond à 0.53 écart-type parmi les plus performants, alors qu'il atteint 0.62 écart-type chez ceux qui obtiennent les résultats les plus bas. Ce pourrait être là une conséquence de la dépréciation des compétences liée à l'âge (Paccagnella, 2016[79]) et des possibilités restreintes de formation des adultes (Hanushek et al., 2025[39]) qui touchent tout particulièrement les séniors, dont le capital humain est déjà limité. En revanche, les cohortes plus jeunes qui viennent de terminer une scolarité généralement plus uniforme peuvent bénéficier de facto d'un socle minimum de compétences, ce qui fait apparaître une queue relativement comprimée à l'extrémité basse des distributions des résultats. Au cours de leur vie, les travailleurs âgés qui possèdent de faibles compétences en traitement de l'information ont une moindre probabilité d'accéder à la formation continue, d'occuper des emplois à forte intensité technologique ou de s'engager dans des activités stimulantes sur le plan cognitif ; toutefois, les séniors qui disposent de compétences élevées en traitement de l'information peuvent compenser le déclin naturel par une pratique professionnelle ininterrompue et en tirant parti de leur expérience. Il en résulte une distribution plus polarisée parmi les séniors du fait qu'une part non négligeable de ce groupe est encore plus à la traîne, tandis que pour les jeunes la queue de distribution à l'extrémité basse reste relativement compacte, ce qui accentue les disparités liées à l'âge précisément là où les résultats sont les plus faibles.

Les disparités liées au milieu socioéconomique favorisent les adultes issus d'un milieu favorisé et sont plus marquées parmi ceux qui obtiennent les moins bons résultats. Par exemple, les parties C et D du Graphique 2.7 indiquent que l'avantage sous l'angle des compétences à l'écrit observé chez les adultes dont au moins l'un des parents a suivi des études supérieures correspond à 0.44 écart-type parmi ceux ayant obtenu les meilleurs résultats, alors qu'il atteint 0.73 écart-type chez ceux dont les résultats sont les plus bas. L'avantage sous l'angle des compétences à l'écrit observé chez les adultes dont au moins l'un des parents a exercé une profession très valorisée correspond quant à lui à 0.41 écart-type parmi ceux ayant obtenu les meilleurs résultats, alors qu'il atteint 0.65 écart-type chez ceux dont les résultats sont les plus bas. De même, l'avantage en mathématiques observé chez les adultes dont au moins l'un des parents a suivi des études supérieures correspond à 0.43 écart-type parmi ceux ayant obtenu les meilleurs résultats, alors qu'il atteint 0.68 écart-type chez ceux dont les résultats sont les plus bas. Pour les adultes dont au moins l'un des parents a exercé une profession très valorisée, l'avantage sous l'angle des compétences en mathématiques s'élève à 0.42 écart-type parmi les plus performants et à 0.62 écart-type parmi ceux dont les résultats sont les plus bas.

Les disparités liées à l'origine immigrée favorisent les personnes non issues de l'immigration et sont plus marquées parmi celles ayant obtenu les moins bons résultats. Les écarts sous l'angle des compétences en traitement de l'information entre les personnes selon qu'elles sont ou non issues de l'immigration sont particulièrement importants parmi ceux dont les résultats sont les plus bas, tandis que les disparités les plus faibles sont observées parmi les plus performants (Graphique 2.7, partie E). Par exemple, si l'écart moyen en compétences à l'écrit entre les personnes non issues de l'immigration et celles qui en sont issues s'élève à 0.14 écart-type, l'écart parmi ceux qui obtiennent les moins bons résultats atteint 0.26 écart-type alors qu'il s'établit à 0.06 écart-type parmi les plus performants.

Les disparités liées au lieu d'habitation pendant l'enfance favorisent ceux qui ont grandi dans une métropole et elles atteignent leur plus haut niveau parmi ceux qui obtiennent les meilleurs résultats en matière de résolution adaptative de problèmes, mais elles ne sont pas sensiblement différentes entre les plus performants et ceux dont les résultats sont les plus bas en compétences à l'écrit et en calcul. L'écart moyen entre les adultes qui ont grandi dans une métropole et ceux qui ont grandi dans un village s'élève à 0.2 écart-type à l'écrit, à 0.18 écart-type en calcul et à 0.17 écart-type en résolution adaptative de problèmes (Graphique 2.7, partie F). En matière de résolution adaptative de problèmes, l'écart parmi ceux qui obtiennent les plus bas résultats s'établit à 0.15 écart-type, contre 0.19 écart-type parmi les plus performants.

Graphique 2.7. Disparités dans la distribution des compétences fondamentales du XXIe siècle parmi les plus performants et les moins performants, par caractéristique sociodémographique

Moyenne, écarts de compétences au 90e et au 10e centiles, par caractéristique sociodémographique, moyenne OCDE

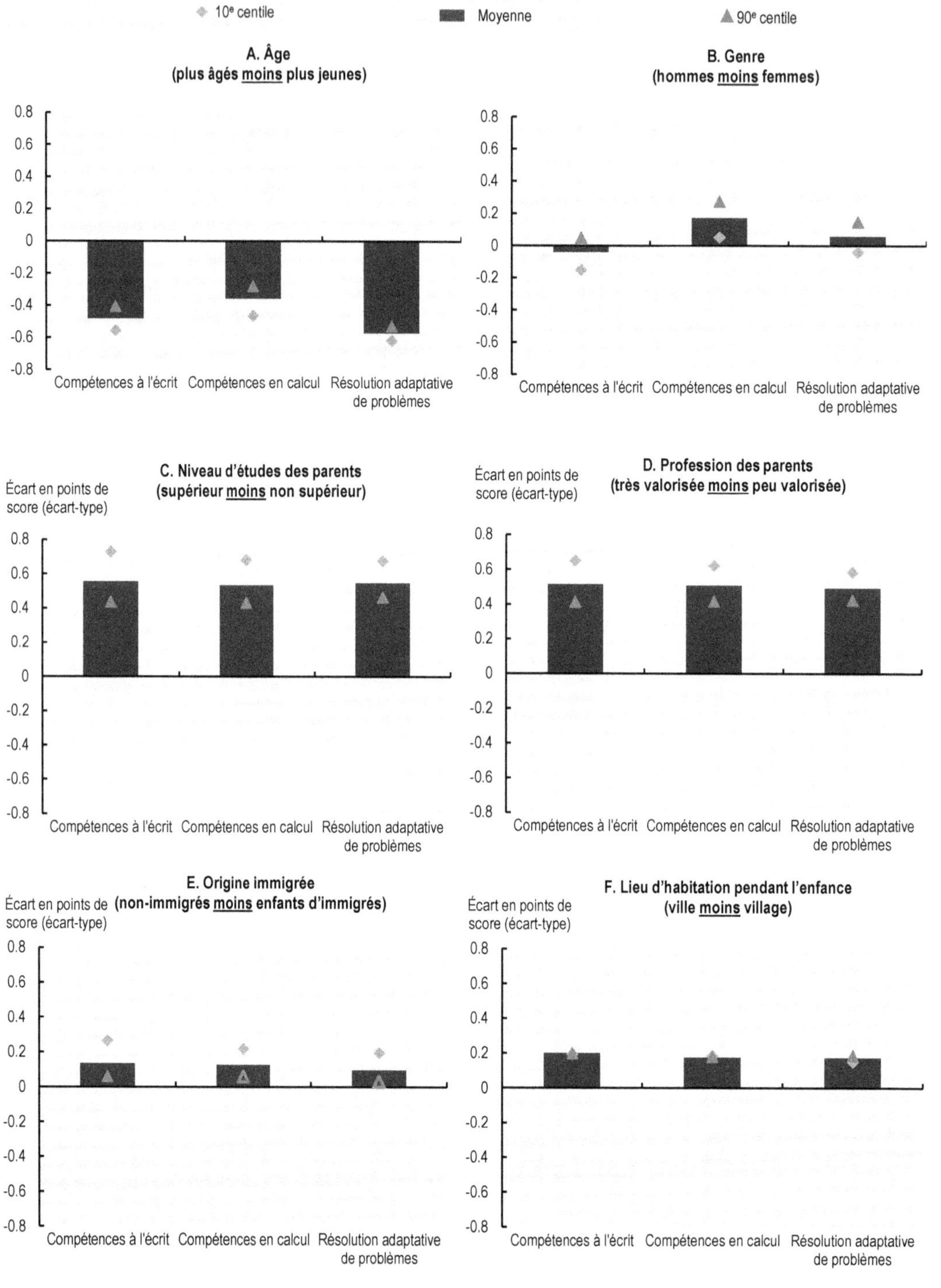

Note : Adultes âgés de 16 à 65 ans. Tous les écarts moyens en points de score indiqués dans les parties A à F sont statistiquement significatifs au seuil de 5 %. Les losanges pleins indiquent que les écarts au 10e ou 90e centile sont statistiquement significatifs au seuil de 5 %. Le losange de couleur pâle indique l'écart en points de score au 10e centile entre les groupes correspondants. Le losange de couleur plus foncée indique l'écart en points de score au 90e centile entre les groupes correspondants. Voir à la note du Graphique 2.1 la définition des groupes en fonction du niveau d'études et de la profession des parents. Voir à la note du Graphique 2.3 la définition des groupes en fonction de l'origine immigrée et du lieu d'habitation pendant l'enfance. Les résultats par pays sont présentés aux tableaux 2.A.2.7, 2.A.2.8, 2.A.2.9, 2.A.2.10, 2.A.2.11 et 2.A.2.12 de l'Annexe 2.A.
Source : Calculs fondés sur OCDE (2024[23]), *Évaluation des compétences des adultes (PIAAC)*, Évaluation des compétences des adultes (PIAAC), *Base de données du 2 cycle*, www.oecd.org/fr/data/datasets/piaac-2nd-cycle-database.html.

StatLink https://stat.link/l0pdx4

Les résultats présentés dans les graphiques ci-dessus laissent penser que « qui vous êtes » a une importance variable selon les niveaux de résultats, du fait des différences observées au sein des groupes entre les individus en fonction de leur plus ou moins forte propension à exceller dans les compétences fondamentales du XXIe siècle. L'important écart selon le milieu socioéconomique observé parmi les personnes ayant des résultats laissant à désirer pourrait être dû à des processus de création d'avantages compensatoires, c'est-à-dire à la possibilité que les familles issues d'un milieu socioéconomique privilégié mobilisent leur capital financier, culturel et social pour s'assurer que leurs enfants acquièrent des compétences utiles même s'ils présentent un faible potentiel scolaire (Bernardi, 2014[80] ; Bernardi et Valdés, 2021[21]). Il pourrait également indiquer que ces parents sont davantage en mesure de s'investir de manière intensive et stratégiquement structurée dans leur rôle de parents pour soutenir leurs enfants (Lareau, 2011[17]).

2.2.2. La nature intersectionnelle des disparités de compétences

Les disparités en matière de compétences découlent de l'interaction de multiples caractéristiques telles que le genre, le milieu socioéconomique et le contexte géographique. L'intersectionnalité souligne combien il importe d'examiner ces facteurs simultanément, car chaque dimension peut accentuer ou atténuer les inégalités de manière complexe (Crenshaw, 1991[81]). Les personnes qui partagent une caractéristique donnée, comme le niveau d'études des parents, peuvent connaître des résultats différents en raison de leur genre ou de leur lieu d'habitation pendant l'enfance. Une approche intersectionnelle permet d'identifier plus précisément les sous-groupes confrontés à des désavantages cumulés, offrant ainsi des informations qui pourraient être utilisées pour apporter un soutien ciblé et promouvoir le développement des compétences tout au long de la vie. Cette perspective permet aux décideurs de concevoir des interventions flexibles et ciblées pour faire face à des vulnérabilités bien précises (Christoffersen, 2021[82]). Cette section adopte une approche intersectionnelle pour illustrer la vulnérabilité accrue qui découle du cumul de sources de désavantage dans l'enfance.

Les écarts entre les différents groupes du point de vue de leurs compétences fondamentales du XXIe siècle varient systématiquement selon le genre, le niveau d'études des parents et le lieu d'habitation pendant l'enfance. Des données détaillées sur les écarts selon les compétences fondamentales du XXIe siècle et les groupes de population considérés sont disponibles dans le Tableau d'annexe 2.A.3. Cette section présente des exemples illustrant à quel point il importe que les décideurs tiennent compte de la nature multiplicative des désavantages afin d'apporter un soutien adéquat et adapté.

Disparités selon le genre

Au sein des populations d'âge scolaire, les données donnent à penser que le milieu socioéconomique des jeunes a des répercussions toutes particulières sur les garçons, et que les garçons issus de milieux défavorisés et/ou scolarisés avec des pairs défavorisés sont particulièrement susceptibles de souffrir de faibles niveaux de réussite scolaire (Autor et al., 2023[83] ; Legewie et DiPrete, 2012[84]). Ces résultats tiennent au fait que les écarts entre les genres en calcul sont particulièrement marqués parmi les individus qui possèdent des niveaux élevés de compétences en calcul (Ellison et Swanson, 2010[85] ; Fryer et Levitt, 2010[86]), lesquels ont tendance à être issus d'un milieu socioéconomique favorisé et à vivre en zone urbaine plutôt qu'en zone rurale.

Le désavantage des femmes issues de milieux socioéconomiques favorisés pourrait découler des obstacles spécifiques auxquels elles peuvent se trouver confrontées au sein des groupes les plus performants, tels que les attitudes des femmes à l'égard du risque et de la compétition (Eckel et Füllbrunn, 2015[87] ; Niederle et Vesterlund, 2007[88]), ou encore les stéréotypes et les discriminations présumant un faible potentiel des femmes à se montrer « brillantes » (Leslie et al., 2015[89] ; Storage et al., 2020[90]). Le fait que les disparités entre les genres soient plus fortes parmi les personnes obtenant les meilleurs résultats pourrait également montrer comment des normes sociales et des stéréotypes spécifiques selon le contexte peuvent influencer les garçons et les filles de manière différente en fonction de leur milieu familial et du lieu où ils ont grandi. Dans les environnements urbains plus favorisés, les normes sociales peuvent renforcer ou promouvoir l'investissement des garçons dans les activités scolaires, amplifiant leur avance dans des domaines tels que les mathématiques qui sont prisés sur le marché du travail.

Les disparités entre les genres en calcul sont plus importantes – en faveur des hommes – chez les personnes dont au moins un parent a suivi des études supérieures (0.20 écart-type), et légèrement plus réduites chez celles qui ne se trouvent pas dans cette situation (0.16 écart-type) (Graphique 2.8). Ce graphique montre par ailleurs comment l'écart de compétences en mathématiques selon le genre varie dans les différents pays en fonction du niveau d'études des parents. Parmi les adultes dont aucun parent n'a suivi d'études supérieures, le plus important écart entre les genres en faveur des hommes est observé en Angleterre (Royaume-Uni) (0.34 écart-type) et en Suisse (0.33 écart-type), alors qu'il est inférieur à 0.1 écart-type en Croatie, aux États-Unis, en Hongrie, en Israël, en Lettonie, en Lituanie, en Nouvelle-Zélande, en Pologne et en République slovaque. Parmi ceux dont au moins un parent a suivi des études supérieures, le plus important écart entre les genres en calcul est enregistré aux Pays-Bas (0.31 écart-type), alors qu'il est inférieur à 0.1 écart-type en Croatie, en Italie, en Lituanie et en Pologne. La différence des écarts entre les genres observés en calcul en faveur des hommes selon que les personnes possèdent ou non au moins un parent ayant fait des études supérieures atteint son niveau le plus élevé en faveur de celles dont aucun des parents n'a fait d'études supérieures en Italie – où elle s'élève à 0.24 écart-type ; elle atteint son plus haut niveau en faveur des personnes dont au moins un parent a fait des études supérieures en Nouvelle-Zélande, où elle s'établit à 0.18 écart-type.

Graphique 2.8. Disparités des compétences en calcul selon le genre, selon le niveau d'études des parents et le pays

Écart de compétences en calcul entre les hommes et les femmes, selon le niveau d'études des parents

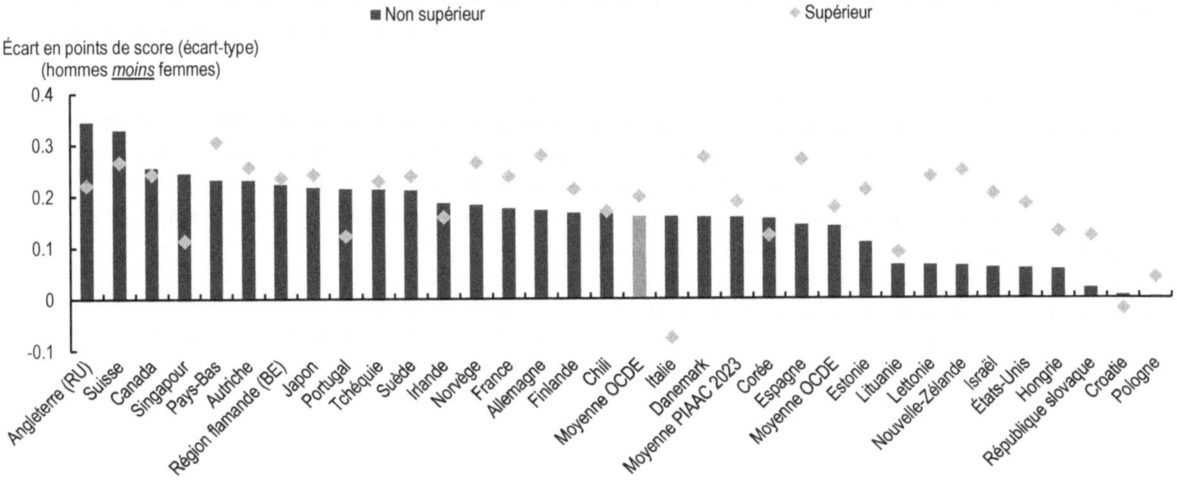

Note : Adultes âgés de 16 à 65 ans. Ce graphique présente l'écart en calcul selon le genre parmi les adultes dont aucun parent n'a fait d'études supérieures et parmi ceux dont au moins un parent a fait des études supérieures. Voir à la note du Graphique 2.1 la définition des groupes en fonction du niveau d'études des parents.

Les pays sont classés par ordre décroissant de l'écart entre les hommes et les femmes parmi les personnes dont aucun des parents n'a fait d'études supérieures.

Source : Calculs fondés sur OCDE (2024[23]), *Évaluation des compétences des adultes (PIAAC), Base de données du 2 cycle*, www.oecd.org/fr/data/datasets/piaac-2nd-cycle-database.html.

StatLink https://stat.link/iysf4e

Lieu d'habitation pendant l'enfance

Les disparités en matière de compétences en traitement de l'information entre les adultes dont au moins l'un des parents a fait des études supérieures et ceux pour qui tel n'est pas le cas sont particulièrement prononcées parmi ceux qui ont grandi dans un village plutôt que dans une métropole. Par exemple, l'écart de compétences à l'écrit entre les personnes dont au moins l'un des parents a suivi des études supérieures et celles pour qui tel n'est pas le cas s'élève à 0.61 écart-type parmi les personnes qui ont grandi dans un village, contre 0.52 écart-type parmi celles qui ont grandi dans une métropole (Tableau d'annexe 2.A.3). De même, les écarts de compétences en calcul et en résolution adaptative de problèmes entre les personnes dont au moins l'un des parents a suivi des études supérieures et celles pour qui tel n'est pas le cas atteignent 0.57 écart-type pour le calcul et 0.6 écart-type pour la résolution adaptative de problèmes parmi les personnes qui ont grandi dans un village, contre respectivement 0.51 écart-type et 0.52 écart-type chez celles qui ont grandi dans une métropole.

Ces résultats suggèrent que les ressources culturelles, économiques et sociales d'une famille exercent une plus forte influence sur les résultats à long terme dans les milieux où les possibilités de développement des compétences sont limitées. Par exemple, dans les zones rurales, la densité plus faible de la population réduit souvent l'éventail de programmes d'enseignement scolaire ou de programmes de formation de haute qualité disponibles (Echazarra et Radinger, 2019[70]). De même, dans un contexte de pénurie générale d'enseignants dans de nombreux pays de l'OCDE (OCDE, 2024[91]), les zones rurales éprouvent des difficultés particulièrement importantes à attirer et retenir les enseignants (Echazarra et Radinger, 2019[70]), les personnes hautement qualifiées préférant généralement vivre et travailler dans des centres urbains dotés d'abondants équipements culturels et où le marché du travail offre de plus grandes perspectives d'emploi pour leur partenaire (Bacolod, Blum et Strange, 2009[92] ; Berry et Glaeser, 2005[93]).

Par ailleurs, les activités économiques en milieu rural – telles que l'extraction d'énergie, l'agriculture, la sylviculture et la pêche, la production et la transformation de denrées alimentaires, ou encore la logistique – ne favorisent souvent pas au même point qu'en milieu urbain le développement et l'entretien de compétences avancées en traitement de l'information. Par conséquent, les personnes originaires de zones rurales issues d'un milieu socioéconomique défavorisé peuvent être particulièrement entravées par les ressources limitées disponibles dans leur foyer comme dans leur environnement, ce qui les empêche de développer et de conserver de solides compétences au fil du temps.

Le Graphique 2.9 montre que « l'avantage offert par la métropole » en mathématiques n'est pas le même pour tous les adultes mais dépend du niveau d'études des parents. Par exemple, en Israël, ce sont les adultes dont aucun parent n'a fait d'études supérieures qui tirent le plus grand avantage du fait d'avoir grandi dans une métropole plutôt que dans un village : ils obtiennent en mathématiques des scores supérieurs d'environ la moitié d'un écart-type à ceux des adultes similaires qui ont grandi dans un village. En revanche, ce sont les adultes dont au moins un parent a fait des études supérieures qui tirent le plus grand avantage du fait d'avoir grandi dans un village plutôt qu'en ville : ceux qui ont grandi dans une métropole obtiennent en mathématiques des scores inférieurs d'un dixième d'écart-type à ceux des adultes similaires qui ont grandi dans un village. En Norvège, la tendance est inversée : si pour les adultes dont les parents ont fait des études supérieures aucun écart en mathématiques n'est observé entre ceux qui ont respectivement grandi en milieu urbain ou en zone rurale, les compétences en mathématiques sont plus faibles chez ceux qui ont grandi dans une métropole plutôt que dans un village. Ces écarts sont un reflet de la variabilité selon les pays des perspectives économiques et de la disponibilité de possibilités de développement de compétences de haute qualité respectivement offertes par les milieux urbains et ruraux.

Graphique 2.9. Disparités dans les compétences en calcul liées au lieu d'habitation pendant l'enfance, selon le niveau d'études des parents et le pays

Écart moyen entre les compétences en calcul des adultes selon qu'ils ont grandi dans une métropole ou dans un village, en fonction du niveau d'études des parents

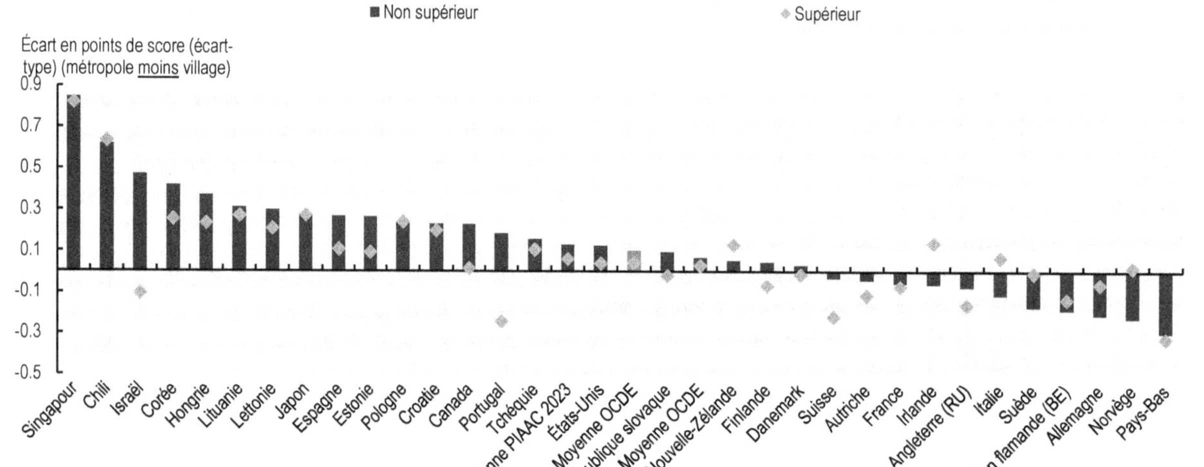

Note : Adultes âgés de 16 à 65 ans. Ce graphique montre l'écart entre les genres en calcul parmi les adultes ayant respectivement grandi dans une métropole ou dans un village. Voir à la note du Graphique 2.3 la définition des groupes en fonction du lieu d'habitation pendant l'enfance.
Les pays sont classés par ordre décroissant de l'écart entre les adultes ayant respectivement grandi dans une métropole ou dans un village parmi ceux dont aucun des parents n'a fait d'études supérieures.
Source : Calculs fondés sur OCDE (2024[23]), *Évaluation des compétences des adultes (PIAAC)*, Évaluation des compétences des adultes (PIAAC), *Base de données du 2 cycle*, www.oecd.org/fr/data/datasets/piaac-2nd-cycle-database.html.

StatLink https://stat.link/teu5wo

2.3. Écarts entre les pays du point de vue des disparités dans les compétences du XXIe siècle

Les disparités des compétences en traitement de l'information, ainsi que des compétences sociales et émotionnelles, peuvent avoir une incidence sur la productivité économique, la mobilité sociale et le bien-être des individus. L'examen des différences d'ampleur des disparités selon les pays peut mettre en lumière si des facteurs contextuels sont susceptibles de renforcer ou d'atténuer les écarts de compétences entre des groupes de population particuliers. Cette section examine si les écarts entre les pays du point de vue de l'ampleur des disparités de compétences entre les hommes et les femmes et entre les personnes selon qu'elles sont issues de milieux socioéconomiques favorisés ou défavorisés reflètent le degré d'inégalité existant dans les différents pays. Le Graphique 2.10 présente une synthèse des résultats concernant les corrélations entre les caractéristiques à l'échelle nationale et l'ampleur des disparités en matière de compétences.

2.3.1. Comment les écarts entre les pays du point de vue des disparités de compétences entre les hommes et les femmes sont liés aux caractéristiques à l'échelle nationale

Dans tous les pays de l'OCDE, les pouvoirs publics partagent l'objectif de réduire les disparités entre les genres au sein du système éducatif comme sur le marché du travail, et des données empiriques issues du PISA ont révélé que dans les pays présentant une plus grande égalité entre les genres – mesurée par l'indice d'inégalité de genre (IIG) – l'écart entre les genres en faveur des garçons observé en mathématiques chez les adolescents s'avère plus faible, tandis que l'écart à l'écrit dont bénéficient les filles est plus important (Guiso et al., 2008[94]). Il semblait devoir en être de même chez les adultes, mais de nouvelles données empiriques ont montré depuis que dans les pays présentant une plus grande égalité entre les genres (mesurée par l'IIG), l'écart entre les hommes et les femmes en calcul s'est accentué en faveur des hommes, tout comme l'écart entre les genres du point de vue de leur représentation dans les filières d'étude des sciences, des technologies, de l'ingénierie et des mathématiques (STIM) (Balducci et al., 2024[95] ; Borgonovi, Choi et Paccagnella, 2018[96] ; Herlitz et al., 2024[97] ; Stoet et Geary, 2018[98]). C'est ce que l'on appelle parfois le « paradoxe de l'égalité des genres » (Stoet et Geary, 2018[98]). Il est essentiel de comprendre pourquoi un tel phénomène se produit afin de concevoir des politiques qui s'attaquent efficacement aux causes profondes des écarts persistants entre les résultats des hommes et ceux des femmes, d'autant plus que cela pourrait en outre aider à affiner les théories quant à la manière dont les environnements sociaux interagissent avec les choix et les potentialités des individus.

La plupart des analyses empiriques de la corrélation entre l'ampleur des écarts de compétences entre les genres au sein d'un pays et les normes de ce pays en matière d'égalité des genres reposent sur des indicateurs de l'inégalité entre les genres au niveau sociétal qui mesurent la sous-représentation des femmes dans la vie économique, politique et sociale d'un pays. Ces indicateurs quantifient l'accès des femmes au marché du travail et leur représentation politique, mais ils ne rendent pas compte des différences qualitatives entre les perspectives offertes aux hommes et aux femmes. Par exemple, dans une société donnée, les hommes et les femmes pourraient avoir des taux d'emploi similaires, mais occuper des emplois très différents, les femmes étant beaucoup plus susceptibles de travailler comme enseignantes ou infirmières, et les hommes comme ingénieurs ou comme soudeurs.

Cette section s'appuie sur le nouvel indice d'intégration professionnelle selon le genre (*Gender Occupational Integration Index* – GOII) pour décrire les disparités entre les genres au sein de la société. Cet indice évalue dans quelle mesure les femmes sont également représentées dans les professions majoritairement masculines et dans quelle mesure les hommes sont également représentés dans les professions majoritairement féminines (voir l'Encadré 2.4 pour une description détaillée des deux indices). Les corrélations calculées à l'aide de cet indice sont similaires à celles obtenues au moyen de l'IIG, qui est l'indicateur généralement utilisé pour mesurer les inégalités sociétales (Tableau d'annexe 2.A.4). Le

Graphique 2.10 illustre les corrélations à l'échelle nationale entre l'indicateur de l'égalité des genres au niveau sociétal, en l'occurrence l'indice GOII, et les indicateurs des disparités des compétences entre les genres à l'échelle nationale, ces données pouvant être utilisées pour évaluer comment les normes sociales déterminent les performances relatives des hommes et des femmes dans les divers domaines de compétences. L'égalité des genres au niveau sociétal n'est pas systématiquement corrélée à l'ampleur des disparités entre les genres du point de vue des compétences fondamentales du XXIe siècle. La plupart des corrélations à l'échelle nationale sont d'ampleur modeste ou moyenne d'un point de vue quantitatif, sauf dans le cas des compétences en calcul (Graphique 2.10, partie B). Cela signifie, par exemple, que les disparités entre les genres en compétences à l'écrit (domaine où l'ampleur des écarts entre les genres est passablement variable selon les pays) tendent à être tout aussi importantes dans les pays où la ségrégation professionnelle entre hommes et femmes est faible que dans ceux où elle est élevée.

Le Graphique 2.10 montre que les écarts entre les genres observés en calcul en faveur des hommes tendent à être plus importants dans les pays où les niveaux d'égalité entre les genres sont plus élevés. Au Canada, par exemple, l'écart entre les genres en calcul est important (0.27 écart-type) et, en moyenne, les femmes et les hommes ont une moindre probabilité que dans d'autres pays d'exercer des professions où la majorité des travailleurs sont du même genre qu'elles ou eux (GOII=37).

Ces résultats indiquent que chez les adultes, le paradoxe de l'égalité des genres ne s'applique qu'aux compétences en calcul et non à d'autres domaines. Ces résultats portent en outre à croire que ce paradoxe n'est pas dû à l'indicateur utilisé : les estimations concordent que l'on utilise des indicateurs de l'égalité des genres rendant compte des différences qualitatives entre la participation des hommes et des femmes au marché du travail (probabilité d'emploi dans des professions contre-stéréotypées, autrement dit le GOII) ou des indicateurs rendant compte des écarts quantitatifs (taux d'emploi) (voir le Tableau d'annexe 2.A.4).

Ces résultats suggèrent que les normes et stéréotypes sociétaux peuvent persister même dans des contextes très égalitaires. Bien que les obstacles structurels puissent être moins insurmontables, les attentes genrées quant aux rôles et aux intérêts appropriés peuvent encore influencer les décisions des individus. Le paradoxe de l'égalité des genres pourrait refléter les écarts entre les résultats relatifs des garçons et des filles dans différents domaines d'étude, et donc indiquer dans quelle mesure ces résultats relatifs influent sur les choix en matière de formation et de carrière. Dans les sociétés plus égalitaires, les filles atteignent un niveau plus proche de celui des garçons que dans les sociétés moins égalitaires, mais elles continuent en règle générale à être particulièrement compétentes dans des domaines qui sont le plus souvent sans lien avec les matières relevant du domaine des STIM ou avec la poursuite d'une carrière dans ce secteur d'activité (OCDE, 2015[35]). Elles ont donc tendance à choisir des orientations qui ne renforcent pas leurs compétences en mathématiques (Jansen, Becker et Neumann, 2021[99]). Ces relations observées peuvent certes éclairer l'examen des politiques, mais des analyses longitudinales ou multiniveaux tenant compte des facteurs culturels, linguistiques et historiques communs seront indispensables pour en acquérir une compréhension plus complète (Richardson et al., 2020[100]).

Graphique 2.10. Corrélation à l'échelle nationale entre les disparités entre les genres du point de vue des compétences fondamentales du XXIe siècle et l'intégration professionnelle des femmes au niveau sociétal

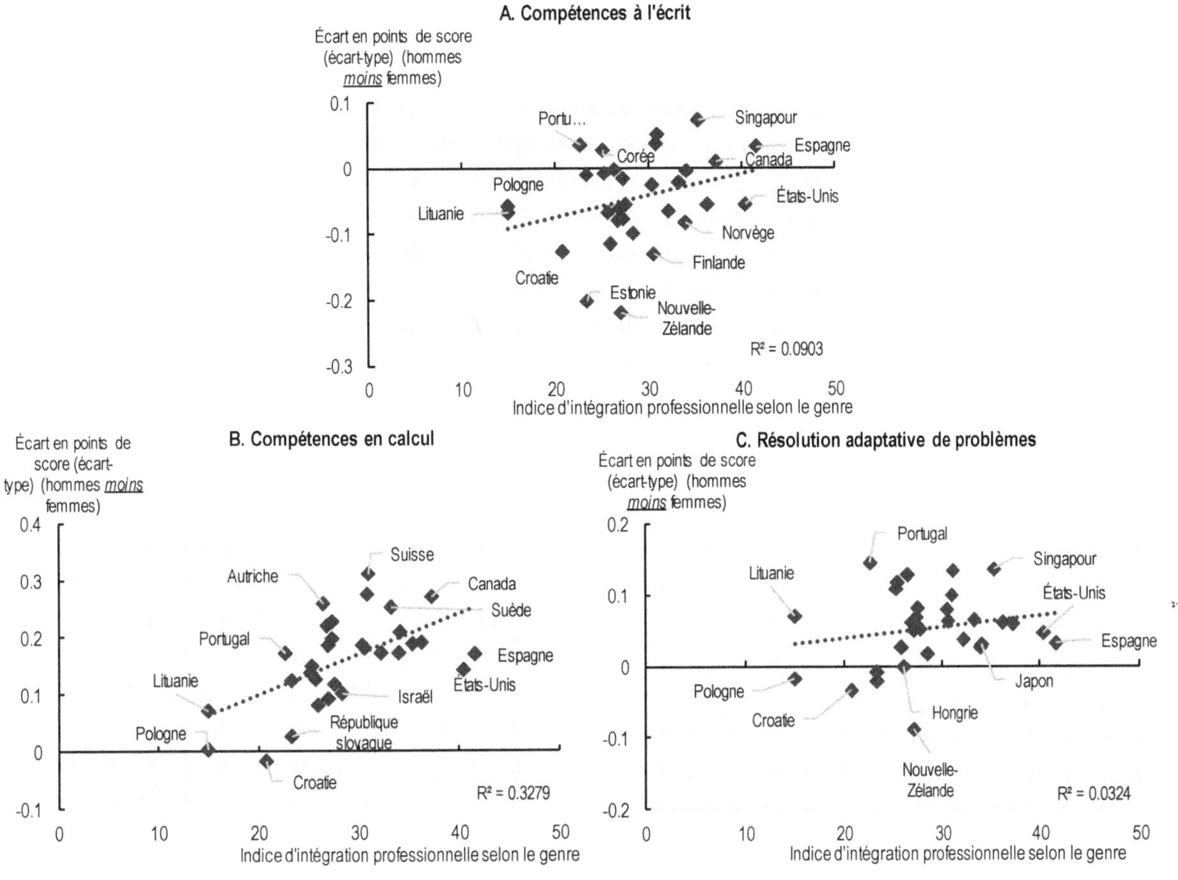

Note : Pour préserver la lisibilité, seul le nom de certains pays et de certaines économies est indiqué. Pour plus d'informations sur l'indice d'intégration professionnelle selon le genre (*Gender Occupational Integration Index* – GOII), voir l'Encadré 2.4 et le chapitre 4.

Source : Calculs fondés sur OCDE (2024[23]), *Évaluation des compétences des adultes (PIAAC), Base de données du 2 cycle*, www.oecd.org/fr/data/datasets/piaac-2nd-cycle-database.html.

StatLink https://stat.link/92uxhv

Encadré 2.4. Concentration professionnelle et inégalité entre les genres

Tous les indicateurs de l'inégalité entre les genres au niveau sociétal présentent des avantages et des inconvénients, selon l'utilisation qu'il est prévu d'en faire (Permanyer, 2009[101]). L'un des indicateurs les plus couramment utilisés est l'indice d'inégalité des genres (IIG), qui est un indicateur composite de l'inégalité entre les hommes et les femmes qui prend en considération trois dimensions : 1) la santé reproductive ; 2) l'autonomisation politique ; et 3) le taux d'activité (PNUD, 2025[102]). Une faible valeur de l'IIG indique de faibles écarts entre les résultats des hommes et ceux des femmes sur ces trois dimensions, alors qu'une valeur élevée de l'IIG indique des écarts importants entre les résultats des hommes et ceux des femmes (Permanyer, 2009[101]).

Bien que l'IIG offre une large couverture nationale et prenne en considération les disparités du marché du travail, son approche est relativement limitée en ce domaine, car il ne tient compte que des taux d'activité. Sa structure composite rend par ailleurs difficile la réalisation d'analyses plus ciblées de certains aspects de la situation au regard de l'emploi. En particulier, l'IIG ne permet pas d'établir quels sont les écarts entre les taux d'activité de chacun des genres par secteur ni si les écarts observés découlent de la sous-représentation des femmes dans certains secteurs, de la sous-représentation des hommes dans d'autres secteurs ou bien des deux, ce qui constitue une distinction importante étant donné que ces tendances peuvent présenter de considérables variations selon les pays et les secteurs (voir le chapitre 4).

Pour remédier à ces limitations, l'indice d'intégration professionnelle selon le genre (*Gender Occupational Integration Index* – GOII) a été élaboré pour examiner séparément l'intégration professionnelle des hommes et des femmes sur le marché du travail, les résultats étant intégrés dans un seul indicateur afin de rendre compte de la manière dont les normes sociales au sein de la société déterminent la concentration des hommes et des femmes dans différentes activités économiques. Pour l'exprimer plus simplement, alors que l'IIG indique le nombre de femmes qui travaillent, le GOII indique quelle est la proportion d'hommes qui ont un travail d'enseignant ou d'infirmier, par exemple, et de femmes qui ont un travail de chauffeur de poids lourd ou d'ingénieur.

Le GOII est calculé comme la somme du pourcentage de femmes occupant des emplois majoritairement masculins et du pourcentage d'hommes occupant des emplois majoritairement féminins. Les professions majoritairement masculines sont celles où la proportion pondérée d'hommes au sein des effectifs dans l'ensemble des pays et économies examinés dans les premier et second cycles de l'Évaluation des compétences des adultes de 2023 est supérieure à 75 %. Les professions majoritairement féminines sont celles où la proportion pondérée de femmes au sein des effectifs dans l'ensemble des pays et économies examinés dans les premier et second cycles de l'Évaluation des compétences des adultes de 2023 est supérieure à 75 %. Ce pourcentage est globalement conforme à celui utilisé dans d'autres publications qui définissent les professions à prédominance féminine (ou masculine) comme celles où le pourcentage de femmes (ou d'hommes) se situe entre 60 % et 80 % (Bächmann, 2022[103] ; Keane, Russell et Smyth, 2017[104] ; McCaughey, 2023[105] ; Torre, 2018[106]). Les pourcentages ont été calculés au niveau des codes de la CITP à trois chiffres. Dix catégories de professions (moins de 0.5 % de l'échantillon) ont été exclues en raison d'un nombre insuffisant d'observations. Les professions au sein des forces armées ont également été exclues de l'analyse. Cette classification classe donc les professions comme majoritairement masculines ou féminines dans l'ensemble des pays et économies qui ont participé à l'Évaluation des compétences des adultes de 2023, sans tenir compte des spécificités locales. Cela garantit que les mêmes professions majoritairement masculines ou féminines feront l'objet des comparaisons entre les pays lors de l'étape suivante.

Une fois chaque profession classée comme étant à majorité masculine, à majorité féminine ou ni l'une ni l'autre, les proportions de femmes au sein d'effectifs majoritairement masculins et d'hommes au sein d'effectifs majoritairement féminins ont été calculées dans chaque pays et économie ayant participé à l'Évaluation des compétences des adultes de 2023. Ces proportions ont été additionnées pour obtenir la valeur du GOII, exprimée en pourcentages. Son minimum théorique est de 0 % (absence totale d'égalité), ce qui indique qu'aucune femme n'exerce une profession majoritairement masculine et qu'aucun homme n'exerce une profession majoritairement féminine. Si 50 % des femmes d'un pays exerçaient des professions majoritairement masculines et 50 % des hommes des professions majoritairement féminines (égalité parfaite), sa valeur serait de 100 %.

Les trois principales professions majoritairement masculines sont celles d'ouvriers des métiers qualifiés du bâtiment (gros œuvre) et assimilés (avec des effectifs à 97.8 % masculins), d'installateurs et réparateurs d'équipements électriques (97.6 %) et d'ouvriers des métiers qualifiés du bâtiment (finitions) et assimilés (97.5 %). Les trois principales professions majoritairement féminines sont celles de secrétaires (effectifs à 93 % féminins), les professionnels des soins infirmiers et de la maïeutique (91 %), et les travailleurs des services de garde d'enfants et aides-enseignants (90 %).

En moyenne, dans l'ensemble de l'OCDE, 29 % des personnes occupant un emploi exercent des professions dont leur propre genre représente moins d'un quart des effectifs ; l'intégration professionnelle selon le genre connaît toutefois de considérables variations d'un pays à l'autre (Graphique 2.11). À une extrémité du spectre, la Pologne et la Lituanie enregistrent les plus faibles taux d'intégration, avec seulement 15 % de personnes occupant un emploi qui exercent des professions dont leur propre genre représente moins d'un quart des effectifs (à l'échelle de l'ensemble des pays participant aux premier et second cycles de l'Évaluation des compétences des adultes). De même, en Croatie, au Portugal, en République slovaque et en Estonie, moins de 25 % des personnes occupant un emploi exercent des professions dont leur propre genre représente moins d'un quart des effectifs. Les États-Unis et l'Espagne sont les seuls pays où plus de 40 % des personnes occupant un emploi exercent des professions dont leur propre genre représente moins d'un quart des effectifs.

Graphique 2.11. Indice d'intégration professionnelle selon le genre, par pays

Somme du pourcentage de femmes exerçant des professions majoritairement masculines et du pourcentage d'hommes exerçant des professions majoritairement féminines

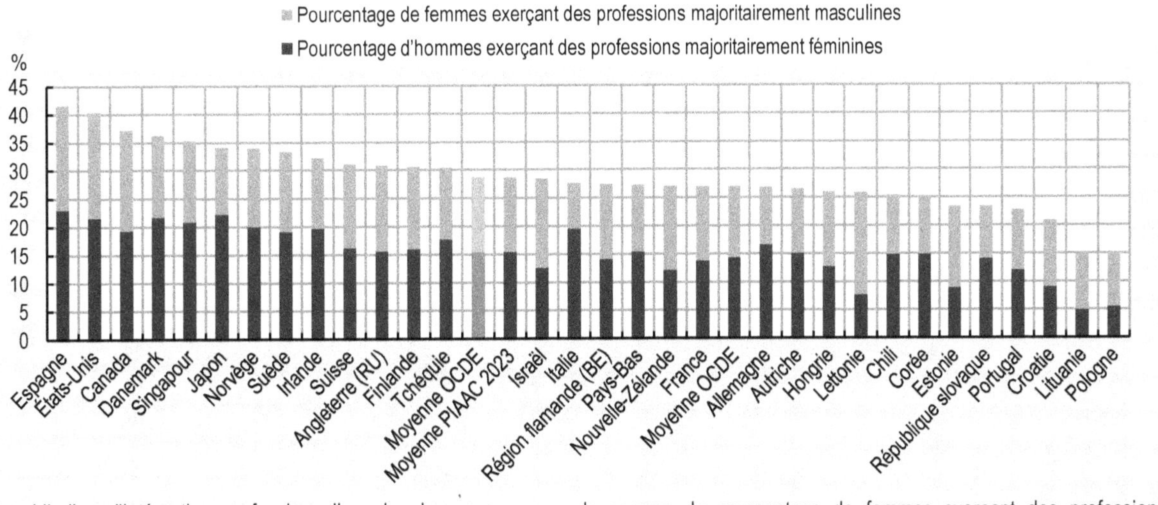

Note : L'indice d'intégration professionnelle selon le genre mesure la somme du pourcentage de femmes exerçant des professions majoritairement masculines et d'hommes exerçant des professions majoritairement féminines. Son minimum théorique est de 0 % (absence totale d'égalité), ce qui indique qu'aucune femme n'exerce une profession majoritairement masculine et qu'aucun homme n'exerce une profession majoritairement féminine. Les professions majoritairement masculines sont celles où la proportion pondérée d'hommes au sein des effectifs dans l'ensemble des pays et économies examinés dans les premier et second cycles de l'Évaluation des compétences des adultes de 2023 est supérieure à 75 %. Les professions majoritairement féminines sont celles où la proportion pondérée de femmes au sein des effectifs dans l'ensemble des pays et économies examinés dans les premier et second cycles de l'Évaluation des compétences des adultes de 2023 est supérieure à 75 %. Les pourcentages ont été calculés au niveau des codes de la CITP à trois chiffres.

Les pays sont classés par ordre décroissant en fonction de la valeur de l'indice d'indice d'intégration professionnelle selon le genre.

Source : Calculs fondés sur OCDE (2017[107]), *Base de données du 1er cycle du PIAAC*, www.oecd.org/fr/data/datasets/piaac-1st-cycle-database.html et OCDE (2024[23]), *Données et méthodologie du PIAAC*, www.oecd.org/fr/about/programmes/piaac/piaac-data.html.

StatLink https://stat.link/vp2zqc

Le Tableau 2.1 indique, en détail, les écarts entre le pourcentage de personnes exerçant respectivement des professions majoritairement féminines ou masculines, d'hommes et de femmes exerçant des professions où leur genre est en minorité, ainsi que les taux d'activité ou d'emploi selon le genre.

Tableau 2.1. Pourcentage d'hommes dans les professions majoritairement féminines, pourcentage de femmes dans les professions majoritairement masculines et autres caractéristiques du marché du travail, par pays

	Pourcentage d'actifs exerçant des professions majoritairement féminines	Pourcentage d'hommes dans les professions majoritairement féminines	Taux d'activité des hommes	Taux d'emploi des hommes	Pourcentage d'actifs exerçant des professions majoritairement masculines	Pourcentage de femmes dans les professions majoritairement masculines	Taux d'activité des femmes	Taux d'emploi des femmes
Moyenne OCDE	15.66	15.42	82.33	78.31	28.34	13.27	74.9	70.81
Moyenne PIAAC 2023	15.6	15.39	82	78.07	28.43	13.26	74.59	70.60
Moyenne UE	15.83	14.34	81.07	76.8	29.28	12.61	74.25	70.07
Allemagne	16.21	16.56	82.21	79.7	27.39	10.27	75.3	72.9
Angleterre (RU)	16.7	15.59	84.28	78.83	24.43	15.32	75.61	72.03
Autriche	18	15.09	81.03	77.23	29.57	11.35	74.39	70.5
Canada	14.99	19.31	83.95	79.41	29.45	17.94	78.3	73.92
Chili	16.34	14.82	83.67	79.25	32.28	10.52	71.06	64.76
Corée	13	14.88	82.22	80.23	24.64	10.33	65.39	63.11
Croatie	17.16	9.08	71.05	67.38	30.48	11.77	67.01	63.7
Danemark	18.44	21.75	86.95	83.07	25.49	14.48	82.14	78.33
Espagne	15.07	23.03	78.62	71.31	24.8	18.59	72.56	62.76
Estonie	13.97	8.96	86.08	81.15	33.4	14.4	83.32	78.48
États-Unis	12.34	21.61	79.95	75.81	27.06	18.77	73.49	67.53
Finlande	17.87	15.97	81.69	75.86	29.64	14.61	78.73	75.3
France	20.15	13.81	77.08	72.55	28.25	13.16	70.07	65.56
Hongrie	11.83	12.7	85.88	82.42	35.69	13.29	76.5	73.54
Irlande	16.46	19.68	84.32	81.34	24.69	12.53	74.3	70.74
Israël	16.81	12.63	77.26	74.61	27.55	15.76	73.11	69.65
Italie	14.32	19.52	74.43	69.9	27.22	8.14	57.1	50.87
Japon	15.83	22.22	85.06	83.32	24.67	11.93	73.26	71.17
Lettonie	10.79	7.72	79.94	73.73	32.54	18.06	76.37	71.44
Lituanie	13.36	4.91	76.86	71.11	31.13	10.1	73.5	67.81
Norvège	20.87	20.01	87.03	83.11	24.87	13.98	81.44	78.09
Nouvelle-Zélande	12.49	12.12	85.91	82.41	29.41	14.91	79.88	75.96
Pays-Bas	13.85	15.42	85.27	83.31	23.37	11.88	80.85	78.47
Pologne	12.2	5.44	79.38	76.74	38.16	9.56	66.97	64.99
Portugal	19.36	12.05	79.03	73.76	26.15	10.7	74.88	68.94
Région flamande (BE)	16.81	14.08	78.22	75.66	24.83	13.31	76.15	74.24
République slovaque	15.11	14.1	81.03	77.16	30.15	9.26	73.77	71.42
Singapour	12.25	20.88	83.34	81.68	28.94	14.49	72.97	71.62
Suède	21.78	19.16	86.91	80.5	28.85	14.15	80.34	75.05
Suisse	15.25	16.19	88.03	85.39	22.48	14.87	82.71	79.49
Tchéquie	13.93	17.73	85.35	82.21	33.78	12.66	70.71	66.32

Note : Inclut les 16-65 ans. Les professions majoritairement masculines sont celles où la proportion pondérée d'hommes au sein des effectifs dans l'ensemble des pays et économies examinés dans les premier et second cycles de l'Évaluation des compétences des adultes de 2023 est supérieure à 75 %. Les professions majoritairement féminines sont celles où la proportion pondérée de femmes au sein des effectifs dans l'ensemble des pays et économies examinés dans les premier et second cycles de l'Évaluation des compétences des adultes de 2023 est supérieure à 75 %. Les pourcentages ont été calculés au niveau des codes de la CITP à trois chiffres. Les personnes occupant potentiellement un emploi sont des adultes qui n'étaient ni étudiants ni retraités, et qui étaient au chômage, cherchaient activement un emploi rémunéré ou n'avaient pas cherché d'emploi parce qu'ils s'occupaient de leur famille ou de leur maison, parce qu'ils étaient temporairement malades ou blessés, parce qu'ils pensaient qu'aucun emploi n'était disponible ou parce qu'ils n'étaient pas encore à la recherche d'un emploi ; ainsi que ceux ayant quitté pour des raisons indépendantes de leur volonté leur dernier emploi du fait de l'expiration d'un contrat de travail temporaire, d'une inadéquation entre l'emploi et leurs compétences, d'une restructuration, d'un licenciement collectif ou de la fermeture de l'entreprise, ou encore pour des motifs familiaux. Il est exprimé en pourcentage de l'ensemble des personnes occupant un emploi.

Source : Calculs fondés sur OCDE (2017[107]), *Base de données du 1er cycle du PIAAC*, www.oecd.org/fr/data/datasets/piaac-1st-cycle-database.html et OCDE (2024[23]), *Données et méthodologie du PIAAC*, www.oecd.org/fr/about/programmes/piaac/piaac-data.html.

StatLink https://stat.link/elpcsu

2.3.2. Comment les écarts entre les pays du point de vue des disparités de compétences imputables à des facteurs socioéconomiques sont liés aux caractéristiques à l'échelle nationale

Il ressort des données que les pays où les inégalités de revenus sont les plus fortes se caractérisent également par une plus faible une mobilité sociale, ce qu'Alan Kruger a appelé la Grande courbe de Gatsby (Corak, 2013[108]). Historiquement, il a été démontré que l'aggravation des inégalités allait de pair avec une diminution de la mobilité sociale. Dans des contextes où les revenus sont très inégalement répartis, les enfants de familles défavorisées peuvent avoir plus de difficultés à améliorer leur situation à l'âge adulte en développant leurs compétences. Si les disparités socioéconomiques déterminent les possibilités de développement des compétences des différents groupes, que ce soit par l'accès aux ressources familiales, l'accès à une éducation de qualité ou un plus large soutien à l'échelle locale, le développement différencié des compétences pourrait être l'une des voies par lesquelles les inégalités réduisent la mobilité sociale.

Un reproche formulé à l'encontre de la Grande courbe de Gatsby tient au fait que, sous sa forme initiale, elle n'établit aucune distinction entre les différentes formes d'inégalité (Bukodi et Goldthorpe, 2018[109]). Les inégalités qui sont une conséquence de la volonté et de la capacité d'une société de récompenser le talent et les réalisations sont de fait qualitativement différentes de celles qui constituent un privilège inné (OCDE, 2025[60]). Cette section examine par conséquent deux indicateurs des inégalités : l'inégalité du revenu total, mesurée au moyen du coefficient de Gini, et l'inégalité des chances, mesurée par l'indicateur de l'inégalité des chances absolue de l'OCDE, qui rend compte des écarts de revenus entre les personnes issues de milieux différents (OCDE, 2025[60]). L'indicateur de l'inégalité des chances absolue de l'OCDE mesure quel peut être l'écart entre les revenus marchands de deux personnes ayant déployé des efforts similaires pour réussir mais issues de milieux familiaux différents.

Déterminer si les variations d'un pays à l'autre des écarts de compétences observés entre les personnes selon qu'elles sont issues de milieux socioéconomiques favorisés ou défavorisés sont fonction des différences des niveaux d'inégalité selon les pays peut montrer dans quelle mesure les inégalités plus larges ont des répercussions sur la formation des compétences. Les sociétés qui présentent à la fois de fortes inégalités de revenus et de grandes disparités dans les compétences fondamentales risquent tout particulièrement de maintenir de faibles niveaux de mobilité sociale, comme le prévoit la Grande courbe de Gatsby. À l'inverse, celles qui parviennent à promouvoir un développement plus inclusif des compétences peuvent atténuer certains des préjudices à long terme liés à une forte inégalité.

Cette section se penche sur ces questions en examinant les corrélations à l'échelle nationale entre l'inégalité du revenu total et l'inégalité des chances d'une part, et les disparités du point de vue des compétences en matière de traitement de l'information entre les adultes issus de différents milieux socioéconomiques d'autre part. Les résultats présentés au Tableau 2.2 montrent des corrélations de forte ou moyenne ampleur entre les disparités des compétences en traitement de l'information imputables à des facteurs socioéconomiques et l'inégalité du revenu total, ces disparités étant plus prononcées dans les pays où les inégalités sont plus importantes. Les corrélations avec l'inégalité des chances sont en revanche plus faibles. Par exemple, environ 18 % des variations d'un pays à l'autre des écarts de compétences en mathématiques selon que les parents de la personne considérée ont ou non suivi des études supérieures peuvent s'expliquer par les différences de niveau des inégalités de revenus selon les pays. De même, environ 21 % des variations d'un pays à l'autre des écarts de compétences en mathématiques selon que les individus ont grandi dans une métropole ou dans un village peuvent s'expliquer par les différences de niveau des inégalités de revenus selon les pays.

Les analyses donnent à penser que les disparités nationales en matière de compétences en traitement de l'information sont fonction de la manière dont les ressources économiques sont réparties : dans les sociétés où la répartition des ressources économiques est plus inégale, l'écart de compétences entre les individus issus de milieux socioéconomiques différents est plus grand. Les résultats indiquent par ailleurs que, comme cela a été observé pour les disparités entre les genres, les mathématiques sont plus étroitement liées au niveau d'inégalité au sein d'une société que ne le sont les compétences à l'écrit ou les compétences en résolution adaptative de problèmes.

Le Graphique 2.12 montre ainsi qu'au Chili et en Israël, les inégalités du revenu total sont relativement importantes (coefficient de Gini égal à 0.45 et 0.34, respectivement) et les disparités de compétences entre les individus selon la profession de leurs parents sont également fortes (écart de 0.7 écart-type en calcul, écart de 0.6 écart-type en résolution adaptative de problèmes, et écart de 0.7 écart-type pour l'un et l'autre pays en compétences à l'écrit). En revanche, en Pologne et en République slovaque, les revenus sont plus équitablement répartis (coefficient de Gini égal à 0.27 et 0.23, respectivement Graphique 2.12), et les disparités de compétences entre les individus en fonction de la profession de leurs parents sont relativement réduites (écart de 0.4 écart-type et 0.3 écart-type en calcul, de 0.3 écart-type et 0.2 écart-type en résolution adaptative de problèmes et de 0.4 écart-type et 0.3 écart-type à l'écrit) Graphique 2.12.

Tableau 2.2. Corrélation entre les caractéristiques à l'échelle nationale et les disparités des compétences en traitement de l'information imputables à des facteurs socioéconomiques

Variation expliquée et signe de la corrélation

	Inégalité des chances absolue		Inégalité du revenu total (Coefficient de Gini)	
	Force (R^2) et signe de la corrélation	Lorsque la valeur de l'indice augmente, le degré de disparité correspondant est : en hausse (↑)	Force (R^2) et signe de la corrélation	Lorsque la valeur de l'indice augmente, le degré de disparité correspondant est : en hausse (↑)
A. Disparités entre les adultes selon que leurs parents ont ou non suivi des études supérieures				
Compétences à l'écrit	0.04		0.13	↑
Compétences en calcul	0.12	↑	0.18	↑
Résolution adaptative des problèmes	0.04		0.12	↑
B. Disparités entre les adultes selon que leurs parents ont exercé des professions très valorisées ou peu valorisées				
Compétences à l'écrit	0.00		0.17	↑
Compétences en calcul	0.03		0.23	↑
Résolution adaptative des problèmes	0.00		0.21	↑
C. Disparités entre les adultes selon qu'ils ont grandi dans une métropole ou dans un village				
Compétences à l'écrit	0.13	↑	0.22	↑
Compétences en calcul	0.15	↑	0.21	↑
Résolution adaptative des problèmes	0.13	↑	0.19	↑

Note : Pour la définition de l'indice d'inégalité des chances absolue, voir OCDE (2025[60]). La force de la corrélation est estimée par les valeurs de R au carré (R^2), qui sont interprétées selon les indices de référence de Cohen (2013[42]). En l'occurrence, un R^2 supérieur à 0.13 indique un effet moyen ou substantiel. Note : Le coefficient de Gini est calculé sur la base du revenu disponible des ménages, c'est-à-dire du revenu après impôts et transferts ajusté en fonction de la taille du ménage. Le coefficient de Gini prend des valeurs comprises entre 0 (toutes les personnes ayant le même revenu) et 1 (tous les revenus allant à une seule et même personne). Voir à la note du Graphique 2.1 la définition des groupes en fonction du niveau d'études et de la profession des parents. Voir à la note du Graphique 2.3 les définitions des groupes en fonction du lieu d'habitation pendant l'enfance.

Source : Calculs fondés sur OCDE (2025[60]), *To Have and Have Not – How to Bridge the Gap in Opportunities*, https://doi.org/10.1787/dec143ad-en ; OCDE (2024[23]), *Évaluation des compétences des adultes (PIAAC), Base de données du 2 cycle*, www.oecd.org/fr/data/datasets/piaac-2nd-cycle-database.html ; et OCDE (2024[110]), *Base de données sur la distribution des revenus* (base de données), Explorateur des données de l'OCDE, http://data-explorer.oecd.org/s/17a.

StatLink https://stat.link/xvn5u7

Graphique 2.12. Corrélation à l'échelle nationale entre les écarts dans les compétences fondamentales du XXIe siècle selon la profession des parents et le degré d'inégalité du revenu total

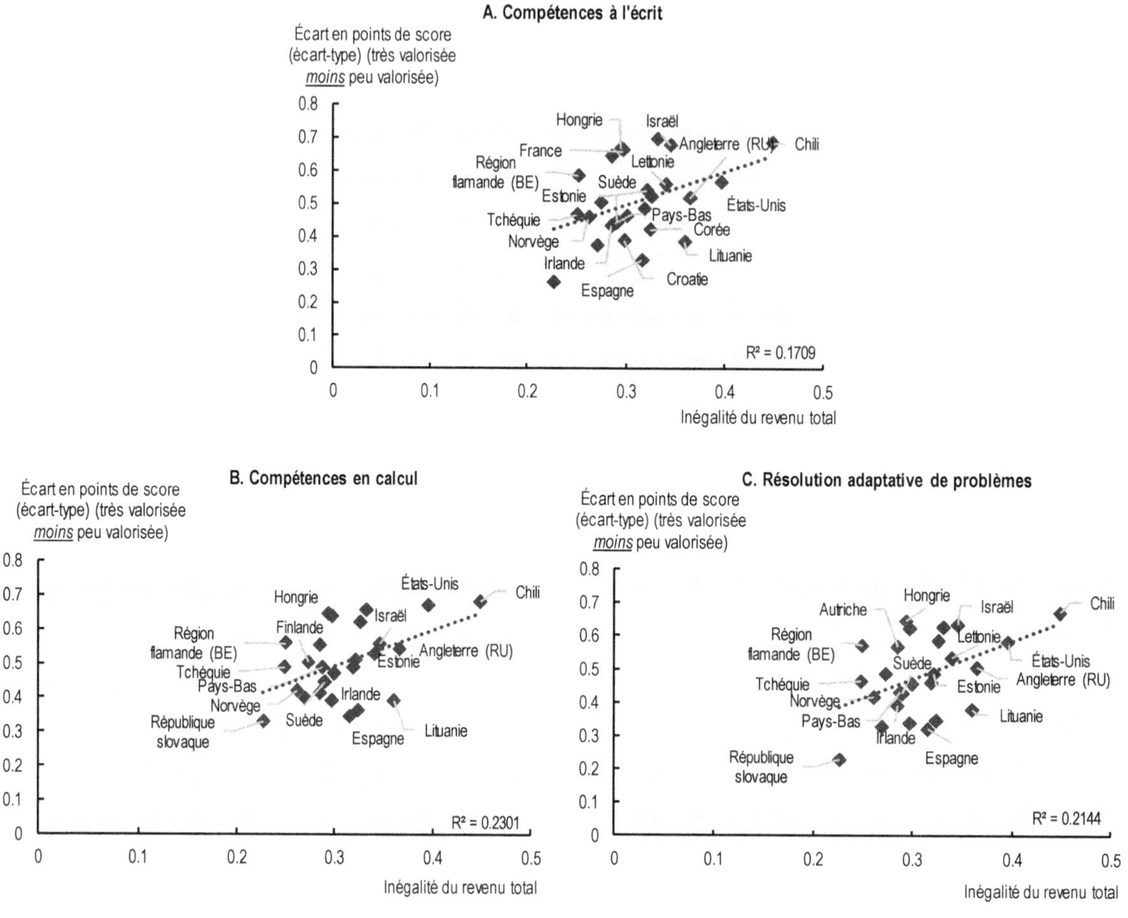

Note : Pour préserver la lisibilité, seul le nom de certains pays et de certaines économies est indiqué. L'inégalité du revenu total est mesurée au moyen du coefficient de Gini. Note : Le coefficient de Gini est calculé sur la base du revenu disponible des ménages, c'est-à-dire du revenu après impôts et transferts ajusté en fonction de la taille du ménage. Le coefficient de Gini prend des valeurs comprises entre 0 (toutes les personnes ayant le même revenu) et 1 (tous les revenus allant à une seule et même personne). Les données relatives à l'inégalité du revenu total pour la Région flamande (Belgique) se rapportent à la Belgique et celles pour l'Angleterre (Royaume-Uni) au Royaume-Uni. Voir à la note du Graphique 2.1 la définition des groupes en fonction de la profession des parents.
Source : Calculs fondés sur OCDE (2024[110]), *Base de données sur la distribution des revenus* (base de données), Explorateur des données de l'OCDE, http://data-explorer.oecd.org/s/17a et OCDE (2024[23]), *Évaluation des compétences des adultes (PIAAC), Base de données du 2e cycle*, www.oecd.org/fr/data/datasets/piaac-2nd-cycle-database.html.

StatLink https://stat.link/v347e5

2.4. Un regard sur l'avenir : disparités dans les compétences des jeunes à l'école

L'adolescence marque une étape décisive dans les trajectoires éducatives et le choix d'un avenir professionnel. Les travaux de recherche mettent systématiquement en évidence que les compétences des adolescents à l'écrit et en calcul constituent un puissant prédicteur de leur réussite ultérieure dans les études, car elles influencent leurs décisions concernant leur spécialisation dans le deuxième cycle de l'enseignement secondaire, leur inscription à l'université et en dernière analyse leur parcours professionnel (Hakkarainen, Holopainen et Savolainen, 2013[111] ; Wang, 2013[112]). Les évolutions survenues au cours du premier quart du XXIe siècle dans les compétences des adolescents à l'écrit et en calcul peuvent nous éclairer sur le point de savoir si les écarts entre les différents groupes de population définis par des caractéristiques telles que leur genre, leur origine immigrée, leur lieu d'habitation pendant l'enfance ou le milieu socioéconomique dont ils sont issus ont tendance à se resserrer ou à se creuser. Ces informations peuvent aider les décideurs à évaluer l'évolution de la qualité de la formation initiale et à cibler les interventions visant à réduire les disparités qui apparaissent dès le plus jeune âge.

L'analyse des évolutions récentes des résultats obtenus par les adolescents peut permettre aux décideurs de mieux apprécier si les nouvelles cohortes disposent des conditions préalables essentielles à leur réussite dans la suite de leurs études et de leur formation. Des informations sur les niveaux de compétences des jeunes sont également nécessaires pour concevoir des interventions qui atténuent les disparités à long terme en remaniant les possibilités d'études et de formation offertes par la suite afin de l'adapter en fonction de ce que les jeunes savent et sont à même de faire. À l'inverse, les signes d'un rétrécissement des clivages pourraient indiquer que les politiques en vigueur contribuent à accroître l'égalité des chances, même si un effort soutenu peut encore être nécessaire pour maintenir les progrès.

En dernier lieu, un suivi de l'évolution des disparités des compétences au cours de l'adolescence offre une perspective plus prospective que la seule prise en compte des données transversales issues de populations adultes. Il permet en effet aux décideurs de déceler les évolutions qui se font jour avant qu'elles ne se manifestent pleinement dans la population active, et éclaire ainsi l'élaboration de stratégies proactives pour faire en sorte que les futurs adultes puissent développer, quels que soient leur genre, les caractéristiques socioéconomiques de leurs parents, leur situation au regard de l'immigration ou leur lieu d'habitation pendant l'enfance, les compétences requises par des marchés du travail en rapide mutation. Cette section compare les évolutions des résultats à l'écrit et en calcul entre 2003 et 2022, période pour laquelle des données comparables dans ces deux domaines permettent de suivre les performances des adolescents d'un grand nombre de pays de l'OCDE.

2.4.1. Évolution des disparités des résultats des élèves de 15 ans

Entre 2003 et 2022, l'écart entre les genres en compétences à l'écrit et en calcul a fluctué. Le Graphique 2.13 indique le niveau moyen des compétences selon le genre à l'écrit et en calcul chez les élèves de 15 ans (partie A) ainsi que l'évolution de l'écart entre les genres au cours de la période 2003 à 2022 (partie B). En compétences à l'écrit, l'écart entre les genres en faveur des filles s'est accru de six points de score PISA entre 2003 et 2009 (passant de 34 à 40 points, ce qui porte cet écart de 0.34 écart-type à 0.40 écart-type[3]). Toutefois, à partir de 2012, l'écart entre les genres s'est progressivement resserré et, en 2022, il n'était plus que de 25 points de score PISA (soit un écart de 0.25 écart-type). En calcul, l'écart en faveur des garçons s'est réduit entre 2003 et 2018, passant de 11 à 5 points de score PISA (ce qui correspond à une régression de l'écart qui l'a fait passer de 0.11 écart-type à 0.05 écart-type), mais il s'est à nouveau creusé pour passer de 5 points de score à 9 points de score entre 2018 et 2022 (ce qui a porté cet écart de 0.05 écart-type à 0.09 écart-type).

Le Graphique 2.13 suggère que l'évolution des écarts entre les genres au cours de la période était imputable à des évolutions divergentes des résultats, qui ont diminué chez les garçons comme chez les filles. Entre 2012 et 2018, la réduction de l'écart entre les genres en compétences à l'écrit, qui favorisait les filles, a eu pour moteur l'amélioration des résultats des garçons, alors que ceux des filles sont restés stables. En revanche, entre 2018 et 2022, période correspondant à la pandémie de COVID-19, la baisse des résultats à l'écrit a été plus prononcée chez les filles que chez les garçons. L'augmentation de l'écart entre les genres en mathématiques entre 2018 et 2022 s'explique par le fait que les résultats en mathématiques des garçons et des filles ont diminué au cours de la période, mais que la baisse a été plus marquée chez les filles que chez les garçons.

Graphique 2.13. Disparités entre les genres en mathématiques et en lecture chez les élèves de 15 ans

Partie A : Résultats en mathématiques et en lecture des garçons et des filles, moyenne OCDE. Partie B : écarts entre les scores moyens en mathématiques et en lecture des garçons et des filles (garçons *moins* filles)

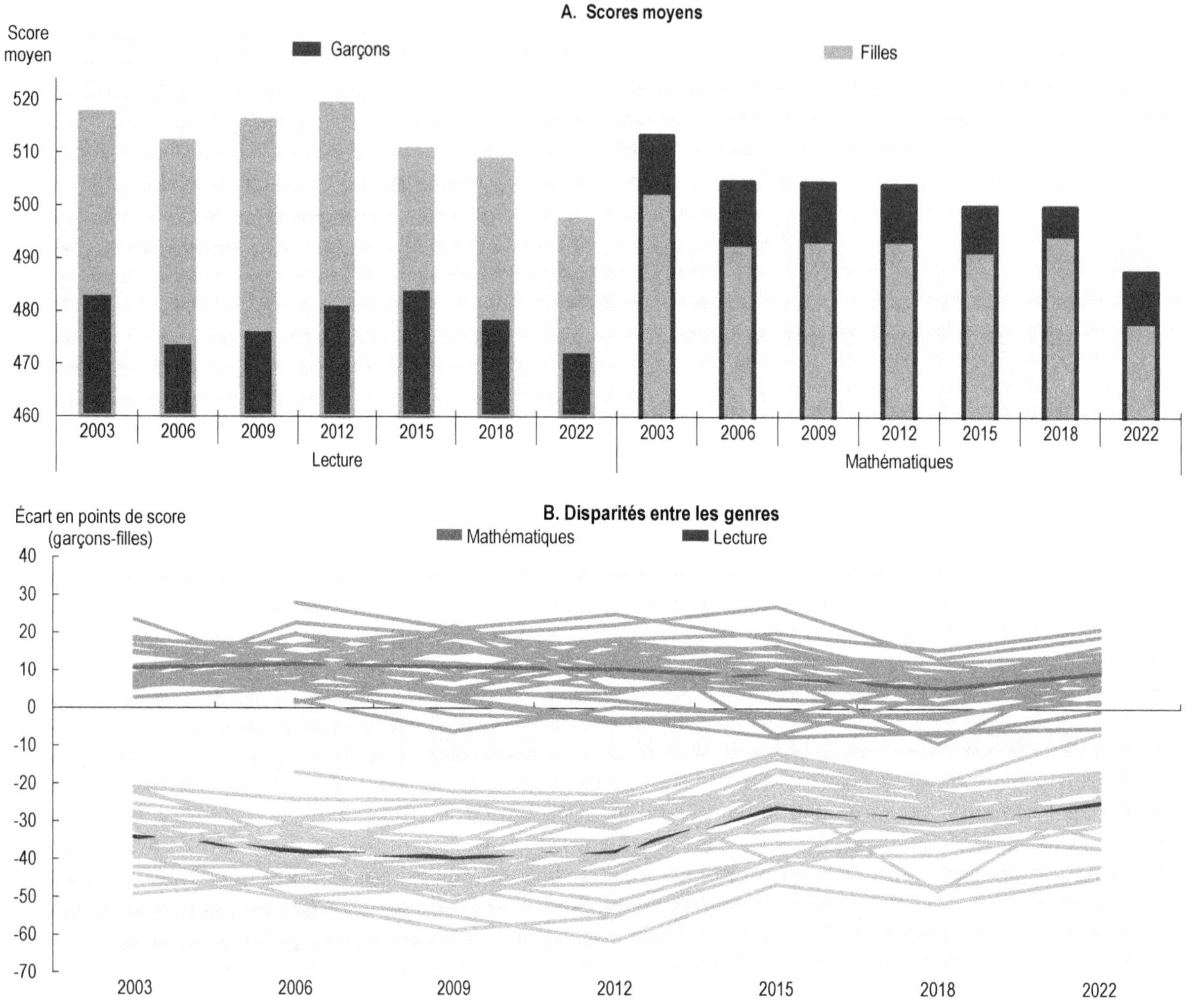

Note : Partie B : Les lignes de couleurs plus claires représentent les disparités entre les genres entre 2003 et 2022 dans les différents pays. Les lignes en couleurs foncées représentent la moyenne OCDE.

Source : Calculs fondés sur OCDE (2003[113]), *Base de données PISA 2003*, www.oecd.org/fr/data/datasets/pisa-2003-database.html ; OCDE (2006[114]), *Base de données PISA 2006*, www.oecd.org/fr/data/datasets/pisa-2006-database.html ; OCDE (2012[115]), *Base de donnés PISA 2012*, www.oecd.org/fr/data/datasets/pisa-2012-database.html ;OCDE (2015[116]), *Base de données PISA 2015*, www.oecd.org/fr/data/datasets/pisa-2015-database.html ; OCDE (2018[117]), *Base de données PISA 2018*, www.oecd.org/fr/data/datasets/pisa-2018-database.html ; et OCDE (2022[118]), *Base de données PISA 2022*, www.oecd.org/fr/data/datasets/pisa-2022-database.html.

StatLink https://stat.link/bxj0p4

Alors que les disparités entre les genres diffèrent sensiblement selon les compétences considérées, les disparités en compétences à l'écrit et en calcul des élèves de 15 ans selon que leurs parents ont ou non suivi des études supérieures sont étroitement alignées. De même, les résultats demeurent constants lorsque l'indicateur du milieu socioéconomique utilisé est le statut professionnel des parents. Par conséquent, le Graphique 2.14 ne rend compte que de l'évolution de 2003 à 2022 des disparités en mathématiques chez les élèves de 15 ans selon que leurs parents ont ou non suivi des études supérieures. Les disparités selon le niveau d'études des parents se sont réduites au cours de cette période, mais sont restées importantes : en 2022, l'écart en points de score des résultats en mathématiques des jeunes selon que leurs parents ont ou non suivi des études supérieures était de 37 points de score (soit un écart de 0.37 écart-type), alors qu'en 2003, il était de 47 points de score (soit un écart de 0.47 écart-type). La réduction des disparités entre 2003 et 2012 s'explique principalement par le fait que les compétences en mathématiques ont diminué chez tous les jeunes au cours de la période considérée, mais que cette baisse a été plus marquée chez les jeunes dont les parents ont fait des études supérieures.

On observe de notables disparités entre les compétences en mathématiques des élèves selon qu'ils sont scolarisés dans une métropole ou dans un village, et l'écart de compétences de ce point de vue a connu des fluctuations entre 2003 et 2022. Le Graphique 2.15 illustre les évolutions enregistrées de 2003 à 2012 dans la moyenne des résultats en mathématiques des élèves de 15 ans selon qu'ils sont scolarisés dans une métropole ou dans un village. Les disparités en compétences à l'écrit sont similaires. En moyenne, les élèves scolarisés dans une métropole présentent des compétences en mathématiques plus élevées que ceux qui sont scolarisés dans un village (Graphique 2.15, partie A), et la disparité entre les deux groupes s'est creusée de 22 points de score en 2003 (soit un écart de 0.22 écart-type) pour passer à 26 points de score en 2022 (soit un écart de 0.26 écart-type).

Graphique 2.14. Disparités en mathématiques chez les élèves de 15 ans, selon le niveau d'études des parents

Partie A : résultats en mathématiques des élèves dont les parents ont suivi des études supérieures et de ceux dont les parents n'ont pas suivi d'études supérieures, moyenne OCDE. Partie B : écarts entre les scores moyens en mathématiques des élèves dont les parents ont suivi des études supérieures et de ceux dont les parents n'ont pas suivi d'études supérieures

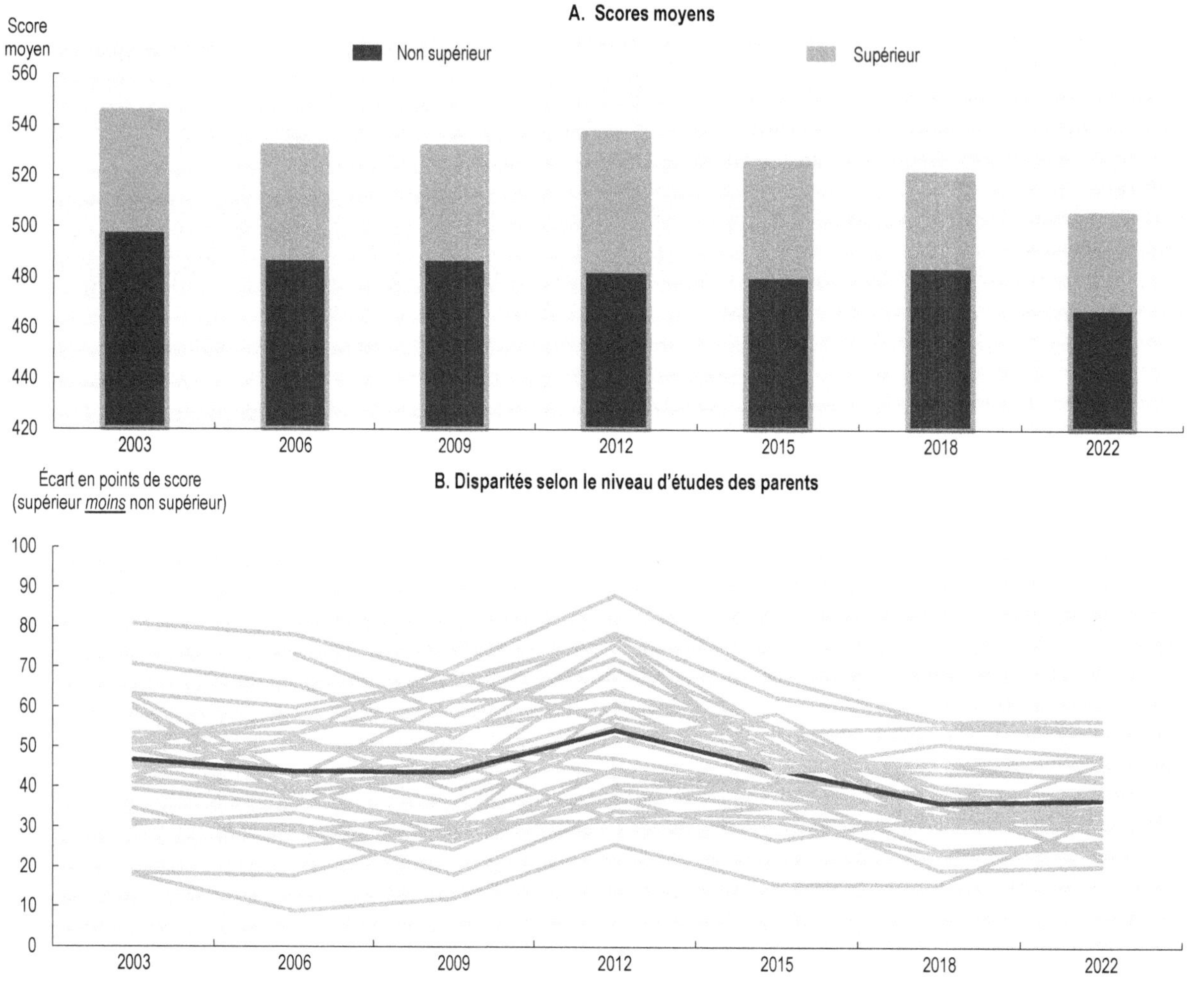

Note : Partie B : Les lignes de couleurs plus claires représentent les disparités entre les élèves entre 2003 et 2022 selon que leurs parents ont ou non suivi des études supérieures dans les différents pays, alors que la ligne plus foncée représente la moyenne OCDE. Les données relatives au niveau d'études des parents sont issues des réponses des élèves. Les informations relatives au niveau d'études de leurs mères et de leurs pères ont été utilisées pour déterminer l'indice du niveau d'études le plus élevé des parents. Cet indice est égal au niveau de la CITE le plus élevé de l'un ou l'autre parent.

Source : Calculs fondés sur OCDE (2003[113]), *Base de données PISA 2003*, www.oecd.org/fr/data/datasets/pisa-2003-database.html ; OCDE (2006[114]), *Base de données PISA 2006*, www.oecd.org/fr/data/datasets/pisa-2006-database.html ; OCDE (2012[115]), *Base de données PISA 2012*, www.oecd.org/fr/data/datasets/pisa-2012-database.html ; OCDE (2015[116]), *Base de données PISA 2015*, www.oecd.org/fr/data/datasets/pisa-2015-database.html ; OCDE (2018[117]), *Base de données PISA 2018*, www.oecd.org/fr/data/datasets/pisa-2018-database.html ; et OCDE (2022[118]), *Base de données PISA 2022*, www.oecd.org/fr/data/datasets/pisa-2022-database.html.

StatLink https://stat.link/pqkth7

Graphique 2.15. Disparités en mathématiques chez les élèves de 15 ans, selon leur lieu de scolarisation

Partie A : résultats en mathématiques des élèves selon qu'ils étaient scolarisés dans une métropole ou dans un village, moyenne OCDE. Partie B : écarts des résultats moyens en mathématiques des élèves selon qu'ils étaient scolarisés dans une métropole ou dans un village (métropole *moins* village)

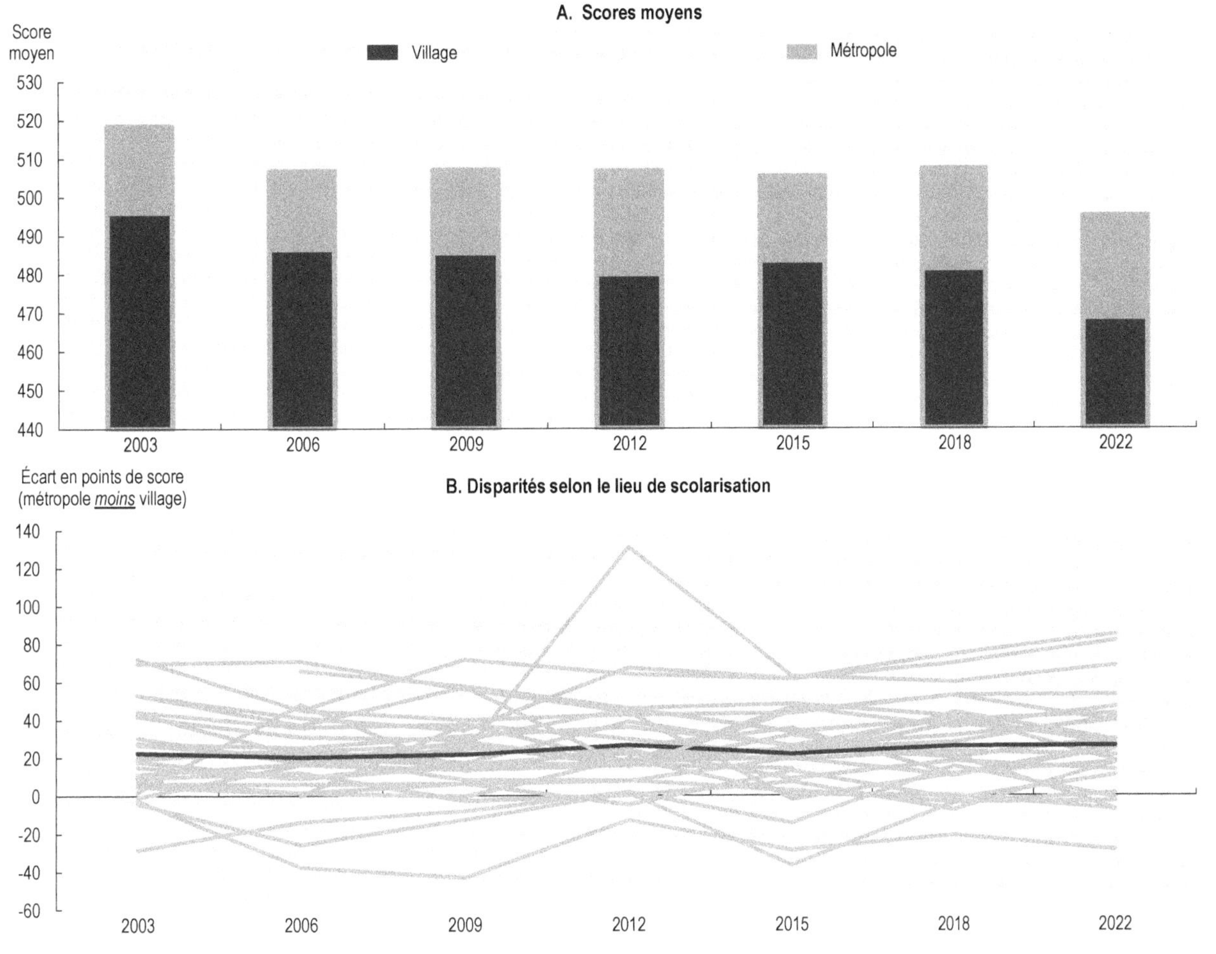

Note : Partie B : Les lignes de couleurs plus claires représentent les disparités entre les élèves selon qu'ils étaient scolarisés dans une métropole ou dans un village dans les différents pays entre 2003 et 2022, alors que la ligne plus foncée représente la moyenne OCDE. Ce graphique indique les résultats en mathématiques et l'écart des résultats en mathématiques selon que les élèves étaient scolarisés dans une métropole ou dans un village. Le terme « village » s'applique ici aux communes (villages ou petites villes) dont la population est inférieure ou égale à 15 000 habitants, alors que le terme « métropole » renvoie aux communes (métropoles ou mégalopoles) dont la population est égale ou supérieure à 1 million d'habitants.

Source : Calculs fondés sur OCDE (2003[113]), *Base de données PISA 2003*, www.oecd.org/fr/data/datasets/pisa-2003-database.html ; OCDE (2006[114]), *Base de données PISA 2006*, www.oecd.org/fr/data/datasets/pisa-2006-database.html ; OCDE (2012[115]), *Base de données PISA 2012*, www.oecd.org/fr/data/datasets/pisa-2012-database.html ; OCDE (2015[116]), *Base de données PISA 2015*, www.oecd.org/fr/data/datasets/pisa-2015-database.html ; OCDE (2018[117]), *Base de données PISA 2018*, www.oecd.org/fr/data/datasets/pisa-2018-database.html ; et OCDE (2022[118]), *Base de données PISA* 2022, www.oecd.org/fr/data/datasets/pisa-2022-database.html.

StatLink https://stat.link/qbp7rz

2.4.2. Élargissons l'analyse : les disparités dans les compétences auxiliaires du XXIe siècle liées au genre, au lieu d'habitation pendant l'enfance et au niveau d'études des parents

L'éventail des compétences analysées dans le présent rapport est limité par la disponibilité de données internationales comparables sur les populations adultes des pays de l'OCDE. Les analyses peuvent cependant être considérablement élargies lors de l'évaluation des disparités entre les jeunes du point de vue des compétences auxiliaires du XXIe siècle. En effet, un plus large éventail d'instruments d'évaluation ont été mis au point et appliqués aux jeunes scolarisés. Il s'agit notamment d'indicateurs relatifs à la résolution créative des problèmes (OCDE, 2015[119]), à la résolution collaborative de problèmes (OCDE, 2018[120]), aux compétences globales (OCDE, 2020[121]), à la culture financière (OCDE, 2023[122]), à la créativité (OCDE, 2024[123]), aux connaissances civiques (AIE, 2022[124]), à la pensée informatique (AIE, 2023[125]), et à la maîtrise de l'informatique et de l'information (AIE, 2023[125]).

Les résultats de cette analyse plus poussée mettent en évidence des variations de ces compétences auxiliaires selon le genre, le lieu d'habitation pendant l'enfance et le niveau d'études des parents. Le Graphique 2.16, le Graphique 2.17 et le Graphique 2.18 présentent de manière synthétique les disparités entre les garçons et les filles, entre les jeunes selon qu'ils étaient scolarisés en milieu rural ou urbain, et selon que leurs parents ont ou non suivi des études supérieures dans chacune de ces compétences auxiliaires, tout en indiquant les disparités moyennes en compétences à l'écrit, en mathématiques et en sciences d'après les données les plus récentes disponibles pour 2022. Le Graphique 2.16 affiche les scores standardisés issus des évaluations ainsi que les écarts au 90e centile et au 10e centile. En moyenne, dans les pays de l'OCDE, les garçons surpassent les filles en résolution créative de problèmes (de 0.08 écart-type), en culture financière (de 0.05 écart-type), en pensée informatique (de 0.04 écart-type) et en mathématiques (de 0.10 écart-type). Les filles surpassent les garçons en résolution collaborative de problèmes (0.29 écart-type), en compétences globales (0.26 écart-type), en créativité (0.25 écart-type), en connaissances civiques (0.22 écart-type), en maîtrise de l'informatique et de l'information (0.20 écart-type) et en compétences à l'écrit (0.24 écart-type). Dans les domaines où les garçons font en moyenne mieux que les filles, les écarts sont plus importants parmi les élèves qui obtiennent les meilleurs scores. En revanche, dans les domaines où les filles surpassent les garçons, les écarts sont plus faibles parmi les élèves qui obtiennent les meilleurs scores, et plus importants parmi les 10 % des élèves qui obtiennent les scores les plus bas.

Les élèves scolarisés dans une métropole (communes de plus de 100 000 habitants) surpassent dans tous les domaines leurs pairs qui étaient scolarisés dans un village, avec des écarts allant de 0.1 écart-type pour la pensée informatique à 0.4 écart-type pour les compétences globales, comme indiqué au Graphique 2.17. En matière de résolution créative de problèmes, de compétences globales, de culture financière, de connaissances civiques, de pensée informatique et de maîtrise de l'informatique et de l'information, les écarts liés à leur lieu de scolarisation sont plus importants parmi les élèves qui obtiennent les meilleurs scores. En revanche, pour ce qui est de la créativité, les écarts liés au lieu de scolarisation sont plus importants parmi les élèves qui obtiennent les scores les plus bas.

Les élèves dont au moins l'un des parents a suivi des études supérieures surpassent dans toutes les évaluations et tous les domaines leurs pairs dont aucun des parents n'a atteint ce niveau d'études (Graphique 2.18). L'écart socioéconomique est plus important chez les élèves qui obtiennent les meilleurs scores dans toutes les évaluations, à l'exception de celles portant sur la créativité et la maîtrise de l'informatique et de l'information.

Graphique 2.16. Disparités entre les genres dans les compétences auxiliaires du XXIe siècle des jeunes, moyenne OCDE

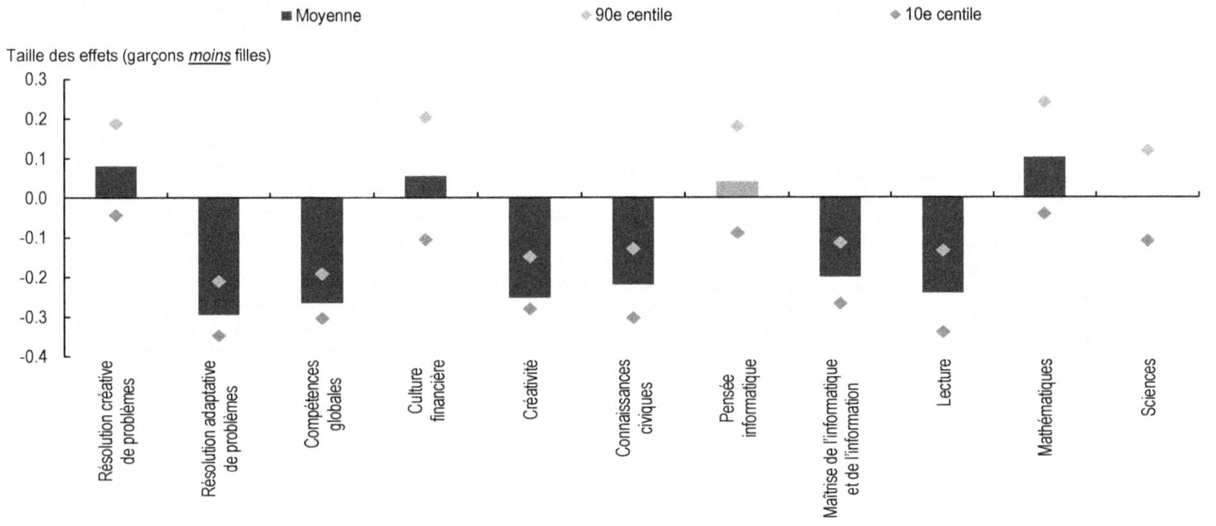

Note : Les estimations sont normalisées par rapport à une moyenne totale de l'OCDE égale à zéro et à un écart-type d'un dans les bases de données correspondantes. Les barres plus foncées indiquent des écarts statistiquement significatifs au seuil de 5 %. Tous les écarts au 10e centile et au 90e centile sont statistiquement significatifs au seuil de 5 %. Les moyennes OCDE excluent les pays de l'OCDE suivants faute de données disponibles. Dans le PISA 2012 : Costa Rica, Grèce, Islande, Lettonie, Lituanie, Luxembourg, Mexique, Nouvelle-Zélande et Suisse ; dans le PISA 2015 : Irlande, Pologne et Suisse ; dans le PISA 2018 : Allemagne, Australie, Autriche, Belgique, Danemark, Estonie, États-Unis, Finlande, France, Hongrie, Islande, Irlande, Italie, Japon, Luxembourg, Mexique, Norvège, Nouvelle-Zélande, Pays-Bas, Pologne, Portugal, Slovénie, Suède, Suisse, Tchéquie et Türkiye ; dans le PISA 2022 pour la « créativité » : Autriche, États-Unis, Irlande, Japon, Norvège, Royaume-Uni, Suède, Suisse et Türkiye. Les moyennes de l'OCDE incluent les pays de l'OCDE suivants: PISA 2022, la « culture financière »: l'Autriche, la Communauté flamande de Belgique, les provinces canadiennes (Alberta, Colombie-Britannique, Manitoba, Nouveau-Brunswick, Terre-Neuve-et-Labrador, Nouvelle-Écosse, Ontario et Île-du-Prince-Édouard), le Costa Rica, le Danemark, l'Espagne, les États-Unis, la Hongrie, l'Italie, la Norvège, les Pays-Bas, la Pologne, le Portugal et la Tchéquie ; l'étude ICCS de 2022: la Colombie, le Danemark, l'Espagne, l'Estonie, la France, l'Italie, la Lettonie, la Lituanie, la Norvège, les Pays-Bas, la Pologne, la République slovaque, la Rhénanie-du-Nord-Westphalie (Allemagne), le Schleswig-Holstein (Allemagne), la Slovénie et la Suède ; l'étude ICILS de 2023: l'Allemagne, l'Autriche, le Chili, la Corée, le Danemark, l'Espagne, les États-Unis, la Finlande, la Communauté flamande de Belgique, la France, la Grèce, la Hongrie, l'Italie, la Lettonie, le Luxembourg, la Norvège, les Pays-Bas, le Portugal, la République slovaque, la Slovénie, la Suède et la Tchéquie.

Source : Calculs fondés sur IEA (2022[124]), *ICCS 2022 Database*, https://doi.org/10.58150/ICCS_2022_data_edition_2_including_process_data ; AIE (2023[125]), *ICILS 2023 Database*, https://doi.org/10.58150/ICILS_2023_data ; OCDE (2012[115]), *base de données PISA 2012*, www.oecd.org/en/data/datasets/pisa-2012-database.html ;OCDE (2015[116]), *base de données PISA 2015*, www.oecd.org/en/data/datasets/pisa-2015-database.html ; OCDE (2018[117]), *base de données PISA 2018*, www.oecd.org/en/data/datasets/pisa-2018-database.html ; et OCDE (2022[118]), *base de données PISA 2022*, www.oecd.org/en/data/datasets/pisa-2022-database.html.

StatLink https://stat.link/jgs8lb

Graphique 2.17. Disparités dans les compétences auxiliaires du XXIe siècle parmi les jeunes, selon leur lieu de scolarisation, moyenne OCDE

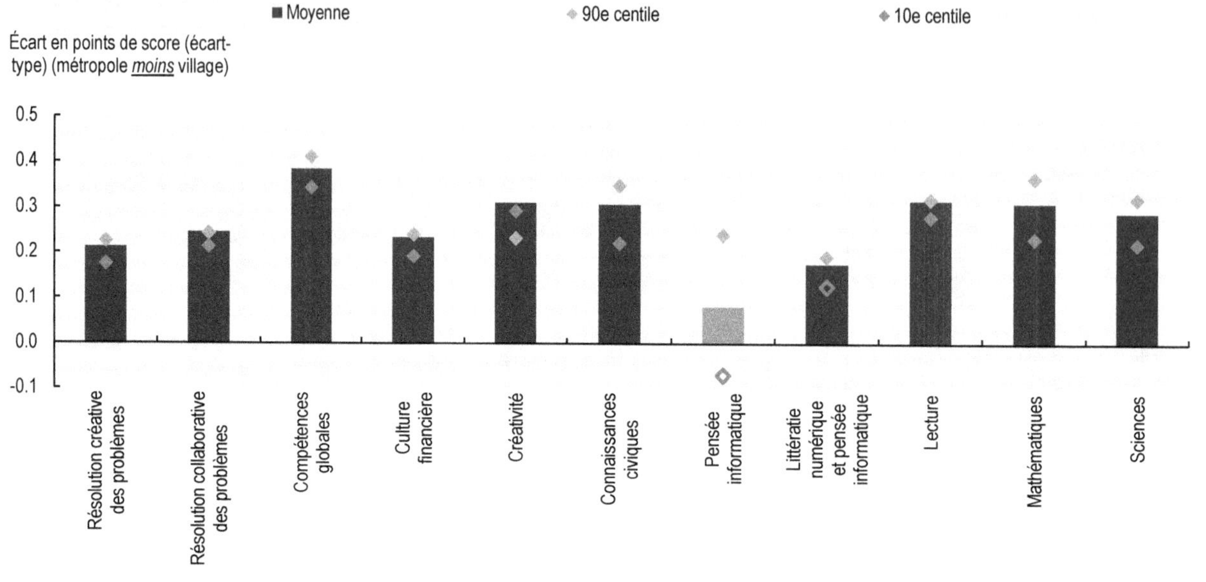

Note : Les estimations sont normalisées par rapport à une moyenne totale de l'OCDE égale à zéro et à un écart-type d'un dans les bases de données correspondantes. Les barres plus foncées indiquent des écarts statistiquement significatifs au seuil de 5 %. Les marqueurs pleins indiquent que les écarts au 90e et au 10e centiles sont statistiquement significatifs au seuil de 5 %. Les moyennes OCDE excluent les pays de l'OCDE suivants faute de données disponibles. Dans le PISA 2012 : Costa Rica, Grèce, Islande, Lettonie, Lituanie, Luxembourg, Mexique, Nouvelle-Zélande et Suisse ; dans le PISA 2015 : Irlande, Pologne et Suisse ; dans le PISA 2018 : Allemagne, Australie, Autriche, Belgique, Danemark, Estonie, États-Unis, Finlande, France, Hongrie, Islande, Irlande, Italie, Japon, Luxembourg, Mexique, Norvège, Nouvelle-Zélande, Pays-Bas, Pologne, Portugal, Slovénie, Suède, Suisse, Tchéquie et Türkiye ; dans le PISA 2022 pour la « créativité » : Autriche, États-Unis, Irlande, Japon, Norvège, Royaume-Uni, Suède, Suisse et Türkiye. Les moyennes de l'OCDE incluent les pays de l'OCDE suivant: PISA 2022, la « culture financière »: l'Autriche, la Communauté flamande de Belgique, les provinces canadiennes (Alberta, Colombie-Britannique, Manitoba, Nouveau-Brunswick, Terre-Neuve-et-Labrador, Nouvelle-Écosse, Ontario et Île-du-Prince-Édouard), le Costa Rica, le Danemark, l'Espagne, les États-Unis, la Hongrie, l'Italie, la Norvège, les Pays-Bas, la Pologne, le Portugal et la Tchéquie ; l'étude ICCS de 2022: la Colombie, le Danemark, l'Espagne, l'Estonie, la France, l'Italie, la Lettonie, la Lituanie, la Norvège, les Pays-Bas, la Pologne, la République slovaque, la Rhénanie-du-Nord-Westphalie (Allemagne), le Schleswig-Holstein (Allemagne), la Slovénie et la Suède ; l'étude ICILS de 2023 : l'Allemagne, l'Autriche, le Chili, la Corée, le Danemark, l'Espagne, les États-Unis, la Finlande, la Communauté flamande de Belgique, la France, la Grèce, la Hongrie, l'Italie, la Lettonie, le Luxembourg, la Norvège, les Pays-Bas, le Portugal, la République slovaque, la Slovénie, la Suède et la Tchéquie.

Source : Calculs fondés sur IEA (2022[124]), *ICCS 2022 Database*, https://doi.org/10.58150/ICCS_2022_data_edition_2_including_process_data ; AIE (2023[125]), *ICILS 2023 Database*, https://doi.org/10.58150/ICILS_2023_data ; OCDE (2012[115]), *base de données PISA 2012*, www.oecd.org/en/data/datasets/pisa-2012-database.html ;OCDE (2015[116]), *base de données PISA 2015*, www.oecd.org/en/data/datasets/pisa-2015-database.html ; OCDE (2018[117]), *base de données PISA 2018*, www.oecd.org/en/data/datasets/pisa-2018-database.html ; et OCDE (2022[118]), *base de données PISA 2022*, www.oecd.org/en/data/datasets/pisa-2022-database.html.

StatLink https://stat.link/qbrms9

Graphique 2.18. Disparités dans les compétences auxiliaires du XXIe siècle parmi les jeunes, selon le niveau d'études des parents, moyenne OCDE

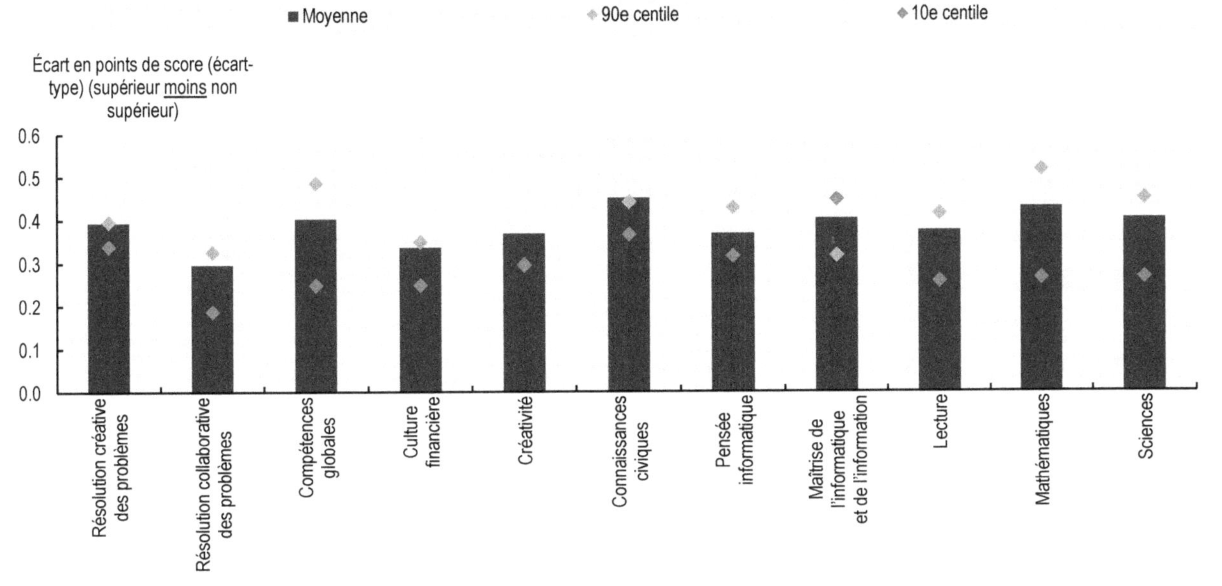

Note : Les estimations sont normalisées par rapport à une moyenne totale de l'OCDE égale à zéro et à un écart-type d'un dans les bases de données correspondantes. Tous les écarts moyens et les écarts aux 90e et 10e centiles sont statistiquement significatifs au seuil de 5 %. Les données relatives au niveau d'études des parents sont issues des réponses des élèves. Les informations relatives au niveau d'études de leurs mères et de leurs pères ont été utilisées pour déterminer l'indice du niveau d'études le plus élevé des parents. Cet indice est égal au niveau de la CITE le plus élevé de l'un ou l'autre parent. Les moyennes OCDE excluent les pays de l'OCDE suivants faute de données disponibles. Dans le PISA 2012 : Costa Rica, Grèce, Islande, Lettonie, Lituanie, Luxembourg, Mexique, Nouvelle-Zélande et Suisse ; dans le PISA 2015 : Irlande, Pologne et Suisse ; dans le PISA 2018 : Allemagne, Australie, Autriche, Belgique, Danemark, Estonie, États-Unis, Finlande, France, Hongrie, Islande, Irlande, Italie, Japon, Luxembourg, Mexique, Norvège, Nouvelle-Zélande, Pays-Bas, Pologne, Portugal, Slovénie, Suède, Suisse, Tchéquie et Türkiye ; dans le PISA 2022 pour la « créativité » : Autriche, États-Unis, Irlande, Japon, Norvège, Royaume-Uni, Suède, Suisse et Türkiye. Les moyennes de l'OCDE incluent les pays de l'OCDE suivant : PISA 2022, la « culture financière »: l'Autriche, la Communauté flamande de Belgique, les provinces canadiennes (Alberta, Colombie-Britannique, Manitoba, Nouveau-Brunswick, Terre-Neuve-et-Labrador, Nouvelle-Écosse, Ontario et Île-du-Prince-Édouard), le Costa Rica, le Danemark, l'Espagne, les États-Unis, la Hongrie, l'Italie, la Norvège, les Pays-Bas, la Pologne, le Portugal et la Tchéquie ; l'étude ICCS de 2022: la Colombie, le Danemark, l'Espagne, l'Estonie, la France, l'Italie, la Lettonie, la Lituanie, la Norvège, les Pays-Bas, la Pologne, la République slovaque, la Rhénanie-du-Nord-Westphalie (Allemagne), le Schleswig-Holstein (Allemagne), la Slovénie et la Suède ; l'étude ICILS de 2023 : l'Allemagne, l'Autriche, le Chili, la Corée, le Danemark, l'Espagne, les États-Unis, la Finlande, la Communauté flamande de Belgique, la France, la Grèce, la Hongrie, l'Italie, la Lettonie, le Luxembourg, la Norvège, les Pays-Bas, le Portugal, la République slovaque, la Slovénie, la Suède et la Tchéquie.

Source : Calculs fondés sur IEA, ICCS 2022 Database, https://doi.org/10.58150/ICCS_2022_data_edition_2_including_process_data, AIE, ICILS 2023 Database, https://doi.org/10.58150/ICILS_2023_data; OCDE, base de données PISA 2012, www.oecd.org/en/data/datasets/pisa-2012-database.html; OCDE, base de données PISA 2015, www.oecd.org/en/data/datasets/pisa-2015-database.html ; OCDE, base de données PISA 2018, www.oecd.org/en/data/datasets/pisa-2018-database.html, et OCDE, base de données PISA 2022, www.oecd.org/en/data/datasets/pisa-2022-database.html.

StatLink https://stat.link/t50kym

Références

AIE (2023), *ICILS 2023 Database*, International Computer and Information Literacy Study, International Association for the Evaluation of Educational Achievement, https://doi.org/10.58150/ICILS_2023_data. [125]

AIE (2022), *ICCS 2022 Database*, International Civic and Citizenship Education Study, International Association for the Evaluation of Educational Achievement, https://doi.org/10.58150/ICCS_2022_data_edition_2_including_process_data. [124]

Artamonova, A. et A. Syse (2021), « Do older parents' assistance needs deter parent-child geographic divergence in Norway? », *Health & Place*, vol. 70, p. 102599, https://doi.org/10.1016/j.healthplace.2021.102599. [62]

Atherton, O. et al. (2023), « Rural–urban differences in personality traits and well-being in adulthood », *Journal of Personality*, vol. 92/1, pp. 73-87, https://doi.org/10.1111/jopy.12818. [67]

Attanasio, O., Á. de Paula et A. Toppeta (2024), *Intergenerational mobility in socio-emotional skills*, The IFS, https://doi.org/10.1920/wp.ifs.2024.2624. [9]

Autor, D. et al. (2023), « Males at the tails: How socioeconomic status shapes the gender gap », *The Economic Journal*, vol. 133/656, pp. 3136-3152, https://doi.org/10.1093/ej/uead069. [83]

Avvisati, F. et P. Givord (2023), « The learning gain over one school year among 15-year-olds: An international comparison based on PISA », *Labour Economics*, vol. 84, p. 102365, https://doi.org/10.1016/j.labeco.2023.102365. [40]

Bächmann, A. (2022), « Are female-dominated occupations a secure option? Occupational gender segregation, accompanied occupational characteristics, and the risk of becoming unemployed », *European Sociological Review*, vol. 39/6, pp. 876-889, https://doi.org/10.1093/esr/jcac068. [103]

Bacolod, M., B. Blum et W. Strange (2009), « Skills in the city », *Journal of Urban Economics*, vol. 65/2, pp. 136-153, https://doi.org/10.1016/j.jue.2008.09.003. [92]

Bakker, D. et al. (2009), « Adding typology to lexicostatistics: A combined approach to language classification », *Linguistic Typology*, vol. 13/1, https://doi.org/10.1515/lity.2009.009. [127]

Balducci, M. et al. (2024), « The gender-equality paradox in intraindividual academic strengths: A cross-temporal analysis », *Psychological Science*, vol. 35/11, pp. 1246-1259, https://doi.org/10.1177/09567976241271330. [95]

Barro, R. et J. Lee (2013), « A new data set of educational attainment in the world, 1950–2010 », *Journal of Development Economics*, vol. 104, pp. 184-198, https://doi.org/10.1016/j.jdeveco.2012.10.001. [44]

Bernardi, F. (2014), « Compensatory advantage as a mechanism of educational inequality », *Sociology of Education*, vol. 87/2, pp. 74-88, https://doi.org/10.1177/0038040714524258. [80]

Bernardi, F. et M. Valdés (2021), « Sticky educational expectations: A cross-country comparison », *Research in Social Stratification and Mobility*, vol. 75, p. 100624, https://doi.org/10.1016/j.rssm.2021.100624. [21]

Berry, C. et E. Glaeser (2005), « The divergence of human capital levels across cities », *Papers in Regional Science*, vol. 84/3, pp. 407-444, https://doi.org/10.1111/j.1435-5957.2005.00047.x. [93]

Bodovski, K. (2013), « Adolescents' emerging habitus: The role of early parental expectations and practices », *British Journal of Sociology of Education*, vol. 35/3, pp. 389-412, https://doi.org/10.1080/01425692.2013.776932. [16]

Borgonovi, F. (2022), « Is the literacy achievement of teenage boys poorer than that of teenage girls, or do estimates of gender gaps depend on the test? A comparison of PISA and PIAAC », *Journal of Educational Psychology*, vol. 114/2, pp. 239-256, https://doi.org/10.1037/edu0000659. [26]

Borgonovi, F., A. Choi et M. Paccagnella (2021), « The evolution of gender gaps in numeracy and literacy between childhood and young adulthood », *Economics of Education Review*, vol. 82, p. 102119, https://doi.org/10.1016/j.econedurev.2021.102119. [28]

Borgonovi, F., Á. Choi et M. Paccagnella (2018), *The evolution of gender gaps in numeracy and literacy between childhood and adulthood*, Éditions OCDE, Paris, https://doi.org/10.1787/0ff7ae72-en. [96]

Borgonovi, F. et A. Ferrara (2020), « Academic achievement and sense of belonging among non-native-speaking immigrant students: The role of linguistic distance », *Learning and Individual Differences*, vol. 81, p. 101911, https://doi.org/10.1016/j.lindif.2020.101911. [52]

Borgonovi, F. et A. Pokropek (2021), « The evolution of socio-economic disparities in literacy skills from age 15 to age 27 in 20 countries », *British Educational Research Journal*, vol. 47/6, pp. 1560-1586, https://doi.org/10.1002/berj.3738. [12]

Borgonovi, F. et al. (2017), *Youth in Transition : How Do Some of The Cohorts Participating in PISA Fare in PIAAC?*, Éditions OCDE, Paris, https://doi.org/10.1787/51479ec2-en. [37]

Breen, R. et J. Goldthorpe (1997), « Explaining differences: Towards a formal rational action theory », *Rationality and Society*, vol. 9/3, pp. 275-305, https://doi.org/10.1177/104346397009003002. [15]

Bukodi, E. et J. Goldthorpe (2018), *Social Inequality and Social Mobility: Is there an Inverse Relation?*, Center for Open Science, https://doi.org/10.31235/osf.io/jkqne. [109]

Canache, D. et al. (2013), « Openness, extraversion and the intention to emigrate », *Journal of Research in Personality*, vol. 47/4, pp. 351-355, https://doi.org/10.1016/j.jrp.2013.02.008. [72]

Cathles, A. et al. (2021), « Where do you come from, where do you go? Assessing skills gaps and labour market outcomes for young adults with different immigration backgrounds », *International Journal of Educational Development*, vol. 86, p. 102466, https://doi.org/10.1016/j.ijedudev.2021.102466. [47]

Chetty, R. et al. (2018), *The Opportunity Atlas: Mapping the Childhood Roots of Social Mobility*, National Bureau of Economic Research, https://doi.org/10.3386/w25147. [59]

Chetty, R. et al. (2014), « Where is the land of opportunity? The geography of intergenerational mobility in the United States », *The Quarterly Journal of Economics*, vol. 129/4, pp. 1553-1623, https://doi.org/10.1093/qje/qju022. [58]

Chetty, R. et al. (2022), « Social capital II: Determinants of economic connectedness », *Nature*, vol. 608/7921, pp. 122-134, https://doi.org/10.1038/s41586-022-04997-3. [18]

Christoffersen, A. (2021), « The politics of intersectional practice: Competing concepts of intersectionality », *Policy & Politics*, vol. 49/4, pp. 573-593, https://doi.org/10.1332/030557321x16194316141034. [82]

Cohen, J. (2013), *Statistical Power Analysis for the Behavioral Sciences*, Routledge, https://doi.org/10.4324/9780203771587. [42]

Corak, M. (2013), « Income inequality, equality of opportunity, and intergenerational mobility », *Journal of Economic Perspectives*, vol. 27/3, pp. 79-102, https://doi.org/10.1257/jep.27.3.79. [108]

Crenshaw, K. (1991), « Mapping the margins: Intersectionality, identity politics, and violence against women of color », *Stanford Law Review*, vol. 43/6, p. 1241, https://doi.org/10.2307/1229039. [81]

Cunha, F. et J. Heckman (2007), « The Technology of Skill Formation », *American Economic Review*, vol. 97/2, pp. 31-47, https://doi.org/10.1257/aer.97.2.31. [3]

Demange, P. et al. (2022), « Estimating effects of parents' cognitive and non-cognitive skills on offspring education using polygenic scores », *Nature Communications*, vol. 13/1, p. 4801, https://doi.org/10.1038/s41467-022-32003-x. [4]

Dickson, M., P. Gregg et H. Robinson (2016), « Early, late or never? When does parental education impact child outcomes? », *The Economic Journal*, vol. 126/596, pp. F184-F231, https://doi.org/10.1111/ecoj.12356. [13]

Dohmen, T. et al. (2011), « The intergenerational transmission of risk and trust attitudes », *The Review of Economic Studies*, vol. 79/2, pp. 645-677, https://doi.org/10.1093/restud/rdr027. [73]

Echazarra, A. et T. Radinger (2019), *Learning in rural schools : Insights from PISA, TALIS and the literature*, Éditions OCDE, Paris, https://doi.org/10.1787/8b1a5cb9-en. [70]

Eckel, C. et S. Füllbrunn (2015), « Thar SHE blows? Gender, competition, and bubbles in experimental asset markets », *American Economic Review*, vol. 105/2, pp. 906-920, https://doi.org/10.1257/aer.20130683. [87]

Ellison, G. et A. Swanson (2010), « The gender gap in secondary school mathematics at high achievement levels: Evidence from the American mathematics competitions », *Journal of Economic Perspectives*, vol. 24/2, pp. 109-128, https://doi.org/10.1257/jep.24.2.109. [85]

England-Mason, G. et A. Gonzalez (2020), « Intervening to shape children's emotion regulation: A review of emotion socialization parenting programs for young children », *Emotion*, vol. 20/1, pp. 98-104, https://doi.org/10.1037/emo0000638. [5]

Falk, A. et J. Hermle (2018), « Relationship of gender differences in preferences to economic development and gender equality », *Science*, vol. 362/6412, https://doi.org/10.1126/science.aas9899. [33]

Farkas, G. (2003), « Cognitive skills and noncognitive traits and behaviors in stratification processes », *Annual Review of Sociology*, vol. 29/1, pp. 541-562, https://doi.org/10.1146/annurev.soc.29.010202.100023. [10]

Ferreira, F., J. Gyourko et J. Tracy (2011), *Housing busts and household mobility: An update*, National Bureau of Economic Research, https://doi.org/10.3386/w17405. [63]

Fryer, R. et S. Levitt (2010), « An empirical analysis of the gender gap in mathematics », *American Economic Journal: Applied Economics*, vol. 2/2, pp. 210-240, https://doi.org/10.1257/app.2.2.210. [86]

Ganong, P. et D. Shoag (2017), « Why has regional income convergence in the U.S. declined? », *Journal of Urban Economics*, vol. 102, pp. 76-90, https://doi.org/10.1016/j.jue.2017.07.002. [64]

Gobillon, L. et H. Seold (2021), *Spatial mismatch, poverty, and vulnerable populations*, Springer Berlin Heidelberg, https://www.parisschoolofeconomics.eu/en/publications-hal/spatial-mismatch-poverty-and-vulnerable-populations/. [65]

Grönqvist, E., B. Öckert et J. Vlachos (2016), « The intergenerational transmission of cognitive and noncognitive abilities », *Journal of Human Resources*, vol. 52/4, pp. 887-918, https://doi.org/10.3368/jhr.52.4.0115-6882r1. [75]

Gruijters, R., I. Raabe et N. Hübner (2023), « Socio-emotional skills and the socioeconomic achievement gap », *Sociology of Education*, vol. 97/2, pp. 120-147, https://doi.org/10.1177/00380407231216424. [11]

Grusec, J. et M. Davidov (2019), « Parent Socialization and Children's Values », dans *Handbook of Parenting*, Routledge, https://doi.org/10.4324/9780429433214-22. [6]

Guhin, J., J. Calarco et C. Miller-Idriss (2021), « Whatever Happened to Socialization? », *Annual Review of Sociology*, vol. 47/1, pp. 109-129, https://doi.org/10.1146/annurev-soc-090320-103012. [7]

Guiso, L. et al. (2008), « Culture, gender, and math », *Science*, vol. 320/5880, pp. 1164-1165, https://doi.org/10.1126/science.1154094. [94]

Hakkarainen, A., L. Holopainen et H. Savolainen (2013), « Mathematical and Reading Difficulties as Predictors of School Achievement and Transition to Secondary Education », *Scandinavian Journal of Educational Research*, vol. 57/5, pp. 488-506, https://doi.org/10.1080/00313831.2012.696207. [111]

Hanushek, E. et al. (2025), « Age and cognitive skills: Use it or lose it », *Science Advances*, vol. 11/10, https://doi.org/10.1126/sciadv.ads1560. [39]

Hanushek, E., S. Machin et L. Woessmann (dir. pub.) (2011), *The Economics of International Differences in Educational Achievement*, Elsevier B.V., https://hanushek.stanford.edu/sites/default/files/publications/Hanushek%2BWoessmann%202011%20HandEconEduc.pdf. [1]

Herlitz, A. et al. (2024), « A systematic review and new analyses of the gender-equality paradox », *Perspectives on Psychological Science*, vol. 20/3, pp. 503-539, https://doi.org/10.1177/17456916231202685. [97]

Holm, A., A. Hjorth-Trolle et M. Jæger (2019), « Signals, educational decision-making, and inequality », *European Sociological Review*, vol. 35/4, pp. 447-460, https://doi.org/10.1093/esr/jcz010. [22]

Huang, C. (2012), « Gender differences in academic self-efficacy: A meta-analysis », *European Journal of Psychology of Education*, vol. 28/1, pp. 1-35, https://doi.org/10.1007/s10212-011-0097-y. [36]

Hyde, J. (2014), « Gender similarities and differences », *Annual Review of Psychology*, vol. 65/1, pp. 373-398, https://doi.org/10.1146/annurev-psych-010213-115057. [24]

Isphording, I. (2014), « Disadvantages of linguistic origin - Evidence from immigrant literacy scores », *Economics Letters*, vol. 123/2, pp. 236-239, https://doi.org/10.1016/j.econlet.2014.02.013. [48]

Jansen, M., M. Becker et M. Neumann (2021), « Dimensional comparison effects on (gendered) educational choices », *Journal of Educational Psychology*, vol. 113/2, pp. 330-350, https://doi.org/10.1037/edu0000524. [99]

Keane, C., H. Russell et E. Smyth (2017), *Female participation increases and gender segregation*, The Economic and Social Research Institute, https://www.esri.ie/publications/female-participation-increases-and-gender-segregation. [104]

Kimbrough, E. (dir. pub.) (2025), « Big cities fuel inequality within and across generations », *PNAS Nexus*, vol. 4/2, https://doi.org/10.1093/pnasnexus/pgae587. [61]

Kraft, M. (2020), « Interpreting Effect Sizes of Education Interventions », *Educational Researcher*, vol. 49/4, pp. 241-253, https://doi.org/10.3102/0013189x20912798. [41]

Kuperman, V. (2022), « Effects of linguistic distance on cognitive skills, health, and social outcomes in Canadian immigrants », *Frontiers in Political Science*, vol. 4, https://doi.org/10.3389/fpos.2022.874195. [53]

Lareau, A. (2011), *Unequal Childhoods: Class, Race, and Family Life*, University of California Press, http://www.jstor.org/stable/10.1525/j.ctt1ppgj4. [17]

Lee, H. et al. (2025), « Mechanisms of cultural diversity in urban populations », *Nature Communications*, vol. 16/1, https://doi.org/10.1038/s41467-025-60538-2. [78]

Leerkes, E., L. Bailes et M. Augustine (2020), « The intergenerational transmission of emotion socialization », *Developmental Psychology*, vol. 56/3, pp. 390-402, https://doi.org/10.1037/dev0000753. [8]

Legewie, J. et T. DiPrete (2012), « School context and the gender gap in educational achievement », *American Sociological Review*, vol. 77/3, pp. 463-485, https://doi.org/10.1177/0003122412440802. [84]

Lehtonen, M. et al. (2018), « Is bilingualism associated with enhanced executive functioning in adults? A meta-analytic review », *Psychological Bulletin*, vol. 144/4, pp. 394-425, https://doi.org/10.1037/bul0000142. [55]

Leslie, S. et al. (2015), « Expectations of brilliance underlie gender distributions across academic disciplines », *Science*, vol. 347/6219, pp. 262-265, https://doi.org/10.1126/science.1261375. [89]

Liefbroer, A. et C. Elzinga (2012), « Intergenerational transmission of behavioural patterns: How similar are parents' and children's demographic trajectories? », *Advances in Life Course Research*, vol. 17/1, pp. 1-10, https://doi.org/10.1016/j.alcr.2012.01.002. [74]

Li, P., J. Legault et K. Litcofsky (2014), « Neuroplasticity as a function of second language learning: Anatomical changes in the human brain », *Cortex*, vol. 58, pp. 301-324, https://doi.org/10.1016/j.cortex.2014.05.001. [54]

Malin, A. (dir. pub.) (2014), *Associations between age and cognitive foundation skills in the Nordic countries – A closer look at the data*, University of Jyväskylä, The Finnish Institute for Educational Research, https://pure.vive.dk/ws/files/293064/d112.pdf. [30]

McCaughey, M. (2023), *No one left behind? Gender segregation in the workplace sees women losing out*, https://www.eurofound.europa.eu/en/blog/2023/no-one-left-behind-gender-segregation-workplace-sees-women-losing-out (consulté le 17 février 2025). [105]

Militaru, I. et al. (2023), « The lay of the land: Associations between environmental features and personality », *Journal of Personality*, vol. 92/1, pp. 88-110, https://doi.org/10.1111/jopy.12822. [77]

Niederle, M. et L. Vesterlund (2007), « Do women shy away from competition? Do men compete too much? », *The Quarterly Journal of Economics*, vol. 122/3, pp. 1067-1101, https://doi.org/10.1162/qjec.122.3.1067. [88]

Norman, D. et D. Bobrow (1975), « On data-limited and resource-limited processes », *Cognitive Psychology*, vol. 7/1, pp. 44-64, https://doi.org/10.1016/0010-0285(75)90004-3. [51]

Nucette, A. et al. (2024), « Can learning a new language make you better at maths? A meta-analysis of foreign language learning and numeracy skills during early adolescence », *Bilingualism: Language and Cognition*, pp. 1-31, https://doi.org/10.1017/s1366728924000701. [57]

OCDE (2025), *Résultats du PISA 2022 (vol. I) : Apprentissage et équité dans l'éducation*, PISA, Éditions OCDE, Paris, https://doi.org/10.1787/165f1d07-fr. [128]

OCDE (2025), *To Have and Have Not – How to Bridge the Gap in Opportunities*, Éditions OCDE, Paris, https://doi.org/10.1787/dec143ad-en. [60]

OCDE (2024), *Base de données du 2e Cycle du PIAAC*, Évaluation des compétences des adultes, OCDE, Paris, https://www.oecd.org/fr/data/datasets/piaac-2nd-cycle-database.html (consulté le 10 décembre 2024). [23]

OCDE (2024), *Base de données sur la distribution des revenus*, Explorateur de données, http://data-explorer.oecd.org/s/17a (consulté le 12 février 2025). [110]

OCDE (2024), *Education Policy Outlook 2024 : Reshaping Teaching into a Thriving Profession from ABCs to AI*, Éditions OCDE, Paris, https://doi.org/10.1787/dd5140e4-en. [91]

OCDE (2024), *Perspectives des migrations internationales 2024*, Éditions OCDE, Paris, https://doi.org/10.1787/4fa9de98-fr. [45]

OCDE (2024), *Résultats du PISA 2022 (vol. III – version abrégée) : La pensée créative en milieu scolaire*, PISA, Éditions OCDE, Paris, https://doi.org/10.1787/b04a0009-fr. [123]

OCDE (2024), *Résultats du PISA 2022 (vol. V – version abrégée) : Stratégies et attitudes des élèves vis-à-vis des apprentissages : Des atouts pour la vie*, PISA, Éditions OCDE, Paris, https://doi.org/10.1787/c2e44201-en. [20]

OCDE (2023), *PISA 2022 Assessment and Analytical Framework*, PISA, Éditions OCDE, Paris, https://doi.org/10.1787/dfe0bf9c-en. [122]

OCDE (2022), *Base de données PISA 2022*, OCDE, Paris, https://www.oecd.org/fr/data/datasets/pisa-2022-database.html (consulté le 5 novembre 2024). [118]

OCDE (2021), *Perspectives de l'OCDE sur les compétences 2021 : Se former pour la vie*, Éditions OCDE, Paris, https://doi.org/10.1787/fc97e6d3-fr. [14]

OCDE (2020), *L'importance des compétences : Résultats supplémentaires de l'évaluation des compétences des adultes*, Études de l'OCDE sur les compétences, Éditions OCDE, Paris, https://doi.org/10.1787/176f15d3-fr. [27]

OCDE (2020), *PISA 2018 Results (vol. VI) : Are Students Ready to Thrive in an Interconnected World ?*, PISA, Éditions OCDE, Paris, https://doi.org/10.1787/d5f68679-en. [121]

OCDE (2019), *Providing Quality Early Childhood Education and Care : Results from the Starting Strong Survey 2018*, TALIS, Éditions OCDE, Paris, https://doi.org/10.1787/301005d1-en. [71]

OCDE (2018), *Base de données PISA 2018*, OCDE, Paris, https://www.oecd.org/fr/data/datasets/pisa-2018-database.html (consulté le 5 novembre 2024). [117]

OCDE (2018), *Résultats du PISA 2015 (vol. V) : Résolution collaborative de problèmes*, PISA, Éditions OCDE, Paris, https://doi.org/10.1787/9789264305199-fr. [120]

OCDE (2018), *Skills on the Move : Migrants in the Survey of Adult Skills*, Études de l'OCDE sur les compétences, Éditions OCDE, Paris, https://doi.org/10.1787/9789264307353-en. [46]

OCDE (2017), *Base de données du 1er cycle du PIAAC*, https://www.oecd.org/fr/data/datasets/piaac-1st-cycle-database.html (consulté le 14 novembre 2024). [107]

OCDE (2017), *Country roads: Education and rural life*, OCDE, Paris, https://www.oecd.org/content/dam/oecd/en/publications/reports/2017/04/country-roads_3e5f7ba4/ea43a39d-en.pdf. [68]

OCDE (2016), *L'importance des compétences : Nouveaux résultats de l'évaluation des compétences des adultes*, Études de l'OCDE sur les compétences, Éditions OCDE, Paris, https://doi.org/10.1787/9789264259492-fr. [43]

OCDE (2015), *Base de données PISA 2015*, OCDE, Paris, https://www.oecd.org/fr/data/datasets/pisa-2015-database.html (consulté le 5 novembre 2024). [116]

OCDE (2015), *L'égalité des sexes dans l'éducation : Aptitudes, comportement et confiance*, PISA, Éditions OCDE, Paris, https://doi.org/10.1787/9789264230644-fr. [35]

OCDE (2015), *Résultats du PISA 2012 : Trouver des solutions créatives (vol. V) : Compétences des élèves en résolution de problèmes de la vie réelle*, PISA, Éditions OCDE, Paris, https://doi.org/10.1787/9789264215771-fr. [119]

OCDE (2012), *Base de données PISA 2012*, OCDE, Paris, https://www.oecd.org/fr/data/datasets/pisa-2012-database.html (consulté le 5 novembre 2024). [115]

OCDE (2006), *Base de données PISA 2006*, OCDE, Paris, https://www.oecd.org/fr/data/datasets/pisa-2006-database.html (consulté le 14 novembre 2024). [114]

OCDE (2003), *Base de données PISA 2003*, OCDE, Paris, https://www.oecd.org/fr/data/datasets/pisa-2003-database.html. [113]

OCDE/Statistiques Canada (2005), *Apprentissage et réussite : Premiers résultats de l'Enquête sur la littératie et les compétences des adultes*, Éditions OCDE, Paris, https://doi.org/10.1787/9789264010413-fr. [32]

Owens, A., S. Reardon et C. Jencks (2016), « Income segregation between schools and school districts », *American Educational Research Journal*, vol. 53/4, pp. 1159-1197, https://doi.org/10.3102/0002831216652722. [19]

Paccagnella, M. (2016), *Age, Ageing and Skills : Results from the Survey of Adult Skills*, Éditions OCDE, Paris, https://doi.org/10.1787/5jm0q1n38lvc-en. [79]

Paradis, J. (2011), « Individual differences in child English second language acquisition », *Linguistic Approaches to Bilingualism*, vol. 1/3, pp. 213-237, https://doi.org/10.1075/lab.1.3.01par. [49]

Permanyer, I. (2009), « The measurement of multidimensional gender inequality: Continuing the debate », *Social Indicators Research*, vol. 95/2, pp. 181-198, https://doi.org/10.1007/s11205-009-9463-4. [101]

PNUD (2025), *Gender Inequality Index (GII)*, Programme De Développement Des Nations Unies, https://hdr.undp.org/data-center/thematic-composite-indices/gender-inequality-index#/indicies/GII (consulté le 13 février 2025). [102]

Rebollo-Sanz, Y. et S. De la Rica (2020), « Gender gaps in skills and labor market outcomes: Evidence from the PIAAC », *Review of Economics of the Household*, vol. 20/2, pp. 333-371, https://doi.org/10.1007/s11150-020-09523-w. [38]

Rebollo-Sanz, Y. et S. de la Rica (2020), *From Gender Gaps in Skills to Gender Gaps in Wages: Evidence from PIAAC*, Document de travail 20.09, Universidad Pablo de Olavide, Department of Economics, https://ideas.repec.org/p/pab/wpaper/20.09.html. [25]

Rentfrow, P., S. Gosling et J. Potter (2008), « A theory of the emergence, persistence, and expression of geographic variation in psychological characteristics », *Perspectives on Psychological Science*, vol. 3/5, pp. 339-369, https://doi.org/10.1111/j.1745-6924.2008.00084.x. [69]

Richardson, S. et al. (2020), « Is there a gender-equality paradox in science, technology, engineering, and math (STEM)? Commentary on the study by Stoet and Geary (2018) », *Psychological Science*, vol. 31/3, pp. 338-341, https://doi.org/10.1177/0956797619872762. [100]

Rosdahl, A. (2014), *Fra 15 til 27 år: PISA 2000-eleverne i 2011/12 [De 15 à 27 ans : les élèves du PISA 2000 en 2011/12]*, Det Nationale Forskningscenter for Velfærd [Centre danois de recherche en sciences sociales], https://www.vive.dk/da/udgivelser/fra-15-aar-til-27-aar-yvrg7kzb/. [31]

Silverman, I. (2003), « Gender differences in delay of gratification: A meta-analysis », *Sex Roles*, vol. 49/9/10, pp. 451-463, https://doi.org/10.1023/a:1025872421115. [34]

Solheim, O. et K. Lundetræ (2016), « Can test construction account for varying gender differences in international reading achievement tests of children, adolescents and young adults? – A study based on Nordic results in PIRLS, PISA and PIAAC », *Assessment in Education: Principles, Policy & Practice*, vol. 25/1, pp. 107-126, https://doi.org/10.1080/0969594x.2016.1239612. [29]

Spring, A., B. Gillespie et C. Mulder (2023), « Internal migration following adverse life events: Assessing the likelihood of return migration and migration toward family », *Population, Space and Place*, vol. 30/3, https://doi.org/10.1002/psp.2711. [66]

Stoet, G. et D. Geary (2018), « The gender-equality paradox in science, technology, engineering, and mathematics education », *Psychological Science*, vol. 29/4, pp. 581-593, https://doi.org/10.1177/0956797617741719. [98]

Storage, D. et al. (2020), « Adults and children implicitly associate brilliance with men more than women », *Journal of Experimental Social Psychology*, vol. 90, p. 104020, https://doi.org/10.1016/j.jesp.2020.104020. [90]

Takano, Y. et A. Noda (1995), « Interlanguage dissimilarity enhances the decline of thinking ability during foreign language processing », *Language Learning*, vol. 45/4, pp. 657-681, https://doi.org/10.1111/j.1467-1770.1995.tb00457.x. [50]

Torre, M. (2018), « Stopgappers? The Occupational Trajectories of Men in Female-Dominated Occupations », *Work and Occupations*, vol. 45/3, pp. 283-312, https://doi.org/10.1177/0730888418780433. [106]

Tucker, L. (2023), « Open-mindedness: A double-edged sword in education », *Theory and Research in Education*, vol. 21/3, pp. 241-263, https://doi.org/10.1177/14778785231203100. [76]

Van de Werfhorst, H. et J. Mijs (2010), « Achievement Inequality and the Institutional Structure of Educational Systems: A Comparative Perspective », *Annual Review of Sociology*, vol. 36/1, pp. 407-428, https://doi.org/10.1146/annurev.soc.012809.102538. [2]

Wang, X. (2013), « Why Students Choose STEM Majors », *American Educational Research Journal*, vol. 50/5, pp. 1081-1121, https://doi.org/10.3102/0002831213488622. [112]

Ware, C. et al. (2021), « Does second language learning promote neuroplasticity in aging? A systematic review of cognitive and neuroimaging studies », *Frontiers in Aging Neuroscience*, vol. 13, https://doi.org/10.3389/fnagi.2021.706672. [56]

Wichmann, S. et al. (2010), « Evaluating linguistic distance measures », *Physica A: Statistical Mechanics and its Applications*, vol. 389/17, pp. 3632-3639, https://doi.org/10.1016/j.physa.2010.05.011. [126]

Annexe 2.A. Résultats supplémentaires en ligne

Tableau d'annexe 2.A.1. Évolution du niveau d'études et de la profession des parents selon les générations

Tableau 2.A.1.1	Niveau d'études des parents, selon l'âge
Tableau 2.A.1.2	Profession des parents, selon l'âge
Tableau 2.A.1.3	Niveau d'études des parents, selon le lieu d'habitation et l'âge

Le StatLink est disponible uniquement en anglais, voir : https://stat.link/bmv0r7.

Tableau d'annexe 2.A.2. Disparités dans les compétences fondamentales du XXIe siècle, par pays et par caractéristique sociodémographique

Tableau 2.A.2.1	Compétences fondamentales du XXIe siècle et compétences auxiliaires, selon l'âge
Tableau 2.A.2.2	Compétences fondamentales du XXIe siècle et compétences auxiliaires, selon le genre
Tableau 2.A.2.3	Compétences fondamentales du XXIe siècle et compétences auxiliaires, selon le niveau d'études des parents
Tableau 2.A.2.4	Compétences fondamentales du XXIe siècle et compétences auxiliaires, selon la profession des parents
Tableau 2.A.2.5	Compétences fondamentales du XXIe siècle et compétences auxiliaires, selon l'origine immigrée
Tableau 2.A.2.6	Compétences fondamentales du XXIe siècle et compétences auxiliaires, selon le lieu d'habitation pendant l'enfance
Tableau 2.A.2.7	Distribution des compétences fondamentales du XXIe siècle (90e et 10e centiles), selon l'âge
Tableau 2.A.2.8	Distribution des compétences fondamentales du XXIe siècle (90e et 10e centiles), selon le genre
Tableau 2.A.2.9	Distribution des compétences fondamentales du XXIe siècle (90e et 10e centiles), selon le niveau d'études des parents
Tableau 2.A.2.10	Distribution des compétences fondamentales du XXIe siècle (90e et 10e centiles), selon la profession des parents
Tableau 2.A.2.11	Distribution des compétences fondamentales du XXIe siècle (90e et 10e centiles), selon l'origine immigrée
Tableau 2.A.2.12	Distribution des compétences fondamentales du XXIe siècle (90e et 10e centiles), selon le lieu d'habitation pendant l'enfance

Le StatLink est disponible uniquement en anglais, voir : https://stat.link/kqnbed.

Tableau d'annexe 2.A.3. Intersectionnalité des disparités

Tableau 2.A.3.1	Disparités entre les genres dans les compétences fondamentales du XXIe siècle, selon l'âge
Tableau 2.A.3.2	Disparités entre les genres dans les compétences fondamentales du XXIe siècle, selon le niveau d'études des parents
Tableau 2.A.3.3	Disparités entre les genres dans les compétences fondamentales du XXIe siècle, selon la profession des parents
Tableau 2.A.3.4	Disparités entre les genres dans les compétences fondamentales du XXIe siècle, selon l'origine immigrée
Tableau 2.A.3.5	Disparités entre les genres dans les compétences fondamentales du XXIe siècle, selon le lieu d'habitation pendant l'enfance
Tableau 2.A.3.6	Disparités dans les compétences fondamentales du XXIe siècle entre les adultes dont les parents ont ou non suivi des études supérieures, selon l'âge
Tableau 2.A.3.7	Disparités dans les compétences fondamentales du XXIe siècle entre les adultes dont les parents ont ou non suivi des études supérieures, selon le genre
Tableau 2.A.3.8	Disparités dans les compétences fondamentales du XXIe siècle entre les adultes dont les parents ont ou non suivi des études supérieures, selon la profession des parents
Tableau 2.A.3.9	Disparités dans les compétences fondamentales du XXIe siècle entre les adultes dont les parents ont ou non suivi des études supérieures, selon l'origine immigrée
Tableau 2.A.3.10	Disparités dans les compétences fondamentales du XXIe siècle entre les adultes dont les parents ont ou non suivi des études supérieures, selon le lieu d'habitation pendant l'enfance
Tableau 2.A.3.11	Disparités dans les compétences fondamentales du XXIe siècle entre les adultes qui ont respectivement grandi dans un village ou dans une métropole, selon l'âge
Tableau 2.A.3.12	Disparités dans les compétences fondamentales du XXIe siècle entre les adultes qui ont respectivement grandi dans un village ou dans une métropole, selon le genre

Tableau 2.A.3.13	Disparités dans les compétences fondamentales du XXIe siècle entre les adultes qui ont respectivement grandi dans un village ou dans une métropole, selon le niveau d'études des parents
Tableau 2.A.3.14	Disparités dans les compétences fondamentales du XXIe siècle entre les adultes qui ont respectivement grandi dans un village ou dans une métropole, selon la profession des parents
Tableau 2.A.3.15	Disparités dans les compétences fondamentales du XXIe siècle entre les adultes qui ont respectivement grandi dans un village ou dans une métropole, selon l'origine immigrée

Le StatLink est disponible uniquement en anglais, voir : https://stat.link/mqpo01.

Tableau d'annexe 2.A.4. Corrélations à l'échelle nationale

Tableau 2.A.4.1	Corrélation à l'échelle nationale entre les disparités entre les genres dans les compétences fondamentales du XXIe siècle et les inégalités entre les genres au niveau sociétal
Tableau 2.A.4.2	Écarts dans les compétences fondamentales du XXIe siècle liées à l'inégalité des chances absolue et au niveau d'études des parents
Tableau 2.A.4.3	Écarts dans les compétences fondamentales du XXIe siècle liées à l'inégalité du revenu total et au niveau d'études des parents
Tableau 2.A.4.4	Écarts dans les compétences fondamentales du XXIe siècle liées à l'inégalité des chances absolue et à la profession des parents
Tableau 2.A.4.5	Écarts dans les compétences fondamentales du XXIe siècle liés à l'inégalité du revenu total et à la profession des parents
Tableau 2.A.4.6	Écarts dans les compétences fondamentales du XXIe siècle liés à l'inégalité des chances absolue et au lieu d'habitation pendant l'enfance
Tableau 2.A.4.7	Écarts dans les compétences fondamentales du XXIe siècle liés à l'inégalité du revenu total et au lieu d'habitation pendant l'enfance

Le StatLink est disponible uniquement en anglais, voir : https://stat.link/xeo7bf.

Notes

[1] Les différences dans les indices de référence normalisés « *d* de Cohen » de la taille des effets indiquent de petits effets si le *d* de Cohen est inférieur à 0.2, des effets moyens pour les valeurs comprises entre 0.2 et 0.5, et de grands effets pour les valeurs égales ou supérieures à 0.5.

[2] La distance de Levenshtein normalisée par divergence est un indicateur de la distance linguistique mis au point dans le cadre du projet *Cross-Linguistic Linked Data* hébergé par l'Institut Max Planck pour la science de l'histoire humaine. Cet indicateur offre une approche systématique pour quantifier le degré de similarité entre les langues (Wichmann et al., 2010[126]). Il est fondé sur le « programme automatisé d'évaluation de la similarité » (*Automated Similarity Judgment Program*), qui compare les caractéristiques phonétiques et lexicales de différentes langues à l'aide de la liste Swadesh – un ensemble standardisé de mots avec des significations communes dans les différentes langues. Les transcriptions phonétiques des mots sont analysées à l'aide d'une distance de Levenshtein composite, calculée comme le nombre minimum de modifications d'un seul caractère nécessaires pour transformer la transcription d'une langue en celle d'une autre (Bakker et al., 2009[127]). La distance moyenne pour l'ensemble des mots est ensuite ajustée pour produire le score final correspondant, qui est une mesure continue allant de 0 à juste au-dessus de 100, le degré de similarité étant d'autant plus élevé que le score est bas. Cette approche fournit un cadre normalisé de comparaison entre les langues validé empiriquement et susceptible d'être appliqué dans divers contextes de recherche scientifique.

[3] Les scores PISA présentent un écart-type d'environ 100 points de score (OCDE, 2025[128]).

3 Évolution de l'apprentissage tout au long de la vie

Ce chapitre s'appuie sur des données internationales de l'OCDE pour étudier l'influence qu'exercent les différences en matière de niveau d'études, de domaine d'études et de participation à la formation des adultes sur le développement des compétences tout au long de la vie selon les groupes démographiques. Les écarts dans les compétences fondamentales du XXIe siècle, à l'origine liés au milieu familial et à l'environnement scolaire, se creusent souvent à l'issue de la scolarité obligatoire. Le genre et le milieu socioéconomique déterminent non seulement la durée des études, mais aussi le domaine d'études et la possibilité de continuer à se former tout au long de la vie. Les obstacles à la participation des adultes à la formation non formelle varient en fonction du niveau d'études et du milieu socioéconomique. Une augmentation des dépenses d'éducation peut réduire les disparités en matière de compétences, mais elle ne peut suffire à compenser le handicap initial lié à la situation des parents. Pour réduire les inégalités, il est essentiel de mettre en œuvre des politiques efficaces à l'appui de la formation tout au long de la vie. L'analyse présentée dans ce chapitre souligne l'importance de la qualité et de l'accessibilité de l'enseignement, ainsi que des interventions ciblées.

En bref

Les disparités dans l'accès aux possibilités de formation et les parcours scolaires expliquent dans une large mesure les écarts observés entre les adultes au regard des compétences fondamentales du XXIe siècle selon le milieu socioéconomique, le lieu d'habitation pendant l'enfance, et l'origine immigrée. Pour autant, elles n'entrent pas en jeu dans les écarts entre les genres en termes de compétences. Les disparités en matière de compétences liées au milieu socioéconomique diminuent pendant la scolarité obligatoire, mais se creusent nettement une fois que les élèves terminent leurs études, car les personnes issues de milieux plus favorisés acquièrent des qualifications de meilleure qualité et ont davantage accès aux programmes de formation des adultes.

Les différences entre les genres en matière d'apprentissage et de développement des compétences suivent une trajectoire distincte : les écarts en faveur des hommes en calcul se creusent depuis l'enfance jusqu'au début de l'âge adulte, tandis que l'avantage des filles à l'écrit culmine à l'adolescence. Les femmes sont plus susceptibles que les hommes d'être diplômées du supérieur, mais elles sont encore sous-représentées dans les filières STIM (sciences, technologies, ingénierie et mathématiques) très axées sur les mathématiques, aussi bien dans les cursus professionnels que généraux. Les principales conclusions de ce chapitre sont les suivantes :

Enseignement et formation formels :

- **Dans la plupart des pays, l'école contribue à l'égalité des chances pour tous, quel que soit le milieu socioéconomique d'origine.** Par exemple, l'écart de niveau à l'écrit entre les personnes nées vers 1990 selon que leurs parents sont diplômés du supérieur ou non s'élève à 0.57 écart-type à l'âge de 10 ans, puis à 0.34 écart-type à l'adolescence, 0.47 écart-type au début de l'âge adulte et 0.45 écart-type par la suite.
- **L'avantage des hommes en calcul s'accentue tout au long de la vie, alors que l'avantage des femmes à l'écrit est au plus haut à l'adolescence et qu'il est plus limité dans le primaire et à l'âge adulte.** Ainsi, l'écart de niveau en calcul entre hommes et femmes nés en 1984 s'élève à 0.06 écart-type à 10 ans, puis à 0.08 écart-type à l'adolescence, 0.22 écart-type au début de l'âge adulte et 0.24 écart-type par la suite.
- **Les personnes issues de milieux socioéconomiques favorisés sont plus susceptibles d'obtenir un diplôme de niveau supérieur.** Parmi les adultes dont les parents occupent des emplois valorisés, 53 % décrochent une licence ou plus contre 23 % seulement des adultes dont les parents occupent un emploi peu valorisé. 40 % environ des adultes qui ont grandi dans une métropole obtiennent une licence ou plus, contre 26 % seulement de ceux qui ont grandi dans un village.
- **Si les disparités liées au milieu socioéconomique concernent principalement la durée des études, celles qui ont trait au genre influent sur leur nature.** Les femmes sont plus susceptibles d'obtenir un diplôme de l'enseignement supérieur, mais elles ont nettement moins de chances que les hommes de suivre des filières très axées sur les mathématiques.
- **Les choix d'orientation dans l'enseignement formel expliquent à hauteur d'un quart environ les écarts entre hommes et femmes au regard des compétences en calcul, et à hauteur de moitié environ les mêmes écarts s'agissant de la résolution adaptative de problèmes.** Toutefois, les disparités en faveur des hommes en calcul restent marquées

(0.18 écart-type), même lorsque l'on compare des hommes et des femmes ayant un niveau de formation similaire dans le même domaine d'études.

- **Les écarts de niveau d'études représentent un déterminant essentiel des disparités entre groupes socioéconomiques en matière de compétences**. Ainsi, la moitié environ des écarts constatés entre les individus au regard des compétences fondamentales du XXIe siècle selon que leurs parents sont ou non diplômés du supérieur tient aux différences entre les deux groupes en termes de niveau d'études.

Enseignement et formation non formels :

- **Les adultes qui ont le plus besoin d'améliorer leurs compétences ou de se reconvertir pour bénéficier de meilleures perspectives d'emploi sont généralement ceux qui suivent le moins de formations.** Par exemple, 61 % environ des diplômés du supérieur participent à des programmes de formation des adultes, contre 19 % seulement des personnes non diplômées du deuxième cycle de l'enseignement secondaire.
- **Les disparités constatées dès le plus jeune âge en termes de compétences et de possibilités de formation influent sur la capacité des individus à continuer de développer leurs compétences une fois adultes.** Les disparités entre les groupes socioéconomiques dans la participation à la formation des adultes ne sont pas inhérentes au milieu d'origine, mais s'expliquent en grande partie par les différences dans les parcours scolaires et professionnels des personnes selon qu'elles sont issues de milieux favorisés ou défavorisés.
- **On constate des disparités entre les différents groupes non seulement au regard des taux de participation à la formation, mais aussi des types de formations suivies.** Plutôt que de promouvoir la mobilité, la formation peut reproduire la transmission intergénérationnelle des handicaps. Les adultes issus de milieux défavorisés sont surreprésentés parmi les participants aux formations axées sur la conduite de machines et d'équipements ou sur le respect et l'application de protocoles de sécurité. À titre de comparaison, les personnes issues de milieux favorisés sont surreprésentées parmi les participants aux formations visant à développer les compétences en gestion de projet ou organisationnelles, à apprendre des langues étrangères ou à perfectionner ses compétences en mathématiques et en calcul.
- **Les obstacles à la participation aux formations varient d'un groupe à l'autre.** Les obligations familiales jouent un rôle plus important chez les jeunes travailleurs et les femmes. Les adultes qui résident dans des zones rurales évoquent plus particulièrement le manque de cours adaptés, des empêchements de dernière minute ou des horaires peu pratiques. Les femmes sont aussi plus nombreuses à évoquer des imprévus les empêchant de suivre des activités de formation, signe qu'elles manquent de soutien et de temps.

Apprentissage informel – bénévolat :

- **La participation à des activités de bénévolat est associée à un niveau plus élevé de compétences fondamentales du XXIe siècle**. Les personnes qui font du bénévolat ont un niveau de compétences à l'écrit et en calcul supérieur de 0.11 écart-type, et un niveau de compétences en résolution adaptative de problèmes supérieur de 0.10 écart-type.
- **En moyenne, 32 % des adultes déclarent avoir participé à des activités de bénévolat au cours de l'année écoulée, mais les taux de participation varient considérablement d'un pays à l'autre**. On relève d'importantes disparités selon le milieu socioéconomique : 38 % des adultes dont les parents sont diplômés du supérieur font du bénévolat, contre 30 % des adultes dont les parents n'ont pas suivi d'études supérieures.

3.1. Introduction : Il est essentiel de remédier aux écarts d'apprentissage tout au long de la vie

On développe, on enrichit et on accumule des compétences tout au long de sa vie en participant à des activités formelles d'enseignement et de formation, mais aussi dans le cadre de l'apprentissage informel en dehors de ces structures. À tout moment, l'éventail de compétences des adultes – des compétences en traitement de l'information (écrit, calcul et résolution adaptative de problèmes) aux compétences sociales et émotionnelles (agréabilité, ouverture d'esprit, caractère consciencieux, extraversion et stabilité émotionnelle) en passant par la capacité à différer la gratification – est déterminé par leur accès à des possibilités de formation, la valeur qu'ils accordent aux choix de vie et leur volonté de prendre part à des activités de développement des compétences. Cette trajectoire de développement s'amorce dès la petite enfance, évolue au fil de la scolarité formelle et se poursuit à l'âge adulte dans des contextes d'apprentissage formels, non formels et informels, notamment sur le lieu de travail, dans le cadre des loisirs ou à la maison (Cunha et Heckman, 2007[1]).

L'enseignement formel a un rôle déterminant à jouer pour résorber les disparités initiales liées à des facteurs qui échappent totalement ou presque au contrôle des individus (comme le niveau d'études ou la situation professionnelle de leurs parents, leur genre, le fait de résider dans une métropole ou un village, ou le choix des parents d'émigrer). La loi relative à la scolarité obligatoire vise à assurer des règles du jeu équitables à l'appui de l'acquisition des compétences et de la scolarisation, ainsi qu'à soutenir la croissance. Dans le même temps, on constate des variations marquées dans la qualité des possibilités d'apprentissage offertes pendant l'enfance, en fonction du milieu d'origine. Ainsi, les enfants accèdent à des établissements scolaires de qualité variable selon qu'ils sont issus d'un milieu favorisé ou défavorisé ; ils n'ont pas les mêmes chances de fréquenter des structures éducatives pendant leur petite enfance, et, même s'ils ont des résultats scolaires similaires, ils n'ont pas ensuite les mêmes possibilités de poursuivre leur formation.

Les établissements scolaires offrent un environnement propice au développement des compétences en traitement de l'information indispensables pour réussir au XXIe siècle (OCDE, 2024[2]) ; néanmoins, les systèmes éducatifs ne sont pas tous en mesure d'offrir un enseignement de qualité à tous les élèves, quelle que soit leur situation familiale. Les facteurs institutionnels que sont notamment les politiques relatives à l'orientation scolaire, la répartition des enseignants et les normes pédagogiques sont associés à des différences dans la trajectoire de développement des compétences des individus en fonction de leur milieu (Brunello et Checchi, 2007[3]) et de leur genre (van Hek, Buchmann et Kraaykamp, 2019[4]), avec à la clé des disparités dans les niveaux de compétence des adultes.

Les élèves issus de milieux socioéconomiques défavorisés, vivant en zone rurale ou d'origine immigrée sont souvent orientés vers des parcours scolaires de moindre qualité, d'où des possibilités plus limitées d'améliorer leurs compétences (Green et Pensiero, 2016[5] ; Silva et al., 2020[6]). Par ailleurs, le niveau de formation et la situation professionnelle des parents influent sensiblement sur la trajectoire des enfants en termes d'acquisition des compétences en ce qu'ils déterminent l'environnement d'apprentissage familial, fixent des attentes et influencent les aspirations (Cunha et Heckman, 2007[1] ; Ermisch et Francesconi, 2001[7]). Les possibilités de formation à l'âge adulte, en particulier la formation professionnelle continue et l'apprentissage informel, creusent les disparités existantes du fait des variations constatées dans la situation des individus au regard de l'emploi, mais aussi dans leur lieu d'habitation et les ressources disponibles pour la formation continue (Desjardins, 2003[8]). Les adultes ayant suivi des études plus poussées sont souvent plus disposés à poursuivre leur formation au quotidien et à obtenir le soutien de leurs employeurs pour ce faire. Par conséquent, les disparités dans les possibilités de formation initiales peuvent déterminer les trajectoires d'apprentissage tout au long de la vie et, peut-être, contribuer à creuser les inégalités en matière de compétences tout au long de la vie.

Des systèmes efficaces de formation continue peuvent favoriser la compétitivité économique en permettant aux individus d'acquérir les connaissances et compétences fondamentales nécessaires pour évoluer sur un marché du travail de plus en plus dynamique (voir le chapitre 1). Ils peuvent également faire en sorte que les individus possèdent les compétences requises pour prendre une part active aux processus démocratiques, et, ce faisant, favoriser l'engagement civique et la cohésion sociale. Depuis longtemps, la question de savoir si l'école a pour fonction principale de favoriser la mobilité sociale ou s'il s'agit d'une institution qui renforce les disparités existantes fait débat, de même que celle qui consiste à déterminer si les écarts de compétences liés au milieu socioéconomique observés pendant la petite enfance se résorbent ou se creusent tout au long du parcours scolaire (Cheadle, 2008[9] ; Skopek et Passaretta, 2020[10] ; Passaretta, Skopek et van Huizen, 2022[11]), les élèves étant souvent orientés vers des filières différentes en fonction de leur milieu socioéconomique et culturel et de leur genre.

Ce chapitre présente dans un premier temps l'évolution des disparités au regard des compétences fondamentales du XXIe siècle au cours des dernières décennies, depuis l'enfance jusqu'à l'âge adulte. Il illustre ensuite les écarts au regard de la participation à la formation, et examine dans quelle mesure les inégalités dans les possibilités de formation renforcent ou atténuent les disparités entre les groupes sociodémographiques au regard des compétences. Enfin, il examine la participation à la formation des adultes et à l'apprentissage informel, et analyse les implications des tendances en matière de participation pour les disparités dans les compétences fondamentales du XXIe siècle, afin d'apporter un éclairage sur les moyens d'élargir l'accès à la formation continue et de résorber les disparités persistantes en matière de compétences. Ensemble, ces analyses permettent de repérer si le principal déterminant des inégalités a trait à la *durée* des études, à leur *nature* ou à des facteurs qui sortent de l'enseignement formel à proprement parler – autant de précisions essentielles aux pouvoirs publics pour prendre des mesures efficaces et ciblées.

3.2. Dépenses visant à résorber les écarts en matière de formation et de compétences

Les investissements publics dans l'enseignement scolaire sont un levier essentiel pour relever le niveau moyen et réduire les écarts d'apprentissage entre les jeunes issus de milieux socioéconomiques favorisés et défavorisés (Jackson, Wigger et Xiong, 2021[12]). Des dépenses par élève plus élevées sont associées à des effectifs plus restreints en classe, des enseignants plus qualifiés et des ressources pédagogiques plus riches à l'école, autant de facteurs corrélés à de meilleurs résultats scolaires et à des écarts plus restreints en matière de compétences. Les dépenses peuvent également être allouées à des programmes compensatoires, comme l'éducation des jeunes enfants, le soutien pédagogique, le tutorat et les bourses fondées sur les besoins, qui visent à réduire les disparités en matière de compétences au profit des élèves issus de familles modestes.

Néanmoins, l'augmentation des ressources n'entraîne pas nécessairement une réduction des inégalités entre les personnes issues de milieux socioéconomiques différents. Les familles plus aisées ont généralement plus de ressources pour s'orienter dans le choix des établissements, pour aider leurs enfants à suivre des cursus de meilleure qualité ou pour compléter l'offre d'enseignement public par des cours particuliers. Par conséquent, les moyens financiers supplémentaires peuvent creuser, et non résorber, les disparités entre les groupes socioéconomiques. Il ressort des études empiriques sur les relations entre moyens et avantages que la hausse des dépenses aboutit à une amélioration plus marquée des compétences des jeunes résidant dans les quartiers plus aisés, sauf dans les cas où la formule utilisée pour l'allocation des ressources est explicitement progressive (Lafortune, Rothstein et Schanzenbach, 2018[13]). Dans ce contexte, l'analyse présentée dans ce chapitre évalue dans quelle mesure correspondent aux différences entre pays en termes de dépenses publiques cumulées par élève des disparités dans les compétences du XXIe siècle des jeunes adultes.

Les disparités en fonction du contexte socioéconomique découlent d'une conjugaison de facteurs individuels et sociaux. À l'échelon individuel, les inégalités d'accès aux ressources économiques, culturelles et sociales pendant l'enfance influent sur les parcours scolaires et l'acquisition des compétences. Sur le plan national, un accès élargi à un enseignement de qualité implique généralement des coûts plus élevés, et on observe d'importantes variations entre les pays s'agissant de leurs dépenses. Le Graphique 3.1 illustre la relation entre les dépenses publiques cumulées par élève (du primaire jusqu'au deuxième cycle du secondaire) et les écarts observés entre les jeunes adultes de 22-26 ans au regard des compétences fondamentales du XXIe siècle selon que leurs parents sont diplômés ou non du supérieur. Dans les pays qui investissent davantage, les écarts entre les groupes socioéconomiques à l'écrit et en calcul sont généralement plus restreints. Néanmoins, la corrélation est ténue : à des niveaux de dépenses similaires correspondent en effet des écarts très différents. Le Chili et la Lettonie dépensent chacun environ 35 000 à 45 000 USD par élève : l'écart de compétences à l'écrit au Chili s'établit à 0.5 écart-type environ, tandis que celui relevé en Lettonie s'élève à près de 0.8 écart-type. Le Danemark, l'Angleterre (Royaume-Uni) et les Pays-Bas dépensent 120 000 à 130 000 USD par élève, mais les écarts de compétences à l'écrit sont compris entre 0.2 écart-type aux Pays-Bas et 0.5 au Danemark.

Ces données transversales donnent à penser qu'en moyenne, plus les investissements cumulés sont élevés, plus les disparités entre les groupes socioéconomiques au regard des compétences fondamentales du XXIe siècle sont limitées. Cependant, la forte dispersion constatée autour de la ligne de tendance indique que les investissements à eux seuls ne suffisent pas à résorber les écarts en matière de compétences. En fait, on n'observe généralement une corrélation positive entre l'augmentation des dépenses par élève et le niveau global des compétences en traitement de l'information que jusqu'à un certain seuil : ainsi, les investissements au-delà de 100 000 USD cumulés par élève ne semblent pas être associés à un niveau de compétences plus élevé à l'échelon national (OCDE, 2024[14]). Certaines caractéristiques structurelles, comme la manière dont les dépenses sont ciblées, la gouvernance des établissements scolaires et la capacité des familles à compléter l'offre d'enseignement public déterminent dans quelle mesure les investissements supplémentaires favorisent (ou entravent) l'égalité des chances (OCDE, 2023[15]). Étant donné que l'utilisation des fonds est au moins aussi importante que leur montant, ce chapitre présente en détail les mesures et les initiatives adoptées dans les pays de l'OCDE pour réduire les disparités au regard des compétences du XXIe siècle.

Graphique 3.1. Lien entre les dépenses d'éducation et les inégalités au regard des compétences fondamentales du XXIe siècle, selon le niveau d'études des parents

Dépenses directes consacrées aux établissements d'enseignement en équivalent USD converti en parité de pouvoir d'achat (PPP) pour le produit intérieur brut (PIB)

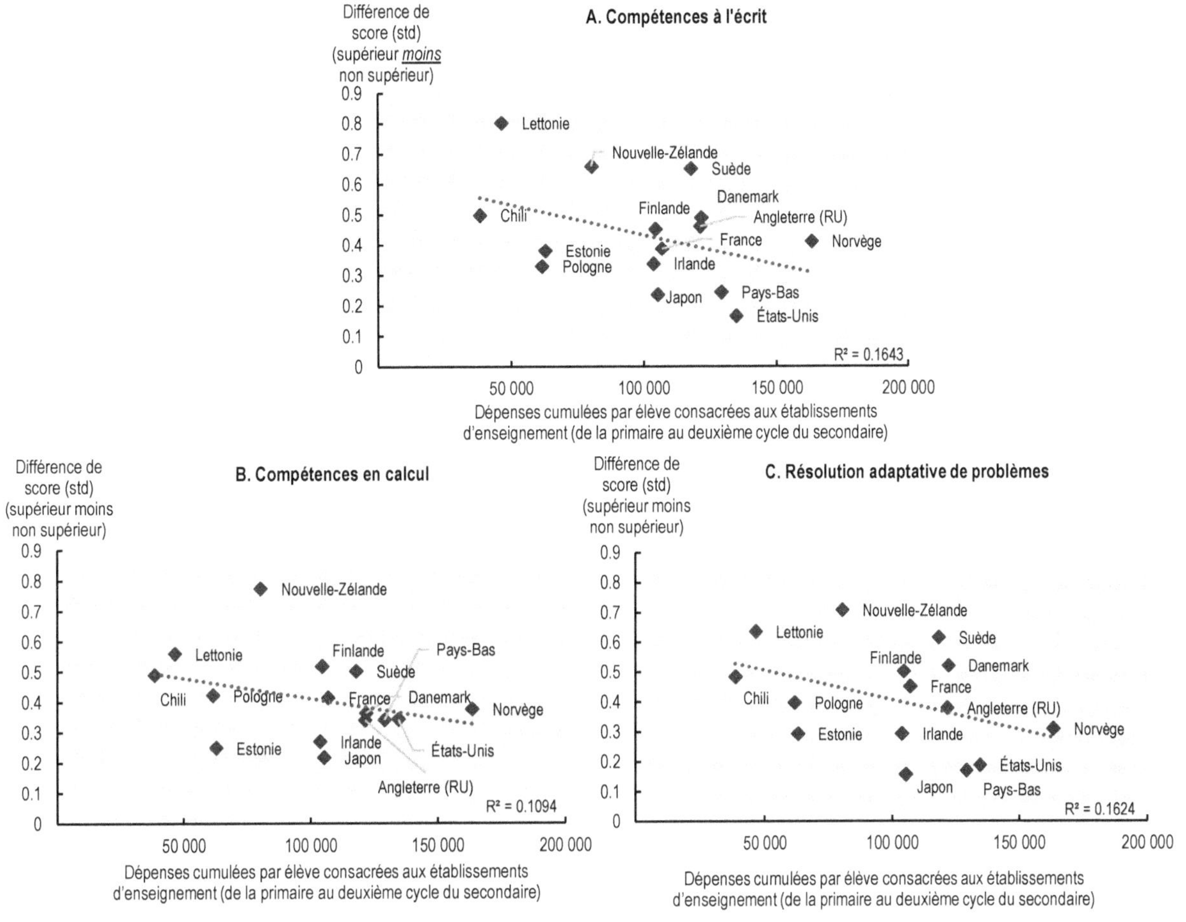

Note : Adultes âgés de 22 à 26 ans, limité aux adultes qui n'ont pas dépassé le deuxième cycle de l'enseignement secondaire. Les dépenses cumulées par élève consacrées aux établissements d'enseignement (de la primaire au deuxième cycle du secondaire) correspondent aux années 2005 à 2016. Les données en matière de dépenses ne sont disponibles que pour un nombre limité de pays ayant participé à l'Évaluation des compétences des adultes de 2023. Les données de dépenses de l'Angleterre (Royaume-Uni) correspondent à celles de l'ensemble du Royaume-Uni. La ligne en pointillés représente la droite de régression ajustée. Le niveau d'études des parents (quand les répondants avaient 14 ans) repose sur la classification internationale type de l'éducation (CITE) de 2011 et distingue les adultes dont au moins un parent a obtenu un diplôme de l'enseignement supérieur (niveaux 5, 6, 7 et 8 de la CITE de 2011) et ceux dont les parents ne sont pas diplômés du supérieur.

Source : Calculs d'après OCDE (2024[16]), *base de données du 2e cycle de l'Évaluation des compétences des adultes (PIAAC)*, www.oecd.org/en/data/datasets/piaac-2nd-cycle-database.html et OCDE (2025[17]), *Expenditure on educational institutions per full-time equivalent student*, (base de données), Explorateur de données, http://data-explorer.oecd.org/s/1cs.

StatLink https://stat.link/fguk8z

L'Encadré 3.1 apporte un éclairage sur la manière dont les décideurs politiques peuvent surmonter les contraintes budgétaires lorsqu'il s'agit de relever le défi particulier que représente la réduction des inégalités entre les élèves issus de l'immigration.

Encadré 3.1. Réduire les disparités entre élèves issus de l'immigration : le recours à l'intelligence artificielle (IA)

Au sein des pays de l'OCDE, l'intégration des élèves issus de l'immigration dans les systèmes scolaires constitue un défi de plus en plus urgent. Les jeunes d'origine immigrée obtiennent de moins bons résultats au programme international pour le suivi des acquis des élèves (PISA) que leurs pairs qui ne sont pas issus de l'immigration. De plus, ces mêmes élèves font état d'un sentiment d'appartenance moins marqué, notamment les filles nées dans un autre pays que celui dans lequel elles résident à l'adolescence qui expriment plus largement un faible sentiment d'appartenance à leur école.

L'apprentissage de la langue et les pratiques d'enseignement et d'apprentissage inclusives peuvent améliorer les résultats scolaires de ces élèves. Dans la zone OCDE, des gouvernements ont investi dans des infrastructures, des programmes et des outils d'IA qui peuvent aider les enseignants et les autres intervenants qui s'efforcent d'intégrer les élèves issus de l'immigration et leurs familles au sein de la communauté scolaire et de la société en général. Le Tableau 3.1 donne un aperçu des outils alimentés par l'IA largement déployés dans les pays de l'OCDE et ses pays partenaires afin de soutenir l'enseignement des langues dans les écoles.

Tableau 3.1. Outils alimentés par l'IA pour favoriser l'enseignement des langues

Outils d'IA financés par des fonds publics ou autres largement déployés dans les pays de l'OCDE et les pays partenaires

Pays	Initiative
Canada	Plateforme numérique d'apprentissage des langues, « Voila Learning ». Déploiement prévu dans 35 conseils d'établissements (Gouvernement du Canada, 2023[18]).
Allemagne	Évaluation linguistique par traitement automatique du langage naturel : pour soutenir la recherche universitaire et le développement d'une plateforme numérique d'apprentissage alimentée par une technologie de génération de langage naturel (Hector Institute for Empirical Educational Research, 2024[19] ; Tübingen Center for Digital Education, 2024[20] ; Tübingen Center for Digital Education, 2024[21]).
Pays-Bas	Retour précis et personnalisé en langue : soutenir la recherche universitaire et le développement de la technologie de reconnaissance vocale automatique (Radboud University, 2025[22]).
Islande	Reconnaissance vocale et retour d'informations : un outil d'entraînement à la prononciation assisté par ordinateur, uniquement mis en œuvre dans le programme d'islandais langue étrangère à la University of Iceland (Richter et al., 2022[23] ; Language and Voice Laboratory, s.d.[24]).
Singapour	Système de notation pour l'évaluation du niveau d'anglais intégré à la stratégie nationale pour le développement de l'IA (Smart Nation Singapore, 2019[25])
Thaïlande	Plateforme d'apprentissage des langues, « Winner English » : un système utilisé pour l'enseignement de l'anglais dans certaines écoles publiques (Vathanalaoha, 2022[26] ; Khonthai Foundation, 2021[27]).

Note: Voir (Borgonovi et al., 2025[28]) pour plus de renseignements sur ces actions.

Plusieurs pays de l'OCDE financent également ou soutiennent différemment les infrastructures nécessaires au développement d'outils d'IA à usage public pour les langues pour lesquelles peu de ressources sont disponibles (c'est-à-dire les langues pour lesquelles on dispose de relativement peu de documents écrits pour alimenter les systèmes d'IA), dans le but d'inciter au développement des technologies éducatives alimentées par l'IA (ed-tech) pour l'apprentissage des langues. Par exemple, le ministère lituanien de l'Économie et de l'Innovation a récemment annoncé un investissement de 12 millions EUR répartis dans six projets, comprenant la constitution ou la mise à jour de bases de données de textes en une ou plusieurs langues dans dix langues différentes, afin de permettre la création de robots conversationnels ou d'autres outils multilingues qui intègrent la langue maternelle des apprenants dans le processus d'enseignement de la langue (Ministry of the Economy and Innovation of Lithuania, 2024[29]). En Islande, le gouvernement a investi 2.2 milliards ISK (couronne islandaise, ~ 13.6 millions EUR) dans le projet « Language Technology for Icelandic » qui prévoit de développer de la technologie de reconnaissance vocale automatique en islandais. Cette infrastructure technologique permettra à ceux qui conçoivent et développent des interfaces utilisateurs vocales d'ajouter l'islandais à l'outil de traduction automatique (Language and Voice Laboratory, s.d.[24] ; Nikulásdóttir, Guðnason et Steingrímsson, s.d.[30] ; Ministère de la Culture et des Entreprises, 2024[31]).

3.3. Les inégalités en matière de performances augmentent : comprendre comment les écarts se creusent au fil du temps

Les évaluations comparatives des écarts de compétences fondées sur des données d'évaluations internationales à grande échelle montrent rarement comment ces écarts se creusent au fil du temps. La plupart de ces analyses étant transversales, elles mettent en évidence des disparités à des niveaux ou des âges précis et non des progressions. Un volume croissant de travaux a permis de combler ce manque en construisant des cohortes synthétiques[1] pour repérer les différences en matière de compétences en traitement de l'information parmi les individus qui ne sont pas issus du même milieu socioéconomique et entre les hommes et les femmes (Borgonovi, Choi et Paccagnella, 2018[32] ; Dämmrich et Triventi, 2018[33] ; Jerrim et Choi, 2013[34]).

Les recherches existantes sur l'évolution des disparités d'ordre socioéconomique portent principalement sur la période entre la petite enfance et la fin de la scolarité obligatoire. Les résultats de l'Allemagne, l'Australie, le Canada, les États-Unis et le Royaume-Uni – des pays qui diffèrent fortement en matière d'inégalités de revenus et d'organisation scolaire – indiquent que les écarts socioéconomiques sont largement présents avant l'entrée à l'école et se creusent peu, voire pas du tout, au cours de la scolarité (Duncan et Magnuson, 2013[35] ; Skopek et Passaretta, 2020[10]). En d'autres termes, l'école semble avoir un effet égalisateur.

On en sait beaucoup moins sur ce qu'il se produit après la scolarité obligatoire, lorsque les parcours d'apprentissage se diversifient et que les enquêtes sur les niveaux de connaissances se font plus rares (Schulenberg, Sameroff et Cicchetti, 2004[36] ; Schulenberg et Schoon, 2012[37]). Les écarts de résultats peuvent se creuser entre la fin de l'adolescence et le début de l'âge adulte du fait des inégalités de départ et du caractère cumulatif des avantages (DiPrete et Eirich, 2006[38]). La poursuite de l'enseignement au-delà du secondaire dépend fortement de la réussite au cours du deuxième cycle du secondaire et, contrairement aux étapes précédentes, la participation est volontaire et la qualité de l'enseignement varie davantage (Breen et Jonsson, 2005[39]). Les inégalités en matière de performances peuvent dès lors devenir plus marquées au cours de cette période.

Les publications établissent toujours un lien entre les écarts d'ordre socioéconomique en matière de niveau d'études et les différences de ressources investies par les familles pour leurs enfants (Conger et Donnellan, 2007[40]). Les individus issus d'un milieu socioéconomique favorisé peuvent bénéficier d'une plus grande richesse matérielle, culturelle et sociale ; s'impliquer plus activement dans les choix éducatifs ; accéder à de meilleurs environnements pédagogiques formels ; et bénéficier d'expériences extrascolaires plus profitables (Domina, 2005[41]).

Les compétences, les comportements et les motivations se cumulent au fil du temps et se transmettent d'une génération à l'autre. L'efficacité d'un nouvel apprentissage dépend largement de l'apprentissage antérieur, à son tour largement influencé par le contexte familial et les expériences éducatives précédentes. À mesure que les individus avancent dans la vie, les apprentissages passés façonnent de façon croissante les perspectives d'avenir. Afin de décrire comment les écarts de résultats évoluent au fil du temps, cette partie s'appuie sur plusieurs études transversales qui ont échantillonné des individus globalement tirés des mêmes cohortes de naissance, à des âges successifs, afin de constituer des cohortes synthétiques. Si cette méthode ne permet pas de produire une base de données réellement longitudinale, elle permet de comparer les disparités entre hommes et femmes et d'ordre socioéconomique à des étapes clés du parcours éducatif.

3.3.1. L'évolution des écarts entre les genres

Les écarts entre les genres en mathématiques et en calcul, en faveur des garçons et des hommes, sont minimes à l'âge de 10 ans et se creusent avec l'âge, comme l'indique le Graphique 3.2. En revanche, les écarts entre les genres en lecture et en maîtrise de l'écrit, en faveur des filles et des femmes, atteignent leur point le plus haut au milieu de l'adolescence pour ensuite se réduire. Ces schémas semblent stables dans sept pays de l'OCDE pour lesquels des données sont disponibles – Angleterre (Royaume-Uni), Canada, États-Unis, Hongrie, Norvège, Nouvelle-Zélande et Pays-Bas – et parmi les cohortes nées en 1984, 1993 et 1996. Pour la cohorte de 1984, les écarts en mathématiques se sont creusés, passant de 0.06 ET à l'âge de 10 ans à 0.08 ET à 16 ans, pour atteindre 0.22 ET entre 26 et 34 ans et 0.24 ET entre 37 et 39 ans. Les cohortes de 1993 et 1996 présentent les mêmes tendances, mais les disparités n'augmentent pas entre l'âge de 16 ans et le début de l'âge adulte.

Les disparités de genre en lecture et en écriture suivent une courbe en U : elles sont plus importantes à l'âge de 16 ans et plus limitées à l'école primaire et à l'âge adulte. Ce schéma se retrouve dans les cohortes de 1990 et 1996. On notera que, pour la cohorte de 1996, les résultats relatifs des femmes s'améliorent entre l'âge de 16 ans et le début de l'âge adulte, contrairement aux cohortes précédentes. Ces résultats confirment les travaux antérieurs – comme (Borgonovi et al., 2017[42]) et (Borgonovi, Choi et Paccagnella, 2018[32]) – bien que l'ampleur des écarts varie selon le pays, l'âge et la cohorte, reflétant probablement des différences de participation à l'enseignement formel, non formel et informel.

Les disparités entre les genres évoluent en partie parce que les points forts qui apparaissent au départ influencent les choix éducatifs ultérieurs. Les filles qui ont de bons résultats en mathématiques sont souvent encore plus douées en lecture ; lorsqu'on leur conseille de suivre les matières où elles excellent, elles sont souvent dirigées vers des filières qui ont trait aux sciences humaines et suivent moins de cours approfondis en mathématiques, ce qui réduit la probabilité qu'elles suivent un parcours dans les STIM. À l'inverse, les garçons sont rarement les meilleurs en lecture. Pendant la scolarité obligatoire, ils doivent étudier des textes imposés qui ne les intéressent pas outre mesure (OCDE, 2015[43]), mais, en dehors de l'école, ils sont libres d'explorer toutes sortes de documents écrits qui correspondent à leurs centres d'intérêt. Cette lecture choisie peut réduire les écarts en compétences à l'écrit après l'adolescence tandis que leur exposition continue aux mathématiques maintient ou accroît leur avantage en calcul. Les attentes liées au genre, l'orientation différenciée et le manque de modèles de réussite féminins visibles dans le domaine des STIM contribuent encore à renforcer ces tendances. À l'âge adulte, les femmes sont plus susceptibles que les hommes de se consacrer à des activités familiales et domestiques non rémunérées, ce qui limite leur capacité à s'engager dans des activités qui favorisent le développement des compétences en lecture, écriture et calcul. L'Encadré 3.2 montre comment les disparités entre les genres évoluent différemment selon les pays, en lecture et mathématiques, entre l'école primaire et secondaire, et l'Encadré 3.3 fournit des exemples de politiques et d'actions menées pour réduire ces écarts au fil des années.

Graphique 3.2. Disparités liées au niveau d'études des parents en calcul et à l'écrit, par âge

Écart entre les résultats standardisés en mathématiques/calcul et en lecture/à l'écrit des hommes et des femmes (hommes *moins* femmes), en moyenne dans l'OCDE

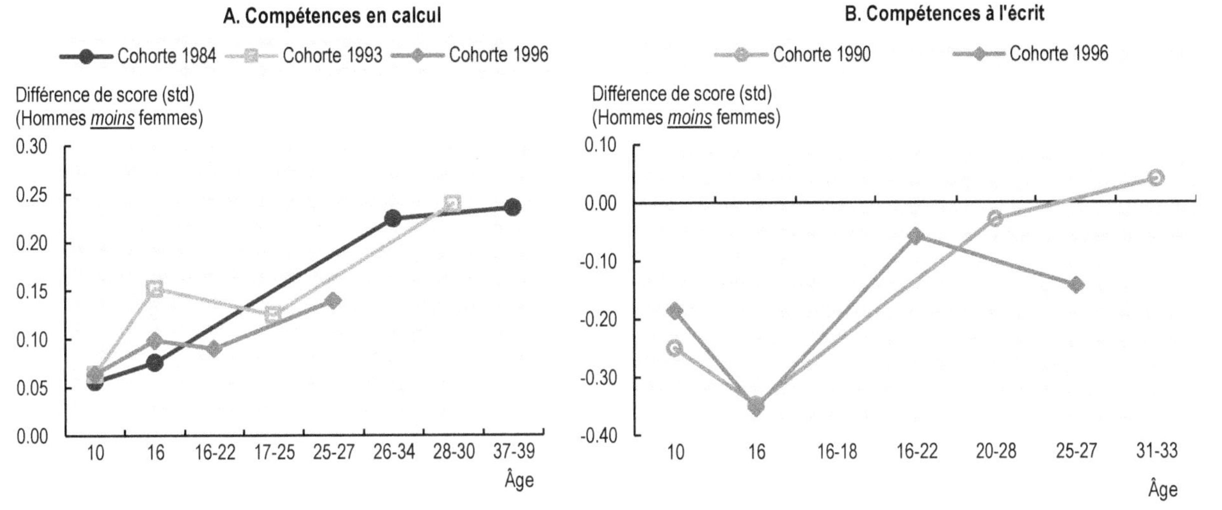

Note : Les estimations sont standardisées à une moyenne OCDE de zéro et un écart type de un dans les bases de données respectives. Les moyennes OCDE concernent les pays suivants : Angleterre (Royaume-Uni), Canada, États-Unis, Hongrie, Norvège, Nouvelle-Zélande et Pays-Bas. Les résultats de chaque pays et des informations détaillées sur la disponibilité des données se trouvent dans le Tableau d'annexe 3.A.5.

Source : Calculs établis d'après IEA (1995[44]), *base de données TIMSS 1995 Grade 4*, https://doi.org/10.58150/IEA_TIMSS_1995_G4 ; IEA (2001[45]), base de données *PIRLS 2001*, https://doi.org/10.58150/PIRLS_2001_data ; IEA (2003[46]), *base de données TIMSS 2003 Grade 4* , https://doi.org/10.58150/IEA_TIMSS_2003_G4 ; IEA (2007[47]), *base de données TIMSS 2007 Grade 4*, https://doi.org/10.58150/IEA_TIMSS_2007_G4 ; IEA (2006[48]), *base de données PIRLS 2006*, https://doi.org/10.58150/PIRLS_2006_data ; OCDE (2017[49]), *base de données du 1er cycle du PIAAC*, www.oecd.org/en/data/datasets/PIAAC-1st-Cycle-Database.html ; OCDE (2000[50]), *base de données PISA 2000*, www.oecd.org/en/data/datasets/pisa-2000-database.html ; OCDE (2009[51]), *base de données de PISA 2009*, www.oecd.org/en/data/datasets/pisa-2009-database.html ; OCDE (2012[52]), *base de données PISA 2012*, www.oecd.org/en/data/datasets/pisa-2012-database.html ; OCDE (2022[53]), *base de données PISA 2022*, www.oecd.org/en/data/datasets/pisa-2022-database.html ; et OCDE (2024[54]), *Données et méthodologie du PIAAC*, www.oecd.org/fr/about/programmes/piaac/piaac-data.html.

StatLink https://stat.link/x8bvw9

Encadré 3.2. Le rôle de la scolarisation dans la réduction des disparités entre les genres en mathématiques et en lecture

D'après le Graphique 3.2, pour les cohortes d'enfants nés entre 1984 et 1996, les disparités de genre, que ce soit en faveur des filles ou des garçons, se sont creusées entre l'âge de 10 ans et de 15-16 ans. Le Graphique 3.3 complète ce constat avec des estimations en matière de disparité de genre en mathématiques et en lecture pour les cohortes d'enfants nés en 2004 et 2005, comprenant un nombre plus important de pays de l'OCDE, pour mettre en évidence l'évolution des écarts entre les genres au cours de la scolarité obligatoire. Ces estimations correspondent à celles présentées dans le Graphique 3.2 : pendant le primaire et le secondaire, les écarts entre les genres deviennent plus prononcés, même si l'écart entre les genres à l'âge de 10 ans n'est pas le même dans tous les pays et qu'il n'évolue pas de la même façon partout à mesure que les jeunes grandissent. Par exemple, l'écart entre les genres en mathématiques en faveur des garçons à l'âge de 10 ans est le plus marqué en Italie (0.27 ET) alors qu'en Finlande, les filles obtiennent de meilleurs résultats que les garçons en mathématiques à cet âge, avec un écart type de 0.13. Bien qu'en Italie l'écart de niveau en faveur des garçons diminue une fois à l'âge de 15-16 ans (0.23 ET à 15-16 ans), il reste le plus élevé parmi les pays dont les données sont disponibles. Le désavantage des garçons finlandais s'atténue et, une fois à 15-16 ans, l'écart en faveur des filles en mathématiques n'est plus que de 0.05 ET. L'écart entre les genres en mathématiques en faveur des garçons dont la progression est la plus importante est au Chili où il passe de 0.02 ET à l'âge de 10 ans pour atteindre 0.18 ET à 15-16 ans.

De la même façon, l'écart entre les genres en lecture en faveur des filles est marqué à l'âge de 10 ans dans la plupart des pays et se creuse une fois à l'âge de 15-16 ans. Par exemple, en Finlande, les filles obtiennent de meilleurs résultats que les garçons en lecture avec un ET de 0.30 à l'âge de 10 ans et cet écart se creuse jusqu'à atteindre 0.44 ET à l'âge de 15-16 ans. Au Portugal, l'écart en lecture en faveur des filles n'est que de 0.02 ET à 10 ans, mais progresse jusqu'à 0.20 ET à 15-16 ans. La comparaison de l'évolution des écarts entre les genres en mathématiques et en lecture du

Graphique 3.3 montre que les écarts en mathématiques en faveur des garçons ont tendance à être moins importants dans les pays où les écarts favorables aux filles sont plus marqués, et réciproquement, les écarts entre les genres en mathématiques, favorables aux garçons, sont plus marqués dans les pays où les écarts entre les genres en lecture, favorables aux filles, sont plus restreints. De plus, les pays où les écarts entre les genres en mathématiques favorables aux garçons se creusent le plus entre 10 ans et 15-16 ans ont tendance à être ceux où les écarts entre les genres en lecture en faveur des filles se creusent le moins.

Graphique 3.3. Différences de niveau en mathématiques et en lecture parmi les enfants d'âge scolaire, par genre

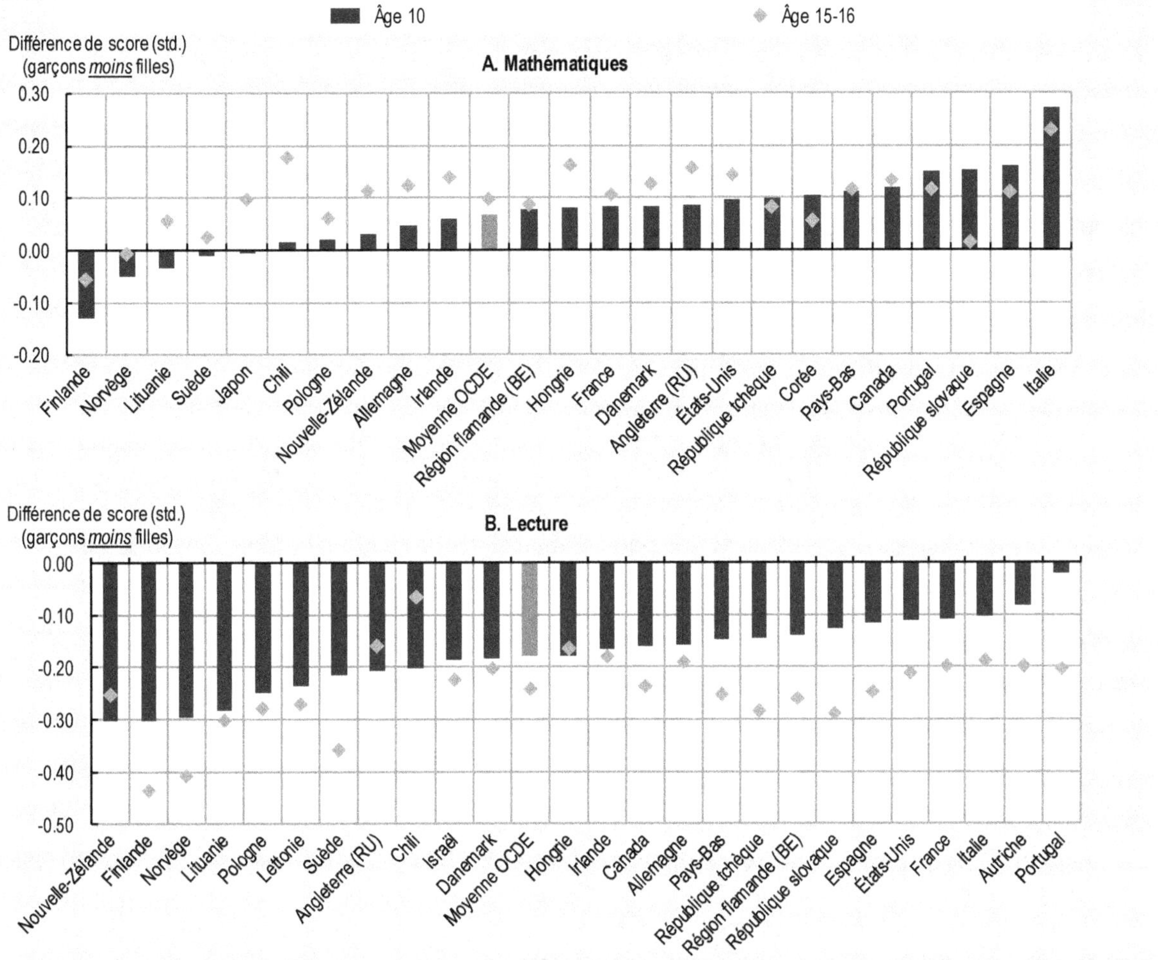

Note : Les estimations sont standardisées à une moyenne OCDE de zéro et un écart type de un dans les bases de données respectives. La Norvège a évalué la cinquième année de scolarité à l'âge de 10 ans afin d'obtenir une meilleure comparabilité des données avec les autres pays d'Europe du Nord.

Les pays sont classés en ordre croissant de la différence de score entre les garçons et les filles en mathématiques (Partie A) et en lecture (Partie B).

Source : Calculs établis d'après IEA (2015[55]), *base de données TIMSS 2015 Grade 4*, https://doi.org/10.58150/IEA_TIMSS_2015_G4 ; IEA (2016[56]), *base de données Progress in International Reading Literacy Study (PIRLS) 2016*, https://doi.org/10.58150/PIRLS_2016_data ; et OCDE (2022[53]), *base de données PISA 2022*, www.oecd.org/en/data/datasets/pisa-2022-database.html.

StatLink https://stat.link/9vj7on

Encadré 3.3. Réduire les écarts de compétences entre les genres tout au long de la vie

Pour lutter contre les disparités entre les genres en matière de compétences, il convient d'adopter une approche globale qui couvre toutes les étapes de la vie – de l'éducation des jeunes enfants à l'âge adulte – et qui prévoit la mise en œuvre de mesures et d'actions par les pouvoirs publics ciblées pour remettre en cause les stéréotypes, élargir les perspectives et encourager la présence des hommes et des femmes dans tous les secteurs. Les mesures peuvent commencer par le secteur de l'éducation et de l'accueil des jeunes enfants (EAJE) en s'intéressant à la façon dont les enfants sont socialisés et se poursuivre jusqu'à la mise en place de programmes spécifiques à certains secteurs afin de réduire les obstacles qui freinent l'accès des femmes au marché du travail dans des domaines où les hommes prédominent.

Éducation et accueil des jeunes enfants

Des mesures mises en œuvre en Suède en faveur de l'égalité des genres dans les structures préscolaires ont pour objectif d'éliminer les stéréotypes de genre dans l'éducation des jeunes enfants en favorisant la mise en place d'environnements inclusifs qui rompent avec les codes traditionnels du genre. Ces établissements adoptent un langage neutre, évitent d'avoir des attentes liées au genre et proposent des activités d'apprentissage variées – allant des activités artistiques et créatives à la résolution de problèmes – garantissant une participation égale de tous les enfants. Les salles de classe sont agencées de façon à éviter les répartitions selon le genre et à favoriser la même appropriation par tous les élèves des espaces de jeu et d'apprentissage. La formation des enseignants constitue un élément essentiel, afin de doter les professionnels de l'enseignement de stratégies permettant de repérer des biais inconscients et d'y remédier. Cette approche répond à un engagement plus large de la Suède en faveur de l'égalité des genres, intégrant des valeurs d'équité et d'inclusion dès le plus jeune âge (Shutts et al., 2017[57] ; Brussino et McBrien, 2022[58]).

Scolarité et début de l'âge adulte

La campagne **Facts, Faces, Futures**, lancée en **Irlande** en 2023 par le National Apprenticeship Office encourage la participation des femmes à la formation en apprentissage. Elle met en avant des modèles de réussite féminins et a été présentée à plus de 130 établissements réservés aux filles. Elle a suscité des réactions positives et les visites d'établissements se sont poursuivies en 2024. Fin 2023, plus de 100 écoles avaient reçu des renseignements sur l'apprentissage. En 2024, la campagne s'est concentrée sur les possibilités d'apprentissage dans l'artisanat et a recueilli des retours d'expérience pour accroître sa portée (Education Magazine, 2023[59]). La campagne est au centre du plan d'action pour l'apprentissage de 2021-2025 et le ministère de l'Enseignement supérieur, de la Formation, de la Recherche, de l'Innovation et des Sciences a reconnu que « Facts, Faces, Futures » avait favorisé la participation des femmes aux programmes en apprentissage en Irlande et qu'elle était à l'origine de la hausse de la part des femmes en apprentissage (environ 9 % de l'ensemble de la population en apprentissage sont des femmes, soit une hausse de 70 % entre la fin 2021 et février 2025) (House of the Oireachtas, 2025[60]).

Le projet **En République slovaque, les TIC sont aussi pour vous** (*Aj Ty v IT*) encourage et aide les filles et les femmes à étudier dans le domaine des technologies de l'information et des communications (TIC). Il propose des ateliers de codage pour les filles dans l'enseignement secondaire, des montées en compétences pour celles qui veulent changer d'orientation et des formations pour les enseignants. Les activités sont souvent dispensées dans des groupes constitués uniquement de filles afin de créer un environnement rassurant, qui les incite à participer et les met en confiance. Le programme met en relation les participants avec des employeurs du secteur des technologies, soutenant ainsi la diversité et permettant au secteur des technologies de tirer parti d'un vivier plus large (Aj Ty v IT, 2025[61]).

En France, le gouvernement a lancé le plan **Filles et Maths**, avec l'adoption de mesures qui encouragent les filles à choisir des parcours d'enseignement formel où les mathématiques prédominent pour ensuite se diriger vers des études supérieures de même dominante. L'écart entre les résultats des garçons et des filles en mathématiques et leur inscription dans ces filières commence dès l'école primaire et se creuse avec l'âge – le plan d'action a donc pour objectif de lutter contre les stéréotypes de genre tenaces dans la société et en classe qui conduisent les filles à se détourner des mathématiques. Le plan prévoit une formation supplémentaire pour le personnel de l'éducation nationale, une hausse du nombre de filles inscrites à atteindre dans les filières spécialisées en mathématiques pendant toute la durée de l'enseignement secondaire, le développement de réseaux et la mobilisation de modèles de réussite féminins qui encouragent les jeunes filles à s'orienter vers des filières en lien avec les mathématiques. Au-delà des mathématiques, le plan d'action a finalement pour objectif de guider les filles vers des carrières scientifiques et technologiques, souvent considérées comme des métiers d'avenir, offrant de meilleures perspectives économiques (Ministère de l'éducation nationale, 2025[62] ; 2025[63]).

Âge adulte

Les femmes continuent de se heurter à des obstacles qui les empêchent d'accéder à des domaines dominés par les hommes et d'y faire carrière, comme dans la construction et les technologies, des secteurs essentiels dans la transition écologique et numérique et qui souffrent de graves pénuries de main-d'œuvre. **Au Danemark**, le projet **the Boss Ladies** (Boss Ladies, 2025[64]) a pour objectif de changer les mentalités et d'attirer davantage de femmes vers le secteur de la construction où elles représentent actuellement à peine 9 % de la main-d'œuvre. Le projet tente également d'écrire de nouveaux récits grâce à des campagnes de sensibilisation sur les réseaux sociaux qui font intervenir des femmes inspirantes. Ce projet comprend :

- Des ambassadrices Boss Ladies : plus de 300 femmes professionnelles dans le secteur de la construction se rendent dans les écoles pour servir de modèle de réussite.
- Des laboratoires d'apprentissage : une collaboration est établie avec des établissements d'enseignement professionnel et des conseillers pour recruter plus de femmes.
- Du développement de compétences : des camps, des ateliers et du mentorat ciblés sur la communication et la gestion de carrière.
- Girl Boss Garage : un projet qui permet aux filles d'avoir une expérience pratique dans le domaine de la construction lorsqu'elles n'ont aucun lien avec ce secteur.
- La mise en relation pour l'apprentissage : un soutien individuel pour aider les femmes à trouver un apprentissage.

3.3.2. L'évolution des écarts liés à l'instruction des parents

À tous les âges, les personnes issues de familles ayant suivi un enseignement supérieur obtiennent de meilleurs résultats que leurs pairs qui n'ont aucun parent diplômé de l'enseignement supérieur, et cet écart se creuse entre l'âge de 16 ans et le début de l'âge adulte dans toutes les cohortes. La Partie A du Graphique 3.4 montre la différence moyenne standardisée du niveau en mathématiques et en calcul entre les élèves dont au moins un parent est diplômé de l'enseignement supérieur et ceux dont aucun parent n'a atteint ce niveau d'étude. On voit que l'écart de la cohorte de 1993 se creuse et passe de 0.45 ET à 16 ans à 0.52 ET à l'âge de 17-25 ans. Cette différence se stabilise avec la cohorte de 1984 entre les 27-34 ans et les 37-39 ans, elle augmente pour la cohorte de 1993 (de 0.52 ET pour les 17-25 ans à 0.63 ET pour les 28-30 ans) et baisse légèrement pour la cohorte de 1996 (de 0.41 ET pour les 16 ans à 0.53 ET pour les 25-27 ans). Bien que les schémas spécifiques par pays divergent, la tendance générale dans les sept pays de l'OCDE retenus pour cette analyse indique une hausse des disparités socioéconomiques.

En lecture et à l'écrit (Graphique 3.4, Partie B), les écarts liés au niveau d'études des parents sont bien présents à tous les âges. Ils s'amenuisent entre l'enseignement primaire et le premier cycle du secondaire et s'accroissent jusqu'à atteindre un plafond au début de l'âge adulte. Par exemple, pour la cohorte de 1990, l'écart commence à 0.57 ET à l'âge de 10 ans, baisse à 0.34 ET à 16 ans, pour remonter à 0.47 ET entre 20 et 28 ans et redescendre légèrement à 0.46 ET entre 31 et 33 ans. Globalement, les écarts d'ordre socioéconomiques sont plus marqués que ceux liés au genre, avec des variations au niveau national.

Ces résultats indiquent que les disparités de niveau à l'écrit et en calcul d'ordre socioéconomique constatées à un jeune âge non seulement se poursuivent, mais se renforcent souvent une fois à l'âge adulte, dans la plupart des pays. De précédents travaux attribuent ce renforcement des écarts à une inégalité d'accès à l'enseignement postsecondaire et aux formations, à un décrochage scolaire plus important parmi les élèves issus de milieux socioéconomiques défavorisés, ainsi qu'au fait qu'ils sont plus susceptibles d'être au chômage ou d'occuper des emplois qui ne favorisent pas le développement de compétences. La scolarité obligatoire semble agir comme un facteur d'égalisation, mais, par la suite, les différentes expériences éducatives et sur le marché du travail amplifient les écarts associés aux caractéristiques socioéconomiques en matière de compétences en traitement de l'information, notamment en calcul.

L'Encadré 3.4 présente des observations sur les disparités propres aux pays quant aux résultats en mathématiques à l'âge de 10 ans et à 15-16 ans pour deux cohortes : une qui a participé à l'étude internationale TIMSS (Trends in International Mathematics and Science Study) en 2011 et au programme PISA en 2018, et une qui a participé à TIMSS en 2015 et PISA en 2022. L'Encadré 3.5 présente des exemples d'actions qui défendent l'accès des enfants à la scolarité obligatoire et la participation tout au long de la vie à des programmes formels de renforcement des compétences.

Graphique 3.4. Disparités en compétences à l'écrit et en calcul selon le niveau d'études des parents, par âge

Différences de scores standardisés en mathématiques/calcul et lecture/compétences à l'écrit entre les individus dont les parents sont diplômés du supérieur et ceux dont les parents ne le sont pas, moyenne OCDE

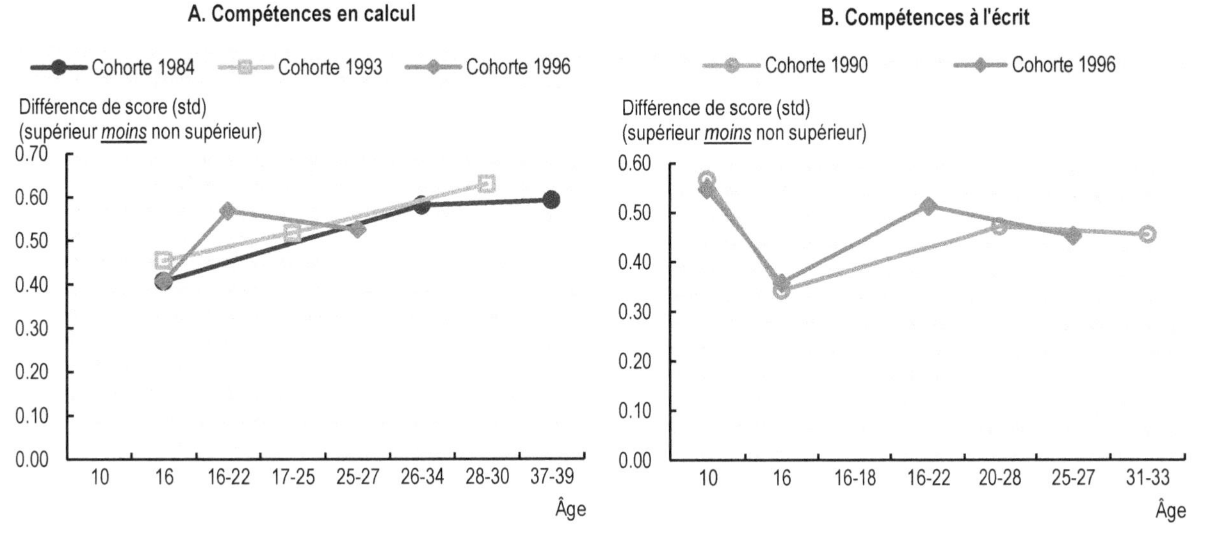

Note : Les estimations sont standardisées à une moyenne OCDE de zéro et un écart type de un dans les bases de données respectives. Les moyennes OCDE comprennent les pays suivants : Angleterre (Royaume-Uni), Canada, États-Unis, Hongrie, Norvège, Nouvelle-Zélande et Pays-Bas. Voir la note du Graphique 3.1 pour une description du niveau d'études des parents. Les résultats de chaque pays et des informations détaillées sur la disponibilité des données se trouvent dans le Tableau d'annexe 3.A.5.

Source : Calculs établis d'après IEA (1995[44]), *base de données TIMSS 1995 Grade 4*, https://doi.org/10.58150/IEA_TIMSS_1995_G4 ; IEA (2001[45]), *base de données PIRLS 2001*, https://doi.org/10.58150/PIRLS_2001_data ; IEA (2003[46]), *base de données TIMSS 2003 Grade 4*, https://doi.org/10.58150/IEA_TIMSS_2003_G4 ; IEA (2007[47]), *base de données TIMSS 2007 Grade 4*, https://doi.org/10.58150/IEA_TIMSS_2007_G4 ; IEA (2006[48]), *base de données PIRLS 2006*, https://doi.org/10.58150/PIRLS_2006_data ; OCDE (2017[49]), *base de données du 1er cycle du PIAAC*, www.oecd.org/en/data/datasets/PIAAC-1st-Cycle-Database.html ; OCDE (2000[50]), *base de données PISA 2000*, www.oecd.org/en/data/datasets/pisa-2000-database.html ; OCDE (2009[51]), *base de données PISA 2009*, www.oecd.org/en/data/datasets/pisa-2009-database.html ; OCDE (2012[52]), *base de données PISA 2012*, www.oecd.org/en/data/datasets/pisa-2012-database.html ; OCDE (2022[53]), *base de données PISA 2022*, www.oecd.org/en/data/datasets/pisa-2022-database.html ; et OCDE (2024[54]), *Données et méthodologie du PIAAC*, www.oecd.org/en/about/programmes/piaac/piaac-data.html.

StatLink https://stat.link/2j57dv

Encadré 3.4. Le rôle de la scolarisation dans la réduction des écarts de niveau en mathématiques et en lecture liés aux caractéristiques socioéconomiques

S'il est possible de suivre l'évolution des disparités socioéconomiques pour certaines cohortes, comme l'indique le Graphique 3.4, les données manquent sur le niveau d'études des parents pour les élèves en quatrième année dans les premières éditions de l'étude TIMSS, ce qui empêche l'analyse de l'évolution dans le domaine du calcul pour ces périodes. D'après le Graphique 3.5, les écarts liés au niveau d'études des parents sont généralement plus importants pour les élèves de 10 ans que pour ceux de 15-16 ans. En moyenne dans la zone OCDE, les différences de résultats en mathématiques pour la cohorte de 2004/2005 ont diminué et sont passées de 0.66 ET à l'âge de 10 ans à 0.41 ET à 15-16 ans.

Parmi les pays dont les données sont disponibles, les différences de scores en mathématiques entre les jeunes dont les parents sont diplômés du supérieur et ceux dont les parents ne le sont pas sont les plus marquées en Hongrie et en République slovaque (avec 1.06 ET et 0.84 ET) à l'âge de 10 ans, et en République tchèque (dénommée Tchéquie), en Pologne et dans la Région flamande (Belgique) (0.60 ET, 0.58 ET et 0.52 ET) à l'âge de 15-16 ans (Graphique 3.5, Partie A). Les écarts de niveau en mathématiques liés aux caractéristiques socioéconomiques se sont réduits le plus fortement entre l'âge de 10 ans et de 15-16 ans en Hongrie (de 1.06 à 0.47), alors qu'ils sont restés relativement stables dans la Région flamande (Belgique) (0.56 ET et 0.52 ET, respectivement).

En lecture, les écarts liés aux caractéristiques socioéconomiques se sont le plus fortement réduits en République slovaque (de 0.83 à 0.32) et ne se sont creusés dans aucun pays dont les données sont disponibles entre les âges de 10 ans et de 15-16 ans (Graphique 3.5, Partie B). C'est en Israël que les écarts de niveau en lecture liés aux caractéristiques socioéconomiques étaient les plus marqués pour les élèves âgés de 10 ans (0.88 ET), mais, à l'âge de 15-16 ans, les écarts ont chuté pour atteindre 0.52 ET. De la même façon, en Hongrie, les écarts de niveau en lecture liés aux caractéristiques socioéconomiques pour les élèves âgés de 10 ans affichaient 0.87 ET, mais, à l'âge de 15-16 ans, les écarts ont eux aussi atteint 0.43 ET.

Graphique 3.5. Disparités en mathématiques et en lecture parmi les enfants d'âge scolaire, selon le niveau d'études des parents

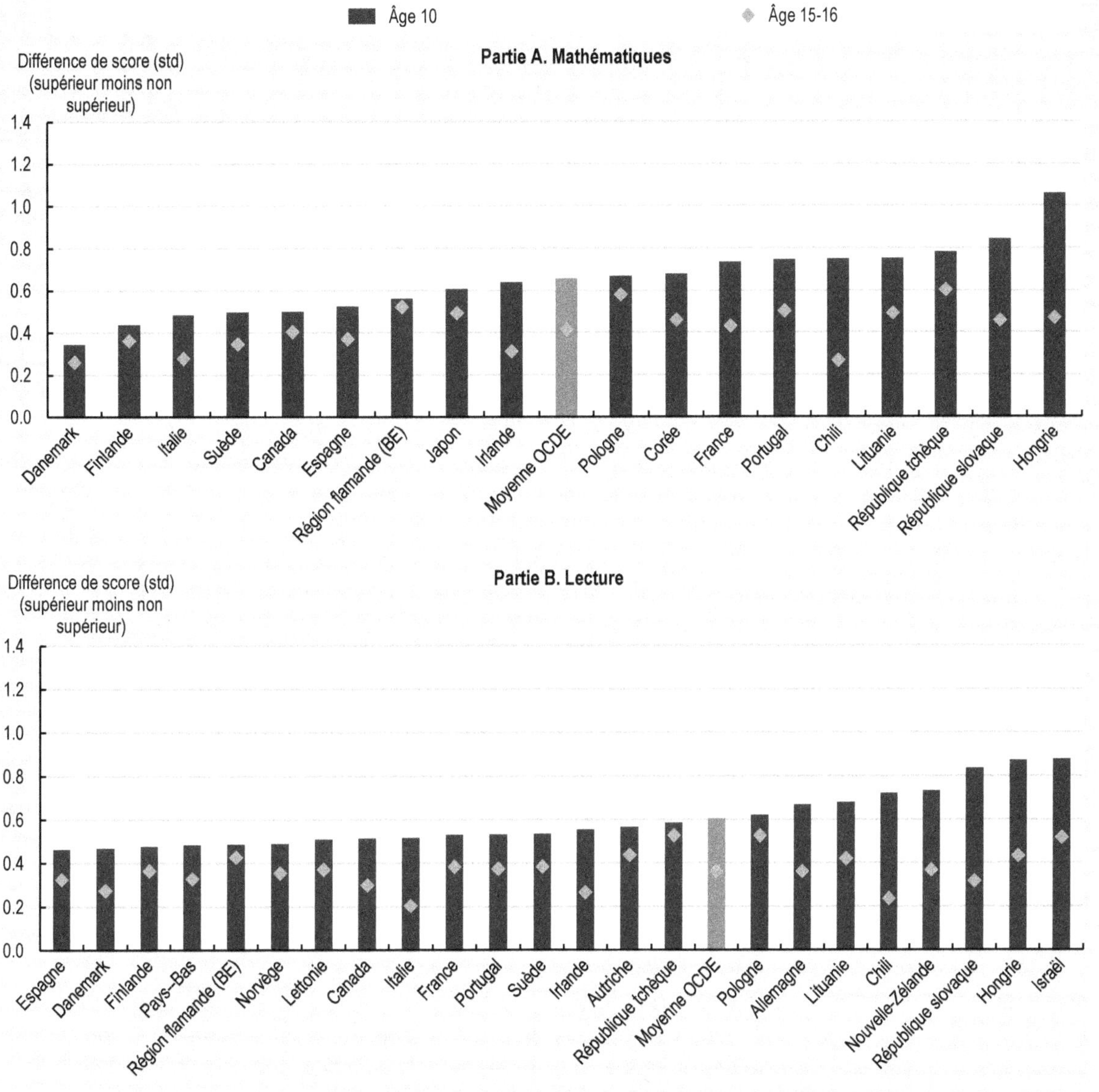

Note : Les estimations sont standardisées à une moyenne OCDE de zéro et un écart type de un dans les bases de données respectives. La Norvège a évalué la cinquième année de scolarité à l'âge de 10 ans afin d'obtenir une meilleure comparabilité des données avec les autres pays d'Europe du Nord. Le niveau d'études des parents est estimé à partir des réponses des élèves. Les informations sur le niveau d'étude de leurs parents ont été utilisées pour distinguer les jeunes dont au moins un parent était diplômé de l'enseignement supérieur (niveaux 5, 6, 7 et 8 de la CITE 2011) et ceux dont aucun des parents n'avait atteint ce niveau d'études.

Les pays sont classés par ordre croissant de la différence de score entre les élèves dont les parents sont diplômés du supérieur et ceux dont les parents ne le sont pas en mathématiques (Partie A) et en lecture (Partie B).

Source : Calculs établis d'après IEA (2015[55]), *base de données TIMSS 2015 Grade 4*, https://doi.org/10.58150/IEA_TIMSS_2015_G4 ; IEA (2016[56]), *base de données de l'étude Progress in International Reading Literacy Study (PIRLS) 2016*, https://doi.org/10.58150/PIRLS_2016_data ; et OCDE (2022[53]), *base de données PISA 2022*, www.oecd.org/en/data/datasets/pisa-2022-database.html.

StatLink https://stat.link/eowsft

Encadré 3.5. Réduire les disparités liées au milieu socioéconomique en matière de compétences tout au long de la vie

L'accès à un enseignement de qualité tout au long de la vie peut réduire les disparités à court terme et éviter qu'elles ne se cumulent au fil du temps. Les mesures des pouvoirs publics peuvent prendre la forme d'investissements dans les infrastructures d'EAJE qui tiennent compte des besoins des familles issues de milieux socioéconomiques défavorisés, de programmes visant à favoriser l'accès à l'enseignement supérieur, ou d'actions ciblées sur les adultes en vue de réduire les écarts observés pendant l'enfance et de prévenir le cumul des situations défavorables entraînées par une scolarité perturbée ou des niveaux de compétences faibles.

Éducation et accueil des jeunes enfants

Au Royaume-Uni, les centres d'accueil pour enfants Sure Start offrent un soutien centralisé aux familles qui élèvent des enfants de moins de cinq ans, en particulier dans les quartiers défavorisés. Les services proposés comprennent des conseils en matière de santé, de parentalité et financiers, une aide à l'emploi pour les parents et un accueil préscolaire. Les évaluations montrent des résultats positifs : un meilleur développement infantile, un meilleur état de santé, un environnement familial plus agréable et un dépistage précoce des besoins éducatifs particuliers. Le programme est considéré comme rentable et ayant un effet sur la diminution des disparités observées à la petite enfance. Il a permis d'améliorer les résultats scolaires des jeunes enfants de manière significative et les bénéfices se font sentir jusqu'au secondaire (Carneiro et al., 2025[65] ; UK Department of Education, 2010[66] ; OCDE, 2025[67]). À son apogée, en 2009-2010, le dispositif Sure Start comptait 3 600 centres en Angleterre. Consécutivement à une baisse des financements, les pouvoirs locaux ont réduit l'ampleur du projet et fermé la plupart des centres en 2018. Le programme de 2.7 milliards GPB annuels, selon les prix en 2023-24, a généré un rendement de près de 2 GBP pour 1 GBP investie (Carneiro et al., 2025[65]).

En Finlande, le programme pour l'égalité et la non-discrimination dans l'éducation et la formation, lancé en 2025, propose un plan d'action en dix points qui couvre tous les niveaux du système éducatif et l'ensemble des professionnels qui interviennent dans le parcours éducatif et le développement des enfants. En lien avec le secteur de l'EAJE, le programme a instauré de nouveaux indicateurs de la qualité qui encouragent l'inclusion et la sensibilité culturelle, et a fourni aux enseignants les outils pour évaluer leurs pratiques pédagogiques à cet égard. Il prévoit également de proposer une formation professionnelle aux enseignants et aux personnels des écoles, y compris au cours de la formation initiale des enseignants, pour leur apprendre à reconnaître les biais inconscients, identifier un comportement discriminatoire et créer un environnement inclusif en classe. Le programme s'appuie sur le dispositif Right to Learn, mis en œuvre entre 2020 et 2022, qui a octroyé aux écoles des ressources complémentaires et formé les enseignants à repérer et accompagner les élèves qui ont besoin d'une aide supplémentaire pour surmonter certains obstacles d'ordre socioéconomique ou linguistique, ou des troubles de l'apprentissage. Ces deux programmes font appel à l'engagement des familles et de la collectivité pour réussir à réduire efficacement les écarts de réussite, en particulier pour les élèves issus de l'immigration (OCDE, 2022[68] ; Ministry of Education and Culture, Finlande, 2025[69]).

Aux États-Unis, les programmes Head Start accompagnent les enfants de moins de cinq ans issus de familles à faible revenu afin de les préparer à leur entrée à l'école. Non seulement les programmes aident les jeunes enfants sur le plan éducatif, mais aussi en leur proposant des services de santé, des formations parentales et un libre accès aux services publics. Ces programmes financés au niveau fédéral sont mis en œuvre à l'échelle locale dans des écoles et des organismes à but non lucratif, avec pour objectif d'améliorer le développement des enfants et le bien-être des familles (Bierman et al., 2013[70] ; Bierman et al., 2008[71] ; OCDE, 2025[67]).

Scolarité et début de l'âge adulte

En Irlande, le programme Irish Higher Education Access Route (HEAR) accompagne les élèves issus de milieux défavorisés lors de leur entrée dans l'enseignement supérieur. Les demandeurs doivent respecter des critères financiers, sociaux et culturels, parmi lesquels le revenu du ménage prédomine, et peuvent postuler à HEAR en même temps qu'ils demandent à s'inscrire à l'université. Chaque établissement d'enseignement supérieur participant dispose d'un nombre de places réservées aux candidats HEAR éligibles, accessibles avec un nombre de points obtenus au Leaving Certificate (l'examen national de fin d'études secondaires) inférieur ou réduit. Comme tous les autres candidats, les potentiels bénéficiaires du programme HEAR doivent satisfaire aux conditions minimales d'admission (au niveau de l'établissement) et aux critères spécifiques du programme avant de pouvoir prétendre à une offre HEAR de réduction de points (HEAR, 2025[72]). En 2022, 11 % des candidats à l'université sont passés par le programme HEAR, avec un taux d'admission moyen de 84 % (Irish Universities Association, s.d.[73]).

Le programme HEAR propose également un accompagnement sous forme de conseil en orientation, de tutorat, de mentorat, de méthodes d'apprentissage et de conseil financier. Les participants font état d'un sentiment d'identité et d'appartenance très fort (Byrne et al., 2013[74]). Les élèves du programme sont plus susceptibles de réussir leur entrée dans l'enseignement supérieur (Byrne et al., 2013[74]), d'obtenir des diplômes avec mention et de mieux réussir à l'université que leurs pairs issus du même milieu (Byrne et al., 2013[74] ; Denny et al., 2014[75]). HEAR est financé dans le cadre d'efforts plus largement déployés par le gouvernement irlandais pour élargir l'accès à l'enseignement supérieur, promouvoir l'innovation dans ce domaine et soutenir le développement national.

Âge adulte

Au Luxembourg, le programme FutureSkills s'intéresse aux personnes au chômage diplômées de l'enseignement secondaire en leur proposant une formation de trois mois suivie d'un stage de six mois au sein du secteur public. La formation porte sur des compétences non techniques, numériques et en bureautique. L'objectif est d'améliorer l'employabilité des candidats et de leur donner accès à des missions du secteur public qui seraient potentiellement hors de portée pour des individus originaires d'un milieu défavorisé (Agence pour le développement de l'emploi, 2025[76] ; OCDE, 2023[77]).

En Norvège, le programme **Skills Plus Work** propose des formations aux compétences de base, dispensées en milieu professionnel, aux adultes employés ou à des personnes en volontariat qui présentent un faible niveau de qualification formelle. La formation porte sur les compétences en lecture et écriture, en calcul, numériques et en communication en s'appuyant sur des contenus professionnels pertinents. Les employeurs ou l'organisme de volontariat échangent avec le prestataire de la formation pour concevoir des programmes adaptés. Financé par le ministère de l'Éducation et de la Recherche, le programme cible les apprenants peu susceptibles de participer à une formation formelle (OCDE, 2020[78] ; Directorate of Higher Education and Competence, Norvège, 2025[79]).

En Espagne, Vives Emplea Saludable a pour objectif d'améliorer la probabilité pour les personnes au chômage de trouver un emploi en intégrant la notion de bien-être physique, émotionnel et social dans les programmes d'aide à la recherche d'emploi. Le programme associe une formation de préparation à l'emploi avec des interventions qui portent sur la santé mentale, l'activité physique, le sommeil et la nutrition. La résilience émotionnelle, les comportements sains et les taux d'emploi constituent les principaux indicateurs utilisés pour évaluer la réussite du programme. Cette initiative est mise en œuvre dans le cadre de programmes en faveur du marché du travail menés par des organisations non gouvernementales (Commission européenne, 2023[80]).

3.4. La répercussion des écarts de niveau d'études sur les disparités en matière de compétences essentielles du XXIe siècle

3.4.1. Les écarts de niveau d'études

Les niveaux d'études des personnes de 30 à 65 ans varient fortement entre les pays de l'OCDE et se répartissent de façon inégale entre les différents groupes démographiques : les plus jeunes adultes (30-49 ans) détiennent de meilleurs diplômes que leurs pairs plus âgés ; les femmes ont un niveau équivalent ou supérieur dans l'enseignement supérieur ; et les personnes issues d'un milieu socioéconomique plus favorisé ou qui ont grandi en ville sont en moyenne plus diplômées que les adultes issus de milieux défavorisés ou originaires de milieu rural. Selon l'orientation choisie, plusieurs niveaux de perspectives se profilent, comme avec les filières à visée professionnelle du second cycle de l'enseignement secondaire qui permettent généralement une meilleure entrée dans le monde du travail, mais exposent moins à des contenus universitaires approfondis que les voies générales. Dans l'enseignement supérieur, les filières courtes à visée professionnelle offrent une voie d'accès rapide à l'emploi qualifié. Comme le niveau de compétences mesuré traduit à la fois la durée et la nature de l'enseignement formel suivi, les disparités de niveau d'études constituent un facteur important des écarts en matière de compétences. Cette partie mesure en quoi les différences de niveau d'études et de disciplines choisies entre différents groupes d'individus expliquent les inégalités en matière de compétences du XXIe siècle.

Le Graphique 3.6 présente les niveaux d'études les plus élevés des individus de 30 à 65 ans qui ont participé à l'évaluation des compétences des adultes réalisée par l'OCDE. En moyenne parmi les pays de l'OCDE, 14 % des individus n'ont pas terminé le deuxième cycle du secondaire, 28 % sont diplômés du deuxième cycle du secondaire ou postsecondaire professionnel, 15 % sont diplômés du deuxième cycle du secondaire ou postsecondaire général, 9 % ont suivi des études supérieures de cycle court, et 34 % ont obtenu une licence ou plus.

Les situations varient fortement selon les pays. La part des adultes qui n'ont pas atteint le deuxième cycle de l'enseignement secondaire va de 48 % au Portugal à 4 % en Tchéquie. Les diplômes du deuxième cycle du secondaire ou postsecondaire professionnel prédominent en Tchéquie (66 %) alors qu'ils ne concernent que 8 % des diplômés au Portugal. Les filières générales du deuxième cycle de l'enseignement secondaire sont les plus courants aux États-Unis (31 %), à l'inverse de l'Allemagne (2 %). La participation à des programmes d'enseignement supérieur de cycle court atteint 21 % au Japon, mais reste inférieure à 1 % en Allemagne, Pologne, République slovaque et Tchéquie. Enfin, la part des adultes diplômés d'une licence ou plus va de 48 % dans la Région flamande (Belgique) à 17 % en Italie.

Graphique 3.6. Niveau d'études des adultes, par pays

Pourcentage d'adultes âgés de 30 à 65 ans, selon le niveau d'études atteint

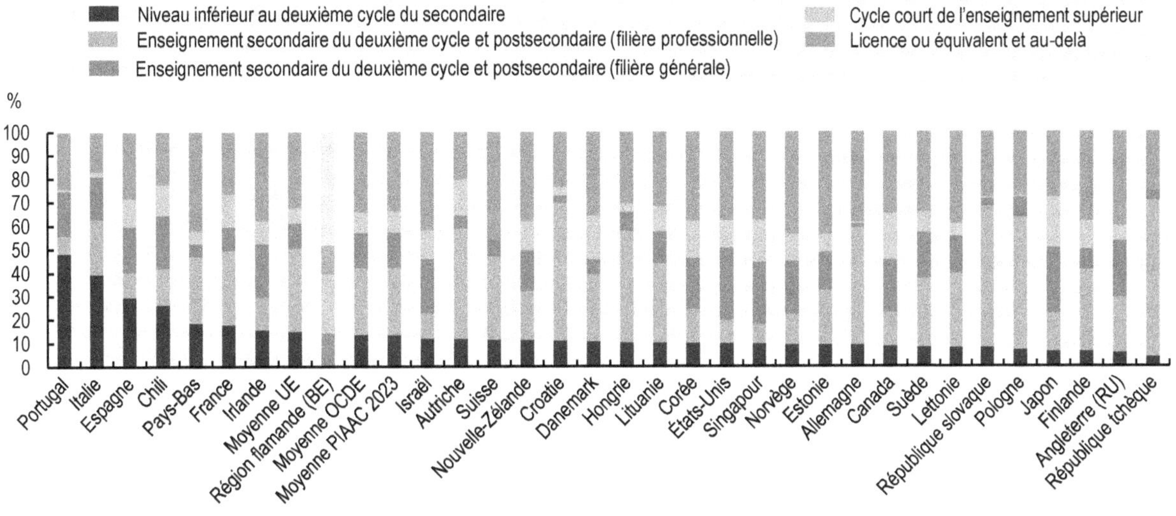

Note : Adultes âgés de 30 à 65 ans. Le niveau d'études des répondants correspond à la classification internationale type de l'éducation (CITE) 2011, regroupé en niveau inférieur à l'enseignement secondaire (niveaux 0, 1, 2 de la CITE), deuxième cycle du secondaire et postsecondaire général (filière générale et programme court du niveau 3 de la CITE, filière générale du niveau 3 de la CITE avec accès au niveau 3, filière générale du niveau 3 de la CITE avec accès au niveau 3/4, filière générale du niveau 3 de la CITE avec accès au niveau 5/6/7), enseignement secondaire de deuxième cycle et postsecondaire professionnel (filière professionnelle et programme court du niveau 3 de la CITE, filière professionnelle du niveau 3 de la CITE avec accès au niveau 3, filière professionnelle du niveau 3 de la CITE avec accès au niveau 3/4, filière professionnelle du niveau 3 de la CITE avec accès au niveau 5/6/7), enseignement supérieur de cycle court (niveau 5 de la CITE, filière générale du niveau 5 de la CITE, filière professionnelle du niveau 5 de la CITE) et licence ou diplôme équivalent ou supérieur (niveaux 6, 7, 8 de la CITE).
Les pays sont classés par ordre décroissant du pourcentage d'adultes dont le niveau d'études est inférieur au deuxième cycle du secondaire.
Source : Calculs d'après OCDE (2024[16]), *base de données du 2e cycle de l'Évaluation des compétences des adultes (PIAAC)*, www.oecd.org/en/data/datasets/piaac-2nd-cycle-database.html.

StatLink https://stat.link/rqxwt0

La ventilation des données relatives au niveau d'études par âge, genre, milieu socioéconomique, lieu de résidence pendant l'enfance et emploi occupé, fait apparaître des schémas et des différences clairs, comme le montre le Graphique 3.7. L'instruction se développe nettement : 40 % des 30-49 ans ont obtenu une licence ou un diplôme plus élevé contre 26 % des 50-65 ans. De plus, 16 % des 50-65 ans non diplômés du deuxième cycle du secondaire contre seulement 11 % des 30-49 ans. Les femmes obtiennent plus majoritairement que les hommes un diplôme de l'enseignement supérieur (37 % contre 31 %), mais elles ont moins tendance à s'orienter vers une filière professionnelle dans l'enseignement secondaire de 2e cycle ou postsecondaire (26 % contre 31 %). Le Graphique 3.7 montre également que le milieu socioéconomique d'origine est un facteur qui détermine fortement le niveau d'études. Parmi les adultes dont les parents sont diplômés du supérieur, 61 % détiennent au moins une licence, contre 26 % de ceux dont les parents n'ont pas ce niveau d'instruction. On retrouve le même type de situation avec l'emploi des parents : 53 % des adultes dont les parents occupent un emploi très valorisé sont diplômés d'une licence ou plus, alors qu'ils ne sont que 23% lorsque leurs parents n'occupent pas un emploi valorisé. 40 % des adultes qui ont grandi en milieu urbain détiennent une licence ou plus contre 26 % de ceux originaires d'un milieu rural. En revanche, les écarts associés à l'origine immigrée sont réduits.

Graphique 3.7. Niveau d'études des adultes, par caractéristiques socioéconomiques

Pourcentage d'adultes, par caractéristiques socioéconomiques et niveau d'études atteint, moyenne OCDE

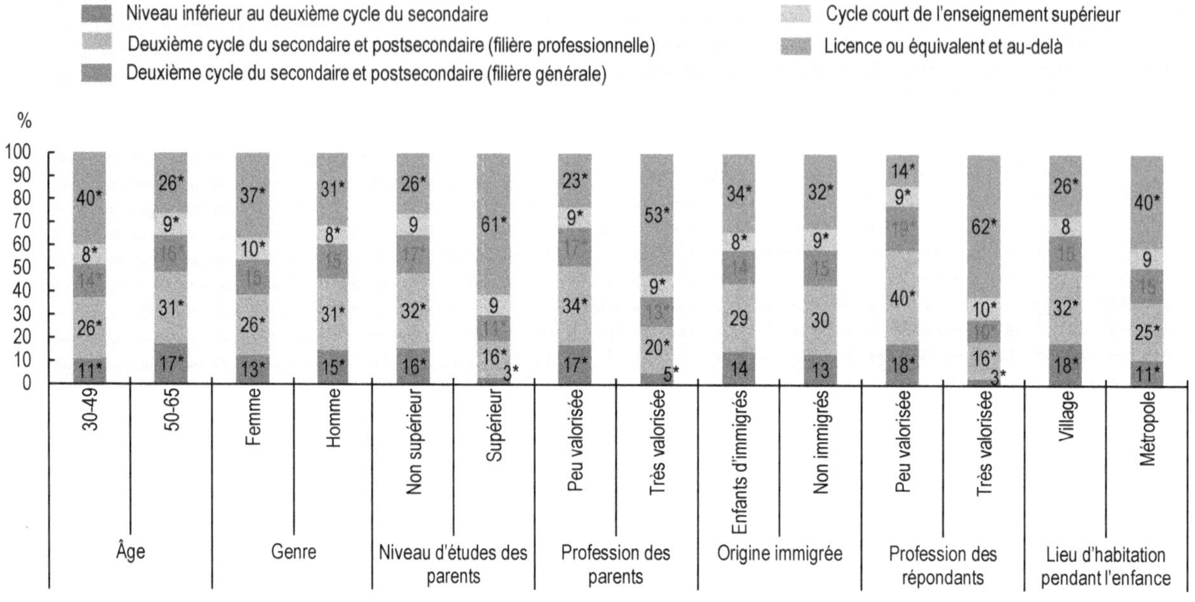

Note : Adultes âgés de 30 à 65 ans. Les professions des répondants et de leurs parents (quand les répondants avaient 14 ans) sont considérées d'après la classification internationale type des professions (CITP) et classées en professions très valorisées, comprenant les managers, professionnels et techniciens et professionnels associés (groupes 1 à 3 de la CITP), et professions peu valorisées, avec les employés de soutien administratif, les travailleurs des services et de la vente, les travailleurs qualifiés de l'agriculture, de la sylviculture et de la pêche, les travailleurs de l'artisanat et des métiers connexes, les conducteurs d'installations et de machines et assembleurs, et les professions élémentaires (groupes 4 à 9 de la CITP).

Le lieu d'habitation pendant l'enfance (quand les répondants avaient 14 ans) distingue s'ils ont grandi dans un village ou dans une métropole. L'origine immigrée distingue les enfants d'immigrés, les immigrés et les non immigrés. Les enfants d'immigrés sont nés dans le pays dans lequel ils résident actuellement, mais pas leurs parents, ou sont nés dans un autre pays et ont emménagé dans leur pays de résidence actuel avant l'âge de 18 ans. Les immigrés correspondent à ceux qui ont immigré dans leur pays de résidence actuel après 18 ans. Les non immigrés sont ceux qui sont nés dans leur pays actuel de résidence, comme leurs parents. Voir la note du Graphique 3.1 pour une description du niveau d'études des parents. Voir la note du Graphique 3.6 pour une description du niveau d'études des répondants. Les nombres du graphique correspondent aux pourcentages associés à chaque niveau d'études pour chaque sous-groupe. Les résultats par pays sont disponibles dans le Tableau d'annexe 3.A.1.

L'*, à côté des pourcentages, indique que les écarts entre les groupes (entre les 30-49 ans et les 50-65 ans, entre les femmes et les hommes, entre les parents diplômés du supérieur ou non, entre l'emploi très valorisé ou non des parents, entre l'origine immigrée ou non, entre l'origine rurale ou urbaine) sont significatifs au seuil de 5 %.

Source : Calculs d'après OCDE (2024[16]), *base de données du 2e cycle de l'Évaluation des compétences des adultes (PIAAC)*, www.oecd.org/en/data/datasets/piaac-2nd-cycle-database.html.

StatLink https://stat.link/hndcqb

3.4.2. Lien entre les écarts de niveaux d'études et les écarts de niveaux de compétences

En moyenne, les niveaux d'études élevés sont sensiblement associés à une meilleure acquisition des compétences essentielles du XXIe siècle et, plus l'échelon atteint dans « l'échelle des niveaux d'instruction » est élevé, plus ces compétences sont maîtrisées, comme l'indique le Tableau 3.2. Par exemple, par rapport aux personnes qui n'ont pas atteint le deuxième cycle du secondaire, les adultes diplômés du deuxième cycle de l'enseignement secondaire ou postsecondaire professionnel obtiennent de meilleurs résultats en lecture (différence de 0.59 ET), calcul (différence de 0.64 ET) et résolution adaptative de problèmes (différence de 0.51 ET). Les adultes diplômés du deuxième cycle du secondaire ou postsecondaire en filière générale présentent un niveau encore meilleur en lecture (différence de

0.73 ET), calcul (différence de 0.78 ET) et résolution adaptative de problèmes (différence de 0.64 ET) que les personnes qui n'ont pas atteint ce niveau. Les adultes qui ont suivi un programme de l'enseignement supérieur de cycle court affichent un meilleur niveau en lecture (différence de 0.87 ET), calcul (différence de 0.93 ET) et résolution adaptative de problèmes (différence de 0.77 ET) que les personnes qui n'ont pas atteint le deuxième cycle du secondaire. Enfin, les adultes diplômés d'une licence ou plus ont un meilleur niveau en lecture (différence de 1.22 ET), calcul (différence de 1.30 ET) et résolution adaptative de problèmes (différence de 1.08 ET) que les personnes qui n'ont pas atteint le deuxième cycle du secondaire.

En moyenne, dans les écarts de niveaux de compétences selon l'âge, près d'un tiers des écarts de niveaux en calcul entre les 50-65 ans et les 30-49 ans s'explique par des différences de niveau d'études entre les deux groupes (Tableau 3.2). Les parts correspondantes sont d'environ un quart en lecture et un cinquième pour la résolution adaptative de problèmes.

Les différences de niveau associées au genre, en matière de compétences essentielles du XXIe siècle, indiquent que les hommes et les femmes acquièrent potentiellement une expérience propre dans l'enseignement formel et en dehors. Comme mentionné précédemment, les femmes présentent de meilleurs résultats en lecture, mais de moins bons en calcul et en résolution adaptative de problèmes. Ces schémas se maintiennent après correction des effets d'autres caractéristiques socioéconomiques (âge, niveau d'instruction et profession des parents, lieu d'habitation pendant l'enfance) (Tableau 3.2). Cependant, lorsque le niveau d'études est également pris en compte, les écarts liés au genre se creusent en calcul (de 0.18 ET à 0.24 ET, soit 33 % d'augmentation) et en résolution adaptative de problèmes. En revanche, les compétences à l'écrit restent identiques chez les hommes et les femmes ayant le même niveau d'études. L'étude de ces facteurs est approfondie dans les parties 3.5 (domaine d'études) et 3.6 (éducation et formation des adultes).

L'effet du niveau d'études sur les compétences en calcul varie selon les pays (Graphique 3.8). Par exemple, en Nouvelle-Zélande, une fois prises en compte les différences d'ordre sociodémographique, les personnes diplômées du deuxième cycle du secondaire ou postsecondaire professionnel ont un meilleur niveau en calcul de 0.97 ET que ceux qui n'ont pas un tel niveau d'instruction. En Israël, cet écart est largement moindre avec 0.27 ET. De même, en Finlande, les individus diplômés du deuxième cycle du secondaire ou postsecondaire général, présentent un meilleur niveau en calcul, à hauteur de 1.25 ET, par rapport aux individus qui n'ont pas obtenu de diplôme du deuxième cycle de l'enseignement secondaire, alors qu'en Israël cette différence est de 0.32 ET. Les bénéfices sur les compétences en calcul associées au fait d'avoir suivi un programme de cycle court de l'enseignement supérieur par rapport à ceux qui n'ont pas atteint le deuxième cycle de l'enseignement secondaire vont de 1.45 ET pour Singapour, à 0.48 ET pour l'Italie. Pour ceux qui ont obtenu une licence ou plus, les répercussions sur leur niveau en calcul est de 1.82 ET pour Singapour et 0.70 ET pour la Croatie.

Les adultes dont au moins un des parents est diplômé de l'enseignement supérieur obtiennent de meilleurs scores sur ces compétences essentielles que ceux dont aucun des deux parents n'a atteint ce niveau d'études (Tableau 3.2). Par exemple, la différence de niveau à l'écrit entre les individus dont les parents sont diplômés du supérieur et ceux dont les parents ne le sont pas est de 0.30 ET, après contrôle des autres caractéristiques sociodémographiques, et de 0.13 ET lorsqu'on tient également compte de la différence de niveau d'études entre ces deux groupes, soit une baisse de 57 %. De la même façon, la différence de niveau en calcul entre les individus dont les parents sont diplômés du supérieur et ceux dont les parents ne le sont pas est, respectivement, de 0.29 ET et 0.12 ET, une fois prise en compte la différence de niveau d'instruction, soit une baisse de 59 %. Même en comparant des individus issus de milieux différents, mais avec des parcours éducatifs similaires, les différences demeurent mettant ainsi en évidence le fait que les expériences éducatives accessibles aux différents groupes sont de qualité variable, tout comme l'apprentissage qui a lieu en dehors des établissements d'enseignement formels tout au long de la vie. Cependant, les résultats indiquent que si les adultes issus de milieux socioéconomiques plus favorisés acquièrent des compétences en traitement de l'information nettement supérieures, c'est principalement parce qu'ils ont beaucoup plus de chances d'atteindre des niveaux d'instruction plus élevés.

Tableau 3.2. Le niveau d'études des adultes joue sur les disparités en matière de compétences essentielles du XXIe siècle

Coefficients de régression avant et après prise en compte du niveau d'études des répondants, moyenne OCDE

	Compétences à l'écrit		Compétences en calcul		Résolution adaptative de problèmes	
	Modèle (1)	Modèle (2)	Modèle (3)	Modèle (4)	Modèle (5)	Modèle (6)
Genre - hommes (réf : femmes)	**-0.04**	0.01	**0.18**	**0.24**	**0.06**	**0.11**
Âge - 50-65 ans (réf : 30-49 ans)	**-0.33**	**-0.25**	**-0.26**	**-0.18**	**-0.37**	**-0.30**
Niveau d'études des parents - supérieur (réf : non supérieur)	**0.30**	**0.13**	**0.29**	**0.12**	**0.29**	**0.14**
Profession des parents - très valorisée (réf : peu valorisée)	**0.30**	**0.14**	**0.30**	**0.14**	**0.26**	**0.13**
Lieu d'habitation pendant l'enfance (réf : village)						
Ville	**0.11**	**0.05**	**0.07**	0.01	**0.08**	**0.03**
Métropole	**0.11**	**0.07**	**0.11**	**0.04**	**0.11**	**0.05**
Origine immigrée (réf : non immigrés)						
Immigrés	**-0.65**	**-0.64**	**-0.48**	**-0.48**	**-0.54**	**-0.54**
Enfants d'immigrés	**-0.14**	**-0.12**	**-0.12**	**-0.10**	**-0.11**	**-0.10**
Niveau d'études des répondants (réf : inférieur au deuxième cycle du secondaire)						
Deuxième cycle du secondaire et postsecondaire (filière professionnelle)		**0.59**		**0.64**		**0.51**
Deuxième cycle du secondaire et postsecondaire (filière générale)		**0.73**		**0.78**		**0.64**
Enseignement supérieur de cycle court		**0.87**		**0.93**		**0.77**
Licence ou équivalent et au-delà		**1.22**		**1.30**		**1.08**

Note : Adultes âgés de 30 à 65 ans. Les coefficients notés en gras sont statistiquement significatifs au seuil de 5 %. Les résultats des colonnes (1), (3) et (5) correspondent au niveau de compétence indiqué après prise en compte des différences liées au genre, à l'âge, au niveau d'études des parents, à la profession des parents, au lieu d'habitation pendant l'enfance et à l'origine immigrée. Les résultats des colonnes (2), (4) et (6) prennent également en compte les différences de niveau d'études des répondants. Voir la note du Graphique 3.7 pour une description du niveau d'instruction des répondants et la définition des groupes relatifs au niveau d'études des parents, à leur profession, à l'origine immigrée et au lieu d'habitation pendant l'enfance. Les erreurs types sont présentées dans le Tableau d'annexe 3.A.1.
Source : Calculs d'après OCDE (2024[16]), *base de données du 2e cycle de l'Évaluation des compétences des adultes (PIAAC)*, www.oecd.org/en/data/datasets/piaac-2nd-cycle-database.html.

StatLink https://stat.link/r2g4kn

Les adultes dont les parents occupaient un emploi très valorisé obtiennent de meilleurs résultats en compétences essentielles du XXIe siècle que leurs pairs dont les parents occupaient un emploi du bas de l'échelle. En moyenne, les différences de niveau d'études expliquent près de la moitié des disparités observées en calcul entre les adultes dont les parents occupaient un emploi très valorisé et les autres, mais les différences de perspectives éducatives ne jouent pas le même rôle dans les écarts de niveau de compétences d'un pays à l'autre. Le Graphique 3.9 montre que les différences de niveau d'études n'ont pas le même effet selon les pays sur les disparités en calcul entre les individus dont au moins un des deux parents travaillait comme manager ou professionnel (emplois hautement valorisés) lorsque le répondant avait 14 ans et ceux qui n'étaient pas dans ce cas. Les différences entre les individus dont les parents occupaient un emploi très valorisé et les autres sont les plus marquées aux États-Unis (différence de 0.23 ET) et les plus faibles en Corée (différence de 0.03 ET). De tels écarts peuvent s'expliquer, dans une large mesure, par les différences de perspectives éducatives auxquelles ces deux groupes sont confrontés. Aux États-Unis, les différences de niveau d'études expliquent près de 52 % de la différence de niveau en calcul entre les adultes dont les parents occupaient un emploi très valorisé lorsqu'ils étaient jeunes et les autres, contre 27 % en Corée.

Graphique 3.8. Lien entre le niveau d'études et les compétences en calcul

Évolution du niveau en calcul (différence standardisée) associée au niveau d'études des répondants (par rapport à un niveau inférieur au deuxième cycle du secondaire) après prise en compte des caractéristiques sociodémographiques

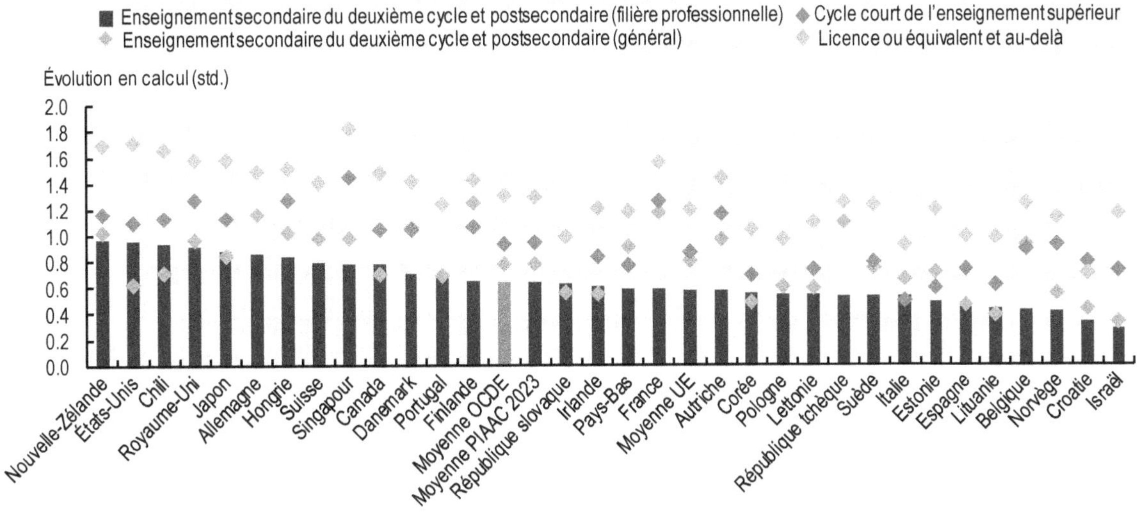

Note : Adultes âgés de 30 à 65 ans. Les caractéristiques sociodémographiques comprennent le genre, l'âge, le niveau d'études et la profession des parents, le lieu d'habitation pendant l'enfance et l'origine immigrée. Voir la note du Graphique 3.7 pour une description du niveau d'instruction des personnes interrogées.

Les pays sont classés par ordre décroissant de l'effet produit par le fait que les parents occupent un emploi très valorisé sur les compétences en calcul.

Source : Calculs d'après OCDE (2024[16]), *base de données du 2e cycle de l'Évaluation des compétences des adultes (PIAAC)*, www.oecd.org/en/data/datasets/piaac-2nd-cycle-database.html.

StatLink https://stat.link/qbdp24

Les adultes qui ont grandi dans une métropole réalisent de meilleurs résultats en matière de compétences essentielles pour le XXIe siècle que ceux qui ont grandi dans une petite ville ou un village, mais la prise en compte de leur niveau d'études réduit cet écart (Tableau 3.2). Les individus qui ont grandi dans une métropole ont pu accéder plus facilement à des enseignements et des ressources de qualité et bénéficier d'un environnement pédagogique plus favorable, ce qui aurait pu conduire à des niveaux d'instruction supérieurs et par conséquent à des compétences plus développées. En revanche, les individus originaires de milieu rural ont potentiellement eu un choix plus limité quant aux possibilités d'enseignement, ce qui a pu restreindre leur niveau d'études et, par conséquent, les doter de compétences moins développées. Ces données indiquent que ces différences entre milieu urbain et milieu rural, en matière de qualité et d'étendue des possibilités éducatives, expliquent en partie les écarts de compétences entre ces deux groupes.

Les adultes enfants d'immigrés sont dotés de compétences en traitement de l'information moins poussées que leurs pairs qui ne sont pas issus de l'immigration, même après prise en compte d'autres facteurs liés au milieu d'origine (Tableau 3.2). Contrairement aux autres caractéristiques, les différences de niveau d'études n'expliquent aucune des différences en matière de compétences observées entre les deux groupes et il semble que des obstacles extérieurs à l'environnement éducatif formel soient les principaux moteurs des écarts de compétences des immigrés.

Graphique 3.9. Rôle des disparités de niveaux d'études dans les différences de niveau en calcul associées à la profession des parents, par pays

Évolution du niveau en calcul (différence standardisée) associée à l'occupation d'un emploi très valorisé par les parents (par rapport à ceux dont les parents occupent un emploi peu valorisé) avant et après prise en compte du niveau d'études des répondants

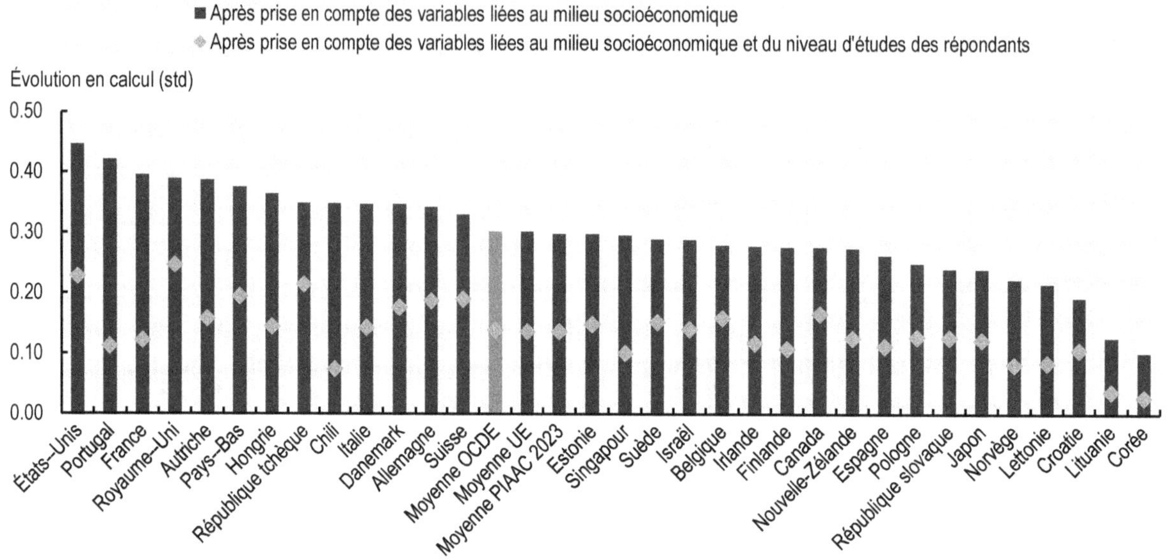

Note: Adultes âgés de 30 à 65 ans. Les autres caractéristiques sociodémographiques comprennent le genre, l'âge, le niveau d'études et la profession des parents, le lieu d'habitation pendant l'enfance et l'origine immigrée.
Les pays sont classés par ordre décroissant de l'effet produit par le fait que les parents occupent un emploi très valorisé sur les compétences en calcul.
Source : Calculs réalisés à partir de l'OCDE (2024[16]), *base de données du 2e cycle de l'Évaluation des compétences des adultes (PIAAC)*, www.oecd.org/en/data/datasets/piaac-2nd-cycle-database.html.

StatLink https://stat.link/i9nd17

3.4.3. L'impact du niveau d'études sur les compétences

Si l'éducation est un facteur clé dans l'acquisition de compétences, ses effets peuvent varier considérablement en fonction de l'âge, du genre, du milieu socioéconomique, du lieu d'habitation pendant l'enfance et de l'origine immigrée. Cette partie examine si les bénéfices de l'éducation – c'est-à-dire les compétences que les individus sont plus susceptibles de maîtriser après avoir atteint certains niveaux d'enseignement – varient d'un groupe sociodémographique à l'autre. Le Tableau 3.3 présente les différences de gains de compétences liés au niveau d'études entre les hommes et les femmes, les groupes d'âge et selon le milieu socioéconomique d'origine de la famille. Les gains de compétences liés aux diplômes sont globalement homogènes quel que soit le lieu d'habitation pendant l'enfance et l'origine immigrée. Les résultats détaillés sont consultables dans le Tableau d'annexe 3.A.1.

Le niveau d'instruction a généralement moins de répercussions sur les compétences en traitement de l'information parmi les individus issus d'un milieu socioéconomique plus favorisé, c'est-à-dire les individus dont les parents occupaient des emplois hautement valorisés ou sont diplômés du supérieur. Par exemple, l'effet sur le niveau de compétences à l'écrit d'un individu qui a obtenu un diplôme de licence ou plus par rapport à un individu qui n'aurait pas suivi un enseignement au-delà du deuxième cycle de l'enseignement secondaire est plus élevé de 0.17 ET pour les adultes issus de ménages placés en haut de l'échelle que pour ceux issus de ménages d'un statut inférieur.

Lorsque les ressources familiales sont limitées, l'enseignement formel devient le moyen privilégié pour acquérir des compétences et les exercer. En revanche, lorsque les moyens ne manquent pas, les diplômes supplémentaires constituent une plus-value limitée. Les contextes familiaux favorisés peuvent faire bénéficier aux enfants d'un environnement physique et social propice au développement de leurs compétences en traitement de l'information en dehors de leur établissement d'enseignement formel. Pour les jeunes de milieux défavorisés, la salle de classe reste le lieu principal d'acquisition de ces compétences. Les répercussions moins importantes sur les compétences pour les adultes issus de milieux socioéconomiques favorisés peuvent s'expliquer par des processus de sélection. Les jeunes issus de milieux sociaux défavorisés sont moins susceptibles de suivre des études supérieures en raison de freins économiques et logistiques, d'un manque de modèles inspirants, et parce qu'ils estiment tirer peu de bénéfices de l'enseignement. Ainsi, ceux qui choisissent de suivre cette voie sont généralement très motivés et particulièrement bien disposés à acquérir l'ensemble des compétences que l'éducation formelle prévoit de valoriser, comme les compétences à l'écrit et en calcul et la résolution adaptative de problèmes. L'Encadré 3.6 donne des exemples de politiques publiques et d'interventions dont l'objectif est de lutter contre les facteurs de risque de l'abandon scolaire.

Les différences de compétences en traitement de l'information liées au genre et associées au fait d'avoir obtenu une licence ou un diplôme supérieur, par rapport à ceux qui n'ont pas suivi d'enseignement au-delà du deuxième cycle du secondaire, sont en faveur des hommes. Par exemple, l'effet sur le niveau en calcul d'un individu qui a obtenu un diplôme de licence ou plus par rapport à un individu qui n'aurait pas suivi d'enseignement au-delà du deuxième cycle du secondaire est plus élevé de 0.13 ET pour les hommes que pour les femmes (Tableau 3.3). Les différences de bénéfices de l'enseignement supérieur sur les compétences entre les hommes et les femmes pourraient traduire des différences entre les genres au regard des disciplines choisies, un point analysé dans la partie suivante.

En revanche, les bénéfices de l'enseignement sur les compétences ont tendance à être relativement homogènes entre les différents groupes d'âge (Tableau 3.3). Par exemple, les compétences à l'écrit liées à l'obtention d'un diplôme de licence ou plus sont plus élevées de 0.1 ET pour le groupe des 50-65 ans, comparativement à celui des 30-50 ans, une différence qui n'est statistiquement significative à aucun niveau de signification conventionnel (Tableau 3.3).

Tableau 3.3. Bénéfices sur les compétences en fonction des diplômes obtenus : différences entre niveaux d'études

Chaque compétence est ajustée en fonction des caractéristiques sociodémographiques, et le lien entre le niveau d'études et la caractéristique visée (âge, genre, niveau d'études ou profession des parents) est indiqué, moyenne OCDE

		Compétences à l'écrit	Compétences en calcul	Résolution adaptative de problèmes
(Référence : enseignement inférieur au deuxième cycle du secondaire)				
Âge: 50-65 ans	Deuxième cycle du secondaire et postsecondaire professionnel	0.00	0.01	-0.04
	Deuxième cycle du secondaire et postsecondaire	-0.02	-0.02	-0.06
	Enseignement supérieur de cycle court	0.06	0.07	0.01
	Licence ou équivalent et au-delà	0.01	0.02	-0.03
Genre : hommes	Deuxième cycle du secondaire et postsecondaire professionnel	-0.02	0.03	0.00
	Deuxième cycle du secondaire et postsecondaire général	0.06	**0.08**	0.07
	Enseignement supérieur de cycle court	0.02	**0.09**	0.04
	Licence ou équivalent et au-delà	**0.08**	**0.13**	**0.10**
Niveau d' études des parents : supérieur	Deuxième cycle du secondaire et postsecondaire professionnel	**-0.14**	-0.12	-0.11
	Deuxième cycle du secondaire et postsecondaire général	-0.04	-0.03	-0.03
	Enseignement supérieur de cycle court	**-0.17**	**-0.17**	**-0.16**
	Licence ou équivalent et au-delà	**-0.13**	-0.11	-0.11
Profession des parents : très valorisée	Deuxième cycle du secondaire et postsecondaire professionnel	**-0.16**	**-0.16**	**-0.15**
	Deuxième cycle du secondaire et postsecondaire général	**-0.14**	**-0.13**	**-0.11**
	Enseignement supérieur de cycle court	**-0.16**	**-0.17**	**-0.16**
	Licence ou équivalent et au-delà	**-0.17**	**-0.17**	**-0.16**

Note : Adultes âgés de 30 à 65 ans. Les coefficients notés en gras sont statistiquement significatifs au seuil de 5 %. Voir la note du Graphique 3.7 pour une description du niveau d'instruction des personnes interrogées. Les résultats illustrent le niveau de compétence tout en tenant compte des différences liées au genre, à l'âge, au niveau d'études des parents, à la profession des parents, au lieu d'habitation pendant l'enfance, à l'origine immigrée, au niveau d'études, et la relation entre le niveau d'études et la caractéristique visée (selon la ligne, il s'agit de l'âge, du genre, du niveau d'études des parents ou de la profession des parents). Voir la note pour le Graphique 3.7 pour les définitions des groupes formés à partir du niveau d'études des parents et de la profession des parents. Les erreurs types sont présentées dans le Tableau d'annexe 3.A.1.

Source : Calculs établis d'après OCDE (2024[16]), *base de données du 2e cycle de l'Évaluation des compétences des adultes (PIAAC)*, www.oecd.org/en/data/datasets/piaac-2nd-cycle-database.html.

StatLink https://stat.link/1lvg6b

Encadré 3.6. Lutter contre les facteurs de risque d'abandon scolaire

En Sus Zapatos est un programme **espagnol** d'éducation à la vie affective et relationnelle qui s'attaque au harcèlement et favorise la création de climats scolaires positifs. Il cible les élèves de 4 à 17 ans ainsi que les enseignants, les familles et le personnel non enseignant en utilisant un modèle de formation en cascade. Des enseignants formés transmettent leurs techniques en matière de compétences émotionnelles à leurs pairs, aux parents et aux élèves, et les élèves plus âgés accompagnent les plus jeunes. Le programme a pour objectif de développer des compétences émotionnelles, l'empathie et les techniques de résolution de conflits afin de lutter contre le harcèlement et de favoriser une cohabitation sereine des élèves. Les élèves apprennent à reconnaître et gérer leurs émotions et à résoudre les conflits de façon constructive. Les évaluations réalisées par le ministère espagnol de l'Éducation ont montré que 92 % des élèves parvenaient à mieux identifier leurs émotions, 90 % des enseignants constataient davantage d'empathie, et que les parents avaient remarqué une amélioration de leur relation avec leur enfant après avoir participé au programme. Plus de 120 000 individus ont été concernés par le programme qui a bénéficié d'un soutien institutionnel fort et d'une large visibilité médiatique. Le programme est financé grâce à des partenariats avec des institutions publiques, comme la ville de Madrid, qui soutiennent l'importante mise en œuvre dans les établissements scolaires (UNESCO, 2024[81] ; OCDE, 2024[2] ; Teatro de Conciencia, 2025[82]).

En Finlande, le programme KiVa contre le harcèlement et fondé sur les données de la recherche a été élaboré par l'université de Turku et financé par le ministère de l'Éducation et de la Culture. Il se compose de trois volets : prévention, intervention et suivi. Les actions préventives sont intégrées dans le programme pédagogique à travers des leçons et des jeux en ligne ; les stratégies d'intervention proposent aux écoles des outils de gestion des incidents structurés et centrés sur la recherche d'une solution ; et des études annuelles suivent les progrès réalisés et font ressortir des axes d'amélioration. Au cours de sa première année, KiVa a enregistré de bons résultats et réduit de façon significative le harcèlement et le nombre de victimes dans plus de 200 écoles de Finlande. Parmi les points positifs, on retient une amélioration du climat scolaire, une plus grande motivation des élèves et de meilleurs résultats scolaires. Le programme a également eu des retombées positives internationales, notamment en Italie et aux Pays-Bas. Des ressources clé en main, comme des plans de cours, des guides et des outils numériques sont mis à disposition des enseignants afin de garantir une mise en œuvre efficace (KiVa, 2025[83]).

En France, le dispositif des Cordées de la réussite a pour objectif de dynamiser l'ambition scolaire et de lutter contre l'autocensure des élèves défavorisés de l'enseignement secondaire. Il met en relation les établissements d'enseignement supérieur et ceux du secondaire, en particulier dans les zones en éducation prioritaire, pour mettre en place un tutorat et présenter des parcours universitaires et professionnels. L'accompagnement est adapté aux besoins des individus et fait naître une ambition à long terme – voir l'encadré 4.8 dans (OCDE, 2023[84]).

Le programme australien Be You est un dispositif national d'accompagnement à la santé mentale dans les structures de la petite enfance et les écoles. Il fournit aux éducateurs des outils permettant de concevoir des environnements propices à une bonne santé mentale grâce à des modules de formation professionnelle qui abordent les thèmes du partenariat familial, de la résilience, du soutien précoce et de la réponse aux crises. Les ressources sont constituées de plans d'action, d'outils et de conseils d'experts. L'approche qui concerne l'ensemble de la communauté favorise une collaboration entre les écoles et les familles et s'aligne sur la politique d'éducation nationale (McBrien, 2022[85] ; Hoare et al., 2020[86]).

Les données présentées dans cette partie sont tirées de l'Évaluation des compétences des adultes et mettent en évidence certaines caractéristiques essentielles qui façonnent l'accès à l'offre éducative. Toutefois, au sein des pays, d'autres facteurs jouent aussi un rôle important. Par exemple, l'Encadré 3.7 permet de mieux comprendre comment certains pays de l'OCDE ont réussi à répondre aux besoins complexes et croisés des populations roms et des Travellers irlandais, et à promouvoir plus largement le suivi d'un enseignement supérieur et le développement de compétences.

Encadré 3.7. Réduire les écarts de compétences : stratégies éducatives pour les communautés roms et de Travellers

Les Roms constituent la plus grande communauté ethnique de l'UE, avec près de 6 millions d'individus. Ils sont souvent issus de milieux socioéconomiques défavorisés et sont victimes d'exclusion et de discrimination (EPRS, 2025[87]). Seuls 44 % des enfants roms âgés de 3 à 7 ans sont inscrits dans une structure d'EAJE, contre 93 % en moyenne des enfants de l'UE, et le taux d'emploi des Roms reste bas avec 43 %, alors qu'il est de 70 % pour l'ensemble de la population de l'UE. Malgré les actions menées par l'UE en faveur de l'inclusion (c'est-à-dire le cadre stratégique de l'UE en faveur des Roms pour 2020-2030), les évolutions restent lentes, notamment dans la lutte contre la discrimination dans l'enseignement (Commission européenne, 2023[88] ; Parlement européen, 2023[89]).

Les actions menées par l'UE avaient pour objectif d'améliorer l'inclusion dans le milieu éducatif et les résultats de l'enseignement. Le projet Écoles inclusives : faire la différence pour les enfants roms (INSCHOOL) de 2017-2021 a rassemblé 25 écoles en Hongrie, République slovaque, Roumanie, Royaume-Uni et Tchéquie, proposant des formations aux enseignants, l'adoption de réformes de la gouvernance des écoles et la promotion de la participation citoyenne. Plus de 4 000 acteurs y ont participé et les évaluations ont montré des améliorations en matière de pratiques inclusives et de climat scolaire, inspirant d'autres actions nationales (Union européenne/Conseil de l'Europe, 2025[90]).

En République slovaque, où les Roms comptent pour 8 % de la population, des défis doivent continuellement être relevés pour favoriser l'inclusion de ces enfants dans le système éducatif (EPRS, 2025[87] ; Kahanec et al., 2020[91] ; Conseil de l'Europe, 2012[92]). Avec le soutien de l'UE, la République slovaque a élaboré la Stratégie pour l'égalité, l'inclusion et la participation des Roms jusqu'en 2030 (Office of the Government of the Slovak Republic, 2022[93]). Les dernières actions ont ciblé en priorité l'accessibilité aux structures d'EAJE, notamment à travers les programmes suivants :

- **Schools Open to All** emploie des enseignants assistants, favorise l'apprentissage informel, concerne plus de 130 écoles et bénéficie à 416 enfants et leurs familles (Koreň, 2018[94]).
- **Inclusion dans les écoles maternelles** emploie des assistants roms pour aider les parents et du personnel enseignant supplémentaire, et collabore avec des travailleurs sociaux pour améliorer l'accueil des enfants roms en maternelle (Commission européenne, 2024[95]).

La population rom de Hongrie, qui représente près de 7 % de la population du pays et se trouve répartie de façon inégale sur le territoire, souffre d'une ségrégation permanente à l'école et affiche un niveau d'instruction moins élevé puisque 24 % à peine des individus atteignent l'enseignement secondaire (Conseil de l'Europe, 2012[92]). La Stratégie nationale hongroise pour l'inclusion sociale 2020-2030 (HNSIS) reconnaît ces enjeux et accorde une attention prioritaire aux mesures pour l'inclusion en structures d'EAJE et aux mesures de soutien ciblées (Commission européenne, 2022[96]). Un exemple remarquable est celui de la Gandhi High School de Pécs. Quoiqu'elle ait été conçue pour les enfants roms, créant de fait un lieu où ils sont séparés des autres, elle prévoit un tutorat, un accompagnement en santé mentale, la participation de la famille et un soutien pédagogique, des dispositifs explicitement conçus pour réduire les inégalités éducatives et promouvoir l'accès à l'enseignement supérieur grâce à la mise à disposition d'interventions et de ressources auxquelles les élèves roms n'ont généralement pas accès au sein du système éducatif traditionnel (Együtt fejlődünk, 2025[97] ; Pályázati Portál, 2025[98] ; van Driel, 2006[99]).

Les communautés de Travellers irlandais et de Roms partagent les mêmes situations inégalitaires et les mêmes obstacles dans les domaines de l'éducation et de l'emploi. Seulement 31.4 % des Travellers ont obtenu leur diplôme de fin d'études secondaires en 2022 (Gouvernement irlandais, 2024[100]), nettement moins que le taux national de 70.8 % relevé en 2020 (OCDE, 2023[101]). Afin de remédier à ces inégalités, l'Irlande a mis en œuvre des actions ciblées et une stratégie nationale :

- **Stratégie nationale pour l'inclusion des Travellers et des Roms 2024-2028 (NTRIS III)** : cette stratégie a pour objectif de créer une Irlande sûre, équitable et inclusive qui aide les Travellers et les Roms à mener une existence saine et épanouissante en tant qu'individus intégrés. Dans son volet éducatif, la stratégie a dévoué 1.25 million EUR en 2024 au recrutement de travailleurs chargés de faire le lien avec les communautés pour améliorer la participation et le maintien des Travellers et des Roms dans le système scolaire. Le gouvernement irlandais cherche également à développer une stratégie pour l'éducation des Travellers et des Roms comprenant des mesures ciblées pour atteindre progressivement les normes en matière d'assiduité, de maintien et de progression dans le système scolaire (Eurydice, 2024[102] ; Gouvernement irlandais, 2024[100]).
- **Des écoles qui offrent une égalité des chances (Delivering Equality of Opportunity in Schools, DEIS)** : le programme cible les écoles au sein des communautés défavorisées et propose des ressources comme des aides à l'apprentissage supplémentaires pour permettre de réduire les effectifs de classe à l'école primaire, un accès prioritaire aux services psychologiques et des repas gratuits dans les cantines du secondaire. Le programme DEIS comporte un dispositif de liaison entre le domicile et l'établissement qui permet à un enseignant de se détacher de ses missions d'enseignement pour travailler plus précisément avec les parents ou le tuteur d'un élève et les accompagner lors de visites à leur domicile ou de cours dispensés aux parents ou au tuteur au sein de l'école, ce qui permet aussi de les mettre en lien avec d'autres ressources et projets de proximité intéressants (Tusla, 2025[103]). DEIS a pour objectif d'améliorer le niveau et la réussite scolaires des élèves travellers et roms avec la mise en place des mesures suivantes : une collaboration avec la Child and Family Agency (Tusla) et les Traveller Representative Groups pour élaborer les mesures qui visent à améliorer la participation des Travellers au système éducatif ; la réévaluation des ressources actuelles spécifiques aux gens de cette communauté au regard des résultats et des expériences ; et le développement de bonnes pratiques et de mesures innovantes qui permettent de renforcer l'assiduité, la participation et le maintien des Travellers dans le système scolaire, dans le cadre d'un projet pilote du fonds School Excellence Fund (Gouvernement irlandais, 2017[104]). Certaines évaluations, même s'il n'existe pas de lien de cause à effet, indiquent une réduction des écarts de résultats entre les établissements du programme DEIS et les autres (OCDE, 2024[105]).
- **Le programme d'inclusion sociale et d'activation communautaire 2024-2028 (SICAP)** : proposé au niveau local sous forme de partenariats avec des groupes de personnes défavorisées, le SICAP cible spécifiquement les Travellers, les Roms, les migrants et les réfugiés. Il soutient des actions comme les projets en faveur de l'emploi à destination des Travellers et pour la maîtrise de la langue des élèves roms, pour les aider à intégrer le système scolaire et le marché du travail (Pobal, 2025[106] ; 2021[107]).

3.5. Différences de domaines d'études entre les groupes sociodémographiques

Les parties précédentes ont montré qu'à l'issue de la scolarité, le niveau d'études atteint diffère entre les hommes et les femmes et entre les adultes issus de milieux socioéconomiques favorisés et défavorisés. Les différents parcours éducatifs font notamment apparaître des écarts importants en matière de compétences en traitement de l'information. Toutefois, les niveaux d'études n'expliquent pas totalement les écarts de compétences associés aux caractéristiques socioéconomiques.

Cette partie observe si les différences de disciplines étudiées développent des compétences du XXIe siècle différentes et offrent des possibilités distinctes pour leur mise en pratique à long terme, par exemple en facilitant l'accès à différents débouchés sur le marché du travail. Elle cherche également à savoir si les personnes douées de compétences différentes ont tendance à choisir des disciplines différentes. Cette partie s'intéresse d'abord au domaine d'études choisi par les adultes âgés de 30 à 65 ans selon le programme d'études suivi, où la différenciation est la plus marquée (deuxième cycle du secondaire et postsecondaire professionnel, enseignement supérieur de cycle court, et licence ou équivalent et au-delà). Les résultats sont également présentés par genre et niveau d'études des parents. Les résultats liés au domaine d'études choisi selon la profession des parents, l'origine immigrée et le lieu d'habitation pendant l'enfance sont disponibles dans le Tableau d'annexe 3.A.2. Cette partie examine ensuite dans quelle mesure les caractéristiques des domaines d'études choisis expliquent les écarts de compétences entre les différents groupes sociodémographiques, une fois les différences de niveau d'études pris en compte.

3.5.1. Profile des domaines d'études des adultes selon le cursus suivi

Les domaines d'études diffèrent selon que les adultes sont diplômés deuxième cycle du secondaire ou postsecondaire professionnel, d'un programme de l'enseignement supérieur de cycle court, ou d'une licence ou d'un diplôme supérieur (Graphique 3.10). Les résultats de l'Évaluation des compétences des adultes de 2023 indiquent notamment que les domaines techniques tels que l'ingénierie et l'industrie de transformation, la construction, l'agriculture, la sylviculture, la pêche et l'environnement, ainsi que les services à la personne et collectifs apparaissent comme des domaines particulièrement populaires auprès des adultes diplômés du deuxième cycle du secondaire professionnel. En revanche, les adultes qui ont obtenu un diplôme de l'enseignement supérieur s'intéressent plus particulièrement aux professions qui touchent au droit ; aux sciences sociales et comportementales ; à l'éducation et à la formation des enseignants ; aux sciences humaines, aux langues et à l'art ; aux sciences naturelles, aux mathématiques et aux statistiques (OCDE, 2024[16]).

Parmi les diplômés des filières professionnelles, la plupart ont suivi des études dans le domaine de l'économie, du commerce et de l'administration, et de l'ingénierie et de l'industrie de transformation (20 % chacun), d'autres dans le domaine des services à la personne et collectifs (14 %), de la construction (11 %) et dans le secteur de la santé (8 %). Parmi ceux qui ont suivi un enseignement supérieur de cycle court, la plupart ont étudié dans le domaine de l'économie, du commerce et de l'administration (25 %), de l'ingénierie et de l'industrie de transformation (13 %), et de la santé (12 %). Les diplômés d'une licence ou d'un diplôme équivalent ou supérieur ont majoritairement suivi des études dans le domaine de l'économie, du commerce et de l'administration (21 %), d'autres dans celui de l'ingénierie et de l'industrie de transformation (10 %), dans le domaine de l'éducation et de la formation des enseignants (12 %), et dans celui de la santé (11 %). Jusqu'à 36 % des adultes diplômés de l'enseignement professionnel ont étudié dans le domaine des STIM[2] alors qu'ils ne sont que 17 % parmi ceux qui ont obtenu un diplôme de l'enseignement supérieur de cycle court et 26 % chez les adultes qui ont obtenu une licence ou un niveau équivalent ou supérieur (OCDE, 2024[16]).

Graphique 3.10. Domaine d'études, par niveau d'études

Pourcentage d'adultes, par domaine d'études et niveau d'études atteint, moyenne OCDE

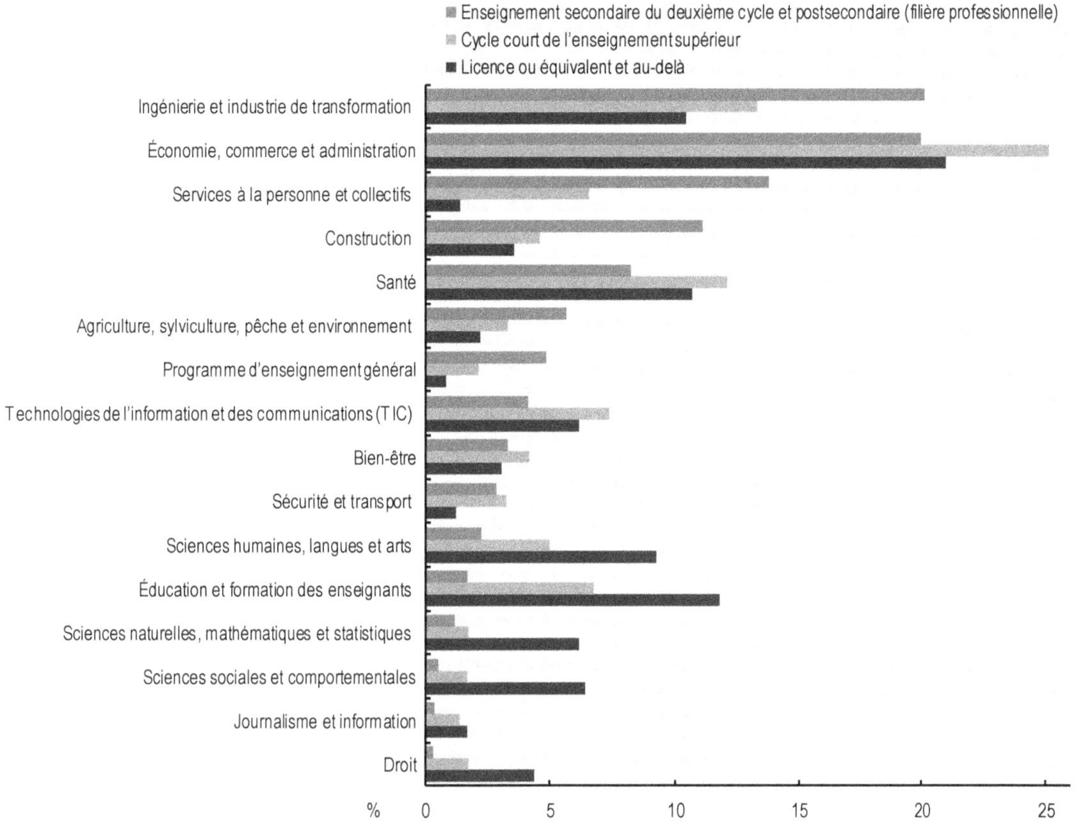

Note : Adultes âgés de 30 à 65 ans. Voir la note du Graphique 3.7 pour une description du niveau d'instruction des personnes interrogées. Les résultats par pays sont disponibles dans le Tableau d'annexe 3.A.2.

Les domaines d'études sont classés par ordre décroissant selon le pourcentage d'adultes diplômés du deuxième cycle de l'enseignement secondaire et postsecondaire (professionnel).

Source : Calculs d'après OCDE (2024[16]), *base de données du 2e cycle de l'Évaluation des compétences des adultes (PIAAC)*, www.oecd.org/en/data/datasets/piaac-2nd-cycle-database.html.

StatLink https://stat.link/bp9xfl

Les différences liées au genre concernent non seulement *le niveau d'études* atteint par les individus, mais aussi les *disciplines* choisies. Si les femmes sont plus susceptibles d'atteindre des niveaux d'études supérieurs, elles sont nettement moins susceptibles que les hommes de suivre des études où les mathématiques prédominent. Par exemple, parmi ceux qui ont obtenu un diplôme de licence ou plus, les femmes sont majoritaires dans les filières de l'enseignement (10 points d'écart, Partie C du Graphique 3.11), alors que les hommes sont largement plus nombreux dans les filières de l'ingénierie (15 points d'écart, Partie C du Graphique 3.11).

Parmi ceux qui ont obtenu un diplôme de l'enseignement secondaire de deuxième cycle ou postsecondaire professionnel, les femmes ont essentiellement suivi des études dans le domaine de l'économie, du commerce et de l'administration (31 %) ; des services à la personne et collectifs (22 %) ; et de la santé (15 %) (Partie A du Graphique 3.11). En revanche, les hommes optent plus majoritairement pour des études en ingénierie et industrie de transformation (35 %) ; en construction (19 %) ; et en économie, commerce et administration (10 %). Parmi ceux qui ont obtenu un diplôme de l'enseignement supérieur de cycle court, les femmes sont plus représentées dans les domaines de l'économie, du commerce et de l'administration (29 %) ; de la santé (19 %) ; et de l'éducation et de la formation des enseignants (11 %).

Pour les hommes, les choix de disciplines se portent principalement sur l'ingénierie et l'industrie de transformation (25 %) ; l'économie, le commerce et l'administration (19 %) ; et les TIC (12 %) (Partie B du Graphique 3.11).

Parmi les titulaires d'un diplôme de licence ou plus, les femmes sont majoritaires dans les domaines de l'économie, du commerce et de l'administration (20 %) ; de l'éducation et de la formation des enseignants (17 %) ; et de la santé (15 %). Quant aux hommes, ils sont plus susceptibles d'être diplômés dans le domaine de l'économie, du commerce et de l'administration (21 %) ; de l'ingénierie et de l'industrie de la transformation (19 %) ; et des TIC (11 %) (Partie C du Graphique 3.11). L'Encadré 3.8 présente comment certains pays de l'OCDE ont réussi à encourager les hommes et les femmes à s'engager dans des domaines où ils étaient moins représentés.

Encadré 3.8. Attirer les femmes vers les STIM et les hommes vers la petite enfance, l'enseignement et le soin

Allemagne

L'Allemagne lutte contre les stéréotypes dans le domaine de l'éducation des jeunes enfants en formant des hommes à l'enseignement et en proposant une aide financière à ceux qui se dirigent vers ce secteur. Elle soutient également des campagnes et des activités périscolaires dans le domaine des STIM qui sensibilisent les filles à ces domaines. Par exemple, une journée en l'honneur des filles et de leur avenir est organisée chaque année et financée par le ministère fédéral des Affaires familiales, des Personnes âgées, des Femmes et de la Jeunesse, et par le ministère fédéral de l'Éducation et de la Recherche. Pendant cette journée d'action nationale, les professions et les domaines d'études dans lesquels les femmes sont largement moins nombreuses sont présentés aux filles en cinquième année de scolarité (10/11 ans) et au-delà. Plusieurs ministères soutiennent également le *Klischeefrei*, une initiative qui rassemble plus de 600 membres issus de différents secteurs qui militent pour des professions et des choix d'études qui ne soient pas influencés par des clichés de genre. Ce programme fournit des ressources, un réseau et un soutien grâce à un centre de services et un portail. D'autres ministères apportent également leur contribution par un éventail de mesures, comme des aides qui incitent les femmes à se diriger vers le commerce (ministère du Travail), des investissements en faveur de la garde d'enfants dans les universités (ministère de l'Éducation et de la Recherche), des aides pour accompagner une reconversion professionnelle vers un métier à forte demande (ministère du Travail), des investissements en faveur de la sécurité sur le campus (ministère de la Justice), des fonds pour soutenir l'innovation en matière d'équipement et de normes de sécurité spécifiques à un genre (ministère du Travail), des mesures pour augmenter la présence des femmes à des postes de direction universitaires dans les STIM (ministère de l'Éducation et de la Recherche), des interventions auprès des employeurs afin de garantir aux femmes un meilleur accès aux emplois dans le domaine des STIM et de l'innovation (ministère de l'Éducation et de la Recherche), et des programmes pour soutenir les réseaux de femmes dans des domaines à prédominance masculine (ministère de la Culture) (OCDE, 2025[108]).

Espagne

L'Universitat Politècnica de Catalunya (UPC) est un établissement d'enseignement supérieur et de recherche public dans les domaines de l'ingénierie, de l'architecture, des sciences et de la technologie. L'UPC compte un faible pourcentage de femmes inscrites (moins de 30 % des élèves de licence et de master), mais elles sont tout aussi sous-représentées parmi les professionnels universitaires, et c'est dans la catégorie des professeurs titulaires que le pourcentage est le plus faible. En 2010, l'UPC a adopté un plan afin de réduire les freins structurels auxquels les femmes se heurtent lors de l'évaluation des enseignants candidats à un poste de titulaire, en accord avec l'agence nationale pour la qualité, l'évaluation et la validation, l'organe public chargé de mener les activités d'évaluation, de certification et de validation du système universitaire espagnol.

En 2016, les femmes ne comptaient que pour 8.6 % des professeurs titulaires. En réponse, l'UPC a adopté une mesure en vue de redresser la situation et de répondre aux inégalités et aux obstacles structurels qui conduisent à cette sous-représentation des femmes. Le Programme pour les professeurs titulaires prévoit un coefficient selon le genre, un indice qui vient corriger le résultat final des femmes candidates aux postes de professeur. Ainsi, si une femme et un homme obtiennent le même résultat final, c'est la femme qui est nommée. Le coefficient pour l'égalité des genres est calculé à partir du pourcentage de femmes professeures qui ne sont pas titulaires, et l'objectif est d'atteindre le même pourcentage que celui de femmes titulaires.

En 2017, un coefficient de 1.15 était appliqué et a été maintenu depuis ou revu à la hausse pour soutenir encore davantage les femmes dans leur accès à la titularisation. En 2021, 5 % des postes de professeurs titulaires ouverts étaient réservés aux femmes candidates et le coefficient appliqué était de 1.25. Cette mesure a permis d'augmenter le nombre de femmes devenues professeures titulaires. Elles étaient 12.9 % en 2021 dans cette catégorie. La présence des femmes est aussi plus importante aux postes de prise de décision puisqu'elles sont plus nombreuses à occuper des postes de catégorie élevée. Enfin, la mesure peut avoir des répercussions sur les pratiques organisationnelles puisqu'elle démontre les effets que peuvent avoir des mesures porteuses de transformations profondes et structurelles pour promouvoir l'égalité des genres (Institut européen pour l'égalité entre les hommes et les femmes, 2025[109] ; Oxford Research AB, 2021[110]).

Norvège

En Norvège, les hommes représentaient 10 % des enseignants de l'éducation de la petite enfance et de l'éducation préprimaire en 2022 (OCDE, 2024[14]). Si cela traduit un écart important entre les genres parmi les enseignants, comparativement à d'autres pays, la Norvège se place parmi ceux dont le pourcentage d'hommes enseignants est le plus élevé. En 1997, la Norvège a commencé à redoubler d'efforts pour augmenter le nombre d'hommes dans les structures d'accueil de la petite enfance, notamment avec des mesures de discrimination positive (Gouvernement norvégien, 2009[111] ; Nordic Information on Gender, 2018[112]). Conformément aux règlementations, les hommes peuvent recevoir un traitement de faveur lorsqu'ils prétendent à un poste d'enseignant ou en accueil de la petite enfance – à condition qu'ils aient les mêmes qualifications que les femmes candidates. Ce droit à la discrimination positive en faveur des hommes était une mesure spéciale visant à accroître la participation des hommes aux services d'EAJE, au sein des écoles et pour la protection des enfants, et à atteindre une égalité à long terme entre les genres. D'autres efforts ont été déployés pour attirer les jeunes vers les professions de l'accueil de la petite enfance, notamment en incitant les municipalités à faire découvrir aux garçons scolarisés en premier cycle de l'enseignement secondaire le travail dans une structure d'accueil de la petite enfance (Nordic Information on Gender, 2018[112] ; Lundgaardsløkka, 2025[113] ; Norsk Rikskringkasting, 2014[114]).

Allemagne

En Allemagne, le gouvernement fédéral soutient des projets mis en œuvre pour attirer les hommes vers le métier d'infirmier. Entre 2020 et 2023, la part des hommes en formation au métier d'infirmier qui avaient récemment signé un contrat de formation est passée de 24 % à 27 % (Statistisches Bundesamt, 2025[115]). Le projet national du « jour des garçons » est un projet consacré à l'orientation professionnelle à l'école et permet aux garçons, à partir de la cinquième année, de découvrir des métiers dans lesquels les hommes sont minoritaires. Ainsi, au cours de cette journée, ils visitent une entreprise ou un établissement du secteur social, éducatif et du soin (Gouvernement allemand, 2024[116] ; Boys' Day, 2025[117]). Entre 2021 et 2023, le projet « Modern Men Do Care » (financé par le ministère fédéral de la Santé) avait pour objectif de comprendre pourquoi les hommes étaient si peu représentés dans le secteur des soins de santé et a élaboré des mesures pratiques pour que les établissements attirent plus d'hommes vers le métier d'infirmier (Pflege-Netzwerk Deutschland, 2023[118] ; Gesundheitswirtschaft Nordwest, 2023[119] ; s.d.[120]).

Royaume-Uni

Le système de santé publique (NHS) anglais a lancé une campagne de 8 millions GBP en 2018 pour recruter des infirmiers (NHS England, 2018[121]). La campagne mettait l'accent sur le large éventail de débouchés proposés par le NHS aux éventuelles nouvelles recrues au moyen de diffusions à la télévision, à la radio, sur les réseaux sociaux et en ligne. De plus, le NHS a fait appel à des ambassadeurs infirmiers et maïeuticiens pour contribuer à changer les regards sur ces professions et aider les parents, les enseignants et les jeunes à considérer ces professions comme d'éventuels choix de carrière. L'étude réalisée en parallèle de la campagne a montré que seulement 4 parents sur 10 seraient fiers de leur fils s'il devenait infirmier. Dans l'année qui a suivi le lancement de la campagne, le nombre de candidats masculins a fait un bond et la tendance générale de ces dernières années qui voyait les demandes décliner dans le domaine du soin infirmier s'est renversée (NHS England, 2019[122]).

Australie

En 2020, l'école australienne d'infirmerie (ACN) a redoublé d'efforts pour attirer des hommes vers le métier d'infirmier et les garder. Dans le cadre de leur campagne, l'ebook *Men in Nursing* a été créé, rassemblant les témoignages poignants de 28 hommes qui racontent leur expérience en tant qu'infirmiers (Australian College of Nursing, 2020[123]). L'ACN a également œuvré à la création d'un groupe de travail sur les hommes infirmiers, un groupe consacré au renforcement de la main-d'œuvre en soins infirmiers, afin de recruter davantage d'hommes et de les inciter à rester dans la profession (Australian College of Nursing, 2020[123]).

Les différences entre les domaines d'études choisis selon que les parents ont suivi des études supérieures ou non sont moins marquées, ce qui indique que les inégalités liées au milieu socioéconomique s'expliquent plus par *le niveau d'études* des individus que par *la discipline* étudiée (Graphique 3.12). Si l'on considère les individus qui ont suivi un cursus de cycle court de l'enseignement supérieur, les adultes dont les parents n'ont pas fait d'études supérieures sont à peine plus nombreux parmi ceux qui ont obtenu un diplôme en économie, commerce et administration, et en ingénierie et industrie de transformation (près de 3.6 points de pourcentage de différence dans les deux cas), et ils sont à peine moins nombreux parmi ceux qui ont suivi des études dans le domaine des sciences humaines, des langues et de l'art (3.5 points de pourcentage de différence), des services à la personne et collectifs (1.8 point de pourcentage de différence), de l'éducation et de la formation des enseignants (1.0 point de pourcentage de différence), et des TIC (0.9 point de pourcentage de différence). Ainsi que le chapitre 4 le montre, les répercussions sont différentes selon que l'on étudie les STIM ou les sciences humaines et l'enseignement. En d'autres termes, ces résultats indiquent que les individus issus de milieux socioéconomiques défavorisés sont légèrement plus susceptibles de faire des études dans des domaines aux retombées économiques individuelles tangibles que ceux issus de milieux plus favorisés.

Graphique 3.11. Domaine d'études, par genre et niveau d'études

Pourcentage de femmes et d'hommes, par domaine d'études et niveau d'études atteint, moyenne OCDE

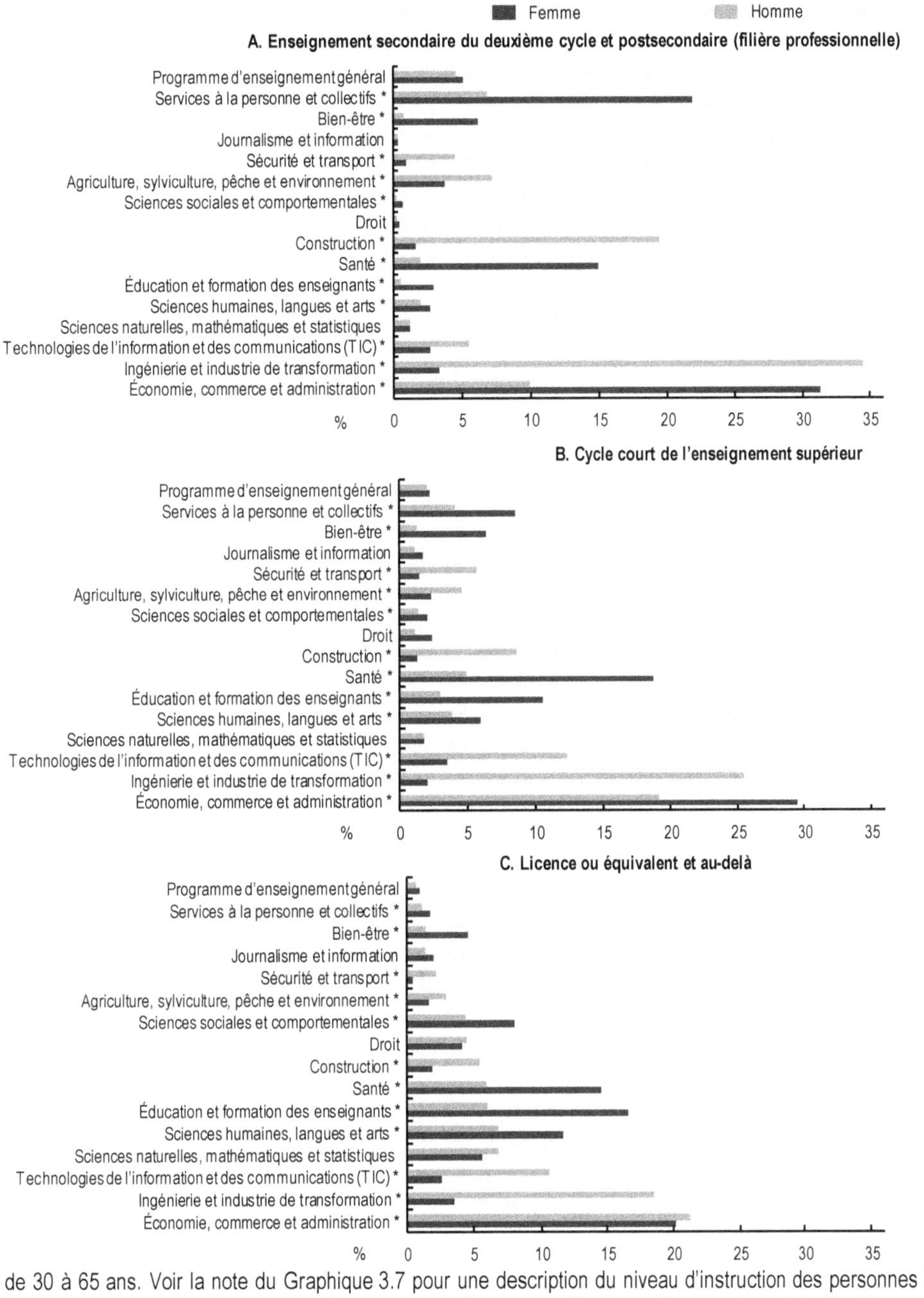

Note : Adultes âgés de 30 à 65 ans. Voir la note du Graphique 3.7 pour une description du niveau d'instruction des personnes interrogées. L'astérisque placé à côté du domaine d'études indique que les écarts entre les groupes (femmes et hommes) sont significatifs au seuil de 5 %. Les résultats par pays sont disponibles dans le Tableau d'annexe 3.A.2.

Les domaines d'études des trois parties sont classés par ordre décroissant selon le pourcentage de femmes diplômées du deuxième cycle du secondaire et postsecondaire (filière professionnelle).

Source : Calculs d'après OCDE (2024[16]), *base de données du 2e cycle de l'Évaluation des compétences des adultes (PIAAC)*, www.oecd.org/en/data/datasets/piaac-2nd-cycle-database.html.

StatLink https://stat.link/y8epbr

Graphique 3.12. Domaine d'études, par niveau d'études des parents et niveau d'études des répondants

Pourcentage de répondants dont les parents sont diplômés ou non du supérieur, par domaine d'études et niveau d'études atteint, moyenne OCDE

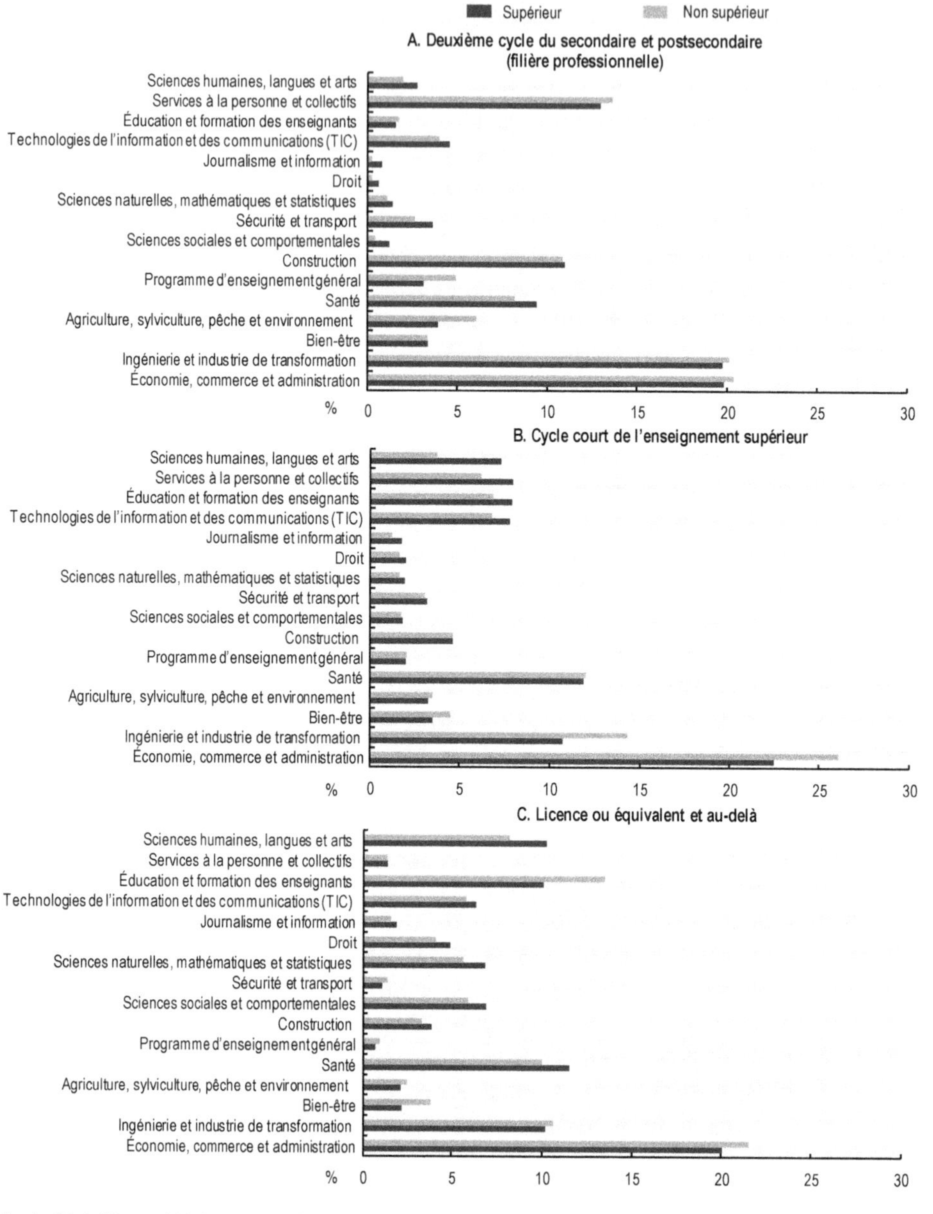

Note : Adultes âgés de 30 à 65 ans. Voir la note du Graphique 3.7 pour une description du niveau d'études des répondants. Voir la note 6 du chapitre 1 pour la définition des groupes de niveau d'études des parents. Les résultats par pays sont disponibles dans le Tableau d'annexe 3.A.2.

Les domaines d'études des trois parties sont classés par ordre décroissant selon le pourcentage de personnes interrogées dont les parents n'ont pas suivi d'études supérieures et qui sont diplômées du deuxième cycle du secondaire et postsecondaire (filière professionnelle) pour la partie A.

Source : Calculs d'après OCDE (2024[16]), *base de données du 2e cycle de l'Évaluation des compétences des adultes (PIAAC)*, www.oecd.org/en/data/datasets/piaac-2nd-cycle-database.html.

StatLink https://stat.link/a54bkq

3.5.2. *Analyse des liens entre les choix d'orientation et les disparités de compétences selon les groupes sociodémographiques*

Les choix d'orientation expliquent à hauteur d'un quart environ les écarts entre hommes et femmes au regard des compétences en calcul, et à hauteur de moitié environ les mêmes écarts s'agissant de la résolution adaptative de problèmes, ces écarts étant dans les deux cas en faveur des hommes. Par ailleurs, les disparités en faveur des hommes en calcul restent marquées, même lorsque l'on compare des hommes et des femmes ayant un niveau de formation similaire dans le même domaine d'études (Tableau 3.5.)

En revanche, les choix d'orientation contribuent peu aux disparités de compétences du XXIe siècle observées entre les groupes ayant un même niveau d'études. Cela tient au fait que ces choix varient peu entre les jeunes et les adultes plus âgés, entre les adultes dont les parents sont diplômés ou non de l'enseignement supérieur, entre les adultes dont les parents occupent ou non des emplois valorisés, entre les personnes issues ou non de l'immigration, ainsi qu'entre celles ayant grandi dans une métropole, une ville ou un village.

Toutefois, à niveau d'études équivalent, les adultes issus de domaines d'études différents n'affichent pas les mêmes niveaux de compétences (Tableau 3.4). Les adultes ayant suivi une formation en sciences, technologies, ingénierie et mathématiques (STIM) affichent un niveau plus élevé en calcul, à l'écrit, et en résolution adaptative de problèmes que les adultes issus de filières telles que l'enseignement, la formation des enseignants, la santé, ou d'autres domaines. Par exemple, les adultes ayant suivi une formation en STIM affichent des compétences en calcul nettement supérieures à celles des diplômés dans l'enseignement et la formation des enseignants (différence de 0.26 écart-type) et en santé (différence de 0.20 écart-type) (Tableau 3.4). Bien que les écarts les plus marqués soient observés pour les compétences en calcul, les adultes ayant suivi une formation en STIM affichent également des compétences en résolution adaptative de problèmes nettement supérieures à celles des diplômés de l'enseignement et de la formation des enseignants (différence de 0.21 écart-type) et en santé (différence de 0.16 écart-type). De même, ces adultes affichent des compétences à l'écrit nettement supérieures à celles des diplômés dans l'enseignement et la formation des enseignants (différence de 0.13 écart-type) et en santé (différence de 0.10 écart-type). Ces écarts pourraient être imputables au contenu des différents programmes de formation, aux différences de parcours professionnels selon les domaines d'études, ou aux différences d'orientation dans les différentes filières. Ces observations s'accordent avec les résultats empiriques selon lesquels une exposition prolongée aux mathématiques et aux disciplines scientifiques contribue à renforcer le raisonnement analytique général (Attridge et Inglis, 2013[124]), et la lecture de textes techniques ou la mobilisation d'un raisonnement scientifique peuvent favoriser des apprentissages qui dépassent le contenu strictement quantitatif des formations en STIM.

Tableau 3.4. Influence du domaine d'études sur les disparités au regard des compétences fondamentales du XXIe siècle

Coefficients de régression avant et après prise en compte du niveau d'études et du domaine d'études des répondants, moyenne OCDE

	Compétences à l'écrit			Compétences en calcul			Résolution adaptative de problèmes		
	Modèle (1)	Modèle (2)	Modèle (3)	Modèle (4)	Modèle (5)	Modèle (6)	Modèle (7)	Modèle (8)	Modèle (9)
Genre - hommes (réf. : femmes)	**-0.05**	0.01	-0.01	**0.18**	**0.24**	**0.18**	**0.06**	**0.11**	**0.06**
Âge – 50-65 ans (réf. : 30-49 ans)	**-0.33**	**-0.25**	**-0.25**	**-0.26**	**-0.18**	**-0.18**	**-0.37**	**-0.30**	**-0.30**
Niveau d'études des parents - supérieur (réf. : non supérieur)	**0.29**	**0.13**	**0.13**	**0.29**	**0.12**	**0.12**	**0.29**	**0.14**	**0.14**
Profession des parents - très valorisée (réf. : peu valorisée)	**0.30**	**0.14**	**0.14**	**0.30**	**0.14**	**0.14**	**0.26**	**0.13**	**0.13**
Lieu d'habitation pendant l'enfance (réf. : village)									
Ville	**0.11**	**0.05**	**0.05**	**0.07**	0.01	0.01	**0.08**	**0.03**	**0.03**
Métropole	**0.14**	**0.07**	**0.07**	**0.11**	**0.04**	**0.03**	**0.11**	**0.05**	**0.05**
Origine immigrée (réf. : non-immigrés)									
Immigrés	**-0.64**	**-0.64**	**-0.65**	**-0.48**	**-0.48**	**-0.49**	**-0.54**	**-0.54**	**-0.54**
Enfants d'immigrés	**-0.14**	**-0.12**	**-0.12**	**-0.12**	**-0.11**	**-0.11**	**-0.12**	**-0.10**	**-0.10**
Niveau d'études des répondants (réf. : deuxième cycle du secondaire et postsecondaire [filière générale])									
Inférieur au deuxième cycle du secondaire		**-0.73**	**-0.73**		**-0.77**	**-0.77**		**-0.63**	**-0.63**
Deuxième cycle du secondaire et postsecondaire (filière professionnelle)		**-0.15**	**-0.17**		**-0.14**	**-0.20**		**-0.13**	**-0.17**
Enseignement supérieur de cycle court		**0.14**	**0.11**		**0.17**	**0.12**		**0.12**	**0.09**
Licence ou équivalent et au-delà		**0.49**	**0.47**		**0.52**	**0.48**		**0.44**	**0.42**
Domaine d'études (réf. : STIM)									
Enseignement et formation des enseignants			**-0.13**			**-0.26**			**-0.21**
Santé			**-0.10**			**-0.20**			**-0.16**
Autres			**-0.09**			**-0.19**			**-0.14**

Note : Adultes âgés de 30 à 65 ans. La catégorie « autres » englobe les filières suivantes : économie, gestion et administration ; droit ; action sociale ; sciences sociales et comportementales ; journalisme et information ; agriculture, foresterie, pêche et études environnementales ; services à la personne et services d'intérêt collectif ; sécurité et transports ; lettres, langues et arts ; ainsi que les parcours sans domaine principal ni orientation spécifique. Les coefficients en gras sont statistiquement significatifs au seuil de 5 %. Les résultats présentés dans les colonnes (1), (4) et (7) se rapportent à la compétence correspondante et tiennent compte des différences selon le genre, l'âge, le niveau d'études et la profession des parents, le lieu d'habitation pendant l'enfance et l'origine immigrée. Les résultats présentés dans les colonnes (2), (5) et (8) tiennent également compte des différences selon le niveau d'études des répondants. Les résultats présentés dans les colonnes (3), (6) et (9) tiennent par ailleurs compte des différences selon le domaine d'études des répondants. Les estimations présentées dans les colonnes (1) à (9) reposent sur un nombre identique d'observations. Voir la note du Graphique 3.7 pour une description du niveau d'études des répondants, ainsi que les définitions des groupes établis en fonction du niveau d'études et de la profession des parents, de l'origine immigrée et du lieu d'habitation pendant l'enfance. Les écarts-types figurent dans le Tableau d'annexe 3.A.2. Les STIM englobent les technologies de l'information et de la communication, les sciences naturelles, les mathématiques et les statistiques, l'ingénierie et l'industrie manufacturière, ainsi que la construction.
*Les différences selon l'origine immigrée varient considérablement d'un pays à l'autre, en raison des différences de taille entre les groupes d'immigrés, ainsi que des disparités de composition et de contexte. Les lecteurs sont donc invités à consulter les résultats propres à chaque pays dans le Tableau d'annexe 3.A.2.
Source : Calculs fondés sur OCDE (2024[16]), *Base de données du 2e Cycle du PIAAC*, www.oecd.org/fr/data/datasets/piaac-2nd-cycle-database.html.

StatLink https://stat.link/xpec8b

La corrélation entre les caractéristiques sociodémographiques et les compétences en calcul, avant et après prise en compte du niveau d'études et du domaine d'études des adultes, varie d'un pays à l'autre. Le Graphique 3.13 présente la moyenne des pays de l'OCDE et met en lumière ceux affichant les écarts les plus importants et les plus réduits dans le modèle de base, lequel ne tient pas en compte du niveau d'études ni du domaine d'études. Par exemple, en Suisse, l'écart de niveau en calcul entre les genres est nettement supérieur à la moyenne de l'OCDE (0.32 écart-type). Près de la moitié de cet écart s'explique par des différences de niveau d'études et de domaine d'études entre les hommes et les femmes (une fois ces facteurs pris en compte, l'écart se réduit à 0.17 écart-type). À l'inverse, en Nouvelle-Zélande, l'écart de niveau en calcul entre les genres correspond à la moyenne de l'OCDE et reste stable à 0.19 écart-type, avant et après prise en compte du niveau et du domaine d'études.

En Nouvelle-Zélande, l'écart de niveau en calcul observé entre les adultes selon que leurs parents sont diplômés ou non de l'enseignement supérieur s'élève à 0.47 écart-type avant prise en compte des différences de niveau d'études et de domaine d'études entre les deux groupes, et à 0.22 écart-type après, ce qui donne à penser que cet écart est influencé à hauteur d'environ 53 % par le niveau d'études et le domaine d'études. De même, au Chili, l'écart de niveau en calcul observé entre les adultes selon qu'ils ont grandi dans une métropole ou dans un village s'élève à 0.50 écart-type avant prise en compte des différences de niveau d'études et de domaine d'études entre les deux groupes, et à 0.23 écart-type après, ce qui donne à penser que cet écart est influencé à hauteur d'environ 54 % par le niveau d'études et le domaine d'études. En revanche, en Allemagne, l'écart de niveau en calcul observé entre les adultes selon qu'ils ont grandi dans une métropole ou dans un village est de -0.05 écart-type, tant avant qu'après prise en compte des différences de niveau d'études et de domaine d'études entre les deux groupes, ce qui indique que ces facteurs n'ont pas d'influence sur les disparités de compétences entre zones urbaines et zones rurales.

Ces résultats mettent en évidence une corrélation entre les domaines d'études et les niveaux de compétence, ce qui souligne l'importance des choix éducatifs des adultes. L'Encadré 3.9 met en lumière les disparités d'accès aux services d'orientation professionnelle entre les élèves issus de différents milieux socioéconomiques, ainsi que les mesures mises en œuvre pour corriger ces inégalités.

Graphique 3.13. Influence du domaine d'études sur les disparités de compétences en calcul, par pays

Variation des compétences en calcul (écart-type) selon les groupes sociodémographiques : coefficients de régression par pays, selon le modèle multivarié de base et le modèle multivarié complet

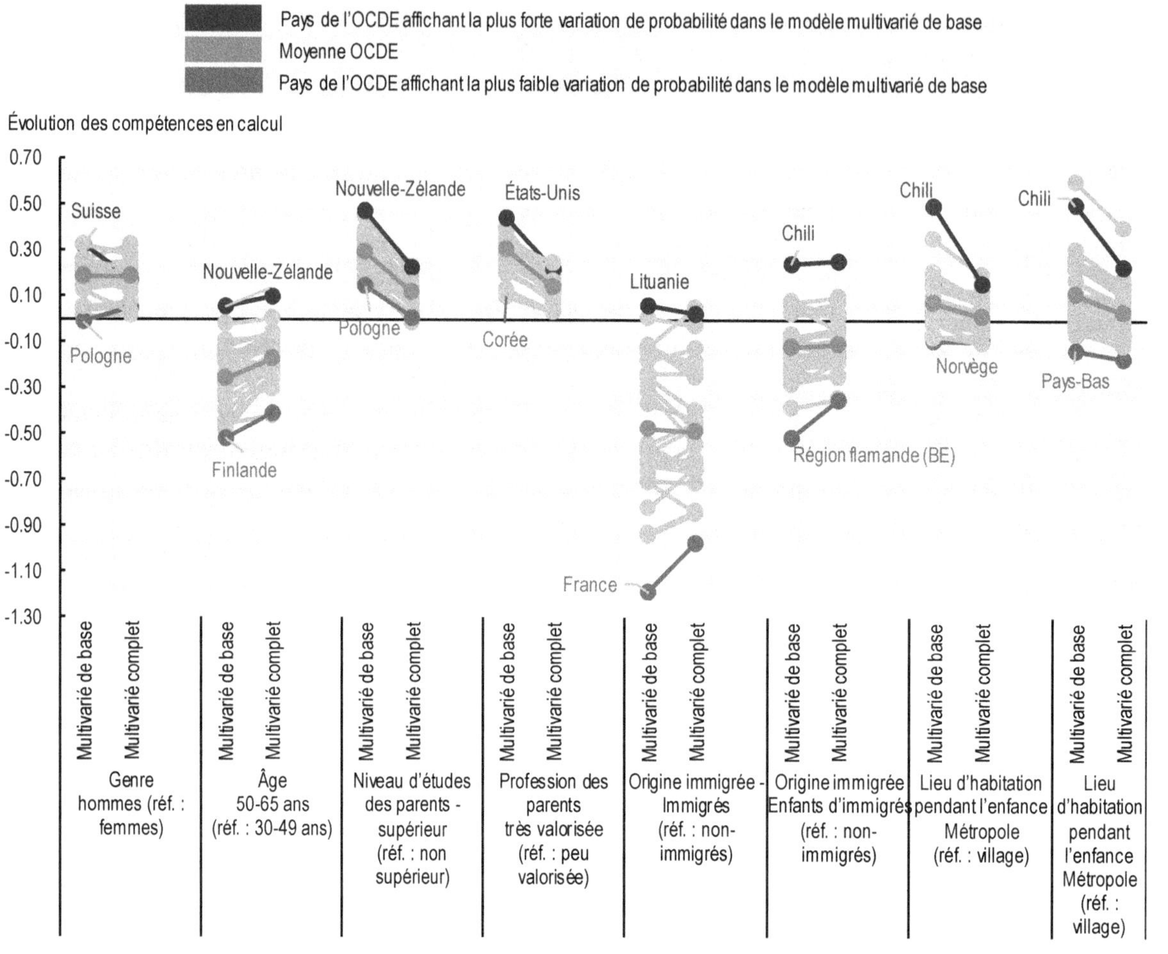

Note : Adultes âgés de 30 à 65 ans. Ce graphique présente les écarts de coefficients de régression des compétences en calcul entre le modèle multivarié de base (Tableau 3.4, modèle (4)), qui tient compte des différences de caractéristiques sociodémographiques (genre, âge, niveau d'études et profession des parents, lieu d'habitation pendant l'enfance, origine immigrée), et le modèle multivarié complet (Tableau 3.4, modèle (6)), qui tient compte en outre des différences de niveau d'études et de domaine d'études entre les répondants. Voir la note du Graphique 3.7 pour les définitions des groupes établis en fonction du niveau d'études et de la profession des parents, de l'origine immigrée et du lieu d'habitation pendant l'enfance. Pour ce qui est de l'origine immigrée, le graphique ne présente les données d'un pays que si l'échantillon final du PIAAC comprend au moins 200 adultes dans chacun des groupes comparés.

Source : Calculs fondés sur OCDE (2024[16]), *Base de données du 2e Cycle du PIAAC*, www.oecd.org/fr/data/datasets/piaac-2nd-cycle-database.html.

StatLink https://stat.link/hf5mtp

Encadré 3.9. Améliorer l'accessibilité des domaines d'études par l'intermédiaire des services d'orientation professionnelle

Le domaine d'études peut influencer l'acquisition des compétences en traitement de l'information (calcul et résolution de problèmes, par exemple) tout au long de la vie. Dès l'enseignement secondaire, les types de diplômes, les méthodes d'enseignement et d'apprentissage et les activités extrascolaires varient selon les domaines d'études. Même lorsque les élèves évoluent au sein du même système éducatif et visent les mêmes diplômes, leur domaine d'études peut influencer l'ensemble de leur parcours de formation, y compris leurs capacités et leur niveau de compétences à l'entrée sur le marché du travail.

Les effets du choix d'orientation se cumulent avec le temps. Une fois mis de côté les obstacles administratifs, les individus peuvent avoir du mal à choisir un domaine d'études ou à en changer en raison des compétences qu'ils ont ou n'ont pas acquises au fil du temps. Les services d'orientation professionnelle accessibles tout au long de la scolarité et par la suite peuvent aider les individus à choisir leur orientation et à mieux comprendre les compétences et les débouchés associés aux différentes filières.

Les élèves issus de milieux socioéconomiques défavorisés dans le système d'enseignement formel

La stratification professionnelle en fonction du statut socioéconomique pourrait être accentuée par les inégalités d'accès aux services d'orientation au sein du système d'enseignement formel. Le rapport de l'OCDE de 2024 intitulé *Challenging Social Inequality Through Career Guidance: Insights from International Data and Practice* (OCDE, 2024[125]) met en lumière un ensemble de problématiques liées à l'orientation professionnelle et au choix du domaine d'études chez les élèves issus de milieux socioéconomiques défavorisés :

- Dans les pays de l'OCDE, les élèves fréquentant des établissements comptant une forte proportion d'élèves défavorisés ont moins accès à des conseillers d'orientation que ceux scolarisés dans des établissements accueillant davantage d'élèves favorisés. Toutefois, les élèves issus de milieux défavorisés s'appuient davantage sur l'école pour choisir leur orientation professionnelle que leurs homologues issus de milieux favorisés.
- Les élèves issus de milieux socioéconomiques défavorisés sont moins susceptibles de participer aux activités d'orientation professionnelle que leurs homologues issus de milieux plus favorisés, dans le cadre tant scolaire qu'extrascolaire.
- On observe souvent un décalage entre les ambitions professionnelles des élèves issus de milieux socioéconomiques défavorisés et les parcours de formation qu'ils envisagent.
- Les élèves les plus performants issus de milieux socioéconomiques défavorisés sont moins susceptibles d'aspirer à des emplois valorisés que leurs homologues issus de milieux favorisés ; ils sont également moins susceptibles d'envisager des études supérieures.

Ce rapport met en lumière un ensemble d'initiatives mises en œuvre dans les pays de l'OCDE pour pallier les insuffisances observées dans l'offre de services d'orientation professionnelle. Citons notamment :

- Un financement préférentiel accordé aux établissements accueillant une forte proportion d'élèves issus de milieux socioéconomiques défavorisés, à l'instar du programme *Delivering Equality of Opportunity in Schools* en Irlande, qui octroie des ressources supplémentaires aux écoles remplissant les conditions requises afin de leur permettre de mettre en place des activités d'orientation professionnelle.

- La mobilisation du capital social existant des établissements, dans le cadre des programmes britanniques *Inspiring the Future* et *Speakers for Schools* par exemple. Ces programmes mettent en relation les établissements scolaires avec des intervenants bénévoles issus de divers métiers et horizons, qui viennent partager leur expérience avec les élèves. Ces programmes sont mis en œuvre exclusivement dans les établissements publics, l'objectif étant de démocratiser l'accès à des réseaux, des informations et, en fin de compte, à des trajectoires professionnelles souvent peu accessibles.

Âge adulte

Les difficultés d'accès aux services d'orientation professionnelle persistent à l'âge adulte, en particulier pour les personnes issues de milieux socioéconomiques défavorisés, les dispositifs permettant d'obtenir des informations sur les possibilités d'actualisation des compétences ou de reconversion étant parfois inexistants, réservés à certains milieux professionnels, ou privés et onéreux.

Depuis 2021, le *Jobs Victoria Career Counsellors Service* (JVCCS) de l'État australien de Victoria propose gratuitement des services d'orientation professionnelle personnalisés à tous les adultes, quelle que soit leur situation au regard de l'emploi. Ces services sont assurés par la *Career Education Association of Victoria* (CEAV) avec le concours de quelque 35 conseillers agréés par le *Career Industry Council of Australia* (CICA), dont certains sont spécialisés dans l'accompagnement des communautés aborigènes et des personnes en situation de handicap. Ces services sont accessibles en présentiel, par téléphone ou par visioconférence. Les conseillers du CEAV sont hautement qualifiés et doivent maintenir un niveau de service professionnel en se formant régulièrement. Ils interviennent au sein des *Skills and Jobs Centres*, implantés dans les établissements d'enseignement technique et de formation continue (TAFE), qui offrent un accompagnement intégré en matière de formation, d'emploi, d'orientation vers les services sociaux, de conseils financiers, de reconnaissance des compétences et d'analyse des évolutions du marché du travail, tout en collaborant avec les acteurs économiques locaux (Victoria State Government, 2025[126]).

3.6. Écarts de participation à la formation non formelle des adultes

Dans un contexte de mutations technologiques rapides, de transition démographique et d'évolution des formes d'organisation du travail, la formation des adultes s'impose comme un levier stratégique pour préserver l'employabilité et promouvoir une croissance inclusive. Les compétences mobilisées par les adultes sur le marché du travail – qu'il s'agisse de compétences en traitement de l'information, telles que la lecture, l'écriture, le calcul et la résolution adaptative de problèmes, ou de compétences sociales et émotionnelles – sont façonnées non seulement par la scolarité, mais également par les expériences vécues tout au long de la vie et les possibilités d'apprentissage qui se présentent. Ainsi, les écarts de compétences reflètent non seulement les disparités de parcours scolaire, mais également les disparités résultant des apprentissages se déroulant en dehors du système d'enseignement formel. Par exemple, le poste occupé détermine l'accès des adultes à des environnements professionnels propices à l'apprentissage, ainsi que les obstacles qui limitent leur accès à la formation.

Le retour à l'enseignement formel est difficile pour la plupart des adultes, en raison des frais de scolarité, du manque à gagner, mais aussi de considérations pratiques, telles que la garde des enfants ou des horaires de travail incompatibles. Ainsi, l'apprentissage non formel – sous la forme de formations courtes liées à l'emploi, organisées sur le lieu de travail, en ligne ou par des prestataires spécialisés – constitue souvent la voie la plus sûre pour acquérir de nouvelles compétences, ou actualiser celles requises dans le cadre du poste actuel ou pour évoluer vers de nouvelles fonctions. Ce type de formation est généralement organisé en fonction de la demande, étroitement ciblé, et financé par l'employeur. Il vise à améliorer le savoir-faire associé à une tâche spécifique plutôt qu'à renforcer les savoirs fondamentaux ou les compétences sociales et émotionnelles. Il convient donc d'examiner attentivement dans quelle mesure les différents groupes participent à ces formations, en tirent profit ou, au contraire, se heurtent à des obstacles.

Cette section examine les possibilités d'apprentissage non formel, qui englobent les formations intentionnelles de courte durée dispensées dans un établissement, qui ne sont pas reconnues officiellement par les autorités compétentes (p. ex. formations courtes ou ateliers), mais peuvent déboucher sur des diplômes « alternatifs », tels que des badges numériques, des microdiplômes et des certificats professionnels ou spécialisés[3] (OCDE, 2025[127]). L'analyse présentée dans cette section, qui prend appui sur les données de l'Enquête 2023 sur les compétences des adultes, met en lumière les types d'apprentissage non formel auxquels prennent part les hommes et les femmes, ainsi que des adultes issus de divers horizons. Elle met en lumière les disparités observées au regard de la participation, des objectifs d'apprentissage et des motifs de formation. Elle examine également les obstacles autodéclarés – manque de temps, coût, absence de soutien de l'employeur – afin de déterminer s'ils sont propres à certains groupes, et si les formations suivies permettent réellement aux adultes défavorisés de répondre aux besoins futurs du marché du travail, ou contribuent seulement à consolider les compétences qu'ils possèdent déjà.

En examinant le profil des participants à ces activités de formation, les domaines étudiés, les motifs de participation, la demande non satisfaite et les obstacles qui entravent ou limitent la participation, cette section met en évidence les leviers d'action – tels que les incitations financières, l'orientation ciblée, la flexibilité des horaires ou la conception de programmes adaptés – permettant aux décideurs de remédier aux inégalités d'accès pour offrir aux adultes des possibilités d'amélioration des compétences plus inclusives et efficaces.

3.6.1. Écarts de participation aux activités non formelles de formation

En moyenne dans les pays de l'OCDE, 43 % des adultes déclarent avoir pris part à une activité de formation non formelle (liée ou non à l'emploi) au cours des 12 mois ayant précédé l'entretien (Tableau d'annexe 3.A.3). Toutefois, la participation aux formations non formelles varie considérablement selon les groupes sociodémographiques. Les possibilités d'apprentissage non formel demeurent inégalement réparties, et les adultes qui ont précisément besoin de perfectionner ou d'actualiser leurs compétences pour améliorer leurs perspectives professionnelles sont largement sous-représentés (Graphique 3.14).

Graphique 3.14. Écarts de participation aux activités non formelles de formation des adultes, par caractéristique sociodémographique

Pourcentage d'adultes ayant participé à une activité de formation non formelle au cours des 12 derniers mois, moyenne OCDE

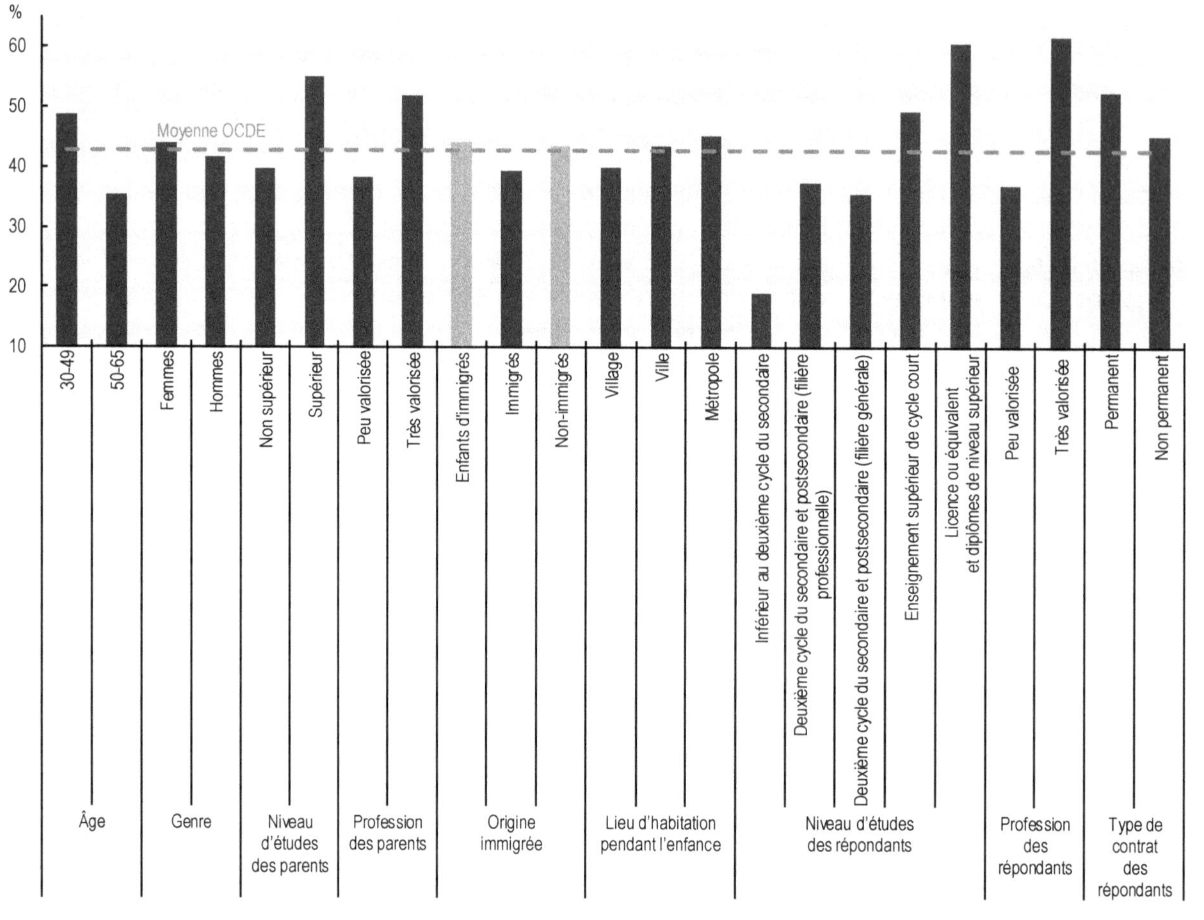

Note : Adultes âgés de 30 à 65 ans. Question d'enquête utilisée pour mesurer la participation à la formation non formelle des adultes : « Au cours des 12 derniers mois, c'est-à-dire depuis le [date de l'entretien], avez-vous participé à une quelconque activité de formation ? » Veuillez inclure toute activité de formation, même si elle n'a duré qu'une heure, ainsi que les activités de formation toujours en cours. » Les couleurs les plus foncées mettent en évidence des écarts statistiquement significatifs (au seuil de 5 %) entre les groupes suivants au regard de la part d'adultes ayant participé à des activités de formation non formelles : 30-49 ans / 50-65 ans ; hommes / femmes ; non supérieur / supérieur (niveau d'études des parents) ; emploi très / peu valorisé (profession des parents) ; enfants d'immigrés / non-immigrés ; village / métropole ; diplôme de niveau licence ou équivalent / diplôme inférieur au deuxième cycle du secondaire (niveau d'études des répondants) ; emploi très / peu valorisé (profession des répondants) ; contrat permanent / non permanent (personnes en emploi uniquement). Voir la note du Graphique 3.7 pour une description du niveau d'études des répondants, ainsi que les définitions des groupes établis en fonction du niveau d'études et de la profession des parents, de l'origine immigrée et du lieu d'habitation pendant l'enfance. *Les différences en fonction de l'origine immigrée varient considérablement d'un pays à l'autre, en raison des différences de taille entre les groupes d'immigrés, ainsi que des disparités de composition et de contexte. Les lecteurs sont donc invités à consulter les résultats propres à chaque pays dans le Tableau d'annexe 3.A.3.

Source : Calculs fondés sur OCDE (2024[16]), *Base de données du 2e Cycle du PIAAC*, www.oecd.org/fr/data/datasets/piaac-2nd-cycle-database.html.

StatLink https://stat.link/7h08pq

Les jeunes adultes, les personnes issues de milieux socioéconomiques favorisés, les adultes très instruits, ainsi que les individus occupant des emplois valorisés ou titulaires de contrats de travail permanents participent davantage à l'apprentissage non formel. Les écarts de participation entre les hommes et les femmes, ainsi qu'entre les adultes ayant grandi dans une métropole et ceux ayant grandi dans un village, sont modestes, et les personnes issues ou non de l'immigration affichent également des niveaux de participation similaires. Les adultes occupant des emplois valorisés affichent le taux de participation à la formation le plus élevé (62 %), tandis que ceux dont le niveau d'études est inférieur au deuxième cycle de l'enseignement secondaire affichent le taux le plus faible (19 %). Le niveau d'études est le facteur pour lequel on observe l'écart le plus marqué : 61 % des personnes titulaires d'un diplôme de niveau licence ou supérieur déclarent avoir suivi une formation au cours des 12 derniers mois, contre 19 % des personnes dont le niveau d'études est inférieur au deuxième cycle de l'enseignement secondaire, soit une différence d'environ 42 points de pourcentage. Les adultes titulaires d'un contrat à durée indéterminée (permanent) sont également beaucoup plus susceptibles de participer à des formations non formelles que ceux titulaires d'un contrat à durée déterminée ou saisonnier, d'un contrat d'intérim, d'un contrat zéro heure, ou exerçant en tant que prestataires, indépendants ou consultants (52 % contre 45 %).

La participation varie selon l'âge : 49 % des adultes âgés de 30 à 49 ans déclarent avoir pris part à une formation non formelle, contre 35 % de ceux âgés de 50 à 65 ans. Plus de la moitié des adultes dont les parents sont diplômés du supérieur ou occupent des emplois valorisés participent à des formations (respectivement, 55 % et 52 %). Ces parts tombent à 40 % et 38 % chez les adultes dont les parents ne sont pas diplômés du supérieur ou occupent des emplois peu valorisés. Les adultes ayant grandi dans une métropole sont plus susceptibles de suivre des formations que ceux ayant grandi dans une ville ou un village (respectivement, 45, 44 et 40 %). Les écarts entre les genres sont faibles, de 2 points de pourcentage en faveur des femmes (44 % contre 42 %).

L'Encadré 3.10 met en lumière des initiatives et des interventions visant à encourager la participation à différentes formes d'apprentissage tout au long de la vie, en mettant particulièrement l'accent sur les dispositifs et les infrastructures permettant aux individus d'acquérir des compétences et de les mettre en œuvre.

Encadré 3.10. Encourager la participation à la formation tout au long de la vie

La formation tout au long de la vie, sous différentes formes et dans divers contextes, peut favoriser l'acquisition des compétences fondamentales du XXIe siècle, ainsi que d'un ensemble de compétences sociales et émotionnelles permettant aux individus d'améliorer leurs résultats sur les plans éducatif et professionnel. Depuis le soutien psychosocial apporté dans le cadre de l'éducation et de l'accueil des jeunes enfants (EAJE) jusqu'à la mise à disposition d'espaces et de plateformes d'apprentissage à l'entrée dans l'âge adulte, en passant par le financement de l'accès aux outils numériques, les décideurs disposent de nombreux leviers pour favoriser la formation tout au long de la vie.

De l'enfance à l'entrée dans l'âge adulte

Au Chili, le programme Compétences pour la vie *(Programa Habilidades para la Vida, HPV)* accompagne les élèves de la prématernelle jusqu'à la douzième année de scolarité et favorise leur développement émotionnel, social et cognitif. Mis en œuvre dans les écoles publiques et les établissements privés subventionnés, ce programme cible les risques psychosociaux à trois périodes de la vie : 1) pendant l'enfance (de la prématernelle à la quatrième année de scolarité), l'accent étant mis sur la régulation émotionnelle et l'adaptation ; 2) pendant le premier cycle de l'enseignement secondaire (de la cinquième à la huitième année de scolarité), l'accent étant mis sur le climat scolaire et le bien-être psychosocial ; 3) pendant le deuxième cycle de l'enseignement secondaire (de la septième à la douzième année de scolarité), un accompagnement ciblé étant mis en place pour les élèves rencontrant des difficultés psychosociales et scolaires. En contexte de crise, les « dispositifs temporaires de soutien psychosocial » mettent en œuvre des actions ciblées pour rétablir le fonctionnement des établissements scolaires et instaurer des espaces propices au bien-être socioémotionnel des élèves touchés (Chile Atiende, 2025[128]).

En Espagne, le Programme pour l'orientation, l'avancement et l'enrichissement éducatif (*Programa para la orientación, avance y enriquecimiento educativo*, PROA+) a pour objectif de réduire le décrochage scolaire et d'améliorer les résultats des élèves en misant sur la transformation numérique et la modernisation des infrastructures éducatives, depuis la petite enfance jusqu'à l'enseignement supérieur. Il prévoit notamment la mise à disposition d'outils numériques et le renforcement de la formation des enseignants. Les établissements scolaires s'engagent à fournir des services adaptés dans le cadre d'accords avec les autorités éducatives, lesquels définissent des objectifs communs et des actions concrètes, ainsi que les ressources nécessaires pour atteindre ces objectifs. Les objectifs prioritaires peuvent inclure le renforcement de l'apprentissage personnalisé, l'amélioration des résultats scolaires et la prévention du décrochage, notamment chez les élèves faisant face à des difficultés personnelles ou sociales, en particulier dans les zones rurales ou dans les établissements accueillant un grand nombre d'élèves en situation de vulnérabilité éducative. Cette initiative est cofinancée par l'Union européenne et le Gouvernement espagnol ; entre 2021 et 2024, le programme PROA+ s'est vu allouer une enveloppe de 360 millions d'euros et a bénéficié à 1 million d'enfants et de jeunes dans 3 600 établissements scolaires et universitaires (Gouvernement espagnol, 2025[129] ; Gouvernement espagnol, 2025[130] ; Commission européenne, 2025[131] ; Comunidad de Madrid, 2025[132] ; Gouvernement espagnol, 2024[133]).

Entrée dans l'âge adulte et au-delà

En France, le Compte personnel de formation (CPF) permet aux personnes âgées de 16 ans et plus d'accéder à la formation professionnelle tout au long de leur carrière. Principalement accessible par l'intermédiaire d'une plateforme en ligne sécurisée, le CPF permet de financer un large éventail de formations certifiées (perfectionnement des compétences, formations à l'entrepreneuriat ou préparation au permis de conduire, par exemple). Un accompagnement peut être proposé par les employeurs ou les services publics de l'emploi, selon les besoins. Ce dispositif est accessible jusqu'à la retraite et offre une grande souplesse en cas de changement d'emploi (Perez et Vourc'h, 2020[134]).

Au Mexique, l'initiative UTOPÍAS, mise en œuvre dans la division d'Iztapalapa (Mexico), a pour ambition de revaloriser les espaces urbains délaissés en les transformant en centres ouverts à tous proposant des services éducatifs, culturels, sanitaires et récréatifs. Conçue en étroite collaboration avec les communautés locales, cette initiative vise à favoriser l'inclusion sociale et la mobilisation des jeunes face à divers enjeux sociétaux, tels que les inégalités socioéconomiques. En 4 ans, 12 sites ont été aménagés, permettant au programme de toucher jusqu'à 100 000 usagers par semaine (Urban Sustainability Exchange, 2025[135]).

Seniors et personnes en situation de handicap

En République slovaque, le projet *Digital Seniors* permet à plus de 100 000 personnes âgées et en situation de handicap de se former au numérique. Les participants apprennent à utiliser les outils informatiques et les services en ligne, ce qui contribue à réduire la fracture numérique aggravée par la pandémie de COVID-19. À l'issue de la formation, ils reçoivent des tablettes et des forfaits de données afin d'assurer la continuité de leur apprentissage. Ce projet s'inscrit dans le cadre du Plan de relance et de résilience de la République slovaque (Ministry of Investments, Regional Development and Informatization of the Slovak Republic, 2025[136] ; OCDE, 2025[137]).

Les liens entre la participation des adultes à la formation non formelle et diverses caractéristiques sociodémographiques varient d'un pays à l'autre avant et après prise en compte du niveau d'études, de la profession et des compétences socioémotionnelles des adultes, comme le montre le Graphique 3.15. Avant prise en compte de ces facteurs, la probabilité que les hommes participent à l'apprentissage non formel est inférieure en moyenne de 6 points de pourcentage à celle des femmes dans les pays de l'OCDE. Le taux de participation des adultes âgés de 50 à 65 ans est inférieur de 8 points de pourcentage à celui des 30-49 ans. Le taux de participation des Enfants d'immigrés est inférieur de 0.7 point de pourcentage à celui des adultes dont les parents sont nés dans le pays. À l'inverse, la probabilité que les adultes ayant grandi dans une métropole participent à l'apprentissage non formel est supérieure de 2 points de pourcentage à celle des personnes ayant grandi dans un village, et un écart de 7 points de pourcentage est observé en faveur des personnes issues de milieux socioéconomiques favorisés, par rapport à celles dont les parents ne sont pas diplômés du supérieur ou occupent des emplois peu valorisés.

Une fois les qualifications et la situation professionnelle des adultes prises en compte, nombre de ces écarts se réduisent considérablement : l'écart lié à l'âge passe de 8 à 5 points de pourcentage, tandis que l'avantage lié au milieu socioéconomique tombe à 1 point de pourcentage pour les adultes dont les parents sont diplômés du supérieur ou occupent des emplois valorisés. L'écart entre les genres se réduit également légèrement, le déficit de participation des hommes passant de 6 à 3 points de pourcentage. Aucune différence n'est observée en fonction de l'origine immigrée ou du lieu d'habitation pendant l'enfance. La prise en compte des compétences sociales et émotionnelles contribue à diminuer légèrement les disparités en fonction du genre et du milieu socioéconomique, les écarts en fonction de l'âge et de l'origine immigrée restant stables. Le déficit de participation des personnes ayant grandi en milieu rural augmente légèrement, passant de 0.3 à 0.6 point de pourcentage.

Ces résultats montrent que la plupart des écarts observés de participation à la formation des adultes ne sont pas directement imputables au milieu socioéconomique, mais découlent en grande partie des parcours éducatifs et professionnels d'une personne, qui sont eux-mêmes influencés par son milieu d'origine. Les personnes issues de familles défavorisées, de zones rurales ou de l'immigration entrent dans l'âge adulte avec des niveaux de qualification plus faibles, et sont surreprésentées dans les emplois peu valorisés. Ces deux facteurs expliquent presque entièrement leur moindre participation à la formation non formelle par la suite, qui limite leurs possibilités d'améliorer leurs compétences et d'évoluer professionnellement au cours de leur vie. En revanche, une fois le niveau d'études et la situation professionnelle pris en compte, les écarts liés au milieu d'origine deviennent quasi inexistants. Ainsi, les disparités de niveau d'études observées à l'entrée dans l'âge adulte marquent le début d'un processus cumulatif : les diplômes obtenus initialement déterminent l'insertion professionnelle, et ce tandem (éducation et emploi) détermine l'accès à de nouvelles possibilités d'apprentissage, déterminantes pour la mobilité en milieu de carrière. Les écarts de participation résiduels pourraient s'expliquer par des facteurs institutionnels et propres au milieu professionnel, tels que la stabilité de l'emploi, qui influencent l'accès à la formation, comme détaillé dans le Graphique 3.14. Ces facteurs peuvent engendrer des inégalités d'accès à l'amélioration des compétences entre les travailleurs ayant des profils éducatifs et professionnels similaires.

Le Graphique 3.15 met en lumière les pays dans lesquels le niveau d'études et la profession contribuent le plus et le moins aux disparités de participation à la formation non formelle des adultes. Par exemple, en Lituanie, l'écart de participation entre les genres est nettement supérieur à la moyenne de l'OCDE (18 points de pourcentage). Près de la moitié de cet écart s'explique par des différences de niveau d'études et de domaine d'études entre les hommes et les femmes (une fois ces facteurs pris en compte, l'écart se réduit à 10 points de pourcentage). À l'inverse, en Israël, l'écart de participation entre les genres correspond à la moyenne de l'OCDE et s'établit à 6 points de pourcentage avant prise en compte du niveau d'études et de la profession.

En Italie, l'écart de participation observé entre les adultes selon que leurs parents sont diplômés ou non de l'enseignement supérieur s'élève à 21 points de pourcentage avant prise en compte des différences de niveau d'études et de profession entre les deux groupes, et à 10 points de pourcentage après, ce qui donne à penser que cet écart est influencé à hauteur d'environ 52 % par le niveau d'études et la profession. À l'inverse, en Suède, l'écart de participation selon que les parents sont diplômés ou non de l'enseignement supérieur est faible, et ne s'explique pas par des différences de niveau d'études ou de profession entre les deux groupes.

Au Chili, l'écart de participation entre les adultes selon qu'ils ont grandi dans une métropole ou dans un village s'élève à 11 points de pourcentage avant prise en compte des différences de niveau d'études et de profession entre les deux groupes, et à 2 points de pourcentage après, ce qui donne à penser que cet écart est influencé à hauteur de 82 % par le niveau d'études et la profession.

La participation à la formation des adultes est corrélée positivement aux compétences à l'écrit, en calcul et en résolution adaptative de problèmes. Le niveau à l'écrit des adultes ayant participé à des activités de formation est nettement supérieur à celui des adultes n'y ayant pas participé (0.23 écart-type), une tendance similaire étant observée pour le calcul (0.21 écart-type) et la résolution adaptative de problèmes (0.23 écart-type) (Tableau 3.5). Toutefois, cette participation ne suffit pas à expliquer les écarts observés entre les différents groupes pour ce qui est des compétences du XXIe siècle. Par exemple, les écarts de niveau en calcul observés entre les adultes selon qu'ils ont grandi dans une métropole ou dans un village s'élèvent à 0.11 écart-type après prise en compte des autres caractéristiques sociodémographiques, et à 0.04 écart-type après prise en compte du niveau d'études. Or, cette différence de 0.04 écart-type reste stable même après prise en compte de la participation à la formation des adultes. On retrouve ce même schéma avec les autres caractéristiques sociodémographiques.

Graphique 3.15. Influence du niveau d'études et de la profession sur les écarts de participation aux activités de formation non formelles des adultes, par caractéristique socioéconomique et par pays

Variation de la probabilité de participation à la formation non formelle des adultes selon les groupes sociodémographiques : coefficients de régression par pays, selon le modèle multivarié de base et le modèle multivarié complet

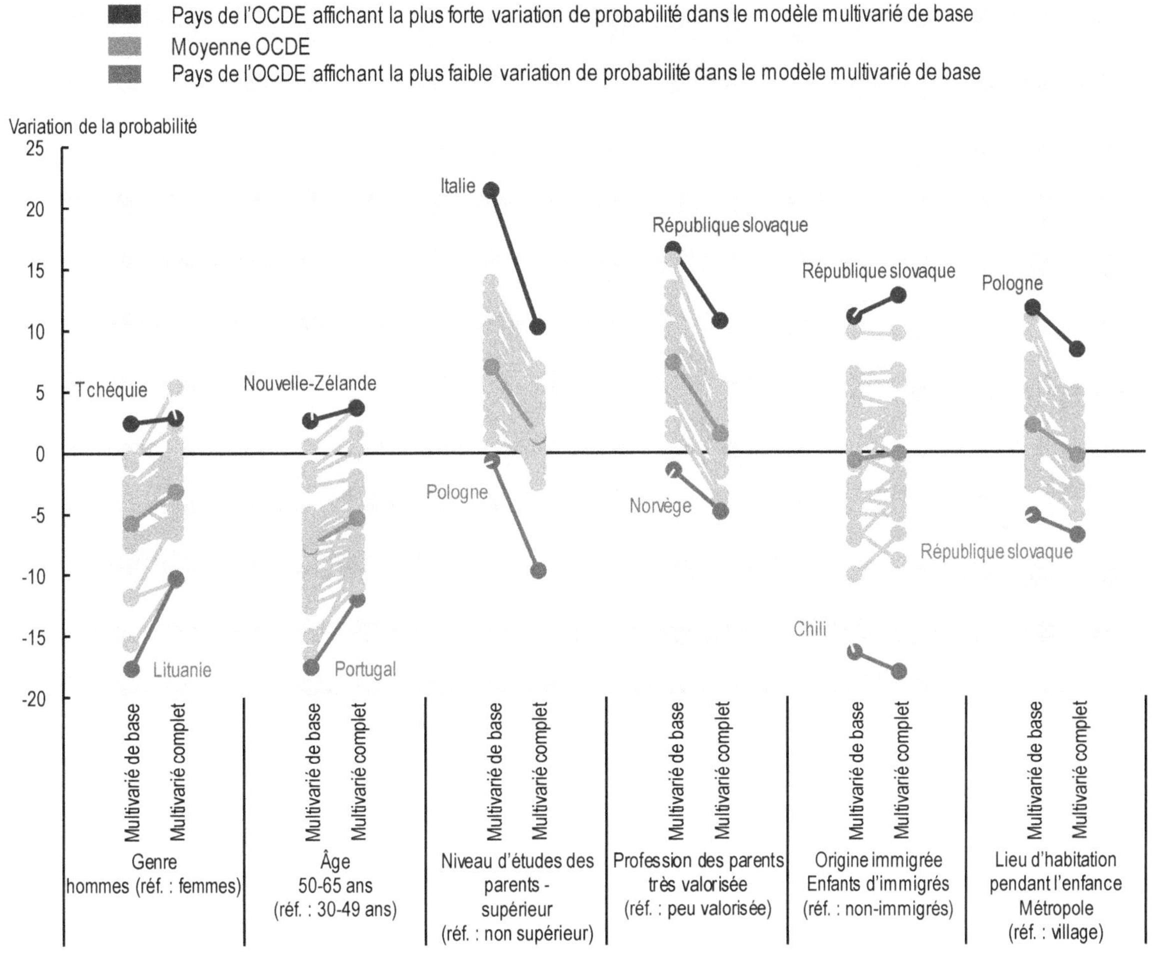

Note : Adultes âgés de 30 à 65 ans. Ce graphique présente les écarts de coefficients de régression de la participation à la formation non formelle des adultes entre le modèle multivarié de base, qui tient compte des différences de caractéristiques sociodémographiques (genre, âge, niveau d'études et profession des parents, lieu d'habitation pendant l'enfance, origine immigrée), et le modèle multivarié complet, qui tient compte en outre des différences de niveau d'études et de profession entre les répondants. Question d'enquête utilisée pour mesurer la participation à la formation non formelle des adultes : « Au cours des 12 derniers mois, c'est-à-dire depuis le [date de l'entretien], avez-vous participé à une quelconque activité de formation ? » Veuillez inclure toute activité de formation, même si elle n'a duré qu'une heure, ainsi que les activités de formation toujours en cours. » Voir la note du Graphique 3.7 pour les définitions des groupes établis en fonction du niveau d'études et de la profession des parents, de l'origine immigrée et du lieu d'habitation pendant l'enfance. Pour ce qui est de l'origine immigrée, le graphique ne présente les données d'un pays que si l'échantillon final du PIAAC comprend au moins 200 adultes dans chacun des groupes comparés. Pour ce qui est de l'origine immigrée, le graphique ne présente les données d'un pays que si l'échantillon final du PIAAC comprend au moins 200 adultes dans chacun des groupes comparés.

Source : Calculs fondés sur OCDE (2024[16]), *Base de données du 2e Cycle du PIAAC*, www.oecd.org/fr/data/datasets/piaac-2nd-cycle-database.html.

StatLink https://stat.link/s0hgkr

Tableau 3.5. Influence de la formation des adultes sur les disparités de compétences fondamentales du XXIe siècle

Coefficients de régression avant et après prise en compte du niveau d'études des répondants et de leur participation à la formation des adultes, moyenne OCDE

	Compétences à l'écrit			Compétences en calcul			Résolution adaptative de problèmes		
	Modèle (1)	Modèle (2)	Modèle (3)	Modèle (4)	Modèle (5)	Modèle (6)	Modèle (7)	Modèle (8)	Modèle (9)
Genre - hommes (réf. : femmes)	**-0.04**	0.01	**0.01**	**0.18**	**0.24**	**0.24**	**0.06**	**0.11**	**0.11**
Âge - 50-65 ans (réf. : 30-49 ans)	**-0.33**	**-0.25**	**-0.23**	**-0.26**	**-0.18**	**-0.16**	**-0.37**	**-0.30**	**-0.28**
Niveau d'études des parents - supérieur (réf. : non supérieur)	**0.30**	**0.13**	**0.12**	**0.29**	**0.12**	**0.11**	**0.29**	**0.14**	**0.14**
Profession des parents - très valorisée (réf. : peu valorisée)	**0.30**	**0.14**	**0.13**	**0.30**	**0.14**	**0.13**	**0.26**	**0.13**	**0.12**
Lieu d'habitation pendant l'enfance (réf. : village)									
Ville	**0.11**	**0.05**	**0.05**	**0.07**	0.01	0.02	**0.08**	**0.03**	**0.03**
Métropole	**0.14**	**0.07**	**0.07**	**0.11**	**0.04**	**0.04**	**0.11**	**0.05**	**0.05**
Origine immigrée (réf. : non-immigrés)									
Immigrés	**-0.64**	**-0.64**	**-0.63**	**-0.48**	**-0.48**	**-0.46**	**-0.54**	**-0.54**	**-0.52**
Enfants d'immigrés	**-0.14**	**-0.12**	**-0.12**	**-0.12**	**-0.10**	**-0.10**	**-0.11**	**-0.10**	**-0.10**
Niveau d'études des répondants (réf. : deuxième cycle du secondaire et postsecondaire [filière générale])									
Inférieur au deuxième cycle du secondaire		**-0.73**	**-0.70**		**-0.78**	**-0.75**		**-0.64**	**-0.61**
Deuxième cycle du secondaire et postsecondaire (filière professionnelle)		**-0.15**	**-0.15**		**-0.14**	**-0.14**		**-0.13**	**-0.13**
Enseignement supérieur de cycle court		**0.14**	**0.11**		**0.17**	**0.14**		**0.12**	**0.10**
Licence ou équivalent et au-delà		**0.49**	**0.44**		**0.52**	**0.47**		**0.44**	**0.39**
Participation à la formation non formelle des adultes			**0.23**			**0.21**			**0.23**

Note : Adultes âgés de 30 à 65 ans. Les coefficients en gras sont statistiquement significatifs au seuil de 5 %. Les résultats présentés dans les colonnes (1), (4) et (7) se rapportent à la compétence correspondante et tiennent compte des différences selon le genre, l'âge, le niveau d'études et la profession des parents, le lieu d'habitation pendant l'enfance et l'origine immigrée. Les résultats présentés dans les colonnes (2), (5) et (8) tiennent également compte des différences selon le niveau d'études des répondants. Les résultats présentés dans les colonnes (3), (6) et (9) tiennent par ailleurs compte des différences entre les répondants au regard de la participation à la formation des adultes. Les estimations présentées dans les colonnes (1) à (9) reposent sur un nombre identique d'observations. Voir la note du Graphique 3.7 pour les définitions des groupes établis en fonction du niveau d'études et de la profession des parents, de l'origine immigrée et du lieu d'habitation pendant l'enfance. Les écarts-types figurent dans le Tableau d'annexe 3.A.3.

*Les différences selon l'origine immigrée varient considérablement d'un pays à l'autre, en raison des différences de taille entre les groupes d'immigrés, ainsi que des disparités de composition et de contexte. Les lecteurs sont donc invités à consulter les résultats propres à chaque pays dans le Tableau d'annexe 3.A.3.

Source : Calculs fondés sur OCDE (2024[16]), *Base de données du 2e Cycle du PIAAC*, www.oecd.org/fr/data/datasets/piaac-2nd-cycle-database.html.

StatLink https://stat.link/wrm97g

3.6.2. *Disparités de contenu des activités de formation suivies par les adultes*

Le contenu des activités de formation suivies par les participants varie selon les caractéristiques sociodémographiques. En moyenne, les domaines de formation principaux les plus fréquemment cités par les participants à l'apprentissage non formel sont la « sécurité » (17 %), les « compétences informatiques » (13 %), les « relations avec les clients, les patients, ou les élèves » (9 %), l'« aptitude à travailler en équipe ou à diriger une équipe » (8 %), et « l'utilisation de machines ou d'équipements » (7 %). Les domaines moins fréquemment cités incluent les « langues étrangères » et les « compétences en gestion de projet ou compétences organisationnelles » (6 % dans les deux cas), les « compétences en communication et en présentation orale » et les « compétences créatives ou musicales » (4 % dans les deux cas), et le « sport » (3 %). Les formations axées sur les compétences fondamentales en traitement de l'information – telles que les « compétences en calcul, manipulation de chiffres » (1.5 %) et les « compétences en lecture et en rédaction » (0.9 %) – sont plus rares, et un adulte sur cinq déclare avoir suivi une formation dans un « autre domaine » Tableau d'annexe 3.A.3.

Le Graphique 3.16 présente les ratios de représentation relative par caractéristique sociodémographique, en mettant en lumière les groupes spécifiques surreprésentés ou sous-représentés dans chaque catégorie de formation. Les disparités de participation en fonction de l'âge sont limitées : les adultes âgés de 30 à 49 ans sont légèrement surreprésentés dans les formations portant sur les « compétences en calcul, manipulation de chiffres », ainsi que sur les « langues étrangères » ; les écarts entre les groupes d'âge sont négligeables pour la plupart des autres thématiques. Les disparités entre les genres sont plus marquées, les femmes étant surreprésentées dans les formations axées sur les « compétences créatives ou musicales », les « compétences en lecture et en rédaction », les « relations avec les clients, les patients ou les élèves », ainsi que les « compétences en communication ou en présentation orale » et en « langues étrangères ». Les hommes sont surreprésentés dans les formations axées sur « l'utilisation de machines ou d'équipements », la « sécurité », les « compétences informatiques », ainsi que les « compétences en gestion de projet ou compétences organisationnelles ».

Les adultes issus de milieux socioéconomiques défavorisés sont surreprésentés parmi ceux déclarant avoir suivi des formations axées sur « l'utilisation de machines ou d'équipements », ainsi que sur la « sécurité ». À l'inverse, les personnes issues de milieux favorisés s'orientent généralement vers des formations axées sur les « compétences en gestion de projet ou compétences organisationnelles », les « langues étrangères », et les « compétences en calcul, manipulation de chiffres ». Les Enfants d'immigrés sont surreprésentés dans les formations en « langues étrangères ». Par ailleurs, les adultes ayant grandi dans des villages sont plus susceptibles de suivre des formations axées sur « l'utilisation de machines ou d'équipements » et sur la « sécurité », tandis que leurs homologues des zones urbaines privilégient les formations en « langues étrangères ». La situation professionnelle et le niveau d'études des adultes accentuent ces tendances : les personnes occupant des emplois peu valorisés ou n'ayant pas dépassé le deuxième cycle de l'enseignement secondaire sont surreprésentées dans les formations portant sur « l'utilisation de machines ou d'équipements », ainsi que sur la « sécurité ». À l'inverse, les personnes occupant des emplois valorisés ou diplômées du supérieur sont surreprésentées dans les formations axées sur les « compétences en gestion de projet ou compétences organisationnelles », l'« aptitude à travailler en équipe ou à diriger une équipe », les « compétences en communication ou en présentation orale », les « compétences en lecture et en rédaction », les « compétences en calcul, manipulation de chiffres », et le « sport ».

Graphique 3.16. Disparités au regard du domaine principal des activités de formation, par caractéristique sociodémographique

Le ratio de représentation relative (RR) est indiqué pour chaque caractéristique sociodémographique. Un RR > 1 (< 1) indique une probabilité plus (moins) élevée pour les groupes soulignés de citer un domaine de formation spécifique, moyenne OCDE

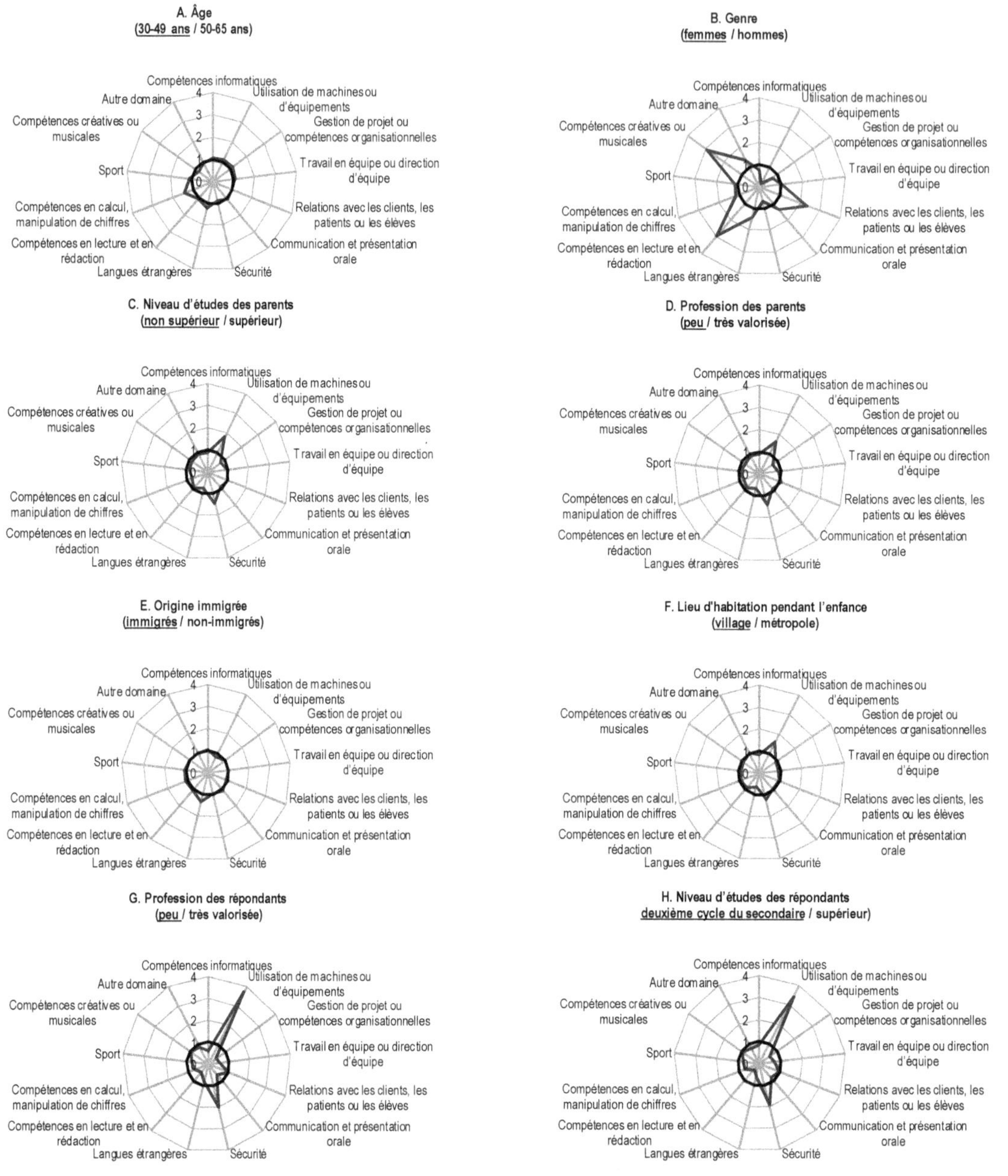

Note : Adultes âgés de 30 à 65 ans. Les ratios de représentation relative présentés dans ce graphique se rapportent exclusivement aux participants ayant participé à des activités de formation non formelles au cours des 12 derniers mois. Question d'enquête utilisée pour déterminer le domaine de formation : « Quel était le domaine principal de cette activité de formation ? Veuillez n'en citer qu'un seul. » Voir la note du Graphique 3.7 pour une description du niveau d'études des répondants, ainsi que les définitions des groupes établis en fonction du niveau d'études et de la profession des parents, de l'origine immigrée et du lieu d'habitation pendant l'enfance. Les résultats par pays sont présentés dans le Tableau d'annexe 3.A.3.

Source : Calculs fondés sur OCDE (2024[16]), *Base de données du 2e Cycle du PIAAC*, www.oecd.org/fr/data/datasets/piaac-2nd-cycle-database.html.

StatLink https://stat.link/ahp2zc

Les disparités au regard du domaine de formation risquent de renforcer les inégalités existantes en matière d'insertion professionnelle, plutôt que de favoriser la mobilité ascendante sur le marché du travail par le perfectionnement ou l'actualisation des compétences. Outre les différences de participation, les aspects qualitatifs de la formation (tels que sa pertinence, son contenu et sa durée) jouent également un rôle crucial, car les groupes défavorisés se voient souvent proposer des formations axées sur la conformité, de portée restreinte, qui ont peu d'effet sur leur mobilité professionnelle. Une analyse approfondie de cette segmentation des possibilités d'apprentissage à l'aide de données qualitatives complémentaires permettrait de mieux comprendre comment la qualité et la durée des formations influencent les disparités au regard de l'acquisition de compétences. Les formations axées sur la sécurité ou l'utilisation de machines renforcent généralement des savoir-faire techniques spécifiques, généralement associés à des professions majoritairement exercées par des hommes, des résidents de zones rurales, ainsi que des travailleurs peu diplômés occupant des emplois peu valorisés. Ces travailleurs sont souvent nés de parents peu instruits ayant eux-mêmes occupé des emplois peu valorisés, ce qui met en lumière la transmission intergénérationnelle des handicaps professionnels. En revanche, les formations axées sur des compétences permettant souvent d'accéder à des emplois plus valorisés, à forte intensité technologique et tournés vers l'international (p. ex. gestion de projet, compétences numériques avancées, formations axées sur le calcul et la manipulation de chiffres, la rédaction, le renforcement des compétences numériques ou l'apprentissage des langues étrangères) sont principalement suivies par des adultes issus de milieux socioéconomiques favorisés. En l'absence de mesures correctives, cette dynamique risque de freiner la mobilité ascendante des groupes défavorisés et de perpétuer les inégalités socioéconomiques et de genre dans l'accès aux métiers appelés à croître rapidement sous l'effet des transitions numérique et écologique, ainsi que des évolutions démographiques.

3.6.3. Écarts de participation à la formation non formelle liée à la l'emploi

Il est essentiel de déterminer le profil des personnes suivant des formations liées à l'emploi (par opposition à celles animées par un intérêt personnel) et de comprendre leurs motivations pour concevoir des dispositifs incitatifs propres à améliorer la productivité et à favoriser la mobilité professionnelle. Les formations liées à l'emploi sont généralement financées ou imposées par les employeurs, mettant ainsi en lumière les domaines dans lesquels les entreprises choisissent d'investir. À l'inverse, l'apprentissage motivé par un intérêt personnel reflète une demande intrinsèque qui risque de rester latente en l'absence d'informations ou de moyens financiers suffisants.

Dans l'ensemble des pays de l'OCDE, 84 % des adultes ayant suivi une formation non formelle l'ont fait principalement pour des raisons professionnelles, contre seulement 16 % pour des motifs non liés à l'emploi (Tableau d'annexe 3.A.3). Le Graphique 3.17 présente la répartition des formations liées à l'emploi selon les groupes sociodémographiques. Les jeunes adultes, les hommes, les personnes dont les parents occupent des emplois peu valorisés, les personnes non issues de l'immigration, celles ayant grandi dans un village, les titulaires d'un diplôme du deuxième cycle de l'enseignement professionnel secondaire ou de l'enseignement professionnel postsecondaire, ainsi que les travailleurs occupant des emplois valorisés, sont légèrement plus susceptibles de suivre des formations liées à l'emploi. Toutefois, les écarts entre les groupes restent relativement faibles. Par exemple, 85 % des adultes âgés de 30 à 49 ans ont suivi une formation pour des raisons liées à l'emploi, contre 82 % des 50-65 ans. De même, 84 % des personnes non issues de l'immigration, 83 % des Enfants d'immigrés et 81 % des adultes immigrés ont déclaré avoir participé à une formation pour des raisons liées à l'emploi. Enfin, 84 % des adultes ayant grandi dans un village ou une ville ont suivi une formation liée à l'emploi, contre 83 % de ceux ayant grandi dans une métropole. L'écart le plus marqué est observé entre les hommes et les femmes : 87 % des hommes ont cité des raisons professionnelles pour justifier leur participation à une formation, contre 80 % des femmes – soit un écart de 7 points de pourcentage.

Des écarts modestes mais persistants apparaissent également en fonction du niveau d'études et de la situation professionnelle des adultes. Ainsi, 85 % des adultes titulaires d'un diplôme du deuxième cycle de l'enseignement professionnel secondaire ou de l'enseignement professionnel postsecondaire et 84 % des titulaires d'un diplôme de niveau licence ou supérieur ont suivi une formation pour des raisons liées à l'emploi, contre 83 % des adultes diplômés du supérieur de cycle court, 82 % des titulaires d'un diplôme du deuxième cycle de l'enseignement général secondaire ou de l'enseignement général postsecondaire, et 80 % de ceux non titulaires d'un diplôme du deuxième cycle de l'enseignement secondaire. Enfin, 88 % des travailleurs occupant des emplois valorisés ont suivi une formation liée à l'emploi, contre 85 % de ceux occupant des emplois peu valorisés.

Graphique 3.17. Écarts de participation à la formation liée à l'emploi, par caractéristique sociodémographique

Part des adultes ayant participé à la formation non formelle pour des raisons liées à l'emploi, moyenne OCDE

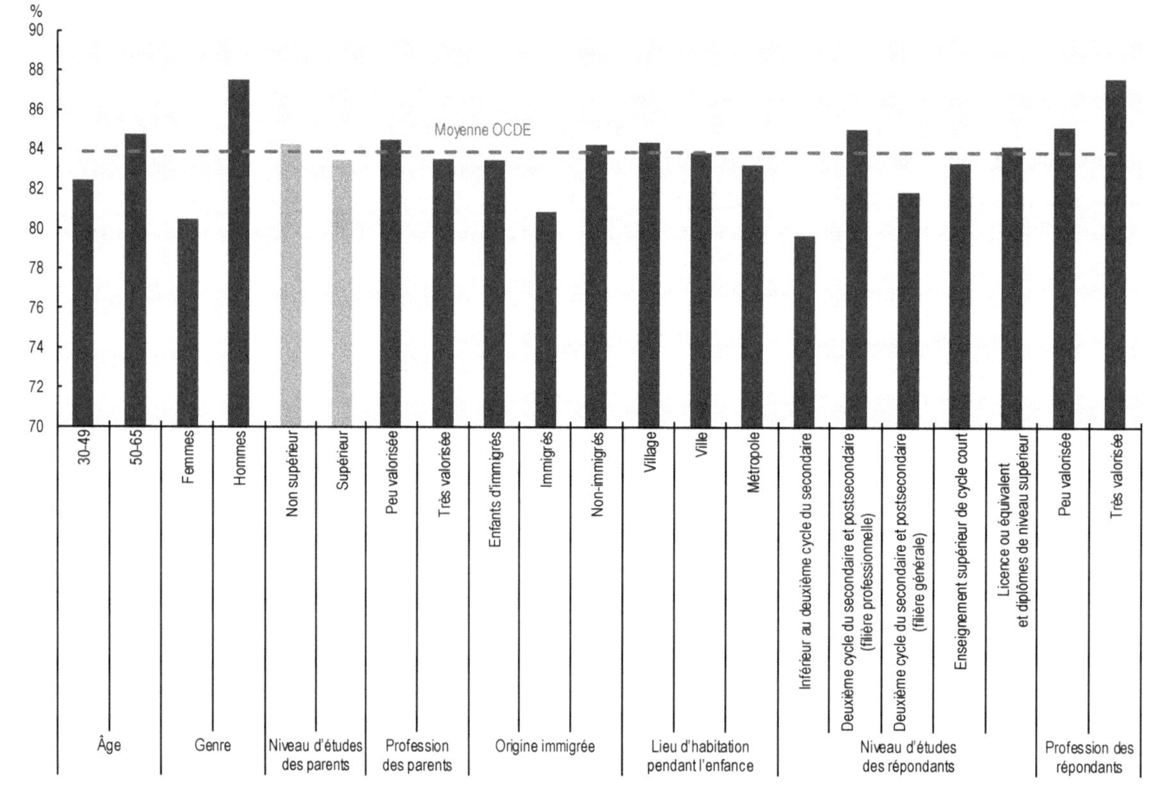

Note : Adultes âgés de 30 à 65 ans. Les pourcentages présentés dans ce graphique se rapportent exclusivement aux adultes ayant participé à des activités de formation non formelles au cours des 12 derniers mois. Question d'enquête visant à déterminer si la formation suivie était liée à l'emploi : « Cette activité de formation était-elle principalement liée à l'emploi ? "Liée à l'emploi" peut faire référence à votre poste actuel, mais aussi à toute démarche visant à améliorer vos perspectives professionnelles ou vos chances d'accéder à l'emploi de manière générale ». Les couleurs les plus foncées indiquent que les écarts de pourcentage observés entre les groupes (16-29 ans / 50-65 ans, hommes / femmes, non supérieur / supérieur, emploi peu / très valorisé, origine immigrée / non immigrée, village / métropole) au regard de la participation à des activités de formation non formelle des adultes sont statistiquement significatifs au seuil de 5 %. Les villages, villes et métropoles se rapportent au lieu d'habitation à l'âge de 14 ans. Voir la note du Graphique 3.7 pour une description du niveau d'études des répondants, ainsi que les définitions des groupes établis en fonction du niveau d'études et de la profession des parents, de l'origine immigrée et du lieu d'habitation pendant l'enfance. Les résultats par pays sont présentés dans le Tableau d'annexe 3.A.3. *Les différences en fonction de l'origine immigrée varient considérablement d'un pays à l'autre, en raison des différences de taille entre les groupes d'immigrés, ainsi que des disparités de composition et de contexte. Les lecteurs sont donc invités à consulter les résultats propres à chaque pays dans le Tableau d'annexe 3.A.3.

Source : Calculs fondés sur OCDE (2024[16]), *Base de données du 2e Cycle du PIAAC*, www.oecd.org/fr/data/datasets/piaac-2nd-cycle-database.html.

StatLink https://stat.link/wz2l9o

Les liens entre la participation des adultes à la formation non formelle liée à l'emploi et diverses caractéristiques sociodémographiques varient d'un pays à l'autre avant et après prise en compte du niveau d'études et de la profession. Le Graphique 3.18 montre que la probabilité que les hommes suivent une formation non formelle liée à l'emploi est supérieure de 7 points de pourcentage à celle des femmes, alors que la probabilité que les 50-65 ans suivent une formation non formelle liée à l'emploi est inférieure de 3 points de pourcentage à celle des 30-49 ans. Lorsque l'on compare des individus ayant un niveau d'études équivalent et exerçant des professions similaires, l'écart de participation entre les genres se réduit à 5 points de pourcentage. Aucun autre écart significatif n'est observé entre les autres groupes sur le plan quantitatif. Cette différence peut s'expliquer par le fait que les professions à prédominance masculine (p. ex. métiers qualifiés, sécurité, transports) sont plus souvent associées à des formations obligatoires ou financées par l'employeur. À l'inverse, les femmes sont davantage présentes dans des secteurs où la formation continue relève plus fréquemment d'une démarche individuelle.

Le Graphique 3.18 met en lumière les pays dans lesquels le niveau d'études et la profession contribuent le plus et le moins aux disparités de participation aux activités de formation non formelles des adultes liées à l'emploi. Par exemple, au Japon, l'écart de participation entre les genres est nettement supérieur à la moyenne de l'OCDE (23 points de pourcentage). Environ la moitié de cet écart s'explique par des différences de niveau d'études et de profession entre les hommes et les femmes (une fois ces facteurs pris en compte, il tombe à 15 points de pourcentage). À l'inverse, en République slovaque, l'écart de participation entre les genres correspond à la moyenne de l'OCDE et s'établit à 2 écarts-types avant et après prise en compte du niveau d'études et de la profession.

En Corée, l'écart de participation à la formation liée à l'emploi observé entre les adultes selon que leurs parents sont diplômés ou non de l'enseignement supérieur s'établit à -9 points de pourcentage avant prise en compte des différences de niveau d'études et de profession entre les deux groupes, et à -5 points de pourcentage après, ce qui donne à penser que l'écart lié au niveau d'études des parents est influencé à hauteur d'environ 44 % par le niveau d'études et le domaine d'études. En revanche, en Tchéquie, les écarts de participation entre les adultes dont les parents sont et ne sont pas diplômés du supérieur sont négligeables. Aux États-Unis, l'écart de participation observé entre les adultes selon qu'ils ont grandi dans une métropole ou dans un village s'établit à 3 points de pourcentage avant prise en compte des différences de niveau d'études et de profession entre les deux groupes, et à -2 points de pourcentage après.

Graphique 3.18. Écarts de participation aux activités de formation non formelles des adultes liées à l'emploi, par caractéristique socioéconomique et par pays

Variation de la probabilité de participation à la formation non formelle des adultes liée à l'emploi selon les groupes sociodémographiques : coefficients de régression par pays, selon le modèle multivarié de base et le modèle multivarié complet

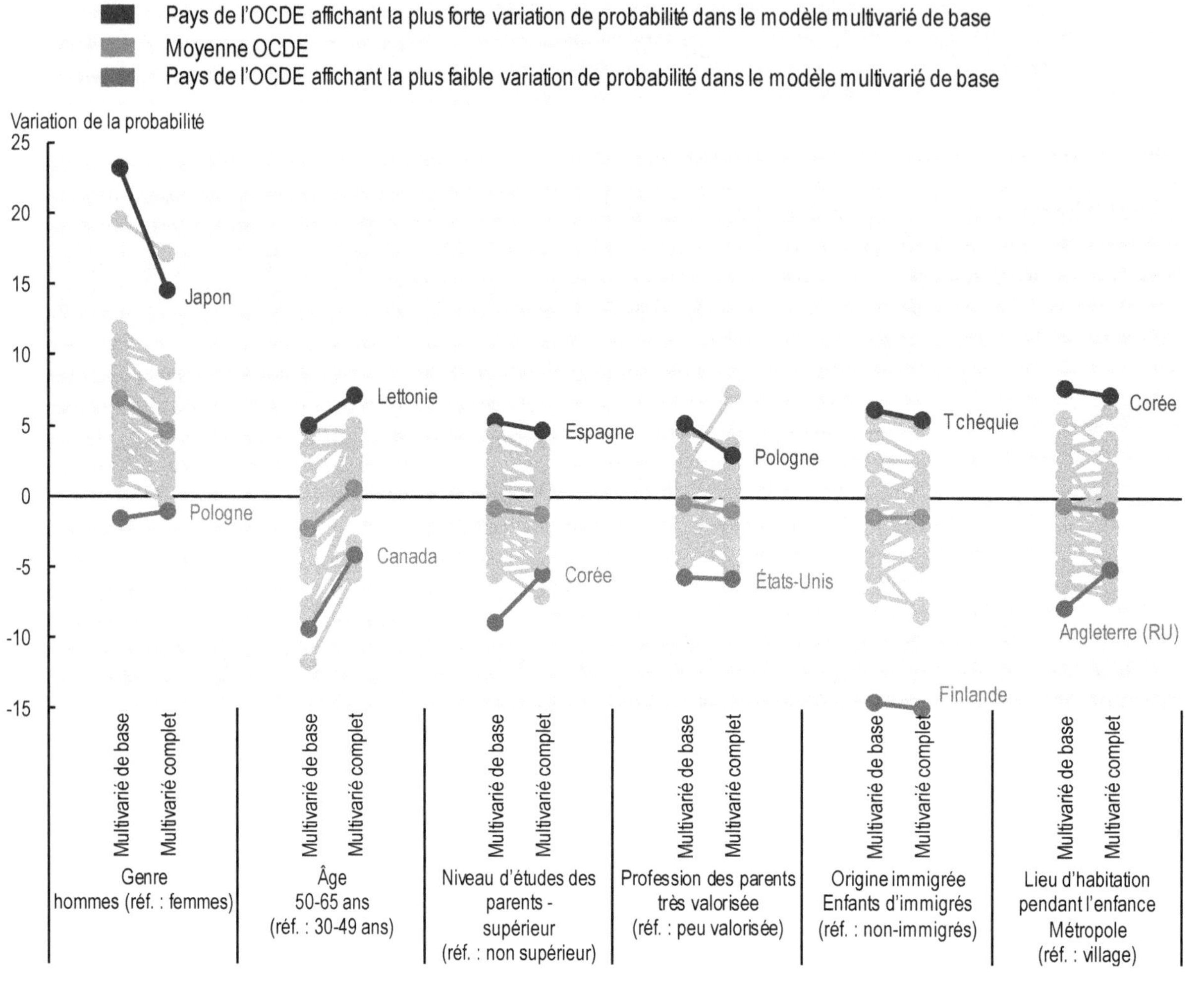

Note : Adultes âgés de 30 à 65 ans. Ce graphique présente les écarts de coefficients de régression de la participation à la formation non formelle des adultes liée à l'emploi entre le modèle multivarié de base, qui tient compte des différences de caractéristiques sociodémographiques (genre, âge, niveau d'études et profession des parents, lieu d'habitation pendant l'enfance, origine immigrée), et le modèle multivarié complet, qui tient compte en outre des différences de niveau d'études et de profession entre les répondants. Question d'enquête visant à déterminer si la formation suivie était liée à l'emploi : « Cette activité de formation était-elle principalement liée à l'emploi ? "Liée à l'emploi" peut faire référence à votre poste actuel, mais aussi à toute démarche visant à améliorer vos perspectives professionnelles ou vos chances d'accéder à l'emploi de manière générale. » Voir la note du Graphique 3.7 pour une description du niveau d'études des répondants, ainsi que les définitions des groupes établis en fonction du niveau d'études et de la profession des parents, de l'origine immigrée et du lieu d'habitation pendant l'enfance. Pour ce qui est de l'origine immigrée, le graphique ne présente les données d'un pays que si l'échantillon final du PIAAC comprend au moins 200 adultes dans chacun des groupes comparés.

Source : Calculs fondés sur OCDE (2024[16]), *Base de données du 2e Cycle du PIAAC*, www.oecd.org/fr/data/datasets/piaac-2nd-cycle-database.html.

StatLink https://stat.link/qjw0pn

3.6.4. Motifs de participation à la formation non formelle liée à l'emploi selon les groupes

Les raisons de participer à une formation non formelle liée à l'emploi varient selon les caractéristiques sociodémographiques. Les motifs les plus fréquemment cités par les personnes ayant suivi une formation non formelle liée à l'emploi sont les suivants : « améliorer mes connaissances ou mes compétences dans un domaine qui m'intéresse » (23 %), « améliorer mes perspectives d'emploi ou d'évolution professionnelle » (19 %), « mieux accomplir mes tâches habituelles au travail » (20 %), « j'étais obligé(e) de participer » (17 %), « mieux gérer mes nouvelles tâches ou l'évolution de mes tâches professionnelles » (11 %), et « obtenir ou renouveler un certificat » (8 %) (Tableau d'annexe 3.A.3).

Le Graphique 3.19 montre que lorsque l'on ventile ces données par groupe sociodémographique, les jeunes adultes donnent la priorité à l'avancement professionnel (RR = 1.5), tandis que les adultes plus âgés déclarent plus souvent avoir été contraints de participer (RR = 0.8), ce qui reflète des perspectives d'évolution et une exposition aux formations obligatoires inégales selon l'âge. Les femmes sont plus susceptibles de suivre des formations motivées par un intérêt personnel (RR = 1.2), tandis que les hommes privilégient l'obtention de certificats (RR = 0.7). Ce contraste pourrait s'expliquer par les différences de répartition professionnelle entre les hommes et les femmes, et les différences en découlant sur le plan des régimes de licences professionnelles, ou encore par une conscience plus marquée, chez les hommes, de l'importance des certifications pour réussir à évoluer sur un marché du travail axé sur les compétences (OCDE, 2025[138]). Les adultes issus de milieux socioéconomiques défavorisés sont plus susceptibles de participer à des formations non formelles liées à l'emploi par obligation ou dans le but d'obtenir un certificat. En revanche, ceux issus de milieux socioéconomiques favorisés sont plus susceptibles de participer à la formation non formelle en général (Graphique 3.14). Par exemple, les adultes dont les parents ne sont pas diplômés du supérieur sont plus susceptibles de suivre une formation dans le but d'obtenir un certificat, ou par obligation (RR = 1.3 dans les deux cas). Les adultes occupant des emplois peu valorisés ou non diplômés du supérieur sont plus susceptibles de suivre une formation par obligation (RR = 1.5 et RR = 1.33, respectivement) ou dans le but d'obtenir ou de renouveler un certificat (RR = 1.6 dans les deux cas), ce qui montre qu'ils ont moins la possibilité de se former de leur propre initiative et doivent faire valoir leurs compétences auprès de leurs employeurs potentiels au travers de qualifications formelles.

Graphique 3.19. Disparités des motifs de participation à la formation non formelle liée à l'emploi, par caractéristique sociodémographique

Le ratio de représentation relative (RR) est indiqué pour chaque caractéristique sociodémographique. Un RR > 1 (< 1) indique une probabilité plus (moins) élevée pour les groupes soulignés de citer une raison spécifique de participer à une formation, moyenne OCDE

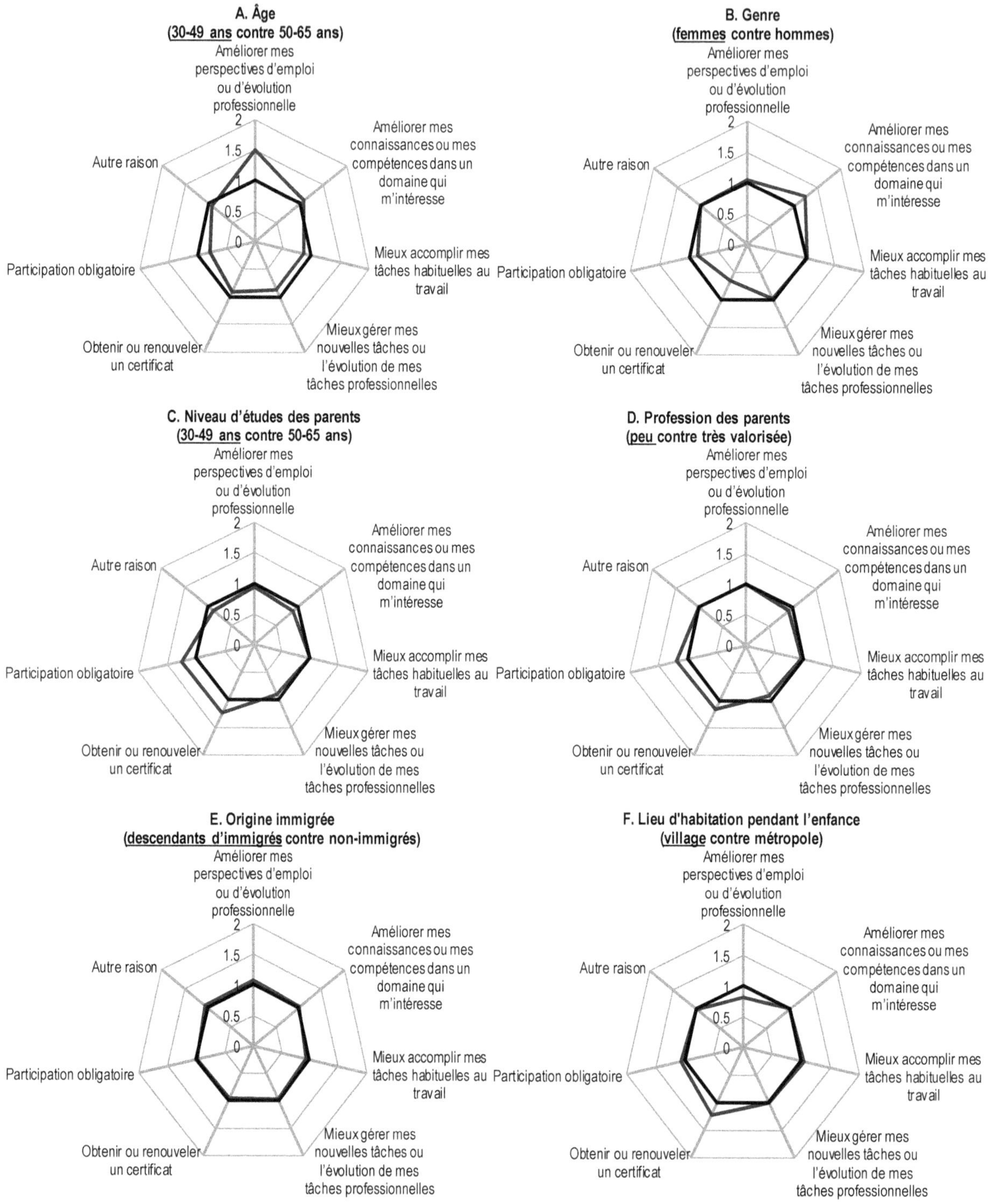

G. Profession des répondants
(peu qualifiée contre hautement qualifiée)

H. Niveau d'études des répondants
(deuxième cycle du secondaire contre supérieur)

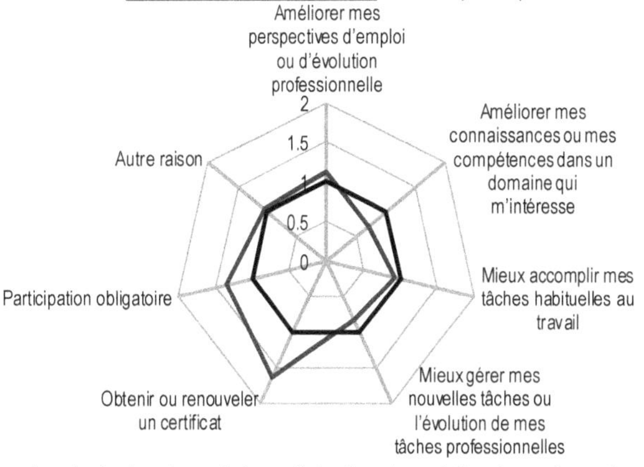

Note : Adultes âgés de 30 à 65 ans. Question d'enquête visant à déterminer la principale raison de la participation des adultes à une formation : « Pouvez-vous indiquer la principale raison qui vous a incité à participer à cette activité de formation ? » Voir la note du Graphique 3.7 pour une description du niveau d'études des répondants, ainsi que les définitions des groupes établis en fonction du niveau d'études et de la profession des parents, de l'origine immigrée et du lieu d'habitation pendant l'enfance. Les résultats par pays sont présentés dans le Tableau d'annexe 3.A.3.

Source : Calculs fondés sur OCDE (2017[139]), *Base de données du 2e Cycle du PIAAC*, www.oecd.org/fr/data/datasets/piaac-2nd-cycle-database.html.

StatLink https://stat.link/my9squ

3.6.5. Satisfaction de la demande de formation non formelle des adultes : fréquence globale et différences entre les groupes

Il a été demandé aux adultes interrogés dans le cadre de l'Enquête 2023 sur les compétences des adultes d'indiquer si certains de leurs souhaits de formation n'avaient pas été satisfaits. Un « non » exprimé par un participant à une formation signifie que sa demande a été satisfaite. En revanche, un « non » exprimé par un non-participant peut traduire soit un désintérêt vis-à-vis de l'offre de formation, soit le sentiment que cette offre est peu pertinente. En d'autres termes, ces adultes auraient pu être disposés à suivre une formation, mais pas parmi celles disponibles, ce qui signifie que leur demande potentielle n'a pas été satisfaite.

En moyenne, 68 % des participants à une formation considèrent que leurs besoins de formation ont été satisfaits. À l'inverse, 84 % des non-participants font part d'un manque d'intérêt ou d'une demande non satisfaite, comme indiqué dans le Tableau d'annexe 3.A.3. Les adultes âgés de 50 à 65 ans sont surreprésentés parmi les participants dont la demande a été satisfaite : 71 % des 50-65 ans ayant suivi une formation déclarent ne pas souhaiter en suivre d'autres, contre 66 % des 30-49 ans (Graphique 3.20). De même, parmi les non-participants, 88 % des 50-65 ans et 80 % des 30-49 ans indiquent ne pas avoir l'intention de participer à d'autres formations. Par ailleurs, les adultes dont les parents occupent des emplois peu valorisés sont surreprésentés à la fois parmi les participants dont la demande est satisfaite et parmi ceux dont la demande est restée insatisfaite. Parmi les adultes ayant suivi une formation, 71 % de ceux dont les parents occupent des emplois peu valorisés et 64 % de ceux dont les parents occupent des emplois valorisés ont déclaré ne pas souhaiter participer aux autres formations disponibles. De même, parmi les adultes n'ayant pas suivi de formation, 85 % de ceux dont les parents occupent des emplois peu valorisés et 81 % de ceux dont les parents occupent des emplois valorisés ont déclaré ne pas souhaiter participer aux autres formations disponibles.

Dans l'ensemble, ces chiffres mettent en évidence un désintérêt marqué pour les formations proposées ou une demande largement insatisfaite. Pour accroître la participation à la formation des adultes, il est donc nécessaire non seulement de remédier à un éventuel manque de motivation vis-à-vis de l'apprentissage non formel, mais aussi de mieux faire connaître les avantages de la formation et de proposer des formations accessibles, en adéquation avec les besoins actuels des adultes.

Graphique 3.20 Satisfaction de la demande de participation à la formation non formelle, par caractéristique sociodémographique

Part des participants à une formation (ceux dont la demande a été satisfaite) et des non-participants (ceux dont la demande est insatisfaite) ayant déclaré ne pas souhaiter suivre une (autre) formation, moyenne OCDE

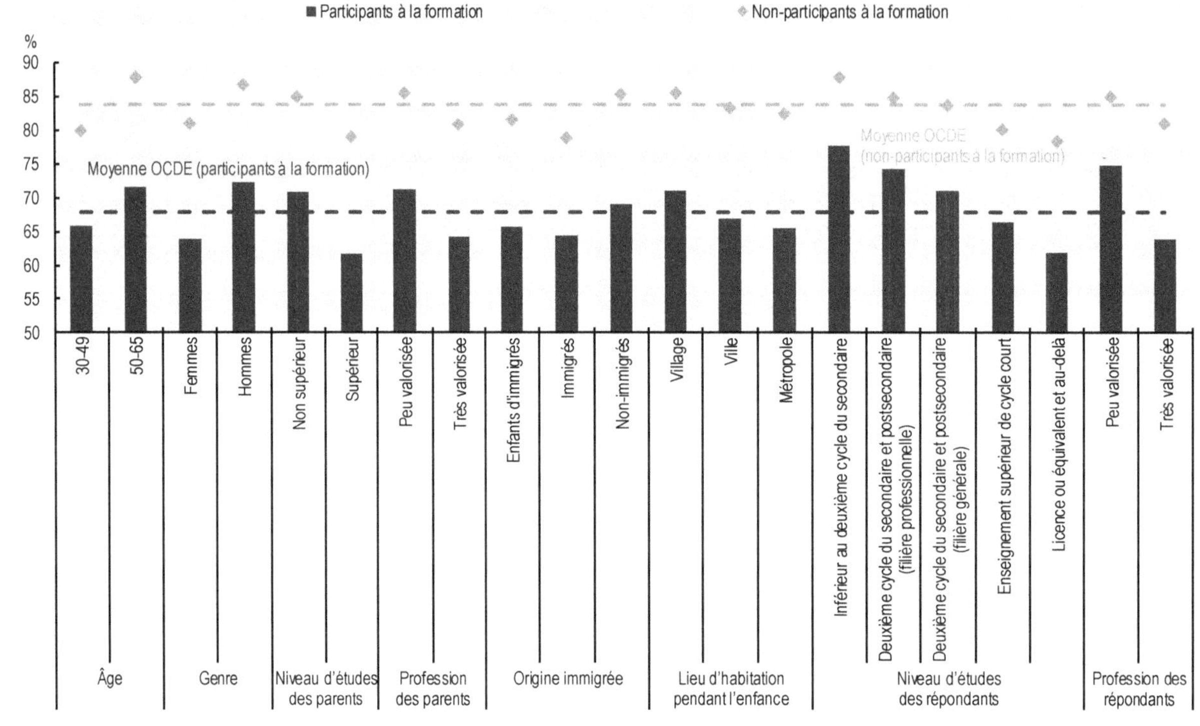

Note : Adultes âgés de 30 à 65 ans. Question d'enquête : « Au cours des 12 derniers mois, avez-vous souhaité participer à une activité de formation sans pouvoir le faire ? » Voir la note du Graphique 3.7 pour une description du niveau d'études des répondants, ainsi que les définitions des groupes établis en fonction du niveau d'études et de la profession des parents, de l'origine immigrée et du lieu d'habitation pendant l'enfance. *Les différences en fonction de l'origine immigrée varient considérablement d'un pays à l'autre, en raison des différences de taille entre les groupes d'immigrés, ainsi que des disparités de composition et de contexte. Les lecteurs sont donc invités à consulter les résultats propres à chaque pays dans le Tableau d'annexe 3.A.3.

Source : Calculs fondés sur OCDE (2024[16]), *Base de données du 2e Cycle du PIAAC*, www.oecd.org/fr/data/datasets/piaac-2nd-cycle-database.html.

StatLink https://stat.link/lm5tqf

L'association entre le degré auquel les individus déclarent manquer d'activités de formation qui les intéressent et diverses caractéristiques sociodémographiques varient d'un pays à l'autre avant et après prise en compte du niveau d'études et de la profession des adultes Le Graphique 3.21 montre que les différences de niveau d'études et de situation professionnelle expliquent une part importante des variations de la probabilité que la demande des individus issus de différents milieux socioéconomiques déclarent manquer d'activités de formation qui les intéressent; en revanche, ces facteurs n'expliquent qu'une faible part des différences observées selon le genre et l'âge. En moyenne, dans les pays de l'OCDE ayant participé à l'enquête, et avant prise en compte du niveau d'études et de la profession des adultes, la probabilité que les hommes déclarent ne pas être intéressés par les activités de formation est supérieure de 8 points de pourcentage. Les adultes plus âgés (50-65 ans) affichent quant à eux une probabilité supérieure de 7 points de pourcentage. Les adultes issus de milieux socioéconomiques favorisés affichent une probabilité inférieure de ne pas être intéressés par les activités de formation (de 6 points de pourcentage pour ceux dont les parents sont diplômés du supérieur, et de 4 points pour ceux dont les parents occupent un emploi valorisé). Les Enfants d'immigrés affichent une probabilité inférieure de 3 points de pourcentage, et les personnes ayant grandi dans une métropole, de 2 points de pourcentage.

Une partie de ces écarts s'explique par le niveau d'études et la profession des adultes. En moyenne, dans les pays de l'OCDE ayant participé à l'enquête, les adultes plus âgés sont davantage susceptibles de déclarer ne pas avoir participé par des activités de formation. Cet écart de probabilité diminue légèrement, passant de 7 à 5 points de pourcentage, lorsque leur niveau d'études et leur profession sont pris en compte. Pour les adultes dont les parents sont diplômés du supérieur, l'écart de probabilité passe de 6 à 3 points de pourcentage, et pour ceux dont les parents occupent un emploi valorisé, de 4 à 1 point de pourcentage. La prise en compte du niveau d'études et de la profession des adultes affecte également les différences observées selon le genre, l'origine immigrée et le lieu d'habitation pendant l'enfance.

Le Graphique 3.21 met en lumière les pays dans lesquels le niveau d'études et la profession contribuent le plus et le moins aux disparités de participation aux activités de formation non formelles des adultes liées à l'emploi. Par exemple, en Italie, la moitié de l'écart observé entre les hommes et les femmes quant à la probabilité de déclarer manquer d'activités de formation qui les intéressent peut s'expliquer par des différences de niveau d'études et de profession entre les hommes et les femmes. À l'inverse, en Angleterre (Royaume-Uni), ces deux facteurs n'expliquent pas le faible écart observé entre les genres au regard du manque d'activités de formation qui les intéressent.

Au Portugal, l'écart observé dans la probabilité de déclarer manquer d'activités de formation qui les intéressent entre les adultes ayants des parents diplômés ou non de l'enseignement supérieur s'établit à -3 points de pourcentage avant prise en compte des différences de niveau d'études et de profession entre les deux groupes, et à 2 points de pourcentage après. À l'inverse, en France, cet écart s'établit à -5 points de pourcentage avant prise en compte des différences de niveau d'études et de profession entre les deux groupes, et à -6 points de pourcentage après. En Lettonie, l'écart de participation observé entre les adultes selon qu'ils ont grandi dans une métropole ou dans un village s'établit à -1 point de pourcentage avant prise en compte des différences de niveau d'études et de profession entre les deux groupes, et à 4 points de pourcentage après. En revanche, aux États-Unis, cet écart s'établit à -2 points de pourcentage, tant avant qu'après la prise en compte de ces facteurs, ce qui donne à penser qu'ils n'ont pas d'influence sur les légères disparités observées entre le milieu urbain et le milieu rural au regard du manque d'activités de formation qui les intéressent.

Graphique 3.21. Disparités dans l'absence d'activités de formation d'intérêt, par caractéristique sociodémographique et par pays

Variation de la probabilité que des individus répondent « Je n'ai souhaité participer à aucune activité de formation » : coefficients de régression par pays, selon le modèle multivarié de base et le modèle multivarié complet

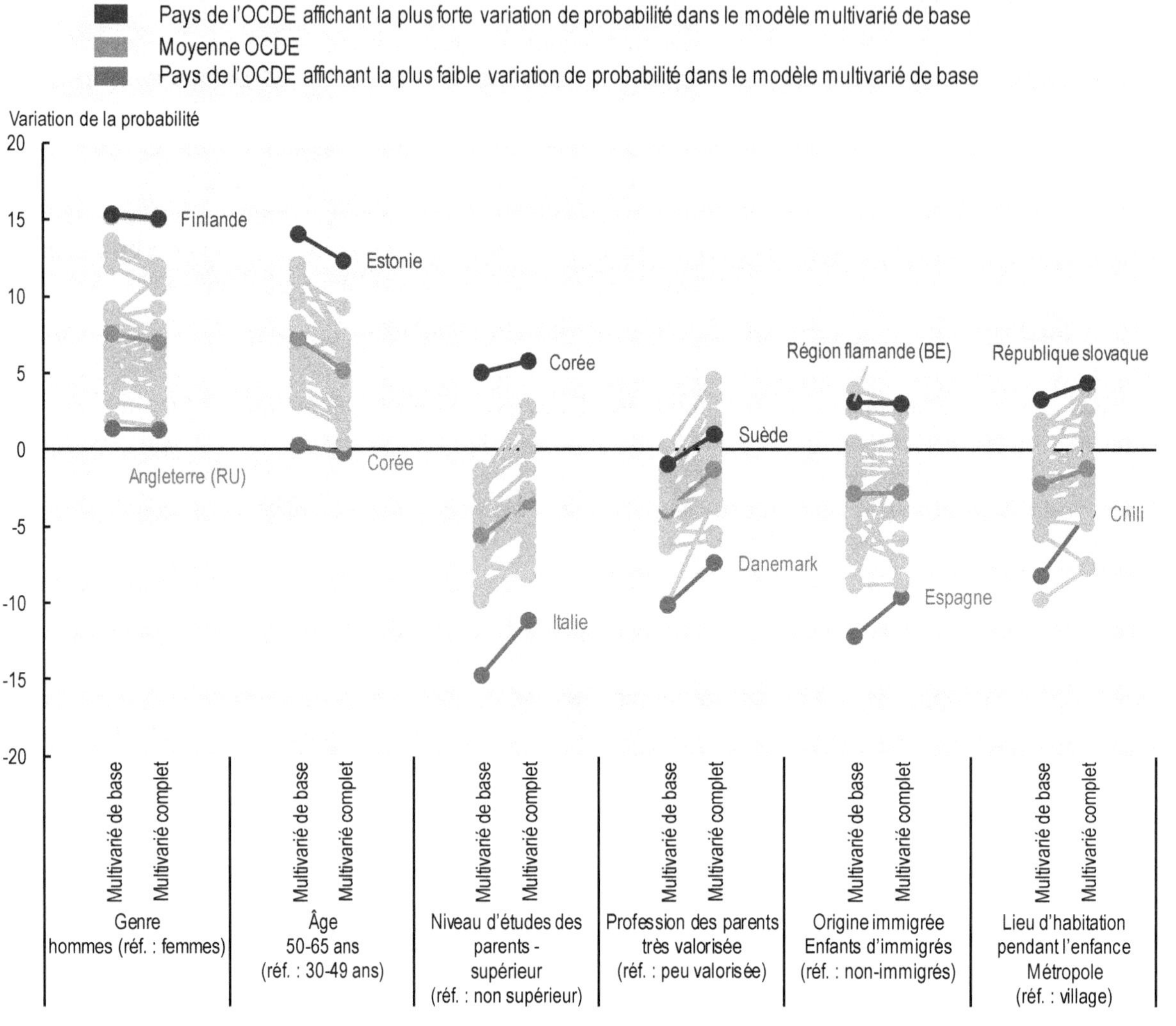

Note : Adultes âgés de 30 à 65 ans. Ce graphique présente les écarts de coefficients de régression de la demande de formation insatisfaite entre le modèle multivarié de base, qui tient compte des différences de caractéristiques sociodémographiques (genre, âge, niveau d'études et profession des parents, lieu d'habitation pendant l'enfance, origine immigrée), et le modèle multivarié complet, qui tient compte en outre des différences de niveau d'études et de profession entre les répondants. Question d'enquête : « Au cours des 12 derniers mois, avez-vous souhaité participer à une activité de formation sans pouvoir le faire ? » Voir la note du Graphique 3.7 pour une description du niveau d'études des répondants, ainsi que les définitions des groupes établis en fonction du niveau d'études et de la profession des parents, de l'origine immigrée et du lieu d'habitation pendant l'enfance. Pour ce qui est de l'origine immigrée, le graphique ne présente les données d'un pays que si l'échantillon final du PIAAC comprend au moins 200 adultes dans chacun des groupes comparés.

Source : Calculs fondés sur OCDE (2024[16]), *Base de données du 2e Cycle du PIAAC*, www.oecd.org/fr/data/datasets/piaac-2nd-cycle-database.html.

StatLink https://stat.link/hvgsna

3.6.6. *Disparités au regard des obstacles à la participation à la formation non formelle liée à la l'emploi*

Les obstacles à la participation à la formation varient considérablement selon le genre, l'âge, le lieu d'habitation et le milieu socioéconomique. Chaque obstacle exclut une partie des apprenants potentiels, limitant ainsi le perfectionnement global des compétences et perpétuant les inégalités. La non-reconnaissance de la diversité des facteurs limitant la participation peut conduire à une allocation inefficace des ressources. En analysant avec précision les obstacles à la participation initiale, ainsi que les obstacles aux formations complémentaires ou à la diversification des formations, les décideurs peuvent concevoir des interventions pour traduire la demande latente en participation active et en progrès effectifs. Pour concevoir des stratégies efficaces en matière de compétences, il est essentiel de recenser les personnes qui rencontrent des obstacles, c'est-à-dire non seulement les personnes n'ayant suivi aucune formation, mais également celles qui participent à des formations mais souhaiteraient le faire plus fréquemment ou participer à d'autres types activités.

Les adultes ayant participé à l'Enquête 2023 sur les compétences des adultes et ayant répondu « oui » à la question : « Au cours des 12 derniers mois, avez-vous souhaité participer à une activité de formation sans pouvoir le faire ? » – signalant ainsi qu'ils ont rencontré des obstacles – ont été invités à préciser les raisons de cette non-participation en répondant à une question complémentaire. Le Graphique 3.22 met en évidence la variation des raisons autodéclarées d'un groupe sociodémographique à l'autre, en mettant en évidence celles qui sont surreprésentées (ratios de représentation relative > 1). Le graphique opère une distinction entre les participants contraints (personnes ayant suivi au moins une formation mais en ayant manqué une autre) et les non-participants (personnes n'ayant suivi aucune formation), ce qui permet de comparer directement les deux formes de demande insatisfaite.

De nombreux obstacles freinent l'accès à la formation, et leur nature varie selon qu'ils concernent les participants contraints ou les non-participants, et selon les caractéristiques sociodémographiques. Les obligations familiales, par exemple, représentent un obstacle majeur pour les jeunes adultes et les femmes, qu'ils aient déjà suivi une formation ou non. À l'inverse, les obstacles liés à l'offre – tels que le manque de formations adaptées, les empêchements de dernière minute ou des horaires incompatibles – touchent davantage les personnes ayant grandi en milieu rural, notamment celles n'ayant participé à aucune activité de formation au cours des 12 derniers mois. À l'inverse, les participants contraints comme les non-participants évoquent fréquemment le manque de formations adaptées et des critères d'accès non remplis, mettant en évidence les insuffisances de l'offre et les restrictions d'accès. Le manque de soutien des employeurs est particulièrement marqué chez les non-participants, mais moins fréquent chez les participants contraints, ce qui laisse penser que l'appui de l'employeur pourrait jouer un rôle déterminant dans l'accès à la formation.

Les obstacles à la formation varient selon l'âge. Le manque de temps lié aux responsabilités familiales et le coût de la formation constituent des obstacles plus importants pour les participants contraints et les non-participants âgés de 30 à 49 ans (RR = 1.7 et 1.8, respectivement) que pour ceux âgés de 50 à 65 ans. À l'inverse, les adultes âgés de 50 à 65 ans sont plus susceptibles de citer le manque de formations adaptées (RR = 0.7 pour les participants contraints et 0.6 pour les non-participants), les imprévus (RR = 0.7 et 0.6) ou les annulations (RR = 0.8 et 0.7) comme motifs de non-participation. Plusieurs facteurs peuvent expliquer ces tendances : les adultes âgés de 30 à 49 ans ont souvent des responsabilités familiales, et doivent intercaler la formation dans des emplois du temps déjà chargés en raison des contraintes liées aux enfants et parfois à la prise en charge des personnes âgées. Par conséquent, ces adultes sont particulièrement sensibles au *coût-temps* des formations en soirée ou le week-end, ainsi qu'aux *coûts financiers* directs. À l'inverse, les adultes âgés de 50 à 65 ans sont généralement moins concernés par les contraintes liées aux responsabilités familiales, mais peuvent se heurter à un autre obstacle : la rareté des formations axées sur le perfectionnement des compétences en fin de carrière, ou sur la préparation à la retraite.

Par ailleurs, les travailleurs seniors peuvent avoir des besoins de formation très spécifiques – en raison d'une plus grande diversité de parcours de vie – ce qui conduit les organismes de formation à annuler ou reporter plus fréquemment les sessions qui leur sont destinées, faute de participation suffisante ou en raison de difficultés à concevoir des programmes adaptés. Enfin, les problèmes de santé, nécessitant par exemple des consultations médicales, peuvent empêcher les adultes plus âgés de participer à une formation à la dernière minute. Pris dans leur globalité, les limites liées à l'offre et les événements de la vie propres à chaque tranche d'âge modifient la nature des obstacles rencontrés : alors que les adultes en milieu de carrière font davantage face à des contraintes de temps et de coût, ceux approchant de la retraite rencontrent des difficultés d'accès liées à la disponibilité des formations et aux imprévus.

Les obstacles à la participation varient aussi selon le genre. Les hommes sont surreprésentés parmi les participants contraints déclarant ne pas satisfaire les critères d'accès (RR = 0.7). Ils sont également proportionnellement plus nombreux parmi les non-participants invoquant un manque de soutien des employeurs (RR = 0.5). À l'inverse, les femmes sont nettement plus nombreuses que les hommes à citer les responsabilités familiales et le coût comme freins à la concrétisation d'un projet de formation. Les responsabilités familiales constituent un obstacle particulièrement important à l'accès des non-participantes à la formation (RR = 2.0), tandis que les contraintes financières représentent un frein majeur à l'accès des participantes contraintes à une formation supplémentaire (RR = 1.7). Les responsabilités familiales restent inégalement réparties entre les hommes et les femmes. La part plus importante de tâches non rémunérées assumée par les femmes, conjuguée aux multiples pressions pesant sur les adultes en milieu de carrière, accroît le coût d'opportunité de leur participation à la formation.

Les réponses des femmes mettent également en évidence une forme de vulnérabilité souvent négligée, liée aux « imprévus ». En principe, ces imprévus devraient concerner les hommes autant que les femmes. Pourtant, les femmes sont nettement plus nombreuses à les percevoir comme un frein majeur à leur participation à la formation (RR = 1.2 parmi non-participantes). Cela ne signifie pas que les femmes rencontrent davantage d'imprévus, mais plutôt qu'elles disposent d'une marge de manœuvre plus limitée pour y faire face. Étant donné que les femmes assument encore la majeure partie des tâches familiales et domestiques non rémunérées, un imprévu tel qu'une maladie soudaine dans la famille, une fermeture d'école ou même une grève des transports publics peut facilement compromettre leurs projets de formation. Que ce soit dans la sphère domestique ou professionnelle, les femmes sont souvent la roue de secours sur laquelle l'entourage compte en cas d'imprévu (en tant que mères ou partenaires à la maison, ou comme personnel de soutien administratif au travail). Ces résultats indiquent que les femmes ne peuvent envisager de participer à une formation que lorsque rien ne vient perturber leur quotidien, tandis que les hommes bénéficient d'une meilleure protection grâce au soutien de leur partenaire, à des attentes sociales moins contraignantes et à une plus grande flexibilité au travail. Le fait qu'un si grand nombre de femmes citent les « imprévus » comme raison de leur non-participation révèle à quel point leur emploi du temps est minutieusement réglé, et met en évidence la facilité avec laquelle l'objectif de perfectionnement des compétences peut être sacrifié en cas de perturbation.

Parmi les adultes issus de milieux socioéconomiques défavorisés, les participants à la formation citent majoritairement l'absence de formations adaptées ou la non-satisfaction des critères d'accès comme obstacles à la participation, alors que les non-participants évoquent plus souvent le manque de soutien de l'employeur et le coût. Par exemple, les participants dont les parents n'ont pas fait d'études supérieures sont plus susceptibles de déclarer ne pas avoir trouvé de formation adaptée (RR = 1.4) ou ne pas satisfaire les critères d'accès (RR = 1.2). Leurs homologues non participants, quant à eux, mentionnent plus fréquemment un manque de soutien de l'employeur (RR = 1.3) ou l'annulation ou le report des activités de formation (RR = 1.3). Les adultes issus de milieux socioéconomiques défavorisés sont susceptibles d'habiter loin de leur lieu de travail ou du site de formation en présentiel, ce qui complique leur participation. Ces travailleurs sont également souvent titulaires de contrats temporaires, ce qui rend leurs employeurs moins disposés à répondre à leurs besoins de formation (A., Garcia-Serrano et Hernanz, 2005[140]). Un manque d'information sur les avantages de la participation et sur le potentiel de la formation à améliorer les perspectives professionnelles peut freiner la participation des adultes issus de milieux défavorisés. Ils risquent de sous-estimer l'intérêt de suivre des formations complémentaires, d'être moins au fait des aides financières auxquelles ils ont droit, ou d'être découragés par des critères d'accès peu clairs. Par ailleurs, dans les secteurs à faible productivité, où les personnes issues de milieux socioéconomiques défavorisés sont surreprésentées, les employeurs peuvent douter de l'intérêt d'investir dans la formation de leurs salariés.

Parmi les Enfants d'immigrés, les participants contraints et les non-participants sont particulièrement nombreux à estimer que le coût des formations est trop élevé (RR = 1.2 chacun), tandis que les non-participants citent également la non-satisfaction des critères d'accès comme obstacle majeur à la participation (RR = 2.0). Pour ce qui est des participants contraints, les Enfants d'immigrés sont nettement sous-représentés parmi ceux citant la non-satisfaction des critères d'accès (RR = 0.5) et l'absence de formations adaptées (RR = 0.7) comme motif de non-participation. Du côté des non-participants contraints, les Enfants d'immigrés sont également sous-représentés parmi ceux citant des horaires ou des lieux de formation incompatibles (RR = 0.6).

S'agissant du lieu d'habitation pendant l'enfance, les adultes ayant grandi dans un village citent des obstacles à la formation différents de ceux évoqués par leurs homologues ayant grandi dans une métropole. Les adultes ayant grandi dans un village et participant à des formations sont surreprésentés parmi ceux ayant fait face à des annulations (RR = 1.5). Quant aux non-participants ayant grandi dans un village, ils citent plus fréquemment l'inadéquation des formations disponibles (RR = 1.3), le manque de soutien des employeurs (RR = 1.2), ainsi que des horaires ou des lieux incompatibles (RR = 1.3). Cette situation peut s'expliquer par des facteurs structurels, tels que la concentration géographique des organismes de formation, les inégalités de connectivité, les cultures propres à chaque secteur en matière de formation, ainsi que des disparités professionnelles, qui peuvent compliquer l'accès des résidents des zones rurales à des formations adaptées.

De manière générale, les participants contraints sont plus susceptibles de déclarer que les formations disponibles ne correspondent pas à leurs besoins de perfectionnement, tandis que les non-participants sont plus susceptibles de mettre l'accent sur les obstacles liés au coût ou au manque de temps. Il est possible de réduire les disparités en s'assurant que les travailleurs disposent du temps et de la sécurité financière nécessaires pour se former, par exemple au moyen de congés de formation rémunérés et d'allocations d'études. Il est tout aussi important d'adapter le contenu et les modalités de formation afin qu'ils correspondent mieux aux besoins des travailleurs, à leurs contextes professionnels et à leurs situations personnelles, ce qui permet de renforcer à la fois leur participation et leurs résultats d'apprentissage. Même lorsque les obstacles pratiques liés au coût et à l'emploi du temps sont levés, il reste nécessaire d'investir dans des programmes de formation adaptés aux réalités des travailleurs. Si l'offre de formation ne répond pas aux besoins et aspirations des travailleurs, ceux-ci continueront à sous-investir dans le perfectionnement des compétences et la reconversion professionnelle.

Graphique 3.22. Motifs déclarés de non-participation à la formation, par caractéristique sociodémographique

Pour chaque caractéristique sociodémographique, un ratio de représentation relative (RR) > 1 (< 1) indique une probabilité plus (moins) élevée que les groupes soulignés soient représentés parmi les différents motifs de non-participation, moyenne OCDE

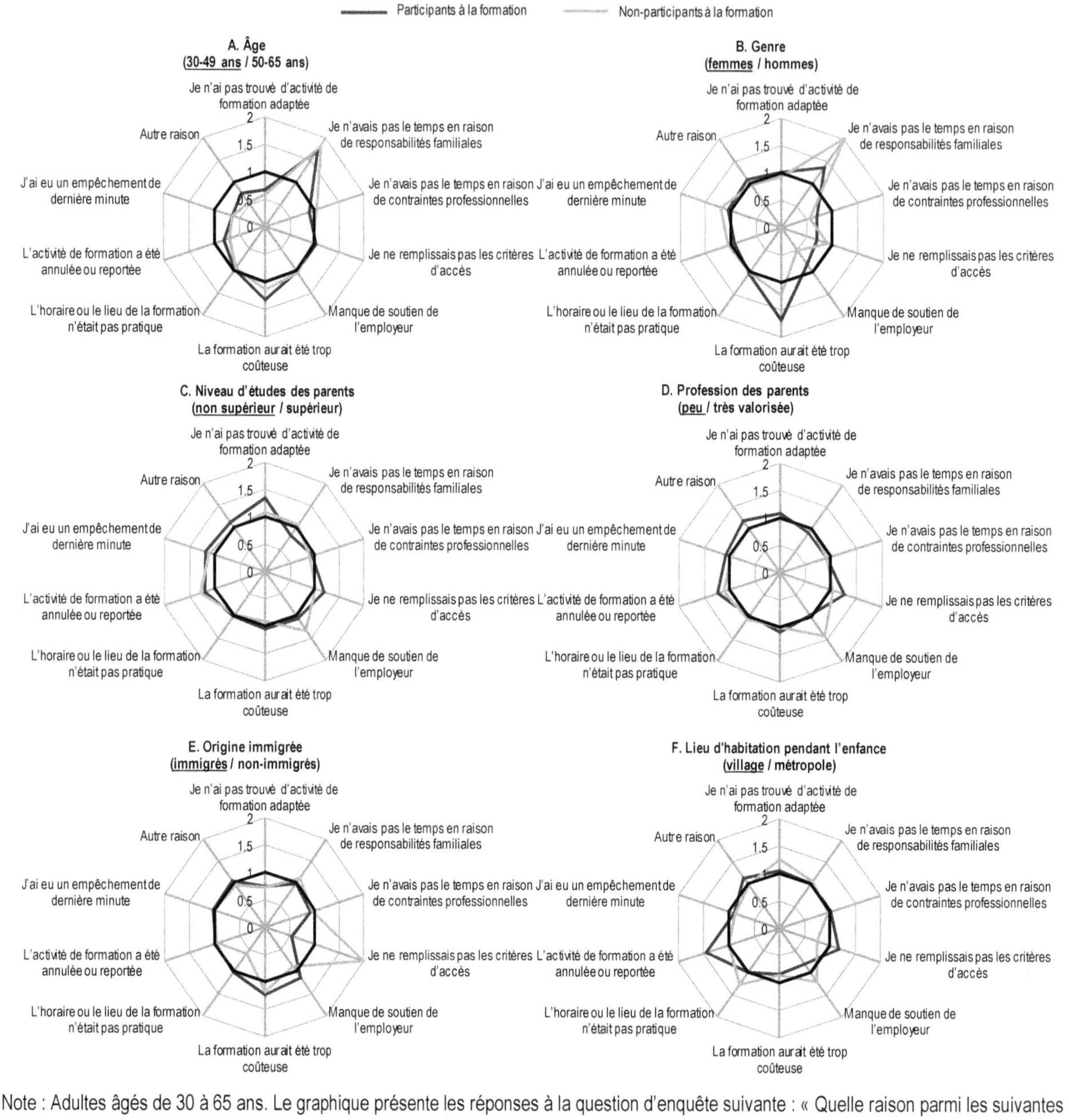

Note : Adultes âgés de 30 à 65 ans. Le graphique présente les réponses à la question d'enquête suivante : « Quelle raison parmi les suivantes vous a empêché de participer à ces activités de formation ? Veuillez indiquer la raison principale. Cette question d'enquête est une question complémentaire posée aux répondants ayant répondu « oui » à la question suivante : « Au cours des 12 derniers mois, avez-vous souhaité participer à une activité de formation sans pouvoir le faire ? » Voir la note du Graphique 3.7 pour une description du niveau d'études des répondants, ainsi que les définitions des groupes établis en fonction du niveau d'études et de la profession des parents, de l'origine immigrée et du lieu d'habitation pendant l'enfance. Les résultats par pays sont présentés dans le Tableau d'annexe 3.A.3.
Source : Calculs fondés sur OCDE (2024[16]), *Base de données du 2e Cycle du PIAAC*, www.oecd.org/fr/data/datasets/piaac-2nd-cycle-database.html.

StatLink https://stat.link/4pzl8h

3.7. Le bénévolat comme voie d'apprentissage informel

Les données internationales montrent que l'apprentissage informel joue un rôle clé dans le renforcement des compétences à l'âge adulte (OCDE, 2025[127]). L'acquisition de connaissances par la résolution de problèmes du quotidien, les échanges entre pairs, la participation à la vie communautaire et la pratique autonome permet aux individus de développer des compétences transversales et techniques beaucoup plus efficacement que dans le cadre de programmes formels et de formations structurées en milieu professionnel. L'apprentissage informel est un moyen particulièrement utile de renforcer les compétences des adultes ayant vécu des expériences négatives dans l'enseignement formel, ou se sentant mal à l'aise avec les formats scolaires classiques.

Pourtant, c'est précisément la spontanéité faisant la force de l'apprentissage informel qui le rend difficile à promouvoir au moyen de politiques publiques. Si les pouvoirs publics peuvent diffuser des informations et mobiliser des ressources financières et humaines à l'appui de l'apprentissage formel et informel, ils n'ont aucune prise sur les échanges entre collègues. Le bénévolat, qui relève déjà du champ d'action des politiques publiques, fait exception : les programmes visant à encourager la participation citoyenne, qu'il s'agisse de dispositifs nationaux ou de congés de bénévolat soutenus par les employeurs, sont largement répandus dans l'ensemble des pays de l'OCDE (voir Encadré 3.11). Bien que souvent abordé sous l'angle de la cohésion sociale et de la prestation de services, le bénévolat demeure une voie d'amélioration des compétences encore peu explorée, qui offre aux individus une voie d'apprentissage socialement valorisante.

Le travail bénévole va au-delà de l'altruisme civique : sa nature collaborative et axée sur la résolution de problèmes offre un cadre favorable à l'acquisition de compétences clés, telles que les compétences de traitement de l'information et l'aptitude à travailler en équipe, à communiquer efficacement et à s'autoréguler (OCDE, 2016[141]). Contrairement aux activités d'apprentissage formel ou informel, et à l'instar de l'apprentissage en milieu professionnel ou des stages, le bénévolat inscrit l'apprentissage dans un contexte concret. Les individus ont ainsi la possibilité de mettre en pratique leurs compétences et de recevoir des retours immédiats – ce qui favorise l'acquisition d'un savoir-faire et améliore les perspectives d'insertion professionnelle (Spera et al., 2015[142]). Les adultes issus de milieux socioéconomiques défavorisés – souvent moins diplômés et moins enclins à participer aux activités de formation organisées, comme nous l'avons vu dans les sections précédentes – font preuve de scepticisme vis-à-vis de l'environnement scolaire, soit parce qu'ils ont vécu des expériences négatives, soit parce que les frais, les horaires et les critères d'admission représentent des obstacles majeurs. Le bénévolat constitue ainsi une voie d'apprentissage plus souple et potentiellement moins stigmatisante pour ces publics.

La part d'adultes participant à des activités de bénévolat varie fortement d'un pays à l'autre. D'après le Graphique 3.23, environ 32 % des adultes des pays de l'OCDE déclarent avoir exercé une activité bénévole au cours de l'année écoulée Tableau d'annexe 3.A.4. Près de 50 % des adultes participent à des activités bénévoles en Norvège, contre moins de 20 % en Croatie, en Corée, en Espagne et en Lituanie. La fréquence de participation varie également, quelque 10 % des adultes en Autriche, au Danemark, en Irlande, en Norvège, en Nouvelle-Zélande et aux Pays-Bas, voire un peu plus, faisant du bénévolat chaque semaine (Graphique 3.23). Au Canada, au Danemark, aux États-Unis, en Finlande, en Israël, en Norvège, en Nouvelle-Zélande, aux Pays-Bas et en Suisse, au moins 10 % des adultes font du bénévolat chaque semaine. C'est au Danemark, aux États-Unis, en Finlande, en Hongrie et en Norvège que la part de bénévoles occasionnels, c'est-à-dire d'adultes s'investissant moins d'une fois par mois, est la plus élevée, avec des taux compris entre 20 et 27 %. Les écarts de participation au bénévolat en fonction du genre, de l'âge, du lieu d'habitation pendant l'enfance et de l'origine immigrée demeurent marginaux. En revanche, les adultes dont les parents sont diplômés du supérieur ou occupent un emploi valorisé sont plus susceptibles de faire du bénévolat que ceux issus de milieux moins favorisés (écart compris entre 7 et 9 points de pourcentage) (comme illustré dans le Graphique 3.24).

Graphique 3.23. Fréquence de participation à des activités de bénévolat formel, par pays

Part des 16 à 65 ans participant à des activités de bénévolat, par pays

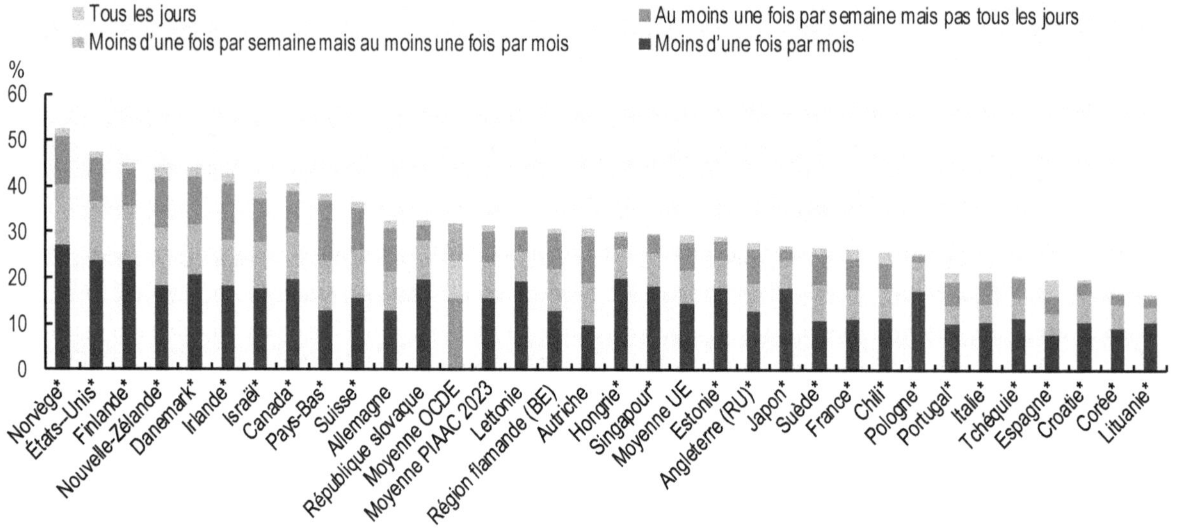

Note : Les activités de bénévolat sont évaluées à l'aide de la question d'enquête suivante : « Au cours des 12 derniers mois, à quelle fréquence, le cas échéant, avez-vous exercé une activité bénévole, telle qu'un travail non rémunéré pour une association caritative, un parti politique, un syndicat ou toute autre organisation à but non lucratif ? » Les réponses possibles étaient les suivantes : « Jamais », « Moins d'une fois par mois », « Moins d'une fois par semaine mais au moins une fois par mois », « Au moins une fois par semaine mais pas tous les jours » ou « Tous les jours ».

* Indique que l'écart entre la part des adultes faisant du bénévolat dans un pays donné et la part moyenne observée dans les pays et économies de l'OCDE est statistiquement significatif au seuil de 5 %.

Les pays sont classés par ordre décroissant en fonction du pourcentage d'adultes faisant du bénévolat au moins une fois par mois.

Source : Calculs fondés sur OCDE (2024[54]), *les données et la méthodologie du PIAAC*, www.oecd.org/fr/about/programmes/piaac/piaac-data.html.

StatLink https://stat.link/xgvace

Une fois le niveau d'études des adultes pris en compte, l'ajout du bénévolat contribue très peu à expliquer les écarts de compétences du XXIe siècle entre les différents groupes. Toutefois, les résultats donnent à penser que les personnes participant à des activités de bénévolat possèdent un niveau plus élevé à l'écrit et en calcul (0.11 écart-type dans les deux cas), ainsi qu'en résolution adaptative de problèmes (0.10 écart-type) (Tableau 3.6), ce qui indique que le bénévolat peut être un moyen efficace d'acquérir de nouvelles compétences. L'Encadré 3.11 présente des exemples d'actions menées par les pouvoirs publics, de programmes ciblés et d'appuis stratégiques visant à encourager le bénévolat.

Graphique 3.24. Fréquence de participation à des activités de bénévolat, par caractéristique sociodémographique

Part d'adultes, par caractéristique sociodémographique et fréquence de participation à des activités de bénévolat, moyenne OCDE

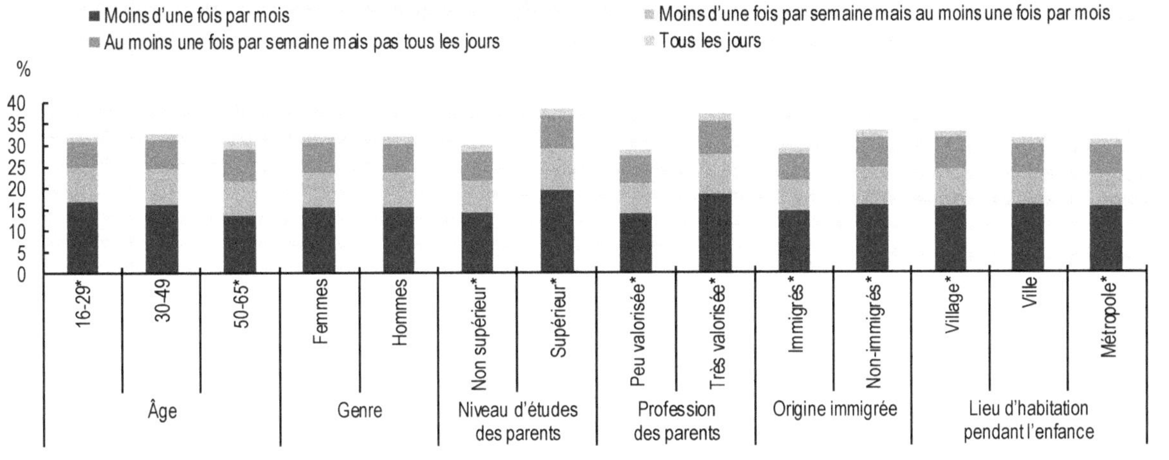

Note : Les activités de bénévolat sont évaluées à l'aide de la question d'enquête suivante : « Au cours des 12 derniers mois, à quelle fréquence, le cas échéant, avez-vous exercé une activité bénévole, telle qu'un travail non rémunéré pour une association caritative, un parti politique, un syndicat ou toute autre organisation à but non lucratif ? » Les réponses possibles étaient les suivantes : « Jamais », « Moins d'une fois par mois », « Moins d'une fois par semaine mais au moins une fois par mois », « Au moins une fois par semaine mais pas tous les jours » ou « Tous les jours ». Voir la note du Graphique 3.7 pour une description du niveau d'études des répondants, ainsi que les définitions des groupes établis en fonction du niveau d'études et de la profession des parents, de l'origine immigrée et du lieu d'habitation pendant l'enfance. Les résultats par pays sont présentés dans le Tableau d'annexe 3.A.4. *Les différences en fonction de l'origine immigrée varient considérablement d'un pays à l'autre, en raison des différences de taille entre les groupes d'immigrés, ainsi que des disparités de composition et de contexte. Les lecteurs sont donc invités à consulter les résultats propres à chaque pays dans le Tableau d'annexe 3.A.4.

* indique que les écarts de participation au bénévolat entre les groupes (16-29 ans / 50-65 ans, femmes / hommes, non supérieur / supérieur, emploi peu / très valorisé, origine immigrée / non immigrée, village / métropole) sont statistiquement significatifs au seuil de 5 %.

Source : Calculs fondés sur OCDE (2024[16]), *Base de données du 2e Cycle du PIAAC*, www.oecd.org/fr/data/datasets/piaac-2nd-cycle-database.html.

StatLink https://stat.link/yi8qpj

Tableau 3.6. Influence du bénévolat sur les disparités de compétences fondamentales du XXIe siècle

Coefficients de régression avant et après prise en compte du niveau d'études et des activités bénévoles des répondants, moyenne OCDE

	Compétences à l'écrit			Compétences en calcul			Résolution adaptative de problèmes		
	Modèle (1)	Modèle (2)	Modèle (3)	Modèle (4)	Modèle (5)	Modèle (6)	Modèle (7)	Modèle (8)	Modèle (9)
Genre - hommes (réf. : femmes)	**-0.04**	**0.01**	**0.01**	**0.18**	**0.24**	**0.24**	**0.06**	**0.11**	**0.11**
Âge - 50-65 ans (réf. : 30-49 ans)	**-0.34**	-0.25	-0.25	**-0.26**	**-0.18**	**-0.18**	**-0.37**	**-0.30**	**-0.30**
Niveau d'études des parents - Supérieur (réf. : non supérieur)	**0.29**	**0.13**	**0.13**	**0.29**	**0.12**	**0.12**	**0.29**	**0.14**	**0.14**
Profession des parents - très valorisée (réf. : peu valorisée)	**0.30**	**0.14**	**0.14**	**0.30**	**0.14**	**0.14**	**0.27**	**0.13**	**0.13**
Lieu d'habitation pendant l'enfance (réf. : village)									
Ville	**0.11**	**0.05**	**0.05**	**0.07**	0.01	**0.02**	**0.08**	**0.03**	**0.03**
Métropole	**0.14**	**0.07**	**0.07**	**0.11**	**0.04**	**0.04**	**0.11**	**0.05**	**0.05**
Origine immigrée (réf. : non-immigrés)									
Immigrés	**-0.64**	**-0.64**	**-0.63**	**-0.48**	**-0.48**	**-0.47**	**-0.54**	**-0.54**	**-0.53**
Enfants d'immigrés	**-0.14**	**-0.12**	**-0.12**	**-0.12**	**-0.11**	**-0.1**	**-0.12**	**-0.10**	**-0.10**
Niveau d'études des répondants (réf. : deuxième cycle du secondaire et postsecondaire [filière générale])									
Inférieur au deuxième cycle du secondaire		**-0.73**	**-0.73**		**-0.78**	**-0.77**		**-0.64**	**-0.63**
Deuxième cycle du secondaire et postsecondaire (filière professionnelle)		**-0.15**	**-0.15**		**-0.14**	**-0.14**		**-0.13**	**-0.13**
Enseignement supérieur de cycle court		**0.13**	**0.13**		**0.16**	**0.16**		**0.12**	**0.12**
Licence ou équivalent et au-delà		**0.49**	**0.48**		**0.52**	**0.51**		**0.44**	**0.43**
Bénévolat			**0.11**			**0.11**			**0.10**

Note : Adultes âgés de 30 à 65 ans. Dans ce rapport, toute activité bénévole exercée au cours des douze derniers mois est interprétée comme un résultat positif. Les coefficients en gras sont statistiquement significatifs au seuil de 5 %. Les résultats présentés dans les colonnes (1), (4) et (7) se rapportent à la compétence correspondante et tiennent compte des différences selon le genre, l'âge, le niveau d'études et la profession des parents, le lieu d'habitation pendant l'enfance et l'origine immigrée. Les résultats présentés dans les colonnes (2), (5) et (8) tiennent également compte des différences selon le niveau d'études des répondants. Les résultats figurant dans les colonnes (3), (6) et (9) tiennent par ailleurs compte des différences de participation au bénévolat. Les estimations présentées dans les colonnes (1) à (9) reposent sur un nombre identique d'observations. Voir la note du Graphique 3.7 pour une description du niveau d'études des répondants, ainsi que les définitions des groupes établis en fonction du niveau d'études et de la profession des parents, de l'origine immigrée et du lieu d'habitation pendant l'enfance.
*Les différences selon l'origine immigrée varient considérablement d'un pays à l'autre, en raison des différences de taille entre les groupes d'immigrés, ainsi que des disparités de composition et de contexte. Les lecteurs sont donc invités à consulter les résultats propres à chaque pays dans le Tableau d'annexe 3.A.4.
Les écarts-types figurent dans le Tableau d'annexe 3.A.4.
Source : Calculs fondés sur OCDE (2024[16]), *Base de données du 2e Cycle du PIAAC*, www.oecd.org/fr/data/datasets/piaac-2nd-cycle-database.html.

StatLink https://stat.link/ox6dpf

Encadré 3.11. Utiliser le bénévolat pour combler les écarts de compétences

Le bénévolat contribue à renforcer la cohésion sociale et à améliorer le bien-être des communautés, tout en procurant des avantages aux bénévoles eux-mêmes (Gagliardi, Pérez-Raynaud et Robinson, 2024[143]). Les pouvoirs publics peuvent encourager le bénévolat au moyen de lois et de stratégies, de mesures, de programmes ciblés et d'un soutien stratégique, comme le souligne également la Recommandation de l'OCDE sur la création de meilleures opportunités pour les jeunes.

Encourager le bénévolat dès le plus jeune âge

Le goût du bénévolat naît souvent durant l'enfance, sous l'influence de la famille, de la communauté et du milieu éducatif. Le bénévolat pratiqué dès le plus jeune âge favorise l'acquisition de valeurs prosociales et de compétences sociales et émotionnelles (Wilson, 2012[144]). Les pouvoirs publics peuvent favoriser l'engagement bénévole des jeunes en actionnant les leviers suivants :

- **Programmes de service obligatoire :** certains pays de l'OCDE intègrent le service obligatoire dans le système éducatif. À titre d'exemple, l'Ontario (Canada) oblige les élèves du secondaire à effectuer 40 heures de service communautaire, tandis qu'à Washington D.C., ils doivent effectuer 75 heures pour pouvoir obtenir leur diplôme. En Israël, il est possible d'opter pour des programmes nationaux de service civique à la place du service militaire obligatoire. Des études ont montré que ces programmes ont une influence positive sur la réussite scolaire, ainsi que sur les revenus futurs (Kim et Morgül, 2017[145] ; Gagliardi, Pérez-Raynaud et Robinson, 2024[143] ; Kol Zhekut, 2025[146]).
- **Programmes nationaux de volontariat et de service civique pour les jeunes :** dans au moins 16 pays membres de l'OCDE, les autorités publiques mettent en place des dispositifs nationaux de volontariat visant à encourager l'engagement civique des jeunes et à les aider à acquérir des compétences essentielles pour leur insertion professionnelle. La majorité de ces programmes proposent aux jeunes volontaires des parcours de formation conçus pour renforcer leur engagement civique et favoriser l'acquisition de compétences personnelles et professionnelles. Certains programmes délivrent aux jeunes participants une attestation de compétences à l'issue de leur mission de volontariat (Gagliardi, Pérez-Raynaud et Robinson, 2024[143]).
- **Soutien financier :** les pouvoirs publics peuvent financer le bénévolat directement ou par l'intermédiaire d'organisations, contribuant ainsi à lever les obstacles financiers signalés par les organisations de la jeunesse (Gagliardi, Pérez-Raynaud et Robinson, 2024[143] ; OCDE, 2025[147] ; 2021[148]). Ces aides peuvent prendre la forme de micro-subventions, d'allègements fiscaux, d'indemnités, de formations linguistiques et professionnelles, ainsi que de tarifs réduits dans les transports.

Tirer parti des événements de bénévolat de grande envergure

Les pouvoirs publics peuvent prendre appui sur des événements de grande envergure, tels que les Jeux olympiques ou les interventions en cas de catastrophe nationale, pour encourager le bénévolat chez les adultes. Ces événements génèrent un élan collectif et ouvrent souvent la voie à un engagement bénévole régulier (Holmes et al., 2024[149]). Les pouvoirs publics peuvent maintenir cette dynamique en mettant en place des formations continues et des réseaux de soutien, afin de permettre aux bénévoles d'acquérir des compétences utiles et transférables (Benson et al., 2013[150]). Le rôle joué par les pouvoirs publics dans le cadre des Jeux olympiques de Paris 2024 illustre parfaitement cette démarche. Ils ont en effet veillé à ce que les missions de bénévolat soient en adéquation avec les aspirations individuelles, tout en encourageant une participation pérenne aux activités sportives locales et à la vie communautaire (Petit, 2024[151]). En accompagnant les organisateurs et en soutenant les formations organisées dans le cadre des activités de bénévolat, les pouvoirs publics peuvent faire en sorte d'adapter ces parcours afin de faire face aux pénuries de compétences et aux exigences du marché du travail. Des initiatives bien conçues, répondant aux besoins du marché du travail, permettent aux adultes d'acquérir des compétences utiles et recherchées ; elles peuvent s'avérer particulièrement pertinentes pour les seniors, dont la mobilité professionnelle est souvent limitée (Lancee et Radl, 2012[152]).

Garantir des possibilités de bénévolat inclusives et accessibles

Les personnes issues de milieux socioéconomiques défavorisés se heurtent à d'importantes barrières à l'engagement bénévole, notamment des restrictions d'accès et des environnements peu inclusifs. Les pouvoirs publics peuvent améliorer les perspectives de ces groupes en leur garantissant un accès à des formes de bénévolat inclusives, assorties de formations de qualité (Southby, South et Bagnall, 2019[153]). Les obstacles structurels et les critères d'accès superflus – tels que le niveau d'études – excluent souvent des personnes qui pourraient pourtant en retirer des bénéfices importants. Des critères d'accès simplifiés et des cadres de bénévolat bien définis favorisent l'inclusion des groupes marginalisés, notamment des immigrés et des réfugiés. Aux Pays-Bas, par exemple, le Service civique pour la jeunesse favorise l'inclusion des non-ressortissants en prenant appui sur les bases de données municipales. En France, le Service civique évalue les jeunes candidats sur la base de leur motivation, de leur éthique professionnelle et de leurs centres d'intérêt, plutôt que de leurs compétences spécifiques ou de leur parcours antérieur (Gagliardi, Pérez-Raynaud et Robinson, 2024[143]). Par ailleurs, le recours à d'autres formes de bénévolat informel constitue un levier efficace pour réduire les inégalités d'accès, notamment pour les immigrés généralement exclus des dispositifs formels (Wilson, 2012[144]). En intégrant les systèmes de bénévolat informel et formel, les pouvoirs publics peuvent élargir la participation et veiller à ce que les incitations et les ressources soient accessibles à l'ensemble des personnes qui s'investissent activement au service de leur communauté.

Références

A., C., C. Garcia-Serrano et V. Hernanz (2005), « Firm-provided training and temporary contracts », *Spanish Economic Review*, vol. 7/1, pp. 67-88, https://doi.org/10.1007/s10108-004-0087-1. [140]

Agence pour le développement de l'emploi (2025), *FutureSkills Initiative*, https://www.lifelong-learning.lu/orientation-et-reconversion/future-skills-initiative/en (consulté le 15 July 2025). [76]

AIE (2016), *Progress in International Reading Literacy Study (PIRLS) 2016 Database*, https://doi.org/10.58150/PIRLS_2016_data (consulté le 15 octobre 2025). [56]

AIE (2015), *Trends in International Mathematics and Science Study (TIMSS) 2015 Grade 4 Database*, International Association for the Evaluation of Educational Achievement, https://doi.org/10.58150/IEA_TIMSS_2015_G4 (consulté le 15 octobre 2025). [55]

AIE (2007), *Trends in International Mathematics and Science Study (TIMSS) 2007 Grade 4 Database*, International Association for the Evaluation of Educational Achievement, https://doi.org/10.58150/IEA_TIMSS_2007_G4 (consulté le 15 octobre 2025). [47]

AIE (2006), *Progress in International Reading Literacy Study (PIRLS) 2006 Database*, International Association for the Evaluation of Educational Achievement, https://doi.org/10.58150/PIRLS_2006_data (consulté le 8 juillet 2025). [48]

AIE (2003), *Trends in International Mathematics and Science Study (TIMSS) 2003 Grade 4 Database*, International Association for the Evaluation of Educational Achievement, https://doi.org/10.58150/IEA_TIMSS_2003_G4 (consulté le 15 octobre 2025). [46]

AIE (2001), *Progress in International Reading Literacy Study (PIRLS) 2001 Database*, International Association for the Evaluation of Educational Achievement, https://doi.org/10.58150/PIRLS_2001_data (consulté le 8 juillet 2025). [45]

AIE (1995), *Trends in International Mathematics and Science Study (TIMSS) 1995 Grade 4 Database*, International Association for the Evaluation of Educational Achievement, https://doi.org/10.58150/IEA_TIMSS_1995_G4 (consulté le 8 juillet 2025). [44]

Aj Ty v IT (2025), *My sme Aj Ty v IT*, https://ajtyvit.sk/o-nas/ (consulté le 15 July 2025). [61]

Australian College of Nursing (2020), *Perspectives on men who care*, https://www.acn.edu.au/nurseclick/perspectives-on-men-who-care (consulté le 18 June 2025). [123]

Benson, A. et al. (2013), « Training of Vancouver 2010 volunteers: A legacy opportunity? », *Contemporary Social Science*, vol. 9/2, pp. 210-226, https://doi.org/10.1080/21582041.2013.838296. [150]

Bierman, K. et al. (2008), « Promoting Academic and Social-Emotional School Readiness: The Head Start REDI Program », *Child Development*, vol. 79/6, pp. 1802-1817, https://doi.org/10.1111/j.1467-8624.2008.01227.x. [71]

Bierman, K. et al. (2013), « Effects of Head Start REDI on Children's Outcomes 1 Year Later in Different Kindergarten Contexts », *Child Development*, vol. 85/1, pp. 140-159, https://doi.org/10.1111/cdev.12117. [70]

Borgonovi, F. et al. (2025), « AI adoption in the education system: International insights and policy considerations for Italy », *OECD Artificial Intelligence Papers*, n° 52, Éditions OCDE, Paris/Fondazione Agnelli, Turin, https://doi.org/10.1787/69bd0a4a-en. [28]

Borgonovi, F., Á. Choi et M. Paccagnella (2018), *The evolution of gender gaps in numeracy and literacy between childhood and adulthood*, Éditions OCDE, Paris, https://doi.org/10.1787/0ff7ae72-en. [32]

Borgonovi, F. et al. (2017), *Youth in Transition : How Do Some of The Cohorts Participating in PISA Fare in PIAAC?*, Éditions OCDE, Paris, https://doi.org/10.1787/51479ec2-en. [42]

Boss Ladies (2025), *About Boss Ladies*, https://www.boss-ladies.dk/new-page-78 (consulté le 15 July 2026). [64]

Boys' Day (2025), *Homepage*, https://www.boys-day.de/ (consulté le 18 June 2025). [117]

Breen, R. et J. Jonsson (2005), « Inequality of opportunity in comparative perspective: Recent research on educational attainment and social mobility », *Annual Review of Sociology*, vol. 31/1, pp. 223-243, https://doi.org/10.1146/annurev.soc.31.041304.122232. [39]

Brunello, G. et D. Checchi (2007), « Does school tracking affect equality of opportunity? New international evidence », *Economic Policy*, vol. 22/52, pp. 782-861, https://doi.org/10.1111/j.1468-0327.2007.00189.x. [3]

Brussino, O. et J. McBrien (2022), *Gender stereotypes in education : Policies and practices to address gender stereotyping across OECD education systems*, Éditions OCDE, Paris, https://doi.org/10.1787/a46ae056-en. [58]

Byrne, D. et al. (2013), *An Evaluation of the HEAR and DARE Supplementary Admission Routes to Higher Education*, DARE/HEAR Strategic Development Group, https://mural.maynoothuniversity.ie/id/eprint/8969/1/DB-Evaluation-2014.pdf. [74]

Carneiro, P. et al. (2025), *The short- and medium-term effects of Sure Start on children's outcomes*, The Institute for Fiscal Studies, https://ifs.org.uk/sites/default/files/2025-05/IFS%20Report.%20The%20short-%20and%20medium-term%20effects%20of%20Sure%20Start%20on%20children%E2%80%99s%20outcomes.pdf (consulté le 17 July 2025). [65]

Cheadle, J. (2008), « Educational investment, family context, and children's math and reading growth from kindergarten through the third grade », *Sociology of Education*, vol. 81/1, pp. 1-31, https://doi.org/10.1177/003804070808100101. [9]

Chile Atiende (2025), *Programa Habilidades para la Vida (HPV) [Programme des compétences nécessaires à la vie courante (HPV)]*, https://www.chileatiende.gob.cl/fichas/2080-programa-habilidades-para-la-vida-hpv (consulté le 2 juillet 2025). [128]

Commission européenne (2025), *Program for orientation, progress and educational enrichment ("PROA+")*, https://commission.europa.eu/projects/program-orientation-progress-and-educational-enrichment-proa_en (consulté le 2 juillet 2025). [131]

Commission européenne (2024), *Transforming early education for marginalised Roma communities in Slovakia*, Fonds social européen+, https://european-social-fund-plus.ec.europa.eu/en/projects/transforming-early-education-marginalised-roma-communities-slovakia. [95]

Commission européenne (2023), *La Commission européenne décide de saisir la Cour de justice de l'Union européenne d'un recours contre la SLOVAQUIE au motif qu'elle n'a pas pris suffisamment de mesures pour lutter contre la discrimination des enfants roms à l'école*, Communiqué de presse, 19 avril 2023, https://ec.europa.eu/commission/presscorner/detail/fr/ip_23_2249. [88]

Commission européenne (2023), *SIM Case Study: Vives Emplea Saludable*, https://european-social-fund-plus.ec.europa.eu/en/social-innovation-match/case-study/vives-emplea-saludable (consulté le 1 juillet 2025). [80]

Commission européenne (2022), *Civil society monitoring report on the quality of the national strategic framework for Roma equality, inclusion, and participation In Hungary*, Directorate-General for Justice and Consumers, https://romacivilmonitoring.eu/wp-content/uploads/2023/07/RCM2-2022-C1-Hungary-FINAL-PUBLISHED-CATALOGUE.pdf. [96]

Comunidad de Madrid (2025), *Programa de Cooperación Territorial PROA+ [Programme de coopération territoriale PROA+]*, https://www.comunidad.madrid/servicios/educacion/programa-cooperacion-territorial-proa (consulté le 2 juillet 2025). [132]

Conger, R. et M. Donnellan (2007), « An interactionist perspective on the socioeconomic context of human development », *Annual Review of Psychology*, vol. 58/1, pp. 175-199, https://doi.org/10.1146/annurev.psych.58.110405.085551. [40]

Conseil de l'Europe (2012), *Inclusive Education for Roma Children as Opposed to Special Schools*, https://rm.coe.int/16800890d5?utm (consulté le 15 July 2025). [92]

Cunha, F. et J. Heckman (2007), « The technology of skill formation », *American Economic Review*, vol. 97/2, pp. 31-47, https://doi.org/10.1257/aer.97.2.31. [1]

Dämmrich, J. et M. Triventi (2018), « The dynamics of social inequalities in cognitive-related competencies along the early life course – A comparative study », *International Journal of Educational Research*, vol. 88, pp. 73-84, https://doi.org/10.1016/j.ijer.2018.01.006. [33]

Denny, K. et al. (2014), « Money, mentoring and making friends: The impact of a multidimensional access program on student performance », *Economics of Education Review*, vol. 40, pp. 167–182, https://doi.org/10.1016/j.econedurev.2014.03.001. [75]

Desjardins, R. (2003), « Determinants of literacy proficiency: A lifelong-lifewide learning perspective », *International Journal of Educational Research*, vol. 39/3, pp. 205-245, https://doi.org/10.1016/j.ijer.2004.04.004. [8]

DiPrete, T. et G. Eirich (2006), « Cumulative advantage as a mechanism for inequality: A review of theoretical and empirical developments », *Annual Review of Sociology*, vol. 32/1, pp. 271-297, https://doi.org/10.1146/annurev.soc.32.061604.123127. [38]

Directorate of Higher Education and Competence, Norvège (2025), *Kompetansepluss [Compétence Plus]*, https://hkdir.no/programmer-og-tilskuddsordninger/kompetansepluss (consulté le 12 August 2025). [79]

Domina, T. (2005), « Leveling the home advantage: Assessing the effectiveness of parental involvement in elementary school », *Sociology of Education*, vol. 78/3, pp. 233-249, https://doi.org/10.1177/003804070507800303. [41]

Duncan, G. et K. Magnuson (2013), « Investing in preschool programs », *Journal of Economic Perspectives*, vol. 27/2, pp. 109-132, https://doi.org/10.1257/jep.27.2.109. [35]

Education Magazine (2023), *'Fact's, Faces, Futures'*, https://educationmagazine.ie/2023/04/12/facts-faces-futures/ (consulté le 15 July 2025). [59]

Együtt fejlődünk (2025), *From disadvantage to advantage: A unique development program at Gandhi High School*, https://egyuttfejlodunk.hu/en/from-disadvantage-to-advantage-a-unique-development-program-at-gandhi-high-school/ (consulté le 2 juillet 2025). [97]

EPRS (2025), *Understanding EU action on Roma Inclusion*, Service de recherche du Parlement européen, https://www.europarl.europa.eu/RegData/etudes/BRIE/2021/690629/EPRS_BRI(2021)690629_EN.pdf. [87]

Ermisch, J. et M. Francesconi (2001), « Family matters: Impacts of family background on educational attainments », *Economica*, vol. 68/270, pp. 137-156, https://doi.org/10.1111/1468-0335.00239. [7]

Eurydice (2024), *Ireland: Supporting Traveller and Roma students and those at risk of educational disadvantage*, Commission européenne, https://eurydice.eacea.ec.europa.eu/news/ireland-supporting-traveller-and-roma-students-and-those-risk-educational-disadvantage (consulté le 2 juillet 2025). [102]

Gagliardi, P., O. Pérez-Raynaud et A. Robinson (2024), *Promoting youth volunteering and civic service engagement : A stocktake of national programmes across OECD countries*, Éditions OCDE, Paris, https://doi.org/10.1787/39659e6a-en. [143]

Gesundheitswirtschaft Nordwest (2023), *So gelingt Diversifizierung in der beruflichen Pflege [Comment diversifier les soins infirmiers professionnels]*, https://www.gesundheitswirtschaft-nordwest.de/downloads/HCM_3-2023_Gesundheitswirtschaft_Nordwest.pdf (consulté le 18 June 2025). [119]

Gesundheitswirtschaft Nordwest (s.d.), *Modern Men do Care : Mehr Männer Für Die Pflege Von Morgen [Plus d'hommes pour le soin de demain]*, https://pflegenetzwerk-deutschland.de/fileadmin/files/Bilder/Wissenschaft/momedocare_Broschuere_08-03-2023_RZ_ONLINE-VERSION.pdf (consulté le 18 June 2025). [120]

Gouvernement allemand (2024), *Zahl der Eintritte in die Pflegeausbildung 2023 deutlich gestiegen [Le nombre d'entrées dans une formation d'infirmier en 2023 a sensiblement augmenté]*, Federal Ministry for Education, Family Affairs, Senior Citizens, Women and Youth, http://www.bmfsfj.de/bmfsfj/aktuelles/alle-meldungen/zahl-der-eintritte-in-die-pflegeausbildung-2023-deutlich-gestiegen-237880#:~:text=Laut%20Statistischem%20Bundesamt%20haben%20im,eine%20Ausbildung%20in%20der%20Pflege.&text=Das%20Statistische%20Bundesam (consulté le 18 June 2025). [116]

Gouvernement du Canada (2023), *Le gouvernement du Canada investit dans l'intelligence artificielle et l'apprentissage du français comme langue seconde dès la petite enfance*, Le ministère du Patrimoine canadien, https://www.canada.ca/fr/patrimoine-canadien/nouvelles/2023/05/le-gouvernement-du-canada-investit-dans-lintelligence-artificielle-et-lapprentissage-du-francais-comme-langue-seconde-des-la-petite-enfance.html (consulté le 30 juin 2025). [18]

Gouvernement espagnol (2025), *Componente 21: Modernización y digitalización del sistema educativo, incluida la educación temprana de 0 a 3 años [Composante 21 : Modernisation et numérisation du système éducatif, y compris l'éducation des jeunes enfants de 0 à 3 ans]*, https://planderecuperacion.gob.es/politicas_y_componentes/componente-21-modernizacion-y-digitalizacion-del-sistema-educativo-incluida-la-educacion-temprana (consulté le 2 juillet 2025). [130]

Gouvernement espagnol (2025), *Programa para la orientación, avance y enriquecimiento educativo PROA+ [Programme d'orientation, de promotion et d'enrichissement de l'éducation PROA+]*, https://www.educacionfpydeportes.gob.es/mc/sgctie/cooperacion-territorial/programas-cooperacion/proa.html (consulté le 2 juillet 2025). [129]

Gouvernement espagnol (2024), *Espagne. Biennial progress report on the implementation of the European Child Guarantee*, https://www.juventudeinfancia.gob.es/sites/default/files/infancia/garantia/2025-01-14/Spain.%20Biennial%20progress%20report%20ECG.pdf. [133]

Gouvernement irlandais (2024), *National Traveller and Roma Inclusion Strategy II 2024-2028*, Department of Children, Disability and Equality, https://www.gov.ie/en/department-of-children-disability-and-equality/publications/national-traveller-and-roma-inclusion-strategy-ii-2024-2028/. [100]

Gouvernement irlandais (2017), *DEIS Delivering Equality of Opportunity In Schools*, Department of Education, https://www.gov.ie/en/policy-information/4018ea-deis-delivering-equality-of-opportunity-in-schools/#deis-schools-2024-2025 (consulté le 8 juillet 2025). [104]

Gouvernement norvégien (2009), *Men, Male Roles and Gender Equality*, Ministry of Children and Equality, https://www.regjeringen.no/contentassets/ed3e28fc824c44118c17b63de7362aae/en-gb/pdfs/stm200820090008000en_pdfs.pdf. [111]

Green, A. et N. Pensiero (2016), « The effects of upper-secondary education and training systems on skills inequality. A quasi-cohort analysis using PISA 2000 and the OECD survey of adult skills », *British Educational Research Journal*, vol. 42/5, pp. 756-779, https://doi.org/10.1002/berj.3236. [5]

HEAR (2025), *What is HEAR?*, Higher Education Access Route, https://accesscollege.ie/hear/what-is-hear/ (consulté le 1 juillet 2025). [72]

Hector Institute for Empirical Educational Research (2024), *POLKE: AI in Education*, https://uni-tuebingen.de/de/247993 (consulté le 31 October 2024). [19]

Hoare, E. et al. (2020), « Be You: A national education initiative to support the mental health of Australian children and young people », *Australian & New Zealand Journal of Psychiatry*, vol. 54/11, pp. 1061-1066, https://doi.org/10.1177/0004867420946840. [86]

Holmes, K. et al. (2024), « Volunteering legacies from the Olympic Games: Missed opportunities », *VOLUNTAS: International Journal of Voluntary and Nonprofit Organizations*, vol. 35/4, pp. 768-779, https://doi.org/10.1007/s11266-024-00643-w. [149]

House of the Oireachtas (2025), *Apprenticeship Programmes - Dáil Éireann Debate, mardi - 25 mars 2025*, https://www.oireachtas.ie/en/debates/question/2025-03-25/875/#:~:text=As%20of%20end%2DFebruary%202025,Apprenticeship%202021%2D2025%20was%20launched. (consulté le 21 August 2025). [60]

Institut européen pour l'égalité entre les hommes et les femmes (2025), *Gender Equality in Academia and Research - GEAR tool*, https://eige.europa.eu/gender-mainstreaming/toolkits/gear/legislative-policy-backgrounds/spain?language_content_entity=en (consulté le 18 July 2025). [109]

Irish Universities Association (s.d.), *DARE HEAR Facts and Figures 2018-2022: Executive Summary*, Disability Access Route to Education (DARE)/Higher Education Access Route (HEAR), https://accesscollege.ie/wp-content/uploads/2024/07/DARE-HEAR-Facts-and-Figures-Executive-Summary-2018-2022-s.pdf. [73]

Jackson, C., C. Wigger et H. Xiong (2021), « Do school spending cuts matter? Evidence from the Great Recession », *American Economic Journal: Economic Policy*, vol. 13/2, pp. 304-335, https://doi.org/10.1257/pol.20180674. [12]

Jerrim, J. et Á. Choi (2013), « The mathematics skills of school children: How does England compare to the high-performing East Asian jurisdictions? », *Journal of Education Policy*, vol. 29/3, pp. 349-376, https://doi.org/10.1080/02680939.2013.831950. [34]

Kahanec, M. et al. (2020), *The Social and Employment Situation of Roma Communities in Slovakia*, Policy Department for Economic, Scientific and Quality of Life Policies, European Parliament, https://www.sav.sk/uploads/monography/31/368/fulltext/03141433The_social_employment_situation_of_Roma.pdf. [91]

Khonthai Foundation (2021), *Rapport annuel 2021*, http://khonthaifoundation.org/wp-content/uploads/2022/06/2021-annual-report-KTF-final-for-web-EN.pdf (consulté le 7 November 2024). [27]

Kim, J. et K. Morgül (2017), « Long-term consequences of youth volunteering: Voluntary versus involuntary service », *Social Science Research*, vol. 67, pp. 160-175, https://doi.org/10.1016/j.ssresearch.2017.05.002. [145]

KiVa (2025), *What is KiVa?*, https://newzealand.kivaprogram.net/what-is-kiva/ (consulté le 2 juillet 2025). [83]

Kol Zhekut (2025), *National-civilian service (en Arabe)*, http://www.kolzchut.org.il/he/%D7%A9%D7%99%D7%A8%D7%95%D7%AA_%D7%9C%D7%90%D7%95%D7%9E%D7%99-%D7%90%D7%96%D7%A8%D7%97%D7%99#:~:text=%D7%94%D7%A9%D7%99%D7%A8%D7%95%D7%AA%20%D7%94%D7%9C%D7%90%D7%95%D7%9E%D7%99-%D7%90%D7%96%D7%A8%D7%97%D7%99%2C%20%D7%94%D7%A (consulté le 10 March 2025). [146]

Koreň, M. (2018), *Schools open to all? Slovakia uses EU funds to include Roma children*, Euractiv, https://www.euractiv.com/section/economy-jobs/news/schools-open-to-all-slovakia-uses-eu-funds-to-achieve-inclusive-education/ (consulté le 2 juillet 2025). [94]

Lafortune, J., J. Rothstein et D. Schanzenbach (2018), « School finance reform and the distribution of student achievement », *American Economic Journal: Applied Economics*, vol. 10/2, pp. 1-26, https://doi.org/10.1257/app.20160567. [13]

Lancee, B. et J. Radl (2012), « Social connectedness and the transition from work to retirement », *The Journals of Gerontology Series B: Psychological Sciences and Social Sciences*, vol. 67/4, pp. 481-490, https://doi.org/10.1093/geronb/gbs049. [152]

Language and Voice Laboratory (s.d.), *Language Technology for Icelandic 2018-2022*, https://rafhladan.is/bitstream/handle/10802/20054/mlt-en.pdf?sequence=1 (consulté le 4 November 2024). [24]

Lundgaardsløkka (2025), *Ungdomsskolegutter i barnehagen [Garçons du collège en maternelle]*, https://lundgaardslokka.barnehage.no/innhold/side/20747 (consulté le 23 juillet 2025). [113]

McBrien, J. (2022), *Social and emotional learning (SEL) of newcomer and refugee students : Beliefs, practices and implications for policies across OECD countries*, Éditions OCDE, Paris, https://doi.org/10.1787/a4a0f635-en. [85]

Ministère de l'éducation nationale (2025), *Communiqué de presse: Plan Filles et Maths [Press release: Girls and maths]*, https://www.education.gouv.fr/communique-de-presse-plan-filles-et-maths-450370 (consulté le 1 juillet 2025). [62]

Ministère de l'éducation nationale (2025), *Filles et mathématiques : Lutter contre les stéréotypes, ouvrir le champ des possibles*, https://www.education.gouv.fr/filles-et-mathematiques-lutter-contre-les-stereotypes-ouvrir-le-champ-des-possibles-416773. [63]

Ministère de la Culture et des Entreprises (2024), *Language Technology Programme for Icelandic 2024-2026*, Ministère de la Culture et des Entreprises, http://www.government.is/library/01-Ministries/Ministry-of-culture-and-business-affairs/Language-technology-programme-for-icelandic-2024-2026-web.pdf (consulté le 5 November 2024). [31]

Ministry of Education and Culture, Finlande (2025), *Programme for equity and non-discrimination in education and training*, http://urn.fi/URN:NBN:fi-fe2025033122398 (consulté le 11 August 2025). [69]

Ministry of Investments, Regional Development and Informatization of the Slovak Republic (2025), *O projet Digitálni seniori [À propos du projet Digital Seniors]*, https://www.digitalniseniori.gov.sk/o-projekte/ (consulté le 15 July 2025). [136]

Ministry of the Economy and Innovation of Lithuania (2024), *€12 million for AI solutions for the Lithuanian language*, https://eimin.lrv.lt/en/structure-and-contacts/news-1/eimin-12-million-for-ai-solutions-for-the-lithuanian-language/ (consulté le 30 October 2024). [29]

NHS England (2019), *Young male nursing applicants surge after 'We are the NHS' recruitment campaign*, News, National Health Service England, https://www.england.nhs.uk/2019/02/young-male-nursing-applicants-surge-after-we-are-the-nhs-recruitment-campaign/#:~:text=Casualty%20actor%20Charles%20Venn%2C%2045%2C,change%20misconceptions%20of%20the%20profession (consulté le 18 June 2025). [122]

NHS England (2018), *NHS launches multi million pound TV advertising campaign to recruit thousands of nurses in landmark 70th year*, News, National Health Service England, https://www.england.nhs.uk/2018/07/nhs-launches-multi-million-pound-tv-advertising-campaign-to-recruit-thousands-of-nurses-in-landmark-70th-year/ (consulté le 18 June 2025). [121]

Nikulásdóttir, A., J. Guðnason et S. Steingrímsson (s.d.), *Language Technology for Iceland 2018-2022*, https://www.clarin.is/media/uploads/mlt-en.pdf (consulté le 5 November 2024). [30]

Nordic Information on Gender (2018), *Subsidised Childcare for All: The Nordic Gender Effect at Work*, https://nikk.no/wp-content/uploads/2019/10/2018-Subsidised-childcare-for-all.pdf. [112]

Norsk Rikskringkasting (2014), *Desse gutane jobbar i barnehage etter skuletid – målet er å rekruttere fleire men [Ces garçons travaillent dans une école maternelle après l'école - l'objectif est de recruter plus d'hommes]*, https://www.nrk.no/vestland/unge-gutar-i-barnehage-1.11691066 (consulté le 18 June 2025). [114]

OCDE (2025), *Dépenses unitaires d'éducation en équivalents temps plein*, (base de données), Explorateur de données, https://data-viewer.oecd.org?chartId=0e88e2d6-d018-406b-ae4f-6cada6ffbd01 (consulté le 4 mars 2025). [17]

OCDE (2025), *Empowering the Workforce in the Context of a Skills-First Approach*, Études de l'OCDE sur les compétences, Éditions OCDE, Paris, https://doi.org/10.1787/345b6528-en. [138]

OCDE (2025), *Enhancing the Digital Skills of Seniors in the Slovak Republic*, OCDE, Paris, https://www.oecd.org/en/about/programmes/sg-reform/enhancing-the-digital-skills-of-seniors-in-the-slovak-republic.html (consulté le 11 August 2025). [137]

OCDE (2025), *Gender Equality in a Changing World : Taking Stock and Moving Forward*, Éditions OCDE, Paris, https://doi.org/10.1787/e808086f-en. [108]

OCDE (2025), *Reducing Inequalities by Investing in Early Childhood Education and Care*, Éditions OCDE, Paris, https://doi.org/10.1787/b78f8b25-en. [67]

OCDE (2025), *Trends in Adult Learning : New Data from the 2023 Survey of Adult Skills*, Getting Skills Right, Éditions OCDE, Paris, https://doi.org/10.1787/ec0624a6-en. [127]

OCDE (2025), « Voluntary work in the community : A guide to delivering an effective career development activity », *OECD Education Policy Perspectives*, n° 115, Éditions OCDE, Paris, https://doi.org/10.1787/ae8726c8-en. [147]

OCDE (2024), *Base de données du 2e Cycle du PIAAC*, OCDE, Paris, https://www.oecd.org/fr/data/datasets/piaac-2nd-cycle-database.html (consulté le 10 décembre 2024). [16]

OCDE (2024), *Challenging Social Inequality Through Career Guidance : Insights from International Data and Practice*, Éditions OCDE, Paris, https://doi.org/10.1787/619667e2-en. [125]

OCDE (2024), *Données et méthodologie du PIAAC*, OCDE, Paris, https://www.oecd.org/fr/about/programmes/piaac/piaac-data.html (consulté le 10 décembre 2024). [54]

OCDE (2024), *OECD Review of Resourcing Schools to Address Educational Disadvantage in Ireland*, Éditions OCDE, Paris, https://doi.org/10.1787/3433784c-en. [105]

OCDE (2024), *Regards sur l'éducation 2024 : Les indicateurs de l'OCDE*, Éditions OCDE, Paris, https://doi.org/10.1787/1aabb39d-fr. [14]

OCDE (2024), *Social and Emotional Skills for Better Lives : Findings from the OECD Survey on Social and Emotional Skills 2023*, Éditions OCDE, Paris, https://doi.org/10.1787/35ca7b7c-en. [2]

OCDE (2023), *Building Future-Ready Vocational Education and Training Systems*, Examens de l'OCDE sur l'éducation et la formation professionnelles, Éditions OCDE, Paris, https://doi.org/10.1787/28551a79-en. [84]

OCDE (2023), « Implementation of Ireland's Leaving Certificate 2020-2021 : Lessons from the COVID-19 Pandemic », *OECD Education Policy Perspectives*, n° 73, Éditions OCDE, Paris, https://doi.org/10.1787/e36a10b8-en. [101]

OCDE (2023), *Résultats du PISA 2022 (Volume II) : Apprentissage en période de crise et résilience*, PISA, Éditions OCDE, Paris, https://doi.org/10.1787/1dd8c965-fr. [15]

OCDE (2023), *Stratégie de l'OCDE sur les compétences au Luxembourg (version abrégée) : Évaluation et recommandations*, Études de l'OCDE sur les compétences, Éditions OCDE, Paris, https://doi.org/10.1787/dcf9ea51-fr. [77]

OCDE (2022), *Base de données PISA 2022*, OCDE, Paris, https://www.oecd.org/fr/data/datasets/pisa-2022-database.html (consulté le 5 novembre 2024). [53]

OCDE (2022), « Finland's Right to Learn Programme : Achieving equity and quality in education », *OECD Education Policy Perspectives*, n° 61, Éditions OCDE, Paris, https://doi.org/10.1787/65eff23e-en. [68]

OCDE (2021), *La gouvernance au service des jeunes, de la confiance et de la justice intergénérationnelle : Des politiques adaptées à toutes les générations ?*, Examens de l'OCDE sur la gouvernance publique, Éditions OCDE, Paris, https://doi.org/10.1787/57092ccc-fr. [148]

OCDE (2020), *Continuous Learning in Working Life in Finland*, Getting Skills Right, Éditions OCDE, Paris, https://doi.org/10.1787/2ffcffe6-en. [78]

OCDE (2017), *Base de données du 1er cycle du PIAAC*, OCDE, Paris, https://www.oecd.org/fr/data/datasets/piaac-1st-cycle-database.html (consulté le 14 novembre 2024). [49]

OCDE (2017), *Trends Shaping Education*, OCDE, Paris, https://www.oecd.org/content/dam/oecd/en/publications/reports/2017/04/country-roads_3e5f7ba4/ea43a39d-en.pdf. [139]

OCDE (2016), *Comment va la vie ? 2015 : Mesurer le bien-être*, Éditions OCDE, Paris, https://doi.org/10.1787/how_life-2015-fr. [141]

OCDE (2015), *L'égalité des sexes dans l'éducation : Aptitudes, comportement et confiance*, PISA, Éditions OCDE, Paris, https://doi.org/10.1787/9789264230644-fr. [43]

OCDE (2012), *Base de données PISA 2012*, OCDE, Paris, https://www.oecd.org/fr/data/datasets/pisa-2012-database.html (consulté le 5 novembre 2024). [52]

OCDE (2009), *Base de données PISA 2009*, OCDE, Paris, https://www.oecd.org/fr/data/datasets/pisa-2009-database.html (consulté le 14 novembre 2024). [51]

OCDE (2000), *Base de données PISA 2000*, OCDE, Paris, https://www.oecd.org/fr/data/datasets/pisa-2000-database.html (consulté le 14 novembre 2024). [50]

Office of the Government of the Slovak Republic (2022), *Action Plans: To the Strategy of Equality, Inclusion and Participation of Roma Until 2030 for 2022-2024*, https://www.romovia.vlada.gov.sk/site/assets/files/1526/action_plans_2022_2024_of_the_strategy_of_equality_inclusion_and_participation_of_roma_until_2030-1.pdf. [93]

Oxford Research AB (2021), *Equality and diversity in the Spanish higher education institutes: Case study for KOTAMO-project*, https://okm.fi/documents/1410845/113231925/KOTAMO+Espanja,+Equality+and+diversity+in+the+Spanish+higher+education+institutes.pdf/a2952232-78b2-d800-b317-42922975ff7e/KOTAMO+Espanja,+Equality+and+diversity+in+the+Spanish+higher+education+institutes.pdf (consulté le 5 August 2025). [110]

Pályázati Portál (2025), *Továbtanulást erősítő kezdeményezések a Gandhi Gimnázium Közhasznú Nonprofit Kft. által [Initiatives visant à renforcer la formation continue par le Gandhi Gymnasium Public Benefit Nonprofit Ltd.]*, https://www.palyazat.gov.hu/eredmenyek/tamogatott-projektek/1474630201 (consulté le 2 juillet 2025). [98]

Parlement européen (2023), *European Parliament resolution on the segregation and discrimination of Roma children in education*, https://www.europarl.europa.eu/doceo/document/B-9-2023-0394_EN.html. [89]

Passaretta, G., J. Skopek et T. van Huizen (2022), « Is social inequality in school-age achievement generated before or during schooling? A European perspective », *European Sociological Review*, vol. 38/6, pp. 849-865, https://doi.org/10.1093/esr/jcac005. [11]

Perez, C. et A. Vourc'h (2020), *L'individualisation des dispositifs d'accès à la formation : l'exemple français du Compte Personnel de Formation*, Éditions OCDE, Paris, https://doi.org/10.1787/d222364a-fr. [134]

Petit, M. (2024), *Hidden heroes: The valor of volunteers at the Paris 2024 Olympics and Paralympics*, OCDE, Paris, https://oecdcogito.blog/2024/06/20/hidden-heroes-the-valor-of-volunteers-at-the-paris-2024-olympics-and-paralympics/. [151]

Pflege-Netzwerk Deutschland (2023), *Mehr Männer für die Pflege gewinnen [Plus d'hommes pour les soins infirmiers]*, https://pflegenetzwerk-deutschland.de/mehr-maenner-fuer-die-pflege-gewinnen-1 (consulté le 18 June 2025). [118]

Pobal (2025), *Social Inclusion and Community Activation Programme (SICAP) 2024 – 2028*, https://www.pobal.ie/programmes/social-inclusion-and-community-activation-programme-sicap-2024-2028/ (consulté le 15 July 2025). [106]

Pobal (2021), *The Role of SICAP in Supporting New Communities*, https://www.pobal.ie/wp-content/uploads/2021/03/The-Role-of-SICAP-in-Supporting-New-Communities_23.03.2021.pdf (consulté le 15 July 2025). [107]

Radboud University (2025), *About the National Education Lab AI*, https://www.ru.nl/en/nolai/about-nolai (consulté le 15 July 2025). [22]

Richter, C. et al. (2022), *DComputer-assisted pronunciation training in Icelandic (CAPTinI): Developing a method for quantifying mispronunciation in L2 speech*, Research-publishing.net, https://doi.org/10.14705/rpnet.2022.61.1480. [23]

Rustichini, A. (dir. pub.) (2013), « Advanced mathematical study and the development of conditional reasoning skills », *PLoS One*, vol. 8/7, p. e69399, https://doi.org/10.1371/journal.pone.0069399. [124]

Schulenberg, J., A. Sameroff et D. Cicchetti (2004), « The transition to adulthood as a critical juncture in the course of psychopathology and mental health », *Development and Psychopathology*, vol. 16/04, https://doi.org/10.1017/s0954579404040015. [36]

Schulenberg, J. et I. Schoon (2012), « The transition to adulthood across time and space: overview of Special Section », *Longitudinal and Life Course Studies*, vol. 3/2, https://doi.org/10.14301/llcs.v3i2.194. [37]

Shutts, K. et al. (2017), « Early preschool environments and gender: Effects of gender pedagogy in Sweden », *Journal of Experimental Child Psychology*, vol. 162, pp. 1-17, https://doi.org/10.1016/j.jecp.2017.04.014. [57]

Silva, P. et al. (2020), « Student selection and performance in higher education: Admission exams vs. high school scores », *Education Economics*, vol. 28/5, pp. 437-454, https://doi.org/10.1080/09645292.2020.1782846. [6]

Skopek, J. et G. Passaretta (2020), « Socioeconomic inequality in children's achievement from infancy to adolescence: The case of Germany », *Social Forces*, vol. 100/1, pp. 86-112, https://doi.org/10.1093/sf/soaa093. [10]

Smart Nation Singapore (2019), *National Artificial Intelligence Strategy*, http://www.smartnation.gov.sg/files/publications/national-ai-strategy.pdf (consulté le 30 October 2024). [25]

Southby, K., J. South et A. Bagnall (2019), « A rapid review of barriers to volunteering for potentially disadvantaged groups and implications for health inequalities », *VOLUNTAS: International Journal of Voluntary and Nonprofit Organizations*, vol. 30/5, pp. 907-920, https://doi.org/10.1007/s11266-019-00119-2. [153]

Spera, C. et al. (2015), « Out of work? Volunteers have higher odds of getting back to work », *Nonprofit and Voluntary Sector Quarterly*, vol. 44/5, pp. 886-907, https://doi.org/10.1177/0899764015605928. [142]

Statistisches Bundesamt (2025), *Pflegeausbildungsstatistik : Auszubildende in Pflegeberufen mit neu abgeschlossenem Ausbildungsvertrag [Stagiaires dans les professions infirmières avec des contrats de formation nouvellement conclus : Allemagne, date de référence, genre]*, http://www-genesis.destatis.de/datenbank/online/statistic/21241/table/21241-0002/search/s/cGZsZWdlYXVzYmlsZHVuZ3NzdGF0aXN0aWs= (consulté le 18 June 2025). [115]

Teatro de Conciencia (2025), *En Sus Zapatos : Un Espacio de Empatía Activa (Dans leurs chaussures : Un espace pour l'empathie active)*, Teatro de Conciencia (Théâtre de la conscience), https://programaensuszapatos.org/ (consulté le 2 juillet 2025). [82]

Tübingen Center for Digital Education (2024), *Pedagogically oriented extraction of linguistic knowledge and generation of natural language with controllable readability (POLKE)*, https://uni-tuebingen.de/en/research/centers-and-institutes/tuebingen-center-for-digital-education/projects-1/polke/ (consulté le 31 October 2024). [20]

Tübingen Center for Digital Education (2024), *Use of AI for thematic personalization of grammar learning*, https://uni-tuebingen.de/forschung/zentren-und-institute/tuebingen-center-for-digital-education/projekte/ki-fuer-grammatik/ (consulté le 31 October 2024). [21]

Tusla (2025), *HSCL - Home School Community Liaison*, https://www.tusla.ie/services/educational-welfare-services/hscl/ (consulté le 11 August 2025). [103]

UK Department of Education (2010), *The quality of group childcare settings used by 3-4 year old children in Sure Start Local Programme areas and the relationship with child outcomes*, https://assets.publishing.service.gov.uk/media/5a7ae26aed915d670dd7f442/DFE-RR068.pdf. [66]

UNESCO (2024), *Mainstreaming Social and Emotional Learning in Education Systems: Policy Guide*, Organisation des Nations unies pour l'éducation, la science et la culture, https://doi.org/10.54675/ORWD6913. [81]

Union européenne/Conseil de l'Europe (2025), *INSCHOOL2*, Inclusive schools: Making a difference for Roma children, https://pjp-eu.coe.int/en/web/inclusive-education-for-roma-children/inschool2 (consulté le 2 juillet 2025). [90]

Urban Sustainability Exchange (2025), *UTOPÍAS*, https://use.metropolis.org/case-studies/utopias#casestudydetail (consulté le 2 juillet 2025). [135]

van Driel, B. (2006), « The Gandhi Secondary School: An experiment in Roma education », *European Journal of Intercultural studies*, pp. 173-182, https://doi.org/10.1080/0952391990100205. [99]

van Hek, M., C. Buchmann et G. Kraaykamp (2019), « Educational Systems and Gender Differences in Reading: A Comparative Multilevel Analysis », *European Sociological Review*, vol. 35/2, pp. 169-186, https://doi.org/10.1093/esr/jcy054. [4]

Vathanalaoha, K. (2022), « Effects of Gamification in English Language Learning: The Implementation of Winner English in Secondary Education in Thailand », *LEARN Journal: Language Education and Acquisition Research Network*, vol. 15/2, pp. 830-857, https://so04.tci-thaijo.org/index.php/LEARN/article/view/259953. [26]

Victoria State Government (2025), *Employment and small business*, Jobs, Skills, Industry and Regions, https://djsir.vic.gov.au/jobs-victoria/how-we-help (consulté le 30 juin 2025). [126]

Wilson, J. (2012), « Volunteerism research: A review essay », *Nonprofit and Voluntary Sector Quarterly*, vol. 41/2, pp. 176-212, https://doi.org/10.1177/0899764011434558. [144]

Annexe 3.A. Résultats supplémentaires en ligne

Tableau d'annexe 3.A.1. Disparités selon le niveau d'études des adultes

Tableau 3.A.1.1.	Répartition des niveaux d'études selon le genre
Tableau 3.A.1.2.	Répartition des niveaux d'études selon le niveau d'études des parents
Tableau 3.A.1.3.	Répartition des niveaux d'études selon la profession des parents
Tableau 3.A.1.4.	Répartition des niveaux d'études selon l'âge
Tableau 3.A.1.5.	Répartition des niveaux d'études selon la profession des répondants
Tableau 3.A.1.6.	Répartition des niveaux d'études selon le lieu d'habitation pendant l'enfance
Tableau 3.A.1.7.	Répartition des niveaux d'études selon l'origine immigrée
Tableau 3.A.1.8.	Influence du niveau d'études des adultes sur les disparités de compétences du XXIe siècle : coefficients de régression et écarts-types
Tableau 3.A.1.9.	Rendement des compétences selon les diplômes : coefficients de régression et erreurs types de l'interaction entre le niveau d'études et les caractéristiques sociodémographiques

Le StatLink est disponible uniquement en anglais, voir : https://stat.link/pe8fyu.

Tableau d'annexe 3.A.2. Disparités selon le domaine d'études des adultes

Tableau 3.A.2.1	Domaine d'études selon le niveau d'études : pourcentage d'adultes selon le domaine d'études et le niveau d'études atteint
Tableau 3.A.2.2	Choix de domaine d'études dans le deuxième cycle de l'enseignement secondaire et dans l'enseignement postsecondaire (filière professionnelle), selon le genre
Tableau 3.A.2.3	Choix de domaine d'études dans l'enseignement supérieur de cycle court, selon le genre
Tableau 3.A.2.4	Choix de domaine d'études parmi les titulaires d'une licence ou d'un diplôme de niveau supérieur, selon le genre
Tableau 3.A.2.5	Choix de domaine d'études dans le deuxième cycle de l'enseignement secondaire et dans l'enseignement postsecondaire (filière professionnelle), selon le niveau d'études des parents
Tableau 3.A.2.6	Choix de domaine d'études dans l'enseignement supérieur de cycle court, selon le niveau d'études des parents
Tableau 3.A.2.7	Choix de domaine d'études parmi les titulaires d'une licence ou d'un diplôme de niveau supérieur, selon le niveau d'études des parents
Tableau 3.A.2.8	Influence des domaines d'études sur les disparités de compétences du XXIe siècle : coefficients de régression avant et après prise en compte du niveau d'études et du domaine d'études des adultes

Le StatLink est disponible uniquement en anglais, voir : https://stat.link/jtsm63.

Tableau d'annexe 3.A.3. Écarts de participation des adultes à la formation

Tableau 3.A.3.1	Participation aux activités de formation non formelles des adultes, selon le genre
Tableau 3.A.3.2	Participation aux activités de formation non formelles des adultes, selon le niveau d'études des parents
Tableau 3.A.3.3	Participation aux activités de formation non formelles des adultes, selon la profession des parents
Tableau 3.A.3.4	Participation aux activités de formation non formelles des adultes, selon l'origine immigrée
Tableau 3.A.3.5	Participation aux activités de formation non formelles des adultes, selon l'âge
Tableau 3.A.3.6	Participation aux activités de formation non formelles des adultes, selon le lieu d'habitation pendant l'enfance
Tableau 3.A.3.7	Influence de la formation des adultes sur les disparités de compétences du XXIe siècle : coefficients de régression avant et après prise en compte du niveau d'études et de la participation à la formation des adultes
Tableau 3.A.3.8	Domaine principal des activités de formation non formelles des adultes, selon le genre
Tableau 3.A.3.9	Domaine principal des activités de formation non formelles des adultes, selon le niveau d'études des parents
Tableau 3.A.3.10	Domaine principal des activités de formation non formelles des adultes, selon la profession des parents
Tableau 3.A.3.11	Domaine principal des activités de formation non formelles des adultes, selon l'origine immigrée

Tableau 3.A.3.12	Domaine principal des activités de formation non formelles des adultes, selon l'âge
Tableau 3.A.3.13	Domaine principal des activités de formation non formelles des adultes, selon la profession des répondants
Tableau 3.A.3.14	Domaine principal des activités de formation non formelles des adultes, selon le lieu d'habitation pendant l'enfance
Tableau 3.A.3.15	Domaine principal des activités de formation non formelles des adultes, selon le niveau d'études des répondants
Tableau 3.A.3.16	Formation liée à l'emploi, selon le genre
Tableau 3.A.3.17	Formation liée à l'emploi, selon le niveau d'études des parents
Tableau 3.A.3.18	Formation liée à l'emploi, selon la profession des parents
Tableau 3.A.3.19	Formation liée à l'emploi, selon l'âge
Tableau 3.A.3.20	Formation liée à l'emploi, selon la profession des répondants
Tableau 3.A.3.21	Formation liée à l'emploi, selon le lieu d'habitation pendant l'enfance
Tableau 3.A.3.22	Formation liée à l'emploi, selon l'origine immigrée
Tableau 3.A.3.23	Formation liée à l'emploi, selon le niveau d'études des répondants
Tableau 3.A.3.24	Motifs de participation à la formation non formelle liée à l'emploi, selon le genre
Tableau 3.A.3.25	Motifs de participation à la formation non formelle liée à l'emploi, selon le niveau d'études des parents
Tableau 3.A.3.26	Motifs de participation à la formation non formelle liée à l'emploi, selon la profession des parents
Tableau 3.A.3.27	Motifs de participation à la formation non formelle liée à l'emploi, selon l'origine immigrée
Tableau 3.A.3.28	Motifs de participation à la formation non formelle liée à l'emploi, selon l'âge
Tableau 3.A.3.29	Motifs de participation à la formation non formelle liée à l'emploi, selon la profession des répondants
Tableau 3.A.3.30	Motifs de participation à la formation non formelle liée à l'emploi, selon le lieu d'habitation pendant l'enfance
Tableau 3.A.3.31	Motifs de participation à la formation non formelle liée à l'emploi, selon le niveau d'études des répondants
Tableau 3.A.3.32	Satisfaction de la demande de formation non formelle, selon le genre
Tableau 3.A.3.33	Satisfaction de la demande de formation non formelle, selon le niveau d'études des parents
Tableau 3.A.3.34	Satisfaction de la demande de formation non formelle, selon la profession des parents
Tableau 3.A.3.35	Satisfaction de la demande de formation non formelle, selon l'origine immigrée
Tableau 3.A.3.36	Satisfaction de la demande de formation non formelle, selon l'âge
Tableau 3.A.3.37	Satisfaction de la demande de formation non formelle, selon le lieu d'habitation pendant l'enfance
Tableau 3.A.3.38	Motifs de non-participation à la formation non formelle, selon le genre
Tableau 3.A.3.39	Motifs de non-participation à la formation non formelle, selon le niveau d'études des parents
Tableau 3.A.3.40	Motifs de non-participation à la formation non formelle, selon la profession des parents
Tableau 3.A.3.41	Motifs de non-participation à la formation non formelle, selon l'origine immigrée
Tableau 3.A.3.42	Motifs de non-participation à la formation non formelle, selon l'âge
Tableau 3.A.3.43	Motifs de non-participation à la formation non formelle, selon la profession des répondants
Tableau 3.A.3.44	Motifs de non-participation à la formation non formelle, selon le lieu d'habitation pendant l'enfance
Tableau 3.A.3.45	Motifs de non-participation à la formation non formelle, selon le niveau d'études des répondants
Tableau 3.A.3.46	Participation aux activités de formation non formelles des adultes, par pays
Tableau 3.A.3.47	Domaine principal des activités de formation non formelles des adultes, par pays
Tableau 3.A.3.48	Formation liée à l'emploi, par pays
Tableau 3.A.3.49	Motifs de participation à la formation non formelle liée à l'emploi, par pays
Tableau 3.A.3.50	Satisfaction de la demande de formation non formelle, par pays

Le StatLink est disponible uniquement en anglais, voir : https://stat.link/zhwuy8.

Tableau d'annexe 3.A.4. Disparités de participation des adultes à l'apprentissage informel

Tableau 3.A.4.1	Participation à l'apprentissage informel (bénévolat), selon le genre
Tableau 3.A.4.2	Participation à l'apprentissage informel (bénévolat), selon le niveau d'études des parents
Tableau 3.A.4.3	Participation à l'apprentissage informel (bénévolat), selon la profession des parents
Tableau 3.A.4.4	Participation à l'apprentissage informel (bénévolat), selon le lieu d'habitation pendant l'enfance
Tableau 3.A.4.5	Participation à l'apprentissage informel (bénévolat), selon l'âge
Tableau 3.A.4.6	Participation à l'apprentissage informel (bénévolat), selon l'origine immigrée
Tableau 3.A.4.7	Influence du bénévolat sur les disparités de compétences fondamentales du XXIe siècle : coefficients de régression avant et après prise en compte du niveau et des activités bénévoles des adultes
Tableau 3.A.4.8	Participation à l'apprentissage informel (bénévolat), par pays

Le StatLink est disponible uniquement en anglais, voir : https://stat.link/n0jac2.

Tableau d'annexe 3.A.5. Amélioration des résultats

Tableau 3.A.5.1	Disparités des scores en mathématiques/calcul selon l'âge, le niveau d'études des parents et le genre
Tableau 3.A.5.2	Disparités des scores en lecture/écriture selon l'âge, le niveau d'études des parents et le genre

Le StatLink est disponible uniquement en anglais, voir : https://stat.link/279q1w.

Tableau d'annexe 3.A.6. Rendement des compétences selon les diplômes

Tableau 3.A.6.1	Rendement des compétences selon les diplômes : disparités selon le lieu d'habitation pendant l'enfance et l'origine immigrée pour chaque niveau d'études

Le StatLink est disponible uniquement en anglais, voir : https://stat.link/8kyvqc.

Notes

[1] Une cohorte synthétique est un groupe créé par des analystes en regroupant des données relatives à différentes personnes qui se trouvent à la même étape de leur vie, plutôt que de suivre les mêmes personnes au fil du temps comme le font traditionnellement les études de cohortes longitudinales.

[2] Le domaine des STIM comprend les technologies de l'information et des communications ; les sciences naturelles, les mathématiques et les statistiques ; l'ingénierie et l'industrie de la transformation ; ou la construction.

[3] L'Enquête 2023 sur les compétences des adultes définit les activités de formation des adultes comme des activités d'apprentissage organisées, à savoir des formations pouvant prendre la forme de cours, de webinaires, d'ateliers, de conférences ou de cours particuliers. Ces activités peuvent être liées à l'emploi ou motivées par un intérêt personnel. Elles peuvent prendre des formes variées : cours de langue étrangère, formations informatique ou logiciels, formations liées à l'emploi, activités de loisirs (p. ex. dessin, natation, guitare ou conférences thématiques), formations en communication (p. ex. ateliers de prise de parole en public), ou formations en santé et en sécurité (p. ex. formation aux premiers secours).

4 Liens entre compétences et perspectives d'emploi

Ce chapitre examine la manière dont les disparités au regard des compétences du XXIe siècle contribuent aux inégalités sur les marchés du travail des pays de l'OCDE. En s'appuyant sur des données issues de l'Évaluation des compétences des adultes 2023, il analyse dans quelle mesure les disparités en matière d'emploi, de rémunération et de satisfaction professionnelle entre les hommes et les femmes, et entre les personnes selon leur milieu socioéconomique, leur origine immigrée ou non, et leur lieu d'habitation pendant l'enfance, sont liées aux différences en matière de niveaux d'études et de compétences. Le chapitre analyse également l'incidence de la ségrégation professionnelle et sectorielle sur les disparités de résultats sur le marché du travail. Ainsi, les travailleurs issus de milieux socioéconomiques défavorisés sont moins susceptibles d'occuper des emplois offrant des perspectives de croissance importantes au cours des dix prochaines années et pour lesquels la demande de compétences évolue rapidement. Enfin, le chapitre quantifie la transmission des avantages sur le plan éducatif et professionnel, ainsi que le rôle des compétences dans la promotion de la mobilité ascendante en matière d'éducation et d'emploi.

En bref

On constate dans les pays de l'OCDE d'importantes disparités en matière d'emploi et de rémunération en fonction des caractéristiques sociodémographiques individuelles. Ces disparités tiennent dans une large mesure aux différences dans les possibilités de formation tout au long de la vie, ainsi qu'aux compétences acquises au fil du temps et aux types d'emplois exercés. Les principales conclusions de ce chapitre sont les suivantes :

Disparités selon le milieu socioéconomique :

- **Les disparités en matière de perspectives d'emploi entre les groupes socioéconomiques tiennent en grande partie aux différences relatives aux niveaux d'études et aux compétences.** Les adultes dont les parents ont suivi des études supérieures ont une probabilité d'occuper un emploi supérieure de 2.7 points de pourcentage à celle des adultes dont les parents ne sont pas diplômés du supérieur, malgré des caractéristiques sociodémographiques similaires. De la même manière, les adultes dont les parents exerçaient une profession très valorisée (cadres et professions intellectuelles par exemple) ont une probabilité d'occuper un emploi supérieure de 3.4 points de pourcentage à celle des adultes dont les parents exerçaient une profession peu valorisée, indépendamment des caractéristiques sociodémographiques. Ces différences s'expliquent en grande partie par les divergences entre les individus au regard du niveau d'études, des compétences et de la participation à la formation tout au long de la vie.
- **Les disparités salariales entre les groupes socioéconomiques s'expliquent pour près de trois quarts par les différences relatives au parcours scolaire et aux compétences fondamentales du XXIe siècle.** Les adultes issus de familles diplômées du supérieur ou dont les parents exerçaient des professions prestigieuses perçoivent une rémunération horaire supérieure de 11 à 13 % à celle des personnes au profil comparable dont les parents ne sont pas diplômés du supérieur ou qui occupaient des emplois peu valorisés. Si l'on tient compte du parcours scolaire, des compétences et de la participation à la formation tout au long de la vie, ces différences sont ramenées à 4 % concernant la profession des parents et à 0 % pour ce qui est de leur niveau d'études.
- **Plus d'un tiers des personnes d'âge actif ont un niveau d'études et un statut professionnel supérieurs à ceux de la génération précédente, et la jeunesse actuelle conserve des ambitions élevées s'agissant de la mobilité ascendante.** Pourtant, si 12 % seulement des adultes d'âge actif ont un niveau d'études inférieur à celui de leurs parents, pas moins de 36 % exercent une profession moins socialement valorisante que celle de leurs parents. Parmi les élèves de 15 ans, 20 % seulement estiment qu'ils auront un niveau d'études inférieur à celui de leurs parents, et 32 % s'attendent à avoir un statut professionnel moins élevé.
- **Les adultes issus de milieux socioéconomiques favorisés sont plus susceptibles d'occuper des emplois associés à une évolution rapide des compétences et à une demande croissante, offrant une rémunération relative élevée**, alors que les adultes issus de milieux socioéconomiques modestes sont plus susceptibles d'occuper des emplois dont les compétences évoluent peu et pour lesquels la demande décline, associés à une rémunération relative basse.

Disparités entre les genres :

- **Les disparités entre les genres en matière d'emploi sont marquées, même lorsque l'on compare des hommes et des femmes aux niveaux d'études et de compétences similaires.** À caractéristiques sociodémographiques équivalentes, le taux d'emploi des hommes est supérieur de 7.9 points de pourcentage à celui des femmes. Cet écart reste globalement inchangé si la comparaison tient compte de profils similaires en termes de niveaux d'études, de compétences et de participation à la formation tout au long de la vie.
- **Les disparités en matière de niveaux d'études et de compétences n'entrent pas en ligne de compte dans les inégalités de salaires entre les genres.** À caractéristiques sociodémographiques et situation personnelle équivalentes, la rémunération des hommes est supérieure de 14 % à celle des femmes. L'écart se creuse à 16 % si l'on tient compte des parcours scolaires, des compétences et de la participation à la formation tout au long de la vie.
- **Les professions et les secteurs qui emploient davantage d'hommes sont généralement associés à des salaires plus élevés que les professions où les femmes sont majoritaires**, même si les compétences requises sont similaires. Les femmes exercent souvent des métiers en expansion centrés sur l'humain ou des professions en déclin impliquant des tâches répétitives, tandis que les hommes sont plus nombreux à occuper des emplois en croissance porteurs de transformations et des professions en déclin touchés par des perturbations, ainsi que des fonctions en déclin impliquant des tâches répétitives.

Disparités liées au lieu d'habitation :

- **Les disparités en matière d'emploi selon le lieu d'habitation pendant l'enfance sont limitées ; néanmoins, les adultes qui ont grandi en ville perçoivent une rémunération nettement supérieure à celle des personnes qui ont grandi dans un village.** Cette différence s'explique dans une large mesure par les disparités entre les deux groupes en matière de niveau d'études et de compétences en traitement de l'information. Parmi les personnes au profil similaire en termes de caractéristiques sociodémographiques, de compétences et de participation à la formation tout au long de la vie, celles qui ont grandi en ville ont un taux d'emploi inférieur de 0.89 point de pourcentage à celui des personnes qui ont grandi dans un village. Les personnes qui ont grandi en ville perçoivent une rémunération horaire supérieure de 7 % à celle des adultes ayant grandi dans un village, à caractéristiques sociodémographiques similaires. Cet écart de rémunération se réduit à 3 % après prise en compte des différences en matière de niveaux d'études et de compétences fondamentales du XXIe siècle.

Origine immigrée :

- **Les disparités en matière d'emploi entre les adultes qui ne sont pas issus de l'immigration et les enfants d'immigrés sont faibles et s'expliquent presque entièrement par les différences de niveaux d'études et de compétences.** Les enfants d'immigrés – définis comme les personnes nées dans le pays de résidence ayant au moins un parent né à l'étranger ou ayant émigré avant l'âge de 18 ans – ont un taux d'emploi inférieur de 2.2 points de pourcentage à celui des personnes ayant les mêmes caractéristiques sociodémographiques qui ne sont pas d'origine immigrée. La prise en compte des différences en matière de niveau d'études et de compétences en traitement de l'information aboutit à un écart qui n'est pas statistiquement significatif. Ces disparités varient considérablement d'un pays à l'autre, ce qui tient aux caractéristiques différentes des enfants d'immigrés selon les contextes qui ne peuvent être pleinement prises en compte, ainsi qu'aux politiques et pratiques variables dans les pays d'accueil.

4.1. Introduction

Dans les économies du XXIe siècle fondées sur le savoir, l'influence des compétences individuelles sur le devenir professionnel ne cesse de grandir. Alors que la mondialisation, les progrès technologiques, les évolutions démographiques et la transition écologique transforment la nature du travail, il est essentiel de comprendre comment les compétences en traitement de l'information et les compétences sociales et émotionnelles influent sur les parcours professionnels individuels afin d'assurer le bien-être de chacun et de promouvoir la croissance à l'échelle de l'économie dans son ensemble (Heckman et Kautz, 2012[1] ; OCDE, 2019[2]). Les travaux de recherche mettent systématiquement en évidence la corrélation étroite entre les compétences en traitement de l'information et une rémunération plus élevée, la réussite sur le marché du travail, la participation à la société et la croissance économique globale. Les rendements estimés sont généralement plus élevés s'agissant des compétences à l'écrit et en calcul, et plus faibles au regard des compétences en résolution de problèmes, même si l'importance relative des différents types de compétences varie selon les pays (OCDE, 2024[3]). Par conséquent, les disparités au regard des compétences du XXIe siècle mises en évidence dans les chapitres 2 et 3 pourraient limiter les possibilités d'insertion professionnelle de nombreux groupes sociodémographiques, ce qui pourrait aggraver les pénuries de compétences et freiner l'ascenseur social.

Ce chapitre examine les liens entre les compétences et l'éducation d'une part et les résultats en matière d'emploi d'autre part, et vise à déterminer si les disparités en matière de compétences et d'éducation décrites au chapitre 3 entraînent des disparités en matière de statut d'emploi, de rémunération et de satisfaction professionnelle, et si elles influent sur la répartition des travailleurs dans des professions et des secteurs différents en termes de perspectives d'emploi et de compétences requises. Plus précisément, il étudie l'interaction entre ces disparités et les caractéristiques sociodémographiques individuelles comme le genre, le niveau de formation et la profession des parents, l'origine immigrée et le lieu d'habitation pendant l'enfance.

Depuis longtemps, les travaux de recherche montrent que les caractéristiques sociodémographiques comme le genre, le milieu parental et le niveau d'études constituent des facteurs prédictifs importants des parcours professionnels (Blanden, Gregg et Machin, 2005[4]). Néanmoins, de récents travaux, rendus possibles par la disponibilité de mesures directes des compétences, ont permis d'analyser les déterminants des résultats en matière d'emploi afin de tenir compte du rôle joué par les compétences. Ils ont ainsi montré que les compétences à l'écrit et en calcul, c'est-à-dire les compétences en traitement de l'information mesurées dans le cadre du premier cycle de l'Évaluation des compétences des adultes, constituent des variables prédictives essentielles de l'employabilité et de la rémunération (Hanushek et al., 2015[5] ; OCDE, 2016[6]). L'Évaluation des compétences des adultes révèle en outre que des niveaux de compétences plus élevés dans ces domaines sont systématiquement associés à un taux d'activité et des salaires plus élevés dans tous les pays (OCDE, 2024[3] ; 2019[2]). Par ailleurs, l'aptitude à résoudre des problèmes dans des environnements à forte composante technologique a gagné en importance, car les entreprises sont à la recherche de capacités de réflexion plus flexibles et innovantes (Autor, 2015[7]).

Les compétences sociales et émotionnelles, qui correspondent dans ce rapport aux cinq grands traits de personnalité (*Big Five*) que sont l'extraversion, la stabilité émotionnelle, l'agréabilité, le caractère consciencieux et l'ouverture d'esprit, sont également de plus en plus considérées comme des déterminants clés de la réussite sur le marché du travail. Le caractère consciencieux, la stabilité émotionnelle et l'agréabilité sont plus particulièrement liés à une probabilité d'emploi et une rémunération plus élevées (Almlund et al., 2011[8] ; Heckman, Stixrud et Urzua, 2006[9]). Ces compétences sont également associées aux performances professionnelles, à la coopération et à la résilience, autant de dimensions valorisées dans les environnements de travail (Soto, 2019[10]). De la même manière, il a été démontré que la capacité à différer la gratification, indicative de la maîtrise de soi, est un facteur prédictif des résultats économiques à long terme (Duckworth et Seligman, 2005[11] ; Mischel, Shoda et Rodriguez,

1989[12]), ce qui donne à penser que les préférences en matière d'emploi du temps et le contrôle des impulsions peuvent en partie atténuer l'impact des disparités initiales sur les résultats ultérieurs.

Ces compétences ne sont pas réparties de manière aléatoire dans la population. Par exemple, les enfants issus de milieux socioéconomiques favorisés (c'est-à-dire ceux dont les parents sont diplômés du supérieur ou exercent une profession très valorisée) ont généralement des niveaux supérieurs de compétences en traitement de l'information (écrit et calcul) et de compétences sociales et émotionnelles, qui tiennent aux différences en matière de vécu dès le plus jeune âge, d'investissements des parents et de possibilités de formation (Heckman et Mosso, 2014[13]). Toutefois, les personnes d'origine immigrée, celles qui ont grandi en zone rurale et celles qui sont issues de milieux socioéconomiques défavorisés se heurtent à des obstacles systémiques qui peuvent limiter le développement des compétences et l'accès au marché du travail (Dustmann et Glitz, 2011[14] ; Oded, 2011[15]). Dans ce contexte, les disparités en matière de compétences peuvent perpétuer les inégalités intergénérationnelles et accentuer les fractures structurelles au sein de la société.

Ce chapitre s'appuie sur les travaux d'analyse de plus en plus nombreux de l'OCDE consacrés aux déterminants des disparités s'agissant des résultats sur le marché du travail, et les complète. Il apporte des éclairages sur les différences en matière d'emploi et de rémunération selon le niveau d'études des parents, ce qui montre comment le milieu familial continue d'influencer le niveau de salaire dans les différents pays, en tenant compte d'un éventail plus vaste de caractéristiques sociodémographiques (Causa, À paraître[16]). Il établit également un lien avec les analyses portant sur le rôle de l'inégalité des chances dans la perpétuation des inégalités de revenu (OCDE, 2025[17]), ainsi que sur l'influence des disparités entre les genres et les groupes socioéconomiques sur les aspirations des jeunes (OCDE, 2025[18]). Par ailleurs, il complète l'état des lieux dressé récemment par l'OCDE sur les inégalités entre les genres dans les domaines de l'éducation, de l'emploi, de l'exercice de fonctions dirigeantes, de la santé et de la rémunération dans les pays de l'OCDE et de l'Union européenne (UE) (OCDE, 2025[19]). Enfin, il s'appuie sur des travaux récents de l'OCDE sur la création d'emplois et le développement économique local, qui montrent comment les politiques territorialisées et la dynamique des marchés du travail locaux peuvent creuser ou au contraire atténuer les disparités sociales et démographiques sur le marché du travail (OCDE, 2023[20] ; OCDE, 2024[21]).

4.2. Disparités entre les groupes sociodémographiques en matière d'emploi

Le niveau d'études et les compétences en traitement de l'information permettent d'anticiper dans une large mesure la situation au regard de l'emploi. Les diplômés titulaires d'au moins une licence affichent le taux d'emploi le plus élevé, supérieur de 18 points de pourcentage environ à celui des adultes non diplômés du deuxième cycle du secondaire au profil comparable (Tableau 4.1, Modèle 2). Les diplômés de l'enseignement supérieur de cycle court et du deuxième cycle du secondaire ont également des taux d'emploi plus élevés que les adultes non diplômés du deuxième cycle de l'enseignement secondaire. La prise en compte à la fois du niveau d'études des adultes et de leurs compétences du XXIe siècle permet d'isoler la corrélation de chaque facteur avec les résultats sur le marché du travail tout en maintenant l'autre facteur constant. Les résultats sont similaires lorsque des variables de contrôle correspondant aux compétences sociales et émotionnelles sont introduites (Tableau 4.1, Modèle 3).

Les différences entre les adultes en termes de niveaux d'études et de compétences expliquent une grande partie des différences relevées au regard des taux d'emploi en fonction de l'âge, du milieu socioéconomique (niveau d'études des parents), et du lieu d'habitation pendant l'enfance (zones urbaines ou rurales). Après prise en compte d'autres caractéristiques sociodémographiques, l'écart entre les adultes dont les parents sont diplômés du supérieur et ceux dont les parents ne sont pas diplômés du supérieur s'établit à 2.7 points de pourcentage, et à 3.4 points de pourcentage entre ceux dont les parents exercent une profession très valorisée et ceux dont les parents ont une profession peu valorisée (Tableau 4.1, Modèle 1). Toutefois, on ne relève pas d'écarts significatifs si l'on tient compte des différences entre ces deux groupes en termes de niveau d'études et de niveau de compétences en traitement de l'information et de compétences sociales et émotionnelles (Tableau 4.1, Modèle 3), ou si l'on prend en compte d'autres différences en termes de caractéristiques individuelles (Tableau 4.1, Modèle 4) et d'éventuelles non-linéarités dans les compétences (Tableau 4.1, Modèle 5). Il existe une corrélation positive entre le niveau d'études des parents, leur profession et le lieu d'habitation pendant l'enfance, dans la mesure où les parents diplômés du supérieur exercent généralement des professions plus valorisées et vivent souvent en zone urbaine. C'est pourquoi les disparités liées au milieu socioéconomique se cumulent souvent.

Il existe des variations entre les pays quant aux disparités entre les groupes sociodémographiques au regard de la probabilité d'occuper un emploi et de l'influence exercée sur ces disparités par le niveau d'études, les compétences en traitement de l'information et les compétences sociales et émotionnelles des adultes. Le Graphique 4.1 montre que les **variations entre les pays au regard des disparités en matière d'emploi selon le milieu socioéconomique sont plus limitées que celles liées à l'âge, à l'origine immigrée et au genre.** En Italie, les disparités selon le niveau d'études des parents peuvent atteindre jusqu'à 14 points de pourcentage, illustrant le fait que les adultes dont les parents sont diplômés de l'enseignement supérieur sont plus susceptibles d'occuper un emploi (Graphique 4.1, modèle multivarié de base). Si l'on tient compte du niveau de formation et des compétences des adultes, ces disparités sont réduites à 5 points de pourcentage. À titre de comparaison, au Chili, l'écart en termes d'emploi passe de 3 à 5 points en faveur des adultes dont les parents ne sont pas diplômés du supérieur (Graphique 4.1, modèle multivarié de base et modèle multivarié complet).

Les différences entre hommes et femmes en matière de probabilité d'emploi restent inchangées que l'on tienne compte ou non des différences en termes de niveaux d'études et de compétences en traitement de l'information, à 7.9 points de pourcentage dans les deux modèles (Tableau 4.1, Modèles 1 et 2). L'écart important en termes de taux d'emploi entre hommes et femmes aux niveaux d'études et de compétences similaires pourrait tenir aux différences dans la manière dont les hommes et les femmes participent à l'enseignement formel et en tirent profit, ou à l'influence des normes sociales et des rôles dévolus aux hommes et aux femmes sur les perspectives d'emploi (par exemple, les femmes quittent souvent le marché du travail pour s'occuper de leurs enfants ou de proches âgés). Si l'on tient compte du vaste éventail de compétences sociales et émotionnelles, l'écart entre les hommes et les femmes en matière d'emploi reste relativement inchangé à 7.1 points (Tableau 4.1, Modèle 3).

Tableau 4.1. Disparités en matière de probabilité d'emploi, par caractéristique sociodémographique

Évolution de la probabilité d'occuper un emploi, en points de pourcentage, moyenne OCDE

	Modèle (1)	Modèle (2)	Modèle (3)	Modèle (4)	Modèle (5)
Genre - hommes (réf. : femmes)	**7.91**	**7.88**	**7.13**	**7.40**	**7.62**
Âge - 50-65 ans (réf. : 30-49 ans)	**-4.50**	**-2.14**	**-2.13**	**-3.51**	**-3.44**
Niveau d'études des parents - supérieur (réf. : non supérieur)	**2.72**	**-0.79**	-0.62	-0.37	-0.22
Profession des parents - Profession très valorisée (réf. : peu valorisée)	**3.41**	-0.19	-0.27	-0.42	-0.31
Origine immigrée (réf. : non-immigrés)*					
Immigrés	**-4.31**	-0.58	-0.21	-0.38	-0.24
Enfants d'immigrés	**-2.21**	-0.96	-1.03	-0.95	-0.84
Lieu d'habitation pendant l'enfance (réf. : village)					
Ville	-0.37	**-1.22**	**-1.12**	**-1.11**	**-1.14**
Métropole	-0.08	**-1.02**	**-0.89**	**-0.87**	**-0.87**
Niveau d'études des répondants (réf. : inférieur au deuxième cycle du secondaire)					
Deuxième cycle du secondaire et postsecondaire (filière professionnelle)		**13.38**	**12.24**	**11.69**	**10.74**

	Modèle (1)	Modèle (2)	Modèle (3)	Modèle (4)	Modèle (5)
Deuxième cycle du secondaire et postsecondaire (filière générale)		**10.72**	**9.89**	**9.65**	**8.93**
Enseignement supérieur de cycle court		**16.24**	**14.46**	**13.93**	**13.16**
Licence ou équivalent et au-delà		**17.59**	**15.71**	**15.11**	**14.47**
Bénévolat		**2.31**	**1.35**	**0.95**	**0.99**
Compétences					
Compétences à l'écrit		**1.08**	**1.42**	**1.27**	**1.27**
Compétences en calcul		**3.50**	**2.68**	**2.45**	**2.08**
Résolution adaptative de problèmes		**1.07**	**1.32**	**1.36**	**1.56**
Gratification différée			0.26	0.18	-0.07
Extraversion			**2.57**	**2.27**	**2.30**
Stabilité émotionnelle			**2.70**	**2.26**	**1.91**
Agréabilité			-0.12	-0.26	-0.16
Caractère consciencieux			**1.50**	**1.31**	**1.22**
Ouverture d'esprit			**-0.73**	**-0.68**	**-0.67**
Compétences (au carré)					
Compétences à l'écrit					0.08
Compétences en calcul					**-1.05**
Résolution adaptative de problèmes					0.09
Gratification différée					**-0.53**
Extraversion					**-0.76**
Stabilité émotionnelle					**-1.31**
Agréabilité					0.01
Caractère consciencieux					**-0.66**
Ouverture d'esprit					-0.21
Autres caractéristiques individuelles	NON	NON	NON	OUI	OUI

Note : Les adultes correspondent aux personnes âgées de 30 à 65 ans, hors étudiants et retraités. Le graphique présente les coefficients estimés à partir d'un modèle linéaire concernant la probabilité d'occuper un emploi. Les coefficients en gras sont statistiquement significatifs au seuil de 5 %. Les autres caractéristiques individuelles sont notamment le nombre d'enfants, l'état de santé, la situation professionnelle du/de la conjoint(e), et le lieu d'habitation actuel (urbain-rural). Les estimations des modèles (3), (4) et (5) ne tiennent pas compte du Japon et des États-Unis faute de données recueillies sur les compétences sociales et émotionnelles dans ces pays. Ces deux pays ne sont pas non plus pris en compte dans le calcul de la moyenne OCDE dans tous les modèles présentés dans ce tableau à des fins de comparabilité, mais les estimations concernant ces pays sont fournies avec celles d'autres pays dans le tableau 4.A.1.1 à l'Annexe 4.A. Le niveau d'études des répondants repose sur la Classification internationale type de l'éducation (CITE) de 2011, selon les catégories suivantes : inférieur au deuxième cycle du secondaire (CITE 0, 1, 2), deuxième cycle du secondaire et postsecondaire - filière générale (CITE 3 gén. cycle court, CITE 3 gén. accès 3, CITE 3 gén. accès 3/4, CITE 3 gén. accès 5/6/7), deuxième cycle du secondaire et postsecondaire - filières professionnelles (CITE 3 prof. cycle court, CITE 3 prof. accès 3, CITE 3 prof. accès 3/4, CITE 3 prof. accès 5/6/7), enseignement supérieur de cycle court (CITE 5 non spécifié, CITE 5 gén., CITE 5 prof.), et Licence ou équivalent et au-delà (CITE 6, 7, 8). Le niveau d'études des parents (quand les répondants avaient 14 ans) repose sur la Classification internationale type de l'éducation (CITE) de 2011 et distingue les adultes dont au moins un parent est diplômé du supérieur (niveaux 5, 6, 7 et 8 de la CITE 2011) et ceux dont les parents n'ont pas suivi d'études supérieures. La profession des parents (quand les répondants avaient 14 ans) repose sur la Classification internationale type des professions (CITP). Les professions sont regroupées en professions très valorisées : directeurs, cadres de direction et gérants ; professions intellectuelles et scientifiques et professions intermédiaires (CITP 1 à 3) et professions peu valorisées : employés de type administratif ; personnel des services et vendeurs de magasin et de marché ; agriculteurs et ouvriers qualifiés de l'agriculture et de la pêche ; artisans et ouvriers des métiers de type artisanal ; conducteurs d'installations et de machines et ouvriers de l'assemblage ; et ouvriers et employés non qualifiés (CITP 4 à 9). Le lieu d'habitation pendant l'enfance (quand les répondants avaient 14 ans) fait référence à l'enfance vécue dans un village, une ville ou une métropole. Les groupes en fonction de l'origine immigrée distinguent les enfants d'immigrés, les immigrés et les non-immigrés. Les enfants d'immigrés sont nés dans leur pays de résidence actuel, mais pas leurs parents, ou bien ils sont nés dans un autre pays et sont venus dans leur pays de résidence actuel avant l'âge de 18 ans. Les immigrés sont les personnes qui ont émigré dans leur pays de résidence actuel à l'âge de 18 ans ou plus. Les non-immigrés sont nés dans leur pays de résidence actuel, tout comme leurs parents.

*Les différences en fonction de l'origine immigrée sont très variables d'un pays à l'autre compte tenu des différences dans la taille des groupes d'immigrés, ainsi que dans leur composition et leur situation. Les lecteurs sont donc invités à consulter les résultats par pays dans le tableau 4.A.1.1 de l'Annexe 4.A.

Source : Calculs fondés sur OCDE (2024[22]), *Données et méthodologie du PIAAC*, www.oecd.org/fr/about/programmes/piaac/piaac-data.html.

StatLink https://stat.link/3c18ti

Graphique 4.1. Disparités en matière de probabilité d'emploi, par caractéristique sociodémographique et par pays

Variation de la probabilité d'occuper un emploi par groupe sociodémographique : coefficients de régression du modèle multivarié de base et du modèle multivarié complet, par pays

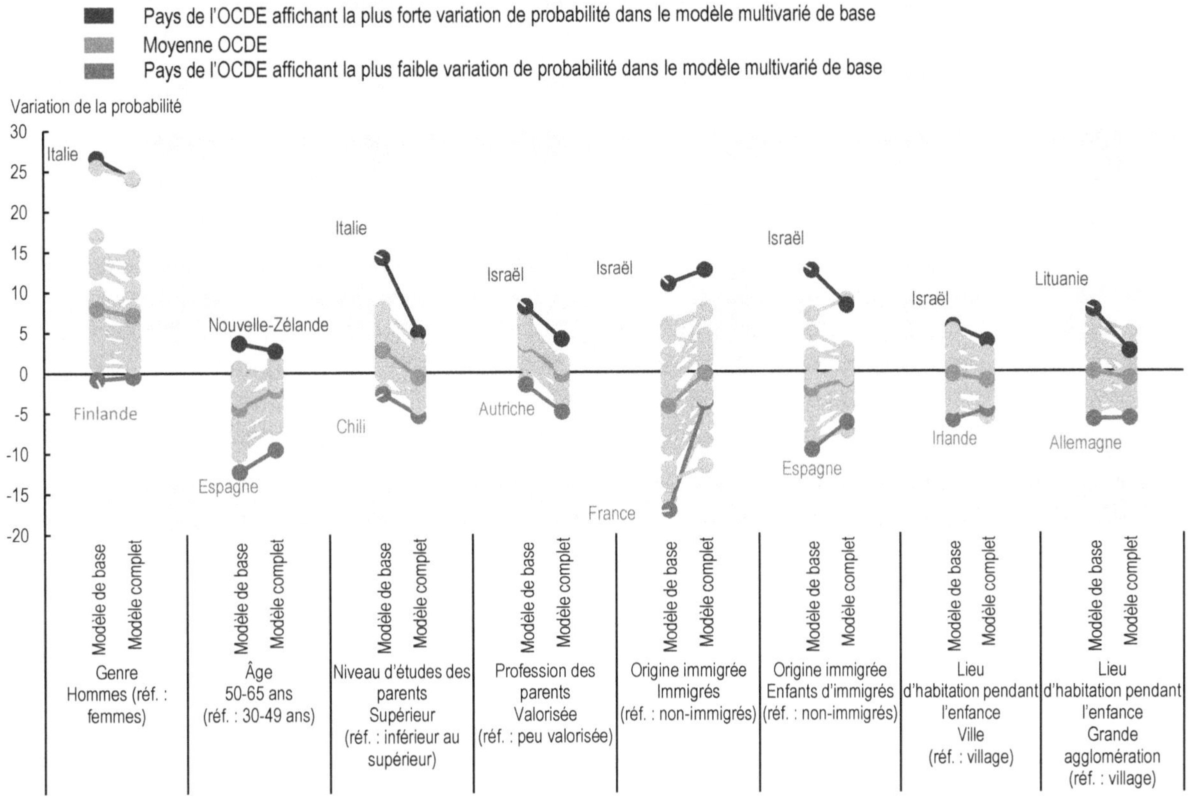

Note : Les adultes correspondent aux personnes âgées de 30 à 65 ans, hors étudiants et retraités. Le graphique présente les coefficients appliqués aux groupes sociodémographiques définis selon les caractéristiques suivantes : genre, âge, niveau d'études et profession des parents, origine immigrée et lieu d'habitation pendant l'enfance, sur la base d'estimations par pays. Les coefficients du modèle multivarié de base suivent la formule du Modèle 2 dans le Tableau 4.1, tandis que ceux du modèle multivarié complet suivent celle du Modèle 5 dans le Tableau 4.1. Le modèle multivarié complet tient également compte de variables qui ne sont peut-être pas disponibles pour tous les pays, ce qui explique pourquoi, dans certains pays, seules les estimations du modèle multivarié de base sont disponibles. Voir la note du Tableau 4.1 pour les définitions des groupes fondées sur la profession et le niveau d'études des parents , l'origine immigrée et le lieu d'habitation pendant l'enfance. Les résultats par pays incluant les erreurs-types sont présentés dans le tableau 4.A.1.1 de l'Annexe 4.A. Pour ce qui est de l'origine immigrée, le graphique ne présente les données d'un pays que si l'échantillon final du PIAAC comprend au moins 200 adultes dans chacun des groupes comparés. Les résultats par pays sont présentés dans le tableau 4.A.1.1 de l'Annexe 4.A.

Source : Calculs fondés sur OCDE (2024[23]), *Évaluation des compétences des adultes (PIAAC), base de données du 2e cycle*, www.oecd.org/fr/data/datasets/piaac-2nd-cycle-database.html.

StatLink https://stat.link/qtxwvc

Les résultats moyens masquent des variations importantes entre les pays quant à l'ampleur des inégalités hommes-femmes en matière d'emploi. Par exemple, en Italie, l'écart entre les genres en matière d'emploi s'élève à 27 points de pourcentage, alors qu'il est insignifiant en Finlande (à 0.8 point en faveur des femmes) (Graphique 4.1, modèle multivarié de base). Néanmoins, les écarts entre les genres dans les pays évoluent différemment si l'on tient compte des différences en matière de niveaux d'études et de compétences. Ainsi, en République tchèque (ci-après « Tchéquie »), l'écart entre les genres passe de 14 à 11 points de pourcentage (Tableau d'annexe 4.A.1). À titre de comparaison, en Israël, il augmente de 7 à 10 points de pourcentage à niveau d'études et compétences égaux.

Les adultes non issus de l'immigration sont plus susceptibles d'occuper un emploi que les immigrés et les enfants d'immigrés, même si les différences entre ces groupes disparaissent si l'on compare des personnes aux niveaux d'études et aux compétences similaires. Le taux d'emploi des adultes non issus de l'immigration est supérieur de 4.3 points de pourcentage à celui des immigrés et de 2.2 points à celui des enfants d'immigrés (Tableau 4.1, Modèle 1). Ces écarts tiennent aux disparités entre les groupes au regard des niveaux d'études et des compétences en traitement de l'information : on ne constate aucune différence dans la probabilité d'occuper un emploi selon l'origine immigrée si l'on compare des adultes aux niveaux d'études et de compétences en traitement de l'information similaires (Tableau 4.1, modèles 2 à 5). Cela donne à penser que les disparités s'agissant des possibilités de formation et de développement des compétences en traitement de l'information sont la principale raison pour laquelle les immigrés et les enfants d'immigrés ont une probabilité d'emploi inférieure à celle des adultes non issus de l'immigration (Tableau 4.1, Modèle 2).

Selon les estimations, la probabilité d'occuper un emploi est la même pour les adultes ayant grandi dans un village et ceux qui ont grandi dans une ville ou une métropole après prise en compte d'autres caractéristiques sociodémographiques (Tableau 4.1, Modèle 1). En fait, si l'on compare des personnes aux niveaux d'études et aux compétences similaires, celles qui ont grandi dans un village ont une probabilité légèrement plus élevée d'occuper un emploi que celles ayant grandi dans une ville ou une métropole, avec un écart de l'ordre de 1 point de pourcentage (Tableau 4.1, Modèle 3).

Il est essentiel de tenir compte des non-linéarités liées à l'incidence des compétences du XXIe siècle lors de l'analyse des données. Les analyses empiriques décrites jusqu'à présent reposent sur l'hypothèse d'une linéarité : on suppose ainsi que chaque hausse d'un écart-type supplémentaire dans les compétences du XXIe siècle accroît la probabilité d'emploi du même montant. Si l'on assouplit ces hypothèses, on observe des rendements marginaux décroissants au regard des compétences en calcul, et des rendements relativement linéaires concernant les compétences à l'écrit et en résolution adaptative de problèmes (Tableau 4.1, Modèle 5). L'impact marginal de l'amélioration des compétences en calcul devient presque nul une fois que la personne se situe un demi-écart-type environ au-dessus de la moyenne de la population ; au-delà de ce seuil, toute amélioration supplémentaire des compétences a une incidence nulle sur la probabilité d'occuper un emploi. En d'autres termes, des compétences en calcul plus élevées ne sont associées à de meilleures perspectives d'emploi que jusqu'à un certain point, au-delà duquel de nouvelles améliorations n'entraînent pas une probabilité accrue de décrocher un emploi. À titre de comparaison, l'amélioration des compétences à l'écrit et en résolution de problèmes offre un rendement constant : plus elles sont élevées, meilleures sont les perspectives d'emploi. La relation entre l'extraversion, le caractère consciencieux et la stabilité émotionnelle d'une part et la probabilité d'emploi d'autre part est également non linéaire.

La prise en compte des non-linéarités a deux implications : premièrement, elle renforce les arguments en faveur de l'efficience des investissements ciblés dans les compétences, et deuxièmement, elle met en garde contre le fait d'extrapoler les effets marginaux moyens à l'ensemble de la population lors de la formulation des politiques ou de l'estimation des effets sur le marché du travail. Les programmes qui aident les adultes à renforcer leurs compétences pour passer d'un niveau faible à intermédiaire ont des retombées positives plus importantes sur l'emploi que ceux qui améliorent les compétences des travailleurs déjà dotés de solides aptitudes en calcul. Si les décideurs ne tiennent pas compte de la dégressivité des rendements, ils risquent de surestimer les effets positifs de l'amélioration des compétences au sein des groupes hautement qualifiés et de sous-estimer l'intérêt, sur le plan de l'emploi, d'une amélioration des compétences de base pour les adultes ayant un faible niveau en calcul.

4.3. Disparités entre les groupes sociodémographiques en matière de rémunération

Il existe une corrélation positive entre le niveau d'études, les compétences en traitement de l'information et la productivité des travailleurs, et différentes études confirment leurs retombées sur les salaires (Araki, 2020[24] ; OCDE, 2024[3] ; Hanushek et al., 2015[5]). D'autres données issues de l'Évaluation des compétences des adultes 2023 donnent à penser que l'incidence du nombre d'années d'études sur la rémunération est plus importante que celle des compétences en traitement de l'information (OCDE, 2024[23]). Cela tient peut-être au fait que le nombre d'années d'études représente un éventail plus large de processus d'acquisition des compétences, y compris des compétences sociales et émotionnelles, et peut avoir une valeur indicatrice pour les employeurs. Les résultats présentés dans le Tableau 4.2 permettent de recenser les différences entre les groupes en termes de salaire horaire et de déterminer dans quelle mesure ces différences reflètent les disparités entre les groupes sociodémographiques en matière de niveau d'études, de compétences du XXIe siècle et de répartition des travailleurs dans les différents métiers et secteurs.

L'analyse présentée complète celle réalisée par Causa (À paraître[16]), qui examine plus en détail les disparités salariales selon le niveau d'études des parents, en tenant explicitement compte des différences sur le plan de la probabilité d'emploi et du fait que la sélection au regard de l'emploi est influencée par des caractéristiques contextuelles. À titre de comparaison, les estimations présentées dans ce rapport reflètent les différences de rémunération entre les actifs occupant un emploi, ce qui permet d'avoir une vue d'ensemble des disparités sans tenir compte des différences en termes de taux d'activité. Les deux approches sont donc complémentaires : Causa (À paraître[16]) se concentre sur les écarts de salaire entre les générations en fonction du niveau d'études des parents, tandis que le présent rapport dresse un tableau plus vaste des disparités entre divers groupes sociodémographiques et s'efforce de déterminer si ces disparités peuvent être liées aux inégalités d'accès aux possibilités de formation tout au long de la vie. Ensemble, ces deux approches permettent aux responsables de l'action publique de mieux comprendre comment le milieu familial influe sur les résultats enregistrés sur le marché du travail, à la fois par l'intermédiaire de l'accès à l'emploi et par le biais des rendements différents des études et des compétences une fois dans l'emploi.

En moyenne dans les pays de l'OCDE, les hommes perçoivent un salaire horaire supérieur de 14 % à celui des femmes (Tableau 4.2, Modèle 1). Cet écart se creuse à 17 % si l'on tient compte des différences dans les parcours scolaires et les compétences en traitement de l'information (Tableau 4.2, Modèle 2). Cependant, il est de 16 % lorsqu'on prend également en compte les compétences sociales et émotionnelles (Tableau 4.2, Modèle 3), et de 14 % lorsque le domaine d'études est en outre contrôlé (Tableau d'annexe 4.A.1). La prise en compte des compétences sociales et émotionnelles et des caractéristiques individuelles, comme l'état de santé, la présence d'enfants et le lieu d'habitation actuel, n'a pas d'incidence sur les estimations (Tableau 4.2, Modèle 4), tandis que l'écart de rémunération entre les hommes et les femmes s'établit à 13 % si l'on tient compte de la profession et du secteur d'activité des adultes, ainsi que de leur expérience et de leur temps de travail (temps plein ou temps partiel) (Tableau 4.2, Modèle 5).

Les écarts de rémunération entre hommes et femmes varient sensiblement d'un pays à l'autre. C'est au Japon que l'écart est le plus marqué, à 39 % en faveur des hommes, tandis qu'il est le plus faible dans la Région flamande (Belgique), à 6 % (Graphique 4.2, modèle multivarié de base). On constate également des variations entre les pays concernant l'évolution de ces écarts de rémunération après prise en compte des parcours scolaires des hommes et des femmes, de leurs compétences et de leur participation à la formation tout au long de la vie. Par exemple, en Israël, l'écart femmes-hommes est nettement plus prononcé, passant de 18 % à 26 % après prise en compte de ces facteurs, tandis qu'il reste constant en Norvège, à 11 % (Tableau d'annexe 4.A.1). En Tchéquie, l'écart de rémunération entre hommes et femmes tient dans une large mesure à ces facteurs, puisqu'il diminue de 21 % à 17 % une fois qu'ils sont pris en compte (Tableau d'annexe 4.A.1).

Les variations entre les pays donnent à penser que même si l'écart salarial entre les genres est un phénomène mondial et si ses déterminants sont comparables d'un pays à l'autre, l'importance de certains facteurs fluctue selon les pays. Dans ces conditions, certaines mesures peuvent être plus efficaces pour réduire l'écart salarial entre les genres dans certains pays que dans d'autres, d'où la nécessité de prendre des mesures adaptées à chaque pays et à chaque contexte.

Les personnes issues de milieux socioéconomiques favorisés perçoivent une rémunération horaire supérieure de 11 à 13 % à celle des individus d'origine modeste, un écart légèrement inférieur à celui constaté entre les hommes et les femmes (Tableau 4.2, Modèle 1). Contrairement à l'écart hommes-femmes, 70 % de l'écart de rémunération entre les adultes issus de milieux favorisés et ceux issus de milieux défavorisés tient à d'autres disparités entre ces deux groupes en termes de parcours scolaire, de compétences et de participation à la formation tout au long de la vie ; une fois ces facteurs pris en compte, l'écart de rémunération est ainsi réduit de 13 % à 4 % (Tableau 4.2, Modèle 3). S'agissant du niveau d'études des parents, la totalité de l'écart tient aux différences supplémentaires entre les deux groupes (Tableau 4.2, Modèle 3).

Les écarts de salaire entre les catégories socioéconomiques varient d'un pays à l'autre. C'est en Israël que l'écart salarial entre les personnes dont les parents sont diplômés du supérieur et les autres est le plus marqué (à 21 % en faveur des adultes dont les parents sont diplômés du supérieur), et c'est en France qu'il est le plus faible à 2 % (Graphique 4.2, modèle multivarié de base). Néanmoins, dans le modèle multivarié complet (après prise en compte des différences en matière de niveaux d'études, de compétences et de participation à la formation tout au long de la vie), l'écart s'établit à 7 % en Israël, tandis qu'en France, les adultes dont les parents ne sont pas diplômés du supérieur gagnent 5 % de plus que ceux dont les parents ont suivi des études supérieures.

Tableau 4.2. Disparités en matière de rémunération horaire, par caractéristique sociodémographique

Écart (en %) de rémunération horaire en USD de 2022 à parité de pouvoir d'achat (PPA), moyenne OCDE

	Modèle (1)	Modèle (2)	Modèle (3)	Modèle (4)	Modèle (5)	Modèle (6)
Genre - hommes (réf. : femmes)	**14.48**	**16.73**	**16.05**	**16.28**	**12.79**	**12.73**
Âge - 50-65 ans (réf. : 30-49 ans)	**-2.87**	**3.16**	**3.19**	**2.68**	-1.10	-1.05
Niveau d'études des parents - supérieur (réf. : non supérieur)	**10.55**	0.54	0.63	0.93	**1.46**	1.33
Profession des parents - très valorisée (réf. : peu valorisée)	**13.37**	**4.25**	**4.37**	**4.25**	**2.67**	**2.68**
Lieu d'habitation pendant l'enfance (réf. : village)						
Ville	**3.46**	0.34	0.39	-0.12	-0.66	-0.56
Métropole	**7.07**	**3.40**	**3.40**	**2.52**	0.79	0.89
Origine immigrée (réf. : non-immigrés)*						
Immigrés	**-14.10**	**-8.22**	**-7.87**	**-8.36**	**-4.03**	**-4.05**
Enfants d'immigrés	-0.46	0.99	1.31	1.49	**2.07**	**2.18**
Niveau d'études des répondants (inférieur au deuxième cycle du secondaire)						
Deuxième cycle du secondaire et postsecondaire (filière professionnelle)		**7.21**	**6.46**	**6.29**	**2.50**	**2.87**
Deuxième cycle du secondaire et postsecondaire (filière générale)		**7.89**	**7.26**	**7.32**	**3.52**	**3.84**
Enseignement supérieur de cycle court		**17.57**	**16.69**	**16.40**	**7.89**	**8.28**
Licence ou équivalent et au-delà		**35.05**	**33.88**	**33.42**	**18.57**	**18.75**
Participation à la formation des adultes		**11.24**	**10.79**	**10.72**	**5.75**	**5.71**

	Modèle (1)	Modèle (2)	Modèle (3)	Modèle (4)	Modèle (5)	Modèle (6)
Bénévolat		0.80	0.15	-0.24	-0.04	-0.13
Compétences						
Compétences à l'écrit		1.64	**2.35**	**2.34**	1.49	**1.94**
Compétences en calcul		**9.18**	**8.35**	**7.99**	**5.38**	**4.91**
Résolution adaptative de problèmes		-0.90	-0.64	-0.59	-0.83	-0.61
Gratification différée			**1.14**	**0.97**	**0.84**	0.52
Extraversion			**2.55**	**2.08**	**2.02**	**2.10**
Stabilité émotionnelle			**2.74**	**2.38**	**1.62**	**1.73**
Agréabilité			**-0.83**	**-1.07**	**-0.69**	**-0.75**
Caractère consciencieux			**2.02**	**1.81**	**0.85**	**0.96**
Ouverture d'esprit			**-1.62**	**-1.45**	**-1.19**	**-1.21**
Compétences (au carré)						
Compétences à l'écrit						-0.21
Compétences en calcul						**1.26**
Résolution adaptative de problèmes						-0.18
Gratification différée						**-0.38**
Extraversion						0.19
Stabilité émotionnelle						0.15
Agréabilité						-0.23
Caractère consciencieux						-0.11
Ouverture d'esprit						**-0.51**
Autres caractéristiques individuelles	NON	NON	NON	OUI	OUI	OUI
Caractéristiques liées à l'emploi et à l'entreprise	NON	NON	NON	NON	OUI	OUI
Caractéristiques liées à la profession et au secteur	NON	NON	NON	NON	OUI	OUI

Note : Les adultes correspondent aux personnes âgées de 30 à 65 ans. Le tableau présente les coefficients estimés à partir d'une régression linéaire avec le logarithme des revenus pour variable dépendante. Les revenus inférieurs au premier centile et supérieurs au 99e ne sont pas pris en compte pour éliminer les valeurs aberrantes. Les revenus incluent les primes et les revenus des travailleurs indépendants. Les coefficients en gras sont statistiquement significatifs au seuil de 5 %. Autres caractéristiques individuelles : nombre d'enfants, état de santé, situation professionnelle du/de la conjoint(e), et lieu d'habitation actuel. Caractéristiques liées à l'emploi et à l'entreprise : expérience, taille de l'entreprise, travail à temps partiel, secteur public. Les estimations des modèles (4) et (5) ne tiennent pas compte du Japon et des États-Unis ; ces pays sont exclus du calcul de la moyenne OCDE dans tous les modèles présentés dans ce tableau. La Corée n'est pas incluse dans ce tableau. Voir la note du Tableau 4.1 pour les définitions des groupes fondées sur la profession et le niveau d'études des parents , l'origine immigrée, le lieu d'habitation pendant l'enfance et le niveau d'études des répondants.
Les résultats par pays sont présentés dans le tableau 4.A.1.2 de l'Annexe 4.A.
*Les différences en fonction de l'origine immigrée sont très variables d'un pays à l'autre compte tenu des différences dans la taille des groupes d'immigrés, ainsi que dans leur composition et leur situation. Les lecteurs sont donc invités à consulter les résultats par pays dans le tableau 4.A.1.2 de l'Annexe 4.A.
Source : Calculs fondés sur OCDE (2024[23]), *Évaluation des compétences des adultes (PIAAC), base de données du 2e cycle*, www.oecd.org/fr/data/datasets/piaac-2nd-cycle-database.html.

StatLink https://stat.link/51idgq

Les écarts de rémunération entre les personnes d'origine immigrée et les autres sont marqués. Les immigrés – définis comme les personnes ayant émigré dans leur pays de résidence à l'âge de 18 ans ou plus – perçoivent une rémunération inférieure de 14 % en moyenne à celle des personnes non issues de l'immigration (Tableau 4.2, Modèle 1), après prise en compte des caractéristiques sociodémographiques comme le niveau d'études et la profession des parents, le genre, l'âge et le lieu d'habitation pendant l'enfance. Cet écart de rémunération diminue pour atteindre 8 % environ après prise en compte des différences entre les deux groupes en termes de parcours scolaire, de compétences et de participation à la formation tout au long de la vie (Tableau 4.2, Modèle 3). Il tombe à 4 % lorsque l'on tient compte également des différences au regard de la profession et du secteur d'activité (Tableau 4.2, Modèle 5).

Les enfants d'immigrés – c'est-à-dire les personnes nées dans le pays où elles résident de parents étrangers ou qui ont émigré dans leur pays de résidence avant l'âge de 18 ans – ne perçoivent pas une rémunération inférieure à celle des personnes qui ne sont pas issues de l'immigration en moyenne, après prise en compte d'autres caractéristiques sociodémographiques, du niveau d'études, des compétences et d'autres caractéristiques individuelles (Tableau 4.2, modèles 1 à 4). Cependant, si l'on tient compte de l'emploi, de l'entreprise et du secteur d'activité, les enfants d'immigrés perçoivent en moyenne une rémunération supérieure de 2 % à celle des personnes qui ne sont pas issues de l'immigration (Tableau 4.2, Modèle 5). Il existe d'importantes variations entre les pays, qui reflètent les différences entre les communautés d'immigrés au regard du pays d'origine et des caractéristiques sociodémographiques, ainsi que les disparités dans les parcours d'intégration et les possibilités d'emploi des personnes issues de milieux linguistiques et culturels différents (Tableau d'annexe 4.A.1).

Les personnes qui ont grandi dans une métropole perçoivent une rémunération supérieure de 7 % à celle des personnes qui ont grandi dans un village, en moyenne dans les différents pays, même en tenant compte d'autres caractéristiques sociodémographiques (Tableau 4.2, Modèle 1). Toutefois, cet écart tient également aux différences entre les deux groupes en termes de parcours scolaire, de compétences, de participation à la formation tout au long de la vie et de profession, étant donné qu'il est réduit à zéro si l'on tient compte de ces caractéristiques (Tableau 4.2, modèles 5 à 6).

Ces disparités varient également d'un pays à l'autre. Par exemple, c'est aux États-Unis que l'écart de salaire entre les personnes ayant grandi dans une métropole et celles qui ont grandi dans un village est le plus restreint (-4 %, en faveur des personnes ayant grandi dans un village). À l'inverse, c'est au Chili qu'il est le plus marqué (23 %), en faveur de ceux qui ont grandi en ville (Graphique 4.2, modèle multivarié de base). Cependant, ces écarts reflètent les différences entre les deux groupes en termes de parcours scolaire, de compétences et de participation à la formation tout au long de la vie. Après prise en compte de ces facteurs, l'écart salarial au Chili diminue pour passer de 23 % – en faveur des personnes ayant grandi en ville – à 3 % en faveur de celles qui ont grandi dans un village (Graphique 4.2, modèle multivarié complet).

Les différences de niveaux d'études influent sur les écarts de rémunération entre les différents groupes. Comme l'explique en détail le chapitre 3, les parcours scolaires varient considérablement d'un groupe sociodémographique à l'autre, en particulier en fonction du milieu socioéconomique d'origine ; ces parcours déterminent à leur tour le développement des compétences. Comme le montre le Tableau 4.2, les adultes diplômés du deuxième cycle du secondaire ou du postsecondaire (dans les filières professionnelles ou générales) gagnent 7 à 8 % environ de plus que ceux qui ne sont pas titulaires de tels diplômes (Tableau 4.2, Modèle 2). Les adultes titulaires d'un diplôme de l'enseignement supérieur de cycle court gagnent 18 % de plus, tandis que les titulaires d'une licence ou plus gagnent 35 % de plus. Ces écarts salariaux sont dans une large mesure liés aux différences sur le plan professionnel, car les emplois qui exigent généralement des diplômes du supérieur – comme les professions intellectuelles et scientifiques et les professions intermédiaires – proposent généralement des salaires supérieurs à la moyenne. Par exemple, la prime salariale associée à la licence ou plus, par rapport à l'absence de diplôme du deuxième cycle du secondaire, diminue de 35 % à 19 % si l'on tient compte des différences de salaires entre les professions et les secteurs d'activité (Tableau 4.2, Modèle 5). S'il est impossible, à partir de données transversales, de distinguer la contribution relative du niveau d'études et des compétences, le Tableau 4.2 donne à penser que les compétences en calcul sont particulièrement valorisées en plus, et au-delà, des diplômes. Plus précisément, une hausse d'un écart-type des compétences en calcul est associée à une hausse de 5 %[1] du salaire lorsque l'on compare des individus au profil comparable en termes de caractéristiques sociodémographiques, de niveau d'études et de participation à la formation tout au long de la vie, et travaillant dans des professions et des secteurs d'activité similaires (Tableau 4.2, Modèle 5).

L'avantage salarial varie selon le secteur d'activité, la profession et le pays. Par exemple, les personnes qui travaillent dans des secteurs comme ceux des technologies de l'information et de la communication, des activités financières et d'assurance et de l'immobilier peuvent espérer percevoir une rémunération supérieure de 19 % environ à celle des personnes au profil comparable travaillant dans les activités de services administratifs et de soutien (Tableau d'annexe 4.A.1). À titre de comparaison, les adultes qui travaillent dans le secteur de l'éducation peuvent compter gagner 5 % de moins environ que leurs homologues exerçant un emploi dans un autre secteur.

Les travailleurs au niveau de compétence élevé en calcul bénéficient plus particulièrement de l'amélioration de leurs compétences, le rendement des compétences en calcul par rapport au salaire étant particulièrement élevé pour ceux qui sont les plus qualifiés dans ce domaine. Si la relation entre l'emploi et certaines compétences du XXIe siècle n'est pas linéaire, les résultats présentés dans le Modèle 6 du Tableau 4.2 laissent à penser que le rendement salarial des compétences à l'écrit et en résolution adaptative de problèmes est globalement linéaire. Ces constats soulignent la nécessité de politiques qui élargissent l'accès aux possibilités de formation et d'apprentissage tout au long de la vie, en particulier pour les personnes ayant un faible niveau de compétence en calcul, en veillant à ce que les contraintes financières et de temps et la précarité de l'emploi ne freinent pas la participation. Des systèmes de formation des adultes renforcés et des programmes ciblés d'amélioration des compétences peuvent contribuer à rendre le développement des compétences plus inclusif et à favoriser la progression salariale de l'ensemble de la main-d'œuvre.

Pour concevoir leurs stratégies de formation tout au long de la vie, les pouvoirs publics doivent impérativement se demander s'il est plus rentable d'investir dans un large éventail de compétences que d'investir dans des compétences spécifiques, et si le rendement de l'acquisition d'une compétence spécifique varie en fonction du panel de compétences que la personne possède déjà. Si le rendement des compétences sur le plan salarial est additif, chaque compétence devrait être associée à un avantage salarial à peu près équivalent indépendamment des autres aptitudes des travailleurs. Dans ce contexte, la formation modulaire – qui permet aux individus de se perfectionner dans leur domaine de compétences le plus faible ou d'acquérir des compétences parmi celles qui sont les plus recherchées – peut être un moyen efficace d'organiser la formation. En revanche, si le rendement des compétences est multiplicatif, la valeur de n'importe quelle compétence dépend des autres compétences auxquelles elle est associée, ainsi que de l'éventail plus large des compétences possédées par les travailleurs. Par exemple, l'amélioration des compétences en calcul pourrait n'être rentable que si elle s'accompagne d'une capacité à différer la gratification, tandis que les avantages découlant de comportements associés à un fort caractère consciencieux peuvent profiter principalement aux travailleurs qui possèdent déjà de solides compétences en résolution adaptative de problèmes. Dans ce cas, des interventions groupées seraient vraisemblablement les plus efficaces, car le manque de compétences complémentaires pourrait réduire fortement le rendement de l'investissement dans une seule compétence.

Il semble que les employeurs attachent de l'importance aux compétences et aux comportements individuels, mais ne récompensent pas certaines combinaisons de compétences. Pour évaluer l'utilité relative des interventions visant à promouvoir l'amélioration ciblée d'une compétence ou celle des interventions globales afin de concevoir des stratégies d'éducation, de formation et d'apprentissage tout au long de la vie, le Tableau 4.3 présente les résultats de neuf spécifications relatives aux salaires selon le Modèle 4 du Tableau 4.2. Chaque équation est construite autour d'une compétence de référence (correspondant chacune à une ligne). Les entrées diagonales correspondent aux avantages salariaux estimés pour chaque compétence de référence, tandis que les entrées hors diagonale correspondent aux termes d'interaction entre la compétence de référence et chacune des huit autres compétences du XXIe siècle. Les coefficients statistiquement significatifs sont indiqués en gras. Selon les résultats du Tableau 4.3, le rendement des compétences sur le plan salarial est en grande mesure décorrélé du panel plus vaste de compétences individuelles, pour les personnes au profil similaire en termes de caractéristiques sociodémographiques, de niveau d'études, d'état de santé, d'expérience professionnelle, et de nombre d'enfants et de leur âge, travaillant dans des professions et des secteurs d'activité similaires. Tableau 4.3 indique un modèle de compétences additif plutôt que multiplicatif : la plupart des termes d'interaction ne sont pas statistiquement significatifs et sont quantitativement faibles. Dans ce contexte, il semble que les employeurs accordent de l'importance aux compétences en calcul, à l'écrit et en résolution adaptative de problèmes et à certains comportements spécifiques, mais qu'ils ne récompensent pas certaines *combinaisons* de compétences. En d'autres termes, le fait d'avoir deux compétences équivaut à la somme de chacune de leur valeur, et non à un avantage au-delà de ce seuil de référence.

Graphique 4.2. Disparités en matière de rémunération horaire, par caractéristique sociodémographique et par pays

Écart (en %) de rémunération horaire en USD de 2022 à PPA selon les groupes sociodémographiques, coefficients de régression par pays selon le modèle multivarié de base et le modèle multivarié complet

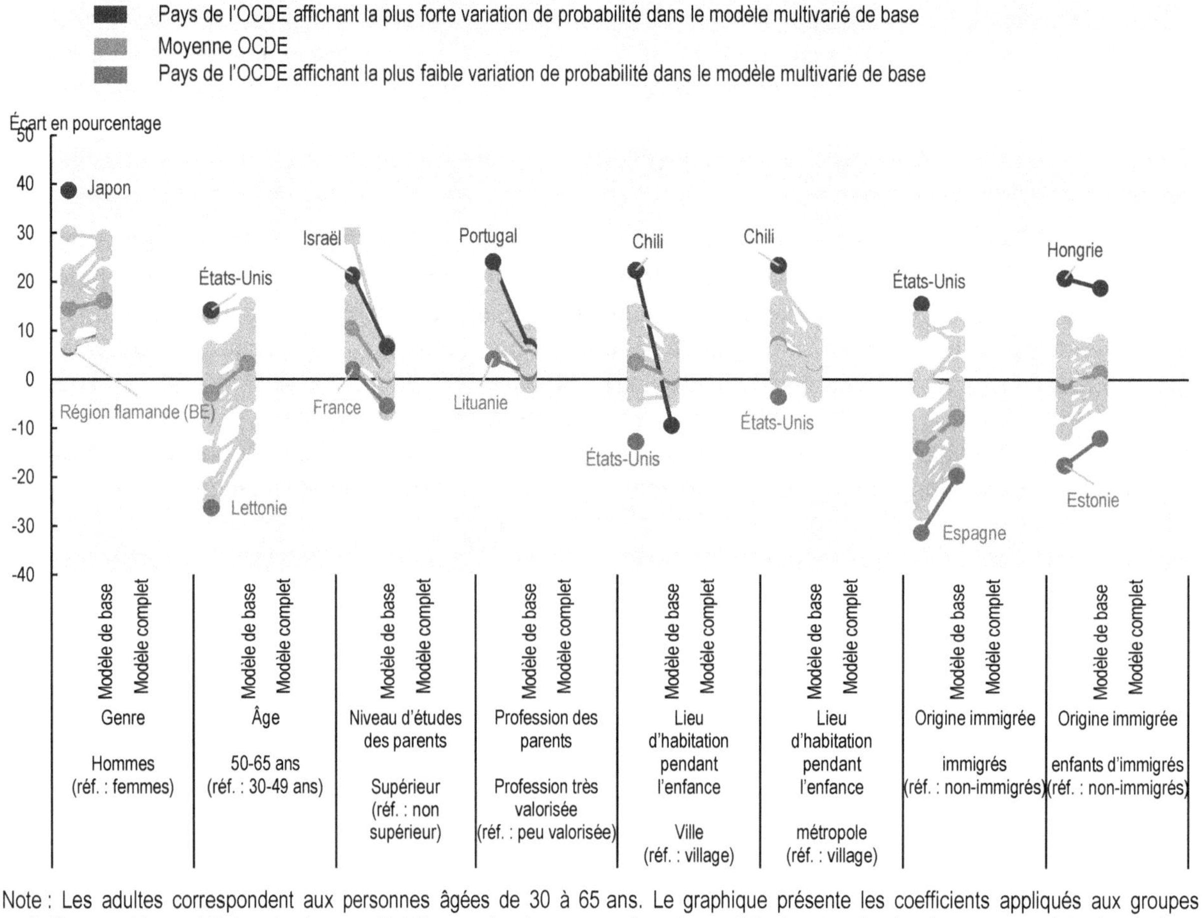

Note : Les adultes correspondent aux personnes âgées de 30 à 65 ans. Le graphique présente les coefficients appliqués aux groupes sociodémographiques définis selon les caractéristiques suivantes : genre, âge, niveau d'études et profession des parents, origine immigrée et lieu d'habitation pendant l'enfance, sur la base d'estimations par pays. Les coefficients du modèle multivarié de base suivent la formule du Modèle 1 dans le Tableau 4.2, tandis que ceux du modèle multivarié complet suivent celle du Modèle 4 dans le Tableau 4.2. Le modèle multivarié complet tient également compte de variables qui ne sont peut-être pas disponibles pour tous les pays, ce qui explique pourquoi, dans certains pays, seules les estimations du modèle multivarié de base sont disponibles. Voir la note du Tableau 4.1 pour les définitions des groupes fondées sur la profession et le niveau d'études des parents , l'origine immigrée et le lieu d'habitation pendant l'enfance. Pour ce qui est de l'origine immigrée, le graphique ne présente les données d'un pays que si l'échantillon final du PIAAC comprend au moins 200 adultes dans chacun des groupes comparés. Les résultats par pays sont présentés dans le tableau 4.A.1.2 de l'Annexe 4.A.

Source : Calculs fondés sur OCDE (2024[23]), *Évaluation des compétences des adultes (PIAAC), base de données du 2e cycle*, www.oecd.org/fr/data/datasets/piaac-2nd-cycle-database.html.

StatLink https://stat.link/echm0n

Tableau 4.3. Rendement salarial des ensembles de compétences

Variation en pourcentage du salaire horaire (en USD à PPA de 2022), moyenne OCDE

	Compétences à l'écrit	Compétences en calcul	Résolution adaptative de problèmes	Dispension à différer la gratification	Extraversion	Stabilité émotionnelle	Agréabilité	Caractère consciencieux	Ouverture d'esprit
Compétences à l'écrit	2.28	**2.20**	-1.16	0.00	0.57	0.43	0.53	**0.86**	**-0.99**
Compétences en calcul	0.50	**8.23**	0.66	0.17	0.46	0.42	0.37	**1.13**	-0.61
Résolution adaptative de problèmes	-1.53	**2.56**	-1.01	-0.27	0.63	0.30	0.59	**1.01**	**-0.81**
Disposition à différer la gratification	0.16	**1.65**	-1.41	**1.03**	-0.07	0.26	-0.27	0.28	**-1.03**
Extraversion	-0.01	0.03	0.60	-0.31	**2.62**	**0.85**	-0.34	-0.35	-0.32
Stabilité émotionnelle	0.03	0.48	0.47	0.07	**0.76**	**2.74**	-0.35	-0.07	0.01
Agréabilité	0.44	-0.13	0.45	-0.32	-0.19	-0.26	**-0.78**	0.06	-0.40
Caractère consciencieux	-0.20	0.84	0.77	0.03	-0.09	-0.13	0.15	**1.84**	**-0.68**
Ouverture d'esprit	-1.17	1.44	-0.29	**-0.91**	-0.11	0.42	-0.25	-0.55	**-1.26**

Note : Adultes âgés de 30 à 65 ans. Les effets principaux sont visibles le long de la diagonale courant de l'angle supérieur gauche à l'angle inférieur droit. Les coefficients en gras sont statistiquement significatifs au seuil de 5 %. Les estimations excluent le Japon, la Corée et les États-Unis. Les résultats sont ajustés pour le genre, l'âge, le niveau d'études et la profession des parents, le lieu d'habitation pendant l'enfance, l'origine immigrée, le niveau d'études, les compétences, la profession, le secteur d'activité et la taille de l'entreprise. Le modèle prend également en compte la situation au regard de l'emploi du partenaire, l'état de santé subjectif, le nombre d'enfants, le nombre d'années d'expérience, les activités bénévoles, la participation à des formations non formelles pour adultes, le travail à temps partiel et le fait de travailler dans le secteur public. Les revenus incluent les primes et les gains des travailleurs indépendants. Voir la note du Tableau 4.1 pour les définitions des groupes fondées sur la profession des parents.
Source : Calculs fondés sur OCDE (2024[23]), *Évaluation des compétences des adultes (PIAAC), base de données du 2e cycle*, www.oecd.org/fr/data/datasets/piaac-2nd-cycle-database.html.

StatLink https://stat.link/xku3h1

Déterminer si le rendement salarial de l'acquisition de nouvelles compétences varie selon les groupes sociodémographiques est essentiel pour évaluer l'efficacité des investissements dans les politiques de développement des compétences et examiner dans quelle mesure il convient d'accompagner ces politiques d'efforts supplémentaires afin que les différents groupes bénéficient de chances similaires d'accès au bien-être personnel. Par exemple, si le rendement salarial des compétences diffère entre les femmes et les hommes, entre les adultes plus âgés et les jeunes, ou selon les milieux socio-économiques, des investissements similaires dans la formation pourront entraîner des évolutions systématiquement différentes des perspectives de vie, perpétuant ainsi les écarts salariaux existants, même si l'accès à la formation est égalisé. Mesurer ces hétérogénéités peut aider à déterminer si les disparités salariales résultent principalement d'inégalités dans l'acquisition des compétences, d'une valorisation inégale de ces compétences sur le marché du travail, ou d'une combinaison des deux. Sans ces informations, les interventions prennent le risque de traiter les symptômes plutôt que les causes – en sursubventionnant des formations dont le rendement est limité pour certains groupes, ou en négligeant les mesures complémentaires nécessaires (par exemple, en matière de prévention de la discrimination, de standardisation des certifications) afin que les compétences se traduisent par des avantages équivalents sur le marché du travail.

Le rendement salarial des compétences à l'écrit est légèrement plus élevé chez les femmes que chez les hommes, tandis que le rendement salarial des compétences en calcul est supérieur chez les hommes. De même, le rendement salarial des compétences en calcul est plus élevé chez les individus dont les parents occupent ou ont occupé des emplois fortement plutôt que faiblement valorisés, comme il ressort du Tableau 4.4. Ce constat plaide pour un recentrage de l'action publique sur l'accès différencié aux compétences, plutôt que sur leur valorisation différenciée. Les employeurs valorisant globalement de la même manière les compétences des femmes et des hommes, il importe surtout de garantir un accès équitable à la formation, afin que chacun puisse acquérir ces compétences. Comme le souligne le chapitre 3, l'accès à de meilleurs cadres d'apprentissage formels est au moins en partie déterminé par le milieu socio-économique de l'individu (Domina, 2005[25]). L'encadré 3.5 du chapitre 3 examine plusieurs approches différentes déployées dans les pays de l'OCDE pour élargir l'accès à la formation tout au long de la vie afin de réduire les disparités de compétences liées au milieu socio-économique.

Étant donné que des profils de compétences équivalents donnent lieu à un avantage de rémunération similaire, les écarts de salaire et d'emploi observés semblent principalement découler de disparités dans les opportunités de développer, de faire valoir ou de mobiliser ces compétences, plutôt que des pratiques de fixation des salaires. Il en résulte que combler les écarts de participation à des formations de qualité – notamment dans les domaines du numérique et des sciences, des technologies, de l'ingénierie et des mathématiques (STIM) – pourrait aider plus directement à réduire les disparités salariales. Cela souligne également l'importance de lever les obstacles non monétaires à l'amélioration des compétences, comme indiqué au chapitre 3, et de garantir que les certifications obtenues par les groupes sous-représentés soient transférables et reconnues de manière transparente. Parmi les exemples de dispositifs pertinents, on peut citer la Higher Education Access Route en Irlande, qui facilite l'accès à l'enseignement supérieur des étudiants issus de milieux socio-économiques défavorisés en adaptant les conditions d'admission pour ces étudiants et en leur réservant des places dans les universités (voir chapitre 3, encadré 3.5). De même, des initiatives sont déployées pour promouvoir la participation des filles et des femmes dans les filières STIM, comme en France, où le plan « Filles et Maths » combine des objectifs d'inscription des filles en enseignement de spécialité de mathématiques à un investissement dans diverses ressources tout au long de leur scolarité (voir chapitre 3, encadré 3.3).

Tableau 4.4. Écarts de rendement salarial des compétences, en fonction du genre et de la profession des parents

Variation en pourcentage du salaire horaire (en USD à PPA de 2022), moyenne OCDE

	Genre		Niveau d'études des parents	
	Hommes	Femmes	Élevé	Faible
	(1)	(2)	(3)	(4)
Compétences				
Compétences à l'écrit	1.62	**3.36**	2.04	**2.46**
Compétences en calcul	**9.51**	**6.91**	**9.87**	**7.18**
Résolution adaptative de problems	-0.43	-0.85	-0.36	-0.44
Disposition à différer la gratification	**1.46**	**0.79**	**1.31**	**0.79**
Extraversion	**2.72**	**2.45**	**3.65**	**1.81**
Stabilité émotionnelle	**2.99**	**2.56**	**2.88**	**2.33**
Agréabilité	-0.57	**-1.14**	-0.65	-0.62
Caractère consciencieux	**1.90**	**2.04**	**2.77**	**1.73**
Ouverture d'esprit	**-1.27**	**-1.87**	**-2.05**	**-1.16**
Variables individuelles de contrôle	OUI	OUI	OUI	OUI
Niveau d'études	OUI	OUI	OUI	OUI
Effets fixes par profession	OUI	OUI	OUI	OUI
Effets fixes par secteur d'activité	OUI	OUI	OUI	OUI

Note : Adultes âgés de 30 à 65 ans. Les coefficients en gras sont statistiquement significatifs au seuil de 5 %. Les estimations excluent le Japon, la Corée et les États-Unis. Les résultats présentés à la colonne (1) indiquent les variations de rémunération en pourcentage pour les hommes uniquement, ceux de la colonne (2) pour les femmes uniquement, ceux de la colonne (3) pour les individus dont les parents occupent ou ont occupé un emploi fortement valorisé, et ceux de la colonne (4) pour les personnes dont les parents occupent ou ont occupé un emploi faiblement valorisé. Tous les résultats tiennent compte des différences entre les genres – sauf dans les colonnes (1) et (2) –, l'âge, le niveau d'études des parents, la profession des parents – sauf dans les colonnes (3) et (4) –, le lieu d'habitation pendant l'enfance, l'origine immigrée, le niveau d'études, les compétences, la profession, le secteur d'activité et la taille de l'entreprise. Toutes les colonnes prennent également en compte la situation au regard de l'emploi du partenaire, l'état de santé subjectif, le nombre d'enfants, le nombre d'années d'expérience, le travail à temps partiel, le fait de travailler dans le secteur public, les activités bénévoles, et la participation à des formations non formelles pour adultes. Les revenus incluent les primes et les gains des travailleurs indépendants. Voir à la note du Tableau 4.1 la définition des groupes en fonction du niveau d'études des parents.

Source : Calculs fondés sur OCDE (2024[23]), *Évaluation des compétences des adultes (PIAAC), base de données du 2e cycle*, www.oecd.org/fr/data/datasets/piaac-2nd-cycle-database.html.

StatLink https://stat.link/eyln7s

4.4. Écarts de satisfaction professionnelle selon les groupes sociodémographiques

Si les salaires jouent un rôle décisif dans les choix d'emploi, la satisfaction professionnelle a un impact profond sur le bien-être, la santé, la productivité et le développement personnel des individus, et les attentes en matière de satisfaction orientent leurs décisions de carrière (Faragher, Cass et Cooper, 2005[26] ; Judge et al., 2001[27]). Un niveau de satisfaction professionnelle plus élevé est corrélé à de meilleurs résultats en matière de santé mentale, à un stress réduit, une plus grande estime de soi et des relations interpersonnelles plus solides, faisant de la satisfaction professionnelle un levier essentiel pour atteindre des objectifs sociétaux plus larges liés au bien-être individuel et collectif (Helliwell et Huang, 2010[28]). Les travailleurs satisfaits de leur emploi sont moins susceptibles de quitter leur poste et plus enclins à s'engager pleinement dans ce qu'ils font, ce qui favorise la productivité et la croissance. La satisfaction professionnelle est également fortement influencée par des caractéristiques telles que l'autonomie, la sécurité de l'emploi et les opportunités de formation, qui sont des éléments centraux de la qualité de l'emploi. Améliorer ces aspects peut à la fois accroître le bien-être des travailleurs et la performance organisationnelle, renforçant ainsi le lien entre satisfaction et productivité. L'examen des disparités dans la satisfaction professionnelle et de leurs causes, qu'elles soient liées à des différences de compétences et/ou de niveau d'études, permet de mettre en place des mécanismes de soutien appropriés, comme des formations et des aides à l'obtention de certifications si les compétences sont un facteur limitant, ou de promouvoir de meilleures pratiques sur le lieu de travail si d'autres facteurs sont en jeu. Suivre les disparités dans la satisfaction professionnelle permet d'orienter les investissements dans l'emploi et l'éducation de sorte à promouvoir des emplois de qualité, durables, pour tous les groupes, et par là-même d'améliorer l'efficacité de la dépense publique en réduisant le turnover et le sous-emploi.

Les trajectoires éducatives et le développement des compétences pourraient potentiellement atténuer ou exacerber les disparités dans la satisfaction professionnelle, car les individus ayant un niveau d'études plus élevé et des compétences avancées pour le XXIe siècle sont généralement plus susceptibles d'accéder à des emplois offrant des avantages intrinsèques, de l'autonomie et des perspectives de carrière, facteurs qui favorisent la satisfaction professionnelle (Autor et Handel, 2013[29] ; Oreopoulos et Salvanes, 2011[30]). Examiner si l'accès différencié à l'éducation et à la formation des compétences contribue de manière significative aux disparités observées peut faciliter le déploiement d'interventions ciblées visant à promouvoir des environnements de travail inclusifs.

En moyenne, la satisfaction professionnelle varie peu en fonction du niveau d'études des individus ou de leur engagement dans la formation tout au long de la vie et le développement de leurs compétences. Cependant, des exceptions sont à noter pour les adultes titulaires d'un diplôme du premier cycle de l'enseignement supérieur ou plus, qui, toutes choses étant égales par ailleurs, ont tendance à rapporter une plus grande satisfaction professionnelle. Le lien entre niveau d'études, compétences et satisfaction professionnelle varie notablement d'un pays à l'autre. Par exemple, après contrôle de l'impact d'autres caractéristiques sociodémographiques, les adultes en Corée titulaires d'un diplôme du premier cycle de l'enseignement supérieur ou plus sont 12 points de pourcentage plus susceptibles de rapporter une satisfaction élevée au travail que ceux qui n'ont pas achevé le deuxième cycle de l'enseignement secondaire (Tableau d'annexe 4.A.1). En revanche, en Nouvelle-Zélande, la relation est inverse, les adultes titulaires d'un diplôme du premier cycle de l'enseignement supérieur ou plus étant significativement moins susceptibles de rapporter une satisfaction élevée au travail (18 points de pourcentage).

Tableau 4.5. Écarts de satisfaction professionnelle, par caractéristique sociodémographique

Variation de la probabilité de rapporter une satisfaction élevée au travail [être satisfait(e) ou extrêmement satisfait(e) au travail] (en points de pourcentage), moyenne OCDE

	Modèle (1)	Modèle (2)	Modèle (3)	Modèle (4)	Modèle (5)	Modèle (6)
Genre - hommes (réf. : femmes)	**0.68**	0.56	0.00	0.03	-0.53	-0.59
Âge - 50-65 ans (réf. : 30-49 ans)	0.35	0.60	0.04	-0.03	0.12	0.16
Niveau d'études des parents - supérieur (réf. : non supérieur)	0.90	0.38	0.40	0.45	0.35	0.36
Profession des parents – très valorisée (réf. : peu valorisée)	**0.88**	0.46	0.20	0.17	-0.18	-0.14
Lieu d'habitation pendant l'enfance (réf. : village)						
Ville	**-1.65**	**-1.70**	**-1.44**	**-1.37**	**-1.55**	**-1.57**
Métropole	**-1.84**	**-1.91**	**-1.64**	**-1.44**	**-1.68**	**-1.59**
Origine immigrée (réf.: non-immigrés)*						
Immigrés	**-2.42**	**-1.75**	**-1.69**	-1.62	0.48	0.16
Enfants d'immigrés	-0.94	-0.79	-0.47	-0.15	0.52	0.46
Niveau d'études des répondants (réf. : inférieur au deuxième cycle du secondaire)						
deuxième cycle du secondaire et postsecondaire (filière professionnelle)		1.00	0.29	0.23	-1.30	-1.16
deuxième cycle du secondaire et postsecondaire (filière générale)		0.75	-0.48	-0.51	**-2.41**	-2.11
Enseignement supérieur, cycle court		1.81	0.60	0.32	**-2.51**	-2.22

	Modèle (1)	Modèle (2)	Modèle (3)	Modèle (4)	Modèle (5)	Modèle (6)
Licence ou équivalent et au-delà		**1.81**	0.17	-0.15	**-3.63**	**-3.44**
Bénévolat		**2.53**	**1.27**	**1.10**	0.80	0.77
Participation à des formations non formelles pour adultes		**1.15**	0.68	0.58	0.75	0.75
Compétences						
Compétences à l'écrit		**-1.41**	-0.87	-0.77	-0.94	-0.73
Compétences en calcul		**1.41**	0.71	0.50	0.02	-0.27
Résolution adaptative de problèmes		0.47	0.77	0.69	0.72	0.55
Disposition à différer la gratification			-0.23	-0.35	-0.38	**-0.66**
Extraversion			**2.05**	**1.68**	**1.31**	**1.50**
Stabilité émotionnelle			**4.79**	**4.35**	**4.17**	**4.16**
Agréabilité			**2.27**	**2.10**	**2.24**	**2.17**
Caractère consciencieux			**1.00**	**0.82**	**0.64**	**0.74**
Ouverture d'esprit			-0.23	-0.12	-0.24	-0.28
Compétences (au carré)						
Compétences à l'écrit						0.25
Compétences en calcul						0.18
Résolution adaptative de problèmes						0.13
Disposition à différer la gratification						**-0.42**
Extraversion						**-0.44**
Stabilité émotionnelle						**-1.01**
Agréabilité						**-0.54**
Caractère consciencieux						-0.25
Ouverture d'esprit						**-0.62**
Caractéristiques individuelles supplémentaires	NON	NON	NON OUI	OUI	OUI	OUI
Caractéristiques liées à l'emploi et à l'entreprise	NON	NON	NON NON	OUI	OUI	OUI
Caractéristiques liées à la profession et au secteur d'activité	NON	NON	NON NON	OUI	OUI	OUI

Note : Adultes âgés de 30 à 65 ans. Les coefficients en gras sont statistiquement significatifs au seuil de 5 % selon un modèle de probabilité linéaire. Caractéristiques individuelles supplémentaires : enfants, santé, situation au regard de l'emploi du partenaire, expérience, temps partiel, secteur public et lieu d'habitation actuel. Caractéristiques liées à l'emploi et à l'entreprise : expérience, taille de l'entreprise, temps partiel, secteur public, contrat à durée indéterminée. Question de l'enquête utilisée pour mesurer la satisfaction professionnelle : « En tenant compte de tous les facteurs, dans quelle mesure êtes-vous satisfait(e) de votre travail actuel ? ». Les réponses « Extrêmement satisfait(e) » et « Satisfait(e) » correspondent à un niveau élevé de satisfaction, tandis que les réponses « Ni satisfait(e), ni insatisfait(e) », « Insatisfait(e) » et « Extrêmement insatisfait(e) » correspondent à un faible niveau de satisfaction. Voir à la note du Tableau 4.1 la définition des groupes en fonction de la profession des parents, du niveau d'études des parents, de l'origine immigrée, du lieu d'habitation pendant l'enfance et du niveau d'études des répondants. Les résultats par pays sont présentés au tableau 4.A.1.3 de l'Annexe 4.A.

* Les écarts en fonction de l'origine immigrée varient considérablement d'un pays à l'autre en raison des différences de taille et de composition des groupes d'immigrés, ainsi que du contexte. Il est donc recommandé de consulter les résultats par pays figurant au tableau 4.A.1.3 de l'Annexe 4.A.

Source : Calculs fondés sur OCDE (2024[23]), *Évaluation des compétences des adultes (PIAAC), base de données du 2e cycle*, www.oecd.org/fr/data/datasets/piaac-2nd-cycle-database.html.

StatLink https://stat.link/skef8y

Les niveaux de satisfaction professionnelle varient peu en fonction des caractéristiques sociodémographiques des individus. Les personnes issues de milieux favorisés et défavorisés, les adultes avec ou sans origine immigrée, ainsi que les jeunes et les adultes plus âgés, rapportent des niveaux similaires de satisfaction professionnelle (Tableau 4.5). Les écarts liés au genre et au lieu d'habitation pendant l'enfance sont statistiquement significatifs, bien qu'ils soient quantitativement faibles.

L'ampleur des disparités dans la satisfaction professionnelle et la manière dont le niveau d'études, les compétences, la participation à la formation continue et la répartition professionnelle influencent ces disparités varient selon les pays. Lorsque l'on ne prend en compte que les autres caractéristiques socio-économiques, en Allemagne, les hommes sont 4.4 points de pourcentage plus susceptibles que les femmes de rapporter une satisfaction élevée au travail, tandis qu'en Lettonie, les femmes sont 2.6 points de pourcentage plus susceptibles que les hommes de déclarer cela (Tableau d'annexe 4.A.1). Cependant, lorsqu'on compare les hommes et les femmes affichant des caractéristiques similaires en termes de niveau d'études, de compétences, de participation à la formation tout au long de la vie, ainsi que de profession et de secteur d'activité, l'écart entre les genres disparaît en Allemagne (réduit à 0.7 point de pourcentage) et augmente en Lettonie (atteignant 8.1 points de pourcentage) (Tableau d'annexe 4.A.1).

On observe également des écarts de satisfaction professionnelle en fonction du niveau d'études des parents. Comme le montre le Graphique 4.3 (modèle d'ajustement de base), en Allemagne, les adultes dont les parents sont diplômés de l'enseignement supérieur sont 5.8 points de pourcentage plus susceptibles de rapporter une satisfaction élevée au travail que ceux dont les parents ne le sont pas. À l'inverse, en Suède, les adultes dont les parents *ne sont pas* diplômés de l'enseignement supérieur sont presque 2.4 points de pourcentage plus susceptibles de rapporter une satisfaction élevée au travail que ceux dont les parents le sont, bien que cette différence ne soit pas significative. La prise en compte des différences entre les adultes en matière de niveau d'études, de compétences, de participation à la formation continue et de répartition professionnelle ne réduit pas sensiblement les disparités en Allemagne (les ramenant à 4.12 points de pourcentage), mais les accentue fortement en Suède (les portant à 3.9 points de pourcentage).

Graphique 4.3. Écarts de satisfaction professionnelle, par caractéristique sociodémographique et par pays

Variation de la probabilité de rapporter une satisfaction élevée au travail [être satisfait(e) ou extrêmement satisfait(e) de son travail] selon le groupe sociodémographique : coefficients de régression spécifiques à chaque pays, avec ajustement de base et ajustement intégral

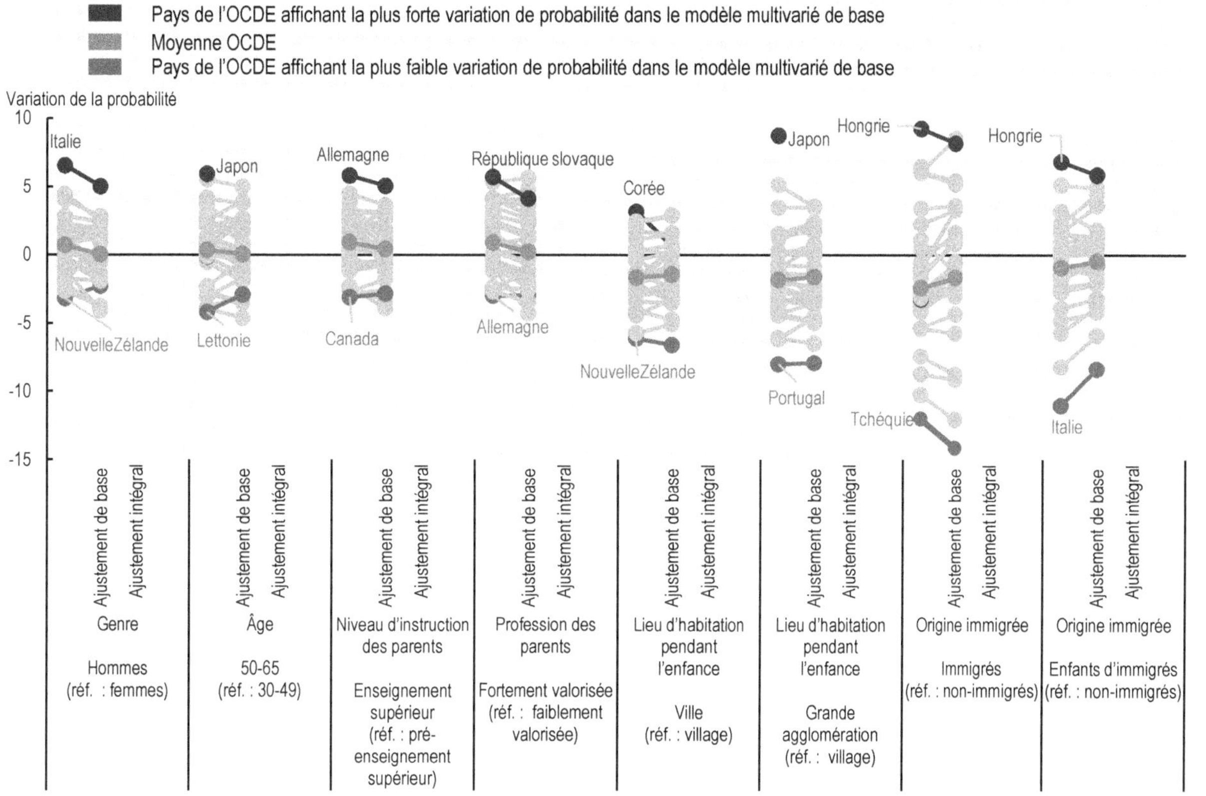

Note : Adultes âgés de 30 à 65 ans. Le graphique présente les coefficients pour certains groupes sociodémographiques – genre, âge, niveau d'études des parents, profession des parents, origine immigrée et lieu d'habitation pendant l'enfance – fondés sur des estimations distinctes pour chaque pays. Les coefficients du modèle d'ajustement de base suivent la spécification du Modèle 1 du Tableau 4.5, tandis que ceux du modèle d'ajustement intégral suivent la spécification du Modèle 4 du Tableau 4.5. Le modèle d'ajustement intégral prend également en compte des variables qui peuvent ne pas être disponibles pour tous les pays, c'est pourquoi, pour certains pays, seules les estimations du modèle d'ajustement de base sont fournies. Question de l'enquête utilisée pour mesurer la satisfaction professionnelle : « En tenant compte de tous les facteurs, dans quelle mesure êtes-vous satisfait(e) de votre travail actuel ? ». Les réponses « Extrêmement satisfait(e) » et « Satisfait(e) » correspondent à un niveau élevé de satisfaction, tandis que les réponses « Ni satisfait(e), ni insatisfait(e) », « Insatisfait(e) » et « Extrêmement insatisfait(e) » correspondent à un faible niveau de satisfaction. Voir la note du Tableau 4.1 pour les définitions des groupes fondées sur la profession et le niveau d'études des parents , l'origine immigrée et le lieu d'habitation pendant l'enfance. Pour l'origine immigrée, le graphique n'indique un pays que si au moins 200 adultes dans chaque groupe font partie de l'échantillon final du PIAAC. Les résultats par pays sont présentés au tableau 4.A.1.3 de l'Annexe 4.A.

Source : Calculs fondés sur OCDE (2024[23]), *Évaluation des compétences des adultes (PIAAC), base de données du 2e cycle*, www.oecd.org/fr/data/datasets/piaac-2nd-cycle-database.html.

StatLink https://stat.link/lcg04z

4.5. Le rôle de la concentration professionnelle dans la formation des disparités sur le marché du travail

La section précédente a mis en lumière d'importantes disparités salariales entre les professions et les secteurs d'activité qui, à leur tour, contribuent aux disparités des résultats sur le marché du travail – en particulier entre les femmes et les hommes, ainsi qu'entre les adultes issus de milieux socio-économiques favorisés et défavorisés – même lorsqu'ils possèdent des compétences en traitement de l'information et des niveaux d'études similaires. La concentration professionnelle et sectorielle, à savoir la représentation disproportionnée de certains groupes dans des professions données, émerge comme un facteur clé de ces disparités.

Les professions peuvent fonctionner comme des écosystèmes de compétences significatifs pour trois raisons distinctes : d'abord, les individus possédant des compétences similaires peuvent être attirés par les mêmes caractéristiques et profils de postes ; ensuite, les employeurs sélectionnent des candidats ayant des compétences spécifiques pour des rôles distincts, car les spécificités des processus de production exigent des ensembles de compétences particuliers ; enfin, les emplois façonnent les travailleurs au fil du temps : par la pratique quotidienne, les individus effectuant les mêmes tâches tendent à développer des compétences et des traits comportementaux similaires.

Bien que les professions soient communément perçues comme nécessitant des traits de personnalité et des compétences bien spécifiques, en réalité, les compétences fondamentales requises se recoupent largement entre de nombreux rôles (Anni, Vainik et Mõttus, 2024[31]) ; cependant, peu de données probantes existent sur la variabilité des compétences entre les professions et au sein de celles-ci – voir (Anni, Vainik et Mõttus, 2024[31] ; Wolfram, 2023[32]) pour plusieurs exceptions notables. Ceci suggère que les croyances et les stéréotypes dominants selon lesquels certaines professions sont mieux adaptées à certains groupes démographiques peuvent, de manière involontaire, influencer les choix de carrière et les opportunités d'emploi. Ces biais peuvent conduire à une concentration systématique de différents groupes dans certaines professions, restreignant les opportunités sur le marché du travail pour les individus et renforçant les inégalités salariales. Comprendre et traiter les facteurs à l'origine de cette concentration est par conséquent essentiel pour réduire les disparités et promouvoir des résultats du marché du travail plus équitables et inclusifs.

4.5.1. Rôles professionnels

Alors que les transformations structurelles (liées notamment au progrès technologique, aux évolutions démographiques et à la transition écologique) et les chocs (notamment les crises géopolitiques) remodèlent les économies, comprendre les besoins en compétences dans les différentes professions est essentiel pour identifier les secteurs à risque de pénuries de main-d'œuvre. Pour que les programmes d'orientation professionnelle et les initiatives axées sur les compétences (OCDE, 2025[33]) soient efficaces, il est tout aussi important de cartographier avec précision les besoins en compétences des professions.

Il existe peu d'analyses systématiques des différences dans la distribution des compétences – y compris les traits de personnalité et les compétences sociales et émotionnelles – entre les professions, la plupart de ces études se concentrant sur des professions spécifiques ou des échantillons réduits (Booth et al., 2015[34] ; Furnham, 2017[35] ; Lan, Wong et Zeng, 2021[36]). Quelques études approfondies ont cependant mené un examen systématique des traits de personnalité rencontrés dans un large éventail de professions (Anni, Vainik et Mõttus, 2024[31] ; Törnroos, Jokela et Hakulinen, 2019[37] ; Wolfram, 2023[32]). Comprendre comment les traits de personnalité s'alignent avec les exigences des professions peut faciliter l'élaboration de stratégies efficaces de planification de carrière, de recrutement et d'accompagnement professionnel.

Cette section examine les profils de compétences de 458 professions – définies au niveau à quatre chiffres de la Classification internationale type des professions (CITP) – en matière de compétences en traitement de l'information, de disposition à différer la gratification, ainsi que de compétences sociales et émotionnelles. L'analyse s'appuie sur les données agrégées de l'Évaluation des compétences des adultes 2023, chaque pays et économie étant pondéré en fonction de sa population des 16 à 65 ans[2].

L'analyse décompose la variance totale de chaque compétence en deux composantes : 1) une composante interprofessions, qui évalue dans quelle mesure les individus exerçant des professions distinctes présentent des compétences différentes ; et 2) une composante intraprofessions, qui reflète la variation des compétences parmi les travailleurs exerçant la même profession. Pour les compétences en traitement de l'information, la composante interprofessions représente entre 26 et 29 % de la variabilité globale observée dans les pays participants (Tableau 4.6, colonne 1). Cela signifie qu'en moyenne, les personnes exerçant des professions différentes tendent à différer de manière marquée dans ces compétences : environ un quart de l'écart de compétences entre deux individus choisis au hasard dans des professions distinctes provient du fait que leurs emplois ont tendance à attirer (ou à exiger) des niveaux de compétence moyens différents. Toutefois, les trois quarts restants de la variation reflètent des différences individuelles aléatoires, même parmi les travailleurs exerçant la même profession. Le degré auquel la profession explique les écarts de compétences augmente lorsque les caractéristiques sociodémographiques sont prises en compte. Lorsqu'on contrôle ces facteurs, la composante interprofessions représente entre 33 et 35 % de la variabilité globale des compétences en traitement de l'information (Tableau 4.6, colonne 2).

Pour la disposition à différer la gratification et les compétences sociales et émotionnelles, la tendance est nettement différente. La composante interprofessions représente 11 % de la variation de la disposition à différer la gratification et entre 3 et 8 % de la variation des compétences sociales et émotionnelles (Tableau 4.6, colonne 1). Lorsqu'on prend en compte les caractéristiques sociodémographiques, la composante interprofessions représente 13 % pour la disposition à différer la gratification et entre 5 et 9 % pour les compétences sociales et émotionnelles (Tableau 4.6, colonne 2). Ainsi, si les professions forment des écosystèmes de compétences distinctifs pour l'écrit, le calcul et la résolution adaptative de problèmes, ils sont beaucoup moins différenciés en ce qui concerne les compétences sociales et émotionnelles. Les individus exerçant une même profession tendent à se ressembler davantage sur le plan des compétences en calcul, à l'écrit et en résolution de problèmes adaptatifs que sur le plan des compétences sociales et émotionnelles. L'essentiel de la dispersion des compétences sociales et émotionnelles ainsi que de la disposition à différer la gratification s'observe au sein des professions plutôt qu'entre celles-ci. Cela signifie que des travailleurs aux tendances comportementales très différentes peuvent être attirés par un même emploi, mais aussi que les employeurs reconnaissent l'intérêt d'intégrer une grande diversité d'individus, dotés de compétences sociales et émotionnelles variées, qui apportent de la valeur aux postes. De plus, bien que les compétences en traitement de l'information semblent être un facteur déterminant pour accomplir certaines tâches avec succès, une grande diversité d'individus aux tendances comportementales variées peuvent contribuer aux mêmes processus de travail.

Ces résultats portent à croire que l'ensemble des professions qui requièrent de solides compétences en traitement de l'information et celles pour lesquelles tel n'est pas le cas se chevauchent largement, ce qui met en évidence la forte corrélation entre les compétences en traitement de l'information et le fait que certaines professions puissent exiger des individus une grande maîtrise de l'ensemble de ces compétences. Le Tableau 4.7 indique quelles sont les professions qui ont obtenu les scores moyens les plus faibles et les plus élevés en compétences à l'écrit, en calcul et en résolution adaptative de problèmes, et il illustre ce faisant les écarts observés dans le reste des compétences du XXIe siècle analysées dans le présent rapport. Les professions qui requièrent la plus grande maîtrise de ces compétences comprennent les professions techniques qui exigent de prêter attention aux détails ainsi qu'une grande capacité de traitement de l'information : mathématiciens, actuaires et statisticiens ; urbanistes et ingénieurs de la circulation routière ; géologues et géophysiciens ; etc. En revanche, les professions qui obtiennent les scores moyens les plus faibles en compétences à l'écrit, en calcul et en résolution adaptative de problèmes tendent à être des professions manuelles qui ne nécessitent pas que les travailleurs effectuent des tâches complexes de traitement de l'information : aviculteurs et ouvriers qualifiés de l'aviculture ; constructeurs en béton armé, maçons ragréeurs et assimilés ; conducteurs de machines de blanchisserie ; etc.

Les niveaux de disposition à différer la gratification et les compétences sociales et émotionnelles sont bien plus variables selon les professions que les compétences en traitement de l'information (tableaux 4.A.2.4 à 4.A.2.9 de l'Annexe 4.A). Dans le même temps, les profils de compétences sociales et émotionnelles des travailleurs s'avèrent, en moyenne, variables selon leur profession. Par exemple, les adultes qui exercent en tant que spécialistes des médecines traditionnelles et complémentaires, les spécialistes du clergé, les gouvernantes et intendants à domicile, les cadres de direction des services de santé et les techniciens des sciences de la vie déclarent la plus forte disposition à différer la gratification, alors que les adultes qui travaillent en tant que pilotes d'avions et assimilés, officiers mécaniciens de navires, sous-officiers des forces armées, spécialistes des bases de données et des réseaux d'ordinateurs, ou encore conducteurs de machines de papeterie font état des plus hauts niveaux de stabilité émotionnelle. Les travailleurs des professions artistiques déclarent des tendances comportementales associées aux degrés les plus élevés d'ouverture aux expériences. Il s'agit notamment des artistes créateurs et exécutants ; des compositeurs, musiciens et chanteurs ; des artistes plasticiens ; et des professeurs de musique et de disciplines artistiques.

Tableau 4.6. Pourcentage de la variation des compétences du XXIe siècle expliqué par la profession

Pourcentages de la variance (R^2 ajusté) des compétences dont rend compte la profession

	Professions	Professions et caractéristiques sociodémographiques
	(1)	(2)
	R^2 ajusté	
Compétences à l'écrit	0.28	0.35
Compétences en calcul	0.29	0.34
Résolution adaptative de problèmes	0.26	0.33
Gratification différée	0.11	0.13
Extraversion	0.04	0.05
Stabilité émotionnelle	0.04	0.07
Agréabilité	0.04	0.06
Caractère consciencieux	0.02	0.06
Ouverture d'esprit	0.08	0.09

Note : Les professions sont codées conformément à la Classification internationale type de l'éducation (CITE) (niveau à quatre chiffres). La colonne 1 ne tient compte que des professions. La colonne 2 prend en considération les professions ainsi que d'autres caractéristiques sociodémographiques telles que le genre, l'âge, l'âge au carré, le niveau d'études des parents et leur profession, le lieu d'habitation pendant l'enfance et l'origine immigrée. Des effets fixes par pays sont inclus dans l'ensemble des modèles axés sur l'écrit, le calcul, la résolution adaptative de problèmes et la gratification différée. Ils ne le sont pas dans ceux axés sur les compétences sociales et émotionnelles, car ceux-ci sont centrés sur des facteurs internes à chaque pays (voir *Comparaison entre groupes et entre pays pour différentes compétences* dans les Clés de lecture).

Source : Calculs fondés sur OCDE (2024[22]), *Données et méthodologie du PIAAC*, www.oecd.org/fr/about/programmes/piaac/piaac-data.html.

StatLink https://stat.link/1jf0l9

Tableau 4.7. Professions qui obtiennent les scores moyens les plus faibles et les plus élevés dans les compétences fondamentales du XXIe siècle

Compétences à l'écrit		Compétences en calcul		Résolution adaptative de problèmes	
Les plus faibles	*Les plus élevés*	*Les plus faibles*	*Les plus élevés*	*Les plus faibles*	*Les plus élevés*
Aviculteurs et ouvriers qualifiés de l'aviculture	Mathématiciens, actuaires et statisticiens	Constructeurs en béton armé, maçons ragréeurs et assimilés	Géologues et géophysiciens	Producteurs de volaille	Biologistes, botanistes, zoologistes et assimilés
Constructeurs en béton armé, maçons ragréeurs et assimilés	Urbanistes et ingénieurs de la circulation routière	Autres nettoyeurs	Directeurs et cadres de direction, recherche-développement	Vendeurs ambulants (à l'exception de l'alimentation)	Professeurs d'université et d'établissements d'enseignement supérieur non classés ailleurs
Conducteurs de machines de blanchisserie	Géologues et géophysiciens	Conducteurs de machines de blanchisserie	Mathématiciens, actuaires et statisticiens	Conducteurs de machines de blanchisserie	Spécialistes des bases de données et des réseaux d'ordinateurs (non classés ailleurs)
Autres nettoyeurs	Professeurs d'université et d'établissements d'enseignement supérieur (non classés ailleurs)	Tapissiers et assimilés	Concepteurs et analystes de logiciels et de multimédia (non classés ailleurs)	Constructeurs en béton armé, maçons ragréeurs et assimilés	Concepteurs et analystes de logiciels et de multimédia (non classés ailleurs)
Vendeurs ambulants (à l'exception de l'alimentation)	Médecins (non classés ailleurs)	Vendeurs ambulants (à l'exception de l'alimentation)	Ingénieurs de l'électrotechnique (non classés ailleurs)	Autres nettoyeurs	Directeurs et cadres de direction, ventes, commercialisation et développement (non classés ailleurs)

Note : Ce tableau indique quelles sont les cinq professions qui ont obtenu les scores moyens normalisés les plus élevés et les plus faibles en compétences à l'écrit, en calcul et en résolution adaptative de problèmes. Les professions sont systématiquement assorties d'un code couleur. Les tableaux 4.A.2.1, 4.A.2.2 et 4.A.2.3 de l'Annexe 4.A fournissent des informations détaillées sur les écarts de compétences à l'écrit, en calcul et en résolution adaptative de problèmes selon les professions.

Source : Calculs fondés sur OCDE (2024[22]), *Données et méthodologie du PIAAC*, www.oecd.org/fr/about/programmes/piaac/piaac-data.html.

4.5.2. Évolutions des professions et des compétences qu'elles requièrent

Les avancées technologiques telles que la rapide diffusion des outils et applications d'intelligence artificielle (IA), les évolutions démographiques, les stratégies d'adaptation au changement climatique et les politiques d'atténuation mises en œuvre pour atteindre les engagements de neutralité carbone, ainsi que l'instabilité géopolitique et l'évolution des préférences des consommateurs, remodèlent les marchés du travail des économies de l'OCDE. Ces évolutions entraînent une considérable transformation des marchés du travail de deux manières certes différentes, mais qui se renforcent mutuellement : 1) elles modifient l'éventail des professions demandées ; et 2) elles modifient les compétences requises par chacune des professions.

Les hommes et les femmes, ainsi que les adultes issus de différents milieux socioéconomiques, n'ont pas une égale probabilité d'exercer le même éventail de professions. La distribution par profession des différents groupes de population pourrait donc avoir une influence notable sur les risques auxquels ils seront exposés et sur les perspectives dont ils pourraient tirer parti à l'avenir sur le marché du travail. Il est donc essentiel de se faire une idée claire des secteurs où l'emploi s'accroît ou au contraire diminue, ainsi que de l'évolution de la teneur des tâches impliquées par les différents métiers, afin de concevoir des initiatives d'amélioration et d'actualisation des compétences qui atténuent leur perturbation, encouragent une croissance inclusive et réduisent l'inégalité des chances dans la vie à travers l'insertion professionnelle.

Cette section établit quels sont les groupes les plus exposés au risque de subir des suppressions d'emplois, et qui doivent donc envisager une transition professionnelle, ou à celui de connaître une obsolescence de leurs compétences en raison d'une rapide transformation de certains métiers, et elle fournit des données que les décideurs pourront utiliser pour orienter plus efficacement leurs efforts et leurs ressources de manière à privilégier les initiatives de formation répondant aux besoins des différentes populations.

Les professions peuvent être classées selon quatre dimensions de sorte qu'il soit possible d'identifier les vulnérabilités auxquelles font face les travailleurs selon leur métier ainsi que les perspectives qui s'offrent à eux sur le marché du travail, afin de définir des programmes ciblés d'actualisation et de renforcement des compétences pour les travailleurs dont l'emploi risque de disparaître dans un avenir proche du fait des changements structurels, ou dont l'actuel métier risque de subir de profondes mutations. Ces quatre dimensions sont les suivantes :

1. **Perspectives d'emploi** : Cette dimension implique qu'une distinction soit faite entre les professions selon qu'elles devraient connaître une expansion ou au contraire une contraction de l'emploi total au cours de la prochaine décennie, ce qui permet d'établir quels sont les métiers susceptibles d'enregistrer un essor ou au contraire un déclin à l'avenir, eu égard aux actuelles prévisions quant à l'évolution du marché du travail. Elle tient compte des progrès de l'IA et des technologies numériques, des efforts d'adaptation et d'atténuation imposés par le changement climatique et par les mutations démographiques, ainsi que de l'incertitude géopolitique. Les projections de l'emploi utilisées dans cette section reposent sur la croissance prévue de l'emploi selon les professions entre 2023 et 2033 (Bureau de statistiques sur l'emploi (BLS, Bureau of Labor Statistics) des États-Unis, 2025[38]).
2. **Évolution des compétences** : Cette dimension implique qu'une distinction soit faite entre les professions selon que les compétences requises pour les exercer sont restées stables ou ont subi des transformations rapides. Elle permet de déterminer quels sont les métiers où l'adaptabilité et la formation continue sont cruciales en raison de la transformation rapide des tâches essentielles accomplies par les travailleurs qui occupent ces emplois. Cette section s'appuie sur l'indice de rupture dans les compétences de Lightcast (Lightcast, 2025[39]) pour mesurer l'évolution des compétences selon les professions. Cet indice a été établi à partir des informations disponibles dans plus de 2.5 milliards d'offres d'emploi publiées en ligne sur les sites d'emploi, les journaux et les sites web des employeurs entre 2021 et 2024. La valeur de l'indice varie entre 0 et 100, l'évolution des compétences étant d'autant plus marquée que cette valeur est élevée.
3. **Rémunération** : Il s'agit du niveau de salaire des travailleurs. Les informations sur les rémunérations présentées dans cette section correspondent aux salaires horaires bruts ajustés pour tenir compte des parités de pouvoir d'achat (PPA) et exprimés en USD de 2022 perçus par les travailleurs interrogés lors de l'Évaluation des compétences des adultes 2023.
4. **Taille** : Cette dimension a trait au nombre de travailleurs et correspond dans cette section au nombre de personnes qui exercent une profession donnée d'après l'Évaluation des compétences des adultes 2023.

Le Graphique 4.4 classe les professions en fonction du degré d'évolution des compétences qu'elles ont connu entre 2021 et 2024 et des perspectives d'emploi qu'elles offrent. Les professions du quadrant supérieur droit se caractérisent par des évolutions rapides des compétences et par de solides perspectives d'emploi. Les professions du quadrant inférieur droit se caractérisent par des évolutions rapides des compétences et des perspectives de baisse de l'emploi. Les professions du quadrant supérieur gauche se caractérisent par une relative stabilité des compétences requises et par de solides perspectives d'emploi. Les professions du quadrant inférieur gauche se caractérisent par une relative stabilité des compétences requises et par des perspectives de baisse de l'emploi. Pour chaque profession, le Graphique 4.4 précise en outre le niveau actuel de l'emploi – indiqué par la taille de la bulle – et des rémunérations – indiqué par la couleur de la bulle.

Graphique 4.4. Perspectives de croissance de l'emploi et évolution des compétences selon la profession

Perspectives d'évolution de l'emploi entre 2023 et 2033 et rupture dans les compétences dans les pays participants à l'Évaluation des compétences des adultes 2023, par profession

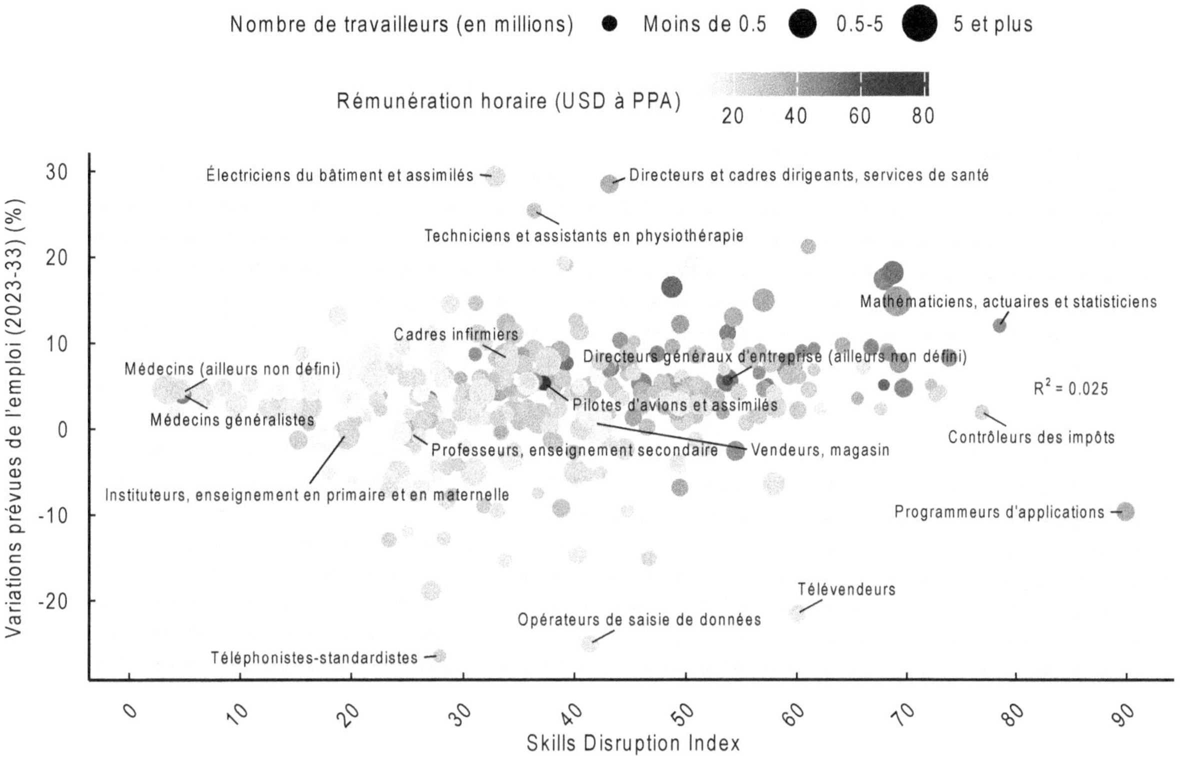

Note : L'indice de rupture dans les compétences mesure l'évolution des compétences requises par les employeurs dans différentes professions entre 2021 et 2024. Sa valeur varie entre 0 et 100, l'évolution des compétences étant d'autant plus marquée que cette valeur est élevée. Les perspectives d'évolution de l'emploi ont été estimées après conversion de la classification des professions vers la CITP-08 (à partir de la classification OES2023 en passant par la classification SOC2010) à l'aide des tableaux de concordance établis par le Bureau de statistiques sur l'emploi des États-Unis (*U.S. Bureau of Labor Statistics*).

Source : Calculs fondés sur Lightcast (2025[39]), *The Speed of Skill Change*, https://lightcast.io/resources/research/speed-of-skill-change; OCDE (2024[22]) ; *Données et méthodologie du PIAAC*, www.oecd.org/fr/about/programmes/piaac/piaac-data.html ; et U.S. Bureau of Labor Statistics (2025[38]), *Table 1.2 Occupational projections, 2023-2033, and worker characteristics, 2023 (Numbers in thousands)*, www.bls.gov/emp/tables/occupational-projections-and-characteristics.htm.

StatLink https://stat.link/0l96bo

Les professions peuvent être réparties en quatre groupes :

1. **Métiers qui bénéficient d'une croissance transformatrice.** Ces métiers conjuguent une obsolescence rapide des compétences et de solides perspectives d'emploi. Les professions du quadrant supérieur droit du Graphique 4.4 sont celles qui subissent de fortes évolutions des compétences, mais dont la demande devrait, en moyenne, s'accroître à l'avenir. Les professions spécialisées comme celles de mathématicien, d'actuaire et de statisticien cumulent des indices de rupture très élevés et des perspectives de forte expansion de la demande globale. La plupart des professions qui bénéficient d'un salaire élevé font partie de ce groupe, et les personnes qui les exercent peuvent s'attendre à devoir régulièrement mettre à jour leurs compétences pour rester compétitives dans leur emploi. Toutefois, étant donné que ces métiers devraient connaître une demande en augmentation, ces personnes peuvent également s'attendre à ce que leurs

employeurs soient fortement incités à financer ou à assurer leur formation, soit directement (par une offre de formation en interne), soit indirectement (en permettant à leurs salariés de consacrer du temps et des ressources à l'amélioration et à l'actualisation de leurs compétences), dans le cadre de possibilités de formation dont l'éventail va depuis des cours payants sanctionnés par un microdiplôme jusqu'à des centres de formation internes. La demande de bon nombre des professions de ce groupe est alimentée par la mise en données croissante des processus commerciaux, par le contrôle réglementaire des risques et par la diffusion des outils d'IA.

2. **Métiers en expansion centrés sur l'humain.** Ces métiers conjuguent une relative stabilité des profils de tâches et des perspectives d'emploi en expansion ; les professions du quadrant supérieur gauche du Graphique 4.4 en sont des exemples. Les professions qui comportent une forte composante interpersonnelle ou manuelle – médecins, infirmières, électriciens et autres métiers liés aux infrastructures vertes – sont confrontées à des évolutions technologiques progressives et à une demande croissante entraînée par le vieillissement de la population, la transition écologique et les efforts d'adaptation pour atténuer les conséquences du changement climatique sur les infrastructures. Bien qu'ils soient en moyenne nettement inférieurs à ceux des professions qui bénéficient d'une croissance transformatrice, les salaires des professions de ce groupe atteignent pour certaines d'entre elles des niveaux très élevés, comme tel est par exemple le cas des pilotes de ligne et des médecins. L'amélioration des compétences des travailleurs de ces professions est généralement axée sur l'approfondissement de la pratique professionnelle plutôt que sur l'intégration rapide de nouvelles tâches et de nouveaux processus.
3. **Métiers en déclin touchés par des perturbations.** Ces métiers conjuguent une obsolescence rapide des compétences et une diminution des perspectives d'emploi ; le quadrant inférieur droit du Graphique 4.4 en offre certains exemples. Les métiers tels que celui des programmeurs d'applications illustrent comment les changements technologiques rapides déclenchés par l'émergence de l'IA générative peuvent éroder la demande tout en entraînant une transformation accélérée de la teneur des tâches. En effet, les plateformes à programmation schématisée et l'IA générative réduisent le besoin de codage de routine, mais accroissent la prime associée à l'architecture système et à la cybersécurité.
4. **Métiers routiniers en repli.** Ces métiers se caractérisent par une relative stabilité des profils de tâches et par des perspectives d'emploi en déclin ; des exemples en sont les professions du quadrant inférieur gauche du Graphique 4.4 telles que celles de téléphoniste-standardiste, d'opérateur sur clavier numérique ou d'employé de centre d'appels, qui exécutent des tâches routinières et codifiables faciles à automatiser ou à délocaliser. Vu que les entreprises actives sur les marchés qui emploient ces travailleurs ne sont guère incitées ou même en capacité d'investir dans des salariés exerçant des fonctions en perte de vitesse qui ne nécessitent aucune amélioration immédiate des compétences, un soutien public extérieur s'avère indispensable pour aider ces travailleurs dans leur parcours de transition professionnelle. Comme une certaine concentration géographique des travailleurs qui exercent bon nombre de ces métiers pourrait être observée, les mesures de formation et les autres politiques actives du marché du travail devront peut-être être accompagnées d'efforts de régénération locale afin de créer des passerelles viables pour aider les travailleurs à accéder à des emplois demandés et leur éviter de se trouver durablement éloignés du marché du travail.

Il convient de noter que le groupe des métiers qui connaissent à la fois une évolution rapide des compétences et une forte croissance de l'emploi comprend un grand nombre de professions très bien rémunérées, tandis que de beaucoup de postes à bas salaires sont situés dans les quadrants où les évolutions immédiates sont plus lentes. Il pourrait dès lors être moins urgent d'assurer à court terme la formation des travailleurs qui occupent ces emplois, mais cela aurait pour effet de limiter considérablement leur exposition à de nouvelles compétences et à de nouvelles expériences qui favoriseraient leur mobilité vers des professions mieux rémunérées et plus demandées. Les données rétrospectives suggèrent que lorsque le changement perturbateur finit par toucher un large éventail de professions, les travailleurs sans expérience récente de l'apprentissage souffrent plus profondément de leur licenciement et subissent de plus longues périodes de chômage (Schmidpeter et Winter-Ebmer, 2021[40]).

L'élément commun à ces quatre groupes de professions tient à la nécessité d'un ensemble d'incitations à investir dans les compétences en fonction des risques encourus – autrement dit d'un système qui encourage les travailleurs à investir dans l'amélioration de leurs compétences tout en gardant à l'esprit quels en sont les avantages attendus. Des incitations taillées sur mesure pour les différentes trajectoires mises au jour au Graphique 4.4 pourraient pousser les travailleurs et les employeurs vers la formation continue, qui est indispensable pour des marchés du travail résilients, mais qui reste hors de portée pour beaucoup, comme l'a montré le chapitre 3. L'accès à la formation continue peut être élargi de bien des manières différentes. Des programmes peuvent par exemple être spécifiquement axés sur la formation tout au long de la vie tout en donnant aux individus le pouvoir de décider de leur trajectoire d'actualisation des compétences, comme tel est le cas en France du compte personnel de formation, qui permet aux adultes de bénéficier d'une formation agréée à travers une plateforme en ligne sécurisée. Par ailleurs, un investissement plus large dans des espaces ou des initiatives où l'apprentissage peut avoir lieu, à l'instar de l'initiative UTOPÍAS au Mexique, qui finance la réaffectation des espaces négligés pour y mettre en place des centres en accès libre offrant des services éducatifs, culturels, sanitaires et récréatifs dans l'arrondissement d'Iztapalapa, à Mexico, peut également promouvoir la formation tout au long de la vie (voir le chapitre 3, encadré 3.10).

Comment les évolutions des professions influent sur les disparités en matière de compétences et l'investissement dans la formation

Cette section examine comment les femmes et les adultes issus de milieux socioéconomiques défavorisés se trouvent répartis dans des professions caractérisées par des perspectives d'emploi variables et par une évolution des compétences requises. La compréhension de cette répartition permet de déterminer quels sont les différents besoins d'apprentissage tout au long de la vie des divers groupes de population, et quelles sont les différentes incitations et possibilités offertes en matière de formation. L'ampleur de la concentration de ces différents groupes de population dans certaines professions doit être déterminée afin d'évaluer si les actuelles politiques de formation et d'orientation professionnelle sont bien ciblées sur les segments de la population active qui pourraient avoir le plus besoin d'un soutien lors de futurs ajustements. Elle peut par ailleurs aider à comprendre qui peut dès à présent s'attendre à bénéficier d'un meilleur accès à la formation fournie par l'employeur, aux titres de compétences formels et aux réseaux professionnels.

Disparités socioéconomiques

Les personnes issues de milieux socioéconomiques favorisés ont une plus grande probabilité d'exercer des métiers bénéficiant d'une croissance transformatrice, qui sont des professions mieux rémunérées qui ont connu certaines des évolutions les plus importantes des compétences au cours des dernières années et dont la demande devrait augmenter à moyen terme. Par exemple, les mathématiciens, actuaires et statisticiens, qui figurent parmi les professions les mieux rémunérées, comptent dans leurs effectifs actuels une très forte proportion de personnes dont au moins un parent a suivi des études supérieures (79 %) (Graphique 4.5). Ces professions ont également connu une grande évolution des compétences au cours des dernières années (indice de rupture de 78) et elles devraient bénéficier de solides perspectives d'emploi (augmentation de l'emploi de 12 % d'ici 2033). De nombreux métiers bénéficiant d'une croissance transformatrice sont également de nature technique – tels que les concepteurs de logiciels, les Ingénieurs de l'électrotechnique, les physiciens et les astronomes – dont les effectifs actuels sont principalement constitués de personnes dont les parents ont suivi des études supérieures (Graphique 4.6). Cela est dû au fait que de nombreux métiers bénéficiant d'une croissance transformatrice exigent en règle générale d'avoir suivi des études supérieures et, comme la démonstration en a été apportée tout au long du présent rapport, les personnes dont les parents ont fait des études supérieures ont une bien plus grande probabilité que celles dont les parents n'ont pas fait d'études supérieures d'obtenir elles-mêmes un diplôme d'études supérieures.

Graphique 4.5. Corrélation entre le pourcentage des effectifs d'une profession issus de milieux socioéconomiques favorisés et l'évolution des compétences au sein de cette profession

Pourcentage des effectifs dont les parents ont suivi des études supérieures et dont les compétences ont été touchées par des perturbations dans les pays participants à l'Évaluation des compétences des adultes 2023, par profession

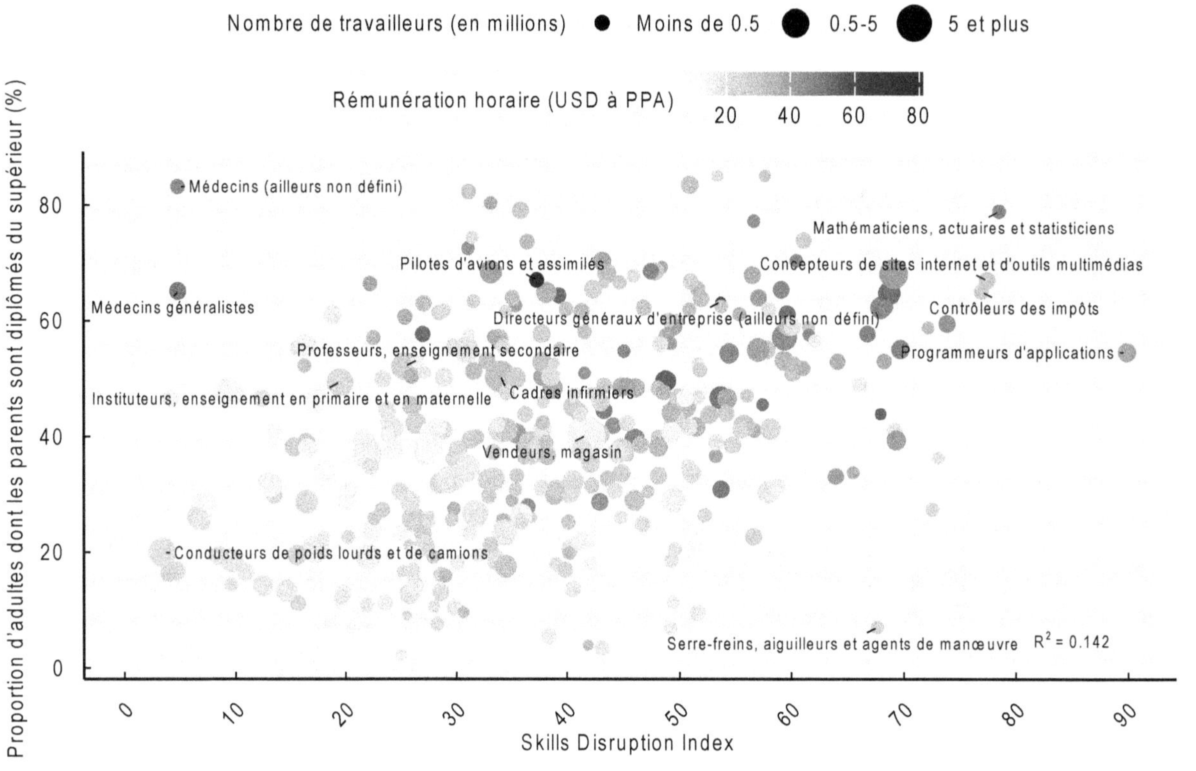

Note : L'indice de rupture dans les compétences mesure l'évolution des compétences requises par les employeurs dans différentes professions. Il varie entre 0 et 100, l'évolution des compétences étant d'autant plus marquée que le score est élevé. Voir à la note du Tableau 4.1 les définitions des groupes en fonction du niveau d'études des parents.
Source : Calculs fondés sur Lightcast (2025[39]), *The Speed of Skill Change*, https://lightcast.io/resources/research/speed-of-skill-change et OCDE (2024[22]), *Données et méthodologie du PIAAC*, www.oecd.org/fr/about/programmes/piaac/piaac-data.html.

StatLink https://stat.link/y4eqrd

La plupart des professions dont seule une minorité des effectifs actuels sont constitués de personnes issues de milieux socioéconomiques favorisés perçoivent de bas salaires et impliquent des fonctions routinières en déclin, ce qui signifie qu'elles conjuguent des profils de tâches relativement stables et des perspectives d'emploi en recul. Par exemple, environ 2 % seulement des laveurs et repasseurs de linge à la main comptent au moins un parent ayant suivi des études supérieures, et c'est là une profession dont la baisse de l'emploi devrait s'élever à 12 %. Ces travailleurs peuvent s'attendre à recevoir un salaire horaire inférieur à la moyenne, ils font face à un risque élevé de perte d'emploi et ils ne connaîtront que peu ou pas d'évolution de leurs compétences dans leur profession actuelle.

Graphique 4.6. Corrélation entre le pourcentage des effectifs d'une profession issus de milieux socioéconomiques favorisés et les perspectives d'emploi dans cette profession

Pourcentage des effectifs dont les parents ont suivi des études supérieures et évolution prévue de l'emploi dans les pays participants à l'Évaluation des compétences des adultes réalisée par l'OCDE en 2023, par profession

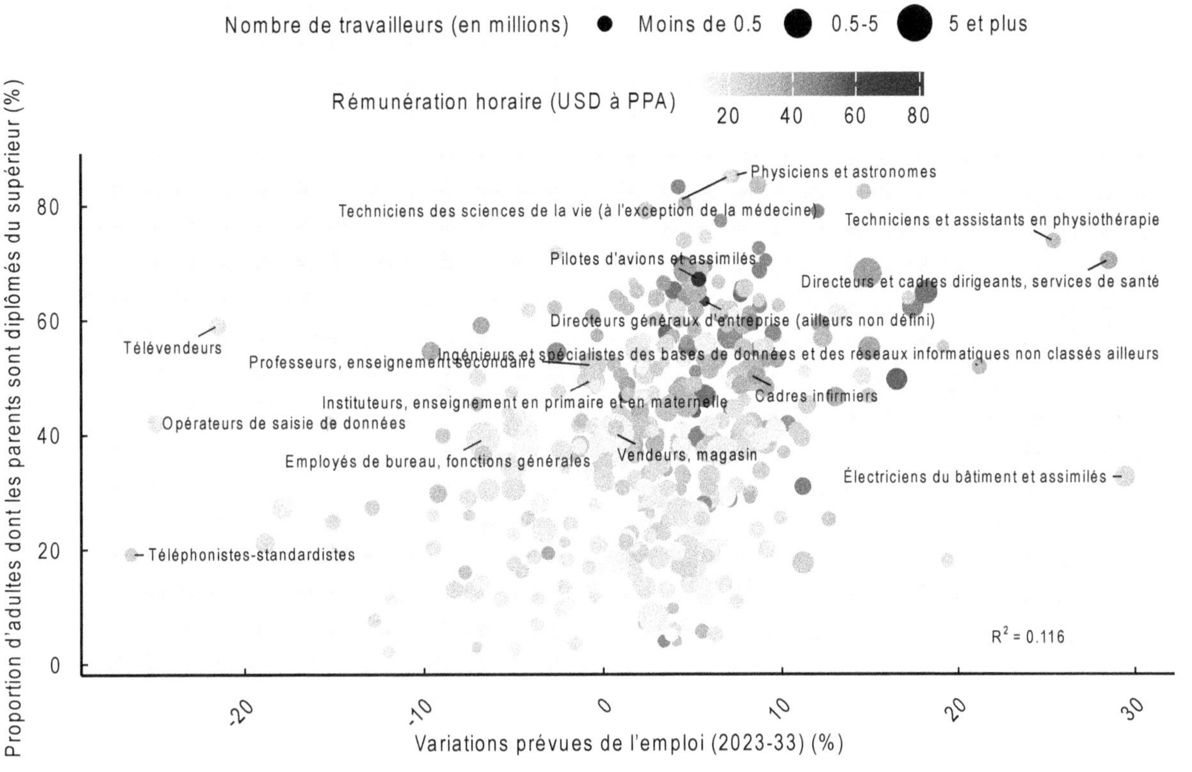

Note : Les perspectives d'évolution de l'emploi ont été estimées après conversion de la classification des professions vers la CITP-08 (à partir de la classification OES2023 en passant par la classification SOC2010) à l'aide des tableaux de concordance établis par le Bureau de statistiques sur l'emploi des États-Unis (*U.S. Bureau of Labor Statistics*). Voir à la note du Tableau 4.1 les définitions des groupes en fonction du niveau d'études des parents.

Source : Calculs fondés sur OCDE (2024[22]), *Données et méthodologie du PIAAC*, www.oecd.org/fr/about/programmes/piaac/piaac-data.html et U.S. Bureau of Labor Statistics (2025[38]), *Table 1.2 Occupational projections, 2023-2033, and worker characteristics, 2023 (Numbers in thousands)*, www.bls.gov/emp/tables/occupational-projections-and-characteristics.htm.

StatLink https://stat.link/v8ptge

Disparités entre les genres

Les écarts entre les genres sont moins prononcés que les écarts selon la profession des parents ; cependant, le Graphique 4.7 met en évidence certaines différences importantes entre les types de professions respectivement exercées par les hommes et par les femmes. Les femmes ont une plus grande probabilité d'exercer des professions qui connaissent de faibles à moyennes évolutions des compétences (partie gauche du Graphique 4.7), tandis que les hommes ont une plus grande probabilité que les femmes d'occuper des emplois où les compétences requises connaissent de très fortes ou de très faibles évolutions. De nombreuses professions du côté gauche du Graphique 4.7, c'est-à-dire les métiers routiniers en repli et les métiers en expansion centrés sur l'humain, sont des professions à majorité féminine ou masculine, c'est-à-dire des professions dans lesquelles la majorité des travailleurs sont du même genre. Ces professions bénéficient de salaires inférieurs à la moyenne. Les opérateurs sur clavier numérique et les téléphonistes-standardistes sont des exemples de métiers routiniers en repli majoritairement féminins, tandis que les techniciens et assistants en physiothérapie offrent des exemples de métiers en expansion centrés sur l'humain majoritairement féminins. Les régleurs et conducteurs de machines-outils fournissent des exemples de métiers routiniers en repli majoritairement masculins, tandis que les électriciens du bâtiment et assimilés constituent des exemples de métiers en expansion centrés sur l'humain majoritairement masculins. Les hommes ont en revanche une plus grande probabilité que les femmes d'exercer des métiers bénéficiant d'une croissance transformatrice, c'est-à-dire des professions situées dans le quadrant supérieur droit du Graphique 4.7, même si ces métiers ont en moyenne tendance à se caractériser par une composition par genre moins inégale que les métiers routiniers en repli.

La concentration des femmes et des hommes dans des professions différentes revêt de l'importance pour trois raisons : 1) les avantages de salaire ; 2) les possibilités de reconversion ; et 3) les pénuries de main-d'œuvre. Premièrement, les avantages de salaire bénéficient principalement aux métiers où les besoins en compétences évoluent rapidement et dont la demande s'accroît alors que l'offre n'augmente pas au même rythme. Les femmes semblent sous-représentées dans ces métiers qui bénéficient d'une croissance transformatrice et surreprésentées dans les métiers routiniers en repli. Si la concentration des femmes dans des emplois caractérisés par une faible rupture dans les compétences perdure, l'écart de rémunération entre les genres risque de se creuser même si les taux d'emploi globaux convergent. Deuxièmement, la plupart des initiatives de reconversion de grande ampleur – en particulier celles axées sur les secteurs du numérique, des données ou de l'écologie – sont ciblées sur les métiers qui bénéficient d'une croissance transformatrice (Frey, Alajääskö et Thomas, 2024[41] ; OCDE, 2024[42] ; 2021[43]). À moins qu'ils ne s'adressent expressément aux femmes, ces dispositifs risquent d'orienter les ressources publiques au profit des travailleurs masculins et de laisser sur le bord de la route de nombreuses femmes dont les emplois sont voués à la stagnation ou à l'obsolescence plutôt qu'à la transformation. Troisièmement, les pénuries de main-d'œuvre sont déjà aiguës dans plusieurs des professions à forte croissance où la représentation des femmes est la plus faible. La persistance des schémas de stratification de l'emploi limite donc l'offre effective de talents et risque d'être un frein à l'augmentation de la productivité dans l'ensemble de l'OCDE.

Graphique 4.7. Composition par genre des professions en fonction de la rupture dans les compétences et des perspectives d'emploi

Perspectives de croissance de l'emploi entre 2023 et 2033 et rupture dans les compétences dans les pays participants à l'Évaluation des compétences des adultes 2023, par profession

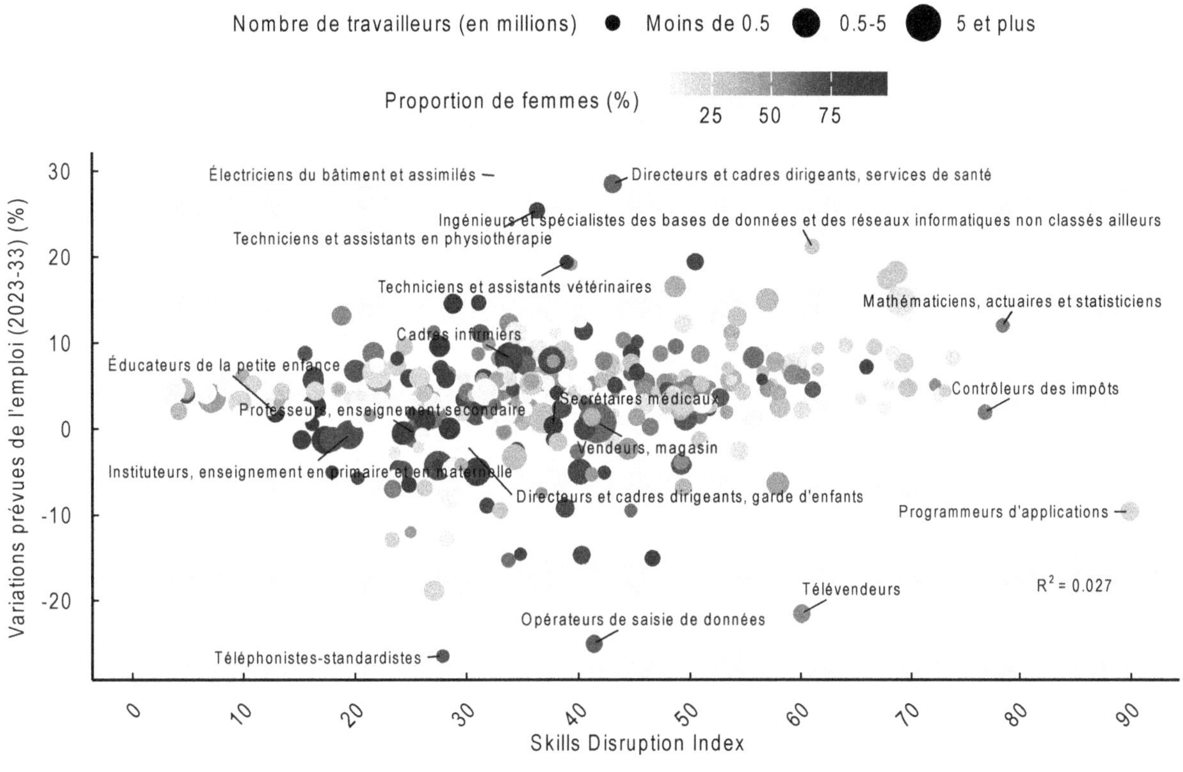

Note : L'indice de rupture dans les compétences mesure l'évolution des compétences requises par les employeurs dans différentes professions entre 2021 et 2024. Sa valeur varie entre 0 et 100, l'évolution des compétences étant d'autant plus marquée que cette valeur est élevée. Les perspectives d'évolution de l'emploi ont été estimées après conversion de la classification des professions vers la CITP-08 (à partir de la classification OES2023 en passant par la classification SOC2010) à l'aide des tableaux de concordance établis par le Bureau de statistiques sur l'emploi des États-Unis (*U.S. Bureau of Labor Statistics*).

Source : Calculs fondés sur U.S. Bureau of Labor Statistics (2025[38]), *Table 1.2 Occupational projections, 2023-2033, and worker characteristics, 2023 (Numbers in thousands)*, www.bls.gov/emp/tables/occupational-projections-and-characteristics.htm ; Lightcast (2025[39]), *The Speed of Skill Change*, https://lightcast.io/resources/research/speed-of-skill-change ; et OCDE (2024[22]), *Données et méthodologie du PIAAC*, www.oecd.org/fr/about/programmes/piaac/piaac-data.html.

StatLink https://stat.link/y9bajc

Faire de la rupture dans les compétences une occasion à saisir : quelques pistes d'adaptation de la population active

L'analyse des compétences en résolution adaptative de problèmes des personnes qui exercent des professions touchées par une évolution rapide des compétences requises, ou qui devront très probablement changer de métier du fait de l'évolution des facteurs structurels et d'une réduction des perspectives qui s'offrent à elles peut fournir aux décideurs des indications quant aux domaines qui devront être ciblés par les initiatives et par les mesures de soutien. Chose encourageante, le Graphique 4.8 suggère que les adultes qui exercent actuellement des métiers caractérisés par des évolutions supérieures à la moyenne des compétences requises possèdent par ailleurs des compétences plus élevées que la moyenne en matière de résolution adaptative de problèmes, ce qui signifie que ces personnes pourraient certes avoir à déployer d'importants efforts d'amélioration et d'actualisation de leurs compétences pour continuer à exécuter les tâches qui leur sont confiées au fur et à mesure que les exigences de leur poste évoluent, mais qu'elles disposeront des compétences indispensables pour faire face et s'adapter à la transition et s'épanouir dans de nouvelles fonctions.

Graphique 4.8. Corrélation entre l'évolution des compétences requises selon les professions et le degré de maîtrise de la résolution adaptative de problèmes

Degré moyen de maîtrise de la résolution adaptative de problèmes et indice de rupture dans les compétences par profession au sein des pays participants à l'Évaluation des compétences des adultes réalisée par l'OCDE en 2023

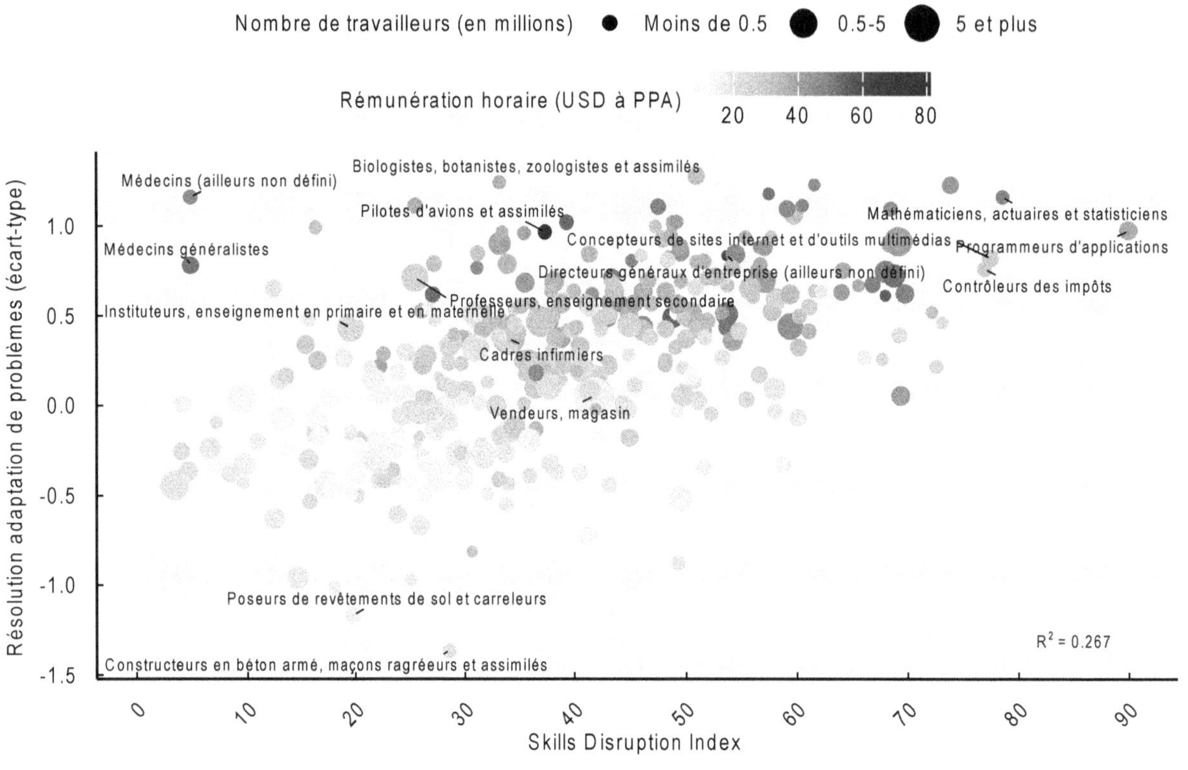

Note : L'indice de rupture dans les compétences mesure l'évolution des compétences requises par les employeurs dans différentes professions. Sa valeur varie entre 0 et 100, l'évolution des compétences étant d'autant plus marquée que cette valeur est élevée.
Source : Calculs fondés sur Lightcast (2025[39]), *The Speed of Skill Change*, https://lightcast.io/resources/research/speed-of-skill-change et OCDE (2024[22]), *Données et méthodologie du PIAAC*, www.oecd.org/fr/about/programmes/piaac/piaac-data.html.

StatLink https://stat.link/1g0e9j

Cependant, les personnes qui exercent des professions où la demande prévue est en baisse possèdent généralement une faible maîtrise de la résolution adaptative de problèmes, comme l'indique le Graphique 4.9. Les ajustements structurels peuvent exiger que certaines (ou un grand nombre) de ces personnes changent de métier. Or une faible maîtrise de la résolution adaptative de problèmes risque d'entraver leurs efforts d'amélioration et d'actualisation de leurs compétences. Sans un soutien ciblé, ces adultes risquent de subir une double peine sous la forme d'une perte d'emploi ou d'une diminution de leur niveau de salaire de pair avec une courbe d'apprentissage plus raide lorsqu'ils tentent de se reconvertir.

Graphique 4.9. Corrélation entre les perspectives d'évolution de l'emploi selon les professions et le degré de maîtrise de la résolution adaptative de problèmes

Degré moyen de maîtrise de la résolution adaptative de problèmes et évolution prévue de l'emploi par profession au sein des pays participants à l'Évaluation des compétences des adultes réalisée par l'OCDE en 2023

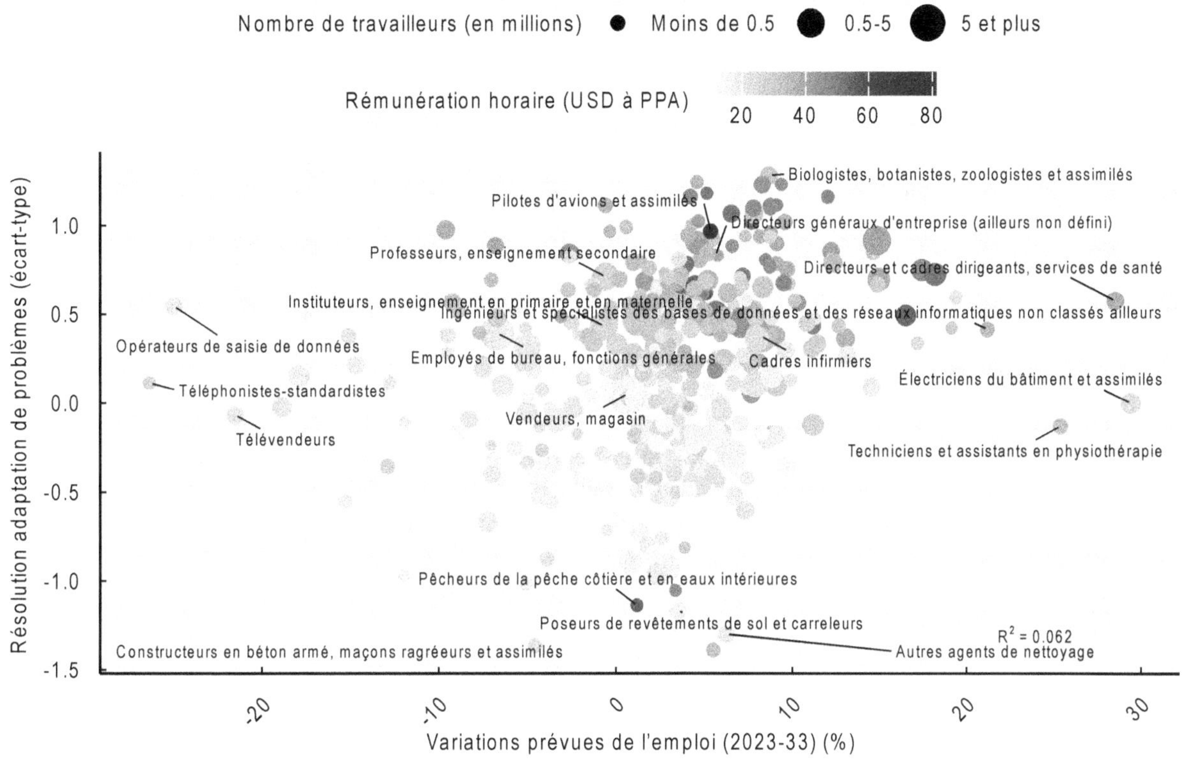

Note : Les perspectives d'évolution de l'emploi ont été estimées après conversion de la classification des professions vers la CITP-08 (à partir de la classification OES2023 en passant par la classification SOC2010) à l'aide des tableaux de concordance établis par le Bureau de statistiques sur l'emploi des États-Unis (*U.S. Bureau of Labor Statistics*).
Source : Calculs fondés sur OCDE (2024[22]), *Données et méthodologie du PIAAC*, www.oecd.org/fr/about/programmes/piaac/piaac-data.html et U.S. Bureau of Labor Statistics (2025[38]), *Table 1.2 Occupational projections, 2023-2033, and worker characteristics, 2023 (Numbers in thousands)*, www.bls.gov/emp/tables/occupational-projections-and-characteristics.htm.

StatLink https://stat.link/0ek1ag

Dans l'ensemble, ces résultats mettent en évidence un profond décalage entre les secteurs où la demande de main-d'œuvre s'accroît et ceux où bon nombre de femmes et d'adultes issus de milieux socioéconomiques défavorisés sont actuellement employés. De nombreuses professions qui emploient principalement des adultes issus de milieux socioéconomiques défavorisés sont des métiers routiniers en repli ou des métiers centrés sur l'humain. Alors que la demande de main-d'œuvre dans les métiers centrés sur l'humain est en augmentation – du fait de la transition démographique et de l'incidence jusqu'à présent limitée exercée par l'IA sur ces métiers – les métiers routiniers en repli ont tendance à connaître une contraction – probablement en raison de l'automatisation et des ajustements structurels mis en œuvre pour atteindre les objectifs de neutralité carbone. Il s'agit de métiers où les salaires sont bas ou modestes et qui, n'étant pas directement touchés par l'obsolescence rapide des compétences, risquent de ne bénéficier que d'investissements limités dans la formation de la part des employeurs. Dans le même temps, les métiers qui bénéficient d'une croissance transformatrice et les métiers en déclin touchés par des perturbations – ceux qui sont les plus affectés par l'IA – sont mieux rémunérés, mais restent majoritairement masculins et socialement sélectifs.

Les employeurs des secteurs qui ont recours aux métiers qui bénéficient d'une croissance transformatrice sont directement incités à investir dans la formation de leurs effectifs du fait de l'évolution rapide des compétences requises. Dans le même temps, compte tenu de la demande accrue de ces métiers, ils sont incités à fournir une formation aussi spécifique à leur entreprise que possible afin de réduire les risques que les travailleurs partent dans d'autres entreprises. Les pouvoirs publics devraient concentrer leurs efforts sur la portabilité et la reconnaissance des microdiplômes de sorte que les compétences avancées se propagent d'une entreprise et d'une région à l'autre au lieu de rester cantonnées dans certaines d'entre elles. Les métiers en déclin touchés par des perturbations, dont beaucoup sont des emplois de « cols blancs », ont besoin de programmes proactifs d'actualisation des compétences pour les aider à se convertir en des professions émergentes complémentaires de l'IA et à devenir des métiers bénéficiant d'une croissance transformatrice. Les métiers en essor *centrés sur l'humain* – en particulier dans le domaine de la santé et du soin – ont besoin d'un plus grand nombre de places d'apprentissage et d'une reconnaissance plus rapide des diplômes obtenus à l'étranger afin d'attirer les groupes sous-représentés pour parer aux pénuries (OCDE, 2023[44]). Enfin, les métiers r*outiniers* en repli nécessitent une stratégie associant une régénération locale et des aides à la transition qui financent des cours de recyclage à plein temps, étant donné qu'une actualisation progressive des compétences ne permettrait pas d'éviter les pertes d'emploi imminentes.

La faible maîtrise de la résolution adaptative de problèmes dont disposent les travailleurs des professions en déclin souligne la nécessité de parcours d'apprentissage modulés, et elle pourrait expliquer en partie la faible propension de certains travailleurs à s'engager dans la formation des adultes, comme il en a été fait état au chapitre 3. Pour renforcer leur confiance en soi, de courts modules portant sur la manière de faire face au changement et conjuguant une formation sur les usages de base des TIC, la résolution des problèmes et un mentorat par les pairs, pourraient être des « voies d'accès » à emprunter avant de pouvoir passer à des cours techniques plus exigeants.

4.6. Transmission intergénérationnelle de la profession et du niveau d'études

Cette section quantifie la transmission d'une génération à l'autre des avantages sur le plan professionnel et éducatif, et elle recense les différences selon les pays. Elle établit dans quels pays les individus atteignent des niveaux d'études et un statut professionnel équivalents, supérieurs ou inférieurs à ceux de leurs parents. Étant donné que les attentes des jeunes reflètent leur perception de la manière dont sont structurées les possibilités qui s'offrent à eux et qu'elles permettent de prédire la distribution future des niveaux d'études, cette section procède non seulement à une analyse des schémas historiques de transmission intergénérationnelle des niveaux d'études et des statuts professionnels observés au sein des populations adultes, mais aussi à une analyse de la structure des attentes exprimées par les enfants d'âge scolaire. Si les attentes des adolescents ne sont pas conformes aux parcours éducatifs disponibles ou à la situation du marché du travail, les disparités risquent de s'enraciner, voire de se creuser encore davantage. L'examen intégré de la transmission qui s'est déjà produite et des attentes exprimées permet aux décideurs de disposer de données détaillées pour procéder à des interventions ciblées, et il contribue en outre à la conception de mesures destinées à promouvoir les chances de chacun, à adapter les attentes à des parcours éducatifs et professionnels réalistes, et à favoriser une croissance économique inclusive au sein des pays de l'OCDE.

L'analyse présentée dans cette section complète les travaux en cours au sein de l'OCDE sur la mobilité sociale et les opportunités. Par exemple, des données récentes mettent en évidence d'importantes disparités de rémunération selon le niveau d'études des parents, ainsi que l'influence cruciale qu'exerce le milieu familial sur la situation au regard de l'emploi (Causa, À paraître[16]). Cette section jette un pont entre l'analyse aux niveaux micro et macro pour établir de nouvelles estimations de l'inégalité des chances, puisqu'elle indique qu'au moins un quart de l'inégalité totale des revenus marchands est due à des éléments indépendants de la volonté des individus, et que le milieu socioéconomique des parents constitue souvent le principal facteur à l'origine de l'inégalité des chances (OCDE, 2025[17]). Enfin, en faisant un lien entre les résultats des adultes et la formation des attentes, cette section complète les efforts en cours pour établir dans quelle mesure les attentes des adolescents en matière de carrière et d'éducation sont fonction du milieu socioéconomique dont ils sont issus, souvent bien davantage que de leurs résultats scolaires. Ces attentes sont de plus en plus concentrées dans un ensemble restreint de professions très valorisées, ce qui produit des inadéquations par rapport à la demande du marché du travail et une participation inégale aux activités de développement de carrière (OCDE, 2025[18]).

La probabilité que les individus égalent ou dépassent le niveau d'études ou le statut professionnel de la génération précédente dépend pour une large part du moment et de l'ampleur des mutations structurelles. La hausse de la productivité et l'amélioration des niveaux de vie entraînent généralement une augmentation des niveaux d'études ou de la part des travailleurs employés dans le secteur des services. Toutefois, les effets plafond observés dans l'accès à l'enseignement supérieur et les structures professionnelles limitent les possibilités de mobilité ascendante tant sous l'angle du niveau d'études que du point de vue de la profession. Les pays qui n'ont pas développé l'enseignement supérieur ou ne se sont pas tournés vers l'emploi dans le secteur des services avant la fin du XXe siècle ont donc une plus grande probabilité d'être classés en bonne place d'après les indicateurs de la transmission intergénérationnelle du niveau d'études ou de la profession, car les adultes de ces pays ont beaucoup plus de chances de dépasser le niveau d'études ou le statut professionnel de leurs parents, vu qu'ils étaient inférieurs à la moyenne. Dans les pays où ces évolutions se sont produites à une date antérieure, les cohortes précédentes occupent déjà dans une large mesure la partie haute de la distribution, ce qui limite les nouveaux progrès (OCDE, 2018[45]).

Une mobilité sociale insuffisante impose un coût économique, car une mobilité ascendante limitée entraîne une sous-exploitation des talents, puisque des individus ayant les capacités d'exceller dans leurs études ou dans des professions exigeant une grande maîtrise des compétences en traitement de l'information (comme les professions intellectuelles et scientifiques ou celles de directeurs, de cadres de direction ou de gérants) s'en trouvent exclus du fait du milieu dont ils sont issus. Les contraintes de crédit, les déficits d'information et l'insuffisance des ressources familiales réduisent l'investissement dans l'éducation et l'entrepreneuriat, ce qui amoindrit le niveau global de productivité. À l'inverse, une mobilité restreinte au sommet risque de pérenniser les rentes économiques et de favoriser un accaparement des opportunités, faussant ainsi l'allocation des ressources (OCDE, 2018[45]).

4.6.1. (Im)mobilité professionnelle intergénérationnelle

Le Graphique 4.10 illustre le lien entre le prestige social de la profession exercée par les personnes qui ont participé à l'Évaluation des compétences des adultes 2023 et le statut social de leurs parents, mesuré par la profession du parent bénéficiant du statut professionnel le plus élevé au sein de chaque ménage, ainsi que par le niveau moyen des compétences en calcul de ceux qui ont changé plusieurs fois de métier. Neuf groupes de professions sont présentés, en allant de ceux dont le prestige social est le plus élevé jusqu'à ceux dont le prestige social est le plus bas : 1) directeurs, cadres de direction et gérants ; 2) professions intellectuelles et scientifiques ; 3) professions intermédiaires ; 4) employés de type administratif ; 5) personnel des services directs aux particuliers, commerçants et vendeurs ; 6) agriculteurs et ouvriers qualifiés de l'agriculture, de la sylviculture et de la pêche ; 7) métiers qualifiés de l'industrie et de l'artisanat ; 8) conducteurs d'installations et de machines, et ouvriers de l'assemblage ; et 9) professions élémentaires. La largeur des connecteurs qui rattachent les groupes de professions du Graphique 4.10 représente la taille du groupe, le groupe de professions dont relève celle exercée par les parents étant relié au groupe correspondant à la profession du répondant, tandis que le gradient de couleurs – passant du jaune (faibles performances) à l'orange puis au violet (performances élevées) – reflète les écarts du point de vue des compétences en calcul, qui sont les plus recherchées sur le marché du travail.

Le Graphique 4.10 met en évidence des évolutions marquées d'une génération à l'autre dans la structure du marché du travail, la taille relative des différents groupes de professions n'étant pas identique pour la « génération des parents » et pour celle des 30-65 ans qui ont participé à l'Évaluation des compétences des adultes 2023. La profession déclarée pour la génération des parents reflète le statut de la profession exercée par le parent ayant le statut social le plus élevé, qui sert d'indicateur de la position sociale globale du ménage. Cette approche a pour conséquence que le profil professionnel de la génération des parents est faussé à l'avantage des emplois les plus valorisés, puisque les ménages composés d'un parent exerçant une profession plus prestigieuse et d'un parent dont la profession est moins valorisée sont représentés par le premier de ces parents. Dix-sept pour cent des ménages de la génération des parents avaient pour chef un parent exerçant une profession intellectuelle ou scientifique et jusqu'à 12 % un agriculteur ou un ouvrier qualifié de l'agriculture, de la sylviculture et de la pêche, alors que dans la génération de 30-65 ans, 20 % exerçaient une profession intellectuelle ou scientifique et seulement 1 % étaient agriculteurs ou ouvriers qualifiés de l'agriculture, de la sylviculture et de la pêche.

Le Graphique 4.10 suggère un haut degré de transmission intergénérationnelle du statut professionnel dans les pays de l'OCDE : jusqu'à 52 % des adultes dont au moins un parent exerçait une profession intellectuelle ou scientifique lorsqu'ils étaient enfants ont également exercé une profession intellectuelle ou scientifique ou les fonctions de directeur, de cadre de direction ou de gérant à l'âge adulte. En revanche, seulement 13 % environ des adultes dont les parents exerçaient des professions élémentaires lorsqu'ils étaient enfants ont par la suite exercé une profession intellectuelle ou scientifique ou les fonctions de directeur, de cadre de direction ou de gérant à l'âge adulte. De même, pas moins de 45 % des adultes qui exerçaient une profession intellectuelle ou scientifique avaient eu des parents qui exerçaient des professions intellectuelles ou scientifiques ou des fonctions de directeur, de cadre de direction ou de gérant alors que 16 % seulement avaient eu des parents qui travaillaient dans les métiers qualifiés de l'industrie et de l'artisanat, en tant que conducteurs d'installations et de machines, et ouvriers de l'assemblage, ou dans des professions élémentaires.

Les compétences en calcul sont, en moyenne, plus élevées chez les personnes dont les parents exerçaient des professions très valorisées, telles que celles de directeur, de cadre de direction ou de gérant, les professions intellectuelles et scientifiques, ou encore les professions intermédiaires, alors qu'elles sont plus faibles chez les personnes dont les parents occupaient des postes peu valorisées, comme le montre clairement le Graphique 4.10. Par exemple, l'écart par rapport à la moyenne des compétences en calcul des adultes s'élève en moyenne à 0.4 écart-type pour ceux dont les parents exerçaient une profession intellectuelle ou scientifique, contre -0.5 écart-type pour ceux dont les parents travaillaient dans des professions élémentaires. Dans le même temps, en moyenne, dans les pays de l'OCDE, les adultes ayant des compétences plus élevées en calcul ont une plus grande probabilité que ceux dont les compétences en ce domaine sont plus faibles de conserver la profession très valorisée de leurs parents ou d'accéder à des professions plus valorisées que celles de leurs parents. Par exemple, les adultes dont les parents exerçaient une profession intellectuelle ou scientifique et qui exercent eux-mêmes une profession intellectuelle ou scientifique bénéficiaient d'un écart de compétences en calcul qui était en moyenne égal à 0.7 écart-type, contre 0.0 écart-type pour les adultes dont les parents exerçaient une profession intellectuelle ou scientifique alors qu'eux-mêmes exercent des métiers qualifiés de l'industrie et de l'artisanat. De même, les adultes dont les parents exerçaient des professions élémentaires et qui exercent eux-mêmes une profession intellectuelle ou scientifique disposent en moyenne d'un écart de compétences en calcul de 0.1 écart-type, alors que pour les adultes dont les parents exerçaient des professions élémentaires et qui exercent eux-mêmes des métiers qualifiés de l'industrie et de l'artisanat cet écart s'établit en moyenne à -0.7 écart-type.

Graphique 4.10. Mobilité professionnelle des adultes, selon leurs compétences en calcul

Profession des répondants, profession de leurs parents et compétences en calcul des répondants, en pourcentages, moyenne OCDE

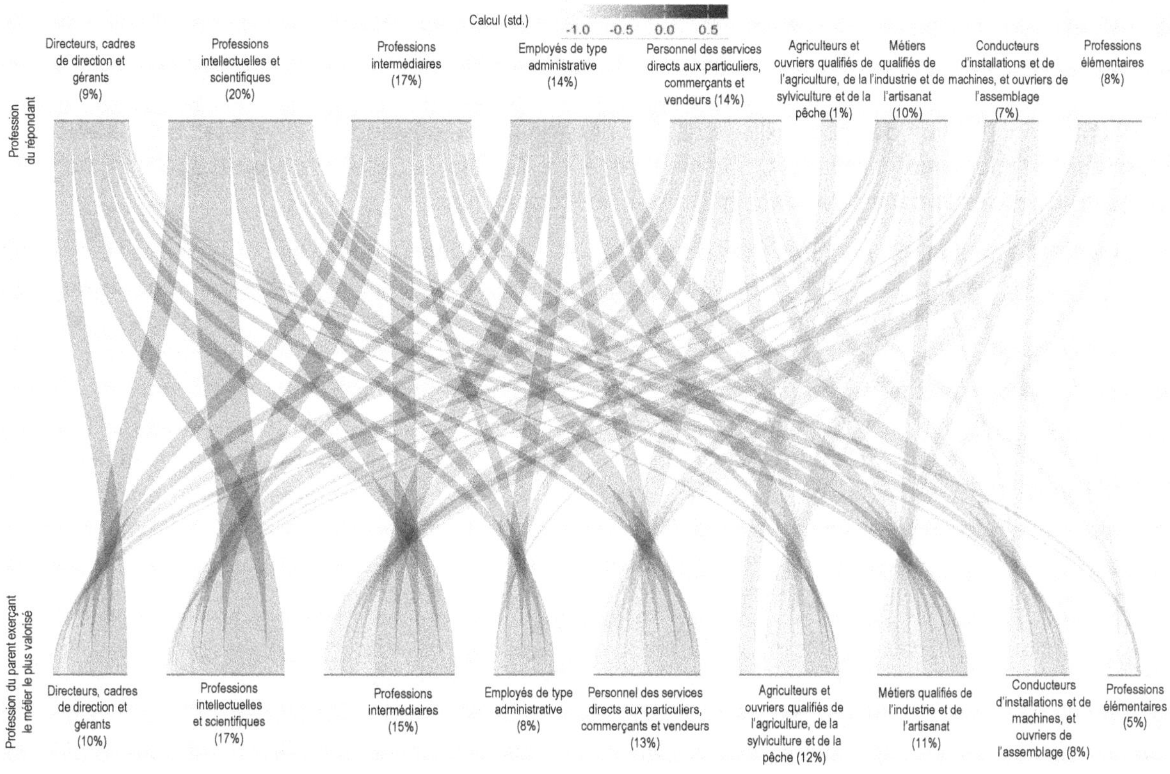

Note : Adultes âgés de 30 à 65 ans. La largeur du groupe de professions dont relève celle exercée par les parents et celle du groupe dont relève la profession du répondant (nœuds) indiquent leurs tailles respectives. La largeur des connecteurs entre les nœuds représente la taille des groupes de professions, la profession des parents (à gauche) étant reliée à la profession du répondant (à droite). Le codage couleur – passant du jaune (faibles performances) à l'orange puis au violet (performances élevées) – repose sur un score moyen en calcul normalisé établi pour chaque connecteur.
Source : Calculs fondés sur OCDE (2024[22]), *Données et méthodologie du PIAAC*, www.oecd.org/fr/about/programmes/piaac/piaac-data.html.

L'analyse présentée met en évidence une notable stabilité des professions d'une génération à l'autre au sein des pays de l'OCDE, les professions très valorisées (directeurs, cadres de direction et gérants ; professions intellectuelles et scientifiques ; et professions intermédiaires) affichant une forte persistance intergénérationnelle. Les personnes qui exercent ces professions sont souvent issues de milieux similaires et ont tendance à avoir des compétences en calcul relativement élevées. Une mobilité ascendante des professions peu valorisées vers celles très valorisées peut certes être observée, mais elle est généralement limitée à ceux qui possèdent de fortes compétences en calcul. À l'inverse, les professions peu ou moyennement valorisées ont souvent tendance à se perpétuer d'une génération à l'autre, en particulier chez les travailleurs qualifiés de l'agriculture, de la foresterie et de la pêche. Cependant, une mobilité descendante peut être observée dans tous les groupes de professions, et les personnes qui passent d'un métier très valorisé à un métier moins valorisé montrent souvent des compétences en calcul relativement peu élevées. Ces constatations portent à croire que, bien que les compétences soient un déterminant essentiel de la mobilité, l'héritage de la profession des parents demeure un phénomène assez répandu (OCDE, 2025[19]).

Considérées conjointement, les données présentées mettent en évidence une hiérarchie professionnelle qui est tout à la fois persistante et sélective. Au sommet de la hiérarchie sociale, plus de la moitié des personnes exerçant des fonctions de directeurs, cadres de gestion et gérants ou des professions intellectuelles et scientifiques ont des parents qui ont exercé les mêmes professions, et ceux qui parviennent à conserver un statut professionnel aussi valorisé possèdent en règle générale des compétences en calcul supérieures à la moyenne. Au bas de l'échelle, les adultes dont les parents ont exercé des professions élémentaires et des professions manuelles routinières exercent rarement des professions intellectuelles ou scientifiques ou des fonctions de directeurs, de cadres de direction ou de gérants, et ceux pour qui tel est le cas possèdent en règle générale des compétences en calcul supérieures à la moyenne. Ces résultats donnent à penser que les chances qu'un individu bénéficie d'une mobilité ascendante sont fonction des possibilités qui lui sont données de développer de solides compétences en traitement de l'information. Toutefois, comme il en a été fait état au chapitre 3 du présent rapport, ces possibilités sont très variables selon les milieux socioéconomiques.

Contrairement à ce que l'on peut observer chez les travailleurs adultes, une grande partie des jeunes dont les parents exercent des professions peu valorisées comptent exercer des fonctions de directeur, de cadre de direction ou de gérant ou encore des professions intellectuelles ou scientifiques à l'âge de 30 ans. Par exemple, le Graphique 4.11 indique que jusqu'à 54 % des jeunes dont les parents exerçaient des métiers qualifiés de l'industrie et de l'artisanat et 53 % des jeunes dont les parents exerçaient une profession du groupe « personnel des services directs aux particuliers, commerçants et vendeurs » espèrent exercer des fonctions de directeurs, de cadres de direction ou de gérants ou encore des professions intellectuelles ou scientifiques à l'âge de 30 ans. En outre, jusqu'à 65 % des jeunes dont les parents exerçaient des professions intellectuelles ou scientifiques et 61 % de ceux dont les parents étaient directeurs, cadres de direction ou gérants espèrent exercer des fonctions de directeur, de cadre de direction ou de gérant ou une profession intellectuelle ou scientifique.

Comme l'indique le Graphique 4.11, les jeunes qui espèrent bénéficier d'une ascension sociale et professionnelle sont généralement ceux qui disposent des niveaux de compétences en calcul les plus élevés parmi les jeunes dont les parents présentaient des caractéristiques similaires. À titre d'exemple, la moyenne des résultats en mathématiques des jeunes dont les parents exercent une profession intellectuelle ou scientifique et qui espèrent exercer une profession de ce même type à l'âge de 30 ans présente un écart de 0.7 écart-type par rapport aux autres jeunes de leur âge. Les résultats en mathématiques des jeunes dont les parents exercent une profession intellectuelle ou scientifique, mais qui s'attendent à exercer une profession du groupe « personnel des services directs aux particuliers, commerçants et vendeurs » font en revanche apparaître un écart de 0.0 écart-type. De même, la moyenne des résultats en mathématiques des jeunes dont les parents exerçaient une profession du groupe « personnel des services directs aux particuliers, commerçants et vendeurs » et qui comptent exercer une profession intellectuelle ou scientifique à l'âge de 30 ans présente un écart de 0.1 écart-type, contre un écart de -0.5 écart-type pour ce qui est de la moyenne des résultats en mathématiques des jeunes dont les parents exerçaient une profession du groupe « personnel des services directs aux particuliers, commerçants et vendeurs » et qui comptent eux-mêmes exercer une profession de ce même groupe. Même chez les jeunes dont les parents exercent des professions élémentaires, ceux qui espèrent exercer une profession intellectuelle ou scientifique ont des résultats relatifs plus élevés que leurs pairs qui s'attendent à exercer à 30 ans des professions moins prestigieuses, comme celles du groupe « personnel des services directs aux particuliers, commerçants et vendeurs » (-0.1 écart-type et -0.6 écart-type, respectivement).

Chose cruciale, le fort gradient social observé dans les niveaux moyens des résultats en mathématiques a pour conséquence que les résultats en ce domaine de ceux qui s'attendent à exercer des professions très valorisées sont en étroite corrélation avec le statut socioprofessionnel de leurs parents. Par exemple, parmi les 53 % de jeunes qui s'attendent à exercer une profession intellectuelle ou scientifique, ce sont ceux dont les parents exerçaient eux-mêmes des professions intellectuelles ou scientifiques qui présentent les compétences en mathématiques les plus élevées, alors que ceux dont les parents exerçaient des professions élémentaires montrent les plus faibles.

Ces résultats suggèrent un écart important entre les attentes de nombreux adolescents et les compétences scolaires généralement nécessaires pour accéder aux professions qu'ils espèrent exercer. Beaucoup d'adolescents qui sont issus de ménages exerçant des professions peu valorisées et qui atteignent des résultats de haut niveau par rapport à leurs pairs défavorisés espèrent exercer des professions intellectuelles ou scientifiques ou des fonctions de directeurs, de cadres de direction ou de gérants. Leur niveau moyen de compétences en mathématiques n'en demeure pas moins en règle générale bien inférieur à celui de leurs pairs issus de ménages plus favorisés, dont les attentes sont similaires. La ségrégation éducative et les systèmes de notation normalisés exercent vraisemblablement une influence sur la manière dont les jeunes perçoivent leurs probabilités de réussir dans des carrières qui exigent généralement de solides compétences en traitement de l'information. Néanmoins, sans un soutien scolaire complémentaire et sans informations plus claires sur les parcours, ces élèves peuvent éprouver des difficultés à remplir les conditions requises pour avoir accès à des études supérieures ou à un emploi dans des professions qui requièrent de solides compétences en traitement de l'information.

Graphique 4.11. Attentes des jeunes en matière de mobilité professionnelle, selon leur niveau de compétences en mathématiques

Pourcentage des jeunes de 15 ans selon la profession des parents et la profession espérée à l'âge de 30 ans, et leurs compétences en mathématiques, moyenne OCDE

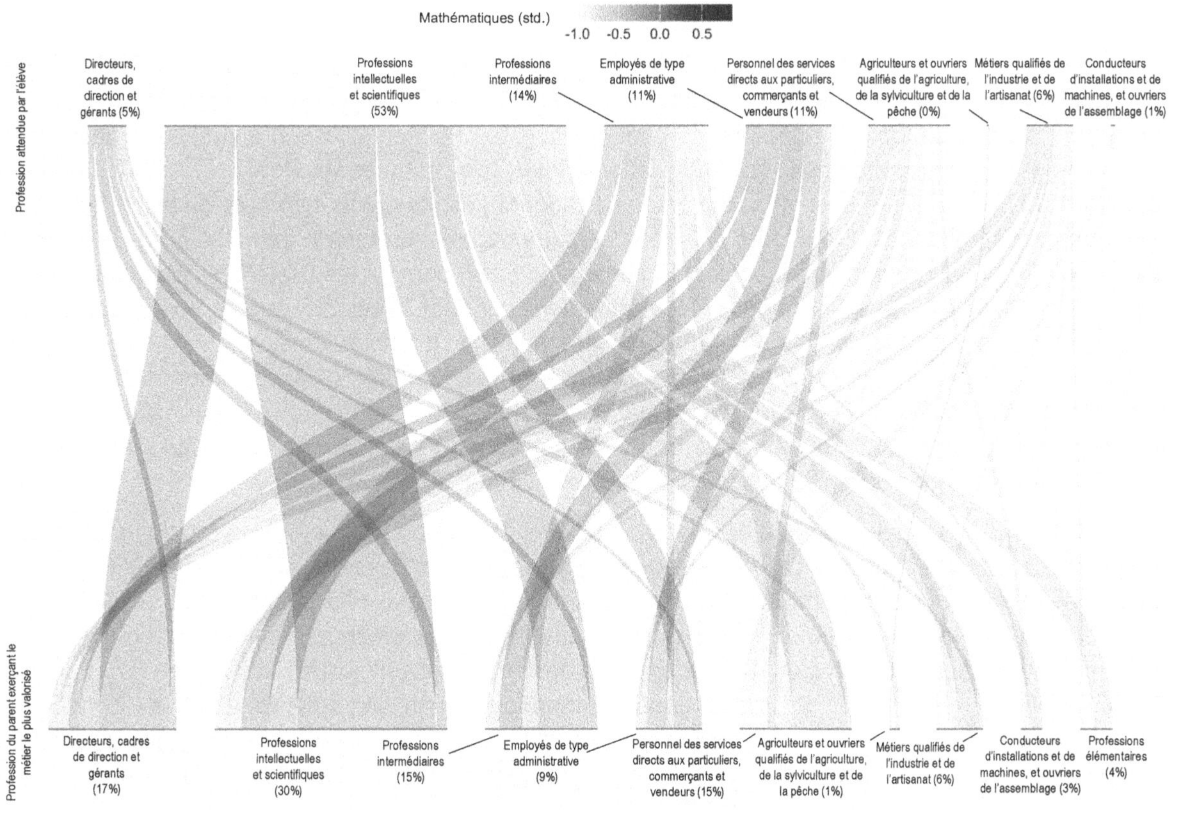

Note : La largeur des groupes de professions dont relèvent celles des parents et celles espérées par les élèves (nœuds) indique leurs tailles respectives. La largeur des connecteurs entre les nœuds représente la taille du groupe des élèves, la profession des parents (à gauche) étant reliée à celle espérée par l'élève (à droite). Le codage couleur – passant du jaune (faibles performances) à l'orange puis au violet (performances élevées) – repose sur le score moyen en mathématiques établi pour chaque connecteur.
Source : Calculs fondés sur OCDE (2022[46]), *Base de données PISA 2022*, www.oecd.org/fr/data/datasets/pisa-2022-database.html.

L'Encadré 4.1 montre comment la formulation des politiques peut promouvoir la mobilité professionnelle grâce à une approche donnant la priorité aux compétences, et il offre des exemples issus de différents pays de l'OCDE où des initiatives visant à favoriser le développement des compétences ont été mises en œuvre.

Encadré 4.1. Comment la formulation des politiques peut contribuer à promouvoir la mobilité professionnelle grâce à une approche donnant la priorité aux compétences

Une approche du recrutement et de la gestion des ressources humaines donnant la priorité aux compétences peut favoriser la mobilité professionnelle en réduisant l'importance accordée aux diplômes officiels, qui témoignent souvent davantage du milieu sociodémographique dont sont issus les individus que de leurs compétences. En se concentrant sur ce que chacun sait faire plutôt que sur la manière dont ces compétences ont été acquises, ces pratiques peuvent accroître la transparence entre les demandeurs d'emploi et les employeurs, aider les entreprises à identifier les compétences qui leur sont nécessaires et permettre aux travailleurs de mieux mettre en valeur celles dont ils disposent. Ces pratiques peuvent par exemple prendre la forme d'un recrutement à l'aveugle, d'une évaluation des compétences et d'un perfectionnement professionnel permanent, autant de moyens d'élargir l'accès à certains métiers, jusqu'ici traditionnellement limité du fait des réseaux hérités ou du prestige institutionnel.

Ces pratiques ont des implications pour l'ensemble des parties prenantes : les employeurs pourraient avoir à repenser les stratégies de recrutement et de RH, les prestataires de services d'éducation pourraient devoir adapter les programmes et la certification, et les individus devront trouver de nouvelles façons de démontrer leurs compétences. La lutte contre les préjugés en matière de recrutement et l'amélioration de la communication sur les compétences revêtent une importance toute particulière pour les groupes dont les diplômes ne rendent pas pleinement compte de leurs capacités. Les approches qui donnent la priorité aux compétences gagnent du terrain dans les pays de l'OCDE, bien que leur adoption demeure inégale. Dans certains pays, comme les États-Unis ou la Lituanie, le recours des employeurs à des modes de recrutement donnant la priorité aux compétences est en adéquation avec le vif intérêt montré par les demandeurs d'emploi. Ailleurs, des inadéquations persistent : au Luxembourg et en Grèce, les employeurs publient de plus en plus souvent des offres d'emploi axées sur les compétences, mais les demandeurs d'emploi ne font guère preuve d'enthousiasme, tandis qu'aux Pays-Bas et en Suède, un fort intérêt se fait jour, mais rares sont les offres d'emploi qui mettent en avant les compétences (Graphique 4.12).

Les pouvoirs publics jouent un rôle crucial dans l'intensification du recours à une telle approche. Les emplois publics représentent environ 20 % des emplois dans les pays de l'OCDE, aussi les autorités pourraient-elles montrer l'exemple. Plusieurs États américains ont déjà supprimé les exigences de diplômes pour de nombreux emplois publics. Les pouvoirs publics peuvent également promouvoir une culture donnant la priorité aux compétences grâce à des stratégies telles que l'initiative de l'UE baptisée « l'Union des compétences », qui investit dans l'a formation tout au long de la vie, dans la reconversion et dans des outils tels que la classification européenne des aptitudes, compétences, certifications et professions (ESCO)[1] pour favoriser l'adéquation entre l'offre et la demande d'emplois. Ils peuvent également renforcer les capacités de la GRH en dotant les professionnels des compétences requises pour se servir de nouveaux outils tels que les systèmes fondés sur l'IA auxquels il est fait appel à titre expérimental en France et au Royaume-Uni pour aider au recrutement et à la planification des effectifs. Enfin, les pouvoirs publics peuvent proposer des dispositifs de soutien tels que le compte formation et carrière de la Région flamande, qui offre au sein d'une seule et même plateforme numérique des incitations financières et des possibilités de formation en vue de promouvoir l'apprentissage tout au long de la vie et des transitions professionnelles plus douces.

Graphique 4.12. Intérêt de la part des demandeurs d'emploi et exigences des employeurs dans un contexte mettant en avant les compétences

Élaborer des politiques visant à accroître la sensibilisation et l'intérêt des demandeurs d'emploi

Degré d'intérêt des demandeurs d'emploi pour les offres d'emploi décrivant les compétences demandées, par opposition à celles qui ne les indiquent pas

% d'offres d'emploi indiquant les compétences

	Faible ou nul (5 ou moins)	Moyen (de 6 à 20)	Élevé (21 ou davantage)
Élevé (70 % ou davantage)	**Potentiel émergent en matière de compétences** Australie, Costa Rica, France, Grèce, Lettonie, Luxembourg et Pologne. Taux élevé d'offres d'emploi axées sur les compétences, mais faible intérêt de la part des demandeurs d'emploi.	**Perspectives de développement des compétences** Canada, Estonie, Irlande, Nouvelle-Zélande et République slovaque. De nombreuses offres d'emploi mettent en avant les compétences et suscitent un intérêt croissant de la part des demandeurs d'emploi.	**Pionniers de l'approche donnant la priorité aux compétences** États-Unis et Lituanie. Forte adéquation entre les offres d'emploi axées sur les compétences et l'intérêt de la part des demandeurs d'emploi
Moyen (de 50 % à 69 %)	**Parcours de développement des compétences** Colombie, Mexique, Portugal et Türkiye. Compétences mises en avant dans les offres d'emploi, mais faible intérêt de la part des demandeurs d'emploi.	**Écosystème de compétences équilibré** Autriche et Corée. Équilibre entre les offres d'emplois donnant la priorité aux compétences et l'intérêt des demandeurs d'emploi.	**Croissance axée sur les talents** Allemagne, Danemark, Finlande, Hongrie, Japon, Royaume-Uni, Slovénie, Suisse et Tchéquie. Fort intérêt des demandeurs d'emploi, nombre modéré d'offres d'emploi axées sur les compétences.
Faible (49 % ou moins)	**Phase de transition des compétences** Chili, Espagne et Italie. Des offres d'emploi et un intérêt pour les compétences se font jour.	**Évolution du paysage des compétences** Intérêt croissant, mais peu d'offres d'emploi axées sur les compétences.	**Aspirations axées sur les compétences** Belgique, Norvège, Pays-Bas et Suède. Fort intérêt de la part des demandeurs d'emploi, mais peu d'offres d'emploi axées sur les compétences.

Élaboration de politiques destinées à encourager les employeurs à adopter des pratiques de recrutement donnant la priorité aux compétences.

Note : Le taux de prévalence des approches donnant la priorité aux compétences figure sur l'axe des abscisses. Cet indicateur montre dans quelle mesure les individus sont enclins à postuler – ou envisagent de postuler – à des offres d'emploi qui décrivent quelles sont précisément les compétences requises plutôt qu'à celles qui ne font pas état de compétences particulières. Les catégories sont définies en fonction de l'écart-type par rapport à la moyenne : un taux plus élevé de prévalence des approches donnant la priorité aux compétences suggère que les demandeurs d'emploi répondent davantage aux offres d'emploi qui décrivent des compétences précises, ce qui témoigne d'un marché du travail qui accorde plus d'importance aux compétences spécifiques des candidats à l'emploi qu'à leurs qualifications ou diplômes de nature générale. À l'inverse, un taux plus faible indique que les processus de sélection des candidats restent attachés aux qualifications traditionnelles. Le pourcentage des offres d'emploi en ligne répertoriant les compétences requises figure sur l'axe des ordonnées. Cet indicateur a été utilisé pour classer les pays selon les différents taux de prévalence des approches donnant la priorité aux compétences.

Source : OCDE (2025[33]), *Empowering the Workforce in the Context of a Skills-First Approach*, https://doi.org/10.1787/345b6528-en.

1 La classification européenne des aptitudes, compétences, certifications et professions (ESCO) est utilisée par les différentes parties prenantes en guise de « dictionnaire » sur les questions de formation et d'éducation, car elle décrit, identifie et classe les professions et les compétences professionnelles présentant un intérêt pour le marché du travail de l'UE et pour les parties prenantes dans les domaines de l'éducation et de la formation.

Source : OCDE (2025[33]), *Empowering the Workforce in the Context of a Skills-First Approach*, https://doi.org/10.1787/345b6528-en.

4.6.2. Comparaison de la mobilité (ou de l'immobilité) intergénérationnelle dans le domaine professionnel et dans celui de l'éducation

Ces dernières décennies, les niveaux d'études ont dans l'ensemble sensiblement augmenté, de sorte qu'un grand nombre d'adultes ont obtenu un diplôme plus élevé que celui de leurs parents. En moyenne, dans les pays de l'OCDE, la moitié des 30-65 ans ont atteint le même niveau d'études que leurs parents, 37 % un niveau supérieur et 12 % un niveau inférieur (Graphique 4.13). La Corée affiche le taux le plus élevé de mobilité ascendante en matière d'éducation (c'est-à-dire le plus grand pourcentage de personnes dont le niveau d'études est supérieur à celui de leurs parents), alors que le plus faible est observé en Tchéquie (64 % et 19 %, respectivement). À l'inverse, la Suède présente le taux le plus élevé de mobilité intergénérationnelle descendante en matière d'éducation, mesuré par le pourcentage de personnes dont le niveau de formation est inférieur à celui de leurs parents, tandis que le plus faible est enregistré par Singapour (22 % et 2 %, respectivement).

Graphique 4.13. Mobilité intergénérationnelle en matière d'éducation, par pays

Pourcentage d'adultes dont le niveau d'études est inférieur, égal ou supérieur à celui de leur(s) parent(s)

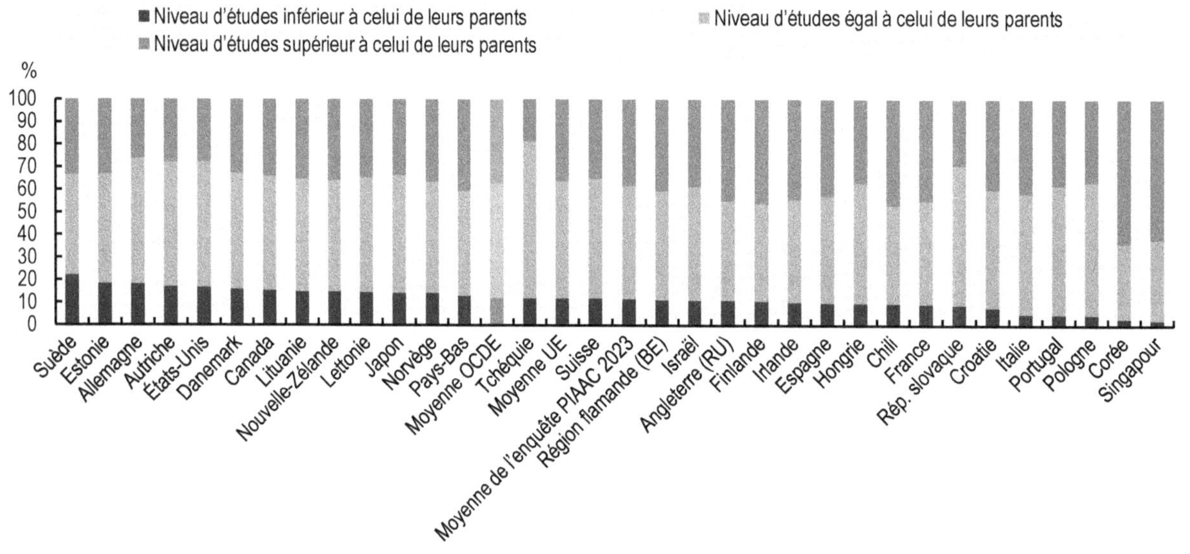

Note : Adultes âgés de 30 à 65 ans. Voir à la note du Tableau 4.1 la définition des différents groupes en fonction de la profession des parents et du niveau d'études des répondants.

Les pays sont classés par ordre décroissant en fonction du pourcentage de personnes dont le niveau d'études est inférieur à celui de leur(s) parent(s).

Source : Calculs fondés sur OCDE (2024[22]), *Données et méthodologie du PIAAC*, www.oecd.org/fr/about/programmes/piaac/piaac-data.html.

StatLink https://stat.link/uny62x

Les anticipations des jeunes en matière de mobilité dans le domaine de l'éducation montrent une plus grande circonspection que ne semble le justifier la mobilité intergénérationnelle réellement observée dans les niveaux d'études des 30-65 ans, comme le mettent en évidence les résultats du Programme international pour le suivi des acquis des élèves (PISA) de 2022 (Graphique 4.14). En moyenne au sein des pays de l'OCDE, 17 % des élèves de 15 ans s'attendent à atteindre un niveau d'études supérieur à celui de leurs parents, près de 20 % un niveau inférieur et 63 % un niveau identique. Le Portugal affiche la plus forte mobilité ascendante attendue en matière d'éducation (c'est-à-dire le pourcentage le plus élevé d'élèves qui espèrent atteindre un niveau d'études supérieur à celui de leurs parents), tandis que le

Danemark enregistre la plus faible (33 % et 6 %, respectivement). Le Chili présente la plus faible mobilité descendante attendue en matière d'éducation, et le Danemark la plus forte (5 % et 35 %, respectivement).

Graphique 4.14. Mobilité intergénérationnelle attendue en matière d'éducation chez les jeunes de 15 ans, par pays

Pourcentage des élèves dont les attentes en matière d'éducation sont inférieures, égales ou supérieures au niveau d'études de leur(s) parent(s)

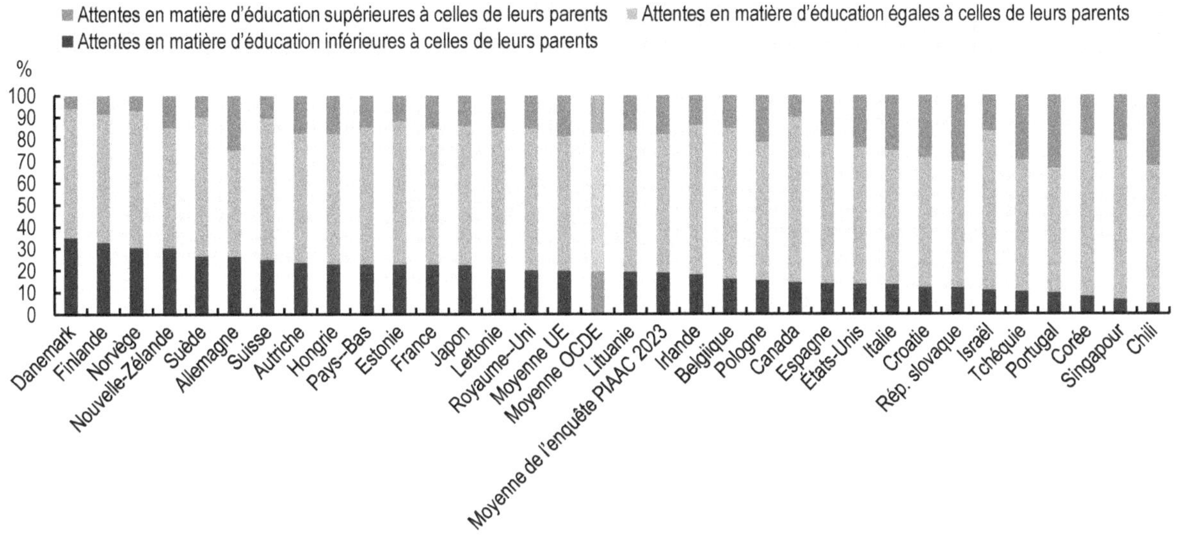

Note : Élèves âgés de 15 ans. En 2022, les élèves qui ont participé au Programme international pour le suivi des acquis des élèves (PISA) ont été invités à indiquer le niveau d'études de leurs parents ainsi que le diplôme le plus élevé qu'ils espéraient obtenir.

Les pays sont classés par ordre décroissant en fonction du pourcentage d'élèves dont le niveau d'études attendu est supérieur à celui de leur(s) parent(s).

Source : Calculs fondés sur OCDE (2022[46]), *Base de données PISA 2022*, www.oecd.org/fr/data/datasets/pisa-2022-database.html.

StatLink https://stat.link/hblfdz

En moyenne, dans les pays de l'OCDE participants, 36 % des adultes âgés de 30 à 65 ans exercent une profession relevant d'un groupe moins élevé que leurs parents, 22 % une profession du même groupe et 42 % une profession d'un groupe plus élevé (Graphique 4.15, partie A). Le graphique met en évidence des écarts non négligeables selon les pays. Par exemple, à Singapour, 56 % des adultes exercent une profession d'un groupe plus élevé que leurs parents, contre seulement 34 % en Tchéquie. Le Graphique 4.15 (partie B) montre par ailleurs qu'en moyenne dans les pays de l'OCDE participants 38 % des jeunes de 15 ans s'attendent à exercer une profession d'un groupe plus élevé que leurs parents, 30 % une profession du même groupe et 32 % une profession d'un groupe moins élevé. Comme pour la comparaison entre les professions effectivement exercées par les adultes et par leurs parents (Graphique 4.15 partie B), c'est au Chili que les élèves font état des plus fortes attentes en matière de mobilité professionnelle ascendante (62 %), et au Danemark qu'ils déclarent les plus faibles (22 %).

Graphique 4.15. Mobilité professionnelle intergénérationnelle, par pays

Partie A : Pourcentage des adultes dont le groupe de la CITP est respectivement inférieur, identique et supérieur à celui de leurs parents. Partie B : Pourcentage des élèves qui déclarent s'attendre à exercer une profession d'un groupe de la CITP respectivement moins élevé, identique et plus élevé que celui de leurs parents

A. Adultes

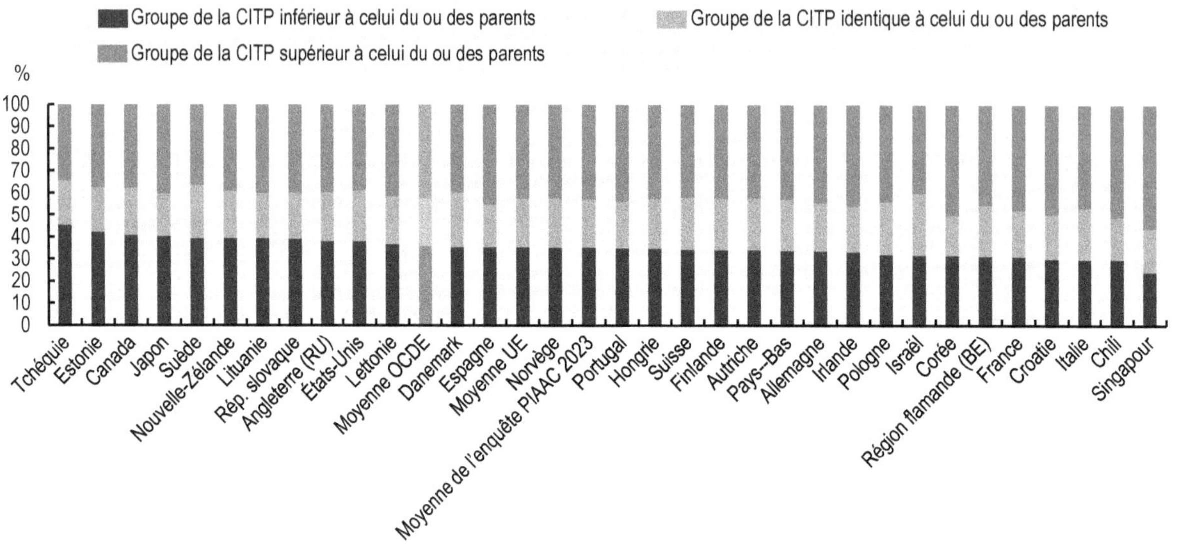

B. Jeunes

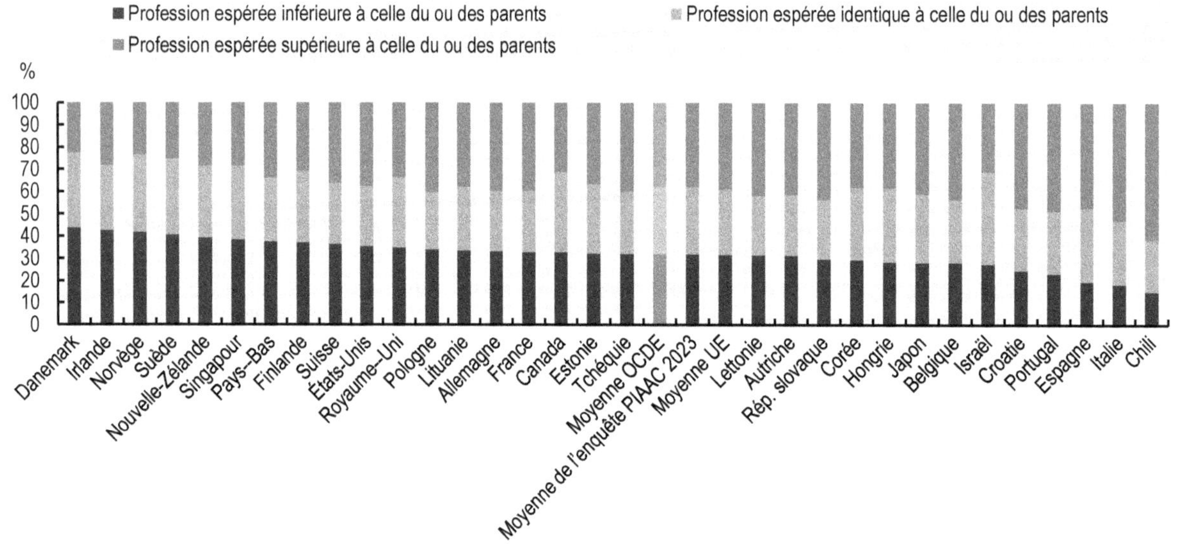

Note : Partie A : Adultes âgés de 30 à 65 ans. Indique le pourcentage d'adultes dont le groupe de la CITP (au niveau à 1 chiffre) est respectivement inférieur, identique ou supérieur à celui de leurs parents. Partie B : Indique le pourcentage d'élèves de 15 ans qui s'attendent à exercer à l'âge de 30 ans une profession relevant d'un groupe de la CITP (au niveau à 1 chiffre) respectivement moins élevé, identique ou plus élevé que celui de leurs parents.

Les pays sont classés par ordre décroissant du pourcentage d'adultes (ou d'élèves) connaissant (s'attendant à connaître) une mobilité professionnelle descendante.

Source : Calculs fondés sur OCDE (2024[22]), *Données et méthodologie du PIAAC*, www.oecd.org/fr/about/programmes/piaac/piaac-data.html et OCDE (2022[46]), et OCDE, *Base de données PISA 2022*, www.oecd.org/fr/data/datasets/pisa-2022-database.html.

StatLink https://stat.link/w1takx

Pour chacun des pays, le Graphique 4.16 présente deux indicateurs. Le premier indique le pourcentage des adultes qui ont atteint un niveau d'études égal ou supérieur à celui de leurs parents, mais qui occupent un emploi dont le prestige social est moins élevé que celui du métier exercé par leurs parents. Le second indique le pourcentage des élèves de 15 ans qui espèrent atteindre un niveau d'études égal ou supérieur à celui de leurs parents, mais qui s'attendent à exercer à l'âge de 30 ans un métier jouissant d'un prestige social moins élevé que celui de leurs parents. En moyenne, 28 % des adultes ont connu une mobilité professionnelle descendante malgré une mobilité stable ou ascendante en matière d'éducation, tandis que 24 % des jeunes s'attendent également à connaître une mobilité descendante. Chez les adultes, la divergence entre les résultats éducatifs et professionnels est particulièrement marquée en Tchéquie, où pas moins de 37 % des adultes ont connu une mobilité professionnelle descendante malgré une mobilité stable ou ascendante en matière d'éducation. Singapour affiche à l'inverse le plus faible pourcentage, à savoir 22 %. Cependant, les jeunes de Singapour sont particulièrement pessimistes quant à leur avenir : pas moins de 36 % des élèves de 15 ans s'attendent à connaître une mobilité professionnelle descendante malgré une mobilité stable ou ascendante en matière d'éducation. Au Chili, ils ne sont que 14 % à partager de telles attentes.

Graphique 4.16. Mobilité intergénérationnelle des adultes et des jeunes en matière de formation et d'emploi, par pays

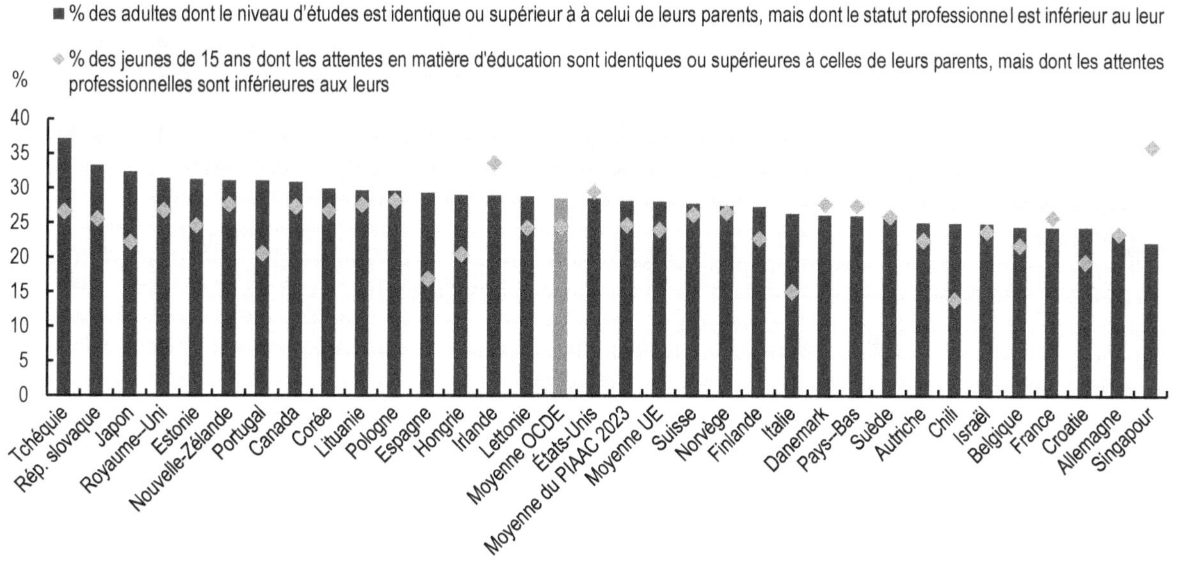

Note : Pourcentage des adultes âgés de 30 à 65 ans dont le niveau d'études est identique ou supérieur à celui de leurs parents, mais dont la profession (groupe de la CITP [niveau à 1 chiffre]) est moins valorisée que celle de leurs parents. Pourcentage des élèves de 15 ans qui s'attendent à atteindre un niveau d'études identique ou supérieur à celui de leurs parents, mais à exercer une profession relevant d'un groupe de la CITP (niveau à 1 chiffre) moins élevé que leurs parents. En 2022, les élèves participant au PISA ont été invités à faire état du niveau d'études et de la profession de leurs parents, ainsi que les diplômes et le statut professionnel les plus élevés qu'ils espéraient obtenir.

Les pays sont classés par ordre décroissant en fonction du pourcentage d'adultes dont le niveau d'études est identique ou supérieur à celui de leurs parents, mais dont la profession est moins valorisée que la leur.

Source : Calculs fondés sur OCDE (2024[22]) *Données et méthodologie du PIAAC*, www.oecd.org/fr/about/programmes/piaac/piaac-data.html et OCDE (2022[46]), et OCDE, *base de données PISA 2022*, www.oecd.org/fr/data/datasets/pisa-2022-database.html.

StatLink https://stat.link/ask63q

Compte tenu de l'augmentation des niveaux d'études au cours des dernières décennies, la plupart des adultes possèdent aujourd'hui des qualifications au moins aussi élevées, et souvent davantage, que celles de leurs parents. Toutefois, pour beaucoup, ces progrès en matière d'éducation ne se sont pas traduits par une mobilité ascendante comparable sur le plan professionnel. Dans de nombreuses économies, l'offre de personnes qualifiées a augmenté à un rythme plus rapide que la création d'emplois très valorisés à même de les absorber. Il s'en est suivi un écart croissant entre le niveau d'études et les résultats sur le plan professionnel. Cette évolution peut contribuer à expliquer les sentiments croissants de désillusion et de frustration qui se font jour dans de nombreux pays de l'OCDE : bien que les familles aient beaucoup investi dans l'éducation, l'amélioration des qualifications ne garantit pas l'accès à des fonctions de directeur, de cadre de direction ou de gérant ou à des professions intellectuelles ou scientifiques qui confèrent un statut social plus élevé.

À l'avenir, la diffusion rapide de l'IA pourrait entraîner une nouvelle évolution de la relation entre la mobilité en matière de formation et la mobilité professionnelle. D'une part, l'IA pourrait aggraver les inadéquations existantes en automatisant les tâches cognitives et techniques routinières, réduisant ainsi le nombre d'emplois dans les professions intermédiaires auxquelles peuvent traditionnellement avoir accès les travailleurs qualifiés. D'autre part, elle peut offrir de nouveaux débouchés aux travailleurs dotés de compétences avancées en matière de numérique, d'analyse et de créativité, en particulier dans les secteurs qui complètent plutôt qu'ils ne concurrencent l'IA. Le résultat global dépendra, au moins en partie, de l'efficacité avec laquelle les systèmes d'éducation et de formation s'adapteront aux évolutions des demandes de compétences et de la manière dont les institutions du marché du travail soutiendront les travailleurs tout au long de ces transitions.

Références

Almlund, M. et al. (2011), « Personality psychology and economics », *Handbook of the Economics of Education*, vol. 4, pp. 1-181, https://doi.org/10.1016/b978-0-444-53444-6.00001-8. [8]

Anni, K., U. Vainik et R. Mõttus (2024), « Personality profiles of 263 occupations », *Journal of Applied Psychology*, vol. 110/4, pp. 481-511, https://doi.org/10.1037/apl0001249. [31]

Araki, S. (2020), « Educational expansion, skills diffusion, and the economic value of credentials and skills », *American Sociological Review*, vol. 85/1, pp. 128-175, https://doi.org/10,1177/0003122419897873. [24]

Autor, D. (2015), « Why are there still so many jobs? The history and future of workplace automation », *Journal of Economic Perspectives*, vol. 29/3, pp. 3-30, https://doi.org/10.1257/jep.29.3.3. [7]

Autor, D. et M. Handel (2013), « Putting tasks to the test: Human capital, job tasks, and wages », *Journal of Labor Economics*, vol. 31/S1, pp. S59-S96, https://doi.org/10,1086/669332. [29]

Blanden, J., P. Gregg et S. Machin (2005), *Intergenerational Mobility in Europe and North America*, Centre for Economic Performance, http://www.suttontrust.com/wp-content/uploads/2020/01/IntergenerationalMobility.pdf. [4]

Booth, T. et al. (2015), « Distinguishing CEOs from top level management: A profile analysis of individual differences, career paths and demographics », *Journal of Business and Psychology*, vol. 31/2, pp. 205-216, https://doi.org/10.1007/s10869-015-9416-7. [34]

Bureau de statistiques sur l'emploi (BLS, Bureau of Labor Statistics) des États-Unis (2025), *Table 1.2 Occupational projections, 2023—2033, and worker characteristics, 2023 (Chiffres en milliers)*, https://www.bls.gov/emp/tables/occupational-projections-and-characteristics.htm (consulté le 30 mai 2025). [38]

Causa (À paraître), *Does the apple fall far from the tree? New evidence on intergenerational social mobility across OECD countries*. [16]

Domina, T. (2005), « Leveling the home advantage: Assessing the effectiveness of parental involvement in elementary school », *Sociology of Education*, vol. 78/3, pp. 233-249, https://doi.org/10,1177/003804070507800303. [25]

Duckworth, A. et M. Seligman (2005), « Self-discipline outdoes IQ in predicting academic performance of adolescents », *Psychological Science*, vol. 16/12, pp. 939-944, https://doi.org/10.1111/j.1467-9280.2005.01641.x. [11]

Dustmann, C. et A. Glitz (2011), « Migration and education », *Handbook of the Economics of Education*, vol. 4, pp. 327-439, https://doi.org/10.1016/b978-0-444-53444-6.00004-3. [14]

Faragher, E., M. Cass et C. Cooper (2005), « The relationship between job satisfaction and health: A meta-analysis », *Occupational and Environmental Medicine*, vol. 62/2, pp. 105-112, https://doi.org/10.1136/oem.2002.006734. [26]

Frey, V., L. Alajääskö et J. Thomas (2024), *Gendered perceptions of social protection across OECD countries*, Éditions OCDE, Paris, https://doi.org/10.1787/f3e002c2-en. [41]

Furnham, A. (2017), « Personality differences in managers who have, and have not, worked abroad », *European Management Journal*, vol. 35/1, pp. 39-45, https://doi.org/10.1016/j.emj.2016.10.002. [35]

Hanushek, E. et al. (2015), « Returns to skills around the world: Evidence from PIAAC », *European Economic Review*, vol. 73, pp. 103-130, https://doi.org/10.1016/j.euroecorev.2014.10.006. [5]

Heckman, J. et T. Kautz (2012), « Hard evidence on soft skills », *Labour Economics*, vol. 19/4, pp. 451-464, https://doi.org/10.1016/j.labeco.2012.05.014. [1]

Heckman, J. et S. Mosso (2014), « The economics of human development and social mobility », *Annual Review of Economics*, vol. 6/1, pp. 689-733, https://doi.org/10.1146/annurev-economics-080213-040753. [13]

Heckman, J., J. Stixrud et S. Urzua (2006), « The effects of cognitive and noncognitive abilities on labor market outcomes and social behavior », *Journal of Labor Economics*, vol. 24/3, pp. 411-482, https://doi.org/10,1086/504455. [9]

Helliwell, J. et H. Huang (2010), « How's the job? Well-being and social capital in the workplace », *ILR Review*, vol. 63/2, pp. 205-227, https://doi.org/10,1177/001979391006300202. [28]

Judge, T. et al. (2001), « The job satisfaction–job performance relationship: A qualitative and quantitative review », *Psychological Bulletin*, vol. 127/3, pp. 376-407, https://doi.org/10.1037/0033-2909.127.3.376. [27]

Lan, J., C. Wong et G. Zeng (2021), « Personality profiles for hospitality employees: Impact on job performance and satisfaction », *International Journal of Hospitality Management*, vol. 98, p. 103018, https://doi.org/10.1016/j.ijhm.2021.103018. [36]

Lightcast (2025), *The Speed of Skill Change*, Lightcast, https://lightcast.io/resources/research/speed-of-skill-change (consulté le 18 mars 2025). [39]

Mischel, W., Y. Shoda et M. Rodriguez (1989), « Delay of gratification in children », *Science*, vol. 244/4907, pp. 933-938, https://doi.org/10.1126/science.2658056. [12]

OCDE (2025), *Empowering the Workforce in the Context of a Skills-First Approach*, Études de l'OCDE sur les compétences, Éditions OCDE, Paris, https://doi.org/10.1787/345b6528-en. [33]

OCDE (2025), *Gender Equality in a Changing World : Taking Stock and Moving Forward*, Éditions OCDE, Paris, https://doi.org/10.1787/e808086f-en. [19]

OCDE (2025), *The State of Global Teenage Career Preparation*, Éditions OCDE, Paris, https://doi.org/10.1787/d5f8e3f2-en. [18]

OCDE (2025), *To Have and Have Not – How to Bridge the Gap in Opportunities*, Éditions OCDE, Paris, https://doi.org/10.1787/dec143ad-en. [17]

OCDE (2024), *Base de données du 2e Cycle du PIAAC*, OCDE, Paris, https://www.oecd.org/fr/data/datasets/piaac-2nd-cycle-database.html (consulté le 10 décembre 2024). [23]

OCDE (2024), *Données et méthodologie du PIAAC*, OCDE, Paris, https://www.oecd.org/fr/about/programmes/piaac/piaac-data.html (consulté le 10 décembre 2024). [22]

OCDE (2024), *Job Creation and Local Economic Development 2024 : The Geography of Generative AI*, Éditions OCDE, Paris, https://doi.org/10.1787/83325127-en. [21]

OCDE (2024), *Les adultes possèdent-ils les compétences nécessaires pour s'épanouir dans un monde en mutation ? Évaluation des compétences des adultes 2023*, Études de l'OCDE sur les compétences, Éditions OCDE, Paris, https://doi.org/10.1787/e8d52c02-fr. [3]

OCDE (2024), *Perspectives de l'emploi de l'OCDE 2024 : Transition vers la neutralité carbone et marché du travail*, Éditions OCDE, Paris, https://doi.org/10.1787/ac8b3538-en. [42]

OCDE (2023), *Au-delà des applaudissements ? Améliorer les conditions de travail dans le secteur des soins de longue durée (version abrégée)*, Éditions OCDE, Paris, https://doi.org/10.1787/160ef74a-fr. [44]

OCDE (2023), *Job Creation and Local Economic Development 2023: Bridging the Great Green Divide*, Éditions OCDE, Paris, https://doi.org/10.1787/21db61c1-en. [20]

OCDE (2022), *Base de données PISA 2022*, OCDE, Paris, https://www.oecd.org/fr/data/datasets/pisa-2022-database.html (consulté le 5 novembre 2024). [46]

OCDE (2021), *The inequalities-environment nexus: Towards a people-centred green transition*, Éditions OCDE, Paris, https://doi.org/10.1787/ca9d8479-en. [43]

OCDE (2019), *Skills Matter: Additional Results from the Survey of Adult Skills*, Études de l'OCDE sur les compétences, Éditions OCDE, Paris, https://doi.org/10.1787/1f029d8f-en. [2]

OCDE (2018), *L'ascenseur social en panne ? Comment promouvoir la mobilité sociale*, Éditions OCDE, Paris, https://doi.org/10.1787/bc38f798-fr. [45]

OCDE (2016), *L'importance des compétences : Nouveaux résultats de l'Évaluation des compétences des adultes*, Études de l'OCDE sur les compétences, Éditions OCDE, Paris, https://doi.org/10.1787/9789264258051-en. [6]

Oded, G. (2011), « Inequality, human capital formation, and the process of development », *Handbook of the Economics of Education*, vol. 4, pp. 441-493, https://doi.org/10.1016/b978-0-444-53444-6.00005-5. [15]

Oreopoulos, P. et K. Salvanes (2011), « Priceless: The nonpecuniary benefits of schooling », *Journal of Economic Perspectives*, vol. 25/1, pp. 159-184, https://doi.org/10.1257/jep.25.1.159. [30]

Schmidpeter, B. et R. Winter-Ebmer (2021), « Automation, unemployment, and the role of labor market training », *European Economic Review*, vol. 137, p. 103808, https://doi.org/10.1016/j.euroecorev.2021.103808. [40]

Soto, C. (2019), « How replicable are links between personality traits and consequential life outcomes? The life outcomes of personality replication project », *Psychological Science*, vol. 30/5, pp. 711-727, https://doi.org/10,1177/0956797619831612. [10]

Törnroos, M., M. Jokela et C. Hakulinen (2019), « The relationship between personality and job satisfaction across occupations », *Personality and Individual Differences*, vol. 145, pp. 82-88, https://doi.org/10.1016/j.paid.2019.03.027. [37]

Wolfram, T. (2023), « (Not just) Intelligence stratifies the occupational hierarchy: Ranking 360 professions by IQ and non-cognitive traits », *Intelligence*, vol. 98, p. 101755, https://doi.org/10.1016/j.intell.2023.101755. [32]

Annexe 4.A. Résultats supplémentaires en ligne

Tableau d'annexe 4.A.1. Résultats à l'échelle nationale concernant les disparités en matière d'emploi, de rémunération et de satisfaction au travail

Tableau 4.A.1.1	Disparités dans la probabilité d'emploi, par caractéristique sociodémographique, par pays
Tableau 4.A.1.2	Disparités des rémunérations horaires, par caractéristique sociodémographique, par pays
Table 4.A.1.3	Disparités de rémunération horaire selon le domaine d'études, par pays
Tableau 4.A.1.4	Disparités dans la satisfaction au travail, par caractéristique sociodémographique, par pays

Le StatLink est disponible uniquement en anglais, voir : https://stat.link/1x36e8.

Tableau d'annexe 4.A.2. Professions ayant obtenu les scores moyens les plus faibles et les plus élevés pour ce qui est des compétences en traitement de l'information, de la disposition à différer la gratification et des compétences sociales et émotionnelles

Tableau 4.A.2.1	Professions dont les scores moyens sont les plus faibles et les plus élevés pour les compétences à l'écrit
Tableau 4.A.2.2	Professions dont les scores moyens sont les plus faibles et les plus élevés pour les compétences en calcul
Tableau 4.A.2.3	Professions dont les scores moyens sont les plus faibles et les plus élevés pour les compétences en résolution adaptative de problèmes
Tableau 4.A.2.4	Professions dont les scores moyens sont les plus faibles et les plus élevés pour la capacité à différer la gratification
Tableau 4.A.2.5	Professions dont les scores moyens sont les plus faibles et les plus élevés pour ce qui est de la stabilité émotionnelle
Tableau 4.A.2.6	Professions dont les scores moyens sont les plus faibles et les plus élevés pour ce qui est du caractère consciencieux
Tableau 4.A.2.7	Professions dont les scores moyens sont les plus faibles et les plus élevés pour ce qui est de l'extraversion
Tableau 4.A.2.8	Professions dont les scores moyens sont les plus faibles et les plus élevés pour ce qui est de l'agréabilité
Tableau 4.A.2.9	Professions dont les scores moyens sont les plus faibles et les plus élevés pour ce qui est de l'ouverture d'esprit

Le StatLink est disponible uniquement en anglais, voir : https://stat.link/0d7pzi.

Notes

[1] Le rapport international sur l'Évaluation des compétences des adultes 2023 (OCDE, 2024[3]) indique d'une progression d'un écart-type du niveau de compétence en calcul est associée à une hausse de 9 % des salaires. Cette estimation tient compte du nombre d'années d'études, de l'âge, du genre, de l'origine immigrée, du niveau d'études des parents, du fait de vivre en couple ou d'avoir des enfants, et de l'expérience professionnelle. Elle est également présentée dans le Modèle (2) du Tableau 4.2 dans le présent chapitre, car elle est très similaire en termes de variables de contrôle dans le modèle de régression.

[2] Alors que dans d'autres parties du rapport, les données présentées reflètent la moyenne des associations propres à chaque pays, dans ces analyses, l'unité de référence est l'ensemble de la population active et l'ampleur de la concentration des travailleurs dans les professions. Afin de prendre correctement en compte les différences dans la probabilité d'être échantillonné dans les différents pays et groupes de population, des pondérations sont appliquées lors de l'estimation d'un modèle agrégé.

www.ingramcontent.com/pod-product-compliance
Lightning Source LLC
LaVergne TN
LVHW082028051026
849532LV00011B/3305